Alois Wierlacher und Regina Bendix (Hg.)

Kulinaristik

Wissenschaftsforum Kulinaristik

Herausgegeben von

Alois Wierlacher und Regina Bendix

in Zusammenarbeit mit Eva Barlösius, Ines Heindl,
Irmela Hijiya-Kirschnereit, Gerhard Rechkemmer,
Frank Thiedig und Bernhard Tschofen

Band 1

LIT

Alois Wierlacher und Regina Bendix (Hg.)

Kulinaristik

Forschung – Lehre – Praxis

Mit Beiträgen von

Tilman Allert, Eva Barlösius, Wolfgang-Otto Bauer, Regina Bendix, Angelos Chaniotis, Trude Ehlert, Guido Fuchs, Wolfgang Fuchs, Hans-Ulrich Grimm, Dietrich Harth, Ines Heindl, Irmela Hijiya-Kirschnereit, Karl-Otto Honikel, Peter Kupfer, Harald Lemke, Jörg Maier und Daniela Förtsch, Gerhard Neumann, Peter Peter, Klaus Pfenning, Klaus Pilger, Roland Posner und Nicole M. Wilk, Cornelia Ptach, Gisela Schneider, Hans Stefan Steinheuer, Frank Thiedig, Bernhard Tschofen, Alois Wierlacher

LIT

Gedruckt mit freundlicher Unterstützung
der Heidelberger Druckmaschinen AG und des Main-Tauber-Kreises.

Bibliografische Information der Deutschen Nationalbibliothek
Die Deutsche Nationalbibliothek verzeichnet diese Publikation in der Deutschen Nationalbibliografie; detaillierte bibliografische Daten sind im Internet über http://dnb.d-nb.de abrufbar.

ISBN 978-3-8258-1081-8

Auslieferung/Verlagskontakt:
Fresnostr. 2 48159 Münster
Tel. +49 (0)251–62 03 20 Fax +49 (0)251–23 19 72
e-Mail: lit@lit-verlag.de http://www.lit-verlag.de

Inhalt

IV Kulinaristik als Beitrag zur gastronomischen Forschung

V Dokumentation

VI Anhang

Vorwort der Herausgeber

Mit dem vorliegenden Band wird ein multidisziplinärer Problemzusammenhang konstituiert, dem Alois Wierlacher den Namen *Kulinaristik* gegeben hat. Alle Beiträger sind ausgewiesene Vertreter ihrer Fächer und Berufe, tätig als Wissenschaftler, freie Autoren aus der Wirtschaft, der Publizistik oder der Sternegastronomie. Die meisten von ihnen verbindet die Mitgliedschaft im gemeinnützigen Verein der Deutschen Akademie für Kulinaristik, die im Jahre 2000 bei Andreas Pflaum in Pegnitz gegründet wurde.

Die Kulinaristik ist als Wissenschaftskommunikation eine Form der interkulturellen Überschneidung. Selbstverständnis und Praxis verschiedener Welten finden sich in ihr zusammen. In diesem Sinne bietet der Band vielstimmige Erkenntnisse; die Herausgeber repräsentieren außer zwei unterschiedlichen Generationen der Wissenschaft, der Unterschiedlichkeit der Geschlechter und methodischer Ansätze wissenschaftlicher Fächer auch die besondere kommunikative Handlungsabsicht der Interkulturalität.

Mit dem vorliegenden Band begründen die Herausgeber zugleich eine wissenschaftliche Reihe mit dem Namen *Wissenschaftsforum Kulinaristik.* Sie ist als Plattform für das interdisziplinäre Gespräch sowohl innerhalb der Wissenschaften als auch der Wissenschaft mit der lebensweltlichen oder beruflichen Praxis gedacht. Es kann auf Deutsch oder in der lingua franca Englisch geführt werden. Die Reihe wird in Zusammenarbeit mit einer Wissenschaftlergruppe herausgegeben. In einer ergänzenden *Kleine Reihe* sollen künftig vor allem Materialien für Weiterbildungsveranstaltungen und andere Zwecke bereitgestellt werden.

Unser Dank gilt zunächst den Beitragsautoren für ihre ebenso produktive wie kollegiale Mitwirkung; ohne sie wäre der Band gar nicht möglich gewesen. Ebenso danken wir der Heidelberger Druckmaschinen AG und dem Landkreis Main-Tauber für ihre freundliche Unterstützung durch namhafte Druckkostenzuschüsse. Dietrich Harth schulden wir Dank für vielfältige Hilfen bei der Vorbereitung des Bandes. Dem LIT-Verlag und seinem Inhaber Dr. Wilhelm Hopf gilt unser Dank für die gute verlegerische Betreuung des Buches.

Walldorf und Göttingen, im Februar 2008
Alois Wierlacher und Regina Bendix

Kulinaristik – Vision und Programm

Alois WIERLACHER

1 Die Vision der Kulinaristik

1. In der Lebens- und Berufspraxis spielt sich das Wesentliche immer häufiger in Zwischenräumen und Netzwerken ab. In den Wissenschaften entstehen neue Fächer zunehmend in den Zwischenreichen der Disziplinen oder in Verbundsystemen. Die betreffende Entwicklung mag sich konkret als Ausdifferenzierung, Zusammenschluss, Synergieeffekt oder Varietätenbildung aktualisieren, stets geht es um die bessere Erkenntnis der Komplexität eines Problemzusammenhangs, indem Perspektiven vermehrt und praxisrelevante Fragen intensiviert werden.

Auch die Kulinaristik ist als Netzwerk konzipiert, in Zwischenwelten der Fächer und Berufe angesiedelt und an Praxisfragen interessiert. Thematisch und organisatorisch schreibt sie die im Heidelberger *Arbeitskreis für Kulturforschung des Essens* seit 1994 institutionalisierte Aufgabenstellung fort, die ihrerseits aus der ‚Interkulturellen Germanistik' herausgewachsen ist. Mit diesem Namen wird eine auslandsphilologische Disziplin bezeichnet, die sich als regionale Fremdkulturwissenschaft versteht und diejenigen Sektoren der deutschsprachigen Gesellschaft ins Zentrum ihrer Aufmerksamkeit in Forschung und Lehre rückt, die in der interkulturellen Kommunikation besondere Rollen spielen. Einer dieser Sektoren ist das Kulturphänomen Essen und Trinken (Wierlacher/Bogner (Hg.): *Handbuch interkulturelle Germanistik* 2003).

Visionen sind Optionen, Strategien und konkrete Utopien des Handelns im Sinne kreativen Zukunftsdenkens [1]. Den Neologismus *Kulinaristik* hat der Verfasser von lat. culina = die Küche abgeleitet und in Analogie zu Wörtern wie *Logistik* und *Germanistik* gebildet, um einen griffigen und zugleich hinreichend offenen Terminus für das die culinaria betreffende Zukunftsdenken zu schaffen. Inhaltlich knüpft der neue Begriff an Bewertungen der Institution Küche bei Claude Lévi-Strauss an. Die Trias von Kultur, Kommunikation und Küche bildet seinen semantischen Umfang. Wie die bisherige Erfahrung zeigt, fasst der Ausdruck diesen Gegenstand angemessen ins Wort und ist zugleich in der breiteren Öffentlichkeit verständlich.

Mit der Etablierung der Kulinaristik als Wissenschaft wird im Sinne dieses Zukunftsdenkens der Versuch unternommen, die bisherige Wissenschaft vom Essen um transdisziplinäre Probleme der Interdependenz von Theorie und Praxis wie die

---

1 Vgl. Wilhelm Voßkamp (Hg.). Utopieforschung. 3 Bände. Stuttgart 1982; Bernhard von Mutius: Die Verwandlung der Welt. Ein Dialog mit der Zukunft. Stuttgart 2001; Horst Opaschowski: Wir werden es erleben. Zehn Zukunftstrends für unser Leben von morgen. Darmstadt 2002; Theodor W. Hänsch (Hg.): 100 Produkte der Zukunft: Wegweisende Ideen, die unser Leben verändern werden. Berlin 2007; Jürgen Kocka (Hg.): Zukunftsfähigkeit Deutschlands. Sozialwissenschaftliche Essays. Berlin 2007.

Gastlichkeit, die Ritualität des Essens oder den Zusammenhang von Religion und Essen zu erweitern und diese Erweiterung zugleich als Erkenntnis- und Weiterbildungsquelle aller Beteiligten zu nutzen. Die Zielsetzung der Kulinaristik lautet entsprechend, Essen und Trinken als Kulturphänomene zum Gegenstand wissenschaftlicher Forschung und Lehre zu machen, um mittels verschiedener Formen der Fort- und Weiterbildung zugleich die wechselseitige Aufklärung von Wissenschaft, lebensweltlicher und beruflicher Praxis der Gastronomie, der Bildungsbereiche, der Medien, der Hotellerie, des Tourismus und der sich globalisierenden Unternehmen vor allem der Lebensmittelwirtschaft über die Rolle und Bedeutung des Essens und der Gastlichkeit im Aufbau der Kulturen, in den Verständigungsprozessen und in der individuellen menschlichen Existenz zu befördern.

Alle Ernährung hat einen körperlich-materiellen und einen psychisch-soziokulturellen Aspekt; zwischen Bedürfnis (Hunger und Appetit) und Befriedigung (Essen und Trinken) setzt der Mensch das kulturelle System der Küche; Kulturen und Religionen gliedern mit ihren Speisegesetzen nicht nur den Tag, sondern auch die Woche oder den Monat; die Mahlzeit ist immer eine soziale Situation. Die Kulinaristik ist sich im Klaren über die generelle Aufgabe, die ihr diese Komplexität und die Weltentwicklung stellen: sowohl universell akzeptable als auch solche Konzepte und Begriffe zu erarbeiten, die in Wahrung historischer Besonderheiten nur für einzelne Kultur- und Sprachregionen gelten. Das Verhältnis der kooperierenden Fächer zur (beruflichen) Praxis wird darum nicht als Einbahnstraße des Wissenstransfers verstanden, sondern im Sinne angewandter Wissenschaft als Lernprozess aller Partner gedacht. Dieses Prinzip schließt die Pluralität der Annäherungs- und Verfahrensweisen der Kooperationspartner ein. Mit dieser Zielsetzung kehrt die Kulinaristik die übliche Reihenfolge von Forschung und Lehre durchaus um und etabliert tendenziell so etwas wie eine partielle Verschränkung von wissenschaftlicher und beruflicher Bildung.

2. Essen und Trinken sind für die Kulinaristik insbesondere Gegenstände einer praxiszugewandten, mehrdimensionalen Kulturwissenschaft und der für ihre Grundlegung benötigten Forschung. In diesem Ansatz berührt sie sich mit den Zielen der Ernährungsbildung (Heindl 2003). In ihrem Blickwinkel erscheinen Essen und Ernährung als zwei verschiedene Handlungen und Handlungskomplexe (Pudel 2005,65), deren Verhältnis zueinander sich mit zwei konzentrischen Kreisen vergleichen lässt. Der größere Kreis repräsentiert das Essen, das als Handlung und Situation im Unterschied zur Ernährung (Nutrition) und zum Konsum als Verbrauch von Gütern in die umfassenden alltäglichen und festtäglichen Sinnsysteme von Kultur(en), Kommunikation und Küchen und damit auch in die Emotionalität menschlicher Existenz eingebettet ist. Über diese Sinnsysteme und ihre Zeichenhaftigkeit gewinnt das Essen seinen besonderen Stellenwert für die Menschen und den Aufbau des menschlichen Lebens.

Entsprechend meint das deutsche Wort *Essen* in der Sicht der Kulinaristik nicht die generelle Aufnahme von Nahrung, sondern das von Situation zu Situation unterschiedlich gestaltete und begründete Zusichnehmen zubereiteter Speisen. Bei deren Untersuchung und lehrenden Vermittlung geht es vor allem um die Erfassung sozialer und kultureller Dimensionen des Essens und Trinkens und das wiederum mit dem Blick auf ihre mögliche bildungspraktische Relevanz, wozu zum eine Besinnung auf die Rituale des Essens, zum anderen eine systematische Nahrungskritik gehört, wie es seit langem eine Literaturkritik gibt. Diese Kritik wird von Hans Günter Grimm im vorliegenden Band expliziert. Sie trifft sich mit der von Roland Posner und Nicole Wilk erläuterten kulinaristischen Semiotik in der Analyse jener (Marken)-Zeichen, deren kultureller Wert nicht aus dem Ritual, sondern von Unternehmen und Verbraucherorganisationen stammen (Werbung, Medien, politische Aufklärung)

Wie die Kulturwissenschaften generell benötigt werden, damit sich eine Gesellschaft besser verstehen lernt, so wird die Kulinaristik gebraucht, damit die Menschen die gesellschaftliche Bedeutung des Essens besser begreifen lernen. Die Kulinaristik wird, so steht zu hoffen, die Kraft aufbringen, sich den drängenden Problemen zu stellen, die wir alle gemeinsam haben und deren Lösung gesucht wird. Zu diesen Aufgaben gehören sowohl der Brückenschlag zwischen den Disziplinen und der Aufbau eines Zusammenwirkens von Kultur- und Naturwissenschaften als auch die Erarbeitung von Bildungsangeboten für das Gastgewerbe sowie die Einbettung der Kulinaristik in den Horizont der Wiederentdeckung des kulturellen Erbes und der interkulturellen Kommunikation. Denn nur dieses multivalente Zusammenwirken vermag die Erforschung der Zusammenhänge zu leisten und deren Auswirkung auf die Gesellschaft zu erfassen.

3. Ausgangsidee der Kulinaristik ist die anthropologische Annahme, dass das Kulturphänomen Essen als individueller und kollektiver, privater und öffentlicher Verhaltens-, Kommunikations-, Wert-, Symbol- und Handlungsbereich den ganzen Menschen betrifft und so eng mit unserem jeweiligen Kommunikationssystem in Alltag und Festtag verbunden ist, dass man es mit gutem Grund als ‚soziales Totalphänomen' charakterisiert hat (Marcel Mauss). Da man andere Gruppen (Kulturen) nur verstehen kann, wenn man den je eigenen Blickwinkel kennt, unter dem man die Andersheiten anderer Gruppen (Kulturen) erfasst, steht zugleich der Erwerb vertiefter Kenntnisse der eigenen Kultur und der Interkulturalität auf der kulinaristischen agenda. Sie schließt die Problematik von Nahrungssicherheit und Ernährungssicherung in der internationalen Entwicklungszusammenarbeit ein (Leonhäuser 2005).

Als mehrdimensionale und multidisziplinäre Kulturwissenschaft unterstützt die Kulinaristik in ihrem eigenen Interesse die Fähigkeit der einzelnen Disziplinen, Forschungsschwerpunkte und Branchen, sich in die kooperative Erkenntnisarbeit einzubringen; denn Interdisziplinarität setzt Disziplinarität voraus. Zugleich lässt sie sich von der Überzeugung leiten, dass die gemeinsame Erkenntnisarbeit das Orientierungswissen bereitzustellen und zu stärken vermag, das unsere Gegenwart angesichts der Diskrepanz zwischen dem zuständlichen Hunger in der Welt und der anwachsenden Fülle industrieller Nahrungsmittelproduktion benötigt: das Wissen um die Nichtvertretbarkeit des Menschen beim Essen und um die globale moderne Kulturgeschichte als der Geschichte des menschlichen Zusammenlebens. Entsprechend versteht sich Kulinaristik nicht nur als Teil und Variante praxisbezogener Kulturwissenschaften, sondern auch als Beitrag zu den *Lebenswissenschaften*. Sie erweitert auf diese Weise den bisher eher naturwissenschaftlich gefassten Begriff der Lebenswissenschaft und rückt somit erneut in eine Zwischenposition ein.

4. Bislang konnte mit Grund angenommen werden, dass die italienische und die französische Küche in Europa die führenden Rollen spielen. Doch diese Situation hat sich seit 1977, dem Jahr des legendären Besuch von Paul Bocuse in Frankfurt (Barlösius in Menell, S. 438 ff.), dem Erscheinen des Roman „Der Butt" von Günter Grass und des ersten Aufsatzes zur Literaturwissenschaft des ‚sozialen Totalphänomens' des Essens (Wierlacher 1977) auf den betreffenden Ebenen kontinuierlich geändert. In der deutschsprachigen Wissenschaft wächst seit Beginn der achtziger Jahren die Zahl der sich beteiligenden Fächer kontinuierlich an, das Spektrum reicht inzwischen von der Soziologie, Semiotik, Kulturanthropologie, interkulturellen Germanistik und kulturwissenschaftlichen Literaturforschung über die Altphilologie, die Empirische Kulturwissenschaft und die Kulturanthropologie/Ethnologie, die Japanologie, die Sinologie und die Wirtschaftsgeographie, die Ernährungsforschung und die Ernährungsbildung, die Medizingeschichte und die Sozialpsychologie bis zur Theologie, der Kunstwissenschaft und der Museumsgeschichte, verwiesen sei auf die Bibliographie im vorliegenden Band und in *Kulturthema Essen* (1993).

Hochschul- und bildungspolitisch hat sich diese Entwicklung trotz des sanften Rückenwinds der Veränderung der Geisteswissenschaften zu Kulturwissenschaften aber noch kaum ausgewirkt, wiewohl der Wissenschaftsrat der Bundesrepublik Deutschland 2006 zum ersten Mal auf die interdisziplinäre Kulturwissenschaft des Essens verwiesen hat[2]. Es gibt unter den über 4000 Fächern der Universitäten und wissenschaftlichen Hochschulen nach wie vor keine Disziplin, die sich der systematischen Erforschung des Kulturphänomens und Kulturthemas des Essens verschrieben hätte. Neuere gastronomische und wissenschaftliche Leistungen, das Design des gedeckten Tisches, die Modernisierung des Lebensmittelhandels, die Industrialisierung der Nahrungsmittelproduktion und die Internationalisierung des Marktes haben eine Fülle von Innovationen hervorgebracht. Doch diese Entwicklungen finden, anders als die Hochwertung der technischen Bildung und technischen Entwicklungsarbeit, in der Wissenschafts- und Bildungspolitik immer noch zu wenig Resonanz. Das größte deutschsprachige Land unterhält außer den einschlägigen Ministerien in Bund und Ländern viele Einrichtungen für Ernährungsforschung mit Abteilungen für einzelne Lebensmittel (Kartoffel, Milch, Fleisch u.a.); keine von ihnen hat in ihre Forschungspraxis die kulturellen Komponenten der Ernährung einbezogen. Es gibt bislang nicht einmal nötiges Lehr- und Lernmaterial. In den Studienbüchern zum Gastronomie-Management sucht man Erläuterungen des Geschmacks oder des Genusses ebenso vergebens wie in Standardbüchern der Ernährungsmedizin. Die Kulinaristik sucht dieses Manko schrittweise und auf dem Weg über neue Kooperation zu verringern. Zu diesem Zweck sind

[2] Drucksache 7618 – 06.

im vorliegenden Band wie in einem vielstimmigen Orchester sowohl Beiträge aus den oben angeführten Disziplinen als auch aus der fächerübergreifenden Ritualforschung, der Sensorik, der Gastronomie und der Druckerbranche, des Hörfunks und der nationalen und internationalen Kulturarbeit versammelt.

5. Die Kulinaristik wird in einer Zeit aufgebaut, die sich weltweit unter anderem durch die Beschleunigung ihres Wissenszuwachses auszeichnet. Ein Hochschulstudium kann infolge dieser Wissensexplosion und der logischerweise immer kürzer werdenden Verfallszeiten des neuen Wissens nicht mehr für einen singulären und lebenslang ausgeübten Beruf vorbilden, es muss zugleich zur Aufnahme von Tätigkeiten in verschiedenen Berufsfeldern befähigen, in denen man sich im Lauf seines Lebens wahrscheinlich bewegt. Diese doppelte Herausforderung macht es unmöglich, in die Ausbildung die gesamte Wissensbreite eines Faches aufzunehmen. „Also muss das Studium vor allem wissenschaftliche Grundlagen- und Methodenkenntnis vermitteln und dadurch weiterbildungsfähige Absolventen hervorbringen“ (Herzog 1998, S. 152).

Das generelle Aufgabenprogramm der Kulinaristik lautet entsprechend, zur unausweichlich gewordenen berufbezogenen Fort- und Weiterbildung beizutragen. Aus diesem Grund erweitert die Kulinaristik ihr Selbstverständnis als Kultur- und Lebenswissenschaft um die Dimension einer Bildungswissenschaft, der es darauf ankommt, mit dem vertieften Verständnis für Essen und Trinken als Handlungen und Situationen eine *kulinarische Bildung* zu vermitteln, die mit der konzeptionellen Grundlegung einer kulinarischen Allgemeinbildung beginnt (vgl. Ines Heindl 2003 und ihren Beitrag im vorliegenden Band). Dieses Bildungsangebot richtet sich an alle Interessierten, insbesondere an die Verantwortlichen in den sich internationalisierenden Unternehmen, in der Gastronomie, der Hotellerie, der Lebensmittelwirtschaft, der Ernährungsberatung, in den Schulen, Hochschulen und Kulturinstituten.

6. Im Sinne einer Gemeinschaftsleistung beschreiben die versammelten Beiträge des vorliegenden Bandes den Horizont der Kulinaristik und konstituieren ihn zugleich. Als Konglomerat verschiedener Wissensbestände und Kompetenzen ist die Kulinaristik auch in der Lage, zur Korrektur von Fehlentwicklungen wie der fatalen Überernährung in Überflussgesellschaften beizutragen. Bereits 1976 stellt der ‚Ernährungsbericht‘ der Deutschen Gesellschaft für Ernährung, herausgegeben im Auftrag der Bundesministerien für Jugend, Familie, Gesundheit sowie für Ernährung, Landwirtschaft und Forsten fest: „Die Appelle der naturwissenschaftlich arbeitenden Ernährungswissenschaften für eine physiologisch richtige Ernährung werden vom Durchschnittsverbraucher wenig oder gar nicht registriert, weil tief verwurzelte Nahrungsgewohnheiten dem entgegenstehen“ [3]. Die sozialen oder erlernten Faktoren des Ernährungsverhaltens und der Nahrungszubereitung besitzen größere Zähigkeit und Konstanz als die biologisch-natürlichen Aspekte oder Körperfunktionen, der Magen gewöhnt sich leichter als der Kopf an neue Speisen. Doch jeder Akt des Essens ist zugleich ein nutritiver Akt. Aus diesem Grund

[3] Ernährungsbericht 1976, S. 396.

bleibt das Gemeinschaftshandeln auch von Kulturwissenschaften und Naturwissenschaften für die Kulinaristik ebenso unverzichtbar wie die Zusammenarbeit der verschiedenen Wissenschaften mit Branchen wie dem Gastgewerbe und der Lebensmittelwirtschaf.

Essen und Trinken sind Tätigkeiten und Handlungen, die nicht delegiert oder vertreten werden können und darum vom erwachsenen Menschen immer wieder persönliche Entscheidungen verlangen. In von Zeitmangel geplagten Gesellschaften, die im Kontext der Internationalisierung auch noch Gefahr laufen, die kulturellen Grundlagen ihrer eigenen Existenz zu bagatellisieren oder gar zu verlieren, gehört die erforderliche Speisenwahl darum oft zu den ungeliebten Schwierigkeiten des täglichen Lebens (Schipperges 1993). Sie werden trotz aller Ernährungsberatung ähnlich gerne vermieden wie das Kochen, das Leistung, also Arbeit in der Zeit verlangt, die man oft nicht hat oder sich nicht nehmen will, weil andere Prioritäten gesetzt werden. Die großen Discounter und die Convenience Food- Industrie sind die Gewinner dieser historischen Entwicklung geworden, selbst *bruschette* werden inzwischen tiefgefroren angeboten.

Versteht man unter einer Küche nur einen peripheren und schlecht ausgestatteten Handwerksbereich, bagatellisiert man die Rahmenbedingungen der modernen Arbeitswelt aus privilegierter Perspektive und übersieht man zugleich, dass handwerkliches Können die Grundlage aller Produktivität in Wirtschaft, Wissenschaft und Politik ist, dann darf man sich allerdings nicht wundern, wenn die kultur- und gemeinschaftsbildende Bedeutung des Kochens angesichts der Zeitersparnisse, die von der Fertigspeisenindustrie angeboten werden, vergessen, verdrängt oder immer mehr aufs Wochenende reduziert wird. Die Kulinaristik will das kulturstiftende Verständnis von Essen und Kochen rehabilitieren, ohne die Fortschritte der Nahrungsmittelindustrie und der Küchentechnik sowie die Zwänge der Arbeitswelt zu leugnen. Sie kann sich zu diesem Zweck, vergleichbar den Herausforderungen der Kunst- und Literaturwissenschaften, allerdings nicht nur an den Vorstellungen und Leistungen von Spitzenköchen orientieren, weil diese, abgesehen von Kochshows in den verschiedenen Kanälen des Fernsehens, kaum mehr als 2% der Bevölkerung erreichen und in ihren Erfahrungen nur einen kleinen Ausschnitt der realen gesellschaftlichen Normen, Ansichten und Regeln repräsentieren. In Anlehnung an Bourdieu umfasst das Spektrum der Kulinaristik daher sowohl den Expertengeschmack als auch den Laiengeschmack, der wie alle unsere Geschmacksentscheidungen nicht zuletzt durch das Interesse an der Zugehörigkeit zu bestimmten sozialen Gruppen beeinflusst und oft sogar geprägt wird.

7. Gruppenbindung und Geschmacksbindung stehen in einem komplexen Verhältnis zueinander. Es hilft folglich wenig, normative Setzungen über den gesellschaftlich geprägten Freiheitswillen des Subjekts hinweg formulieren und etwa in der Ernährungsberatung durchsetzen zu wollen. Eingeschlossen in die Aufgabenbestimmungen der Kulinaristik sind daher in Wahrung des Respekts vor der Selbstbestimmung des Subjekts die kulturellen Essennormen als Medien des freiheitlichen Selbstverständnisses und der Zugehörigkeitsentwürfe der Menschen. Sie erlangen ebenso wie die kommunikativen, symbolischen und sozialen Handlungsfunktio-

nen des Essens, die professionellen Dienstleistungskonzepte, die politischen Verordnungen und die Ergebnisse der modernen Lebensmitteltechnologie in der Alltagskommunikation oder in Lehre und Weiterbildung kulturelle Wirkungen, indem sie zum Spiegel, zum Ausdruck oder zum Regulativ sozialer Verhältnisse werden und als solche ‚gelesen‘ und kulturpolitisch begriffen werden. Kulturen sind aber ebenso wenig perfekt wie ihre Schöpfer. Darum ist immer auch zu sehen, „dass kulturelle Systeme nicht nur Organisationsmuster des Selbstverständnisses hervorbringen und bereitstellen, sondern zugleich damit fortgesetzt Fallen der Selbsttäuschung und der unbemerkt verfälschten Orientierung installieren“ (Neumann 2005, 216).

An vertiefter Aufklärung über diese Zusammenhänge besteht im Kontext der anhaltenden Globalisierungsprozesse und ihrer Rückwirkungen überall gesteigerter Bedarf. Verwiesen sei hier nur auf die Inszenierung des Essens als Konstruktionshilfen kultureller Selbstverständnisse in Japan (Hijiya-Kirschnereit 2000 und im vorliegenden Band) und vor allem in Europa. Es trifft zweifellos zu, dass nur derjenige, der seine eigenen Wurzeln kennt, sich auch selbstbewusst der globalisierten Welt öffnen kann. Welch erhebliche Spannungen und Ideologeme aber aus diesen Selbstbehauptungsansprüchen erwachsen können, belegen die Auseinandersetzungen in der Europäischen Union über die Wahrung kultureller Signaturen von Speisen und Getränken (Streinz 1997) im Allgemeinen sowie die Kämpfe Österreichs um seine von Deutschland abweichenden Speisenbezeichnungen im Besonderen (de Cilia 1995). In diesen Auseinandersetzungen geht es nicht allein um wirtschaftliche Vorteile, sondern auch und vor allem um das eigenkulturelle Profil als Modus der Selbstbewahrung, da Speisen in ihrer authentischen und verbürgten Qualität ebenso wie Mahlzeitenkonzepte Verlässlichkeit stiften und auf diese Weise zugleich Sicherheit für Selbstverständnisse und Verhaltensweisen der Menschen und deren ökonomische Basis liefern.

Die gewünschte Zuerkennung macht den Konstrukt-Charakter der Regionalität deutlich. Diese Verdeutlichung ist in der Sicht der Kulinaristik umso nötiger, als personale oder kulturelle Identitäten keine überzeitlich statische Daseinsfaktoren, sondern Kerne bildende Wandlungssysteme sind, die Wandlungsfähigkeit brauchen und ermöglichen, so dass mit der betreffenden Zuschreibung auch die Zukunftsfähigkeit der jeweiligen Speisenkultur gesichert wird. Deren Anerkennung im Sinn der Zuschreibung ihrer Besonderheit ist kulturpolitisch umso relevanter, als Speisen in ihrer verbürgten und zugleich entwicklungsfähigen Qualität Orientierung bieten und auf diese Weise Selbstverständnisse und Verhaltenskulturen prägen. In Baden-Württemberg wurde für die Pflege der ‚Spätzle‘ und ‚Maultaschen‘ im Jahre 2002 sogar ein eigenes *Colloquium* gegründet, das sich zur Aufgabe gemacht hat, schwäbische Leitkultur am Leben zu erhalten.

8. Als selbstreflexive Variante einer praxiszugewandten Orientierungswissenschaft schließt die Kulinaristik in ihre Analysen und Konzeptbildungen fundamentale Bereiche wie die Ritualität des Essens oder die Gastlichkeit und die Geschlechterproblematik ein. Rituale dienen insbesondere als Überführungs- und Verwandlungshilfen, als sogenannte rites de passage. Sie fungieren insofern als Brücken,

die Menschen von einem Ufer ans andere führen, z.B. vom Leben in den Tod mittels einer Begräbnisfeier, aber auch von der Privatwohnung ins öffentliche Restaurant. Um wirksam zu werden, muss das kulinarische Wissen allerdings auch sprachlich wie unsere Begriffe anschlussfähig bleiben, also Kommunikationsbedingungen gerecht werden. Ein erster Schritt dazu war die Prägung des Ausdrucks ‚Kulinaristik'. Dass der Prozess der Zivilisation am kulinarischen Geschmack beobachtet werden kann, wusste auch Max Horkheimer[4]. Heute wissen wir darüber hinaus, dass die gesellschaftliche Wirklichkeit zum großen Teil von Einschätzungen und Bewertungen bestimmt wird, die sprachlich vermittelt sind. Wir benötigen darum eine breite Reflexion über die kulinaristische Sprache. Solange beispielsweise die berufliche Gastlichkeit nur als *Dienstleistung* begriffen wird, statt sie zugleich in ihrer komplexen Bedeutung als *kulturstiftende* Tätigkeit erkennbar zu machen, wird es kaum möglich sein, ihre Abwertung in privater Lebenswelt und Beruf zu beenden. Das rhetorische Klagen über die ‚Dienstleistungswüste' Deutschland hilft nicht, sondern überdeckt in seiner sprachlichen Abwertung nur die Ursachen der Verwüstung.

Diese Ursachen liegen nicht zuletzt in Versäumnissen sowohl der zuständigen Branchen als auch der Wissenschaften. Eine praxisbezogene Kultur- und Kommunikationswissenschaft der Gastlichkeit existiert so gut wie gar nicht (Bahr 1994); die beruflichen Aufgaben des Hotel- und Gastronomiegewerbes hat man in Deutschland jahrzehntelang von der Dignitität wissenschaftlicher Studiengänge ferngehalten. Gastlichkeit spielt aber nicht nur im Geschäftsleben, sondern auch in den alltäglichen Lebenswelten schon infolge der menschlichen Anerkennungsbedürfnisse eine große Rolle.

Anthropologisch gesehen ist der Wunsch nach Anerkennung ein Grundbedürfnis ähnlich wie das Reden, das Atmen und Essen. Basisbedeutung aller Anerkennung ist im Sinne der Logik eines Urteils die *Bejahung* (Bestätigung) im Unterschied zu einer Verneinung. Wer eingeladen ist, erfährt Zustimmung und Wertschätzung gleich dreifach: als individuelles Bedürfniswesen, als Rechtsperson und als gesellschaftliches Subjekt. Als solchermaßen positive Sanktion ist die Anerkennung ein zentraler Verstärker aller Leistungsbereitschaft und im menschlichen Leben unentbehrlich. Soll das Gastgewerbe als eines der für das Zusammentreffen der Menschen bedeutendsten Wirtschaftszweige zureichend an derartige Wissensbereiche angeschlossen werden, muss es ebenso wie andere Branchen, die im realen Leben der Menschen etwas mit dem Essen zu tun haben, auf differenzierte Weise in den Bologna-Prozess der Bildungsbereiche einbezogen werden.

Absicht der Kulinaristik ist aus diesem Grund, das kollektive Wissen und den Diskurs über die Nahrungskultur(en) praxisnah und berufsspezifisch zu vertiefen sowie Studienmöglichkeiten zu schaffen, deren Voraussetzung Bereitstellung von Wissen und Forschungsplanung heißt. Darum konzentriert sich der vorliegende Band auf entsprechend ausgerichtete Beiträge, denen es zum einen um die Verdeutlichung von Beitragsmöglichkeiten ausgewählter Wissenschaften und zum an-

---

[4] Vgl. Max Horkheimer: Bürgerliche Küche. In: Max Horkheimer: Ges. Schriften, hg. von Alfred Schmidt und Gunzelin Schmidt-Noerr. Frankfurt 1992, Band 6, S. 237 f.

deren um die Schärfung von Basiskategorien wie der Ritualität des Essens, Geschmack und Genuss geht sowie darum, die Aufgeschlossenheit für eigene und fremde Kulturen in der Absicht zu fördern, die Verständigung zwischen den Kulturen über die konzeptionellen Hintergründe ihrer kulinarischen Systeme zu erleichtern.

Immer mehr Menschen werden künftig mit Angehörigen anderer und fremder Traditionen, Rechtssysteme und kollektiver Sinnentwürfen kooperieren (müssen), so dass die Befähigung zur qualifizierten interkulturellen Kommunikation für immer mehr Menschen auch über das ‚soziale Totalphänomen' der kulturdifferenten Küchen zu einer Art intellektueller Grundausstattung werden wird. Als besondere Aufgabe der Kulinaristik darf aus diesen Gründen die Verdeutlichung der Geschichte und Theorie des Dienens und der Gastlichkeit als Handlungsweise und Institution gelten, die den Fremden (gr. *xenos*) seit alters zunächst als Diplomaten oder Händler im Staatsinteresse und in der Folge der Zivilisationsgeschichte aus menschenrechtlichen Gründen zu schützen suchte. Die Kulturgeschichte spiegelt diese historischen Anstrengungen in der Entwicklung des lateinischen Wortes *hostis* (Feind) zur englischen Kurzform *host* und zum deutschen Wort *Gast* sowie in der schützenden Haltung, die dem fremden Gast entgegengebracht wird. Die noch heute verwandten Begriffe und Institutionen ‚Fremdenrecht' und ‚Fremdenzimmer' weisen auf diese Entwicklungsgeschichte zurück.

9. Die eingangs erwähnte interkulturelle Germanistik gibt es inzwischen an mehreren Universitäten der Bundesrepublik, jüngste im Bunde ist die Universität Göttingen. So weit sind wir in der Kulinaristik noch nicht. Doch ist es in den vergangenen Jahren (2000–2007) immerhin gelungen, die Komplexität des Gegenstandes in Schwerpunkten produktiv zu reduzieren und spezielle Maßnahmen zur Forschungsförderung ins Leben zu rufen: schon 2005 wurde vom Verfasser ein erstes Jahresprogramm mit 30 Seminaren (‚*Vorlesungszeichnis*') erarbeitet und der erste *Bachelor-Studiengang* Deutschlands angeregt, an dem die Kulinaristik beteiligt ist; im Lauf der Jahre 2006 bis 2008 sind ferner mehrere *Arbeitskreise*, *Forschungsstellen* sowie ein *Forum* konzipiert und an Universitäten eingerichtet worden. Diese und weitere Umsetzungen der Visionen der Kulinaristik in praktische Programme werden am Schluss des Buches näher dokumentiert.

2 Zur Komposition des Bandes. Perspektiven und Programme der Kulinaristik im Spiegel der Beiträge

Das Buch ist in fünf Kapitel gegliedert. Das erste Kapitel versammelt Beiträge zu Grundfragen der Kulinaristik, im zweiten kommen Aspekte der Kulinaristik als neuer Bildungswissenschaft zu Wort, in denen sich die Kulinaristik mit den Zielen der Ernährungsbildung und dem eingangs angeführten Arbeitskreis trifft. Das dritte Kapitel erörtert Aspekte der Thematisierung des Essens in den Medien; das vierte präsentiert erstmals grundsätzliche Beiträge der Kulinaristik zur gastronomischen Forschung. Das fünfte und abschließende Kapitel versteht sich als ein Stück

Wissenschaftsgeschichte. Es dokumentiert die bisherige Geschichte der Kulinaristik, ihrer Organisation und der Umsetzung ihrer Visionen in konkrete Programme (2000–2008).

Eröffnet wird das erste Kapitel mit einem Beitrag zur Kulinaristik als Kultursemiotik von *Roland Posner* und *Nicole Wilk*. Nahrungsmittel und Speisen gewinnen in allen Kulturen immer auch die Funktion von Zeichen, und die Semiotik vermag diese speziellen Zeichen im Konnex der Zeichenhaftigkeit des Zusammenlebens von den Verkehrszeichen über die Tiefensymbolik von Speisen bis zu den Unterschiedlichkeiten der Geschlechter, zu denen auch das Essverhalten und vor allem die Präferenzen von Speisen zählen, zu erklären.

Eva Barlösius, die seit vielen Jahren einschlägige Forschungen vorgelegt (*Soziologie des Essens* 1999) und bereits an dem Grundlagenband *Kulturthema Essen* (1993) mitgearbeitet hat, weist in ihrem Beitrag kulinarische Geschlechterpräferenzen als empirische Sachverhalte auf, die weniger in biologischen Zusammenhängen als in Erwartungsmustern gründen, denen man entspricht. Aus Sicht der Kulturanthropologie schließt *Regina Bendix* die fundamentale Qualität der Gastlichkeit für den Umgang der Menschen miteinander auf dem Weg über empirisch gefestigte Miniaturen auf. Eine empirisch orientierte Untersuchung des Redens beim Essen, die ursprünglich für das in der Geschichte der Kulinaristik bedeutsame Elsass-Kolloquium aus dem Jahre 2003 gedacht war (vgl. das Schlusskapitel des Bandes), hat *Regina Bendix* bereits an anderer Stelle veröffentlich und macht dort deutlich, dass der Schnittpunkt ‚Reden und Essen' der Kommunikationsethnographie im Horizont der Kulinaristik ein breites Spektrum disziplinärer Ansatzmöglichkeiten bietet (Bendix 2004).

Da die Menschen und ihre Handlungen auch von den kulturellen Räumen geprägt werden, in denen sie aufwachsen und leben, bilden diese Räume geradezu selbstverständlich einen Gegenstand der Kulinaristik. Mit drei unterschiedlich akzentuierten Beiträgen der Japanologin *Irmela Hijiya-Kirschnereit* über den Großraum Japan und die nationalkulturelle Funktion des Essens als Selbstbehauptungsmittel, der Wirtschaftsgeographen *Jörg Maier* und *Daniela Förtsch* über die kleine Region Oberfranken und des Kulturwissenschaftlers *Bernhard Tschofen* zu systematischen Gesichtspunkten der Regionalität des Essens, in denen er den Versuch unternimmt, Ansätze zu entwickeln, mit denen sich Entstehung und Funktionieren von regionalen Geschmacksordnungen und raumbezogenen kulinarischen Praktiken im konkreten Kontext der europäischen Schutzsysteme für das sog. kulinarische Erbe erklären lassen, thematisiert der Band diese Basisdimension der Kulinaristik; sie wird in verschiedenen Beiträgen, vor allem von *Frank Thiedig*, nochmals aufgegriffen.

Da jede Essenshandlung auch eine sinnliche Handlung ist, bedarf der Einbezug sensorischer Perspektiven in den Horizont der Kulinaristik, die *Cornelia Ptach* erläutert, keiner näheren Begründung. Nötige naturwissenschaftliche Aspekte werden von *Karl Otto Honikel* mit Blick auf die Lebensmittelsicherheit und mit prinzipiellen Erwägungen über die Zusammenarbeit von Natur- und Kulturwissenschaften aktualisiert. Last but not least ist die sprachliche Bedingung ihrer selbst eine

Grundlagenproblematik der Kulinaristik. *Alois Wierlacher* unternimmt in seinem Beitrag zu diesem Kapitel erste Schritte zur Bestimmung von Konstruktionsprinzipien der kulinaristischen Sprache, die es bei der Entwicklung der Fächer und Branchen übergreifenden Kulinaristik zu beachten und weiterzuentwickeln gilt.

Kulturen sind keine statischen Wesenheiten, sondern sich wandelnde und durchaus uneinheitliche Normen- und Orientierungssysteme. Sie definieren sich in ihrer Dynamik nicht allein über ihre politischen Konturen und ihre Rechts- und Wirtschaftssysteme, sondern, wenngleich unauffälliger, auch über ihre Essenordnungen. Schon Friedrich Nietzsche charakterisiert diese Ordnungen mit Recht als ‚Offenbarungen' über Kulturen. Zu Anfang des 21. Jahrhunderts bestimmen jedoch nicht mehr nur die Kulturen und Subkulturen mit ihren spezifischen Normen, Konventionen und dem Geflecht von Bedeutungen, in denen Menschen im Rahmen von Makro-, Regional- und Subkulturen ihre Erfahrungen machen, sondern auch die globalisierten Nahrungsmittelkonzerne darüber mit, was als Lebensmittel angesehen, zum Verzehr zubereitet und aus welchem Anlass, in welcher Situation, warum und mit wem wie gegessen und der Tisch gedeckt wird.

Diese neue Situation gehört zu den historischen Bedingungen der Kulinaristik als Bildungswissenschaft. Konsequent wird dieses Kapitel mit einem Beitrag von *Ines Heindl* zur kulinarischen Allgemeinbildung eröffnet. Gastrosophische und philosophische Eigenschaften der Kulinaristik expliziert *Harald Lemke*, dem wir inzwischen ein großes Buch zum Thema verdanken (Lemke 2007); *Alois Wierlacher* diskutiert die kulinaristischen Grundbegriffe Geschmack und Genuss im phänomenologischen Blick auf ihre Oralität und Kulturalität. Der Beitrag von *Wolfgang Bauer* wendet sich dem Besteck im Kontext der globalen Vielfalt der Kulturen zu und wirft die Frage nach dem Zusammenhang von Speisenkultur und Esswerkzeugen auf. *Klaus Pfenning* erläutert den Zusammenhang zwischen einer neuen appetitanregenden Drucktechnik und kulinaristischen Gesichtpunkten; sein Beitrag öffnet Türen zu bislang noch kaum betretenen Räumen der Forschung. *Hans Ulrich Grimm* entwirft die Konturen einer erwünschten Nahrungskritik, die vergleichbare Aktivitäten wie die Literatur- und Kulturkritik entfaltet. Sein Vorschlag wird durch die neue EU-Verordnung über nährwertbezogene Angaben auf Lebensmitteln, die zum 1. Juli 2007 in Kraft getreten ist, gestärkt und geschützt. Diese neue Verordnung untersagt vor allem, mit Botschaften zu werben, deren Wahrheitsgehalt fragwürdig ist, wenn z.B. von einem Produkt behauptet wird, es ‚stärkt die Abwehrkräfte' oder ‚senkt den Cholesterin-Spiegel'. Solche Wirkungen müssen die Hersteller künftig durch wissenschaftliche Studien nachweisen. *Frank Thiedig* plädiert für eine kulturpolitische und kulturwissenschaftliche Besinnung auf das kulturelle Speisen-Erbe und rückt die Frage in Anlehnung an die französische Diskussion des ‚Terroir'-Konzepts in die Problematik der Regionalität ein, weil das kulinarische Erbe ohne den Bezug zur Region unverständlich bleibe. Er schlägt zur vertiefenden Befassung mit dem Gegenstand ein umfassendes kulinaristisches Forschungsnetzwerk vor, an dem alle wesentlichen Forschungsrichtungen sowie auch nichtwissenschaftliche Partner zu beteiligen wären. Die Beiträge des Liturgiewissenschaftlers Guido *Fuchs* und des Althistorikers *Angelos Chanio-*

tis thematisieren auf systematische bzw. kulturhistorische Weise Zusammenhänge von Kulinaristik und Religion. *Guido Fuchs* sieht in seinem Thema ein vorzügliches Beispiel für die Angemessenheit der Aufgabenstellung der Kulinaristik, die wechselseitige Aufklärung von Theorie und Praxis im Aufbau der Kulturen zu befördern und erläutert entsprechend sowohl die Entwicklung des Diskurses als auch Möglichkeiten praktischer kulinaristischer Arbeit einschließlich der seelsorgerischen Hinführung zu einer erfüllten Lebenskultur; *Angelos Chaniotis* erläutert Tiefendimensionen der kulinarischen Konstruktion von Göttlichkeit sowie kulinarischer Differenzierungen im Götterkult der alteuropäischen Kultur; *Peter Peters* Präsentation eines kulinaristischen Exkursionsprogramms im Zusammenhang von Weiterbildungsangeboten schließt das Kapitel ab.

Das dritte Kapitel des Buches ist der Medienkommunikation unter kulinaristischen Gesichtspunkten gewidmet. *Trude Ehlert* eröffnet das Kapitel mit einer Analyse ausgewählter Kochbücher als Dokumentente kultureller Entwicklungen. Statt einer Fernsehanalyse bietet *Klaus Pilger* eine Möglichkeitsanalyse eines unter dem Gesichtspunkt der Kulinaristik vernachlässigten Mediums: des Hörfunks. Der Beitrag von *Gisela Schneider* erarbeitet an Beispiel von Günter Grass Ansichten einer kulinaristischen Zeitkritik der Literatur heraus; er ist zugleich als eine hommage zum 80. Geburtstag des Nobelpreisträgers und als Erinnerung an die Preisverleihung der Akademie im Jahre 2005 gedacht. *Alois Wierlacher* ergänzt diese Herausarbeitung um eine Analyse der Streuselkuchen-Darstellung in Dietrich Krusches Roman *Stimmen im Rücken.* Dieser Beitrag und der filmwissenschaftliche Text von *Gerhard Neumann* sind die einzigen Nachdrucke des Bandes, redaktionell jeweils leicht verändert. Der eine wurde von den Herausgebern in diesen Band aufgenommen, weil er das Subthema der literarischen kulinaristischen Zeitkritik weiterführt, 1997 aus Anlass der auch für die Kulinaristik relevanten Verleihung des Dr. Rainer Wild-Preises gehalten und bislang nur in einer dem breiten Publikum eher fernen Fachzeitschrift vorgelegt wurde; der andere, weil es inzwischen zwar eine reiche Forschungsliteratur zum Thema, aber kaum eine Interpretation gibt, die so deutlich macht, wie sich Brücken auch zwischen Kulinaristik und dem Medium Film schlagen lassen.

Dem vierten Kapitel kommt aus Sicht der Herausgeber eine besondere wissenschaftspolitische Rolle zu; denn bislang sind kaum kulturwissenschaftliche Untersuchungen vorgelegt worden, die sich dezidiert als Beiträge zu einer gastronomischen Forschung verstehen. Die Beitragsfolge wird eröffnet mit *Dietrich Harths* Überlegungen zum kulinarischen Gedächtnis und zum gastronomischen Ritual. Harth sieht im Ritual einen Schlüsselbegriff der Kulinaristik, diskutiert im Blick auf das gastronomische Handeln die rituell geregelte Tischgemeinschaft als Urszene einer Abgründe überbrückenden Geselligkeit als Vergesellschaftung und geht dann der Frage nach, welche soziokulturelle Aussagekraft rituell eingeschliffene Handlungsmuster an Herd und Tisch besitzen. *Hans Stefan Steinheuer* steuert eine Beschreibung der heutigen Lage der Gastronomie aus der Sicht eines führenden Mitspielers bei; *Alois Wierlacher* profiliert Koch und Köchin aus der Sicht des teilnehmenden Beobachters als Kulturstifter und legt eine Erweiterung des Berufsbildes nahe; *Tilmann Allert* diskutiert Probleme des Professionalitätsbedarfs im Servicebereich der Gastronomie und sieht die Professionalitätsproblematik vor allem in dem Umstand begründet, dass sowohl Handlungsraum als auch Handlungsthema ein nur passageres Verhältnis stellvertretender Dienstleistung ermöglichen. *Wolfgang Fuchs* untersucht das kulinaristische Problemfeld Gastronomie aus der Sicht der Betriebwirtschaftslehre und regt an, dass die Betriebswirtschaftslehre die gastronomische Branche in Lehre und Forschung adäquat begleiten müsse. *Peter Kupfer* erläutert im Blick auf die wachsende Bedeutung des Weins in Lebenswelt und Gastronomie Chinas aus deutscher Sicht die Grundlegung einer vergleichenden Weinkulturforschung.

Das fünfte und letzte Kapitel des Buches dokumentiert im Sinne eines Beitrags zur Wissenschaftsgeschichte die Geschichte der Kulinaristik, ihrer Organisation und der Umsetzung ihrer Visionen in praktische Programme (2000–2008). Eine Auswahlbibliographie neuerer Publikationen, ein Anhang mit biobibliographischen Angaben zu den Beiträgern, eine Zusammenfassung (summary) und ein Namenregister schließen den Band ab.

Literatur

Barlösius, Eva / Manz, Wolfgang: Der Wandel der Kochkunst als genußorientierte Speisegestaltung. In: Kölner Zeitschrift für Soziologie und Sozialpsychologie 40 (1988), S. 706–727.

Barlösius, Eva: Soziale und historische Aspekte der deutschen Küche. In: Stephen Menell: Die Kultivierung des Appetits. Die Geschichte des Essens vom Mittelalter bis heute. Aus dem Englischen von Rainer von Savigny. Frankfurt 1988, S. 423–444.

Bendix, Regina: Reden und Essen: Kommunikationsethnographische Ansätze zur Ethnologie der Mahlzeit. In: Österreichische Zeitschrift für Volkskunde 58 (2004), S. 211–238.

Bourdieu, Pierre: Die feinen Unterschiede. Kritik der gesellschaftlichen Urteilskraft. [1979] Frankfurt 1999.

Engelhardt, Dietrich von /Wild, Rainer (Hg.): Geschmackskulturen. Vom Dialog der Sinne beim Essen und Trinken. Frankfurt 2005.

Flitsch, Mareile: „Westküche mit Eßstäbchen“. Überlegungen zur sozial-technischen Wahrnehmung der Welt im modernen chinesischen Alltag. In: Über Himmel und Erde. Festschrift für Erling von Mende. Hg. Von Raimund Kolb und Martina Siebert. Wiesbaden 2006, S. 127–151.

Herzog, Roman: Zukunft bauen. Erziehung und Bildung für das 21. Jahrhundert. Stuttgart 1998.

Herzog, Roman / Initiativkreis Bildung (Hg.): Zukunft gewinnen. Bildung erneuern. München 1999.

Heindl, Ines: Studienbuch Ernährungsbildung. Ein europäisches Konzept zur schulischen Gesundheitsförderung. Bad Heilbrunn 2003.

Hijiya-Kirschnereit, Irmela (Hg.): Essen und Ernährung im modernen Japan. In: Japanstudien 12 (2000), S. 9–297.

Fischer-Lichte, Erika /Pflug, Isabel (Hg.): Inszenierung von Authentizität. Tübingen/Basel 2000.

Lemke, Harald: Ethik des Essens. Einführung in die Gastrosophie. Berlin 2007.

Leonhäuser, Ingrid-Ute u.a.: Afrika im Blick der sozialwissenschaftlichen Ernährungsforschung. In: Spiegel der Forschung. Wissenschaftsmagazin der Universität Gießen. November 2005, S. 44 – 52.

Menell, Stephen: Die Kultivierung des Appetits. Die Geschichte des Essens vom Mittelalter bis heute. Aus dem Englischen von Rainer von Savigny. Frankfurt 1988.

Neumann, Gerhard: Das Essen und die Literatur. In: Literaturwissenschaftliches Jahrbuch N.F. 23 (1982), S. 173 – 190.

Neumann, Gerhard: Über die vorrangige Aufgabe einer künftigen Kulturwissenschaft des Essens. In: Alois Wierlacher (Hg.): Kulturthema Kommunikation. Möhnesee 2000, S. 401 – 409.

Neumann, Gerhard/Alois Wierlacher/Rainer Wild (Hg.): Essen und Lebensqualität. Kultur- und naturwissenschaftliche Perspektiven. Frankfurt 2001.

Neumann, Gerhard: Theater der Sinne. Daniel Spoerri und das Szenario der Eat Art. In: Dietrich von Engelhardt/Rainer Wild (Hg.): Geschmackskulturen. Vom Dialog der Sinne beim Essen und Trinken. Frankfurt /New York 2005, S. 205 – 216.

Posner, Roland (Hg.): Kulinarische Semiotik: Syntax der Mahlzeit, Semantik der Speisen, Pragmatik des Essens. In Zeitschrift für Semiotik 4 (1982), S. 319 – 428.

Pudel, Volker: Sicherheit und Lebensqualität durch sensorische Lust. In: Engelhardt, Dietrich von /Wild, Rainer (Hg.): Geschmackskulturen. Vom Dialog der Sinne beim Essen und Trinken. Frankfurt 2005, S. 59 – 70.

Schipperges, Heinrich: Lebensmittel – Mittel des Lebens. Einführung in die Regelkreise der Lebensführung. Bad Mergentheim 1985.

Segeberg, Harro: Technik in der Literatur. Ein Forschungsbericht und zwölf Aufsätze. Frankfurt 1987.

Taylor, Charles: Multikulturalismus und die Politik der Anerkennung. Mit Kommentaren von Amy Gutmann (Hg.), Steven C. Rockefeller, Michael Walzer, Susan Wolf. Mit einem Beitrag von Jürgen Habermas. Frankfurt 1993.

Welz, Gisela: Inszenierungen kultureller Vielfalt. Berlin 1996.

Wierlacher, Alois: Der Diskurs des Essens und Trinkens in der neueren deutschen Erzählliteratur. Zur Literaturwissenschaft eines ‚sozialen Totalphänomens'. Eine Vorstudie: Jahrbuch Deutsch als Fremdsprache 3 (1977), S. 150 – 167.

Wierlacher, Alois: Vom Essen in der deutschen Literatur. Mahlzeiten in Erzähltexten von Goethe bis Grass. Stuttgart 1987.

Wierlacher, Alois / Neumann, Gerhard / Teuteberg, Hans Jürgen (Hg.): Kulturthema Essen. Ansichten und Problemfelder. Berlin 1993.

Wierlacher, Alois: Kultur und Geschmack. In: Handbuch interkulturelle Germanistik, hrsg. von Alois Wierlacher und Andrea Bogner. Stuttgart 2003, S. 165 – 175.

Wierlacher, Alois: Jahresprogramm Fort- und Weiterbildung der Deutschen Akademie für Kulinaristik. Bremen 2005.

Wierlacher, Alois: Kulinaristische Anerkennung – Anerkennung der Kulinaristik. In: Volker Neuhaus / Anselm Weyer (Hg.): Küchenzettel. Essen und Trinken im Werk von Günter Grass. Frankfurt u.a. 2007, S. 21 – 33.

Kapitel I

Grundlagen und Rahmenpositionen der Kulinaristik

Kulinaristik als Kultursemiotik

Roland POSNER und Nicole M. WILK

Abb. 1: Werbeanzeige von Danone für den Joghurt „Activia"

1 Kulinarische Praxis und semiotische Theorie

Semiotik ist die Wissenschaft von den Zeichen und den Prozessen ihrer Herstellung und Verwendung (vgl. Posner u.a. 1997 – 2004). Als Kultursemiotik liefert sie theoretische Grundlagen für alle Kulturwissenschaften, insbesondere auch für die Kulinaristik (vgl. Posner 2003). Versteht man unter Kulinaristik die Wissenschaft, die die Rolle des Essens im Aufbau einer Kultur beschreibt und erklärt (vgl. Wierlacher 2005), dann gewinnt die Kultursemiotik für die Kulinaristik aus drei Gründen eine zentrale Bedeutung: Erstens haben Nahrungsmittel und Speisen in allen Kulturen die Funktion von Zeichen, und die Semiotik vermag diese speziellen Zeichensorten zu explizieren. Zweitens ist jede Kultur selbst als System von Zeichenprozessen aufzufassen, und die Kultursemiotik kann die Herstellung und

Verwendung kulinarischer Zeichen in ihrem Verhältnis zu den anderen Zeichenprozessen einer Kultur bestimmen. Drittens muss das, was die Semiotik der Kulinaristik anzubieten hat, nicht erst von außen aufgesetzt werden, vielmehr hat die Semiotik selbst die benötigten theoretischen Kategorien in erheblichem Maß aus der Analyse von Alltagstätigkeiten – wie dem Essen und Trinken und deren Vorbereitung – heraus entwickelt (vgl. Mead 1934, 1938 und 1968, Morris in Mead 1934 sowie Morris 1946 und Posner 1979, außerdem Lévi-Strauss 1966, Douglas 1975, Enninger 1982a und 1982b, Park 2003 und Wilk 2006). Das gilt für die Begriffe

- des *Zeichens* (vom Gasthausschild über die Speisekarte, den gedeckten Tisch und den Essensgeruch bis hin zur Speise auf dem Teller),
- des *Zeichenprozesses* (von der Anbringung und Entdeckung des Gasthausschilds über die Entzifferung der Speisekarte, die erwartungsvolle Wahrnehmung des gedeckten Tisches und des Essensgeruchs bis hin zum Kosten der Speise),
- des *Zeichenbenutzers* als Zeichenproduzent (Koch, Wirt, Hotelier), als Adressat (Gast) und als Vermittler (Kellner, Tischgenosse),
- des *Interpretanten* (Reaktion auf gegebene Zeichen wie das Tastgefühl beim Brechen des Brötchens, das Zusammenziehen der Mundschleimhaut beim Probieren des Weißweins, das Kribbeln in der Nase beim Kauen des Pfeffersteaks, das Gefühl der Fülle beim Herunterschlucken eines Bissens vom Germknödel),
- des *Signifikats* (des im Essen Präsentierten: Zwiebel oder Tomate, Hase oder Reh),
- des *Konnotats* (rustikale, bürgerliche oder gehobene Küche) und
- der *Zeichendimension* (von Zeichentypen wie Signal, Anzeichen, Ausdruck, Geste).

Ein berühmtes Beispiel für die hinter diesen Begriffen stehende Abstraktionsleistung sei hier kurz ausgeführt (siehe dazu ausführlicher Posner 1979: 53ff). Es stammt von den amerikanischen Neopragmatisten George Herbert Mead (1934, 1938 und 1968) und Charles W. Morris (Morris in Mead 1934 und Morris 1946) und wurde bis in die fünfziger Jahre des 20. Jahrhunderts viel diskutiert.
Betrachten wir, wie sich jemand verhält, der Hunger hat, d.h. der den körperlichen Impuls des Hungers spürt und ihn befriedigen möchte.

1. Phase: Er durchmustert seine Wahrnehmung und reagiert bevorzugt auf Sinnesempfindungen oder innere Vorstellungen von Essen.
Beispiele: a) Er riecht den feinen Essensgeruch von der unteren Etage. b) Er sieht ein Auto mit Backwaren vorbeifahren. c) Er hört die Fabriksirene die Mittagspause ankündigen. d) Er tastet nach dem mitgebrachten Pausenbrot, das er während des Unterrichts nicht essen darf.

2. Phase: Die Möglichkeiten, die diese Wahrnehmung ihm eröffnet, verwirklicht er, um bald zum Essen zu kommen.
Beispiele: a) Er geht dem Essensgeruch nach in die untere Etage, findet dort eine Kantine, steckt Geld in einen Automaten, zieht eine Gulaschsuppe, setzt sich damit an einen Tisch, nimmt einen Löffel zur Hand und kostet, ob die Suppe genießbar ist. b) Er schaut, vor welchem Geschäft das Konditoreifahrzeug hält,

geht hin und kauft sich ein Teilchen. c) Er lässt seine Arbeit stehen und liegen, wäscht sich die Hände, geht zur Umkleidekabine, holt einen Becher Kartoffelsalat und eine Zeitung aus der Tasche und geht damit auf den Hof. d) Er entfernt das Gummi und wickelt das Pausenbrot aus dem Papier.

3. *Phase*: Er nimmt das so vorbereitete Essen zu sich und stillt damit seinen Hunger.
   Beispiele: a) Er führt die Suppe Löffel für Löffel zum Mund, kaut und schluckt sie herunter; zwischendurch beteiligt er sich eventuell am Gespräch der Kollegen, die am gleichen Tisch sitzen und wirft ab und zu einen Blick auf die Nachbartische. b) Er wartet nicht lang, sondern begibt sich an einen der vorhandenen Stehtische und beißt in das Teilchen hinein, kaut und schluckt, bis er davon nichts mehr in der Hand oder im Mund hat; dabei lässt er seine Augen über die im Geschäft angebotenen Waren und die anderen Kunden schweifen. c) Er vertieft sich in die Zeitung, führt dabei den Kartoffelsalat zum Mund und verspeist ihn schließlich ganz. d) Er bricht immer mehr vom Pausenbrot ab, steckt es verstohlen in den Mund, kaut unauffällig und isst es allmählich ganz auf.

Diese Stadien des kulinarischen Handelns bezeichnet Mead als „Orientierungsphase", „Bearbeitungsphase" und „Erfüllungsphase" des Essens. Sie sind jeweils bestimmt durch impulsbezogene Wahrnehmung, Zubereitung eines impulsbefriedigenden Gegenstandes und Befriedigung oder Verdrängung des Impulses.

- Die impulsbezogene Wahrnehmung geschieht zunächst mit Hilfe der so genannten „Fernsinne" Sehen, Hören, Riechen; der wahrgenommene Gegenstand befindet sich dabei nicht in der unmittelbaren Umgebung des Handelnden, sondern veranlasst ihn, sich auf ihn zu zu bewegen. Die in dieser *Orientierungsphase* aufgenommenen Reize haben vorwiegend die Funktion von Orientierungsreizen und gehen auf Orientierungseigenschaften des impulsbefriedigenden Gegenstandes zurück.
- Zur Zubereitung in der *Bearbeitungsphase* können recht verschiedene Tätigkeiten gehören, vom bloßen Herrichten eines weitgehend impulsbefriedigenden Gegenstandes bis zum Herstellen eines völlig neuen solchen Gegenstandes entsprechend den Vorstellungen des Handelnden. Die Bearbeitung des Gegenstandes (d.h. die Herstellung der Speise) findet primär in der unmittelbaren Umgebung des Handelnden statt. Auch sie wird durch Wahrnehmungen gesteuert, doch bedienen diese sich mehr der Nahsinne Tasten und Schmecken. Die in der Bearbeitungsphase aufgenommenen Reize haben vorwiegend die Funktion von Bearbeitungsreizen und gehen auf Bearbeitungseigenschaften des Nahrungsmittels zurück.
- Die Beseitigung des Impulses in der *Erfüllungsphase* erfolgt entweder durch seine teilweise oder vollständige Befriedigung (durch den Verzehr der Speise) oder dadurch, dass ein anderer Impuls (zum Beispiel das Interesse am Tischgespräch, die Zuneigung zu einer ins Geschäft gekommenen Bekannten oder die Überraschung durch eine unerwartete Neuigkeit in der Zeitung) in den Vordergrund tritt und die Führung des Verhaltens übernimmt. Die bei der Impulsbefriedigung auftretenden Wahrnehmungsreize bedienen sich vorwiegend der

Nahsinne, haben die Funktion von Erfüllungsreizen und gehen auf die Erfüllungsbedingungen des Nahrungsmittels zurück.

Bei der Entstehung von Handlungsfähigkeit entwickeln sich in jedem Individuum die in dieser Skizze genannten Handlungsfaktoren in Wechselwirkung zueinander. Handlung, behandelter Gegenstand und Handelnder bestimmen sich gegenseitig und können in Abhängigkeit voneinander immer komplexer werden. Das ändert aber nichts an der Handlungsstruktur. Wichtig bleibt ein handlungsauslösender Impuls, der zunächst Orientierung über den besten impulsbefriedigenden Gegenstand und danach dessen Bearbeitung bis hin zur Erfüllung des Impulses verlangt. Die erste und die zweite Handlungsphase dienen nur dazu, die dritte zu ermöglichen. Die Orientierungsreize sind nur insofern relevant, als sie dem Handelnden zeigen, wie er Zugang zu den Bearbeitungs- und Erfüllungseigenschaften des impulsbefriedigenden Gegenstandes findet.

Längere Erfahrungen in der Befriedigung gleichartiger Impulse führen nun dazu, dass sich die Reaktionen des Handelnden mehr und mehr automatisieren: Die Orientierungsreize disponieren seinen Organismus für die Bearbeitungseigenschaften, und die Bearbeitungsreize bereiten ihn auf den Genuss des impulsbefriedigenden Gegenstandes vor. Schließlich wird, wer unter dem geeigneten Handlungsimpuls steht, bereits durch einschlägige Orientierungsreize auf die Erfüllungseigenschaften des impulsbefriedigenden Gegenstandes verwiesen. Die sichtbaren (visuellen) oder riechbaren (olfaktorischen) Eigenschaften einer Käsesorte können so zu einem *Zeichen* für ihre geschmacklichen (gustatorischen) Eigenschaften werden. Und dass zwischen diesen beiden Arten von Eigenschaften ein Zeichenzusammenhang besteht, äußert sich in der Disposition des Organismus, der den Käse sieht oder riecht, auch seinen typischen Geschmack zu genießen – falls er Lust darauf hat (d.h. wenn ein Hungerimpuls vorhanden ist).

Ausgehend von derartigen Beispielen haben Mead und Morris folgende Verallgemeinerungen getroffen:

- Als *Zeichen* fungiert in der Entwicklung eines Individuums primär ein Sinnesreiz, der in der Orientierungsphase einer Handlung auftritt und über die Fernsinne wahrgenommen wird.
- Als *Bezeichnetes* (Denotat dieses Zeichens) fungiert primär ein impulsbefriedigender Gegenstand, der in der Erfüllungsphase der Handlung auftritt und durch eine Menge von Erfüllungseigenschaften (das Signifikat) charakterisiert ist.
- Als *Interpretant* fungiert primär die Disposition des Handelnden, durch Genuss des Bezeichneten den Handlungsimpuls zu beseitigen.

Das prototypische kulinarische Zeichen ist also ein vorbereitender Reiz, der in Abwesenheit eines Hunger stillenden Gegenstandes die Disposition zu einer Reaktionskette der Art auslöst, wie sie der Hunger stillende Gegenstand selbst auslösen würde. Man kann sich dies am Beispiel des Weges zum Essen in einem Gasthaus bis in Einzelheiten hinein klarmachen: Wer Hunger hat und essen gehen möchte, hält Ausschau nach einem Zeichen für Gasthäuser, und sobald er eines gefunden hat, folgt er ihm bis hin zu dem Lokal. Neben der Eingangstür findet er meist eine Speisekarte, also ein weiteres Zeichen, das ihn auf mögliche Speisen (d.h. impulsbefriedigende Gegenstände, also Denotate) hinweist. Bei dem Gedanken an einige dieser Speisen läuft ihm bereits jetzt das Wasser im Mund zusammen (dies ist sein Interpretant der Speisekarte), und er stellt sich darauf ein, diese Speisen zu bestellen. Er betritt also den Gastraum, erfasst den angeregten Gesprächston, der dort herrscht, sieht einen schön gedeckten Tisch, der den Eindruck bestätigt, den bereits die Speisekarte mit ihren Preisen auf ihn gemacht hat, nämlich dass es sich um ein gepflegtes Restaurant handelt, und nimmt daran Platz. Alsbald kommt ein Kellner, dem er seine Wünsche vorträgt.

2 Bezeichnungsdimensionen versus Gebrauchsdimensionen kulinarischer Zeichen

Bevor wir uns nun dem Essen bzw. den Nahrungsmitteln, die in ihm verarbeitet sind, widmen, sei auf zwei weitere Aspekte von Zeichen hingewiesen, die dabei eine Rolle spielen werden. Zeichen können nicht nur in der Orientierungs- und der Bearbeitungsphase, sondern auch in der Erfüllungsphase einer komplexen Handlung auftreten. Je nachdem, in welcher Phase sie auftreten, haben sie verschiedene Bezeichnungsdimensionen:

- In der Orientierungsphase geht es dem Handelnden darum, Informationen über die Umgebung zu sammeln. Zeichen, die in der Orientierungsphase auftreten, dienen ihm also vorwiegend zur Sondierung der Lage, zur Feststellung der Situation. Solche Zeichen werden „*Anzeichen*" genannt, Morris (1946) nennt sie „designative Zeichen".
- In der Bearbeitungsphase geht es dem Handelnden darum, den impulsbefriedigenden Gegenstand in einer Weise zu behandeln, die dessen Befriedigungspotenzial optimiert. Unzureichende Eigenschaften dieses Gegenstandes werden zu „Signalen", sie zu verbessern. *Signale* sind Reize, die den Zeichenempfänger zu einem bestimmten Verhalten veranlassen, Morris (1946) nennt sie „präskriptive Zeichen".
- In der Erfüllungsphase geht es dem Handelnden darum, den impulsbefriedigenden Gegenstand mit all jenen Eigenschaften, die seine Bedürfnisse erfüllen, zu genießen. Jede dieser Eigenschaften wird für ihn zum „*Ausdruck*" dieses Genusses. Sie beeinflusst seine Wertschätzung dieses Gegenstandes, Morris (1946) nennt sie deshalb „appreziative Zeichen".

Der Unterschied zwischen diesen Bezeichnungsdimensionen zeigt sich im Interpretanten:

- Auf ein *Anzeichen* (designatives Zeichen) antwortet der Zeichenempfänger mit der Disposition, sich gegenüber dem Denotat so zu verhalten, als ob es die festgestellten Eigenschaften *besitzt*. Wenn zum Beispiel der von der Gulaschsuppe aufsteigende Dampf anzeigt, dass die Suppe heiß ist, wird sich der Zeichenempfänger auf die entsprechenden haptischen und gustatorischen Erfahrungen einstellen.

- Auf ein *Signal* (präskriptives Zeichen) antwortet der Zeichenempfänger mit der Disposition, das Denotat im Hinblick auf sein Befriedigungspotenzial in der vorgeschlagenen Weise zu *behandeln*. Wenn zum Beispiel dazu aufgefordert wird, den Orangensaft vor Gebrauch zu schütteln oder den Käse eine halbe Stunde vor Gebrauch aus dem Kühlschrank zu nehmen, so wird der Zeichenempfänger die Disposition zu den entsprechenden Handlungen haben, und er wird sie im Allgemeinen ausführen, falls er Durst auf Orangensaft oder Hunger auf Käse hat.
- Auf den *Ausdruck* einer Eigenschaft (appreziatives Zeichen) antwortet der Zeichenempfänger mit der Disposition, das Denotat im Hinblick auf sein Impulsbefriedigungspotenzial in der angeregten Weise zu bewerten. Wenn zum Beispiel ein Kind, das auf seine Mutter hört, Spinat auf seinem Teller hat und schwankt, ob es nicht lieber gleich den Pudding essen soll, wird sich seine Disposition, den Spinat zu essen, verstärken, wenn die Mutter sich mit Blick auf den Spinat über den Magen streicht und „Mmm, gut!" sagt.

Ein Zeichenempfänger achtet an einem Zeichen zunächst auf diejenige Bezeichnungsdimension, die ihm in der entsprechenden Handlungsphase weiterhilft. Doch bildet sich im Laufe der Entwicklung eines jeden Zeichensystems eine Arbeitsteilung zwischen den Zeichen selbst heraus derart, dass bestimmte Zeichen besser für die Orientierungsphase, andere besser für die Bearbeitungsphase und wieder andere besser für die Erfüllungsphase geeignet sind. In diesen Zeichen hat sich auch die Bezeichnungsweise so verfestigt, dass man ein solches Zeichen, wo immer es vorkommen mag, zunächst als *Anzeichen* (d.h. als Anlass, etwas Bestimmtes zu glauben) bzw. als *Signal* (d.h. als Anlass, etwas Bestimmtes zu tun) bzw. als *Ausdruck* (d.h. als Anlass, dem Zeichenträger einen bestimmten Wert zuzuschreiben) versteht. Eine solche Arbeitsteilung lässt sich auch an sprachlichen Zeichen zeigen; so ist die Bezeichnungsdimension eines Wortes wie „Wild" heute vorwiegend designativ (d.h. für Aussagen verwendbar wie ein Anzeichen), eines Wortes wie „sollte" vorwiegend präskriptiv (d.h. für Aufforderungen verwendbar wie ein Signal) und eines Wortes wie „fein" vorwiegend appreziativ (d.h. für Wertungen verwendbar wie ein Ausdruck bzw. Ausruf).

Mit Hilfe von Zeichen mit festen Bezeichnungsdimensionen kann man nun auch Nahrungsmittel auf sehr effiziente Weise mit Bedeutung versehen. Das lässt sich heutzutage sehr gut anhand der Werbung zeigen – gleichgültig ob diese auf Lebensmittelpackungen auftritt oder uns in Illustrierten, Radio- oder Fernsehsendungen begegnet. Hierzu ist es wichtig zu beachten, dass der Handlungsverlauf der Essensvorbereitung in den entwickelten westlichen Kulturen heute in der Regel nicht mehr so spontan verläuft wie in den obigen Beispielen von Mead und Morris angenommen. Zwischen den Hungerimpuls und das Essen ist eine strategisch organisierte Lebensmittelindustrie im Verbund mit Warenhausketten getreten. Sie treffen die Vorauswahl und beeinflussen in Konkurrenz zueinander das Angebot an potenziellen impulsbefriedigenden Gegenständen, aus dem wir wählen.

3 Nahrungsmittel als kulturelle Texte

Gegessen und getrunken werden im Normalfall nicht beliebige verdauliche Substanzen, sondern was einer isst und trinkt, ist abhängig von seiner Kultur. Im Unterschied zu Tieren sind Menschen in der Wahl ihrer Nahrung mit Ausnahme der Geschmacksrichtung „süß“ nicht instinktgebunden (vgl. Tanner 2001: 179). Sinnesphysiologische Experimente beweisen, dass es beim Menschen keinen festen organischen Zusammenhang zwischen Hunger, Appetit und Sättigung gibt. Das biologisch gesteuerte, natürliche Hungergefühl ist in Folge gesellschaftlicher Rituale, zivilisatorischer Verhaltensmuster und mentaler Einstellungen immer mehr verloren gegangen. Hungergefühl und Appetit treten auseinander – so sehr, dass die isolierte Rede vom „Appetit“ zu einer bloßen Metapher werden konnte (vgl. Teuteberg 2003: 46). Auch findet der Verzehr nicht unter beliebigen Umständen statt, sondern in kulturell geprägten Umgebungen, die für die optimale Verdauung wesentlich sind. Dies sind wesentliche Gründe dafür, warum die Kulinaristik als Kulturwissenschaft konzipiert werden muss. Dabei kann ihr die Kultursemiotik als Basis dienen (Posner 2003).

Sie untersucht die Faktoren, die dazu führen, dass Menschen eines gegebenen Kulturkreises die eine Speise mögen und die andere ablehnen. Sie fasst die Gesellschaft auf als Menge von *Zeichenbenutzern*, die Zivilisation als Menge von komplexen Zeichen (*Texten*) und die Mentalität als Menge von Zeichensystemen (*Kodes*), die die Menschen der Kultur zur Interpretation ihrer Texte entwickelt haben. Jede Speise und jedes der Nahrungsmittel, aus denen sie besteht, lässt sich in dieser Perspektive als Text (im weiten Sinne) betrachten und mit Hilfe der Kodes, die die Mentalität der betreffenden Kultur ausmachen, lesen. Wer eine Speise mag, ohne einen direkten Grund für diese Vorliebe angeben zu können, der mag sie, weil sie ein Text ist, der eine Bedeutung (ein Signifikat) für ihn hat. Durch diese Bedeutung verweist die Speise ihn auf etwas anderes, dessen Vorstellung ihm Lust bereitet. Die Speise ist besetzt, sagen wir, mit Eigenschaften, die sie wünschenswert machen.

Dies gilt nicht nur für Nahrungsmittel, sondern auch für viele andere kulturelle Artefakte, und Marshall Sahlins (1976) hat demgemäß die These aufgestellt, dass die Erforschung menschlichen Verhaltens insgesamt ein Kerngeschäft der Kultursemiotik sei, weil sie auf die Bedeutungen aus sein müsse, welche die Gegenstände, mit denen die Menschen umgehen, von ihrer Kultur zugewiesen bekämen. Nützlichkeitserwägungen (von der Sorte: der Mensch nimmt Obst zu sich, weil sein Organismus Vitamine braucht) will Sahlins aus der Erklärung menschlichen Verhaltens verbannen. Stattdessen plädiert er für die Untersuchung jeder Kultur als einer komplexen symbolischen Ordnung, zu der die kulinarische Ordnung als zentraler Teil gehört. Gerade an den Nahrungsmitteln, die uns in den westlichen Kulturen heute als „funktionale Nahrung“ angeboten werden, kann man gut zeigen, was eine semiotische Erklärung menschlichen Ernährungsverhaltens leistet. Als Beispiel diene im Folgenden der Joghurt „Activia“ der Firma Danone (siehe Abb. 1 und 2). [1]Doch gilt es zunächst noch einen Schritt weiter in die Kultursemiotik hinein zu tun, um den Blick auf die Nahrung bis in Details hinein zeichentheoretisch auszurichten.

Abb. 2: Werbeanzeige von Danone für den Joghurt „Activia"

Als kultureller Text hat sich die Nahrung von ihrem primären Zweck, den Körper zu erhalten, abgekoppelt (Tanner 2001 und Teuteberg 2003). Man sagt manchmal, die Nahrung leiste für die Reproduktion des Individuums das, was die Sexualität für die Reproduktion der Gattung leiste. Und dafür spricht auf dabei gar nicht

[1] Das Unternehmen bezeichnet den Ende 2004 in Deutschland eingeführten Joghurt als „Produkt-Hit" im Segment „Functional Food": „Schon jetzt übersteigt Activia die Planzahlen und zeigt kontinuierliches Wachstum. Die Einführungskampagne ist bereits mehrfach ausgezeichnet. Und auch beim Salescup 2005 von der Lebensmittel-Zeitung *direct* hat Activia jetzt in der Kategorie Launch/Relaunch den ersten Preis gewonnen." (http://www.danone.de/danonede/company/presse.htm)

bedachte Weise einiges. Hinter politischen Maßnahmen zur Unterstützung junger Familien, hinter Dessous-Kollektionen und sexualisierten Modeanzeigen im öffentlichen Raum noch die Fortpflanzungsfunktion der Sexualität des Menschen freizulegen, erscheint genau so absurd, wie ein Stück Sachertorte vorwiegend als Beitrag zum Tagesenergieumsatz zu interpretieren.

Natürliche Reize – im Sinne von *Signalen* (zur im Folgenden benutzten semiotischen Begrifflichkeit vgl. Posner 1994) – sind im Bereich der Nahrung durchweg kulturell überformt. Von Natur aus kann eine Boulette vielleicht ein Signal sein zum Hineinbeißen, ein Glas Eierlikör zum Ausschlürfen und ein Eis am Stil zum Schlecken; doch da wir daran gewöhnt sind, Nahrung in vorverarbeiteter Form zu uns zu nehmen, beißen wir auch in „Gammelfleisch" hinein, trinken verdorbenen Eierlikör und schlecken mehrfach getautes Tiefkühleis, wenn sie in vertrauter Verpackung daherkommen. Ihr Etikett evoziert die Vorstellung von Frische und Wohlgeschmack, und der *Signalcharakter* der Nahrung selbst konkurriert hier mit dem *Aussagecharakter* ihrer Verpackung und unterliegt im Zweifelsfalle oft.

Ein spezieller Typ von kulturellem Reiz ist Nahrung, die Anlass zu Annahmen über ihre Herkunft und Qualität gibt, wie etwa das Gemüse in der Auslage des Gemüsestandes auf dem Markt. Es wird in der Regel so hergerichtet, dass es frisch geerntet und haltbar aussieht. In diesem Fall spricht man vom *Anzeichencharakter* der Ware.

Gibt die Warenverpackung Anlass zu Annahmen über den Wert ihres Inhalts, so kommt der *Ausdruckscharakter* der Ware ins Spiel. Wer einem Freund Schokolade schenken möchte, geht in ein Feinkostgeschäft und kauft exquisite Waren mit den Namen eingeführter Marken der oberen Preisklasse. Diese vermögen sowohl den Wert der Schokolade als auch die Wertschätzung des Beschenkten durch den Schenkenden zum Ausdruck zu bringen.

Markennamen dienen nicht nur dem Ausdruck von Qualität, sie transportieren auch ein gewisses Image, das die Marke sich erworben hat. Und dieses markengebundene Versprechen wird von der Werbeindustrie der betreffenden Firmen gern zu dem Versprechen eines Imagegewinns an den Käufer ausgebaut: Der Konsum solcher Waren kann den Konsumenten in den für ihn relevanten gesellschaftlichen Kreisen als besonders geschmacksbewusst, als jung und fortschrittlich, umweltorientiert und verantwortungsbewusst oder außergewöhnlich cool erscheinen lassen. Er wird berechenbar, indem er auch in der Zukunft ein entsprechendes Verhalten erwarten lässt. In diesem Fall spricht man von Gesten (im weiten Sinne) und also vom *Gestencharakter* der Ware.

Nun bringen die Waren ihren Signal-, Anzeichen-, Ausdrucks- und Gestencharakter nicht zufällig zur Geltung; die Präsentation dieser Eigenschaften wird im Gegenteil von langer Hand geplant und je nach Bedarf deutlich oder zurückhaltend gestaltet. Wer Nahrungsmittel herstellt oder verkauft, bearbeitet sie zielbewusst so, dass sie zum Essen und Trinken einladen, Frische oder Haltbarkeit anzeigen, einen hohen Wert ausdrücken bzw. ein erstrebenswertes Image versprechen. Dies ist eine Intention, die der Hersteller oder Verkäufer sich selber gerne zurechnet. Er betätigt sich dann als jemand, der kulturelle Texte anbietet, mit Hilfe derer der Käufer gezielt Probleme seines Lebens zu lösen vermag. Der Hersteller oder Verkäufer wird auf diese Weise zum Textproduzenten, der je nach der Bedeutung des Textes Ess- oder Trinkbarkeit *signalisiert*, Frische oder Haltbarkeit *anzeigt*, hohen Wert *ausdrückt* oder dem Käufer ein erstrebtes Image *verspricht*. Die Verkaufssituation generiert auf diese Weise ein System von Textsorten. Je nach der angewandten Marketingstrategie werden Nahrungsmittel dazu eingesetzt, in diesem Rahmen etwas zu signalisieren, anzuzeigen, auszudrücken oder zu versprechen. Eine noch weiter gehende Differenzierung der Textsorten ist im Einzelhandelsbereich ebenso wie in der Gastronomie gegenwärtig in vollem Gange.

Kaum ein Nahrungsmittelanbieter will allerdings in der Manier des billigen Jakob sein eigenes ökonomisches Interesse am Verkauf seiner Ware in den Vordergrund stellen. Der Joghurtbecher wird nicht mit dem Schriftzug „Kauf mich!" versehen, und schon gar nicht mit „Kauf mich, mein Chef will etwas verdienen!". Derartiges geschieht allenfalls kurzfristig als Spezialaktion mit Sonderangeboten („Nimm zwei, zahle eins!") im Winter-, Sommer- oder Ladenschlussverkauf bzw. bei Überproduktion in Phasen schlechten Konsumklimas oder aber als wohlpublizierter Anreiz zum Ladenbesuch. Stattdessen wird der Kaufappell geschickt als „*Implikatur*" (vgl. Grice 1975) in das Versprechen eines Zusatznutzens eingebettet.

4 Ernährungsverhalten in der Wissensgesellschaft

In den letzten Jahrzehnten lag der versprochene Nutzen vorwiegend im Bereich von Imageversprechen: „Wenn Du mich nimmst, bleibst Du jung, schön, sportlich / wirst Du beliebt und umworben." Das Produkt wurde als Garant eines attraktiven *Lebensstils* präsentiert. Pierre Bourdieu (1999) teilt denn auch Lebensmittel generell ein in Anzeichen für Luxus- und für Notwendigkeitsgeschmack. Auf dieser Matrix aufbauend haben sich bereits im 19. Jahrhundert verschiedene Konsummuster herausgebildet, zum Beispiel „mager-verfeinert-exquisit" kontra „fettschwer-kräftig-nahrhaft". Diese Konsummuster ließen sich dann in der Werbung jeweils als komplexer Ausdruck eines ganzen Lebensstils einsetzen. Wer diesen anstrebte, dem konnten die zugehörigen Waren als Machbarkeitsversprechen angedient werden.

Doch mit der Erosion der sozialen Schichten und ihrer charakteristischen Lebensweisen ist die Lage heute unübersichtlicher geworden.[2] Man nimmt Zuflucht zu schichtenübergreifenden Notwendigkeiten als Basis für die Generierung von Bedeutungen für kulinarische Texte. Die Wissensgesellschaft mit ihren High-Tech-Anlagen zur Informationsverarbeitung und -aufbereitung ist dabei, einen neuen Maßstab zu schaffen, der auch beim Essen eine immer wichtigere Rolle

---

[2] Man denke an das aus der Literatur vergangener Jahrhunderte bekannte ungezwungene Essen reichhaltiger Speisen in den unteren Gesellschaftsschichten, dem das Bemühen um Formvollendetheit bei Tisch, das Zögern und Zurückhalten beim Essen in den oberen Schichten gegenüber stand (Bourdieu 1999).

spielt: das *Ernährungswissen* – ein kulturhistorisch in dieser Form bisher nicht dagewesenes Phänomen.

In früheren Zeiten hatte die alltägliche Praxis ganz selbstverständlich Vorrang vor der Information. Nun aber nehmen Menschen auf der Grundlage ihres Wissens als Kulturwesen jedes Nahrungsmittel als Anzeichen für das, was körperlich mit ihnen geschieht, wenn sie es konsumieren. Werbung, Produktinformation, Verbraucherpolitik, Medizin und andere Wissenschaften bewirken durch ihre Öffentlichkeitsarbeit, dass der kulturelle Text jedes Nahrungsmittels sich mit kognitiver Bedeutung auflädt: Brennwert, Eisweißgehalt, Kohlehydrate, Fette, Ballaststoffe, Vitamine und Mineralien werden zu der empfohlenen Tageszufuhr in Bezug gesetzt und auf ihr Verdauungsverhalten hin kommentiert. Das Nahrungsmittel übernimmt damit die Gewähr „für eine gute, ausgeglichene Ernährung" – sowohl für den Einzelnen als auch für die ganze Familie, Wohngemeinschaft, Lebensgemeinschaft usw.

Derzeit ist eine Fülle von Produkten auf dem Markt, die einen hohen generellen Ernährungsnutzen anzeigen. Ihr Überleben im gegenseitigen Wettbewerb erfordert deshalb eine noch stärkere Spezialisierung. Das zeigt sich in dem stetig steigenden Anteil so genannter „funktionaler Lebensmittel", die dem Zeit sparenden „Convenience Food" der 90er Jahre des 20. Jahrhunderts mittlerweile den Rang abgelaufen haben. Zwar dürfen Lebensmittel qua Gesetz nicht als Medizin für Krankheiten beworben werden, aber den Fantasien der Werber bei der Generierung schützender Effekte sind darüber hinaus keine weiteren Grenzen gesetzt.

Nimmt man jedes Nahrungsmittel für sich, so ist sein Einfluss auf die Beseitigung von Gesundheitsrisiken wie Krebs- oder Herz-Kreislauf-Erkrankungen laut DGE-Ernährungsbericht zwar nur schwer wissenschaftlich ableitbar (vgl. DGE 2004: 453), doch hilft die Konstruktion von *Ernährungsmustern*, und diese als ganze genommen lassen sich dann wiederum als stützendes Argument für den Wert der beteiligten Nahrungsmittel einsetzen. So kann das „Prudent-Diet"-Muster (die Kombination von viel Obst und Gemüse mit Vollkornprodukten und weißem Fleisch) als *Vertextungstyp* dienen, der den zu ihm gehörigen Nahrungsmitteln eine akzeptable Bedeutung verleiht. Das Gegenteil gilt für das „Western-Diet"-Muster (viel ausgemahlene Getreideprodukte, gesättigtes Fett, rotes Fleisch).

Von zahlreichen weiteren Faktoren hängt auch die Bedeutung ab, die den Präbiotika zugeordnet wird, welche den Ruf erworben haben, die Darmflora zu fördern, sprich: gegen Verstopfung zu helfen. Diese funktionellen Frischmilchprodukte verbuchen ähnlich wie die Probiotika, also Molke- oder Joghurt-Drinks, welche nachweislich die Schwere und Dauer von Erkältungskrankheiten reduzieren, seit 2000 steigende Verkaufszahlen.

Anders als traditionelle Nahrungsmittel, die ihre Bedeutung als kulinarische Texte dadurch erhalten, dass sie in ein Mahlzeitenritual (Kaffee zum Frühstück, ein warmes Essen zu Mittag, Tee mit belegten Broten zur Jause und abends gelegentlich das Dinner mit mehreren Gängen) eingebunden sind, wird dieser Joghurt durch gezielte Verbraucherinformationen (politische Aufklärung, Medien, Werbung) zum kulturellen Zeichen. Als solches zeigt er einen positiven Effekt auf den Körper an und wirkt in Kombination mit kulturrelativen Fitness- und Schönheitsidealen wie dem „flachen Bauch“ oder allgemeiner Schlankheit, deren Realisierung Frauen trotz zweier erfolgreicher Emanzipationswellen immer noch zu erhöhter gesellschaftlicher Anerkennung innerhalb Deutschlands verhilft.

Das zu betonen ist wichtig, weil sich hier am Körper oder an einzelnen Körperteilen die gesellschaftliche Einschreibung der Lebensführung zeigt: Schlanke Menschen wirken fit, agil und sportlich; ob sie es wirklich sind, steht auf einem anderen Blatt. Nur über diese soziale Ordnung ist das ängstliche Bemühen vieler Menschen, vor allem vieler Frauen, um ihre Magen- und Darmfunktionen zu verstehen. Der Verzehr des Joghurts wird vom essenden Zeitgenossen auf indirekte Weise als aktualisiertes Akzeptanz-Versprechen gedeutet (Implikatur über die Angabe seiner Zusammensetzung). Diese Deutung vollzieht der Verbraucher bzw. die Verbraucherin automatisch, sie bleibt im Augenblick des Verzehrs meist unbewusst.

Der Firmenslogan „Activia hilft die Verdauung auf natürliche Weise regulieren“ hebt dieses Produkt auch erfolgreich gegen Medikamente zur Verdauungsregulierung ab, die als Arznei den Ruf der Künstlichkeit haben. Werbeanzeigen, die den Joghurt bildlich in die Nachbarschaft von üppigen Obst- und Gemüseauslagen bringen, lenken von den tatsächlichen Bedingungen der industriellen Produktion und der kulturellen Einbettung dieses Nahrungsmittels ab. Dieser Anschein von Natürlichkeit, der den Habitus einer immer größer werdenden ökologisch orientierten Konsumgruppe begründet, ist in Zeiten wachsender Verunsicherung ein dankbar angenommener Orientierungspunkt.

Dabei ist hervorzuheben, dass auch die „Natürlichkeit“ realer Mahlzeiten (z.B. mit der Vespa auf dem Lande) oft problematisch ist und deutlich ideologischen Charakter hat. So konnte jüngst nachgewiesen werden, dass die vom Tourismusgewerbe, der Gastronomie und der Werbung heraufbeschworene vorindustrielle Idylle mit landsmannschaftlichen Leibspeisen und gesunder bäuerlicher Kost ein historisch nicht haltbares Bild von der früheren Ernährungsrealität auf dem Lande vermittelt. Wäre es zutreffend, so bliebe rätselhaft, warum die bürgerlichen Reformer Mitte des 19. Jahrhunderts in Europa für die schlechte körperliche Verfassung vieler Familien die unwirtschaftliche Haushaltsführung verantwortlich machten und glaubten, die Arbeiterfrage durch den Kochtopf der Arbeiterfrau lösen zu können (vgl. Lesniczak 2004: 139).

Neben der „Natürlichkeit“ erweist sich kultursemiotisch in dieser Kampagne auch die „Beweglichkeit“ als Mythos: Der Joghurt verhilft nicht zu mehr Beweglichkeit, sondern erzeugt bloß eine Emotion (im Sinne ‚innerer Bewegung‘), d.h. bestenfalls die Bedeutung (Konnotation) von Bewegtheit. Der Slogan „Für ein besseres Bauchgefühl“ auf der Homepage lässt in der Tat im Zusammenhang mit dem Produktnamen „Activia“ an angenehme Emotionen denken (siehe Abb. 1): Activia sorgt für ein gutes (Lebens-)Gefühl.

Dieses Beispiel dürfte klar machen, inwiefern ein Joghurt, ein Fertiggericht oder ein Schokoriegel mehr ist als ein Joghurt, ein Fertiggericht oder ein Schokoriegel und inwiefern es sich lohnt, Nahrungsmittel als kulturelle Texte aufzufassen.

Sie ermöglichen einen komplexen kulinarischen Zeichenprozess (eine „kulinarische Semiose"), der bereits vor dem Kauf beginnt und über die Zubereitung und den Verzehr bis hin zu den Nachwirkungen auf das Wohlbefinden der Beteiligten reicht. Dieser Zeichenprozess aktiviert direkte Bedeutungen des Nahrungsmittels ebenso wie Implikaturen, die große Teile der semantischen Felder und Metaphernsysteme einer Kultur nutzen (Posner 1982) und den Zielen der Lebensmittelindustrie anpassen können. Die kulinarische Semiose ist über die physiologische Verdauung hinaus so etwas wie eine „Wissensverdauung". Sie hilft, Schuldgefühle zu beschwichtigen (der – gezuckerte – Joghurt hat nur 0,1 Prozent Fettgehalt, der Sahnejoghurt ist ohne Ballaststoffe, der „natürliche" Getreideriegel enthält viele „gute" Fette usw.), die durch den Alltag, den Beruf und die gesellschaftlichen Rahmenbedingungen (Pflege von Angehörigen, Kinderbetreuung, Karrierechancen) erzeugt und auf die Ernährung geschoben werden. Konflikte, Ängste und aggressive Impulse, aber auch Wünsche, Hoffnungen und Lebensfreude werden auf diese Weise kanalisiert und verarbeitet (zur gesellschaftlichen Funktion der Nahrung auch im historischen Wandel vgl. Kleinspehn 1986).

5 Was kann die Kultursemiotik im Rahmen der Kulinaristik leisten?

Wie die obigen Ausführungen zeigen, ist das Essen für den postmodernen Menschen zum Problem geworden. Wo althergebrachte Traditionen verloren gegangen sind, haben sich Reduktionsformen früheren Essverhaltens gebildet, die heute in großem Maßstab durch neue Essenskonzeptionen abgelöst werden. Diese Auseinandersetzung geschieht weltweit, und es ist wichtig, dass dabei nicht von Partikulärinteressen beherrschte kurzfristige Moden die Oberhand gewinnen, die wegen ihrer Einseitigkeit zu medizinischen, psychischen und sozialen Mangelerscheinungen führen. Die Kultursemiotik hat demgegenüber das Ganze einer jeden Kultur im Blick und kann auf diese Weise als Korrektiv dienen. Jede Nahrungsaufnahme ist ein kultureller Vorgang, gleich ob sie als Gala-Dinner einer gesellschaftlichen Institution organisiert ist oder als einsamer Verzehr von Fertiggerichten stattfindet.

Welche Beiträge sind in diesem Zusammenhang von der Kultursemiotik zu erwarten? Diese Frage ist nicht nur relevant für die *Alltagspraxis* der Zubereitung und des Verzehrs von Speisen in der eigenen Wohnung. Sie betrifft auch die *Berufspraxis* der Bauern, Nahrungsmittelfabrikanten und Lebensmittelhändler sowie die der Köche, Kellner, Gastwirte, Hoteliers und Tourismusmanager. Und sie betrifft die *wissenschaftliche Praxis* derer, die kulinarische Forschung betreiben, vom Lebensmittelchemiker über den Ernährungswissenschaftler, Diätmediziner, Sozialpsychologen bis zum Restaurantdesigner und Eventkreateur.

Die Kultursemiotik kann allen drei Praxisbereichen Analyseverfahren und zeichentheoretisch systematisiertes Wissen zur Verfügung stellen über

1. die körperbezogenen Zeichenprozesse, die am Essen beteiligt sind,
2. die kulturelle (d.h. gesellschaftliche, zivilisatorische und mentale) Einbettung des Essens,

3. die kulturelle Kodierung der Nahrungsmittel,
4. die kulturspezifischen Darstellungsweisen von Nahrung und Essen sowie
5. die angemessenen Weisen der Zusammenarbeit zwischen den drei Praxisbereichen und insbesondere zwischen den vielen wissenschaftlichen Disziplinen, deren Ergebnisse kulinaristisch relevant sind.

Zu den am Essen beteiligten körperbezogenen Zeichenprozessen gehören
- die visuellen (Auge), auditiven (Ohr), olfaktorischen (Nase), gustatorischen (Mund) und taktilen (Hände) Wahrnehmungen und deren Zusammenwirken in der kulinarischen Semiose,
- die ergonomischen Funktionen von Händen, Besteck, Geschirr und Mobiliar und deren Zusammenwirken in der kulinarischen Semiose sowie
- die Arbeitsteilung der Teilnehmer an einem gemeinsamen Essen (kochen, essen, auftischen, vorschneiden, austeilen, konsumieren, abwaschen, aufräumen).

Zu der kulturellen Einbettung des Essens gehören
- die Syntax der Mahlzeiten (z.B. Menü versus Buffet, Hauptgericht versus Beilagen),
- die Semantik der Speisen (z.B. Rohkost versus Suppe versus Braten),
- die Pragmatik des Verzehrs (z.B. Alltags-, Festtags-, Gast- und Hochzeitsmahl),
- der Status der Anlässe des Essens (z.B. die Essens-Orte: Wohnküche, Picknick, Kiosk, Cafeteria, Kneipe, Gasthaus, Speisewagen, Büro, Kirche; bzw. die Essens-Zeiten: Morgenkaffee, Gabelfrühstück, Brunch, Mittagessen, Jause, High Tea, Vesper, Abendessen, Dinner) sowie
- die Konventionen der Kommunikation (insbesondere über Getränke und Speisen) vor, während und nach dem Essen (z.B. die Verständigung in der Küche, die Sitzordnung und die Redetabus beim Essen sowie alle Speise- und Restaurantkritik nach dem Essen).

Zur kulturellen Kodierung der Nahrungsmittel gehören die Botschaften, die sie den Konsumenten mitteilen als
- Signale für ein bestimmtes Essverhalten,
- Anzeichen bestimmter Eigenschaften (z. B. Frische, Gesundheit, Nachhaltigkeit),
- Ausdruck bestimmter Werte (z. B. Bodenständigkeit, ausgesuchte Qualität, Exklusivität) sowie
- Versprechen bestimmter Wirkungen (z. B. gutes Bauchgefühl, Flexibilität, Leistungsfähigkeit, Lebensfreude).

Zu den kulturspezifischen Darstellungsweisen von Nahrung und Essen gehören
- Gebrauchstexte wie die Proviantliste, der Genussmittelkatalog, das Kochrezept, die Speisekarte und der Restaurantführer sowie
- die Präsentation von Essen in den anderen Medien (z.B. in literarischen Texten, Gemälden, Theater-, Opern- und Filmszenen).

Die Zusammenarbeit zwischen den drei Praxisbereichen hängt davon ab, in welchem Maße es gelingt, eine Ergänzung zu den hochspezialisierten Kommunikationsbeziehungen von Agronomen mit Agronomen, Köchen mit Köchen, Hoteliers mit Hoteliers, Tourismusmanagern mit Tourismusmanagern zu finden. Als Experten für die Analyse und die Organisation von Kommunikation können Kultursemiotiker hier vermittelnd tätig werden. Dabei geht es um die Einrichtung von Gesprächsforen und um das Reformulieren der Erfahrungen jedes Praxisbereichs in der Sprache der anderen Praxisbereiche. Darüber hinaus vermag die Semiotik eine elaborierte Theorie der interdisziplinären Kommunikation anzubieten (Posner 2004), auf deren Grundlage die Zusammenführung der Fachterminologien aller wissenschaftlichen Disziplinen, die in der Kulinaristik zusammenwirken, vollzogen werden kann.

Wie diese Themenübersicht zeigt, ist die Zahl der Berührungspunkte zwischen Kulinaristik und Kultursemiotik so groß, dass es gerechtfertigt ist zu behaupten: Ohne Einbeziehung der Kultursemiotik lässt sich die Kulinaristik nicht sinnvoll betreiben.

Literatur

Bourdieu, Pierre: Die feinen Unterschiede. Kritik der gesellschaftlichen Urteilskraft. Frankfurt am Main 1999.

Enninger, Werner: Auf der Suche nach einer Semiotik der Kulinarien: Ein Überblick über zeichenorientierte Studien kulinarischen Handelns. In: Zeitschrift für Semiotik, Band 4, Heft 4 (1982a): 319 – 335.

Enninger, Werner: Kulinarisches Verhalten als zeichenhaftes Handeln. Eine sozialsemiotische Fallstudie der Amischen. In: Zeitschrift für Semiotik 4, Heft 4 (1982), S. 385 – 422.

Deutsche Gesellschaft für Ernährung (DGE) (Hrsg.): Ernährungsbericht 2004 im Auftrag des Bundesministeriums für Verbraucherschutz, Ernährung und Landwirtschaft. Bonn 2004.

Douglas, Mary: Deciphering a Meal [1975]. In: Mary Douglas: Implicit Meanings. London 1991, S. 249 – 275.

Grice, Herbert Paul: Logik und Konversation. In: Georg Meggle (Hg.): Handlung, Kommunikation, Bedeutung. Frankfurt am Main 1975, S. 243 – 265.

Kleinspehn, Thomas: Warum sind wir so unersättlich? Über den Bedeutungswandel des Essens. Frankfurt am Main 1987.

Lesniczak, Peter: Derbe bäuerliche Kost und feine städtische Küche. Zur Verbürgerlichung der Ernährungsgewohnheiten zwischen 1880 und 1930. In Teuteberg 2004, S. 129 – 147.

Lévi-Strauss, Claude: Mythologiques, Band 1: Le cru et le cuit. Paris 1962. Deutsch von E. Moldenhauer: Das Rohe und das Gekochte. Frankfurt am Main 1971.

Neumann, Gerhard/ Alois Wierlacher/ Rainer Wild (Hg.): Essen und Lebensqualität. Natur- und kulturwissenschaftliche Perspektiven. Frankfurt und New York 2001.

Mead, George Herbert: Mind, Self and Society – From the Standpoint of a Social Behaviorist. Hg. und mit einer Einleitung versehen von Charles W. Morris. Chicago und London 1934.

Mead, George Herbert: The Philosophy of the Act. Hg. und mit einer Einleitung versehen von Charles W. Morris in Verbindung mit J.M. Brewster/ A.M. Dunham/ D.L. Miller. Chicago und London 1938.

Mead, George Herbert: Geist, Identität und Gesellschaft – Aus der Sicht des Sozialbehaviorismus. Hg. und mit einer Einleitung versehen von Charles W. Morris. Übersetzt von U. Pacher. Frankfurt am Main 1968.

Morris, Charles W.: Signs, Language, and Behavior. Englewood Cliffs 1946.

Morris, Charles W.: Zeichen, Sprache und Verhalten. Übersetzt von A. Eschbach und G. Kopsch. Hg. und mit einer Einleitung versehen von Karl Otto Apel. Düsseldorf 1973.

Park, Yo-Song: Ars culinae: Einführung in die kulinarische Semiotik (KS). CD-ROM zum 10. Internationalen Kongress der Deutschen Gesellschaft für Semiotik (DGS). Kassel 2003, S. 842 – 859.

Posner, Roland: Charles Morris und die verhaltenstheoretische Grundlegung der Semiotik. In: Zeitschrift für Semiotik, Band 1, Heft 1 (1979), S. 49 – 79.

Posner, Roland: Zur Genese von Kommunikation – Semiotische Grundlagen. In: Wessel und Naumann 1994, S. 384 – 429.

Posner, Roland: Kultursemiotik. In Ansgar und Vera Nünning (Hg.): Konzepte der Kulturwissenschaften. Stuttgart und Weimar 2003, S. 39 – 72.

Posner, Roland: The Relationship between Individual Disciplines and Interdisciplinary Approaches. In: Posner/ Robering/ Sebeok 1997 – 2004: Bd. 3, Artikel 123, S. 2341 – 2374.

Posner, Roland (Hg.): Kulinarische Semiotik: Syntax der Mahlzeit, Semantik der Speisen, Pragmatik des Essens. In: Zeitschrift für Semiotik, Band 4, Heft 4 (1982), S. 319 – 428.

Posner, Roland/ Klaus Robering/ Thomas A. Sebeok (Hg.): Semiotik: Ein Handbuch zu den zeichentheoretischen Grundlagen von Natur und Kultur. 4 Bände. Berlin und New York 1997 – 2004.

Sahlins, Marshall: Culture and Practical Reason. Chicago 1976.

Tanner, Jakob: Die Ambivalenz der Nahrung: Gift und Genuss aus der Sicht der Kultur- und Naturwissenschaften. In: Neumann/ Wierlacher/ Wild 2001, S. 175 – 200.

Teuteberg, Hans Jürgen: Kulturpsychologie des Geschmacks. In Thimm/ Wellmann 2003, S. 42 – 50.

Teuteberg, Hans Jürgen (Hg.): Die Revolution am Esstisch: Neue Studien zur Nahrungskultur im 19./20. Jahrhundert. Stuttgart 2004.

Thimm, Utz / Karl-Heinz Wellmann (Hg.): Essen ist menschlich. Zur Nahrungskultur der Gegenwart. Frankfurt am Main 2003.

Wessel, Karl Friedrich/ Frank Naumann (Hg.): Kommunikation und Humanontogenese. Akten der 3. Internationalen Konferenz zu diesem Thema in Berlin, 3.-5. März 1993. Bielefeld 1994.

Wierlacher, Alois: Jahresprogramm Fort- und Weiterbildung der Deutschen Akademie für Kulinaristik. Bremen 2005.

Wilk, Nicole M.: „Iss dich schlank!" Semiotische Grundlagen kulinarischer Handlungen: Das Beispiel der Lebensmittelwerbung. In: Zeitschrift für Semiotik, Band 28, Heft 2 – 4 (2006), S. 345 – 404.

Weibliches und Männliches rund ums Essen

Eva BARLÖSIUS

> „Haben Sie bereits gewählt?"
> „Ja, wir wünschen den großen Salat mit Putenstreifen und die Sülze mit Gurke und Bratkartoffeln."
> „Und was möchten Sie trinken?"
> „Einen Riesling und ein Weißbier."

1 Ausgangspunkte

Ohne weitere Angaben scheint sich diese kurze Gesprächsszene von selbst zu kontextualisieren. In einem Restaurant nimmt die Bedienung eine Bestellung auf. Offenbar sitzen eine Frau und ein Mann an einem Tisch, die gewünschten Speisen und Getränke lassen dies vermuten. Diese Kontextualisierung überzeugt sogleich, weil sie alltagsweltlichen Erfahrungen und Diskursen entspricht und praktische Kohärenz besitzt: Frauen und Männer essen unterschiedlich. In gleicher Weise – falls sich die Vorstellung von der Szene bewahrheitet – ist voraussehbar, dass die Bedienung, ohne nachzufragen, weil es für sie evident ist, der Frau den Wein und den Salat und dem Mann das Bier und die Sülze reichen wird. Nicht nur diese Getränke und Speisen sind mit geschlechtsspezifischen Konnotationen verbunden, ja vergeschlechtlicht. Dies gilt für beinahe alle Lebensmittel und nicht nur für Geschmacksvorlieben. Es trifft in ähnlicher Weise für die meisten Tätigkeiten rund ums Essen zu: Nahrungsmitteleinkauf, Zuständigkeiten für die täglichen Mahlzeiten, Kochstile, sogar für die Ernährungsberufe wie den Spitzenkoch und die Diätköchin. Die „Welt des Essens" spaltet sich somit in mindestens zwei Teile: eine weibliche und eine männliche.

Vergegenwärtigen wir uns nochmals den Dialog im Restaurant. Nehmen wir aber jetzt an, dass die Bedienung mit den Getränken und Speisen an den Tisch zurückkehrt und fragt: „Welcher Herr bekommt das Bier, welcher den Salat?" Dann wären wir vermutlich für einige Augenblicke irritiert und würden gewiss nach Anhaltspunkten suchen, die uns die überraschende Getränke- und Speisenwahl begreiflich machen, sprich sie plausibilisieren und mit Evidenz ausstatten. Eventuell ist der eine Mann auf Diät oder krank, vielleicht gehören sie unterschiedlichen sozialen Schichten an und die Vorlieben sind Ausdruck eines milieutypischen Geschmacks. Vorstellbar wäre aber auch, dass sich ihre Wahl überhaupt nicht auf ein Muster zurückführen lässt, sei es sozial strukturiert oder körperlich veranlasst.

Denn: Das tatsächliche Ess- und Trinkverhalten – die „Wirklichkeit des Essens“ – stimmt nur begrenzt mit der „Welt des Essens“ überein. Die „Wirklichkeit des Essens“, worunter die Esspraktiken verstanden werden, und die „Welt des Essens“, welche die Muster beinhaltet, nach denen die Esspraktiken kulturell und sozial geordnet werden, bilden zwei prinzipiell voneinander getrennte Sphären, die in manchen Fällen eng aufeinander bezogen sind und in anderen Fällen auseinanderstreben. Letzteres passiert vor allem dann, wenn der Wandel der Esspraktiken (noch) nicht kulturell und sozial reflektiert wird. Allerdings trennen sie sich nie ganz voreinander, da sie sich um dasselbe Phänomen gruppieren: die geschlechtlichen Differenzen beim Essen.

Das Streben nach einer plausiblen Erklärung für die Speisenwahl dokumentiert, dass im Allgemeinen davon ausgegangen wird, dass diese nicht zufällig oder intuitiv erfolgt, sondern es eine kulinarische Ordnung gibt, die zu bestimmten Gerichten greifen lässt und mit Evidenz ausgestattete Erklärungen für Vorlieben und Ablehnungen bereithält. Die kulinarische Ordnung umfasst die mit dem Essen assoziierten kulturellen und sozialen Bedeutungen, die sich relational – also gegenseitig – bestimmen und zu einem kohärenten Klassifikationsgeflecht zusammenfügen: Die Welt des Essens ist somit stets eine kulturell gedeutete und sozial strukturierte. So stehen den als weiblich angesehenen männlich klassifizierte Lebensmitteln gegenüber, grobe werden als Gegensatz zu feinen beschrieben, wobei diese beiden Unterscheidungsweisen homolog gedacht werden: Das Weibliche entspricht dem Feinen, das Männliche dem Groben.

Nur sehr begrenzt lassen sich die Unterscheidungen materiell begründen. Die Bezugnahme auf die kulinarische Ordnung wie die darin gründende Klassifikation der Lebensmittel geschieht zumeist unbewusst und gewohnheitsmäßig. Es ist mehr ein kulinarisches Gespür, das uns dazu treibt, den Speisengeschmack als geschlechtsspezifisch zu identifizieren. Als wir mit großer Gewissheit vermuteten, dass im Restaurant eine Frau und ein Mann am Tisch sitzen, haben wir auf unser kulinarisches Gespür vertraut und sind damit unbewusst der kulinarischen Ordnung gefolgt.[1] Das Geflecht der kulinarischen Ordnung besteht aus verschiedenen Prinzipien, nach denen die Nahrung bezeichnet und zugeordnet wird. Wenn in der ersten Szene die Speisen und Getränke als weiblich oder männlich klassifiziert werden und erst im zweiten Schritt, falls sich diese Deutung als nicht stimmig erweist, andere Deutungen ausprobiert werden, dann zeigt sich darin, dass die geschlechtsspezifische Einteilung innerhalb der kulinarischen Ordnung ein besonders wichtiges Differenzierungsprinzip repräsentiert. Die Wichtigkeit bemisst sich an der sozialen Wirksamkeit der darin enthaltenen Unterscheidung und deren Ausstrahlung auf andere Lebensgebiete. Offenbar besitzt die Unterscheidung nach dem Geschlecht im Vergleich zu anderen differenzierenden Prinzipien eine herausgehobene Dominanz.

Die Einteilung in „gesunde“ bzw. „weniger gesunde“ Lebensmittel und die Gliederung nach sozialstrukturellen Merkmalen wie Schichten oder Lebensstilen bilden weitere bedeutsame Unterscheidungen, die in die kulinarische Ordnung ein-

---

1 Ich orientiere mich hier zum Teil an Bourdieu (1984), siehe auch Barlösius (2006).

gelassen sind (s. Barlösius 1999). Je nach Kontext können sich andere Differenzierungsprinzipien in den Vordergrund drängen. Dazu zählen etwa Regionalität, Ethnizität, Alter. Gehörten beispielsweise die Beobachter der Restaurantszene einer Religionsgemeinschaft an, die den Verzehr von Schweinefleisch verbietet, so würde ihnen vermutlich nicht als Erstes die geschlechtsspezifische Differenzierung in den Sinn kommen. Vielmehr würden sie die Speisenwahl als Ausdruck von Religionszugehörigkeit entziffern. Dass beinahe alle kulturell und sozial bedeutsamen Strukturprinzipien in der kulinarischen Ordnung enthalten sind, zeigt, dass es sich – wie bereits Marcel Mauss formuliert hat – um ein „gesellschaftliches Totalphänomen" handelt (Mauss 1968). Und dies wiederum erklärt sich daraus, dass Essen zu den anthropologischen Notwendigkeiten gehört.

Das Geflecht der kulinarischen Ordnung weist ausgeprägte Homologien zu anderen Lebensgebieten auf. So entspricht, wie bereits ausgeführt, die geschlechtsspezifische Anordnung der Speisen und Getränke der Art und Weise, wie die Geschlechterordnung bestimmt wird. Typisch für die Geschlechterordnung ist, dass weiblich und männlich als Gegensatz konstruiert und auf alle Tätigkeiten bezogen werden. Für andere esstypische Differenzierungsprinzipien gilt dies gleichermaßen: So ähnelt die schicht- und klassenspezifische Ordnung der Lebensmittel der sozialstrukturellen Differenzierung. Diese Homologien garantieren, dass sich mehrere Lebensgebiete umfassende kulturelle und soziale Muster herausbilden, die den Eindruck von „innerer Kohärenz" ermöglichen. Dies ist die Voraussetzung dafür, dass wir meinen, vom Essstil auf den gesamten Lebensstil schließen zu können. Die kulinarische Ordnung ist homolog zu den Klassifikationsgeflechten anderer Lebensgebiete aufgebaut, aber sie geht in diesen Homologien nicht auf. Vielmehr ist sie auch eine Ordnung ganz eigener Art, und diese Eigenart erwächst vorwiegend aus den sinnlichen und körperlichen Eigenschaften der Nahrungsaufnahme. So besitzt der Geschmack auf keinem anderen Lebensgebiet eine so ausgeprägte sinnliche Bedeutung wie beim Essen, und aus dieser resultiert die innige Verbindung zum Genusserleben. Und nur beim Essen sind kulturelle und soziale immer auch mit körperlichen Aneignungsprozessen verkoppelt: der Einverleibung der Nahrung.

Gegenüber den oben aufgezählten Differenzierungsprinzipien zeichnet sich das nach dem Geschlecht dadurch aus, dass es in den meisten Lebensgebieten eine herausragende Unterscheidungsmacht besitzt und nahezu alle anderen Zuordnungen und Einteilungen dominiert (vgl. Bourdieu 2005). Es scheint sogar so, als wären die kulinarische und die Geschlechterordnung auf das Innigste miteinander verwoben, gerade so, als wäre es das Allernatürlichste der Welt, dass es eine „weibliche und eine männliche Kulinarik" gibt. Vermutlich ist der Grund für die enge Verbindung, dass das Nahrungsbedürfnis wie auch die Geschlechtlichkeit natürlich bedingt sind. Wie beide allerdings wahrgenommen werden, mit welchen Bedeutungen sie assoziiert sind, in welche Ordnung sie gefasst werden, wie ihnen praktische Geltung verschafft wird, all dieses ist nicht auf die Natur des Essens oder der Geschlechter rückführbar. Es ist Ergebnis kultureller Deutung und sozialer Strukturierung. Eine kulturelle Deutungs- und soziale Strukturierungsweise besitzt jedoch eine besondere praktische Evidenz: die Naturalisierung, das heißt die Verwandlung der kulturellen Deutung und sozialen Strukturierung in natürliche Gegebenheiten. Aber auch der umgekehrte Prozess findet statt: die Kulturalisierung und Sozialisierung der natürlichen Bedingtheit der Nahrungsaufnahme und der Geschlechtlichkeit, wenn diese als „bloße Konstruktionen“ enträtselt werden.

2 Wieso, weshalb, warum?

Der Alltagsverstand kennt viele Begründungen dafür, dass es eine weibliche und eine männliche Welt des Essens gibt. Die große Mehrzahl dieser prä- und in vielen Fällen quasi-wissenschaftlichen Erklärungen bezieht sich auf körperliche Phänomene, die auf das Engste mit der biologischen Reproduktion verbunden sind, wie Menstruation, Schwangerschaft und Stillzeit. Damit tendieren sie dazu, den kulturellen und sozialen Charakter der kulinarischen Ordnung zu biologisieren: Frauen müssen sich anders ernähren, weil ihr Körper sie dazu nötigt. Man sollte meinen, dass die wissenschaftlichen Betrachtungen der geschlechtsspezifischen Kulinarik solche Denk- und Redeweisen aufspüren und objektivieren. Dies stimmt nur begrenzt, wie im Folgenden gezeigt wird (vgl. Setzwein 2004).

Bei den wissenschaftlichen Erklärungsmodellen sind zwei große Gruppen zu unterscheiden. Erstens gibt es solche, die das Vorhandensein von zwei Geschlechtern zum Ausgangspunkt nehmen und untersuchen, welche geschlechtsspezifischen Unterschiede beim Essen bestehen. In eine Frage gekleidet: Was essen Frauen, was Männer? Sie setzen somit die Geschlechterdifferenz als (natur)gegeben voraus und fragen danach, welche geschlechtsspezifischen Unterschiede es beim Essen gibt. Dieses Beschreibungsmodell wird vorwiegend von der Ernährungsepidemiologie verwendet. Weniger verbreitet ist es in der naturwissenschaftlichen Ernährungsforschung. Für diese ist typisch, dass sie das Geschlecht bis auf den Aspekt der biologischen Reproduktion für weniger bedeutsam hält.

Zweitens existiert eine Reihe von Erklärungsmodellen, die analysieren, wie die Geschlechterdifferenz kulturell und sozial erzeugt wird, beispielsweise durch die Unterscheidung in eine weibliche und eine männliche Welt des Essens. Diese Modelle interessieren sich somit dafür, wie mittels geschlechtsspezifischer Deutungen und Strukturierungen eine weibliche und eine männliche Praxis hergestellt wird, die dann zur Unterscheidung der Geschlechter dient. Wie dies geschieht, demonstriert die Restaurantszene. Ohne zu wissen, wer am Tisch sitzt, vermuten wir einzig aufgrund der Bestellung bzw. der Speisenwahl: eine Frau und ein Mann. Wie die Geschlechterdifferenz erzeugt, kulturell und sozial repräsentiert und in eine Ordnung eingefügt wird, dies untersucht vornehmlich die sozial- und kulturwissenschaftliche Geschlechterforschung.

Geschlechtsspezifische Ernährung – physiologisch betrachtet

Die naturwissenschaftliche Ernährungsforschung kümmert sich im Allgemeinen kaum um das Geschlecht der Essenden. Sie geht davon aus, dass – abgesehen von jenen Bedürftigkeiten, die mit der biologischen Reproduktion zusammenhängen – sich Frauen und Männer aus ernährungsphysiologischer Sicht prinzipiell nicht unterscheiden. Zwar bedinge das durchschnittlich geringere Körpergewicht von Frauen eine Differenz, aber nur eine quantitative. Frauen bräuchten insgesamt weniger Nahrung, insbesondere weniger Kalorien. Entsprechend wird in der Ernährungsphysiologie der weibliche Körper als verkleinerte Variante des männlichen Körpers konzipiert. Deshalb wird es auch nicht als wissenschaftlich problematisch angesehen, dass die große Mehrzahl der Teilnehmer an ernährungsphysiologischen Studien männlich ist. Die Ergebnisse gelten – nach quantitativer Anpassung – als direkt auf den weiblichen Körper übertragbar.

Seit einigen Jahren, angestoßen durch die Genderforschung, vorangetrieben durch den Leistungssport, wird etwas genauer hingeschaut und geprüft, ob es nicht doch weitere körperliche Unterschiede gibt, vor allem auch solche, die als nicht unmittelbar durch die Gebärfähigkeit bedingt angesehen werden. Bei diesen Studien ergab sich, dass selbst beim Bedarf an den drei Nährstoffen Fett, Kohlenhydrate und Eiweiße markante Unterschiede zwischen den Geschlechtern bestehen (vgl. Tarnopolsky 1999). Diese sind zwar nicht ausnehmend groß, aber doch so ausgeprägt, dass die übliche Vorgehensweise, den männlichen Körper als Modell zu nehmen, zu Ergebnissen führt, die für den weiblichen Körper nicht ausnahmslos richtig sind. Beispielsweise speichern die weiblichen Körper weniger Energie in Form von Glykogen, weshalb die Empfehlung, vor sportlichen Höchstleistungen einen Teller Spagetti zu essen, für sie weniger nützlich ist als für männliche Sportler (vgl. Tarnopolsky 1999). Viele weitere „kleine Unterschiede" ließen sich aufzählen. Insgesamt belegen sie, dass es ernährungsphysiologisch nicht richtig ist, den weiblichen Körper als verkleinerte Variante des männlichen minus männliche plus weibliche Hormone darzustellen. Dass sich in diesen Körperbildern mehr ein männlich dominierter Blick verwirklicht denn eine wissenschaftlich hergeleitete Betrachtungsweise, liegt auf der Hand und braucht deshalb nicht eigens ausgeführt zu werden. Die Körperbilder entsprechen jedoch der eingeführten Geschlechterordnung wie auch ihrer kulinarischen Verfassung. Verkleinerung und Abweichung gelten als angemessene Verfahren, weibliche Körper darzustellen.

Feine und beträchtliche Unterschiede – sozialepidemiologisch vermessen

Nimmt man die Geschlechterdifferenz als gegeben an und misst, welche Unterschiede sich zwischen Männern und Frauen bezüglich des Essens finden lassen, so kommt man zum Ergebnis: unendlich viele. Dies gilt für die Lebensmittelauswahl und den Geschmack, genauso wie für die Vorstellungen über die Nahrungsmittel, die Intensität der Beschäftigung mit gesunder Ernährung, das Ernährungs- und Gesundheitswissen, die Häufigkeit von Diäten, die Kochstile und den Lebensmitteleinkauf – kurz: für alle Tätigkeiten und Einstellungen rund ums Essen. Frauen geben zu Protokoll, dass sie mehr Obst, Gemüse, Salate und Milchprodukte zu sich nehmen, öfter ihr Gewicht kontrollieren, mehr Erfahrung mit Diäten haben, besser über die Zusammensetzung der Lebensmittel Bescheid wissen usw. Dagegen bekunden Männer, Fleisch und Wurst zu bevorzugen, Vollkornprodukte abzulehnen, nicht so stark auf ihr körperlichen Wohlbefinden zu achten und trotzdem mit ihrem Körper zufrieden zu sein, seltener zu kochen etc.

In beiden Fällen handelt es sich vornehmlich um Selbstauskünfte während standardisierter Befragungen, so dass es präzise heißen müsste: Frauen und Männer berichten sehr Unterschiedliches über ihre Ernährungsweisen. Dass die meisten von ihnen in einem Haushalt mit Angehörigen des anderen Geschlechts zusammenleben, kochen und essen, scheint angesichts der berichteten Differenzen praktisch schwer vorstellbar. Würde man zwei beliebige andere Gruppen nehmen, z.B. Junge und Alte, Einheimische und Migranten oder Arme und Reiche, und die Unterschiede zwischen diesen Gruppen beim Essen messen, dann entstünde ein ähnliches Bild: unzählige Unterschiede. Dabei handelt es sich jedoch häufig um methodische Artefakte, weil quantitative Gleichheit – dies ist der Maßstab für Unterschiede – ein höchst unwahrscheinliches Ergebnis wäre, welches unstreitig nach Erklärung verlangen würde.

Tatsächlich sind jedoch die Unterschiede in den Esspraktiken kleiner als gedacht, bekundet und behauptet. Betrachtet man beispielsweise die Hauptquelle für Nahrungsenergie, dann stehen bei Männern wie bei Frauen auf den Plätzen eins bis drei Milchprodukte, Brot und Süßwaren, und auch die absolute Menge unterscheidet sich nur unwesentlich. Erst auf den Rängen vier, fünf und sechs zeichnen sich Differenzen ab. Bei Männern sind dort Wurstwaren, Fleisch und Bier zu finden, bei Frauen Obst, pflanzliche Fette und Getreide (vgl. Mensink et al. 2002). Sieht man von der Rangfolge ab und vergleicht die absolute Menge, dann sind unter Beachtung der insgesamt geringeren Nahrungsmenge, die Frauen zu sich nehmen, die Unterschiede zwischen den Geschlechtern minimal. Und dabei ist noch nicht berücksichtigt, dass es sich um Eigenangaben handelt, die wesentlich durch soziale Erwünschtheit beeinflusst sind. Trotz dieser Einschränkungen zeigen diese Ergebnisse eines deutlich. Es bestehen Muster, nach denen Essen geschlechtsspezifisch klassifiziert wird, und offenbar ist es einem Großteil der Männer wie der Frauen wichtig, sich diesen gemäß zu präsentieren. Kurz: Die „Welt des Essens" kennt mehr und größere geschlechtsspezifische Differenzen als die „Wirklichkeit des Essens".

Essen als kultureller und sozialer Prozess – *gender doing*

Zu Beginn ihrer kleinen Schrift zur „Philosophie in der Küche" fragt Francesca Rigotti, warum Kant keine „Kritik der kulinarischen Vernunft" geschrieben hat. Ihre Antwort lautet: Philosophieren und Kochen sind Tätigkeiten, die sich „schon allein wegen des Geschlechtsunterschieds der Ausübenden häufig fremd geblieben sind" (Rigotti 2002: 13). Wieso ist Philosophieren männlich und Kochen weiblich? Die Geschlechterunterscheidung wird durch die Tätigkeiten und damit durch „den Körper hindurch artikuliert" – lehren die Gender-Studies (vgl. Hirschauer 2003).

Nur indem die Geschlechterunterscheidung in die Eigenart der Tätigkeiten hineingeschrieben wird, kann sie überhaupt zu einem kulturellen und sozialen Phänomen werden. Hier geht es somit nicht um die Differenz zwischen den Geschlechtern, sondern darum, wie die Unterscheidung in zwei Geschlechter vonstatten geht und wie sie in der Praxis hergestellt wird.

Es ist somit nicht das biologische Geschlecht, vom dem sich herleitet, was männlich oder weiblich ist, es ist auch nicht eine vorhandene Differenz, die sich in den kulturellen Deutungen und sozialen Strukturierungen wiederfindet, sondern der Akt der Unterscheidung bringt eine vergeschlechtlichte Praxis hervor. Sie entsteht daraus, dass Tätigkeiten und Praktiken als weiblich oder als männlich bezeichnet und diejenigen, welche sie ausüben, als Männer oder Frauen identifiziert werden. Kochen ist weiblich, sofern es im privaten Haushalt geschieht und primär auf die Befriedigung des Nahrungsbedürfnisses zielt. Wird es an einem lauen Sommerabend in den Garten verlagert und der Grill in Gang gesetzt, wechselt die Tätigkeit urplötzlich ihr Geschlecht. Sie wird männlich. Auch professionelles Kochen, das dem Essgenuss huldigt, gehört zu den Tätigkeiten, die als männlich betrachtet werden. Es überrascht deshalb nicht, dass, wenn Wolfram Siebeck die Zeit-Leserinnen und -Leser dazu aufruft, sich für den jährlichen Kochwettbewerb mit ihren besten Speisen zu bewerben, die Mehrheit der Bewerber männlich ist, obwohl sie am heimischen Herd nun selten tätig sind. Allerdings lädt Siebeck nicht Hausfrauen und -männer ein, sondern Hobbyköchinnen und -köche. In dieser Titulierung drückt sich die Orientierung am professionellen, am männlichen Kochen aus, weil Köche und Köchinnen angesprochen werden und damit auf den Beruf und nicht auf den Haushalt Bezug genommen wird. Im Jahr 2007 hat er zu den Regionalausscheidungen 14 Hobbyköche und 8 Hobbyköchinnen gebeten (DIE ZEIT, 12. April 2007). So wie das Übergewicht von Männern bei dieser Ausscheidung nicht erstaunt, so wenig verwundert es, dass bei der Vorstellung von Spitzenköchinnen, die eine Sterneküche führen, der Kommentar, dass es sich um ein für Frauen besonders „hartes", weil männlich dominiertes Feld handelt, selten fehlt. Wie schnell jedoch ein und dieselbe Tätigkeit ihr Geschlecht wandelt, ist dagegen schon bemerkenswert.

Nicht nur durch die Tätigkeiten, auch durch den Speisengeschmack, die Aufmerksamkeit für den Körper und durch die weiteren vorne aufgezählten Praktiken, die mit der Nahrungsaufnahme zusammenhängen, wird die Geschlechterunterscheidung ausgedrückt. Frauen mögen somit – entsprechend der These des *gender doing* – nicht unbedingt Salat lieber als Kopfsülze. Wenn sie dieses Gericht von der Karte wählen, dann markieren und unterstreichen sie damit vor allem ihre Weiblichkeit – so wie umgekehrt Männer mit ihrer Vorliebe für Bratkartoffeln ihre Männlichkeit betonen. Wenn also die Autorin – was ihrem persönlichen Geschmack entspricht – gerne den ihr geschlechtsspezifisch zugeteilten Teller mit ihrem Begleiter tauscht, dann praktiziert sie einen als männlich gedeuteten Essstil und drängt ihren Tischpartner zu einem als weiblich angesehenen Essstil.

Mit der Geschlechterunterscheidung korrespondiert, dass die als weiblich bezeichneten Aufgaben und Tätigkeiten als weniger wertvoll bewertet werden, also darin eine hierarchische Geschlechterordnung enthalten ist. Bei den Kochstilen ist dies überaus auffällig. Die Genuss- und Geschmacksorientierung der Restaurantküche und die auf Sättigung hin ausgerichtete – zumindest so beschriebene – Alltagsküche korrespondiert mit der von Rigotti genannten Begründung, weshalb Kant keine „Kritik der kulinarischen Vernunft" verfasst hat. Wenn er sich zum Kochen geäußert hätte, dann in der „Kritik der Urteilskraft" und unter dem Aspekt des urteilenden Geschmacks. Auch für Theodor W. Adorno stand fest, dass „die Emanzipation der Kunst von den Erzeugnissen der Küche ... irrevokabel" ist (Adorno 1980: 26). Aus dem gleichen Grund haben die soziologischen Klassiker keine „Soziologie des Essens" entwickelt. Selbst Georg Simmel, der einen bezaubernden Essay über die „Die Soziologie der Mahlzeit" verfasst hat, hob hervor, dass es sich beim Nahrungsbedürfnis um eine „primitiv und niedrig gelegene Tatsächlichkeit" handelt, die erst durch das gemeinsame Essen „in die Sphäre des Geistigeren und Sinnvolleren" aufrückt (Simmel 1957: 250). Zudem scheint empirisch belegt, dass überall dort, wo die Versorgung mit Nahrung in weiblicher Hand blieb, sich keine exquisite Kochkunst entwickelte, sogar an herrschaftlichen Höfen nicht, an denen die materiellen Voraussetzungen in vollem Umfang vorhanden waren und sich eine große Repräsentationslust entwickelt hatte (Goody 1982). Auf der Ebene der Legitimation entspricht die geschlechtsspezifische Zuordnung der „mythischen Urfigur der nährenden, fruchtbaren und sorgenden Mutter" (Kaufmann 2006: 113). In ihr scheint sich für die Ewigkeit zu offenbaren, dass die Versorgung mit Nahrung naturgegeben eine weibliche Pflicht ist.

3 Die Beständigkeit der kulinarischen Geschlechterordnung

Dass die den Frauen zugeordnete Pflicht, für die tägliche Nahrung zu sorgen, sie ans Haus bindet und damit in die traditionelle Rollenverteilung zwingt, gehört zu den seit langem bekannten kulturellen und sozialen Wissensbeständen. Nicht zuletzt deshalb haben sich die frühsten Frauenbewegungen dafür eingesetzt, Gemeinschaftsküchen einzurichten, die Frauen von dieser privaten, wenig angesehenen Aufgabe zu entlasten. Die meisten dieser Projekte sind innerhalb von kurzer Zeit gescheitert. In den Wohnungen wurde wieder ein privater Herd installiert, die Frauen kehrten an diesen zurück und nahmen damit die ihnen offenbar schicksalhaft auferlegte Last wieder an. Auch für die Gegenwart gilt, dass trotz verbesserter Integration in das Erwerbsleben, selbst in hochrangige und „Zeit fressende" berufliche Positionen, letztlich die Verantwortung für das tägliche Kochen bei den Frauen verbleibt. „Die Frauen sind nicht scharenweise aus der Küche desertiert", konstatiert auch Jean-Paul Kaufmann (2006). Sie haben diese Haushaltspflicht „so organisiert, dass sie das Essen schneller zubereiten" (Kaufmann 2006: 120). Dies zeigen auch die Ergebnisse der Zeitverbrauchsstudien (Meier 2004; Gwozdz 2007). Die „schnelle und leichte Küche" wurde zu einem „Zeichen" für die „Leichtigkeit des Seins" (Kaufmann 2006: 119), für eine gut verdauliche und gesunde Küche, die wiederum zu einer Repräsentation eines „gesunden Lebensstils" wurde.

Bleibt die Frage, was die große Mehrzahl der Frauen dazu bewegt, „sich mit ihrer Gefangenschaft in der traditionellen Rolle“ als Ernährerin abzufinden (Kaufmann 2006). Diese Frage spricht nur eine Seite des Phänomens an. Die andere Seite ist, dass – sofern die Gesellschaft Ernährungsprobleme konstatiert, wie aktuell das steigende Übergewicht von Kindern und Jugendlichen – immer mitschwingt, dass die Ursache dafür in der Zunahme weiblicher Berufstätigkeit zu suchen ist. Es sei also die „Schuld der Frauen“, dass ernährungsbedingte Erkrankungen zunehmen. Auf diese Weise wird nochmals – wenn auch nicht ausgesprochen – an die „Urfigur der nährenden, fruchtbaren und sorgenden Mutter“ appelliert. Die aus der Form geratenen und von Krankheiten bedrohten Körper können als Beleg dafür herangezogenen werden, dass doch mehr Natur im Spiel sei. Betrachtet man diese verschiedenen Stränge zusammen, dann zeigt sich, dass die Geschlechter- und die kulinarische Ordnung in mehrfacher Weise kulturell und sozial in Übereinstimmung gebracht sind. Die Esspraktiken und deren Wahrnehmung erfolgt vergeschlechtlicht, die Küchen wie die Arbeitsteilung im privaten Haushalt, aber auch die Ernährungsberufe sind eindeutig weiblich oder männlich gedeutet, und zudem orientieren sich Männer und Frauen an der geschlechtsspezifischen Kulinarik und tradieren sie auf diese Weise. Daraus erklärt sich die doppelte Abgestimmtheit zwischen der „Welt“ und der „Wirklichkeit“ des Essens und der „Welt“ und der „Wirklichkeit“ des Geschlechts, die geradezu einen sich gegenseitig bestätigenden Zirkel bilden, weshalb so viele Versuche scheitern, diesen aufzubrechen.

Literatur

Adorno, Theodor W.: Ästhetische Theorie. Frankfurt a. M. 1980.

Barlösius, Eva: Soziologie des Essens. Eine sozial- und kulturwissenschaftliche Einführung in die Ernährungsforschung. Soziologische Grundlagentexte. Weinheim 1999.

Barlösius, Eva: Pierre Bourdieu. Eine Einführung. Frankfurt a. M. 2006.

Bourdieu, Pierre: Die feinen Unterschiede. Kritik der gesellschaftlichen Urteilskraft. Frankfurt a. M. 1984.

Bourdieu, Pierre: Die männliche Herrschaft. Frankfurt a. M. 2005.

Counihan, Carole M./Kaplan, Steven L.: Food and Gender. Identity and Power. Amsterdam 1998.

Giddens, Anthony: Transformation of Intimacy. Sexuality, Love and Eroticism in Modern Society. Cambridge 1992.

Goody, Jack: Cooking, Cuisine and Class. A Study in Comparative Sociology. Cambridge 1982.

Gwozdz, Wencke: Zwischen „Familienernährer“ und „Ernährungsproduzentin“. Eine Untersuchung der geschlechtsspezifischen Arbeitsteilung im Haushalt anhand der Zeitbudgeterhebungen 1991/92 und 2001/02. Hohenheimer Beiträge zu Gender und Ernährung. Hohenheim 2007.

Hirschauer, Stefan: Wozu „Gender Studies“? Geschlechtsdifferenzierungsforschung zwischen politischem Populismus und naturwissenschaftlicher Konkurrenz. In: Soziale Welt 4 (2003), S. 461–482.

Kaufmann, Jean-Claude: Kochende Leidenschaft. Soziologie vom Kochen und Essen. Konstanz 2006.

Mauss, Marcel: Die Gabe. Form und Funktion des Austauschs in archaischen Gesellschaften. Frankfurt a. M. 1968.

Meier, Uta: Zeitbudget, Mahlzeitenmuster und Ernährungsstile. In: Deutsche Gesellschaft für Ernährung (DGE): Ernährungsbericht 2004. Bonn 2004, S. 72–93.

Mensink, Gert et al.: Was essen wir heute? Ernährungsverhalten in Deutschland. Berlin 2002.

Murcott, Anne: Talking of Good Food: Am Empirical Study of Women's Conceptualizations. In: Food and Foodways 5, No. 3 (1993), S. 305–318.

Rigotti, Francesca: Philosophie in der Küche. Kleine Kritik der kulinarischen Vernunft. München 2002.

Setzwein, Monika: Ernährung – Körper – Geschlecht. Zur sozialen Konstruktion von Geschlecht im kulinarischen Kontext. Wiesbaden 2004.

Simmel, Georg: Soziologie der Mahlzeit. In: Georg Simmel (Hg.): Brücke und Tür. Stuttgart: 1957, S. 243–250

Tarnopolsky, Mark: Gender Differences in Metabolism. Practical and Nutritional Implications. Boca Raton 1999.

Zittlau, Jörg: Frauen essen anders, Männer auch. Fakten und Hintergründe zum Speiseplan der Geschlechter. Frankfurt a. M. 2004.

Kulinaristik und Gastlichkeit aus der Sicht der Kulturanthropologie

Regina BENDIX

1 Einführung

Die englischen und französischen Begriffe *Hospitality* (*Hospitalité*) verweisen auf eine Reihe sprachhistorischer Verbindungen, die auf die Geschichte der Begriffe ebenso wie auf die Dimensionen dessen, was der deutschsprachige Ausdruck *Gastlichkeit* beinhaltet, zurückgehen. Das lateinische Wort *hospitalitas* enthält das Lexem *hospes*, der (fremde) Gast und Gastgeber. Das über Jahrhunderte manchen Klöstern oder Kirchen zugehörende *Hospiz* bot Fremden, seien es Pilger oder Bedürftige, Unterkunft und Verpflegung. Im ausgehenden 20. Jahrhundert wurde der Hospiz-Begriff durch die Sterbebegleitungsbewegung aufgegriffen; das Hospiz als Krankenhausalternative bietet in einer anonymisierten Welt fürsorgliche, pflegende Gastlichkeit für sterbenskranke und wegen ihrer Krankheit oft stigmatisierte Menschen bis zu ihrem Tod. Im heutigen Gebrauch von *Hospitality* finden sich denn die Be- und Umdeutungen dieser historischen Komponenten von Pflichten der Gastgeber und Erwartungen seitens des Gäste: Der Begriff umfasst die gesellschaftlichen Normen zur Beziehung zwischen Gastgeber und Gast genauso wie die breite Palette von Dienstleistungen, die im Wirtschaftssektor des modernen Hotel- und Gastgewerbes erwachsen sind.

Wesentlich für das Verständnis von Gastlichkeit als Handlung und Institution ist das Zusammenspiel von beiderseitigen kulturellen Verhaltenserwartungen und rechtsökonomischen Verpflichtungen. In der Neuzeit begann die Ausdifferenzierung zwischen privater Gastfreundschaft und gewerblicher Gastlichkeit, die jedoch nie gänzlich losgelöst voneinander blieben und bleiben können. Auch in einer vorkapitalistischen Zeit oblag es einem Gastgeber – im wörtlichen Sinne – einem Gast eigene Ressourcen in Form von Speise und Trank sowie, falls die Situation es erforderte, Nachtlager zu geben. Das Ausmaß der Gewährung dieser Gastlichkeit unterschied sich je nach Status der Beteiligten sowie der religiösen oder, weiter gefasst, weltanschaulichen Grundsätze. Im historischen Prozess der zunehmenden monetären Wertung von Gütern und Dienstleistungen entwickelte sich neben dem Prinzip von Gabe und Gegengabe, das der französische Soziologe Marcel Mauss in seinem klassischen Essay *Le Don* („Die Gabe") von 1924 bereits kulturvergleichend erarbeitete, ein Wechselprinzip von Dienstleistung und Dienstentlohnung.

Eine Bezahlung setzt, zumindest wirtschaftlich gesehen, einen Endpunkt in einer Wirtschaftsbeziehung, während eine zwischenmenschlich verankerte Gastfreundschaft grundsätzlich, wenn auch nicht praktisch, einen unbegrenzten Horizont zyklischer Wiederholung vorsieht. Die Kulturanthropologin Adelheid

Schrutka-Rechtenstamm bezeichnet denn auch die *Gastfreundschaft* – ein Begriff, der die Handlungserwartungen einer ihr übergeordneten Gastlichkeit auf einen eng gezogenen Kreis verwandter und bekannter Menschen bezieht –als „elementares, soziales Prinzip" und sieht in ihr „Normen und ungeschriebene Gesetze" wirksam werden, die ein „kompliziertes Geflecht zwischen Geben und Nehmen" sowie „Rechte und Pflichten beider Seiten" beinhalten (Schrutka-Rechtenstamm 1997, 47).

Wenn auch manche Bereiche einer global vernetzten Tourismusindustrie in Hotelketten und Urlaubskonzernen eine Vergleichbarkeit von Gastlichkeitsstandards von Travemünde bis in die Karibik anstreben, so bleiben Praxen der Gastlichkeit dennoch zutiefst geprägt von der Dynamik kultureller Muster. Die ethnographisch fundierte Kulturanthropologie hat somit in der Zuwendung zur Gastlichkeit eine mehrfache Aufgabe: sie erforscht diese Muster und macht die Begründung ihrer kulturellen Differenz sichtbar; sie untersucht hergebrachte, traditionelle Formen der familiären bis gruppenkulturellen Gastlichkeit und deren Prägekraft ebenso wie deren dynamischen Wandel in zwischenmenschlichen Beziehungen. In vermehrtem Masse sucht sie auch zu dokumentieren und zu verstehen, wie Elemente kultureller Gastlichkeitsmuster zu Klischees werden, die beispielsweise in der Werbung eingesetzt und genutzt werden. Gastlichkeit ist nicht nur eine im Alltag zu erwartende kulturelle Praxis, sondern auch eine Ressource, die in der Fremdenwerbung und der Hospitality-Industrie genutzt wird. Beide Forschungslinien und ihre Verknüpfung seien im Folgenden dargestellt und dann in einer Antwort auf die Frage nach dem Stellenwert der Kulturanthropologie in der Kulinaristik im Allgemeinen und in der Gastlichkeitsforschung im Besonderen verbunden.

2 Gastlichkeit im Alltag und ihre kulturelle Ausprägung

Gern werden fremdkulturelle Beispiele von Regeln der Gastlichkeit erzählt, wie sie durch Kulturkontakte schon vor aber noch verstärkt seit der europäischen kolonialen Expansion aus Reiseerzählungen und Literatur verbreitet wurden. Auf das Bild etwa des stoischen Wüstenfürsten, der selbst einem Feind Gastlichkeit angedeihen lassen muss, wenn dieser darum bittet, trifft man in den populären Romanen Karl Mays genauso wie in Hollywood Produktionen. Die Begegnung mit dem Fremden aus Vergangenheit und Gegenwart – und sei es in einer übertreibenden, ethnographisch kaum fundierten Weise – schärft dennoch den Blick für die Dimensionen des eigenkulturellen Selbstverständnisses dafür was es heißt, sich gastlich zu verhalten.

Selbstredend gibt es viele Gradierungen von Gast-Gastgeber Situationen, doch können die unterschiedlichen Verhaltensweisen innerhalb des Gastlichkeitskomplexes dennoch als aufgebaut aus zwei strukturell vergleichbaren Komponenten betrachtet werden. Die Ankunft eines Gastes verlangt danach, zwei Bereiche des Fremdseins zu überbrücken. Der Gast bedarf erstens der Einführung in ein neues, *räumliches* Umfeld und zweitens des mehr oder minder nahen Einlasses in ein neues *zwischenmenschliches, kommunikatives* Verhältnis. Während ein erstmaliger

Besucher im beruflichen Kontext vielleicht vom Bahnhof abgeholt wird um ihm die Unsicherheiten mangelnder Ortskenntnis zu ersparen, mag eine wiederholt zu Besuch weilende Verwandte ebenfalls schon am Geleise in Empfang genommen und ins eigene Domizil geleitet werden, um hiermit zu markieren, dass der Besuch freut und weder Zeit noch Mühe gescheut werden, sie willkommen zu heißen und den Weg zum Ziel mit Gespräch und Koffertragen angenehm zu gestalten. Das Gespräch, ob belanglos aber freundlich oder bereits tief in vertrauten Themen, erlaubt den Aufbau oder Wiederaufbau einer Beziehung und damit den temporären Einschluss des Gastes in der Lebenswelt des Gastgebers. Damit werden die zwei Lebenswelten des Besuchers und des Besuchten durch einfache Gesten und Handlungen zusammengeführt.

Dieses Zusammentreffen, sei es zweier Fremder oder seien es Bekannte und Verwandte, ist nicht bar der Problematik. Vieles kann in der kleinen Inszenierung falsch laufen. Der amerikanische Soziologe Erving Goffman hat alltägliche Begegnungen dieser Art unter dem Begriff der „Präsentation des Selbsts im Alltag“ mit den Röntgenaugen des sozialen Interaktionisten wahrgenommen und aufgezeigt, wie kleinste Fehlgriffe in Wortwahl, Stimme oder Gestik bereits als Ausrutscher empfunden und damit eine Begegnung oder eine ganze Situation gefährden können. Es überrascht deshalb auch nicht, dass in der kulturwissenschaftlichen Forschung von „Ritualen der Gastlichkeit“ gesprochen wird (vgl. Kammerhofer-Aggermann 1997). Einerseits bedarf das Eröffnen des implizit immer temporären Gast-Gastgeber Verhältnisses einer dem jeweiligen kulturspezifischen Setting angepassten Dramaturgie, wofür Goffmans der Welt des Theaters entliehene Vokabular, das mit Bühne, Rollen, und mimischen Fassaden arbeitet, geeignet ist.

Andererseits bedeutet das Reisen, Besuchen und am andern, gar fremden Ort Ankommen für den Gast immer auch ein Eintreten in eine begrenzte und begrenzende Welt außerhalb der eigenen vier Wände und dem vertrauten Alltagskontext. Liminalität (lat. limes, die Grenze) ist, um mit dem Ritualtheoretiker Victor Turner zu sprechen, ein Zustand sowohl der Gefährdung als auch der transformativen Potenz. Sie ist, strukturell gesehen, genauso präsent in einem wichtigen Lebenslaufritual wie in der oft wiederkehrenden Situation des zu Gaste seins. Um diesen Zwischenzustand erfolgreich zu überbrücken, wird v.a. seitens der Gastgeber zu Elementen und Handlungen gegriffen, die vom Moment der Ankunft zum Zustand des Angekommenseins mit seiner partiellen, auf Zeit gewährten Eingliederung in den nicht-eigenen bis fremden Raum überleiten.

Aus einem kleinen, vertrauten Beispiel lassen sich die Komponenten herauslesen, welche wiederum je nach Ära und kulturellem bzw. interkulturellem Kontext unterschiedlich gestaltet sein werden:

Familie M. reist zum traditionellen Besuch zwischen Weihnacht und Neujahr zu den Großeltern mütterlicherseits. Der ICE aus Hamburg erreicht Stuttgart mit wenig Verspätung und Opa K. wartet bereits mit ausgebreiteten Armen am Bahnsteig. Trotz der langen Zugsreise tragen die Kinder – für ihre Begriffe – schöne und etwas weniger bequeme Kleider, denn Oma K. achtet auf so was, so meint zumindest die Mama. Vermutlich hat sie recht, denn auch Opa K. trägt eine Krawatte, in der Tat kennen die Kinder Opa als fast immer Krawatte tragend, weil sie ihn auch fast nur als Gastgeber oder umgekehrt als Gast im eigenen Haus begegnen. Einzig vor 2 Jahren, als die Großeltern mit in den Sommerurlaub fuhren, trug er auch mal kurze Hosen und ein sportliches Hemd. Es begrüßen sich alle mit Umarmungen und Küssen, Papa M. und Opa K. greifen zu den Koffern und Mama nimmt die Kinder bei der Hand und man tauscht einige Neuigkeiten aus auf dem Weg zum Parkplatz.

Beim Haus der Großeltern hat Oma K. schon lange aus dem Fenster gespäht; sie hatte am morgen noch mal abgestaubt, die Putzfrau hatte sie extra, wie jedes Jahr, am 3. Feiertage um ein kurzes aber intensives Reinemachen für die Gäste gebeten. Jetzt öffnet sie die Türe weit. Sie ist sehr gut frisiert und trägt ein warmes aber festliches Kostüm, ein schönes Stück Schmuck komplettiert das Bild für die Tochter, die selbst auch daran gedacht hat, eine Kette umzulegen. So sind bereits die ersten kleinen, nicht kommentierten aber erwarteten Elemente des Besuchens und Besuchtswerdens auf der vestimentären Ebene erfüllt und das Quentchen Unbehagen, das Oma K. in vier fünf Jahren zum Ausdruck geben wird, wenn die Kinder das Sonntägliche aus ihrem Besuchsrepertoire gestrichen haben werden, kann noch ausbleiben.

Im Haus selbst, das außer Frau M. ihren Familienmitgliedern weniger vertraut ist, übernimmt Oma K. das Geleiten und Integrieren. Die Kinder bringt sie zum alten Kinderzimmer, wo die Betten frisch bezogen auf sie warten, mit einer Süßigkeit auf dem Nachttisch als extra Willkommensgruss. Bücher und Spielzeug wurden aus dem Estrich geholt, um in den kleinen Gästen ein Gefühl von Vertrautheit aufzubauen; die Kinder wiederum reagieren darauf mit Neugierde, es sind unvertraute Dinge, die aber mit kindlicher Lust erkundet werden dürfen. Frau M. hat inzwischen selbstgebackene Kekse und einen schönen Bildband über Sizilien, das nächste Reiseziel der Großeltern, aus dem Gepäck gekramt und ihren Eltern mit Kuss und guten Wünschen überreicht. Es wird gedankt und gemeinsam in das Buch geschaut.

Sind erst mal alle Koffer hereingetragen und Hände gewaschen, dann setzen sich alle an den gedeckten Tisch im Wohnzimmer für ein gemeinsames Abendbrot.

Der Tisch ist nachweihnachtlich aber festlich gedeckt, auch für die Kinder wurde das gute Geschirr gewählt, sodass sie sich als Gäste ihrem Status entsprechend benehmen, die schwere Gabel vorsichtiger führen als das Alltagsbesteck zu Hause. Oma K. hat Sonntägliches gekocht und Opa K. öffnet den chambrierten Wein. Opa K. erhebt das Glas und gibt in etwas förmlicherer Sprache der Freude Ausdruck, dass die jüngeren Generationen zu Gast weilen; Herr M. steht seinerseits auf und dankt für den schönen Empfang und das leckere Gastmahl. Die Kinder grinsen verstohlen, weil Papa später auf der Rückreise nachfragen wird, ob er denn alles der Erwartung entsprechend getan und gesagt habe, und alle gleiten mit zunehmend lockerem Gefühl in die Tage des Besuchs hinein.

Das Grundgerüst eines gastlichen Empfanges lässt sich aus dieser kleinen Szene genauso herauslesen, wie dies aus einer vielleicht viel befremdlicher anmutenden Beschreibung eines gastlichen Empfanges aus dem Mittelalter oder der frühen

Neuzeit der Fall wäre. Vorbereitende Maßnahmen in Haus (Reinemachen), Küche und an der eigenen Person können als rituelle Handlungen eingeordnet werden; genau wie etwa bei einem Ritual des Jahreslaufes dienen purifizierende Handlungen, das Herstellen besonderer Köstlichkeiten und die „Verkleidung“ in Maske und Kostüm auch beim gastlichen Empfang dazu, die eigene Umgebung und den eigenen Körper in einen besonderen Zustand zu versetzen. Die Gäste anerkennen das Außergewöhnliche des Gastseins in komplementärer Weise und bringen zudem ein Gastgeschenk mit, das – in dieser familiären oder freundschaftlichen Situation – als Kompensation für die Mühen akzeptiert wird, die sich die Gastgeber gemacht haben. Fast jede noch so kleine Handlung in dieser Sequenz ist im Idealfall befrachtet mit einem Ausdruck des positiven, gern unternommenen Bemühens seitens der Gastgeber und einem positiven, dankenden Wahrnehmen seitens der Gäste.

Die Ausgestaltung der rituellen Sequenz ist selbstredend höchst variabel: Zu manchen Zeiten und an manchen Orten mag die Grußformel für eine gastliche Begegnung festgelegt sein und die leiseste Abweichung davon bereits als Affront gewertet werden. Das Gastgeschenk, so individuell und unterschiedlich gewertet es in spätmodernen, deutschen Begegnungen sein mag, kann andernorts in Ausmaß, Inhalten und metaphorischer Bedeutung kulturellen Vorschriften unterliegen. Einen Abglanz hiervon finden wir heute noch in der Ratgeberliteratur, die für ein entritualisiertes Zeitalter wie das gegenwärtige Richtlinien oder zumindest Empfehlungen bietet, um Unsicherheiten zu überbrücken.

Zwischen Empfang und Verabschiedung nimmt das Gastmahl (im Singular oder, bei langen Besuchen, Plural) eine Ankerstellung ein. Es vereint in sich im Idealfall ein umfassendes, sensorisches Präsent, angefangen mit dem visuellen, ästhetischen Eindruck eines gedeckten Tisches, der gleichzeitig durch die Nutzung von feinen Tischdecken, „gutem Geschirr“ und Tafelsilber, mehreren Gläsern bei jedem Gedeck, die auf eine Weinvielfalt hoffen lassen auch die Wertschätzung der Gastgeber für die Gäste zum Ausdruck bringen. Eine solche Inszenierung der Tafel ist selbstredend abhängig von wirtschaftlichen Ressourcen und gruppenspezifischer Ästhetik, aber selbst in einer studentischen Wohngemeinschaft mögen Gäste mal mit Servietten und einem Feldblumenschmuck auf dem Tisch empfangen werden. Die eigentliche Mahlzeit, deren Wohlgeruch vielleicht bereits bei der Begrüßung verheißungsvoll in die Nase dringt, soll den Gaumen verwöhnen und ein nicht nur körperliches Wohlbehagen erzeugen, das vom einfachsten Fall der Sättigung des hungrigen Gastes bis zum orgiastischen Entzücken einer Tischgesellschaft reichen mag.

In einer heterogenen Gesellschaft sind die Erwartungen und die Maßstäbe dessen, was für ein Gastmahl zuzubereiten ist, so unterschiedlich wie die sie zusammensetzenden Gruppen. Einfache Richtlinien aus der Vergangenheit, die „ein gutes Stück Fleisch“ oder einen erlesenen Fisch zum Herzstück eines Gastmahls setzten, um welches sich Vor- und Nachspeisen, Beilagen und entsprechende Weine rankten, finden sich in der Gegenwart zwar immer noch mancherorts praktiziert und geschätzt. In einer einerseits durch gesundheitliches Wissen veränderten „Gemeinschaft von Essern" können jedoch Fleisch- und Geflügelangebote auch als potentielle Krankheitsträger (von BSE bis Geflügelpest) und Fisch als Allergikum ausgeschlossen werden und vegetarische Mahlzeiten als letztendlich gastlichere Alternative aufscheinen. Dagegen sind fremdkulturelle Speisen je nach sozialer Schicht und Generation ein Zeichen experimentierfreudiger Gastlichkeit.

Kurzum: Der gastliche Herd kann auch ein Herd der Unsicherheit sein. Hier verlangt eine enttraditionalisierte und auf stetig neue Impulse ausgerichtete Gesellschaft nach Handreichungen. Wer im Jahr 2007 das Internet zu „Kochen für Gäste" befragt, wird rein in deutscher Sprache mit rund 20,000 Webverweisen überflutet, die von eigenständigen Angeboten über digitale Varianten von Druckzeitschriften bis zu Weblogs und persönlichen Berichten reichen. Diese Quellen von Ideen und Hilfestellungen deuten gleichzeitig darauf hin, welche Unsicherheiten und was für Gelüste potentielle Gastgeber bewegen: Die richtige Wahl, das schmale Budget, die ästhetische Herausforderung, das Durchdringen des Bekannten, der Zeitmangel, der Geltungsbedarf.

Herausgegriffen sei hier als Beispiel ein einfaches Kochbuch, seit 1983 auf dem deutschsprachigen, insbesondere schweizerischen Kochbuchmarkt erhältlich: Betty Bossis *Für Gäste das Beste: 7 Arten Gäste zu verwöhnen.*[1] Auf 170 Seiten werden hier Rezepte vorgestellt, deren Kategorisierung Aufschluss darüber gibt, welche Art von Gastverpflegung der spätmoderne, mitteleuropäische Mensch sich vorstellen kann. So gibt es die Kategorie „Alles zum Vorbereiten", aus deren Rezeptreigen Dreigang Menus mit Vorspeise, Hauptgereicht und Dessert zusammengestellt werden können für Gäste, um deren Ankunft man sehr wohl weiß und wo ein Einsatz an Zeit und Ressourcen von Nöten ist. „Originell und preisgünstig" sind sodann die Rezepte für den kleineren Geldbeutel, hier angepriesen für „Junge und Junggebliebene". „Unerwartete Gäste" verlangen ein schnelles Überschlagen der vorhandenen Nahrungsmittel – weshalb hier die Illustrationen auch gleich die Ingredienzen samt dem fertigen Essen abbilden: Aus einem Beutel gefrorenen Gemüses, Kaffeesahne, Schalotten und Knoblauch, Eiern, einer Dose Pilzen und frischen Kräutern gelingt eine „Omlette jardinière" – wobei Betty Bossi mit solchen Rezepten impliziert, welche Vorräte in einem „guten Haushalt" zu finden sein müssten. Betty Bossi verlockt auch zur „Belle Cuisine" – „klein, fein und schön", ein Wagnis, ein Aufwand sei dies, der sich jedoch für kochfreudige, gut organisierte Menschen lohne, und einen Erfolg abwerfen könne. Die letzten Kategorien sind die „kleinen Einladungen zwischendurch", die auf Häppchen zum Aperitif beschränkte Einladung und schließlich die Großeinladung zum Buffet.

Wenn auch die einzelnen Rezepte austauschbar sind, so zeigt dieses Beispiel dennoch – ganz ähnlich wie die geschilderten Begrüßungsrituale – Strukturen auf, die das Spektrum an Gastmahlsituationen aufgliedern und mit der einer gegebe-

[1] Betty Bossi ist eine Kunstfigur, ursprünglich vom Schweizer Speisefetthersteller Astra eingesetzt, um einfache, stets gelingende Rezepte zu verbreiten. Eine Betty Bossi Publikation erschien erstmals 1956; ab 1973 erschienen die Betty Bossi Kochbücher in scheinbar nicht abbrechender Vielfalt und Popularität. Vgl.: http://de.wikipedia.org/wiki/Betty{_}Bossi (geprüft am 30.7.2007) und „Betty Boss" http://www.bettybossi.ch/de/index.aspx (geprüft am 30.7.2007).

nen Kultur bzw. Gesellschaft entsprechenden kulinarischen Angeboten füllen. Für Gäste verändert sich die alltägliche Mahlabfolge; das außergewöhnliche der Gast-Gastgebersituation verlangt auch nach außergewöhnlichen Speisen, und dies selbst bei unangekündigten Besuchen.

Gastmahlzeiten zu kochen macht manchen große Freude; es ist ein Hobby, das von einer sozial differenzierten Freizeitgesellschaft gefördert wird. Die eigenen Fähigkeiten können in vielen Kursangeboten stetig verbessert und erweitert werden, wodurch im Sinne Pierre Bourdieus die soziale Distinktion verfeinert und das kulturelle Kapital innerhalb der eigenen Referenzgruppe ansteigt. Für manche ist jedoch schon rein der Gedanke eines Gastmahls auch eine Quelle des Stresses: Einblick in ein unaufgeräumtes Domizil, ein riesiger Arbeitsaufwand, für welchen die Kompetenz nicht oder nur in wenig geübtem Ausmaß vorhanden ist. Auswärtsessen, Gäste in einer Fremdlokalität bewirten, wird in diesem Fall, sofern es das Budget erlaubt, eine attraktive, entlastende Alternativoption. Damit wechselt die Perspektive zur Gastlichkeit im gewerblichen Rahmen, die ihre Impulse und ihr Instrumentarium aus dem geschilderten, kulturell geprägten, familiären Rahmen schöpft, hieraus jedoch ein Dienstleistungsprodukt schafft, das in seiner Mannigfaltigkeit ebenfalls der kulturanthropologischen Reflektion bedarf.

3 Gastlichkeit und ihre gewerbliche Ausprägung

Zum Einstieg in diesen Zusammenhang sei hier ein Beispiel aus der touristischen Erfahrung geschildert, welches den Übergang von zwischenmenschlicher zu gewerblicher Gastlichkeit aufzeigt.

Eine im ehemals adeligen Villenviertel eines portugiesischen Reiseziels gelegene Liegenschaft wird von seiner recht betagten Besitzerin und ihrer Tochter als Familienhotel geführt. Die Originalmöbel und Tapeten dienen der Benennung jedes Raumes, und selbst die gut verstaubte Originalbibliothek einer einst betuchten Familie sind Teil des für die Gäste offenen Anwesens. Eine Köchin und eine Art von Mann für alles stehen zur Verfügung. Die Tochter besorgt das Management, ihre drei Kinder unterschiedlichsten Alters beleben und beunruhigen das etwas heruntergekommene Edelambiente. Einmal die Woche lädt die Besitzerin, stets elegant gekleidet und die Spuren des hohen Alters aus ihrem Gesicht mehrmals operativ entfernt, alle gerade anwesenden Hotelgäste zum Dinner. Wer sich auf die freundliche Einladung „möchten Sie heute mit uns dinieren" meldet, vernimmt spätestens beim Begleichen der Rechnung für den Aufenthalt, dass es sich um eine Dienstleistung und keine Einladung an die Familientafel handelte. Doch das eigentliche Mahl verläuft in gastgeberischer Manier: Die Dame des Hauses bittet um eine Vorstellungsrunde, damit die 24 sich bisher fremden Menschen einander kennen lernen mögen; dann macht sie lächelnd Konversation mit v.a. den männlichen Gästen, lässt sich von ihnen Wein nachschenken und schäkert ein wenig, während die Tochter gemeinsam mit dem zu einem Butler mutierten Mann für alles aufträgt. Gut drei Stunden dauert das Mahl für diejenigen, die auszuharren vermögen – doch weil es sich um bezahlende Gäste handelt, verlangt der Anstand es nicht, dass sie das tun.

Das Dinner am festlichen, riesigen Familientisch, umrahmt von dunklen, verglasten Regalen mit wertvoll anmutenden Silberbechern und bemaltem Porzellan ist also sowohl gelebte wie auch gegen Bezahlung inszenierte Gastlichkeit. Ganz im Sinne von Dean MacCannells Beobachtungen in seinem mittlerweile klassischen Essay *The Tourist* (1976) öffnet diese Familie dem touristischen Gast den Blick hinter die Bühne; bei MacCannell war dies die Vorhut des avantgardistische Individualtourismus der 1970er Jahre, bei dieser portugiesischen Oberschichtsfamilie eine wirtschaftliche Notwendigkeit, mit Nonchalance arrangiert, außerhalb jeglichen professionellen Trainings in der Hospitality Branche und deshalb für manchen Gast ein noch nie erlebtes Unikum.

Die Überführung von Gastfreundlichkeit in den gewerblichen Bereich lässt sich aus der Sicht der Kulturanthropologie mehrschichtig erfassen. Zum einen wird das Instrumentarium gastlichen Handelns und die darin einbegriffenen Elemente von Erfrischung über Gastmahl bis zu einem Bett für die Nacht in ein Dienstleistungsangebot verwandelt. Hierzu werden meistens Räume und Gebäude, die von der Privatsphäre des Anbieters getrennt sind, genutzt – das geschilderte Beispiel oder auch die aus England stammende und mittlerweile weltweit verbreitete Institution des *Bed and Breakfast* stellen hier eher Ausnahmen dar. In der Tat sind gewerbliche Etablissements der Gastlichkeit mit einer eigenen Architektur- und Dekorgeschichte versehen, angefangen mit den schon im frühneuzeitlichen Stadt- und Dorfbild meist markanten – heißt gut erkennbaren, ausgeschilderten – Herbergen und Gasthöfen bis zur Hotelarchitektur und Urlaubsanlage.

Die Ausgestaltung gewerblicher Gastlichkeit ist heute vielfältig differenziert, da sich auch die Beweggründe, zu bezahlende Gastlichkeit in Anspruch zu nehmen, multipliziert haben. In welchem Rahmen – von Möblierung, Beleuchtung, Wandschmuck, Tischdekor, musikalische Berieselung – ein zahlender Gast welche Art von Mahlzeit zu welchem Preis einnehmen möchte: Dies ist Ansporn zu heftigem, gewerblichen Wettbewerbsverhalten, getragen nicht nur von Kunden sondern auch von evaluierenden Agenturen, die das so geschaffene Ambiente der Gastlichkeit bewerten. Ein vor einigen Jahren kursierender Witz illustriert diese Bewertungskomponente, der sich die Hospitality Branche ausgesetzt sieht: „Haben Sie schon vom Restaurant auf dem Mond gehört? Das Essen ist sehr gut, aber leider fehlt die Atmosphäre".

Der zweite zu reflektierende Aspekt ist das Rollenspiel, welches sich bereits in der alltäglichen Gastlichkeit als wesentlich erweist. In der gewerblichen Gastlichkeit ist die Gastgeberrolle nicht mehr nur von rein tradierten Inszenierungen geprägt. Das Rollenspiel auf der Bühne der Interaktion zwischen Personal und Gästen bedarf des Trainings. Die Ausbildung zur Hospitality-Fachperson gliedert sich deshalb nicht selten in ein Durchlaufen aller Rollen des Dienens und Bedienens, angefangen bei den statusniedrigsten Varianten bis, je nach Eignung, zur Spitze. Kostümierung, Sprechverhalten, Mimik und Gestik sind beim gewerblichen Gastlichkeitsritual direkt mit dem finanziellen Erfolg der Dienstleistung verbunden.

Diese Komponente verlangt den in der Branche Tätigen eine Performanzleistung ab, die – gerade wenn die Bühne und der Bereich hinter der Bühne wenig getrennt sind – emotionale Kosten mit sich bringt.

Die Soziologin Arlie Hochschild hat diesen Komplex, der vielen Dienstleistungsberufen gemeinsam ist, unter dem Titel *Das gekaufte Herz* (1990) thematisiert. Damit verwies sie auf die Anstrengung, Kunden bzw. Gästen mit einer zwischenmenschlichen Haltung zu begegnen, die Anteilnahme, Freundlichkeit und in unserem Falle eben auch Gastfreundschaft im kulturellen Sinne des Phänomens vermittelt, und dies mit einer Häufigkeit, die das zwischenmenschliche Maß des Erträglichen bei weitem überschreitet. Die Kunst des Hospitality-Professionals besteht deshalb neben der Beherrschung der technischen und praktischen Performanz auch darin, „sein Herz" so zu schützen, dass ein Bereich privater Gefühlsempfindung gewahrt bleibt. Nicht jeder zahlende Gast ist ein willkommener Gast, und selbst hundert bezahlende, liebenswerte Gäste übersteigen die menschliche Kapazität vollkommener psychischer Anteilnahme. Es überrascht denn auch nicht, dass in neu erschlossenen Tourismusgebieten die Transformation von hergebrachter zu gewerblicher Gastlichkeit äußerst problembefrachtet ist; der erste kulturanthropologische Sammelband zur Erforschung von Tourismus und Kultur trug bezeichnenderweise den Titel *Hosts and Guests* (Smith 1977) und thematisierte u.a. die Spannungen, die das plötzliche oder auch das sich stets intensivierende Auftreten von Touristen in verschiedenen untersuchten Fällen für die Einheimischen zur Folge hatten, die sich plötzlich in einer Gastgeberrolle eines Ausmaßes befanden, auf die sie nicht vorbereitet waren oder die ihre eigene Toleranzschwelle durchbrach. In Frühphasen touristischer Erschließung sind die wirtschaftlichen Komponenten oft noch ungeklärt – in der Tat reisen Touristen vielleicht gerade an, weil ein Gebiet noch „unerschlossen" ist und vermeintlich „echte Gastfreundschaft" genossen werden könne, welche dann aber sowohl emotionale wie wirtschaftliche Schäden für die Gastgeber zur Folge haben kann.

Professionelle Gastlichkeit will geübt sein, und selbst in touristisch geübten Regionen wie z.B. den Alpen kann die gewerblich instrumentalisierte „einheimische Gastlichkeit" emotionale Folgen tragen. Brillant-bissig hat dies der Autor Felix Mitterer in seiner für das Fernsehen geschriebenen *Piefke-Saga* dargestellt; Norbert Gstreins Erzählung *Einer* lässt das komödiantische gänzlich außen vor und schildert das Zerbrechen eines Menschen an der ewig eingeforderten Gastlichkeit und der Unfähigkeit, seinen emotionalen Haushalt zwischen gewerblichen Erfordernissen und privaten Bedürfnissen zu teilen. Wenig dramatisch dafür empirisch untermauert sind Phänomene wie der Urlaub auf dem Bauernhof untersucht worden, eine alternative Form gewerblicher Gastlichkeit, die den Anbietern viel abverlangt im Bewahren einer Privatsphäre; auch Familienkleinbetriebe, die von den das Selbst schützenden Professionalisierungsangeboten großer Hotelketten selten profitieren, sind unter dem Gesichtspunkt der „verkauften Gefühle" betrachtet worden; auch die oft rund-um-die-Uhr beanspruchten Animateure in Clubhotels und Urlaubsanlagen leisten in Bezug auf gewerbliche Gastlichkeit emotionale Höchstleistungen, welchen sie, wegen ihres oft sehr jugendlichen Alters, noch nicht ganz gewachsen sind (vgl. Spode/Cantauw 2005). Spätmoderne Zeichen, die gefühlten und sprachlichen Dimensionen der Gastlichkeit auch gewerblich zu nutzen oder nostalgisch zu reflektieren, sind vorhanden. Sie sind aber noch spärlich, oft auf der Ebene eines Insider-Witzes, und werden von zahlenden Gästen oft nicht als solche Gesten erkannt. So ist z.B. eine Gaststätte in einem der neuen Bundesländer der Bundesrepublik Deutschlands in Insiderkreisen bekannt für die Inszenierung von „ruppiger Gastlichkeit" – Gäste werden von der telephonischen Reservierung bis zum Bestellen und Servieren der Speisen mit einer an DDR Zeiten erinnernden Unfreundlichkeit behandelt. Betrachtet man das online Gästebuch, so scheinen die meisten Gäste diese Inszenierung nicht zu erkennen und fühlen sich genuin verletzt und um eine anständige Dienstleistung betrogen. Dennoch darf dies als ein Kennzeichen für die Reflektion und Problematisierung der emotionalen Komponenten gewerblicher Gastlichkeit betrachtet werden. Historische Revitalisierungen von recherchiertem oder imaginiertem Gastlichkeitsverhalten sind im übrigen längst Teil des Dienstleistungsangebotes.

Die gewerbliche Gastlichkeit ist jedoch, auch dies muss erkannt bleiben, nie losgelöst von der privaten, zwischenmenschlichen Gastlichkeit. Es besteht eine stete Wechselwirkung. Die Hospitality Branche lässt sich nicht nur vom kulturellen Gastlichkeitsrepertoire inspirieren – manche Menschen nehmen auch Impulse mit aus Gaststätten, Hotelübernachtungen und Urlauben und bauen diese in ihr alltägliches Gastlichkeitsverhalten ein.

4 Zum kulturanthropologischen Beitrag in der Gastlichkeitsforschung

Die hier als Daten eingeführten Vignetten illustrieren nicht nur die inhaltliche Perspektive der Kulturanthropologie sondern verweisen auch auf den empirischen Zugriff des Faches, das mit teilnehmender Beobachtung, mit der ethnographisch sensiblen Annäherung an tatsächliches Verhalten, mit der Dokumentation kommunikativer Gesten und Interaktionen arbeitet; es tut dies sowohl in der Gegenwart und – in kulturhistorischer Ethnographie – der Vergangenheit. Ein übergeordnetes Anliegen besteht darin, das Lebenswelten charakterisierende Selbstverständnis in seiner sich beständig wandelnden Dynamik zu begreifen, sowohl beobachtend wie auch in empathischer und direkter Erfassung des Alltagswissens der Menschen, die eine Lebenswelt gestalten und beleben und dieses Verständnis in breitere Kontexte zu vermitteln (Herzfeld 2001). Im Unterschied zu manch andern in diesem Band repräsentierten Disziplinen ist die Kulturanthropologie einer ganzheitlichen Perspektive verpflichtet, die primär ein gleichgewichtiges Verstehen von Akteuren, Praxen und Zusammenhängen anstrebt und keinen Anspruch darauf macht, Erwartungen zu schüren und Vorgaben anzustreben. In der Tat ist ein Legat des Faches die Betonung von Lebenswelten, die in Geistes- und Kulturwissenschaften marginalisiert bis kritisiert worden sind (Warneken 2006). Das heißt nicht, dass ihre Einsichten zu Teilgebieten der Kulinaristik wie der hier angedachten Gastlichkeit losgelöst und ohne Einfluss auf gelebte Realitäten bleiben.

Gerade dadurch, dass eine kulturanthropologische Sicht Verhalten und Befindlichkeit aller beteiligten Gruppen innerhalb einer Thematik aufnimmt, kann sie auch Zusammenhänge sichtbar machen, die eine zielgerichteten Produktverbesserungswissenschaft oder eine die Wirtschaftlichkeit optimierende Perspektive auf Prozesse und Zustände verweisen, die in deren partiellen Zugriff kaum aufscheinen würden. Ein Verständnis für die kulturspezifische Inszenierung einer gastlichen Begegnung und deren Verankerung in rituellen, sprachlichen, emotionalen und gustatorischen Erwartungen führt auch zu Erkenntnissen dazu, welche interkulturellen Problematiken sich im weiten Feld der touristischen Gastlichkeit präsentieren; ein Einblick in die Verarbeitung gastlichen Einsatzes hinter der touristischen Bühne gibt Fingerzeige darauf, wo sich Stressmomente und wo Stärken entwickeln. Die Kulturanthropologie begleitet somit in dokumentierend-deutender Weise Arbeits- und Erfahrungswelten mit der um Verstehen und sachtes Einfühlen plädierenden Vorgehensweise einer empirisch grundierten Kulturwissenschaft.

Literatur

Barlösius, Eva: Soziologie des Essens. Eine sozial- und kulturwissenschaftliche Einführung in die Ernährungsforschung. Weinheim 1999.

Bourdieu, Pierre: Die feinen Unterschiede. Kritik der gesellschaftlichen Urteilskraft. Frankfurt a.M. 1982

Goffman, Erving: Wir alle spielen Theater. München 1969 (engl. Original: The Presentation of Self in Everyday Life. New York 1956).

Herzfeld, Michael: Anthropology. Theoretical Practice in Culture and Society. Oxford 2001.

Hochschild, Arlie: Das gekaufte Herz: Zur Kommerzialisierung der Gefühle. Frankfurt a.M. 1990 (engl. Original: The Managed Heart, Berkeley 1983).

Kammerhofer-Aggermann, Ulrike (Hg.): Rituale der Gastlichkeit. Salzburg 1997.

MacCannell, Dean: The tourist: a new theory of the leisure class. London 1976.

Neumann, Gerhard: „Geschmack-Theater. Mahlzeit und soziale Inszenierung“. In: Brandes, Uta (Hg.): Geschmacksache. Göttingen 1996 (Schriftenreihe Forum 6), S. 35 – 64.

Schrutka-Rechtenstamm, Adelheid: Vom Mythos der Gastfreundschaft. In: Kammerhofer-Aggermann, Ulrike (Hg.): Herzlich willkommen. Rituale der Gastlichkeit. Salzburg: 1997 (Salzburger Beiträge zur Volkskunde 9), S. 47 – 56.

Smith, Valene, L. (Hg.): Hosts and Guests. Philadelphia 1977.

Spode, Hasso/Cantauw, Christiane (Hg.): Gebuchte Gefühle. Tourismus zwischen Verortung und Entgrenzung. München 2005.

Warneken, Bernd Jürgen: Die Ethnographie popularer Kulturen. Eine Einführung. Wien 2006.

Kulinaristik als Erforschung und Lehre kultureller Identitäten und Alteritäten

Irmela HIJIYA-KIRSCHNEREIT

Japan im Frühjahr 2006. Betrachten wir eine der beliebten Straßenumfragen, diesmal zum Thema: Was würden Sie auf eine Reise ins Ausland, sei es ein längerer Aufenthalt oder auch nur ein Ferientrip, mitnehmen? Die Antworten von sechs Personen im Alter zwischen 26 und 35, drei Frauen und drei Männern, die in einer großen englischsprachigen Tageszeitung abgedruckt wurden, sind natürlich nicht als repräsentativ zu bezeichnen und dennoch symptomatisch: Vier der Befragten sind allerdings Nichtjapaner, die sich etwa als Sprachlehrer oder Werbetexter zeitweilig in Japan aufhalten und die vornehmlich menschliche Kontakte oder markante Redewendungen exportieren möchten. Die zwei verbleibenden Japaner hingegen, eine Flugbegleiterin und ein Lehrer, stellen Essbares in den Mittelpunkt ihrer Reiseplanungen: Die Frau optiert für einen Reiskocher und umeboshi, eingelegte Salzpflaumen, sollte sie Japan für immer verlassen. Begleiten darf sie daneben ein Fotoalbum mit Bildern ihrer Familie, japanische Feuchtigkeitscreme und ein elektronisches Wörterbuch. Und der 28jährige Japaner meint: „I would bring ‚yamatodamashi‘ [1],which is Japanese spirit. And umeboshi, pickled plum, and rice – but not too much because it's heavy. Maybe soy sauce. And of course, a smile.“ [2]

Eine markante und aus japanischer Sicht absolut stimmige Kombination – Reis, eingelegte Salzpflaumen und Sojasauce als Essentialien japanischer Küche. Dazu die Vorstellung, dass man all dies ins Ausland mit sich nehmen müsste. Als ob man es nicht mittlerweile in jedem besser sortierten Supermarkt der Welt kaufen könnte. Doch es geht ja offenbar gar nicht so sehr um die praktische Verpflegung – schon der Hinweis auf die Gewichtsbeschränkung und damit die Endlichkeit der Versorgung mit diesen Gütern zeugt ja von einigem Realitätssinn. Es ist das Symbolische daran, zusammengehalten durch den vor allem während des Zweiten Weltkriegs übermäßig beschworenen und daher eigentlich ideologisch suspekten, mittlerweile aber wieder recht unschuldig propagierten Slogan vom Yamato-damashii, der „Seele“ oder dem „Geist Japans“. Dieser „Geist“ trieb die Soldaten auf den Schlachtfeldern und die Kamikaze-Flieger auf ihrer Selbstmordmission an. Und nun begleitet er wieder junge Japaner ins Ausland, die sich dazu mit der geistig-physischen Speise japanischer Grundnahrungsmittel wappnen. Umgeben von einem solchen Panzer an Essentialismen schützt sich auch im 21. Jahrhundert eine japanische Identität gegen alle Unbill, Unwägbarkeiten und Zumutungen der Fremde.

---

1 Korrekt: yamatodamashii bzw. Yamato-damashii.

2 Views from the Street, in: The Japan Times,21.03.06, S. 16.

Soweit eine erste kurze Betrachtung eines aktuellen Beispiels, das die Funktion der nationalen Identitätsstiftung des Essens in Japan beleuchtet. Beispiele dieser Art begegnen einem neuerdings immer häufiger. Denn mit dem nicht mehr rückgängig zu machenden Anstieg internationaler Kontakte und Verflechtungen wächst auch in Japan das Bedürfnis zu nationaler Selbstvergewisserung, und diese sucht sich bevorzugt den Bereich der Küche und Kulinaristik zur Beschreibung und Behauptung des einzigartigen Eigenen.

Ohne Frage bildet die Ernährung auch für jede andere Kultur und Gesellschaft ein zentrales Thema, an dem sich über die jeweiligen Produktionssysteme und Konsumformen hinaus eine Geschichte der Zivilisation entfalten ließe. Doch wenn die Frage nach Hunger und Überfluss, nach den ökonomischen, gesellschaftlichen, politischen und kulturellen Aspekten, nach Genuss, Etikette, Symbolwert und der „geheimen Botschaft" der Speisen (Helene Karmasin) im Zusammenhang mit Japan besonders ergiebig auszufallen verspricht, liegt dies an der aus japanologischer Perspektive jedenfalls evidenten Vermutung, dass sich Essen im modernen Japan besonders innig mit nationaler Identität zu verkoppeln scheint.

Es beginnt damit, dass dem Essen (und Trinken) im Leben und der Phantasie der japanischen Nation offenbar ein Stellenwert eingeräumt wird, der es jenseits seiner Funktion als elementare Triebkraft menschlichen Überlebens zum zentralen Stifter sozialen Sinns stilisiert. Welche Priorität ihm zukommt, wird beispielsweise in der regelmäßig vom halbstaatlichen Rundfunk- und Fernsehsender NHK veranstalteten Umfrage zu Präferenzen und Wertsetzungen der Bevölkerung deutlich, wo in einem Raster von insgesamt 100 Einzelthemen die ersten sechs Fragen der Ernährung gewidmet sind.[3] Besagte ersten sechs Fragen gelten der Lieblingsspeise, dem Lieblingsgewürz, dem Lieblingsgetränk einschließlich Dessert, den präferierten Alkoholika, dem Lieblingsobst sowie den bevorzugten Konditorwaren.

Die große Bedeutung, die dem Essen im Japan der Gegenwart zukommt, zeigt sich beispielsweise an dem auffällig großen Anteil an Kochkursen, Restaurantberichten und Reportagen über Kulinarisches aus aller Welt in Printmedien wie im Fernsehen.[4] Die Sommerkampagne eines Taschenbuchverlages, die unter dem Titel „‚Essen' lesen" (*Shoku o yomu fea,* Shinchōsha 2001) zahlreiche Spezialitäten-, Restaurant- und Kneipenführer vom „japanischen Frühstück" über Edo-Gourmet-Literatur bis hin zum Ratgeber „Gutes Essen, schlechtes Essen" anzeigt, bebildert die Beliebtheit des Themas. Bezeichnend ist auch, dass die Tendenz zur Kommerzialisierung öffentlicher Ereignisse sich vornehmlich und besonders ausgiebig im Bereich der Nahrungsmittelindustrie niederschlägt.[5] Selbst der reformfreudige japanische Ex-Ministerpräsident Koizumi Jun'ichirō wird als Käsekuchen vermarktet.

---

3 Vgl. beispielsweise NHK hōsō yoron chōsajo (Hg.) 1984: Dētabukku Nihonjin no sukina mono [Datensammlung: Präferenzen der Japaner]. Tōkyō 1984.

4 So gilt beispielsweise der Sender Terebi Tōkyō als Eß-Kanal, so viel Raum nehmen im Programm die Restaurant-Reportagen u.ä. ein.

5 Vgl. hierzu die Beispiele in Irmela Hijiya-Kirschnereit: Vorwort. In: Japanstudien 12 (2000) Schwerpunktthema „Essen und Ernährung im modernen Japan", S. 15, wo beispielsweise die kulinarische Vermarktung des G7-Gipfels auf Okinawa im Juli 2000 geschildert wird.

Ebenfalls charakteristisch ist die Funktion von Essen als Blickfang in der Werbung für Produkte, die auch auf den zweiten Blick keinerlei Zusammenhang mit Nahrung oder deren Einverleibung aufweisen. Wenn etwa eine Telefongesellschaft in ganzseitigen Zeitungsanzeigen für günstige Tarife wirbt und dazu appetitliche Sushi-Happen abbildet, so fehlt hier jeglicher Bezug zur Botschaft, und dieser wird, wohlgemerkt, auch nicht im Text hergestellt. Und wäre beispielsweise in Mitteleuropa Briefpapier denkbar, das beliebte Gerichte wie Hühnerspießchen (*yakitori*) oder chinesische Nudelsuppe (*rāmen*) als Schmuckmotiv präsentiert?

In japanischen Tagebüchern kommt dem Essen zuweilen eine überraschend zentrale Rolle zu, so, wenn die Auflistung des am Tage Verzehrten den Hauptteil der Eintragungen auch noch an Tagen ausmacht, die wichtige emotionale Höhepunkte bedeuten. Es hat mitunter den Anschein, als könne in Japan das Essen für alles stehen – selbst noch für letzte Dinge. So enthalten die Abschiedsbriefe von Kamikaze-Piloten oder Selbstmördern Passagen, die als wichtigste, glücklichste Momente des Lebens den Genuß von speziellen Speisen anführen. Und in einem Roman von 1993 finden wir eine Episode, in der ein katholischer Priester seiner japanischen Gesprächspartnerin zuliebe auf das Wort „Gott" verzichtet und ihr vorschlägt, stattdessen „Tomate" oder „Zwiebel" zu sagen. Für den Rest des Werks ist dann stets nur noch von „Zwiebel" die Rede, wenn Gott gemeint ist.[6]

Im japanischen Alltagsdiskurs der Gegenwart, von dem hier die Rede sein soll, fließen nun die Fixierung auf Nationales und die Fixierung auf das Essen zusammen, und diese Kombination macht seine wiederum ganz eigene Qualität aus. Betrachten wir dazu zwei kurze Texte:

Für die Gourmet-Großmacht Nippon ist eine besonders vitalisierende Jahreszeit angebrochen. Japans Herbst, der uns mit einer kühlen Brise das „Glück der Berge und des Meeres" [Pilze und Meeresfrüchte] beschert, um den sommermüden Magen wieder zu beleben. Alles, was man ißt, mundet, aller Streß wird darüber vergessen. Die Tafelfreuden zeichnen die Gesichter weich, und wer sie sieht, dem wird es friedlich ums Herz. So erfahren wir wieder einmal das Glück, in einem Land und einer Zeit zu leben, die beim Essen nichts zu wünschen übriglassen.

So beginnt im September 2000 ein Essay, verfasst als Werbetext für das Mobilfunkunternehmen DoCoMo. Zwar geht es in dem Text laut dessen Titel „Benimm-Kenntnis steigert den Genuß" (*Manā o shireba, motto oishii*) um Tischsitten, doch schon mit den ersten Worten *Gurume taikoku Nippon* (Gourmet-Großmacht Japan) springt uns als appellativer Subtext eine Eloge auf das sich durch Kulinarisches definierende Japanersein entgegen.

Das „Glück des Meeres und der Berge" (*umi no sachi, yama no sachi*) steht zugleich aber auch für alle Nahrung, die Japans bergige Inseln und seine Küsten bieten, Essen in Japan also, oder japanische Kost. Und als solche ist diese – wie die dafür verwendeten Lexeme – einmalig.

Japanische Werbung bietet ein unerschöpfliches Reservoir an Beobachtungsmaterial für die Verknüpfung von Nahrung und nationaler Identität. So werden

---

6 Vgl. Endō Shūsaku: Fukai kawa [Tiefer Fluß]. Tōkyō 1993, S. 99 ff. Dieses Beispiel wird näher erläutert in meinem Beitrag: Der patriotische Gaumen (2003).

etwa Werbekampagnen für japanischen Whisky oder Sake, die stets in Kombination mit besonders stilvoll und elaborierten kulinarischen Erzeugnissen präsentiert werden, mit zum Teil sehr raffiniert verschlüsselten patriotischen Appellen versehen. [7]

Greifen wir ein einzelnes Beispiel heraus: Eine Whiskyneuschöpfung des Jahres 1999 vom Hersteller Suntory namens „Hibiki“ („Echo“) wird in der Zeitschriftenwerbung mit der im Weltvergleich einmaligen japanischen Gastlichkeit präsentiert. Dabei treffen wir auch auf ein klischiertes Weiblichkeitsbild – die Japanerin als anmutig durchstilisierte, formvollendet, stets zurückhaltend im Hintergrund agierende mütterlich-erotische Figur, gewissermaßen als Gegenstück zum Männlichkeitsideal des Samurai, das gleichzeitig für andere Getränke wirbt.

Die in einen Kimono gewandete und in einem Tatamimatten-Zimmer vor einem Wandschirm sitzende Chefin einer traditionellen japanischen Herberge (ryokan) der Luxussorte gibt den optischen Aufhänger für den Fangtext „Machen Sie es sich bequem, ertönte es“ (wörtlicher: „sagte das Echo“, in Aufnahme des Whiskynamens Hibiki – „Echo“, „Klang“). Und dies wiederum ist der Auftakt zu der Beobachtung: „So etwas wie eine *okami-san* (Chefin, Wirtin) gibt es nur in Japan. In westlichen Luxushotels gibt es ein solches ‚System‘ nicht.“ Und die neben die Abbildung der Flasche gesetzte Feststellung: „Das höchste Glück des Landes“ (*kono kuni no, shifuku*) unterstreicht den nationalistischen „Klang“ des Subtexts. Japanische Gastlichkeit, für die metonymisch die mütterlich-attraktive Wirtin steht, ist ein typisches Ideologem, zumal es mit dem Merkmal der internationalen Einzigartigkeit ausgestattet ist.

Diese Einzigartigkeit wird auch auf einer Webseite über den „Japanischen Geschmack“ (Nihon no aji) gleich zu Beginn beschworen. Und so seien diese essentialisierenden Kernaussagen zum Zusammenhang zwischen Japanertum, Jahreszeit und Ernährung kurz zitiert:

Japanischer Geschmack!

Frühling, Sommer, Herbst und Winter – Japan mit seinen vier Jahreszeiten! Das einmalige Aroma, das nur die sensiblen Japaner besitzen, die mit diesem Klima gesegnet sind, stellen wir Ihnen hier in einem kleinen Ausschnitt vor. [8]

Bei all den zitierten Gewissheiten über den „japanischen Geschmack“ und dessen Einmaligkeit ergibt sich nun doch das Problem, was denn eigentlich unter japanischer Küche zu verstehen sei. Zu dieser grundlegenden Frage finden wir indessen kaum eine Antwort, denn das Wissen darüber wird schlichtweg vorausgesetzt. Die verbreitete Standardopposition *washoku* versus *yōshoku* im Sinne von „japanischen Speisen“ versus „westlichem Essen“, oder die Gegenüberstellung von *Nihon ryōri* und *Chūka ryōri*, „japanischen Gerichten“ und „chinesischen Gerichten“, entbindet ja nicht von dem Problem, das Japanische an der „japanischen Küche“ zu benennen. Eine Umfrage unter vierhundert weiblichen Büroangestellten, sogenannten OL (office ladies) in Tokyo und Osaka nach ihrem Verständnis von *washoku* ergab, dass mehr als die Hälfte dieses als „Essen, das zu Reis passt“,

---

7 Bebilderte Beispielanalysen finden sich in meinem Beitrag Der patriotische Gaumen(2003).

8 www2u.biglobe.ne.jp/~hasimoto/nihonnoaji.htm

definiert, gefolgt von „Essen, das es seit alters her in Japan gab“ und „Essen, das man mit Stäbchen ißt“, „Essen, bei dem (Fisch- oder Seetang-) Brühe Verwendung findet“ sowie „Essen, in dem beispielsweise Fisch zur Geltung kommt“. Nehmen wir diese Antworten für repräsentativ, so zeigt sich nichts anderes, als dass sich das Japanische nicht so recht fassen lässt, denn entweder gilt das Gesagte auch für andere „Nationalküchen“, oder es ist tautologisch.

Bemerkenswert an den Antworten ist indessen, dass die Assoziation mit Reis in japanischen Augen offenbar das wichtigste Zuordnungskriterium darstellt. Nach populärem japanischem Verständnis hat vor allem der Reis einen besonderen symbolischen Wert, auch wenn „japanischer Reis“ als moderne Erfindung zu gelten hat.[9] Die mystische Qualität, die dem Reis bis in die Gegenwart eignet, scheint noch in dem eingangs zitierten Beispiel der Umfrage unter jungen Japanern auf, die einen Reiskocher oder auch Reis in Kombination mit „japanischem Geist“ in ihr Reisegepäck schnüren.

Auch andere vom asiatischen Kontinent übernommene, in Japan aber als „urjapanisch“ eingestufte Elemente der heimischen Küche wie die Sojasauce scheinen dazu prädisponiert, Nationalbewußtsein zu erzeugen. Dazu gehört schließlich auch die bereits erwähnte eingelegte Salzpflaume *umeboshi*. Kraftvoll wirkt die rote Pflaume als Nationalsymbol auf weißem, d.h. unvermischtem, Reis in einem als patriotisch geltenden *hinomaru bentō*, einem die japanische Nationalflagge nachbildenden Arrangement in einer Proviantschachtel, wie es sie bereits im Japan der dreißiger, vierziger Jahre als Schulverpflegung gab. Doch auch heute noch ist diese Kombination von mittig platzierter roter Pflaume auf weißem Reisrechteck gang und gäbe.

Ich breche an dieser Stelle meine Erkundungen zu den nationalen Funktionen des Essens in Japan ab, um ein doppeltes Resumee zu ziehen. Es dürfte deutlich geworden sein, dass sich im japanischen Küchendiskurs wichtige Aspekte der aktuellen nationalen Selbstbehauptung erkennen lassen, für den die enge Koppelung von Nation und Ethnie, Küche und Kultur und die Vorstellung der Einzigartigkeit des Eigenen von zentraler Bedeutung sind. Und darin spiegelt sich zugleich auch zu wichtigen Teilen der aktuelle Zeitgeist. Es hat ganz den Anschein, dass sich der nationale Alltagsdiskurs über die sogenannte japanische Küche in besonderem Maße zu essentialisierenden Abgrenzungen eignet und damit einer Selbstbehauptung gegenüber dem „Westen“ wie gegenüber den Nachbarländern Vorschub leistet.

Für den Aufbau der Kulinaristik ergibt sich folgende wichtige Einsicht: Gerade die kulinarische und gastronomische Entwicklung in Japan mit ihrer Vielfalt an Hybridisierungen belegt die These, dass Kulturen als feste Einheiten zwar unwiderruflich in Auflösung begriffen sind. Doch die Rückwirkungen der Globalisierung bringen zugleich neue, sprachgebundene und sowohl regionale als auch nationale Einheiten hervor, so dass sich die Kulinaristik mit Recht multikulturell und multidisziplinär definiert. Sie macht einen pluralen Kulturbegriff zu ihrer Grundla-

[9] Vgl. hierzu vor allem Emiko Ohnuki-Tierney: Rice as Self: Japanese Identities Through Time. Princeton 1993.

ge und im Konnex interkultureller Kommunikation die Verknüpfung von Theorie und Handeln (Praxis) zu ihrem Leitziel (Wierlacher 2005).

Je nachhaltiger sich die Prozesse der Globalisierung erweisen, desto heftiger werden „Tradition“ und „Kultur“ selektiv zur nostalgischen Beschwörung eines einigenden „Erbes“ und zur Einfriedung des vermeintlich Eigenen herbeizitiert. Auch im japanischen „Küchendiskurs“ spiegeln sich die Sehnsucht nach dem Verlorenen und Abgrenzungsbestrebungen gegenüber einem als hegemonial erfahrenen „Westen“ und anderen, vor allem asiatischen Nachbarländern – und dies, obwohl gleichzeitig japanische Gastronomie, beispielsweise in Form der Fließband-Sushibars, in immer mehr Ländern Fuß fasst. Dennoch – angesichts einer sich seit den 1990er Jahren verschärfenden japanischen Identitätskrise verspricht die als essentiell konstruierte Differenz eine Zuflucht vor den Zumutungen der verwestlichten, globalisierten Welt in eine verlorene, idealisierte „Heimat“, wo die gute alte Mutter wohnt – *o-fukuro no aji* , wenn's „schmeckt wie bei Muttern“, ist das japanische Signalwort für das Heimweh nach dem Damals, den unbeschwerten, so eigentlich nie erlebten Kindertagen. Dieser nostalgische Patriotismus ist ein eher introvertierter und defensiver, dem jede Aggressivität fehlt, die man gemeinhin mit den zum Teil reichlich martialischen Parolen verbindet, die er in aller Unschuld zitiert. Die dergestalt scheinbar an Nationalismus appellierende Werbung erreicht ihr Ziel womöglich dadurch, dass sie positive Heimatgefühle und die Sehnsucht nach Geborgenheit in einer modernen, kalten, technisierten Welt heraufbeschwört. In diesem Sinne ist der japanische Küchendiskurs Teil eines „neuen Nationalismus“, der sich seit Ende des 20. Jahrhunderts in einem ästhetisierten, enthistorisierten und apolitischen Raum entfaltet und ein neu angefachtes Bedürfnis nach Mythen und Orientierungsmarken bedient.

Für mich als Japanologin ist die Küche in Japan ein weitläufiges und in der Tat faszinierendes Erkenntnisfeld. Es beginnt bei so allgemeinen Beobachtungen wie der These, dass zumindest die japanische Gegenwartskultur offenbar so etwas wie eine orale Fixierung aufweist – abzulesen etwa an standardisierten japanischen Erlebnisformen, die sich vor allem in den Medien beobachten lassen [10]. Ökonomische Aspekte ließen sich beispielhaft an der Globalisierung japanischer Küche wie auch an den Assimilierungsformen des Fremden nach dem Muster des „Re-Made in Japan“ und schließlich an der Initiative des japanischen Ministeriums für Land- und Forstwirtschaft und Fischerei studieren, das im Frühjahr 2007 eine „Empfehlung für die Zertifizierung japanischer Restaurants im Ausland“ herausgegeben hat, mit der nicht zuletzt der Export japanischer Agrar- und Fischereiprodukte gefördert werden soll. [11] Als Literaturwissenschaftlerin staune ich über die große Verbreitung „kulinarischer“ Themen in Romanen und natürlich auch der Essayistik nicht nur des 20. und 21. Jahrhunderts. So sind beispielsweise Essen und Erotik auf viel-

[10] Einige Beobachtungen hierzu im Abschnitt „Kulinarisches“ in meinem Essay „Von den bunten Rändern der Literatur“ in: Japan: Der andere Kulturführer, hg. v. Irmela Hijiya-Kirschnereit. Frankfurt/M., Leipzig: Insel Verlag 2000, S. 7 – 27, hier S. 23 – 24.

[11] Vgl. die entsprechenden Dokumente auf der englischsprachigen Homepage des Ministeriums: http://www.maff.go.jp/gaisyoku/kaigai/english.html sowie meinen Artikel „Das Sushi-Sakrileg“ in der NZZ vom 19.04.2007, abrufbar unter http://www.nzz.ch/2007/04/19/fe/articleF354R.html.

fältige Weise motivisch verwoben, und all diese Aspekte sind bisher noch kaum erschlossen worden. Zuletzt aber darf ich bekennen, dass ich mich als Japanologin glücklich schätze, in meinem Forschungsgegenstand eine so reichhaltige, phantasievoll gestaltete und lebendige kulinarische Praxis vorzufinden. Sollte es je geschehen, dass in Japan keine Bücher mehr geschrieben würden, so würde ich mir einfach nur den zitierten Werbeslogan zu Herzen nehmen und – „das Essen lesen".

Literatur

Ashkenazi, Michael / Jacob, Jeanne: The Essence of Japanese Cuisine. An Essay on Food and Culture. Surrey: Curzon/ Univ. of Pennsylvania Press 2000.

Hijiya-Kirschnereit, Irmela (Hg.): Essen und Ernährung im modernen Japan. Schwerpunktthema von Japanstudien: Jahrbuch des Deutschen Instituts für Japanstudien 12. München 2003.

Harada, Nobuo: Washoku to Nihon bunka. [Japanische Küche und japanische Kultur]. Tokyo: Shōgakukan 2005.

Hijiya-Kirschnereit, Irmela: Der patriotische Gaumen. Kulinarik und nationale Selbstbehauptung in Japan. In: Iwo Amelung u.a. (Hg.): Selbstbehauptungsdiskurse in Asien: China – Japan – Korea. München 2003, S. 49 – 86.

Ishige, Naomichi: The History and Culture of Japanese Food. London, New York, Bahrain: Kegan Paul 2001.

Ohnuki-Tierney, Emiko: Rice as Self: Japanese Identities Through Time. Princeton 1993.

Wierlacher, Alois: Jahresprogramm Fort- und Weiterbildung der Deutschen Akademie für Kulinaristik. Bremen 2005.

Kulinaristik und Regionalkultur

Bernhard TSCHOFEN

1 Amuse Geule: „... eine kleine europäische Gastronomielektion“

Vor zwei Jahren erschien James Hamilton-Patersons Roman „Kochen mit Fernet-Branca“, ein Buch, das man auch als kulinarisches Sinnbild auf das neue Europa lesen könnte. Es spielt bezeichnenderweise in der Toskana, und im Mittelpunkt steht das Aufeinandertreffen von Gerald Samper, einem gebildeten englischen Ghostwriter von Prominenten aus dem zweiten Glied, und Marta, einer aus dem imaginären osteuropäischen Woinowien stammenden und zunächst von ihrem Nachbarn im toskanischen Bergidyll verkannten Komponistin von Filmmusik für den mediterranen Kunstfilm. Der sich vordergründig um Ruhe und Aussicht drehende Konflikt zwischen den beiden Antagonisten wird als kulinarischer Kleinkrieg ausgefochten, die Konkurrenz (und Inkongruenz) der von den beiden vertretenen kulinarischen Systeme wird dabei zum Sinnbild für europäische Gegensätze: hier der wissende „Foodie“ Samper mit seiner exaltierten Kennerschaft und Experimentierfreude, da die kulinarisch unambitionierte und bodenständige Marta mit ihren Freuden an den authentischen Lieferungen woinischen Soulfoods, die ihr die traditionsbewusste Sippe (mit Nomenklatura-Vergangenheit und Big-Bussiness-Gegenwart) von Zeit zu Zeit zukommen lässt. Ihre zunächst verlegenen gemeinsamen Mahlzeiten sind ein Krieg der Gusteme und der europäischen Ordnungen: Während Marta Samper mit fetter Wurst aus ihrer Heimat zu erledigen trachtet – „Mit schwungvoller Gebärde setzte sie mir eine dicke Wurst vor, beige wie ein Kondom und von Klumpen so voll wie eine Gefängnismatratze. Sie war ein wenig größer als die bayerischen Exemplare, die knapp in nachttopfgroße Schüsseln passen“ (Hamilton-Paterson 2005: 29) , während also Martha mit dieser von ihm als „Furunkel“ und „Anatomielektion“ empfundenen regionalen Köstlichkeit aufwartet, sind die Lektionen Sampers bis ins Detail komponierte Crossover-Ereignisse stilisierter Regionalküchen. Zwei Zitate mögen den unterschiedlichen alimentären Habitus der beiden erläutern.

Nach dem ersten gemeinsamen Mahl schreibt Marta an ihre zuhause bei der Familie in Woinowien lebende Schwester Marija: „Wie dem auch sei, was sollte ich meinem Gast zu essen vorsetzen als eure Schonka und Pawlu? Ein echt woidisches Mahl, eine kleine europäische Gastronomielektion. Aber ach, ich fühlte mich so an zu Hause erinnert, dass mir die Tränen kamen – liebe Mari, ich hätte die Schonka überall auf der Welt erkannt, so unverwechselbar stammte sie von un-

[0] Gekürzte und in einigen Teilen bearbeitete Fassung eines Beitrags des Verfassers: Vom Geschmack der Regionen. Kulinarische Praxis, europäische Politik und räumliche Kultur. Eine Forschungsskizze. In: Zeitschrift für Volkskunde 103 (2007), H. 2. S. 169 – 196.

serem Landgut" (ebd.: 46). Der von Marta als „englische Kulturschwuchtel" eingestufte, hobbykochende, ariensingende und heimwerkende Samper ist dagegen als „geschmäcklerischer Auskenner"[1] gezeichnet, der sich schon mal an Muscheln in Schokolade, Otterragout oder eine Pie mit geräucherter Katze und Karettschildkröte macht: „Die beste im Handel erhältliche geräucherte Katze kommt vom äußersten Rand Italiens, nahe Solda (oder Sulden, wenn Sie germanisch aufgelegt sind) an der Schweizer Grenze. Sie wird verkauft von der Familie Ammering in dem Dörfchen Migg [...]" (ebd.: 211).

Was die beiden verbindet ist die – nicht nur titelgebende – Leidenschaft für Fernet-Branca; Gerry kocht mit ihm bei jeder Gelegenheit, beide trinken sie ihn (und haben sich gegenseitig im Verdacht süchtig zu sein), während er, Gerald, ihn offiziell aus Gründen der Distinktion in Wahrheit zu verachten hat und Fernet für sie, Marta, naturgemäß hinter den woidischen Schnäpsen zurückbleiben muss: „ein schwacher Abglanz des Galsija, den unsere Jäger trinken" (ebd.: 45).

2 Vorspeise: „Region und Kultur" – Raumkultur oder Kultur im Raum?

Die literarische Kostprobe führt mitten in das Thema hinein: Essen und Trinken sind in der späten Moderne hochgradig kulturalisierte Praktiken. Sie sind längst nicht nur Ausdruck eines sozialen Status oder grundlegender Produktionsverhältnisse, sondern spielen eine zusehends gewichtige Rolle in der (zumindest symbolischen) Markierung von kultureller Zugehörigkeit. Mit der Aufwertung des Ethnischen und des Regionalen, wie sie die sog. Globalisierung weiter Lebensbereiche begleitet, verbindet sich eine neue Aufmerksamkeit für kulinarische Überlieferungen. Das ist gut so und kann – jedenfalls, was die regionale Kost anlangt – viel zur Entwicklung von Lebensqualität und nachhaltiger Wertschöpfung beitragen. Doch allzu schnell werden Nahrungstraditionen mit dem Label kultureller Identitäten versehen – nicht immer bedenkend, dass solche Identitätskonstruktionen auch etwas Ausschließendes haben und in vielen Fällen der historischen Grundlagen entbehren, jedenfalls eher diskursiv konstruiert als in alimentärer Praxis überliefert sind.

Dennoch, wenn wir uns mit Eindrücken aus der Gegenwart konfrontieren, ist die Vorstellung einer räumlichen Dimension geschmacklicher Welten omnipräsent: Da nimmt eine Billig-Airline in Kooperation mit dem Land Baden-Württemberg eine Maschine in Betrieb, die mit dem Slogan „Mhhh Baden-Württemberg" als kulinarischer Botschafter des Landes unterwegs sein soll. Da gestaltet die Deutsche Bahn während der FIFA-Fußball-WM das Angebot ihrer Speisewagen als Referenzsystem zwischen regionalen und globalen kulinarischen Räumen – so dass man als Gast des Bordrestaurants die Wahl hat zwischen den

[1] „Geschmäcklerische Auskenner". Interview mit James Hamilton-Paterson (Severin Corti). In: Der Standard vom 29. Juli 2005 (Beilage „Rondo").

repräsentativen Speisen der Spielstätten und im ICE-Tempo durchmessenen Landschaften und den nach ähnlicher Logik aufbereiteten typischen Spezialitäten aus den Teilnehmerländern. Und da liest man in den Zeitungen, dass die EU die Maßnahmen zum Schutz regionaler Nahrungsmittel ausweiten und als Beitrag zur kulturellen Vielfalt verstanden wissen will.

Vielleicht sollte man sich von Anfang an die Anführungszeichen ersparen, wenn hier von „regionaler Küche“ (vgl. Pauser 2002), von typischen und repräsentativen Speisen die Rede ist, und es soll auch nicht eine Dichotomie von imaginären und realen kulinarischen Räumen eröffnet werden. Fürs erste genügt der doppelte Befund, dass in unseren spätmodernen Alltagen zwei Denk- und Handlungsmuster unumgänglich sind: Erstens die Vorstellung, dass kulinarische Praktiken dominant räumlich figuriert sind, und zweitens das Versprechen, dass sich die kulturelle Vielfalt und Differenz der Räume und Regionen besonders unvermittelt in der Begegnung mit ihren kulinarischen Systemen erfahren lässt.[2] Das macht das Thema regionale Küche zu einem Feld der kulturwissenschaftlichen Analyse, einige Aspekte eines solchen Zugangs sollen im folgenden schwerpunktmäßig verfolgt werden. Ziel des Ganzen ist nicht etwa die bloße Übertragung von Denkmodellen des sog. *spatial turn* (Schroer 2006; vgl. Soja 2003) auf das Feld der Kulinaristik, sondern der Versuch, in der Anwendung eines relationalen Raumbegriffs Ansätze zu entwickeln, mit denen sich Entstehung und Funktionieren von regionalen Geschmacksordnungen und raumbezogenen kulinarischen Praktiken im konkreten Kontext der europäischen Schutzsysteme für das sog. kulinarische Erbe erklären lassen. Ich verzichte also auf eine allgemeine theoretische Disposition und will stattdessen die Ausleuchtung der sich abzeichnenden Felder in den Mittelpunkt rücken.

Die Rede von der regionalen Küche suggeriert eine quasi natürlich gegebene Inzidenz von Raum und Geschmack, diese gibt es freilich nicht – und nicht einmal Regionen selbst können als gegebene Ordnungen verstanden werden. Sie sind vielmehr historisch gewordene sozialräumliche Gebilde, die oft sehr fließende und vor allem in jüngerer Zeit entstandene Konturen besitzen. Ungeachtet der historischen Tiefe mancher europäischer Regionen sind diese weitgehend als Produkt (und Nebenprodukt) neuzeitlicher Staatsbildungsprozesse zu begreifen. Region ist also ein Raumkonzept der „Moderne“, dessen imaginäre Facette (und kulturelle Füllung) stets die Verwandtschaft und Abhängigkeit zur Nation als dem ‚großen‚, kulturell begründeten, sozialen Ordnungssystem der Moderne zeigt. Und was die Gegenwart anlangt, steht außer Frage, dass Regionalität primär eine Spielform globaler Vergesellschaftungsprozesse ist – auch und gerade dort, wo sich neue Regionen auf ältere kulturräumliche Ordnungen berufen und ihre Spezifika zum Gegenstand

2 Eine Umfrage über europäisches Touristenwissen aus dem Frühjahr 2006 mag dies noch unterstreichen. Der zu Folge sind Deutsche Touristen überdurchschnittlich informiert und wissen nicht nur (im Vergleich) besonders viel, sondern offenbar auch immer mehr über die Spezialitäten ihres Gastlandes, während die Kenntnis der Kunst- und Kulturdenkmale des Gastlandes bloß Durchschnittswerte erreicht und das Wissen über politische und soziale Verhältnisse offenbar hinter dem von Touristen aus anderen europäischen Ländern zurückbleibt; Süddeutsche Zeitung vom 11. Mai 2006.

des Identitätsmanagements machen. Das Konzept Regionalität ist also nicht gegen die Modernisierung gerichtet, sondern begleitet sie, ist – mit Rolf Lindner gesprochen – in seiner Suche nach dem „Besonderen im Eigenen" bereits der Nachvollzug erfolgter Globalisierung: das Eingeständnis, dass es „auch hier so ist wie überall" (Lindner 1995: 11). Wie in den Staats- und Nationsbildungsprozessen des 19. Jahrhunderts der Umweg über Regionales – oder heimatlich Konnotiertes – der nationalen Integration diente, können aktuelle Tendenzen der Regionalisierung als Instrument und Begleitung der europäischen Integration verstanden werden, der damit verbundene Territorialisierungsprozess als Komplement von Entgrenzung.

Dies ist gewissermaßen die eine Seite des Phänomens „Wiederentdeckung des Regionalen": der gerade mit Blick auf die Praxis notwendige Hinweis auf die Konstruiertheit von Regionen (vgl. Murphy 1991). Die andere Seite liegt in der Betonung des Konstruktionscharakters begründet, der keinesfalls mit einer Aussage ‚bloß konstruiert' gleichgesetzt werden kann. Denn soziale Konstruktionen sind nicht nur Hinweise auf die kulturbildenden Potentiale in Geschichte und Gesellschaft, sondern sie sind auch wirkmächtige soziale Ordnungen. Anders gesagt, Regionen „geschehen" im Alltag und verändern sich in und durch Praxis. Gerade weil wir sie uns nicht als homogene und geschlossene Gefäße vorstellen dürfen, sondern stets als in Beziehungen zu anderen Räumen definierte Ordnungen, stehen sie in engem Bezug zum Wissen und Handeln der Menschen. Nochmals gewendet, könnte diese für das Thema „regionale Küche" wichtige Skizze zu Begriff und Sache des Regionalen pointiert bilanziert werden: Region ist zugleich „Struktur" und „Prozess" – raumkulturelle Praktiken konstruieren sie, aber die damit entstehenden Ordnungen strukturieren in Interdependenz auch wieder die soziale Praxis. Die Verräumlichung von Werten und Erfahrungen kreiert also „Region" wiederum als Chiffre für bestimmte kulturelle Ordnungen.

3 Hauptspeise I.: Kulinarische Systeme – Raum und Küchen

Was aber hat diese zunächst abstrakte Perspektive mit regionalen Küchen, mit kulinarischen Regionen zu tun? Sehr viel, wie zu sehen sein wird, denn Essen und Trinken im Horizont alltagsweltlicher Globalisierung und Regionalisierung ist ein besonders aufschlussreiches Feld für die Zusammenhänge zwischen Raum und Kultur. Und die Denkfigur der regionalen Küchen und kulinarischen Regionen kann als beredtes Beispiel dafür genommen werden, wie die Kultur zum Raum kommt, wie Räume konstituiert und praktiziert werden.

Hier kann nicht die lange Geschichte der Aufmerksamkeit für die vernakularen Nahrungsgewohnheiten Thema sein, benannt werden soll aber noch ein gewisses Paradox, das sich mit der Wissens- und Wissenschaftsgeschichte der kulturkundlichen Nahrungsforschung verbindet und das sich für andere Felder in ähnlicher Weise skizzieren ließe. Das augenscheinliche Paradox liegt in dem ambivalenten Verhältnis zur Kategorie des Raumes, die dem volkskundlichen Zugang eignet. Knapp gefasst, hat man den Komplex der menschlichen Ernährung von Anbeginn an in Begriffen von Räumen und Grenzen – später auch: Wanderungen –

gedacht, ohne dabei aber die räumliche Dimension theoretisch und systematisch zu befragen. Das liegt wohl nicht zuletzt daran, dass in einer in der Tradition der Kulturraumforschung der zwanziger Jahre stehenden Zugangsweise, wie sie auf der Grundlage der Erhebungen des Atlas der Deutschen Volkskunde und anderer nationaler volkskundlicher Atlaswerke entwickelt worden ist und die Nachkriegsjahrzehnte weitgehend bestimmte, die räumliche Perspektive als methodisches Apriori bereits vorausgesetzt war. Timo Heimerdinger hat das in seinem anregenden Überblick kürzlich folgendermaßen zusammengefasst: „Grundlegend für die volkskundliche Nahrungsforschung waren ab den 1960er Jahren die Arbeiten zur Kulturfixierungs- und Wirtschaftslagentheorie, die sich vornehmlich mit den Namen Wiegelmann und Teuteberg verbinden. Die Untersuchung der Verbreitung und Diffusion verschiedener Speisen und Kosttypen in sozialer, vor allen Dingen aber räumlicher – im Sinne von territorialer – Hinsicht stand hier im Zentrum des Interesses“ (Heimerdinger 2005: 206).

Spät und zögernd scheint also die Nahrungsforschung den Raum zu entdecken, während ihr Feld selbst mehr denn je von komplexen und ineinander greifenden räumlichen Prozessen definiert zu sein scheint. Doch geht die Vorstellung von regionalen kulinarischen Systemen von anderen Paradigmen aus. Bezeichnenderweise war auch – wie oben skizziert die Blickrichtung der ethnologischen Nahrungsforschung bislang größtenteils eine umgekehrte: sie hat die räumliche Dimension von Nahrungstraditionen weitgehend essentiell genommen und bestimmte Speisen oder Zubereitungsarten als typisch für bestimmte Regionen beschrieben und historisch nachgezeichnet. Auch dort, wo das Regionale (oder auch das Ethnische) beim Essen und Trinken in konstruktivistischer Wendung befragt worden ist, beschränkte sich die Analyse lange auf die kommunikativen Aspekte solcher Zuschreibungen, auf ihre Rolle in der interkulturellen Kommunikation und auf die etwa mit nationalen Nahrungs-Stereotypen transportierten Vorstellungen von Identität und Alterität.

Grob gesprochen, in den zentralen Deutungsmustern des mit Marcel Mauss als „soziales Total-Phänomen“ beschriebenen Komplexes um Essen und Trinken war für systematische Analysen der räumlichen Dimension wenig Platz. Das gilt übrigens nicht allein für die volkskundliche Tradition, sondern kann in ähnlicher Weise für die gesamte kultur- und sozialwissenschaftliche Ernährungsforschung konstatiert werden. So hat auch die Soziologie zwar früh die inkludierenden und exkludierenden Funktionen von kulinarischen Systemen erkannt, aber auch erst in jüngster Zeit die „Erfindung der National- und Regionalküchen“ (Barlösius 1999: 146) nicht mehr als unausweichlichen Prozess, sondern als diskursive wie praktische Begleitung sozialer und territorialer Differenzierungsprozesse zu beschreiben gelernt.

Viel eher interessierten hier wie dort im Sinne der sprichwörtlichen Feuerbachschen Wendung von „Der Mensch ist, was er isst“ neben dem sozialen Seinzusammenhang von Nahrungsmitteln und Speisen (Jakob Tanner spricht vom „kulinarischen Materialismus“; Tanner 1996) zivilisationsgeschichtliche Fragen nach dem *wie?* sowie mit Blick auf soziale Strukturen die kommunikativ-sozialisierenden

Funktionen der Kommensualität bzw. des Conviviums und die distinktiven Funktionen von Nahrung und Geschmack als Differenzierungsinstrumente des sozialen Raumes. In der empirisch-kulturwissenschaftlich modernisierten Volkskunde hat beispielsweise Utz Jeggle bereits sehr früh gezeigt, „was beim Essen alles mitgegessen wird", wie gerade auch die Alltagsküche und die damit verbundenen Praktiken und Rituale Ordnungen und Wertorientierungen vermitteln und implementieren (Jeggle 1988; vgl. Ders. 1986).

Unübersehbar erschöpft sich der soziale Sinn des Gegessenen aber nicht in den oben genannten Koordinaten, jedenfalls geht der Erfolg der neuen regionalen Küche und der damit verbundenen Umstrukturierungen – resp. Umdeutungen – des Agrar- und Erlebnismarktes nicht in ihnen auf. Ulf Matthiessen, Berliner sozialwissenschaftlicher ‚Raumforscher' mit einem Gespür für Kulturpraktiken im Raum und des Raumes, hat in einem anregenden Text über „Esskultur und Regionale Entwicklung" die These formuliert, dass in den vergangenen Jahren ein neues Deutungsmuster die kulinarische Landschaft durchkreuzt und – Ansätze der erwähnten synthetisierend – die Korrespondenz von regionalen Territorien und geschmacklichem Eigensinn zentral stellt (Matthiesen 2005). Wenn man die zeitgenössische Wiedererfindung regionaler Küchen seit den achtziger, neunziger Jahren beobachtet, spricht vieles dafür, darin ungeachtet gleichzeitig fortschreitender Nivellierung eine Entwicklung erkennen zu dürfen, die ebenso grundlegend wie folgenreich für die europäischen Alltage sein dürfte.

Anders gesagt, noch nie war im Essen soviel Raum, noch nie war den Repräsentationen um Essen und Trinken wie auch den elementaren Erfahrungen des Schmeckens und Riechens soviel Territorialität beigemischt. Es ist also umgekehrt danach zu fragen, wie diese Bindung auf Orte und Räume zurückwirkt, sie mit Kontur und Botschaft erfüllt. In der Formulierung der britischen *material culture-studies* lautet der Befund dann auch ähnlich: „Foods do not simply come from places, organically growing out of them, but also makes places as symbolic constructs, being deployed in the discursive construction of various imaginative geographies"(Cook/Crang 1996: 140).

Dieser Satz gilt naturgemäß nicht für die Rhetorik der alltagsweltlichen Nahrungszusammenhänge. Sowohl die industrielle Lebensmittelproduktion als auch die verschiedenen Initiativen zum Schutz des sog. kulinarischen Erbes arbeiten mit einer anderen Denkfigur. Sie ist der alten – kulturell statischen und die Vorstellung von Natürlichkeit und Authentizität in den Vordergrund rückenden – Vorstellung der volkskundlich-ethnologischen Nahrungsforschung verwandt. So heißt es etwa in der aktuellen Kampagne für Parmiggiano Reggiano „er wird nicht produziert, er entsteht"[3]; und das ist nur ein Beispiel dafür, dass das Kulturkonzept, das zur Untersuchung des Komplexes Raum/Geschmack/Praxis benötigt wird, nicht mit jenem ident sein kann, mit dem in europäischen Alltagen – und zumal in der EU-Agrar- und Regionalpolitik gegenwärtig operiert wird. Um seine Herkunft und Tragweite zu verstehen, ist es notwendig, Politik und Praxis kulinarischen Erbes

[3] Vgl. Anzeige in *Slow Food-Magazin. Genießen mit Verstand* 14 (2006), Nr. 1, o.S. (S. 67).

in den Zusammenhang dessen zu stellen, was seit einigen Jahrzehnten als Kultur- und Naturerbe firmiert.

4 Hauptspeise II.: „Culinary Heritage“ – europäische Politiken und alltägliche Praktiken

Nahrungsgewohnheiten sind ein Komplex, in dem Diskurse und Politiken des Kulturerbes weit in unsere alltäglichen Praktiken hereinreichen. Sie haben in den vergangenen Jahren unter dem Begriff des kulinarischen Erbes – als Sammelbegriff für tradierte und regionentypische Nahrungsmittel einschließlich ihrer spezifischen Zubereitungsarten („Küchen“ und kulinarische Systeme) – eine ungeahnte Aufmerksamkeit erfahren. Und dies, obwohl der Komplex des Kulinarischen nicht so recht in das dichotomische Modell des Kulturerbes passen will: einerseits äußerst konkret und körpernah, ist Nahrung aufgrund ihrer Vergänglichkeit und eines auf Sinneserfahrung jenseits verlässlicher Taxonomien angelegten Konsums andererseits ein hoch abstraktes Gut (vgl. Barlösius 1999). Kulinarische Praxis zeichnet sich dergestalt durch eine Gleichzeitigkeit von materiellen und immateriellen Aspekten aus und ist daher weder ausschließlich einem *material* noch einem *intangible cultural heritage* zuzuordnen (vgl. Weigelt 2006).

Ungeachtet ihrer schweren Greifbarkeit sind kulinarische Traditionen in vielen Teilen der Welt in jüngster Zeit zu einem verstärkten Ausgangspunkt von „metakulturellen Prozessen“ (Kirshenblatt-Gimblett 2004) geworden. Weniger als Reaktion auf „Globalisierung“, sondern vielmehr als ein Aspekt globaler Transformationsprozesse haben insbesondere regionale kulinarische Überlieferungen und Systeme eine neue Aufmerksamkeit erfahren. Sowohl die ungezählten regionalen Initiativen und nationalen Stiftungen, wie sie in vielen Ländern bereits entstanden sind, als auch die weltweit agierenden NGOs – wie die mitgliederstarke Slow-Food-Bewegung (Petrini 2003) – oder die Förderpolitik der EU-Agrarkommission berufen sich dabei auf ein Konzept von Kultur (vgl. Johler 2001; 2002), das die gesamten Welterbe-Diskurse durchzieht und neben der Kategorie des Raumes (als dem primären Ordnungsprinzip „lokaler oder regionaler Traditionen“) vor allem die Gemeinschaftsgebundenheit kulinarischen Wissens und kulinarischer Praktiken in den Vordergrund rückt.

Ob für die Anlage nationaler Inventare des kulinarischen Erbes, ob für die Entwicklung landschaftlicher Spezialitäten mit einem in die regionale Wertschöpfung einzubringenden Mehrwert der Produkte und Erfahrungen (Pfriem u.a. 2006), ob für die in der europäischen Agrarpolitik und im Welthandel (WTO) konfliktreich verhandelten Prinzipien des „Terroirs“ (vgl. Josling 2006) und der generischen Spezialitäten (vgl. Thiedig/Sylvander 2000), immer ist es auch das Wissen der Ethnologie und Kulturforschung, das hinter den Kriterien und Begründungen steht. Umgekehrt spiegelt dieses Wissen auch die alltäglichen Vorstellungen und Erfahrungen und macht sie bewusst und unbewusst zur Grundlage kulinarischer Ordnungen (vgl. Tschofen 2005).

Bislang sind weder die Konstituierungsprozesse expliziten kulinarischen Erbes, noch die mit den Transformationen von Nahrungstraditionen, einzelnen Speisen oder Küchen, verbundenen Fragen kulturellen Eigentums zum Gegenstand größerer kulturwissenschaftlicher Untersuchungen geworden. Ausnahmen bilden erste Beiträge der skandinavischen Ethnologie (Salomonsson 2002) sowie in letzterer Hinsicht die Studien von Gisela Welz zur Europäisierung des Nahrungsmittelmarktes am Beispiel des zypriotischen Käses „Halloumi" (Welz 2007; vgl. Welz/Andilios 2004). Dabei ist das Feld als solches keinesfalls unbearbeitet, sowohl die praxisnahe Dokumentation (*Deutschlands kulinarisches Erbe* 2004) – oft allerdings in essentialisierender Perspektive – als auch die (agrar-)ökonomische Analyse (Profeta u.a. 2005) belegen seine Bedeutung in Alltag und Wirtschaft und verweisen auf die historischen und soziokulturellen Leerstellen des Gegenstands (Thiedig 1996).

Daneben entwickelte sich am Rande der Beschäftigung mit historischen Landschaftsküchen (Lesniczak 2003) Aufmerksamkeit für die – wie Konrad Köstlin das zuerst formuliert hat – „Revitalisierung regionaler Kost" in der Moderne (Köstlin 1975; 1991; vgl. Gyr 2002). Zumal im deutschsprachigen Raum und in Skandinavien setzt daher früh eine intensivere Beschäftigung mit der diskursiven Konstruktion regionaler und nationaler Küchen ein. Der seit den sechziger Jahren entwickelten Sensibilität für eine „Volkskultur aus zweiter Hand" (und damit auch für die alltagsweltliche Zirkulation disziplinären Wissens) folgend, haben – zunächst noch in den Spuren der Erforschung eines Nahrungsfolklorismus – eine Reihe von Beiträgen die Revitalisierung regionaler Kost unter dem Aspekt einer identitätssichernden Strategie der „*invention of tradition*" beschrieben und gedeutet. Dank einer in jüngerer Zeit durch die Begegnung von praxeologischen und kultursemiotischen Konzepten geschärften Aufmerksamkeit für die symbolischen Dimensionen kulinarischer Systeme (Matthiesen 2003) findet nun auch die Herstellung kultureller Ordnungen durch Nahrungsgewohnheiten neue Berücksichtigung (Burstedt 2002). Sie schließt die Beschreibung und Analyse der damit verbundenen Repräsentationen mit ein und nimmt in jüngster Zeit zusehends die sozialen Praktiken auf verschiedenen Akteursebenen (Konsumenten, Produzenten, Wissenschaft) in den Fokus. Damit verbindet sich zumeist eine raumzeitliche Verortung der avisierten Phänomene im Spannungsfeld eines gedachten Gegensatzpaares von Regionalismus und Globalismus (vgl. Heimerdinger 2005). Auch der Bezugsrahmen der internationalen und interdisziplinären *food studies* bzw. *culinary studies* steht unter dem Eindruck globaler Entwicklungen; für die anthropologische Forschung wird demnach eine wichtige Perspektive in der analytischen Verbindung von Fragen nach *governance* und alltäglicher lokaler Praxis gesehen (Philipps 2006).

Damit bewegen sich die Fragestellungen solcher Forschungen längst nicht mehr in einem allein durch den engeren Gegenstand definierten Feld, sondern erfahren vor allem Anregungen aus einer mit der neuen Aufmerksamkeit für die räumliche Dimension der sozialen Welt (Löw 2001; Schroer 2006) gespeisten Beschäftigung mit Regionalität. Dementsprechend ist neben der Frage nach Erfahrung und Gestaltung raumkultureller Ordnungen die Analyse regionalen Identitätsmanagements unter den Bedingungen von Europäisierung und sog. Globalisierung zu einem zentralen Thema geworden (vgl. Frykman/Niedrmüller 2003). Die dabei entwickelten theoretischen Konzepte relationaler Ordnungen und situativer Orientierungen (vgl. Featherstone/Lash 1999) sind Grundlage einer weiteren Beschäftigung mit europäischen Identitäten im Spannungsfeld von Region/Kultur und den übergeordneten Prozessen gleichzeitiger Homogenisierung und Differenzierung (Frykman 1999). Ihre Überprüfung in einer die Mikro- und die Makroebene verknüpfenden Ethnographie der alltagsweltlichen Erfahrung und Gestaltung der entsprechenden Regimes ist dagegen weitgehend noch zu leisten.

Vor allem aber – und dies ist hier zentral – konnte sich die kulturwissenschaftliche Nahrungsforschung in diesem Kontext ein deutlich reflexives Moment aneignen, das den eigenen (auch disziplingeschichtlich begründeten) Anteil an gegenwärtigen Diskursen und Praktiken zu bedenken hilft (vgl. Tschofen 2000) und insgesamt ein Konzept von Nahrungskultur als eines von Wissen und Handeln bestimmten sozialen Feldes nahe legt (vgl. Welz/Andilios 2004). Vor diesem Hintergrund lässt sich dann auch der in Politik und Praxis als kulinarisches Erbe taxierte Komplex als ein durch Beziehungen geregeltes System begreifen.

Wenn die Kulturwissenschaft die Formierung kulturellen Erbes in den Fokus nimmt, dann verbindet sich damit die Frage nach der Transformation räumlich und kulturell begrenzter Güter, Traditionen und Wissensbestände zu entgrenzten und universalisierenden Ordnungen. Dieser Übergang gestaltet sich in der Regel weder bruchlos noch konfliktfrei (vgl. Nadel-Klein 2003). In den Blick geraten damit zwangsläufig die Konfliktfelder der Einbettung globaler Kulturprozesse in lokale Handlungsrahmen sowie die praktische Gestaltung europäischer bzw. globaler Ordnungsgefüge sowie der Systeme und Netzwerke des Transfers (vgl. Csáky/Sommer 2005). Schutz und eigentumsmäßige Gestaltung kulinarischen Erbes zeigen die Probleme, die sich mit dem Konzept des Kulturerbes insgesamt verbindend. Dabei liegt das Paradox im gleichzeitigen Hochhalten eines holistischen Kulturkonzepts auf der normativen Ebene und im Handeln nach den Bedingungen der Hybridität. Darin scheinen sich nicht zuletzt die grundsätzlichen Aporien von Globalisierungsprozessen als zugleich homogenisierende und heterogenisierende Tendenzen abzubilden.

Um diese zu verstehen, bedarf es neuer Zugangsweisen – etwa solcher, die auf eine Pragmatik der Globalisierung zielen und Differenzen jenseits des Kulturessentialismus wie auch jenseits der überkommenen Fortschritts- bzw. Modernisierungskonzepte ausmachen können. Angewandt auf das Feld der kulinarischen Traditionen als *cultural property* heißt das, im Vergleich der Adaptierungen und Gestaltungsspielräume nicht im Hintergrund wieder wirkmächtige ‚kulturelle Unterschiede' stark zu machen, sondern Kulturerbe als Beziehung zu begreifen, um so die wirkmächtigen Bilder einer ‚Container-Theorie' und damit die Crux eines methodologischen Nationalismus hinter sich lassen zu können. Dass es dabei primär um Konzepte geht, die den (auch: kulturtheoretischen) Paradoxien und Gleichzeitigkeiten des Komplexes gerecht werden, steht außer Frage. Die bloße Aufmerksamkeit für das Ankommen globaler Politiken im lokalen Rahmen genügt dabei ebenso wenig wie die umgekehrte Konzentration auf die womöglich konfliktreich aus differenten Praktiken abgeleiteten Regelwerke und Systeme.

Im Konzept des kulinarischen Erbes, wie es gegenwärtig von nationalen Programmen, regionalen Initiativen und NGO's forciert wird, finden sich Denk- und Argumentationsmuster aller drei Unesco-Welterbe-Programme (vgl. Hemme/Tauschek/Bendix Hg. 2007). Als ein hochgradig konkretes und tangibles Gut, weist Nahrung gleichzeitig weit in den Bereich des Immateriellen und Intangiblen hinein. Es nimmt aber auch Ideen des Naturerbe-Programms auf, in dem der systemische Zusammenhang und der Verweis auf natürliche und lebendige Einheiten betont wird. Denn während die Konvention von 1972 in Begriffen von Territorialität angelegt ist, definiert die jüngere von 2003 den Gegenstand des *safeguardings* in Begriffen von Gemeinschaften als Trägern kollektiven Wissens: „All forms of traditional and popular or folk culture, i.e. collectice works originating in a given community and based on tradition“[4].

Beide Kriterien – das regional begrenzte und das des Kollektivs – finden sich in verwandter Form in den Richtlinien zum kulinarischen Erbe; sie bilden vermitteltermaßen auch die Grundlage der EU-Maßnahmen zum „Schutz und zur Aufwertung von besonderen Agrarerzeugnissen und Lebensmitteln mit Herkunftsbezeichnung“. Diese gehen auf Verordnungen aus dem Jahr 1992 zurück und sind im Frühjahr 2006 erweitert und novelliert worden („Schutz von geographischen Angaben und Ursprungsbezeichnungen für Agrarerzeugnisse und Lebensmittel“; „Bescheinigungen besonderer Merkmale von Agrarerzeugnissen und Lebensmitteln“). Heute werden insgesamt drei verschiedene europäische Zertifikate durch die nationalen Agrar-Agenturen vergeben und kontrolliert: 1) *Protected Designation of Origin* (PDO), geschützte Ursprungsangabe (gU), 2) *Protected Geographical Indication* (PGI), geschützte geographische Angabe (ggA) und 3) *Traditional Speciality Guaranteed* (TSG), garantiert traditionelle Spezialität (gtS).

Die damit verbundenen Anerkennungsverfahren spielen eine wichtige Rolle in der Begegnung der Regionen mit der – als abstrakt wahrgenommenen – Union, sie werden national sehr unterschiedlich gehandhabt (vgl. Thiedig/Profeta 2006) und sind Auslöser von Konflikten zwischen Interessensverbänden, Regionen und sogar Mitgliedsländern. Um sich einen Eindruck von den damit verbundenen Verfahren zu machen, möge der Hinweis auf die Durchführungsbestimmungen genügen. Diese bilden allein ein Dokument von rund 50 Seiten, und wenn eine Erzeugergemeinschaft in einem Mitgliedsland ihren Käse oder ihre Wurst mit dem Status einer EU-zertifizierten Indikation versehen will, hat sie ausführliche Beschreibungen und Begründungen zu liefern – das Produkt mit einem Narrativ zu versehen, der nicht allein in ernährungsphysiologischem Wissen gründet, sondern ein großes Maß ethnographischen Wissens zu mobilisieren hat. So empfiehlt das Dokument, besondere Sorgfalt für die als „link“ firmierende regionale Bindung des Produkts aufzuwenden, sie allein kann das erwünschte Alleinstellungsmerkmal begründen: „The explanation of the ‚link‘ is the most important element of the product speci-

4 *UNESCO*- Text of the Convention for the Safeguarding of Intangible Cultural Heritage, 2003, http://www.unesco.org/culture/ich_convention/index.php?pg=00022[letzterZugriff030707].

fication with regard to registration. The link must provide an explanation of why a product is linked to one area, and not another, i.e. how far the final product is affected by the characteristics of the region in which it is produced. For both PDOs and PGIs, demonstrating that a geographical area is specialised in a certain production is not enough in order to justify the link. In all cases, the effect of geographical environmental or other local conditions on the quality of the product should be emphasised“ (European Commission 2004).

Die EU-abhängigen Aktivitäten stehen oft im Zusammenhang mit – mitunter aber auch im Widerspruch zu – den Aktivitäten regierungsnaher Komitees zum Schutz des kulinarischen Erbes, wie sie in einigen europäischen Ländern ins Leben gerufen worden sind. Europäische Politiken werden auch hier je unterschiedlich lokal – die Deutungs- und Handlungsmuster (vgl. Salomonsson 2002) reichen dabei von Folklore über Kultur und Tradition, nachhaltige ökologische und soziale Entwicklung, regionale Lebensqualität, touristisches Regionenmarketing bis hin zur Wettbewerbsstärkung, den Innovationspotentialen von Funktionsregionen und der versteckt protektionistischen Agrarsubvention. Der Normalfall zeichnet sich jedenfalls durch ein Ineinandergreifen verschiedener Intentionen und Deutungen aus.

Erst in jüngerer Zeit ist die kulturelle Dimension des Lebensmittelrechts zum Gegenstand der Diskussion geworden (Barlösius 1997; Streinz 1997). Damit sind auch rechtliche, ökonomische und kulturpolitische (bzw. praktische) Diskurse zusammengeführt worden. Sie gewinnen derzeit in der Steuerung des europäischen und internationalen Agrarmarkts (vgl. Josling 2006), wie auch in der regionalen Planung eine neue Öffentlichkeit und bieten sich für eine Analyse der Beziehungen zwischen Rechtsvorstellungen und Kulturkonzepten im Hinblick auf die Formulierung von Gütern und Eigentumsrechten an (vgl. Bérard/Marchenay 2004). Gerade die hohen Erwartungen regionaler Produzentenverbände auf der einen Seite, eines Regionenmarketings und Identitätsmanagements auf der anderen Seite machen die Politik und Praxis der Herkunftsbezeichnungen zu einem paradigmatischen Feld der Untersuchung von *cultural property rights* (vgl. Gibson 2005) in ihrer Beziehung zu kultureller Verortung und kommodifizierten Konzepten von Region, Tradition und Identität.

Ein anderes bislang weitgehend undokumentiertes Feld sind die Techniken und Medien dessen, was man als „kulinarisches Wissen“ bezeichnen könnte. Wer sich mit kulinarischen Regionen und kulinarischem Erbe beschäftigt, wird bald bemerken, dass sich damit zwei Formen der Repräsentation ganz zentral verbinden. Es handelt sich dabei um Listen einerseits, um Karten andererseits, also um Narrations- und Visualisierungsformen, die gerade in ihrer häufigen Verbindung Definitorisches für sich beanspruchen können. Während die Listen und Inventare der *culinary heritage*-Agenten (nicht zu vergessen die das Prinzip gewissermaßen biologisierende und sakralisierende „Arche des Geschmacks“ von Slow Food) eine Einkreisung durch Aufzählung versuchen und an die seit dem 19. Jahrhundert erprobten Wissenstechniken des Denkmalschutzes anschließen, übersetzt die kulinarische Landkarte Kulturelles unmittelbar in den Raum (vgl. Pitte 1991). Sie schafft also imaginäre Topographien, die zugleich als Handlungsanleitungen für den Gebrauch von Landschaften fungieren können. Karten übertragen Wissen nicht nur in objektivierbare Formen, sondern kreieren auch Wissen, Orientierungswissen, das sich – um mit Gerhard Schulze zu sprechen – im „Archiv der Ereignismuster" (Schulze 2000) auf Abruf bereithält. Sie überziehen Landschaften quasi mit Benutzeroberflächen für den Alltag: „Auch die einfachsten Kartenbilder haben große Macht: sie pflanzen in die Köpfe Bilder davon, was Zentrum und was Peripherie ist, und etablieren Hierarchien – wenn auch meist harmlose" (Schlögel 2003: 106).

Wenn ich recht sehe, ist die Kartographie selbst erst in allerjüngster Zeit auf ihre machtvollen Instrumentarien aufmerksam geworden, und erst in Ansätzen hat sie auch begonnen, die populäre Kartographie als Kulturpraxis, als bildgebende Technik im Gewirk von Wissen, Macht und Raum zu thematisieren (vgl. Schneider 2004; Tzschachel u.a. 2007). Gerade aber hier, bei solchen vordergründig unspektakulären und vielleicht in der Tat harmlosen Explikationspraktiken wäre anzusetzen, wenn etwas über den Zusammenhang von Sinneserfahrung, lebensweltlicher Selbstverständlichkeit in Bezug auf Region, Essen und Trinken und den neuen Regionen als Räumen von Wissen und Praxis in Erfahrung gebracht werden soll. Die populäre Imagerie regionaler Kulturen bedient sich in ihrer Definition von Landschaften über Symbole der ‚Kulturen' schließlich wiederum eines Prinzips, das nicht zuletzt auf das raumkulturelle Denken der Wissenschaften und das von ihnen verwaltete Wissen zurückverweist.

5 Dessert: Region in (reflektierter) Praxis: ein Plädoyer

Die Plädoyers für mehr Regionalität beim Essen und Trinken wollen manchmal von den Zusammenhängen zwischen Geschichte, Wirtschaft und Wissen wenig wissen und versuchen stattdessen, regionale Traditionen als probates Mittel gegen die Globalisierung in Anschlag zu bringen. Damit soll diesen Versuchen nicht ihre Legitimität entzogen werden, sondern sie sollen im Gegenteil eine solide Basis erhalten, die nicht von falschen und oft naiven Annahmen ausgeht. Die kulturwissenschaftliche Kulinaristik muss hier für eine Perspektive plädieren, in der Regionalisierung nicht allein als Gegenbewegung zur Globalisierung verstanden wird, sondern auch als ihr Effekt und Motor. Anders gesagt: Globalisierung (man könnte auch variieren: Europäisierung) hat stets zugleich homogenisierende und heterogenisierende Tendenzen. Wie durch sie einerseits die Welt „kleiner" wird, erscheint diese andererseits als „größer", „pluraler" und „unübersichtlicher" als je zuvor. Die Ausweisung regionaler Spezifika nach einer überregionalen Logik ist ein Aspekt davon.

Die Begeisterung für „regionale Küchen" ist wie jene für das „Terroir" und wie die Vorstellung regionaler Geschmackskulturen insgesamt ein hochgradig modernes Phänomen. Erst mit der rasant gestiegenen Verfügbarkeit der Güter ist Herkunft zu jenem Kriterium geworden, das es heute darstellt. Bewusst überzeichnend formuliert: In einer weitgehend überschaubaren Welt bleiben die Speisen und Produkte der Regionen unbefragte Güter, den Vertrauen schaffenden ‚Ortszusatz' brauchen sie erst, als diese Regionen in einen wirtschaftlichen und kulturellen Austausch miteinander eintreten.

Freilich, auch in historischer Zeit wurden Güter ausgetauscht, die als typisch für diese oder jene Region galten, und kamen Kulturen in Kontakt mit anderen kulinarischen Systemen, ihren Produkten und geschmacklichen Welten. Aber der Großteil der Märkte blieb dennoch lange beschränkt. Je näher diese zusammenrücken, umso wichtiger wird das Wissen um die Herkunft, umso mehr wird die generische Qualität zum Thema – und zum Problemfeld. Kein Wunder also, dass mit die ersten internationalen Bemühungen zur Sicherung des geistigen Eigentums geographische Herkunftsangaben betreffen. Das macht deutlich, wie sehr all dies, was uns heute gerne als autochthone Eigenart vorgeführt wird, ein Produkt historischer und gegenwärtiger Agrarregimes ist. Oder anders gewendet: Region bewegt sich nicht nur im Dreieck von Natur, Kultur und Reglement, sondern beinhaltet stets auch einen guten Anteil an Imagination. Regionen sind im Feld des Kulinarischen so wenig wie in anderen Feldern der sozialen Welt gegebene Ordnungen, ihre Konturen und ihre – auch geschmacklichen – Konnotate sind historisch geworden, mittelbar und erzählt.

„Region also nur ein Konstrukt?", könnte man abschließend nochmals provokant fragen, und: „regionale Küche" nicht mehr ein Marketinggag der Gastronomie und einer unter globalen Druck geratenen Agrarwirtschaft? Im Gegenteil, die Betonung liegt nicht in der Schmälerung durch das „nur", sondern in der Perspektive, die sich durch die menschliche Konstruktionsleistung ergibt. Auch wenn man aus kulturwissenschaftlicher Warte konstatieren muss, dass das dabei in Anschlag gebrachte Konzept einer in Raum und Tradition aufgehobenen Kultur nicht dem analytischen Begriff entspricht, ist das Potential einer erzählten und erfahrbar gemachten Region kaum zu überschätzen. Doch die Chancen von Regionalität in den sich globalisierenden Märkten der Gegenwart sind umso größer, je reflektierter und aufrichtiger man an die Sache herangeht. Von einer mystischen Regionalität bekommen die aufgeklärten Kunden der Gegenwart stets rasch genug, von einer gut vermittelten Auseinandersetzung mit ihren Voraussetzungen und Interpretationen nehmen sie dagegen gerne auch etwas mehr.

Literatur

Barlösius, Eva: Bedroht das europäische Lebensmittelrecht die Vielfalt der Esskulturen? In: Teuteberg, Hans Jürgen (Hg.): Essen und kulturelle Identität. Europäische Perspektiven, Berlin 1997, S. 113 – 127.

Barlösius, Eva: Soziologie des Essens. Eine sozial- und kulturwissenschaftliche Einführung in die Ernährungsforschung. Weinheim/München 1999.

Bérard, Laurence/Philippe Marchenay: Les produits de terroir. Entre cultures et règlements. Paris 2004.

Burstedt, Anna: The Place on the Plate! In: Ethnologia Europaea 32 (2002), S. 145 – 158.

Cook, Ian/Philip Crang: The World on a Plate: Culinary Culture, Displacement and Geographical Kowledges In: Journal of Material Culture 1 (1996), S. 131153, hier S. 140.

Deutschlands kulinarisches Erbe. Traditionelle regionaltypische Lebensmittel und Agrarerzeugnisse. 2. Aufl., Cadolzburg 2004.

European Commission, Directorate-General for Agriculture (Hg.): Food Quality Policy in the European Union. Guide to Community Regulations. 2. Aufl., Brüssel 2004, S. 13.

Featherstone, Mike/Scott Lash (Hg.): Spaces of culture. London u.a. 1999.

Frykman, Jonas/Peter Niedermüller (Hg.): Articulating Europe – Local Perspectives. Copenhagen 2003.

Gibson, Johanna: Community resources. Intellectual property, international trade and protection of traditional knowledge. Aldershot u.a. 2005.

Gyr, Ueli: Zur Kulinarisierung von Schweizer Spezialitäten im Gastrotrend. In: Österreichische Zeitschrift für Volkskunde LVI/105 (2002), S. 105 – 123.

Hamilton-Paterson, James: Kochen mit Fernet-Branca. Roman. Frankfurt a. Main 2005, S. 29.

Heimerdinger, Timo: Schmackhafte Symbole und alltägliche Notwendigkeit. Zu Stand und Perspektiven der volkskundlichen Nahrungsforschung. In: Zeitschrift für Volkskunde 101 (2005), S. 205 – 218.

Jeggle, Utz: Essen in Südwestdeutschland. Kostproben aus der schwäbischen Küche. In: Schweizerisches Archiv für Volkskunde 82 (1986), S. 167 – 186.

Jeggle, Utz: Eßgewohnheiten und Familienordnung. Was beim Essen alles mitgegessen wird. In: Zeitschrift für Volkskunde 84 (1988), S. 189 – 205.

Johler, Reinhard: „Wir müssen Landschaften produzieren“: Die Europäische Union und ihre ‚politics of landscapes and nature‘. In: Rolf Wilhelm Brednich/Annette Schneider/Ute Werner (Hg.): Natur – Kultur. Volkskundliche Perspektiven auf Mensch und Umwelt. 32. Kongress der Deutschen Gesellschaft für Volkskunde in Halle 1999. Münster u.a. 2001, S. 77 – 90.

Josling, Tim: The War on Terroir: Geographical Indications as a Transatlantic Trade Conflict. Freeman-Spogli Institute for International Studies, Stanford University. March 30, 2006, S. 1 – 31.

Kirshenblatt-Gimblett, Barbara: Intangible Heritage as Metacultural Production. In: Museum International 56 (2004), Nr. 221 - 222, S. 52 – 65.

Köstlin, Konrad: Die Revitalisierung regionaler Kost. In: Ethnologische Nahrungsforschung. Vorträge des zweiten Internationalen Symposiums für ethnologische Nahrungsforschung. Helsinki 1975 (= Kansatieteellinen Arkisto, 26), S. 159–166.

Köstlin, Konrad: Heimat geht durch den Magen oder: Das Maultaschensyndrom in der Moderne. In: Beiträge zur Volkskunde in Baden-Württemberg 4 (1991), S. 147 – 164.

Lesniczak, Peter: Alte Landschaftsküchen im Sog der Modernisierung. Studien zu einer Ernährungsgeographie Deutschlands zwischen 1860 und 1930. Stuttgart 2003 (= Studien zur Geschichte des Alltags, 21).

Lindner, Rolf: Zum neuen Interesse an Regionalkultur. In: Info-Blatt der Gesellschaft für Ethnographie e. V. 1995, 10, S. 9 – 11.

Matthiesen, Ulf: Esskultur und Regionale Entwicklung – unter besonderer Berücksichtigung von „Mark und Metropole“: Strukturskizzen zu einem Forschungsfeld. Antrittsvorlesung 27. Mai 2003. In: Berlin Blätter. Ethnographische und Ethnologische Beiträge 34 (2005), S. 111 – 145.

Nadel-Klein, Jane: Fishing for heritage. Modernity and loss along the Scottish coast. Oxford 2003.

Pauser, Wolfgang: Die regionale Küche. Anatomie eines modernen Phantasmas. In: Voyage.

Jahrbuch für Reise- und Tourismusforschung 2002 (Schwerpunktthema: Essen und Trinken), S. 1016.
Petrini, Carlo: Slow Food. Genießen mit Verstand. Zürich 2003 [im ital. Original: Slow Food. La ragioni del gusto. Rom 2001].
Pfriem, Reinhard/Thorsten Raabe/Achim Spiller (Hg.): Ossena – Das Unternehmen nachhaltige Ernährungskultur. Marburg 2006 (= Theorie der Unternehmung, 35).
Phillips, Lynne: Food and Globalization. In: Annual Review of Anthropology 35 (2006), S. 37–57.
Pitte, Jean-Robert: Gastronomie Française. Histoire et géographie d'une passion. Paris 1991.
Profeta, Adriano/Ulrich Enneking, Richard Balling: Die Bedeutung von geschützten geographischen Angaben in der Produktmarkierung. In: GEWISOLA Schriften der Gesellschaft für Wirtschafts- und Sozialwissenschaften des Landbaus 40 (2005), S. 195–202.
Salomonsson, Karin: The E-conomy and the Culinary Heritage. In: Ethnologia Europaea 32, 2002, S. 125–145.
Schlögel, Karl: Im Raume lesen wir die Zeit. Über Zivilisationsgeschichte und Geopolitik. München 2003.
Schneider, Ute: Eine Geschichte der Kartographie vom Mittelalter bis heute. Darmstadt 2004.
Schroer, Markus: Räume, Orte, Grenzen. Auf dem Weg zu einer Soziologie des Raums. Frankfurt a. Main 2006.
Schulze, Gerhard: Kulissen des Glücks. Streifzüge durch die Eventkultur. Frankfurt a. Main 2000.
Streinzl. Rudolf: Das deutsche und europäische Lebensmittelrecht als Ausdruck kultureller Identität. In: Hans Jürgen Teuteberg (Hg.): Essen und kulturelle Identität. Europäische Perspektiven, Berlin 1997, S. 103112.
Tanner, Jakob: Der Mensch ist, was er isst. Ernährungsmythen und Wandel der Esskultur. In: Historische Anthropologie. Kultur, Gesellschaft, Alltag 4 (1996), S. 399–418.
Thiedig, Frank/Adriano Profeta: Leitfaden zur Anmeldung von Herkunftsangaben bei Lebensmitteln und Agrarprodukten nach Verordnung (EG) Nr. 510/06. 5. Aufl., München/Bonn 2006.
Thiedig, Frank/Bertil Sylvander: Welcome to the Club? An Economical Approach to Geographical Indications in the European Union. Agrarwirtschaft 49 (2000), Heft 12.
Thiedig, Frank: Regionaltypische traditionelle Lebensmittel und Agrarerzeugnisse. Kulturelle und ökonomische Betrachtungen zu einer ersten Bestandsaufnahme deutscher Spezialitäten. Weihenstephan 1996 (= Arbeitsbericht Marktlehre der Agrar- und Ernährungswirtschaft, 21).
Tolksdorf, Ulrich: Nahrungsforschung. In: Rolf W. Brednich (Hg.): Grundriss der Volkskunde. 3. Aufl., Berlin 2001, S. 239–254 (erweitert von B. Bönisch-Brednich).
Tschofen, Bernhard: Herkunft als Ereignis: Local food and global knowledge. Notizen zu den Möglichkeiten einer Nahrungsforschung im Zeitalter des Internet. In: Österreichische Zeitschrift für Volkskunde NF 54/GS 103 (2000), S. 309–324.
Tschofen, Bernhard: Listen, Archen, Inventare. Oder: Was gehört zum „kulinarischen Erbe". In: Gabriela Muri/Cornelia Renggli/Gisela Unterweger (Hg.): Die Alltagsküche. Bausteine für alltägliche und festliche Essen. Zürich 2005, S. 24–29.
Tschofen, Bernhard: Restudying the Nature of Food Culture: How European Ethnologies

have made the Most of Nature. In: Patricia Lysaght (Hg.): Food from Nature: Attitudes, Strategies and Culinary Practices. Uppsala 2000, S. 33 – 42.

Tzschachel, Sabine/Holger Wild/Sebastian Lenz (Hg.): Visualisierung des Raumes, Karten machen - die Macht der Karten. Leipzig 2007 (= Leibnitz-Institut für Länderkunde – Forum, 6).

UNESCO – Text of the Convention for the Safeguarding of Intangible Cultural Heritage, 2003, http://www.unesco.org/culture/ich_convention/index.php?pg=00022[letzterZugriff030707].

Weigelt, Frank A.: Cultural property und cultural heritage. Eine ethnologische Analyse internationaler Konzeptionen im Vergleich. Göttingen Univ. Magisterarbeit 2006.

Welz, Gisela/Nicholas Andilios: Modern Methods for Producing the Traditional: The Case of Making Halloumi Cheese in Cyprus. In: Patricia Lysaght/Christine Burckhardt-Seebass (Hg.): Changing Tastes. Food culture and the processes of industrialization. Basel 2004, S. 217 – 230.

Welz, Gisela: Europäische Produkte: Nahrungskulturelles Erbe und EU. Politik. Am Beispiel der Republik Zypern. In: Regina Bendix/Dorothee Hemme/Markus Tauschek (Hg.): Prädikat „Heritage“. Wertschöpfungen aus kulturellen Ressourcen. Münster u.a. 2007, S. 323 – 336.

Wiegelmann, Günter: Alltags- und Festspeisen in Mitteleuropa. Innovationen, Strukturen und Regionen vom späten Mittelalter bis zum 20. Jahrhundert. 2. erw. Aufl. u. Mitarb. v. Barbara Krug-Richter, Münster u.a. 2006 (= Münsteraner Schriften zur Volkskunde/Europäischen Ethnologie, 11).

Kulinaristik und angewandte Wirtschaftsgeographie

Jörg MAIER unter Mitarbeit von Daniela FÖRTSCH

1 Vorbemerkungen

In verschiedenen Beiträgen dieses Bandes betonen Autoren wie Irmela Hijiya-Kuschnereit oder Frank Thiedig den direkten Zusammenhang zwischen Kulinaristik und kulturellen Identitäten bzw. kulturpolitischer Besinnung als Thema ihrer Wissenschaftsbetrachtung. Der Zusammenhang Kulinaristik und Wirtschaftsgeographie benötigt hingegen eine Zwischenstufe in den Beziehungen, etwa über regionalspezifische Konsumgewohnheiten bzw. Verhaltensmustern verschiedener Personengruppen, die wiederum das Objekt der Wirtschaftsgeographie sind.

Dieser indirekte Zusammenhang wird etwa in Gestalt der Bemühungen der angewandten Wirtschaftsgeographie beim Thema Regionalmarketing deutlich. Bei der Ermittlung von Assoziationen beispielsweise für die Region Oberfranken wurden von den Befragten außerhalb dieser Region spontan vor allem „typische" oberfränkische Spezialitäten an erster Stelle mit weitem Abstand zu den kulturhistorischen Sehenswürdigkeiten und der „schönen Landschaft" genannt (Maier & Wimmer 1992/93, 79). Hierbei handelte es sich durchwegs um oberfränkische Nahrungs- und Genussmittel, an der Spitze Bier, Wurst und Backwaren.

Um schon hier einen ersten Bezug zur Wirtschaftsgeographie herzustellen, kann als jüngste Betrachtungsweise des „Faktors Mensch" in der Wirtschaftsgeographie die in den 90er Jahren betonte handlungstheoretische Perspektive herangezogen werden. Als grundsätzliche Unterscheidung von „Verhalten" und „Handeln" kann mit Werlen (1977) angeführt werden, dass „Verhalten" die sinnlich wahrnehmbare Tätigkeit bezeichnet (in der Verhaltensgeographie jedoch um den Schritt der kognitiven Vorgänge des Individuums erweitert), während „Handeln" prinzipiell die Absicht mit umfasst, die der Handelnde entweder innerlich (als geistige Tätigkeit) oder als äußerliche (und dann auch wahrnehmbare) Tätigkeit vollzieht. Dabei ist als Untersuchungsobjekt prinzipiell zunächst das handelnde Individuum von Interesse, auch wenn über die individuelle Ebene hinaus jede Handlung von den Beziehungen des Handelnden in seinem sozialen Umfeld geprägt ist. Aus der Sicht der (Wirtschafts-)Geographie ist die Auffassung von entscheidender Bedeutung, dass nicht nur eine Gesellschaft durch die Handlungen ihrer Mitglieder gestaltet wird, sondern auch „die von Menschen gestaltete Erdoberfläche Resultat ihrer Tätigkeiten in einem bestimmten sozialen Kontext" ist (Vogt 1999).

2 Regionale Produkte und Konsumgewohnheiten

Zur Begriffs-Diskussion ‚Region'

Vielfach angewandt, mit höchst unterschiedlicher Bedeutung, stellt der Begriff Region einer der am häufigsten eingesetzten Begriffe der Raumforschung und der Wirtschaftsgeographie dar, weshalb es notwendig ist für die hier im Mittelpunkt stehenden Beziehungen den Begriff (engl. „territory") näher zu fassen.

Dabei kann die Differenzierung der Dimensionsebenen in Zusammenhang mit dem Begriff, insbesondere in den durch regional endogene Ansätze geprägten letzten 15 Jahren und dem Ziel einer Erhöhung der Regionalität, wie dies Blotevogel (1996) vorschlägt, weiter helfen. Die Dimensionsebenen Sozialkultur, Ökologie und (räumliche) Planung spielen dabei die wichtige Rolle, Anwendungsbeispiele wie „Renaissance der Regionalkultur", „Schaffung regionaler Kreisläufe" und „Nutzung endogener Potentiale" zielen in die angestrebte Richtung.

Geht man noch einen Schritt weiter und bezieht Tätigkeits- und Wahrnehmungsmuster mit ein, im Sinne einer Typologie von Regionskonzepten (Blotevogel 1995), so geht es im weiteren Verlauf des Beitrages im Besonderen um Identitätsregionen.

Abb. 1: Dimensionen des Regionsbegriffes („territory"):

Dimension Politik	→	interkommunale Kooperation
	→	Regionalisierung der Verwaltungsaufgaben
	→	Subsidiaritätsprinzip/Europa der Regionen
Dimension Ökonomie	→	Produktions-Cluster/Netzwerke
	→	innovative Milieus
	→	Betonung von KMU
Dimension Sozialkultur	→	Wiederentdeckung von Heimat
	→	Renaissance der Regionalkultur
	→	Regionalisierung von Medien
Dimension Ökologie	→	Prinzip der Nachhaltigkeit
	→	Biotopenschutz
	→	Schaffung regionaler Kreisläufe
Dimension Planung	→	Interkommunale Verbundlösungen
	→	Nutzung endogener Potentiale
	→	Mobilisierung regionaler Akteure

Quelle: Blotevogel, H.H., Auf dem Wege zu einer „Theorie der Reginalität", in: Bd. 1 von IFER, Baden-Baden 1996, S. 44–68.

Beispiele aktueller Strukturen

Empirisch bzw. ganz pragmatisch kann man anhand der alle paar Jahre vom Statistischen Bundesamt[1] durchgeführten Einkommen- und Verbrauchs-Stichprobe

[1] Statistisches Bundesamt, Wiesbaden 2005 und 2006

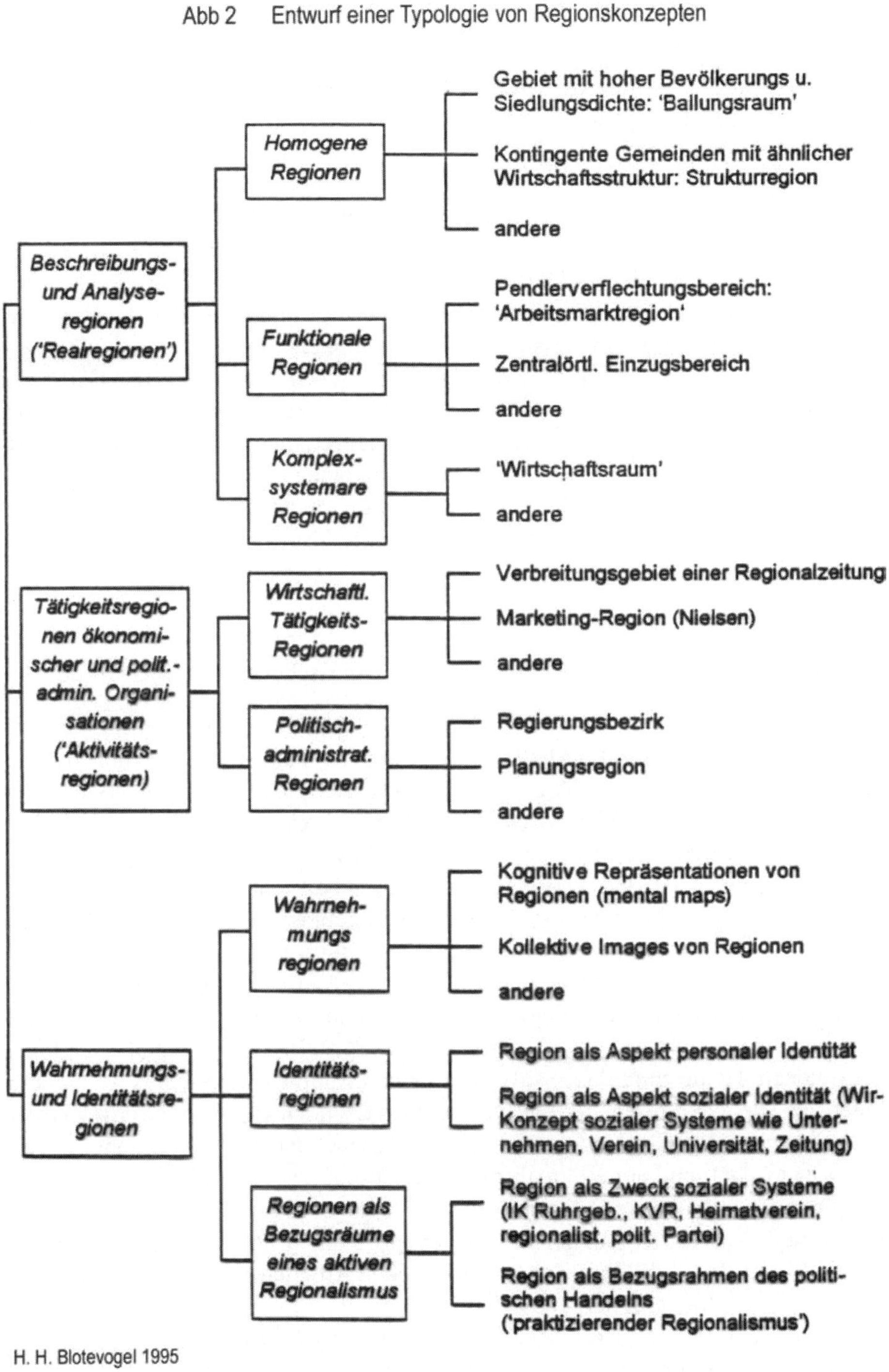

Abb. 2: Entwurf einer Typologie von Regionskonzepten
H. H. Blotevogel 1995

nicht nur festhalten, dass von den durchschnittlich im Jahre 2003 von den bundesdeutschen Haushalten ausgegebenen 272 € für Lebensmittel, Getränke und Tabakwaren, 72 % für Lebensmittel, darunter 24 % für Fleisch- und Fleischwaren, 19 % für Brot und Getreideerzeugnisse, 16 % für Molkereiprodukte und Eier, 12 % für Gemüse und 10 % für Obst ausgegeben wurden.

Auf die soziale Stellung bezogen, gaben vor allem Haushalte von Arbeitern und Arbeitslosen am meisten für Lebensmittel, Getränke und Tabakwaren aus. Regional bezogen kann man dies durch die regionalisierten Kaufkraft-Karten der GfK Nürnberg[2] belegen: Während die Verdichtungsräume Stuttgart, Frankfurt/Main und etwas abgeschwächt München und Hamburg die höchsten Kaufkraftziffern 2005 je Einwohner aufwiesen, trifft dies innerhalb der Sparte Nahrungs- und Genussmittel keineswegs mehr zu. So treten nun Spitzenwerte etwa bei Kaffee in Potsdam, in großen Städten wie München, Dresden, Chemnitz und Halle/Saale auf, jedoch insgesamt ausgeprägt in den neuen Bundesländern mit Ausnahme der Küstenregionen von Mecklenburg-Vorpommern. Noch deutlicher wird das regionale Gefälle bei den Spirituosen, besitzen nun die neuen Bundesländer querbeet Spitzenwerte, teilweise auch noch im östlichen Schleswig-Holstein und im südöstlichen Niedersachsen (vgl. Karte 1).

Regionalität, Imageveränderung und neue wirtschaftliche Entwicklung

Versucht man nun die Frage zu beantworten, inwieweit regionale Produkte, Besonderheiten und endogenes Denken („aus der Region, mit der Region, für die Region") und Handeln über die Betonung von Regionalität zur Imageveränderung und zu neuer wirtschaftlicher Entwicklung führen können, so bietet sich die Erfolgsgeschichte des österreichischen Waldviertels an:

Noch Ende der 1970er Jahre als Armutsregion bezeichnet, mit Betriebsschließungen und hoher Abwanderung der Menschen geprägt, mit traditioneller Landwirtschaft ohne Erfolgschancen, veränderte sich die Situation durch eine Aktion des Österreichischen Bundeskanzleramtes bzw. die Einsetzung eines Regionalmanagers, der mit seinen Mitarbeitern es schaffte, neue Märkte zu erschließen, Innovationen in der Landwirtschaft, in der Holzwirtschaft, im Gewerbe und Tourismus zu erreichen. Heute zählt das Waldviertel zu den Räumen Österreichs mit hohem Anteil an Spezialkulturen, ist Ziel von Kulturreisenden (Kloster Zwettl) und ist eines der schönsten Golf-Reviere in Österreich. Das Image ist durch hohe Kultur, Genusslandschaft und vor allem als innovative Region gekennzeichnet.

Diesen Weg hat auch Oberfranken eingeschlagen. Aus einer Region mit hohem Anteil an Industriebranchen mit Strukturproblemen, als Grenzland gegenüber der DDR und der CSSR bzw. als Region hoher Arbeitslosigkeit wurde mithilfe einer Reihe von Institutionen und öffentlichen Mitteln (Kammern, Regierung von Politik, Wissenschaft und Wirtschaft) sowie einer hohen Anpassungsfähigkeit an neue Rahmenbedingungen (deutsche Wiedervereinigung, EU-Osterweiterung) ein

[2] Gesellschaft für Konsumgüterforschung, GeoMarketing, Nürnberg 2007

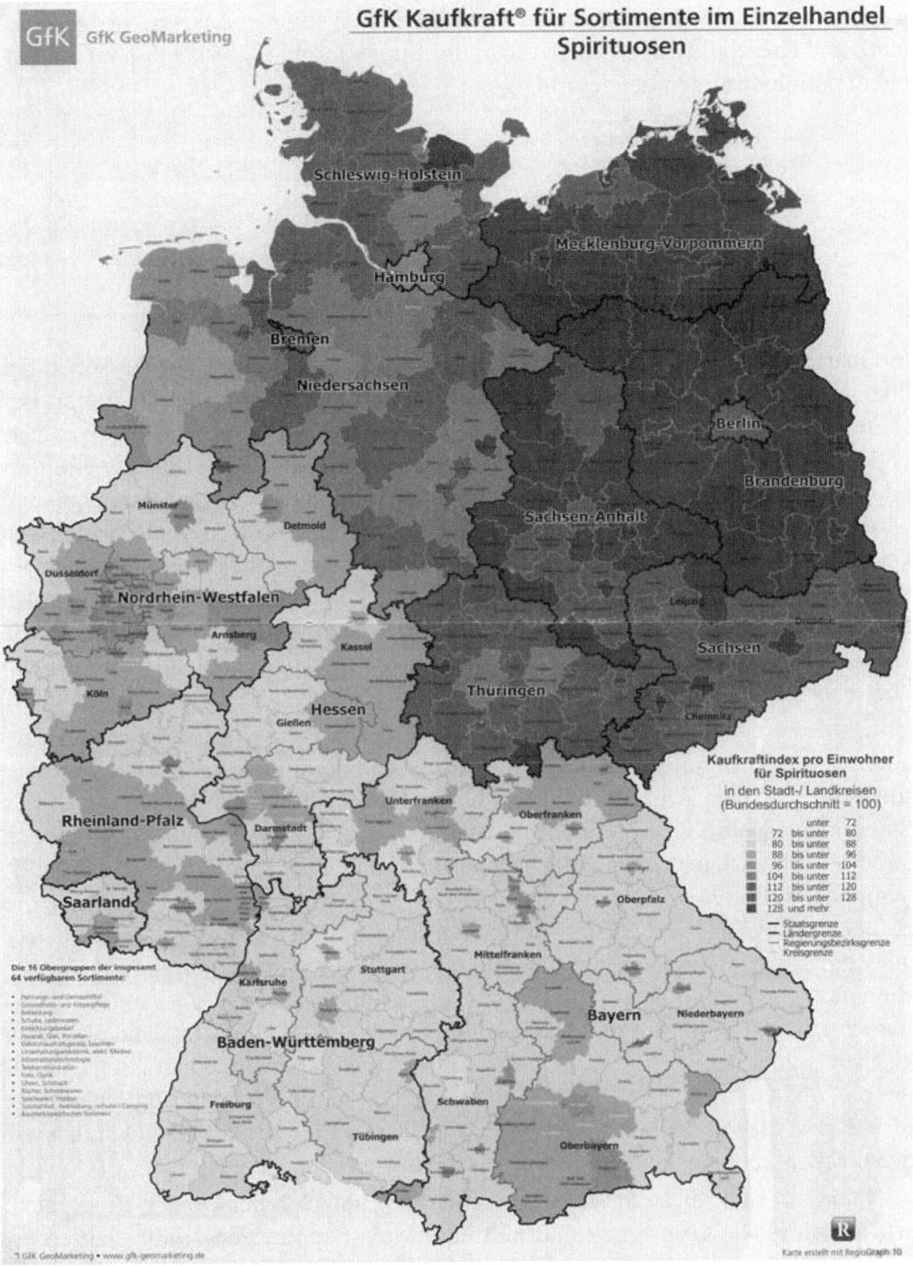
GfK
GfK GeoMarketing
GfK Kaufkraft® für Sortimente im Einzelhandel
Spirituosen
Schleswig-Holstein
Mecklenburg-Vorpommern
Hamburg
Bremen
Niedersachsen
Berlin
Brandenburg
Sachsen-Anhalt
Münster
Detmold
Düsseldorf
Nordrhein-Westfalen
Arnsberg
Kassel
Sachsen
Thüringen
Köln
Hessen
Gießen
Kaufkraftindex pro Einwohner für Spirituosen
in den Stadt-/ Landkreisen
(Bundesdurchschnitt = 100)
unter 72
72 bis unter 80
80 bis unter 88
88 bis unter 96
96 bis unter 104
104 bis unter 112
112 bis unter 120
120 bis unter 128
128 und mehr
Staatsgrenze
Ländergrenze
Regierungsbezirksgrenze
Kreisgrenze
Unterfranken
Oberfranken
Rheinland-Pfalz
Darmstadt
Saarland
Oberpfalz
Mittelfranken
Stuttgart
Karlsruhe
Bayern
Niederbayern
Baden-Württemberg
Freiburg
Schwaben
Tübingen
Oberbayern

Karte 1

Raum hoher Innovation (mit dem höchst dotierten Innovationspreis in Deutschland) und Kreativität, nicht zuletzt über das Strategiefeld Genussregion mit zunehmend optimistisch klingendem Image.

3 Das Beispiel Oberfranken

Oberfranken als Genussregion

In Oberfranken spielt die Regionalität der Produkte eine große Rolle. Neben der höchsten Brauereidichte der Welt findet sich hier auch die größte Dichte an Bäckereien und Metzgereien. Handwerkliches Können besitzt eine große Tradition und viele, heute noch bestehenden Rezepte werden seit Generationen weitervererbt und auch noch mit heimischen Zutaten gekocht, um den eigentümlichen und altbewährten Geschmack beizubehalten. In einer Vielzahl von Biergärten und Bierkellern, die im Sommer sowohl von Einheimischen wie auch von Touristen gut besucht sind, werden die regionalen Schmankerl angeboten. Viele kleine Brauereien und Gasthöfe in der fränkischen Schweiz und im Bamberger Land gelten nach wie vor als Geheimtipp. Viele Brauereien verkaufen ihre Biere nur direkt und nicht über Fachhandlungen und –märkte.

Dabei erscheint zunächst die Betonung Oberfrankens als Genussregion eher als Vision oder Herausforderung, war die Region doch in den 1970er Jahren besonders durch den Strukturwandel mehrerer Industriebranchen bekannt, auch als Standort der Nahrungsmittelindustrie und vor allem als Grenzland gegenüber den damals noch sozialistischen Nachbarn. Deutsche Wiedervereinigung und die Öffnung nach Osten haben den äußeren Rahmen, den Willen zu neuen Wegen sowie zu neuem Regionalbewusstsein in der Region zu dieser Leitlinie der Genussregion geführt. Neben der Bier- und Burgenstraße sowie dem Verein „Fränkische Bierstraße“ war es in den letzten Jahren vor allem die Handwerkskammer Oberfranken, die als Promotor dieser Strategie auftrat. Ihr gelang es fast alle oberfränkischen Brauer in einem Verein Bierland Oberfranken zusammenzufassen und auf internationalen Messen mit Erfolg aufzutreten (etwa im Weinland Italien auf der Messe in Mailand oder beim Wettbewerb der Verkostung auf der Handwerksmesse in München 2006 gegen die oberbayerischen Brauereien zu gewinnen).

Langsam führt diese Strategie zu neuer Identität auch bei kleinen Brauereien, erfasst zahlreiche Gaststätten und hält damit den noch in den 1980er Jahren erheblichen Rückgang fränkischer Gastronomie etwa in der Fränkischen Schweiz auf (vgl. Hümmer 1980). Auch die Konsumenten honorieren dies, was dazu führt, dass eine ganze Reihe regionstypischer Gastwirtschaften (Landgasthöfe) nicht nur renoviert wurden, sondern gerade durch eine neue, junge Generation von Brauern und Wirten geführt werden.

Bier, Brauereien und Brennereien

Ohne Zweifel ist, auch wenn dies mit statistischen Daten derzeit noch nicht belegt werden kann, eine neue Entwicklung besonders in der Fränkischen Schweiz damit zustande gekommen. Die extrem hohe Dichte an Brauereien (1. Stelle auf der Welt-Statistik) mit 5.511 Bewohnern pro Brauerei in Oberfranken (in Oberbayern 44.381 E/B) spielt dabei eine Rolle, die Sortimentstiefe (zw. 5 – 7 Bieren/Brauerei) und die häufige Kleinbetriebsstruktur mit einem relativ engen Verbreitungsgrad tun das übrige, um die Nachfrager spezifisch zu versorgen.

Tab. 1: Oberfranken im bayerischen Vergleich

	Einwohner	Fläche	EW/qkm	Zahl der Braue-reien	Brauereidichte je Einwohner (eine Brauerei)
Oberfranken	1.113.251	7230	154	202	5511
Unterfranken	1.335.991	8529	157	60	2267
Mittelfranken	1.689.066	7245	233	82	20598
Oberpfalz	1.079.217	9692	111	91	11860
Niederbayern	1.176.206	10330	114	72	16336
Schwaben	1.753.447	9992	175	71	24696
Oberbayern	4.083.077	17530	233	92	44381
Gesamt	12.230.255	70548	173	670	18254

Quelle: Handwerkskammer Oberfranken, Bayreuth 2006

Den Rekord der Brauereidichte besitzt die Gemeinde Aufseß im westlichen Landkreis Bayreuth mit vier selbständigen Brauereien bei 375 Einwohnern/Brauerei. Insgesamt werden rd. 1000 Sorten Bier allein in Oberfranken produziert, eine unglaubliche Zahl und Ausdruck hoher flexibler Spezialisierung, durchaus auch im Vergleich zu herausragenden Weinproduktionsgebieten.

Nicht nur die Einheimischen, sondern auch die Gäste werden durch das Bier in die Region gelockt und so ist im Laufe der Zeit eine ganze Reihe an Wanderführern rund um das oberfränkische Bier entstanden. Neben einigen weltweit bekannten Biersorten, wie dem Kulmbacher oder dem Weizenbier der Maisel Brauerei in Bayreuth, sind es gerade die kleinen Brauereien, deren Bier nur in der Region bekannt ist, andererseits von Kennern besonders bevorzugt wird. Die meisten kleinen Brauereien gelten immer noch als Geheimtipp.

Bamberg ist – historisch durch die Maßgaben der Fürstbischöfe wie auch aktuell – die oberfränkische Hochburg der Fränkischen Bierbrauer. Nirgends ist die Dichte der Brauereien so hoch wie hier. Betrachtet man Karte 2, so ist die Stadt und der Landkreis Bamberg übersät mit Punkten, die jeweils eine Brauerei darstellen. Neben den großen und weit bekannten Sorten wie Schlenkerla, Spezial, Mahr's Bräu und Klosterbräu, um nur einige zu nennen, gibt es gerade im Bam-

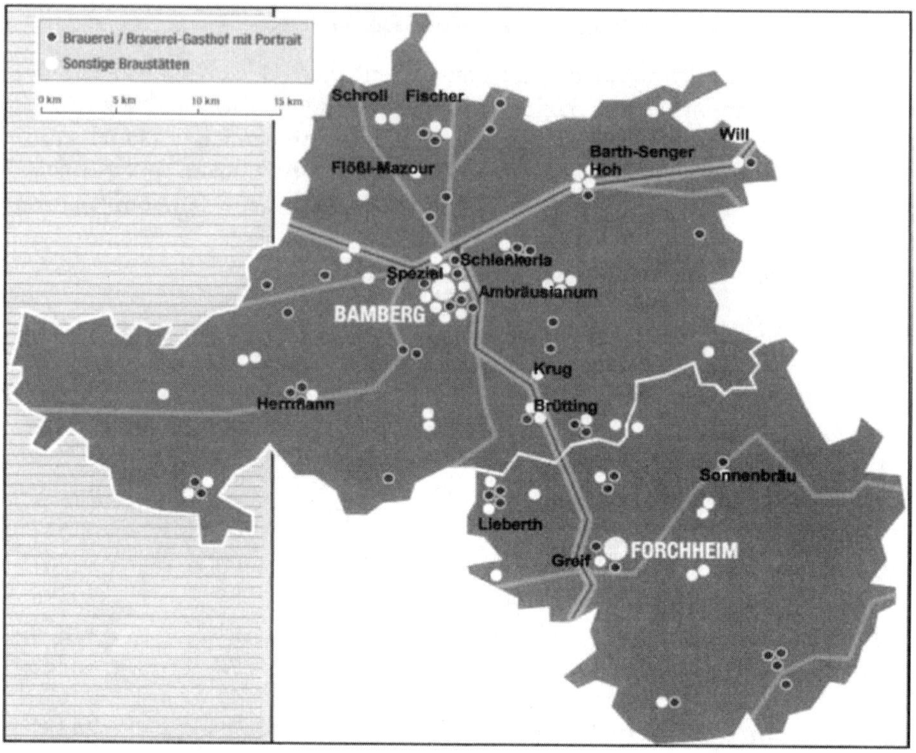

Karte 2: Bamberg/Forchheim: Standorte der Brauereien 2006
Quelle: HWK Oberfranken (2006), Mamberg-Forcheim, http://www.bierland-oberfrankende, 01.11. 2006

berger Umland eine Vielzahl von kleinen Brauereien, die auch nur ein gewisses Kontingent an Bier herstellen.

Das zweite Beispiel, das Gebiet der Fränkischen Schweiz bis Forchheim ist dadurch gekennzeichnet, dass man nicht wie in Oberbayern „in den Biergarten" geht, sondern man geht „auf den Keller". Mit Keller sind hier die Stollen gemeint, die früher in den Berg getrieben wurden, um Bier kühl zu lagern. Dort herrscht Winter wie Sommer weitgehend die gleiche Temperatur. Solche Keller findet man in der Fränkischen Schweiz, in Forchheim oder z.B. in Buttenheim. Neben den fränkischen Spezialitäten wird hier häufig dunkles Zwicklbier aus eigener Herstellung angeboten. Angesichts der Aufwertung regionaler Produkte ein seit Jahren mit wachsender Nachfrage versehenes Naherholungsziel.

Der typische „Keller" erstreckt sich über einen Hang hinauf, ist bewachsen mit alten, dicken Bäumen und eng bestuhlt mit Bierzeltgarnituren, damit jeder Gast einen Platz bekommt und gemeinsam an einem großen Tisch sitzen muss. Dabei werden hauptsächlich Speisen und Biere aus der Region angeboten („Brotzeiten").

Neben den regionalen Spezialitäten und dem oberfränkischen Bier gibt es in der Region noch eine Vielzahl an Brennereien. Diese sind vor allem in der Fränkischen Schweiz angesiedelt, da die dort angebauten Obstsorten als ideale Grundlage für Schnäpse und Liköre dienen. Allein im Landkreis Forchheim, rund ums Walberla, gibt es 229 traditionelle Brennrechte. Eine der Brennereien besitzt die Familie Kormann, die seit über 50 Jahren auf ihrem Bauernhof in Ebermannstadt die edlen Tropfen brennt. Neben den bekannten Schnäpsen Kirschwasser, Mirabellenbrand, Obstler und Sauerkirschbrand sowie verschiedenen Likören bietet die Familie Kormann den Löwenzahntrunk an.

In Verbindung mit kulinarischen Reisen aber auch aufgrund des verstärkten europäischen Wettbewerbs sind die Brenner gezwungen, höchste Qualität zu erreichen. Aus dem bäuerlichen Obstler wurde vielfach ein hoch geschätztes und in Degustationen angebotenes Getränk.

Aufgrund des milden und niederschlagsarmen Klimas wird schon seit langer Zeit in der Fränkischen Schweiz Obst angebaut. Hier befindet sich das größte geschlossene Süßkirschen-Anbaugebiet in Deutschland. In erster Linie werden Kirschen für den Frischverzehr erzeugt. Weitere Sorten finden auch in der Konserven-, Marmeladen- und Joghurtverarbeitung Verwendung. Ca. 500 Obstbauern bauen heute noch in Igensdorf, Langensendelbach, Mittelehrenbach und Pretzfeld die Kirschen an. Aus der Region kommt jährlich ca. 30 % der gesamtdeutschen Süßkirschenproduktion. Die Kirschernte ist zwischen Juni und August und verkauft wird in guten Obst-Einzel- und Großhandlungen bzw. im Straßenverkauf.

Brot/Bäckereien und Würste/Metzgereien

Doch nicht nur das Bier spiegelt die regionale Vielfalt wieder, unterschiedliche Einstellungen, Wertungen und daraus folgende Konsumgewohnheiten innerhalb Oberfrankens zeigen sich auch bei der Produktion und dem Verzehr weiterer Nahrungsmittel, etwa bei Brot und Gebäck oder gar bei den Würsten, speziell den Bratwürsten. Der Regierungsbezirk Oberfranken verfügt nämlich über die höchste Bäckerei- und Konditoreiendichte (529 Betriebe) ebenso wie über die höchste Metzgereidichte (714 Betriebe) der Welt. Dies ist keineswegs eine neue Erkenntnis aber erst durch das Projektmanagement der Handwerkskammer für Oberfranken und das von ihr mitbegründete „kreative Milieu“ aus agilen und – ganz im Gegensatz zur sonstigen oberfränkischen Bescheidenheit – außengerichteten Handwerksmeistern bzw. Brauern und Gastronomen führt dies sogar dazu, dass der aus Mittelfranken stammende Regierungspräsident von Oberfranken, Wilhelm Wenning, bei den verschiedensten nationalen Veranstaltungen zum Promotor der „Genussregion Oberfranken“ wurde.

Die oberfränkischen Bäckereien sind vor allem durch ihre fast unzählbare Vielfalt an Produkten gekennzeichnet, vom Eierring oder den Seelspitzen, die Bamberger Hörnla, die Krapfen, Kiechla bis zu den Brezen. Allein dazu sind neben den Butter- und Salzbrezen die Anisbrezen oder die süßen Plunderbrezen zu erwähnen, bei den „Brötchen“, besser Laabla, Weckla und Kipfla gilt, dass die Sorten mindestens so zahlreich wie die Zahl der Bäckereien ist.

Neben der Vielzahl an oberfränkischen Fleisch- und Wurstspezialitäten, ein regional differenzierendes Kennzeichen selbst innerhalb Bayerns kann die Brat-

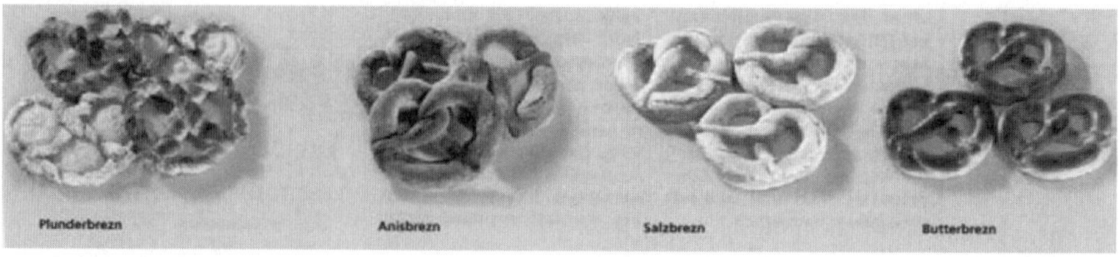

Abb. 3: Vielfalt der Brezen
Quelle: Genussregion Oberfranken, Bayreuth 2006

wurst wohl schon als Legende beschrieben werden (allein schon aufgrund der Vielzahl spezifischer Publikationen unterschiedlicher Wissenschaftsdisziplinen). Ihre Konsistenz, Zubereitung, Länge, Dicke und ihre ergänzenden Zutaten eignen sich durchaus für landeskulturelle Beschreibungen, lassen sich doch eindeutig abgrenzbar sechs (sieben mit den blauen Zipfeln, vor allem im Bamberger Raum in Essigsud erwärmte Bratwürste) Variationen unterscheiden:[3] Die Coburger Bratwurst ist eine grobe Bratwurst aus Schweinefleisch, mit wenig Rindfleisch, 25 cm lang (!) und im Schweinebändel (-darm) abgefüllt. Sie wird auf dem offenen Feuer über Kiefernzapfen (Möckela) gegrillt. Rund um Bamberg, Lichtenfels und Kronach ist die Bratwurst mittelgrob mit 40 % Brätanteil. Ganz grob wird sie im Raum Forchheim zubereitet. Ganz fein dagegen ab Kulmbach, Bayreuth und vor allem im Raum Hof. Außer in Coburg wird die Bratwurst als Paar angeboten, in Brötchen und mit Senf.

4 Der Zugang zum Thema aus der Wirtschaftsgeographie

Zugang aus der Tourismuspolitik

Thiedig betont in diesem Band zu Beginn seines Beitrages, dass es in allen Kulturen „einen reichen Schatz traditioneller Erzeugnisse gibt, der insbesondere im gastronomischen Tourismus zur Geltung gebracht“ werden kann. Und ohne Zweifel spielt die Freude am guten Essen und Trinken im Motivkatalog des Tourismus und der Naherholung eine wichtige Rolle.

Neben der – auf einem eher hedonistischen Verständnis aufbauenden – Urlaubs-, Freizeit- und damit verbunden auch Esskultur lässt sich seit Beginn der 80er Jahre, parallel zu dem Trend der Humanisierung der Alltagswelt auch der Trend zum Neokonservatismus und damit einhergehend der Trend zur Individualisierung der Reise- und Freizeitkultur beobachten. Der wachsenden Freizeit- und Erlebnisorientierung, dem hedonistischen Lebensstil mit der „Übersteigerung der Glücks- und Freiheitserwartungen in der Freizeit und im Urlaub als Ausgleich zu den Versagungen des Alltags“ (Romeiss-Stracke 1983) steht ein eher konservativer Lebensstil im Mittelpunkt, der jedoch eine Orientierung an Kreativität, Gemeinsamkeit, Umweltorientierung u.a. erkennen lässt.

[3] Genussregion Oberfranken, Bayreuth 2006

Abb. 4: Vielfalt der Bratwürste
Quelle: Genussregion Oberfranken, Bayreuth 2006

Dabei geht es – im Verhältnis von Freizeit und Arbeitszeit – nicht nur um die vielbeschworene „Einheit des Alltags", in der Freizeit ein Teil des Alltagslebens wird, sondern um einen individualistischen, non-konformistischen und kreativen Lebensstil. Während im Bereich des Tourismus diese Nachfragergruppen im Bedeutungsgewinn neuerer touristischer Trends, etwa im Gesundheitstourismus, im Bildungs- und Kulturtourismus schlechthin in Gestalt des sanften Tourismus zum Ausdruck kommt, findet das Freizeitverhalten dieser Gruppen aus Ausdruck in dem Trend der Gourmandise.

Im Gegensatz zum Verhalten einer auf Bedürfnisbefriedigung von Grundbedarfen ausgerichteten Esskultur gewinnt im Zuge der Individualisierung der Lebensstile auch die regionale Esskultur an Bedeutung, werden doch etwa Kirchweihen oder Dorfgasthäuser nun zunehmend auch zum Gegenstand der Suche nach regionaler Kultur und Identität. Die Schwerpunkte der neuen Fremdenverkehrspolitik liegen auf der Betonung regionaler Eigenarten und des Bewusstseins regionaler Phänomene, sie wendet sich also gegen die internationale Nivellierung (Internationalisierung) und versucht die Vielfalt an Landschaft, Kultur und damit auch Eß- und Trinkkultur zu betonen. Anstelle ausschließlicher Orientierung der Speisekarten an Wiener Schnitzel und mexikanischen Steaks wird die regionale Küche wieder revitalisiert. Das große Paradies des Urlaubs in fernen Ländern soll ein Gegenstück in den kleinen Paradiesen regionaler Eigenarten in eher nahegelegenen Bereichen finden.

Im Bereich des Urlaubs- und Freizeitverhaltens insgesamt bedeutet dies, dass Eß- und Trinkkultur einen Teil des kulturellen Verständnisses für eine Region oder ein Land darstellt. Essen und Trinken gewinnen neben der Dimension des Konsums die Bedeutung eines Kulturgutes und werden somit zu einem Teil des wachsenden Trends zum Bildungs- und Kulturtourismus. Im großem Umfang hat dies Niederschlag gefunden in Beratungsunterlagen zu „Ferien auf dem Bauernhof" und zu den Aktionen der „regionale Küche" und „regionalen Speisekarte". [4]

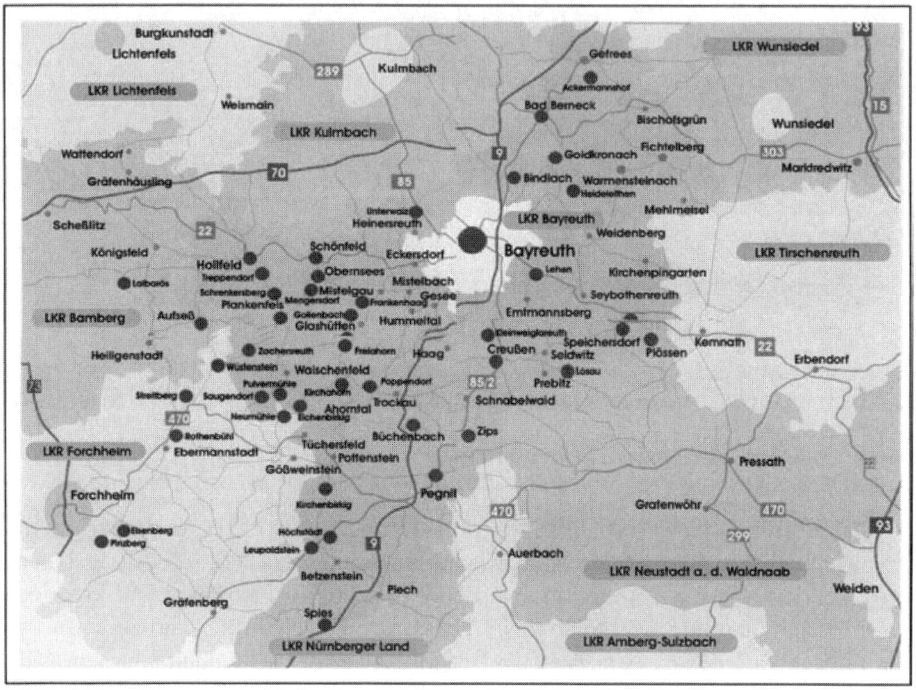

Quelle: REGIONALE SPEISEKARTE (2006), Standorte, http://www.regionale-speisekarte.de, 11.11.06

Karte 3: Mitglieder „Regionale Speisekarte"
Quelle: Reginale Speisekarte (2006), Standorte, http://www.regionale-speisekarte.de,11,11,06

Zugang aus der endogenen Regionalpolitik

Erscheint der Zusammenhang zwischen Kulinaristik und Tourismusgeographie einleuchtend, so gilt dies durchaus auch für die integrierte, die verschiedenen Strukturbereiche der Regionalwirtschaft umfassende Regionalpolitik. Grundlage ist hier wie auch im Bereich Tourismus und Naherholung die Festlegung der „Region" bzw. der Regionsgrenzen, für den Gast als einheitliches Zielgebiet (Piemont, Südtirol oder das Veneto) und damit Grundlage seiner Reiseentscheidung bzw. für

4 vgl. u.a. versch. Verf., Die Region auf der Speisekarte, Materialien II/2001 des Agenda-Forums Mitwitz, München-Mitwitz 2001

den potentiellen Unternehmer, den man gewinnen will, als überschaubare Standortstrategie.

Zwei Begriffe prägen die Diskussion: die „neue" Regionalpolitik und die mit ihr betonte Regionalpolitik von Produkten und Dienstleistungen, eingebunden in das seit der Weltkonferenz von Rio de Janeiro 1992 formulierte gesellschaftspolitische Leitbild der Nachhaltigkeit. Wenn auch trotz umfangreicher Literatur dieser Begriff nicht abschließend und präzise definiert ist, besteht doch Konsens darüber, dass das Ziel der Raumentwicklungspolitik die gemeinsame Berücksichtigung und Abwägung der ökonomischen und sozialen Dimension beinhalten muss. Weiterhin ist als Unterschied die Langfristigkeit in der Betrachtungsweise, also die Dauerhaftigkeit der Entwicklungsmaßnahmen zu erwähnen, genauso wie die notwendige Verknüpfung der regionalen Ebene mit globalen Netzwerken. Die Umsetzung nachhaltiger Entwicklung, insbesondere die Förderung endogener Potentiale bzw. das Heranziehen regional vorhandener Ressourcen ist für die Regionalpolitik spätestens seit Ende der 70er Jahre des letzten Jahrhunderts nichts Neues. Über Erfahrungen aus der internationalen Entwicklungspolitik sowie den teilräumlichen Konzepten in Österreich und der Schweiz gewannen endogene Entwicklungsstrategien an Interesse und durch die Regionen ab Mitte der 80er Jahre auch in Bayern sowie in der übrigen Bundesrepublik Deutschland an Bedeutung. Diese Konzepte bezogen vor allem die Ziele und Lebensumstände der in einer Region lebenden menschlichen Gruppen mit ein. Die Entscheidung über die Ausprägung der regionalen Zukunft sollte in erster Linie von den davon Betroffenen gefällt werden, was eben nicht nur Rechte, sondern auch Pflichten im Sinne einer Strategie der Hilfe durch Selbsthilfe mit sich brachte.

Eines der Ergebnisse war der Auf- und Ausbau regionaler Produkte, von Wertschöpfungsketten und das Label der Regionalität, das zunehmend nun auch Gestalt in den Supermarktketten annimmt. Die Definition einer Region war damit grundlegend (bereits 1994 hatte der Zentralausschuss für Deutsche Landeskunde für Deutschland 691 eigenständige und voneinander abgrenzbare „Landschaften" ermittelt), Grundsätze für die Festlegung der Produkte mussten ebenfalls festgelegt werden:

- Herstellung und Verarbeitung geschehen in der Region,
- Vermarktung und Verbrauch spielen sich weitgehend in derselben Region ab.
- Produktionsverfahren, Beschaffenheit der Produkte, Transportgänge und Weiterverwendung orientierten sich am Ziel, Ressourcenverbrauch und Umweltbelastung zu minimieren. Ökologische Produktkriterien stehen gleichrangig neben den regionalen Herkunftsmerkmalen.
- Am gesamten Produktionszyklus sind Arbeitskräfte aus der Region beteiligt.
- Der Ertrag aus dem Wirtschaftsprozess wird nicht abgezogen, sondern verbleibt in der Region.
- Für den Verbraucher bleibt die Produktion nachvollziehbar, er bekommt Produkte mit unverwechselbarem Charakter, hoher Qualität und (bei Lebensmitteln) hoher Frische.

Dabei werden gerne Begriffe wie Bioprodukte gleichgesetzt mit der Forderung

Abb. 5: Regionale Produkte

nach ökologischen Kriterienerfüllung. Ermann (2006) betont dagegen, dass man weder vom Naturraum noch von formalen Lagebeziehungen (kurze Distanz) kausal auf soziale oder gar moralische Aspekte des Wirtschaftens schließen kann. Bei der Regionalität von Nahrungsmitteln geht es seiner Meinung nach um Gegenmodelle zur industriellen Ernährungswirtschaft. Kennzeichen von „regionalen" Produkten sei vielmehr die soziale Nähe von Produkten und Konsum. Deutlich wird damit die Position endogener Regionalpolitik.

Quellen und Literatur

Blotevogel, Hans Heinrich: Auf dem Weg zu einer Theorie der Regionalität: Die Region als Forschungsobjekt der Geographie. In: Schriftenreihe des Instituts für Europ. Regionalforschung, H. 1, Baden-Baden 1996, S. 44 – 68.

Die Region auf der Speisekarte. Materialien II/2001 des Agenda-Forums Mitwitz. München-Mitwitz 2001.

Ermann, Ulrich: Aus der Region – für die Region? Regionales Wirtschaften als Strategie zur Entwicklung ländlicher Räume, in: Geographische Rundschau, 58 (2006), H. 12, S. 28 – 36.

Gesellschaft für Konsumgüterforschung: GeoMarketing. Nürnberg 2007.

Handwerkskammer für Oberfranken – Bayreuth: Genussregion Oberfranken, Bayreuth 2006.

Hümmer, Philipp: Der Verlust des Dorfwirtshauses und die Auswirkungen auf Kommunikation und Freizeitverhalten der Dorfbevölkerung. In: Bayreuther Geowissenschaftliche Arbeiten 1(1980), S. 115 – 130.

Maier, Jörg / Tröger-Weiss, Gabi: Kulinarische Fremdenverkehrs- und Freizeitkultur. In: Alois Wierlacher/Gerhard Neumann/Hans Jürgen Teuteberg (Hg.): Kulturthema Essen. Ansichten und Problemfelder. Berlin 1993, S. 227 – 241.

Maier, Jörg / Wimmer, Frank.: Regionales Marketing. Eine empirische Grundlagenuntersuchung zum Selbst- und Fremdimage der Region Oberfranken, Bamberg/Bayreuth/München 1992/93, S. 79.

Romeiss-Stracke, Felizitas: Tourismuspolitik im Spiegel zukünftiger Freizeittrends, in: Informationen zur Raumentwicklung, H. 1 (1983), S. 1 – 10.

Statistisches Bundesamt, 2006 – 15-*0016 + 2006 – 15 – 0017*. Nach: Agrarmarkt und Ernährung, Schwäbisch-Gmünd 2007, S. 5 und 6.

Vogt, Christine: Guatemalas verbotene Ressourcen. Innsbruck 1999.

Werlen, Benno: Gesellschaft, Handlung und Raum – Grundlagen handlungstheoretischer Sozialgeographie. Bern-Stuttgart 1997.

Sensorik in der Kulinaristik

Cornelia PTACH

Wie schmeckt Schokolade? „Süß." Und? „ Nach Schokolade" Und? Sind auch Sie sprachlos? Versuchen wir es weiter: wenn Sie verschiedene Sorten Schokolade probieren, so unterscheiden sich diese doch nicht nur im Preis und in der Verpackung, sondern im Aussehen, im Geruch, im Geschmack, und im Mundgefühl. Wie verhält es sich mit einer Geschmacksrichtung verschiedener Hersteller? Wenn wir den Unterschied nicht beschreiben können, bedeutet das, es gibt keinen? Aber warum bevorzugen wir dann eine bestimmte Sorte unseres Lieblingsproduzenten?

Dieses Beispiel umreißt die hauptsächlichen Fragestellungen der Sensorik innerhalb der Nahrungsmittelerforschung und -entwicklung. Sie führen zum Beschreiben von Lebens- und Genussmitteln und der Erfassung von Unterschieden sowohl in qualitativer wie quantitativer Dimension. Dadurch werden die sinnlichen Wahrnehmungen zu in Zahlen erfassbaren und schließlich verwertbaren Ergebnissen. Der breite Aufgabenbereich der Sensorik ist jedoch kaum bekannt, obwohl jeder Mensch mit seinen Sinnen Urteile fällt, egal ob in der Rolle des Konsumenten, des Herstellers, des Produzenten, oder des Verkäufers – selbst die Mitarbeiter der Behörden beurteilen mit den Sinnen. Verbraucher beurteilen mit „mag ich/ mag ich nicht" und, sofern die finanziellen Mittel es erlauben, mit „kauf ich/ kauf ich nicht".

Die sinnliche Wahrnehmung ist allen Menschen gemein. Das Sensorium von sehen über riechen, schmecken, hören und ertasten schafft erst die wesentliche Brücke zwischen Körper, Geist und Umwelt und ist doch in seiner komplexen Beziehung zur Kultur noch wenig erforscht. Neuere Literatur, gesammelt etwa von David Howes, belegt, wie Menschen die angeborene Fähigkeit zur sensorischen Urteilsbildung im Verlauf der Kindheit gemäss den in ihrem Kulturkreis üblichen Richtlinien ausbilden.

Dass diese kulturellen Präferenzen sich nicht nur etwa im Bereich der Musik zeigen, sondern dass sie ganz besonders im Bereich des Essens aufscheinen, ist heute, in einer globalisierten Welt, die verschiedene nationale und ethnische Küchen nebeneinander pflegt, offensichtlich geworden. Eine kulturwissenschaftliche Erkundung der Arbeit der Sinne stößt an die Grenzen dessen, was sich mit Sprache formulieren lässt und weicht – wie wir dies auch im Alltag tun – auf Vergleiche aus. Um beim Beispiel der Schokolade zu bleiben: Katryn Berlinger schreibt in „Das Schokolademädchen" von einer jungen Frau, die erstmals eine Praline versucht:

„Die zartbittere Schokolade knackte herzhaft. Madeleines Zähne glitten durch eine cremige Masse, die wunderbar nach Nougat und Walnuss duftetet, und zusammen mit der geschmolzenen Schokolade schwelgt ihr Gaumen in einem süßen

Strauß köstlicher Genüsse. Und es ist, als ob ihr Mund von einer Sekunde auf die andere eine neue Welt entdeckt hätte." Literarisch sinnliche Eindrücke wiederzugeben ist verlockend und lädt zu reichen Bildern ein. Im Alltag dagegen sind wir wohl weniger wortgewandt. Unser Essen und Trinken „schmeckt gut", „es schmeckt lecker" oder „es schmeckt bäh" und „igitt". Der alltägliche Wortschatz für die vielseitigsten Genüsse ist oft mager, wenn auch bereichert durch nichtsprachliche Geräusche des Wohlgenusses oder dessen Gegenteils.

Die Nahrungsmittelindustrie braucht hingegen für ihre Tätigkeit nicht nur einen beschreibenden sondern auch einen bewerteten Wortschatz und ein dazugehörendes Instrumentarium. Mit dem Bereich Sensorik hat sie dies zu erarbeiten begonnen.

Das Forschungs- und Arbeitsgebiet der Sensorik, die in diesem Beitrag vorgestellt werden soll, bedient sich dieser grundlegenden menschlichen Fähigkeit und setzt sie in allen Bereichen der Produktentwicklung, Forschung, Qualitätskontrolle und Qualitätssicherung sowie Marketing und Marktforschung ein. Die Sensorik beurteilt Lebens- und Genussmitteln, pharmazeutische Produkte aber auch Textilien, Papiere, Autos und sogar Maschinen.

1 Zur Entwicklung der Sensorik

Seit jeher beurteilen Menschen mit ihren Sinnen und entscheiden so, ob ein Nahrungsmittel gesund und genusstauglich ist. Mit der industriellen Revolution setzte sich in den westlichen Industriegesellschaften ein Vertrauen in die Technik und deren Messergebnissen durch. Maschinen wurden als verlässlichere oder neutralere und damit objektivere Messinstanzen gewertet als Menschen, und dies in vielen Bereichen inklusive der sinnlichen Empfindungen. Mit den menschlichen Sinnen erreichte Aussagen galten als wage und wenig verlässlich. Die frühen Prüfungen durch menschliche Sinnesorganen (organoleptische Prüfungen) trugen zu diesem Ansehen bei. Dabei verkosteten, probierten und bewerteten wenige Personen, jedoch meistens unter der Federführung eines Chefs. Sowohl diese persönliche Anleitung als auch die geringe Personenzahl führten zu einer subjektiven Beurteilung. Eine Auswahl, Ausbildung oder gar Überprüfung der sensorischen Fähigkeiten der Prüfpersonen fand nicht statt. Entscheidungen wurden gemeinsam gefällt, spezifische Methoden und statistische Auswertungen nicht angewendet. Das so entstandene Ergebnis war folglich nicht reproduzierbar.

Gleichzeitig wuchsen die technischen Möglichkeiten für die Analyse von Lebens- und Genussmittel. Die Geräte wurden immer empfindlicher. Die modernen Methoden der physikalischen und chemischen Analytik, wie z.B. Gaschromatographie oder Hochdruckflüssigkeitschromatographie detektieren nun einzelne Substanzen im Nanogrammbereich. Trotz dieses technischen Fortschritts gewinnt die Sensorik inzwischen eine größere Bedeutung. Das liegt an den einzigartigen Vorteilen der Prüfung durch die Sensorik. Häufig sind kleine Mengen vorhandener Komponenten für den Gesamteindruck entscheidend. Außerdem hat der „biologische Detektor" eine empfindlichere Nachweisgrenze als die derzeitigen technischen Instrumente. Dies zeigt besonders das Beispiel Fett, die Ranzigkeit wird von menschlichen Rezeptoren viel früher wahrgenommen. Und ein Kunde, der einmal ein ranziges Produkt wie Chips gekostet hat, wird dieses Produkt so schnell nicht wieder kaufen.

Jede der instrumentellen Messmethoden liefert je nach Programm Analysedaten einzelner Substanzen oder einer Substanzgruppe. Diese stellen abstrakte Werte dar, geben aber nicht das Empfinden der menschlichen Sinne wieder. Nur der Mensch kann den Gesamteindruck verschiedener Sinnesreize beurteilen. Erst dieses Zusammenspiel beispielsweise aus Süße und Säure gekoppelt mit Aroma und Temperatur ergibt das Gesamtbild. Eine Erhöhung der Süße verschiebt das Gleichgewicht nicht zwangsläufig zu einem süßeren Produkte. Geräte liefern die Zahlenwerte, der daraus resultierende Eindruck lässt sich aber nicht berechnen. Diese Interaktionen wie zwischen Temperatur und Geschmack können nur menschliche Rezeptoren in Mund und Nase analysieren.

Folglich können keine Maschinen und keine Technik die komplexen sinnlichen Wahrnehmungen des Menschen ersetzen. Für Lebensmittelproduzenten ist diese Einsicht essentiell. Menschen wählen aus dem bestehenden Angebot aus und sie kaufen, was schmeckt. Dabei beurteilen die Käufer mit ihren sinnlichen Rezeptoren und diese sensorischen Beurteilungen spielen eine wachsende Rolle. Kundenwünsche frühzeitig zu erkennen oder vorherzusagen wird für die Lebensmittelproduzenten immer wichtiger. Deshalb bedient sich die Industrie der Sensorik und ihrer Meßmethoden.

Bei der Sensorik handelt es sich um eine sehr junge Wissenschaft, deren Aufschwung durch die beiden Weltkriege gefördert wurde.

Die Forschungseinrichtungen der amerikanischen Armee kannten zu diesem Zeitpunkt bereits die ernährungsphysiologisch benötigten und notwendigen Inhaltsstoffe einer ausreichenden Ernährung. Mit diesem Wissen setzten sie die Essensrationen für die Soldaten zusammen. Auf dieser Basis sollten die jungen Männer ausreichend Energie und damit natürlich Kraft zur Verteidigung und zum Kampf haben. Die Soldaten aßen aber nicht die komplette Mahlzeit, denn manches schmeckte ihnen nicht. Dadurch nahmen sie zu wenig Nahrung auf und hatten zu wenig Energie.

Damit war ein Grundstein für die Sensorik gelegt. Die benötigte Nahrung muss nicht nur den ernährungsphysiologischen sondern auch den sinnlichen Kriterien genügen. Diese Idee wurde nun in weiteren Forschungen fortgeführt, aus denen sich die wissenschaftlich basierte Sensorik mit ihren Testverfahren entwickelte. Heute begünstigen unter anderem die neuen Erkenntnisse der Gehirnforschung eine schnelle Fortentwicklung.

Auch weiterhin findet ein Gutteil der Forschung in den USA statt, was amerikanische Begriffe wie „Flavor" und Methoden wie „Time Intensity" zeigen.

Führend in diesem Bereich waren einzelne Persönlichkeiten wie Gisela Jellinek und Rose Marie Pangborn. Inzwischen gibt es einen Studiengang zur Sensorik in Davis, Kalifornien. Dieser beinhaltet neben Fächern wie Physiologie und Anatomie selbstverständlich auch sehr viel Psychologie, aber auch Bereiche des Marketings, der Marktforschung und natürlich der Statistik. Um das Wissen fundiert weiter zu geben, wurden viele Methoden international aber auch länderspezifisch genormt, wie z.B. mittels der Deutschen Industrie Norm (DIN).

Die Normen erläutern neben einzelnen Testverfahren und deren Auswertungen vor allem die grundlegenden Voraussetzungen. Denn für eine objektive Beurteilung durch den Menschen müssen wie bei anderen Messmethoden bestimmte Grundsätze erfüllt werden. Die wissenschaftliche Sensorik verwendet dazu geschulte Prüfer, normierte Prüfverfahren und statistische Verfahren zur Auswertung. Bevor die Sensorik in der Kulinaristik näher beleuchtet wird, müssen erst theoretische Grundlagen erläutert werden.

Dazu folgt hier die Definition der Sensorik nach DIN 10950: „Sensorik ist die Wissenschaft vom Einsatz menschlicher Sinnesorgane zu Prüf- und Messzwecken. Die sensorische Analyse umfasst die Planung, Durchführung und Auswertung von sensorischen Prüfungen, sowie ggf. die Interpretation der Ergebnisse."

Aus dieser Definition lässt sich die Verwendung der Sinne als Messinstrumente ableiten. Eingesetzt werden hierbei alle menschlichen Sinnesorgane mit den entsprechenden Sinnesrezeptoren. Die Sinnesorgane Auge, Nase, Zunge, Ohr und das so genannte Getast empfangen die entsprechenden Sinneseindrücke von optisch, olfaktorisch, gustatorisch, akustisch bis haptisch.

2 Praxis der Sensorik

Vor allem die global agierende Industrie – speziell die Lebensmittelindustrie – setzt Menschen und ihre Sinne nun als Messinstrumente ein. Diese Menschen werden ausgewählt, ausgebildet und als Panel, als „Verkostergruppe" zusammengesetzt. Die Ausbildung besteht darin, Sinneseindrücke in Worte und Zahlen fassen zu können. Die Prüfpersonen müssen in der Lage sein, die Proben reproduzierbar sensorisch zu unterscheiden, zu beschreiben und zu bewerten. Sie verkosten in einem möglichst neutralen Raum unter definierten, kontrollierbaren und reproduzierbaren Bedingungen, wie Temperatur, Licht und Feuchtigkeit. Sensoriklabors sind neutral gestaltet, verfügen über Einzelkabinen und Durchreichen und wirken entsprechend steril.

Die Auswahl der zukünftigen Prüfpersonen erfolgt neben allgemeinen physischen und psychischen Kriterien aufgrund ihrer sensorischen Fähigkeiten. Begonnen wird mit dem eigentlichen Geschmack, den Grundgeschmacksarten süß, sauer, salzig, bitter und umami (aus dem Japanischen für köstlich, würzig, also proteinreiche Lebensmittel). Den meisten Verbrauchern fällt bereits hier eine eindeutige Zuordnung ihrer Empfindung zum passenden Begriff sehr schwer. In Konsumentenbefragungen ergeben sich daraus oft falsche Ergebnisse. Ein Produkt wird als zu sauer bewertet, obwohl der Tester eigentlich salzig meinte. Folglich müssen erst die Grundgeschmacksarten in möglichste reiner Form in wässrigen Lösungen präsentiert und wahrgenommen werden. Was schmeckt wirklich salzig, süß, sauer? Und in der nächsten Stufe, wie und auch wo empfinde ich bitter oder gar umami?

Grundzüge der Physiologie erklären den Prüfpersonen die Wirkungsweisen der Sinnesrezeptoren und der Reizverarbeitung. Damit verstehen wir, warum wir manchmal weniger schmecken oder bittere Eindrücke länger anhalten. Um Empfindungen zu sensibilisieren, hilft nur stetiges Üben und Probieren. Begonnen wird mit einfachen, meist wässrigen Lösungen und leichten Übungen. Hinzugefügt werden dann die anderen Sinnesempfindungen wie beispielsweise Erkennen von bekannten Gerüchen und Beschreiben einfacher Texturen.

Die in der Sensorik verwendeten analytischen Methoden unterteilen sich in die zwei großen Gruppen der Unterschieds- oder diskriminativen Methoden (wie z.B. paarweise Unterschiedsprüfung, Duo-Trio-Prüfung, Triangeltest und Rangfolgetest), sowie die große Gruppe der deskriptiven oder Profilprüfungen.

Vor allem Profilprüfungen gehören zur hohen Schule der Sensorik, eine sehr effektive aber langwierige, zeit- und damit kosten aufwendige Methode. Hier sucht das ausgewählte und ausgebildete Panel zuerst beschreibende Wörter. Spezielle Brainstormingsitzungen helfen, um alle beschreibenden Begriffe für ein Produkt zu finden. Nach dieser Wörtersuche schließt sich eine Diskussion an, um diese Begriffe zu definieren und eventuell überflüssiges Vokabular zu eliminieren. Nach vielen Übungssitzungen werden dann die charakteristischen Eigenschaften auf einer Skala bewertet.

Aber nicht nur die Attribute, auch die zeitlichen Verläufe und Kauvorgänge lassen sich so festlegen und beurteilen. Auch dies lässt sich am Beispiel Schokolade darstellen. Das Verkosten von Schokolade beginnt schon mit der geeigneten Verzehrtemperatur. Die zimmerwarme Schokolade sollte auf der Zunge ruhen, bevor sie an den Gaumen gedrückt wird, um alle Aromen wahr zunehmen. Erst dann wird sie gekaut und abgeschluckt. Nun kann man den Nachgeschmack empfinden und ihm nachspüren. Diese Fülle an Eindrücken beschreiben viele als süß, bitter, herb, zart und ...? Oft wird nun mit anderen Lebensmitteln verglichen, es riecht etwa nach Kaffee oder Nuss. Lebensmitteltechnologen und Produktentwickler zitieren aus ihrer Erfahrung und ihrem technischen Hintergrundwissen, in Schokolade wird Vanille eingearbeitet, folglich muss es auch danach schmecken. Hier stoßen auch naturwissenschaftliche Verkoster an die Grenzen. Mit der Sprache die sinnlichen Wahrnehmungen auszudrücken, fällt schwer.

Aus der industriell eingesetzten Sensorik lassen sich Anregungen für den gelebten Alltag übernehmen. Über Probieren und Vergleichen sensibilisieren wir die Sinne, die wir als Grundvoraussetzung für den Genuss benötigen. Zusätzlich wächst die Fähigkeit und die Bereitschaft zum bewussten Erleben mit allen Sinnen.

In der Wettbewerbgesellschaft gewinnt der Geschmack wieder mehr an Bedeutung. Die industrielle Lebensmittelproduktion nutzt ausgewählte und trainierte Verkostergruppen, Panels, und analytische Methoden vor allem für die Qualitätssicherung. Diese Ergebnisse werden für das Marketing durch affektive Tests ergänzt, also Verbraucherbefragungen. Die Konsumenten liefern Ihre Meinungen und Wünsche sowie Bevorzugungen; das Warum dieser Präferenzen erklärt die analytische Sensorik.

Neben der Standardisierung von Lebensmitteln interessieren Fragen nach einem Trend. Woran erkennt man neue Trends und wie trifft man den Trendgeschmack? Der Verbraucher muss gereizt werden, manchmal werden seine Sinneszellen dabei auch überreizt und getäuscht. Solche industriegeleiteten Experimente zielen auf Verkaufszahlen und kümmern sich weniger um Sinnlichkeit und Geschmacksakkorde. Für die Gastronomie treten eher Fragen auf, wie: welcher Wein zu welchem Gericht passt oder wie Gäste durch neue Kompositionen überraschen werden können. Das ideale Gericht einerseits und die zu umschiffenden geschmackliche Sünden andererseits stehen im Zentrum.

Vielleicht ist es ein Zeichen einer Wohlstandsgesellschaft, dass eine differenzierte Sinneswahrnehmung nicht nur für die Lebensmittelvermarktung sondern auch für den Alltag an Relevanz gewonnen hat. Es ist zu bezweifeln, dass Menschen ihren Geschmack je verloren haben, wie man dies aus Aufrufen von Forschern aber auch von Lehrern denken könnte, die Kindern wieder zum Geschmack verhelfen wollen. Die derzeitige Familienministerin Ursula von der Leyen forderte gar eine Geschmacksschulung in Kindergärten. Bereits 1999 veröffentlichte Angelika Meyer-Plöger ein Handbuch „Fühlen wie's schmeckt", durch welches Kinder spielerisch ihre Sinne und deren Funktionen in einem Sinnesparcours kennen lernen sollten.

Andere Kurse, beispielsweise von Slowfood organisiert, sensibilisieren durch verschiedene praktische Übungen die Sinne der Kinder. Sie sollen wieder natürliche Produkte probieren, verkosten und so diesen Geschmack erstmalig lernen. Die Zuwendung zu unbekannt gewordenen Frischprodukten sucht hier auch nach Verbindungen zu traditioneller Nahrung und Nahrungszubereitungen.

Sensorikseminare für Erwachsene wenden sich hauptsächlich dem Wein zu. Hier wird versucht, sinnliche Empfindungen und Eindrücke beschreiben zu können. Jürgen Dollases *Geschmacksschule* ist ein Beispiel für diese spätmoderne Rückeroberung nicht der verkümmerten Sinneseindrücke sondern deren neuen Platz in der Gesellschaft.

Für die Sensorik eröffnet diese alltagskulturelle Annäherung an Sinnesvokabularien neue Forschungsfelder. So üben z.B. sensorische Aspekte einen großen Einfluss auf unsere Mahlzeitengestaltung aus. Wie die einzelnen Punkte miteinander verknüpft sind, welchen Einfluss z.B. Erinnerungen, Mahlzeitenkombinationen und Ambiente auf einen geschmacklichen Eindruck haben, wird eines der vielen Forschungsfelder der Sensorik sein.

Hier führt nur die enge Zusammenarbeit unterschiedlichster Wissensgebiete und Fachbereiche zu einem Verständnis für den sinnlichen Genuss von Essen und Trinken. Neben den Bereichen Qualitätssicherung, Management aber auch Betriebswirtschaftslehre und den unterschiedlichsten kulturellen Aspekten gehört die Sensorik als unverzichtbare Komponente zur Kulinaristik.

Literatur

Berlinger, Katryn: Das Schokoladenmädchen. München 2004.
Dollase, Jürgen: Geschmacksschule. Wiesbaden 2006.
Howes, David, Hg.: Empire of the Senses. The Sensual Culture Reader. Oxford 2005.
Meier-Plöger: Angelika: Fühlen wie'schmeckt. Künzell 1999.

Weiterführende Literatur

Brandes, U./ C. Neumann (Hg.): Das Riechen. Von Nasen, Düften und Gestank. Kunst und Ausstellungshalle der Bundesrepublik Deutschland. Schriftenreihe Forum Bd. 5. Göttingen 1995.
Brandes, U. / C. Neumann (Hg.): Geschmacksache.Kunst und Ausstellungshalle der Bundesrepublik Deutschland. Forum Bd. 6. Göttingen, 1996.
Busch-Stockfisch, Mechthild: Praxishandbuch Sensorik. Hamburg 2002 – 2004.
Classen, Constance: Worlds of Sense: Exploring the Senses in History and Across Cultures. London 1993.
Knoblich, Hans/ Scharf, Schubert: Geschmacksforschung: Marketing und Sensorik. München 1996.
Logue, A.W.: Die Psychologie des Essens und Trinkens. Heidelberg 1998.
Maelicke, Alfred: Vom Reiz der Sinne. Weinheim 1990.
Meilgaard, Civille Carr: Sensory Evaluation Techniques (2nd Edition). Florida 1991.
Petersen,Sabine./ Uhlen-Blucha, Birgitt: Geschmacksfragen. Stuttgart 1999.
Plattig, Karl-Heinz: Spürnasen und Feinschmecker. Heidelberg 1995.

Nahrungsmittelsicherheit

Karl-Otto HONIKEL

Einleitung

Unter Kulinaristik verstehe ich die fächerübergreifende Kulturwissenschaft, die versucht, kulturwissenschaftliche Erkenntnisse und wirtschaftstheoretische Betrachtungen auch mit naturwissenschaftlicher Lebensmittelforschung zusammen zu führen, um eine wechselseitige Aufklärung von Theorie und lebensweltlicher oder berufsbezogener Praxis über unsere Lebensmittel zu ermöglichen und auf diesem Wege zugleich eine kulinarische Bildung aufzubauen (Wierlacher 2005).

Diese komplexe Aufgabe erscheint im Blick auf die Globalisierungsprozesse und ihre Rückwirkungen dringlicher als je. Ernährungsphysiologische (ernährungsmedizinische), sensorische oder sonstige Fragestellungen der Lebensmittelqualität wie z. B. die Lebensmittelsicherheit haben zu allen Zeiten und in allen Kulturen, dazu geführt, dass sich die Lebensmittelauswahl, deren Zubereitung und das Essverhalten aus Wissen, Erfahrung und Angebot in unterschiedliche Richtungen entwickelt haben. Menschen in sozialen Gruppen haben durch ihre im Kollektiv gemachten Erfahrungen, sichere und sinnvolle ernährungsphysiologische, sensorische und gesundheitsrelevante Verfahren zur Gewinnung, Verarbeitung und Zubereitung von Speisen entwickelt. Diese durch Trial and Error gewonnenen Verfahrenswege wurden zu erklären versucht. Manchmal richtig, aber oft wurden die Gründe der Verträglichkeit anderen Ursachen zugeschrieben, als sie in Wirklichkeit waren.

Solange die Behandlungsverfahren der Gewinnung, Lagerung und Zubereitung der Lebensmittel traditionell ausgeführt wurden, waren die Lebensmittel sicher aus Erfahrung. Die Änderungen unserer Umwelt und unseres Verhaltens seit dem Zeitalter der Industriealisierung, Kolonialzeit und heute Globalisierung haben jedoch frühere Methoden zum Teil obsolet werden lassen. Zum Beispiel wurden durch weit verbreitete Kühl(Gefrier)einrichtungen andere Konservierungsverfahren wie Hitze, Salzzusatz und Trocknen ersetzt oder sie mussten durch weite Transportwege und damit andere Zeitverläufe von der Ernte bis zum Verzehr völlig neu durchdacht bzw. erforscht werden. Ein Beispiel hierfür ist die Zartheit von Lammfleisch aus Neuseeland, die in den 60er Jahren des 20. Jahrhunderts durch falsche Hygienekonzepte und Wirtschaftlichkeitsberechnungen nahezu zum Zusammenbruch des Exports nach Großbritannien oder USA führte, da das Fleisch beim Verbraucher als zwar mikrobiell sicher, aber zäh und wässrig ankam. Das Beispiel wird später näher erläutert. Grundsätzlich kann die Globalisierung der Lebensmittelmärkte und die Kreativität der Hersteller von Lebensmitteln mit hohen Qualitätserwartungen gemeistert werden, sofern Zusammenhänge durch naturwissenschaftliche Forschung erkannt und bewusst umgesetzt werden.

1 Was bedeutet Lebensmittelqualität?

Qualität, ist, wie das aus dem Lateinischen gebildete Wort aussagt, die Beschaffenheit eines Erzeugnisses. Üblicherweise betrachten wir nur die hervorragenden positiven Eigenschaften und meinen damit die Güte entsprechend dem Ausdruck Qualitätserzeugnis. Die Qualität eines Lebensmittels, z. B. Fleischqualität beinhaltet aber wertneutral die umfassende Beschaffenheit in allen Facetten, in allen Merkmalen.

Nicht jedes Merkmal ist jedoch gleich wichtig in jedem Zusammenhang. So ist bei einem Kurzbratenfleisch, wie ein Rindersteak die Zartheit des verzehrfertigen Fleisches für den Verbraucher entscheidend, beim zerkleinerten Hamburger jedoch die einwandfreie hygienische Beschaffenheit im Endprodukt das wichtigste Merkmal.

Die Qualität eines Lebensmittels (Produktqualität) muss für die Beziehungen zwischen den Wirtschaftsbeteiligten nachvollziehbar, d. h. sie muss messbar sein, mit gegenseitig anerkannten und reproduzierbaren (objektivierbaren) Messmethoden. Hier schlägt die Wissenschaft Messmethoden, Messgrößen, Messbereiche und die dazugehörige Bewertungsskala vor, über die die Wirtschaftspartner sich einigen (Branscheid et al. 2007).

Die meisten Messgrößen sind mit physikalischen und chemischen Messverfahren quantifizierbar (Honikel 2007a). Bei der Sensorik ist jedoch der Mensch mit seinen Sinnen das Messgerät. Zur Reproduzierbarkeit werden Sensoriker trainiert und die Vorgehensweisen festgelegt (Hammer 2007).

Die einzelnen Merkmale können sinnvollerweise in vier Qualitätsfaktorengruppen zusammengefasst werden (Hofmann 1973).

- Sensorische Faktoren wie Farbe, Geruch, Geschmack und Biss
- Ernährungsphysiologische (nutritive) Faktoren wie Nährstoffgehalte und deren Zustand (Fettgehalt, ungesättigte/gesättigte Fettsäurenrelationen, Eiweißkonzentrationen und Aminosäuremuster, Vitamingehalte und deren Veränderungen bei der Lagerung und Zubereitung)
- Hygienisch-toxikologische Faktoren wie Mikroorganismen, Viren, Toxine, Rückstände, Umweltschadstoffe
- Verarbeitungstechnologische Faktoren (Textur, Konsistenz, Wasserbindungsvermögen)

Die einzelnen Merkmale werden erfasst und gewichtet. Kurz formuliert: Die Qualität eines Produkts ist die Summe der für den Einsatzbereich gewichteten Qualitätsmerkmale.

Von dieser *Produktqualität* zu unterscheiden ist die *Prozessqualität* (Honikel und Hofmann 2007). Von den Qualitätsmerkmalen eines Lebensmittels, sind jene Faktoren zu trennen, die die Qualität des Endproduktes auf den verschiedenen Stufen der Produktion (Prozess der Gewinnung) mitbestimmen und beeinflussen. Hierzu gehören beim Beispiel Fleisch in erster Linie die Fütterung und Haltung der Tiere, die Transportbedingungen, die Betäubung und Schlachtung der Tiere sowie die anschließende Behandlung der Schlachttierkörper. All diese Produktionsschritte bilden die „Prozessqualität“ (oder Produktionsqualität). Sie sind nicht materieller Bestandteil des Produktes (der Produktqualität) und können demzufolge auch nicht in die Qualitätsdefinition des Produktes einbezogen werden.

Die Vermengung der Aspekte der Produktqualität und der Prozessqualität führt oft zu Missverständnissen und kontroversen Qualitätsdiskussionen. Eine entsprechende und konsequente Trennung dieser unterschiedlichen Bereiche ist aber in der Kommunikation aller Marktbeteiligter unerlässlich. Dies bedeutet jedoch nicht, dass die Faktoren der Prozessqualität für den Verbraucher unwichtig sind. Ökologische und/oder tiergerechte Haltung sowie Fütterung sind ethische Forderungen von Verbrauchern, die Berücksichtigung finden müssen. Sie dürfen jedoch nicht mit den Produkteigenschaften verwechselt werden, denn ökologische Haltung und Fütterung haben *im Prinzip* keine nachweisbaren Auswirkungen auf die Qualität (Tauscher u. a., 2003). Daher muss auch gegenüber dem Verbraucher Produkt- und Prozessqualität ehrlich und klar unterschieden werden.

Nicht nur die Aspekte der Produkt- und Prozessqualität werden häufig miteinander vermengt. Aber auch die *Wertschätzung*, die der Mensch einem Produkt entgegenbringt, ist von der Produktqualität zu trennen. Kurz gesagt: Qualität ist eine Eigenschaft des Produkts und die Wertschätzung eine Eigenschaft des Urteils der Menschen.

Diese Wertschätzung unserer Lebensmittel, daraus folgernd auch die Qualitätsbetrachtung der letzten 30 Jahre, betrifft zunehmend einen Teil der Qualität, den hygienisch-toxikologische Qualitätsfaktoren mitprägen, die Sicherheit der Lebensmittel. Die anderen Faktorengruppen treten leider zunehmend in den Hintergrund. Dieser Tendenz folgt in Europa auch der Gesetzgeber.

2 Sicherheit als Lebensmaxime

Sicherheit ist somit ein Grundbegriff unseres Lebens. Sicherheit in sein Leben zu bringen ist der Wunsch eines jeden Menschen. Die große Politik zumindest in demokratischen Staaten sorgt durch Bündnisse und den Aufbau von Schutzmaßnahmen (z. B. Bildung von Streitkräften) für die Sicherheit seiner Bürger nach außen. Im Innern sorgen Gesetze und Polizei für die Sicherheit in Haus und auf der Straße.

Auch die Sicherheit im gegenseitigen Miteinander wie z. B. Geschäftsverkehr ist ein Grundbedürfnis des Menschen. Auch Lebensmittel will der Mensch sicher wissen und strebt danach, neben einem gut schmeckenden, gut aussehenden und ihn wohl ernährenden Lebensmittel auch eines mit umfassender Sicherheit zu verzehren.

Diese Grundforderung hat zu allen Zeiten Gesetze und Vorgaben erfordert, da Lebensmittel häufig leicht verderblich sind, d. h. sie können durch Mikroorganismen und Viren krank machen oder sie wurden aus Unwissen, Schlampigkeit oder Profitgier falsch behandelt, mit Fremd-, ja Schadstoffen versetzt, um sie zu strecken und den Gewinn zu erhöhen.

So wurde bereits 1879 im erst wenige Jahre existierenden Zweiten Deutschen Reich das erste allgemeine Lebensmittelgesetz erlassen. In der Begründung hieß es, „die Verfälschungen von Lebensmitteln mit nicht selten (hoch)giftigen Substanzen hätten ein unglaubliches Ausmaß angenommen“. (Arneth 1989). Arneth zitiert auch einen Zeitzeugen mit folgender Aussage:

„Es ist kaum glaublich, mit welcher Frechheit und Gewissenlosigkeit Nahrungsmittel und Getränke heutzutage verfälscht werden, und die erfinderische Schlauheit hat dieses Verfälschungssystem zu einem so hohen Grade der Ausbildung gebracht, dass man leider auch in Deutschland überall verfälschte Nahrungsmittel findet, welche verderblich auf die Gesundheit des Bürgers einwirken, oder wodurch derselbe, wenn ersteres nicht geradezu der Fall ist, um sein Geld auf das Allergemeinste betrogen wird“. (Walchner, Ort unbekannt) D. h. es galt mit diesem ersten Lebensmittelgesetz, dem Bürger Sicherheit zu verschaffen. Zuerst war die Gesundheit der Bürger zu schützen und zweitens ihn vor Täuschung zu bewahren. Dieses zentrale Reichsgesetz führte in kurzer Zeit zur Einrichtung „öffentlicher“ Untersuchungsanstalten in den Mitgliedstaaten des Deutschen Reichs, die wir heute chemische, veterinärmedizinische oder medizinische Untersuchungsämter nennen.

3 Lebensmittelsicherheit heute

Trotz mehr als 125 Jahren und der in Lebensmittelsicherheit sehr aktiven Europäischen Union ist in Deutschland die Lebensmittelüberwachung grundsätzlich auch heute noch Ländersache. Sie entscheiden über die Verkehrsfähigkeit – d. h. die Sicherheit – von Lebensmitteln in ihrem Arbeitsbereich. Dieses „regionale“ Sicherheitsdenken wird in der föderalen Struktur Deutschland als unmittelbare direkte Schutzmaßnahme verteidigt. Die jüngst vom Bund angeregte Vereinheitlichung des Vorgehens im Gammelfleischskandal im gesamten Bundesgebiet hat nicht gerade Begeisterungsstürme bei den Landesregierungen ausgelöst, zumal ja selbst in den Ländern noch einige Bereiche der Lebensmittelsicherheit wie z. B. die Fleischbeschau auf der nächst niederen administrativen Ebene in kommunaler Verantwortung ausgeführt werden.

Diese EU-Bund-Länder-Kommune (Landkreis) Aufspaltung führt allerdings auch zu kleinräumigen kulinarischen Besonderheiten. So muss der „bayerische Leberkäs“ weder Leber noch Käse enthalten. In Baden-Württemberg heißt das Produkt Fleischkäse, da keine Leber – aber auch kein Käse – verarbeitet wird. Diese regionale Betrachtung führt auch zur enormen Diversifizierung von Produkten, wie z. B. gut 1200 Namen für Wurstsorten in Deutschland. In einer zentral geführten Lebensmittelüberwachung wären viele der Namen heute sicher nicht mehr gebräuchlich.

Trotz dieser Zersplitterung ist es erstaunlich wie zuverlässig unsere Lebensmittelsicherheit gewährleistet ist. Das Aufdecken von Skandalen ist eher ein Beweis für das Funktionieren des Systems (wenn auch mit Mängeln) in Deutschland. In anderen Ländern der Europäischen Union (EU) ist das Kontrollraster häufig wesentlich geringer als in Deutschland.

In Deutschland vor allem hat sich seit 1879 die Idee der vom Staat kontrollierten Sicherheit der Lebensmittel konsequent über alle staatlichen Ebenen ausgebreitet und diese werden umfassend geprüft. Der Hersteller stand zwar auch in der Verantwortung, aber erst in der 2. Reihe. Die Europäische Union hat dies geändert. Durch Qualitätssicherheitskonzepte mit Kontrolle durch Akkreditierung und Zertifizierung ist heute die Verantwortung auf die Herstellungsstufe – die Wirtschaft – verschoben. Die Lebensmittelkontrolle prüft nach, aber sie ist mehr die Kontrolle der Kontrolle als ursächlicher Lebensmittelanalytiker (EU 2002).

Um diese Sicherheit zu gewährleisten, ist eine Risikoanalyse der Herstellungsprozesse in jeder Stufe erforderlich. Diese soll die kritischen Kontrollpunkte in sogenannten HACCP-Konzepten (Hazard Analysis of Critical Control Points) ermitteln. Das betrifft jeden Vorgang, auch die Zubereitung von Speisen. Zur Kommunikation und Bewertung von Kommunen über Länder zum Bund und weiter zur EU wurden in der Bundesrepublik nach der BSE-Krise im Jahre 2002 das Bundesinstitut für Risikobewertung (BfR) und das Bundesamt für Verbraucherschutz und Lebensmittelsicherheit (BVL) für das Risikomanagement gegründet.

Die Risikoanalyse erfordert eine Zusammenarbeit von Herstellern von Lebensmitteln im weitesten Sinne inklusive Verarbeitern und Zubereitern, staatliche Landesorganen und Wissenschaft. Sie sind Partner der Kulinaristik in der Risikoanalyse, die sich wie Abb. 1 zeigt, aus folgenden Stufen zusammenfügt, an denen die Lebensmittelakteure (Kulinaristen) notwendigerweise mit ihren Wissen neben der Wissenschaft und staatlichen Stellen mit ihren Lebensmittelsicherheitsexperten zu beteiligen sind.

Dabei sind die Aufgaben ganz unterschiedlich aufgeteilt. Kulinaristen müssen eng mit Wissenschaft und staatlichen Stellen agieren. Nur so kann das System insgesamt funktionieren und generell sichere Lebensmittel gewährleisten.

4 Aspekte der Lebensmittelsicherheit

Die Lebensmittelsicherheit kann inhaltlich nicht nur von einer Wissenschaftsdisziplin bearbeitet und gewährleistet werden. Sie hat wie Abb. 2 zeigt eine Reihe von unterschiedlichen Aspekten. Daher arbeiten an den diversen Sicherheitsthemen Mikrobiologen, Human- und Veterinärmediziner bei hygienischen (mikrobiellen und viralen) Risiken, (Lebensmittel)Chemiker bei Schadstoffen, (Bio)Chemiker bei Gentechnik, Hormone und Allergenen mit den Kulinaristen zusammen.

Die in Abb. 2 genannten 5 Hauptbereiche seien erläutert. Die mikrobiellen (viralen) Risikogruppen sind leicht verständlich. Verderbniserreger erzeugen Ekel und Abscheu und verursachen eventuell Brechreiz; pathogene Keime machen krank.

Unter Schadstoffen werden auf der einen Seite vom Menschen direkt verursachte Stoffe, die auch als Rückstände bezeichnet werden, verstanden wie z.B. Pharmaka- oder Herbizid- und Pestizidbelastungen, die durch nicht ausreichende Wartezeit zwischen der Anwendung und Ernte (Gewinnung) verursacht werden.

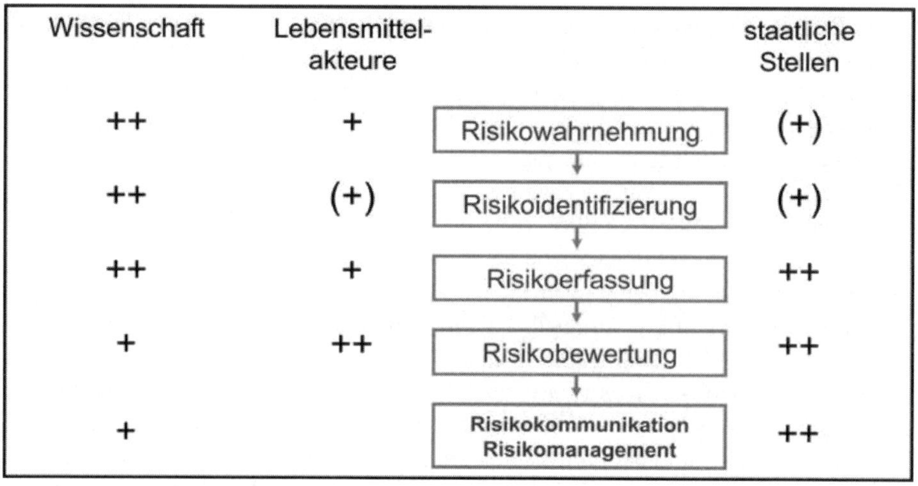

Abb. 1: Stufen der Risikoanalyse und die Beteiligung von Wissenschaft, Staat und Lebensmittelakteuren
(+) geringe, keine unmittelbar notwendige aber mögliche Beteiligung; + notwendige Beteiligung; ++ Hauptakteure

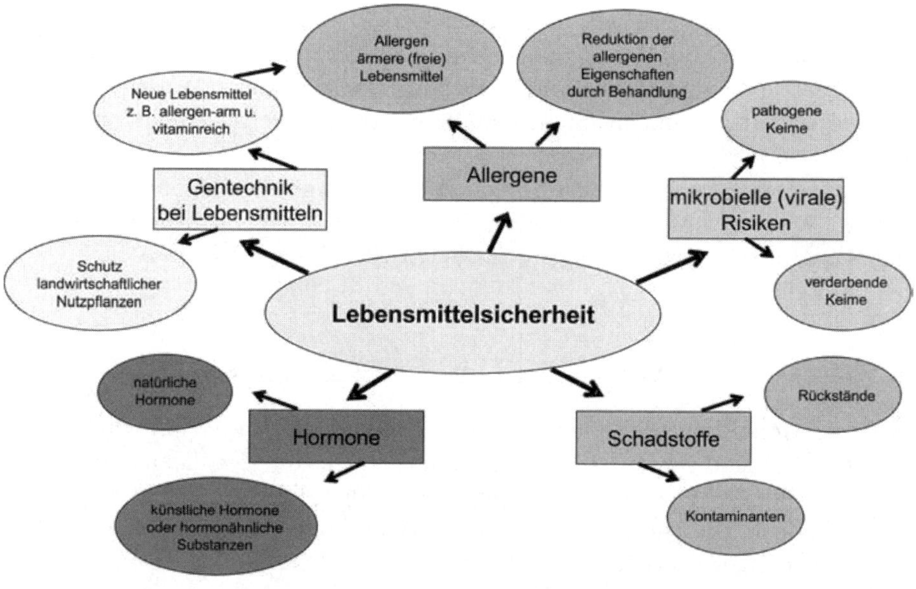

Abb. 2: Vielfalt der Aspekte der Lebensmittelsicherheit

Aber auch die durch falsche Verarbeitung z. B. falsches Räuchern im Produkt vorkommenden polyzyklischen aromatischen Kohlenwasserstoffe (PAK) sind Rückstände. Diese unterscheidet man von Kontaminanten, dies sind alle Umweltschadstoffe, die unbeabsichtigt in Lebensmittel gelangen können, auch solche, die vom Menschen indirekt verursacht wurden (z. B. Blei im Benzin führt zu Belastung von Lebensmitteln).

Fast alle Lebensmittel (pflanzlichen oder tierischen Ursprungs) enthalten Hormone allerdings in unterschiedlichen Mengen. Auch die natürlichen hormonalen Inhaltsstoffe werden oft als kritisch betrachtet, vor allem wenn sie Tieren verabreicht werden (z. B. US-Ochsenmast). Künstliche Hormone resp. hormonwirksame Substanzen sind eigentlich Rückstände. Sie werden nur wegen ihrer Bedeutung in der Hormondiskussion hier extra aufgeführt.

Die Gentechnik bei Lebensmitteln hat 2 Aspekte:

a) Gentechnisch veränderte Pflanzen sollen dem Landwirt eine höhere Ernte resp. geringeren Ernteausfall zu gewährleisten.
b) Produkte der 2. Generation von gentechnisch veränderten Lebensmitteln sollen sich auf die Lebensmittelqualität und Sicherheit z. B. durch Lebensmittel mit geringeren allergenen Potential oder höherem Vitamingehalt auszeichnen.

Allergene sind durch die Behandlung (z. B. Erhitzen) oft zu inaktivieren, aber neuere Wege sind auch die gentechnische Zucht (oder herkömmliche Auslese) allergenärmerer oder -freier Sorten.

5 Zusammenarbeit von Kulinaristik und Lebensmittelwissenschaften

Als Experte der Fleischwissenschaft sei mir nochmals gestattet, die Zusammenarbeit von Kulinaristen und Naturwissenschaft mit einem besonderen Blick auf Problemlösungen von Fleisch aus den letzten 60 Jahren nach Ende des 2. Weltkriegs zu beschreiben.

Die enge Zusammenarbeit von Kulinaristen und Naturwissenschaft war in Mangelzeiten wenig gefragt. Denken wir 60 Jahre zurück. Ende der 40er, Anfang der 50er Jahre war die ausreichende Versorgung der Bevölkerung der Bundesrepublik Deutschland nicht voll gewährleistet. Die Menschen litten zwar keinen Hunger, aber es war nicht immer alles in jeder gewünschten Quantität zu erhalten. Das große Schnitzel war gefragt. Dies war die so genannte „Fresswelle“, die dann in der Forderung nach einem qualitativ hochwertigen Lebensmittel mündete. Nun rangierte Qualität vor Quantität.

Qualität wurde aber zuerst nur in Teilaspekten betrachtet. Ein Schnitzel oder ein Braten musste z. B. mager sein, weil bereits zu viel Energie (Kalorien) aus Fett aufgenommen wurde. Dass ein solch mageres Fleisch oft zäh war, weil ungereift oder wässrig, da von stressanfälligen und gestressten Tieren gewonnen, machte die Hersteller entweder unsicher oder sie ignorierten die Probleme, da diese ja keine sicherheitsrelevanten waren. Die Praktiker, die Kulinaristen, waren aufgefordert das Problem zu lösen.

Wohin ein Lebensmittelsicherheitsdenken ohne wissenschaftliche Durchdringung führen kann, sei am Beispiel von neuseeländischen Lammfleischexporten aufgezeigt. Bis in die 60er Jahre des 20. Jahrhunderts wurden Lammschlachttierkörper in Neuseeland nach dem Schlachten langsam gekühlt und nach ca. 48 – 72 Stunden eingefroren und als Gefriergut auf Schiffen nach Großbritannien und

USA transportiert. Dort wurden die Tierkörper entweder aufgetaut, zerlegt und als Teilstücke an den Verbraucher abgegeben oder in Großbritannien auch gefroren in Scheiben gesägt oder als Teilstücke (z. B. Hinterbein, Lammrücken) gefroren verkauft. Das Lammfleisch, das von jungen Tieren stammt und daher prinzipiell zart ist, zeigte nach der Zubereitung aus dem gefrorenen Zustand oder kurz aufgetaut seine guten Eigenschaften.

Die Idee war nun, die Schlachttierkörper mit damals billiger Energie sofort nach dem Schlachten zu frosten, da der rasche Gefriervorgang Mikroorganismen auf der Fleischoberfläche am Wachstum hindern würde. Zudem war ein ca. 2 % geringerer Gewichtsverlust zu erwarten. Der geringere Kühlraumbedarf war ein weiterer investiver wirtschaftlicher Vorteil. Langsam zu kühlen und noch 2 – 3 Tage zu reifen und dann erst einzufrieren, schien nicht mehr zeitgemäß.

Diese schnell gefrorenen Tierkörper in den USA und Großbritannien aufgetaut und zubereitet, mündeten in einer Katastrophe. Das Fleisch war zäh und verlor viel Saft. Die Schlachtbetriebe hatten nicht die Wissenschaft eingebunden. Das rasche Einfrieren führt zum Unterbrechen biochemischer post mortaler Prozesse, die für die hohe Qualität unabdingbar sind. Die Folge war ein zähes und wässriges Fleisch.

6 Lebensmittelforschung als Partner der Kulinaristik

Ende der sechziger Jahre wurde die Lebensmittelsicherheit zunehmend wichtiger. Zuerst widmete man sich den Fragen, die auch von den Lebensmittel-Chemikern relativ leicht beantwortet werden konnten: „Wie viel Blei, Cadmium und Quecksilber ist in unseren Lebensmitteln?“. Als ein umfassendes Bild der Belastung und Belastungspfade erkannt war, bemühte man sich, die Ursachen zu beseitigen. Das bleifreie Benzin wurde eingeführt, bzw. in der Technischen Anweisung Luft wurden klare Vorschriften für den Schadstoffausstoß von Anlagen erlassen.

Aber es blieb nicht bei den Schwermetallen. Schon in den 70er Jahren wurden die so genannten persistenten, d. h. langlebigen Organochlor-Verbindungen, wie DDT, Lindan, später die polychlorierten Biphenyle (PCB) oder das Pentachlorphenol (PCP), schließlich nach dem Seveso Unfall 1978 das Dioxin zu wichtigen Themen des Verbraucherschutzes. Viele dieser Stoffe wurden daraufhin in der Anwendung sowohl auf dem Agrarsektor wie auch in unserer technischen Umwelt verboten. Trotzdem sind sie heute noch nach 20, ja teilweise 30 Jahren immer noch in unserer Umwelt vorhanden. Es wurde noch rechtzeitig erkannt, dass ein langfristiges Problem vorliegt und die Sicherheit der Lebensmittel dadurch erhöht und die Gesundheit der Verbraucher geschützt wurde, dass man diese Stoffe aus dem Verkehr nahm und damit nicht mehr in unsere Umwelt ausbrachte (Honikel 2007b).

Der Einsatz von Antibiotika, eigentlich Mittel zur Behandlung von Krankheiten, wurde in den 60er und 70er Jahren zur Prophylaxe bei landwirtschaftlichen Nutztieren angewandt und nicht nur in der Massentierhaltung. Heute ist das Problem erledigt und um die Sicherheit des Verbrauchers zu gewährleisten, wurden in den letzten Jahren sukzessive alle die antibiotisch wirkenden Stoffe aus der Fütterung von landwirtschaftlichen Nutztieren verbannt. Sie werden nur noch zur Behandlung kranker Tiere eingesetzt.

Lebensmittelsicherheit bei chemischen Stoffen ist relativ leicht durch das Beseitigen oder das Verhindern des Eintrags zu erreichen. Man produziert sie nicht mehr, man bringt sie nicht mehr aus, man beseitigt sie. Dies ist mit mehr oder weniger Aufwand in den Griff zu bekommen. Mikrobielle Lebensmittelsicherheit hingegen ist viel komplizierter. Mikroorganismen gibt es überall und eine große Zahl von Mikroorganismen sind für den Menschen krankheitsauslösend. Lebensmittel so zu erzeugen, zu gewinnen, zu lagern und zu verarbeiten, ohne dass krankmachende Mikroorganismen sich in den Lebensmitteln vermehren können und dadurch zur Gefahr werden, ist schwierig und ist ein wichtiges Ziel der Forschung und bedarf der Zusammenarbeit mit den Experten aus der Praxis.

Man sollte über diesen ganzen Sicherheitsdiskussionen, die natürlich auch gentechnisch veränderte Organismen und ihre Bestandteile mit einschließen, aber nicht vergessen, dass Lebensmittelsicherheit nur einen Teil der Lebensmittelqualität darstellt. Sie ist ohne Zweifel wichtig und für die Gesundheit des Menschen entscheidend. Zu berücksichtigen sind aber noch die ernährungsphysiologischen Eigenschaften der Lebensmittel. Durch Lagern, Verarbeiten, Behandeln werden eine Reihe von Inhaltsstoffen verändert bzw. abgebaut. Die nutritiven Eigenschaften eines Lebensmittels sind daher auf jeder Verarbeitungsstufe ein wichtiger Aspekt, der nicht vernachlässigt werden sollte und in der Forschung neben der Lebensmittelsicherheit bearbeitet wird.

Aber auch die Verarbeitungseigenschaften und wie Lebensmittel zubereitet werden, sind wichtig. Ein Stück Rindfleisch kann außerordentlich zäh sein, es kann aber auch auf der Zunge zergehen. Ein wieder aufgewärmter Schweinebraten kann einen abartigen Geschmack haben, den so genannten Aufwärmgeschmack. Fette werden ranzig. Oxidationsprodukte anderer Art, die evtl. sogar Krebs auslösen, können sich während der Lagerung und bei der Zubereitung bilden. Alle diese Dinge liegen im Bereich der Praxis. Sie sind aber eng mit der Forschung zur Lebensmittelqualität(sicherheit) verbunden.

Schließlich stehen über allem noch die sensorischen Eigenschaften, der Geschmack, der Geruch und das Aussehen sowie die in der Geschichte der Nahrung je zugewiesenen Bedeutungen. Das Fleisch besitzt in der Sozialgeschichte, in kulturwissenschaftlicher und in moralischer Sicht, man denke nur an die Speisegesetze mancher Religionen, sehr andere und wirkungsmächtige Dimensionen. Ein Lebensmittel, das unliebsame Bedeutungen trägt und nicht schmeckt, mag noch so sicher und gesund sein, es wird dann keinen Abnehmer finden. In einer postindustriellen Gesellschaft, in der Hunger als Nahrungskarenz keine Rolle mehr spielt, müssen als Teil der Sicherheit von Lebensmitteln auch ihr Geruch, Aussehen, Geltung und der Zuschnitt stimmen. Nur in einer umfassenden Betrachtung der Qualität macht eine Lebensmittelsicherheit Sinn. Qualitätssicherheitssysteme wie das neu entwickelte QS-System (Qualität und Sicherheit) haben dies erkannt und in ihrem Namen die Qualität vorangestellt und Sicherheit als Teil der Qualität noch einmal betont. Dies ist der Weg, um auch Erzeuger und Verbraucher an das Ziel eines sicheren, eines gesunden und wohlschmeckenden Lebensmittels heranzuführen, Damit schließt sich auch der Kreis von naturwissenschaftlicher Forschung und Kulinaristik.

7 Fazit

Naturwissenschaft und Kulinaristik brauchen einander, um Lebensmittelqualität zu optimieren und dabei u. a. sichere Lebensmittel zu gewährleisten. Die Aufgabe lautet, naturwissenschaftliche und kulturwissenschaftliche Erkenntnisse zugunsten einer lebensweltlich und beruflich relevanten kulinarischen Kompetenz zu verbinden. Das ist der Weg, der konsequent weiter gegangen werden muss. Er sollte konkret münden in die Mitwirkung an wissenschaftlichen Kolloquien, in die Ausarbeitung von Fort- und Weiterbildungsseminaren, in den Einbezug eines Moduls einschlägiger Studiengänge und in die Erstellung von Lehr- und Lernmaterialien, die im Interesse der Grundlegung einer kulinarischen Kompetenz dazu beitragen, zugleich den überkommenen Bildungsbegriff aus seiner historischen, oft genug beanstandeten Einseitigkeit zu befreien, indem sie Theorie und Praxis nicht gegeneinander stellen, sondern ihre Interdependenz verdeutlichen.

Literatur

Arneth, W.: Verbraucherschutz, Aufgaben und Durchführung der amtlichen Lebensmittelkontrolle. In: Fleisch und Wurst, Bedeutung in der Ernährung des Menschen, Kulmbacher Reihe, Band 9, Bundesanstalt für Fleischforschung (1989), S. 148 – 154.

Branscheid, W./ Honikel, K. O./ von Lengerken, G./ K. Troeger: Qualität von Fleisch und Fleischwaren, 2 Bände. Frankfurt 2007.

EU (Europäische Union): Verordnung EG Nr. 178/2002 des Europäischen Parlaments und des Rates vom 28.01.2002 zur Festlegung der allgemeinen Grundsätze und Anforderungen des Lebensmittelrechts, zur Einrichtung der Europäischen Behörde für Lebensmittelsicherheit und Festlegung von Verfahren zur Lebensmittelsicherheit, ABl EG L 31 vom 01.02.2004, 1 – 24.

Hammer, G. F.: Methodik der sensorischen Analyse. In: Branscheid, W./ Honikel, K. O./ von

Lengerken, G./ K. Troeger: Qualität von Fleisch und Fleischwaren, 2 Bände. Frankfurt 2007, S. 882 – 889.

Hofman, K.: Was ist Fleischqualität? Fleischwirtschaft *53* (1973), S. 485 – 488.

Honikel, K. O.: Bestimmung der Komponenten und Eigenschaften von Fleisch und

Fleischwaren. In: Branscheid, W./ Honikel, K. O./ von Lengerken, G./ K. Troeger: Qualität von Fleisch und Fleischwaren, 2 Bände. Frankfurt/Main 2007a, S. 855 – 881.

Honikel, K. O.: Rückstände und unerwünschte Stoffe. In: Branscheid, W., Honikel, K. O., von Lengerken, G. und K. Troeger: Qualität von Fleisch und Fleischwaren, 2 Bände. Frankfurt/Main 2007b, S. 635 – 684.

Honikel, K. O./ Hofmann K.: Der Qualitätsbegriff bei Fleisch. In: Branscheid, W./ Honikel/

K. O., von Lengerken, G./K. Troeger: Qualität von Fleisch und Fleischwaren, 2 Bände. Frankfurt 2007, S. 79 – 84.

Honikel, Karl Otto: Naturwissenschaftliche Forschungsziele der Bundesanstalt für Fleischforschung. In: Gerhard Neumann, Gerhard/ Alois Wierlacher/ Rainer Wild (Hg.): Essen und Lebensqualität. Natur- und kulturwissenschaftliche Perspektiven. Frankfurt 2001.

Tauscher, B./ Brack, G./ Flachowsky, G./ Henning, M./ Köpke, U./ Meier-Ploeger, A./ Münzing, K./ Niggli, U./ Pabst, K./ Rahmann, G./ Willhöft, C./ Mayer-Miebach, E.: Bewertung von Lebensmitteln verschiedener Produktionsverfahren. In: Schriftenreihe des Bundesministeriums für Verbraucherschutz, Ernährung und Landwirtschaft, Reihe A: Angewandte Wissenschaft, Heft 499, Landwirtschaftsverlag GmbH, Münster-Hiltrup 2003.

Wierlacher, Alois: Jahresprogramm Fort- und Weiterbildung der Deutschen Akademie für Kulinaristik. Bremen 2005.

Die kulinaristische Sprache

Alois WIERLACHER

Die Weltsituation zu Beginn des 21. Jahrhunderts lässt sich unter wissenstheoretischen Gesichtspunkten als Übergang von einem Wissenschaftszeitalter mit klarer Trennung von Wissenschaft und Nichtwissenschaft zu einem Informationszeitalter charakterisieren, dessen Netze keine strikte Trennung zwischen kriteriengebundenen und kriterienfreien Wissenskulturen vorsehen (Spinner 2003). Soll die Kulinaristik als wechselseitige Aufklärung von Theorie und Praxis aufgebaut werden, ist die Entwicklung einer gemeinsamen Sprache umso erforderlicher. Wir benötigen keine uniformierenden Wissensbegriffe und Verfahrenskonzepte, aber wir brauchen eine kriteriengeleitete Sprache, die über die internen Kreise der Fakultäten und Branchen hinaus reicht und sich der öffentlichen Kritik stellen kann.

Zu diesem Zweck wird im Folgenden der Teil der historisch gewachsenen mündlichen und schriftlichen deutschen Sprache, der die culinaria umfasst, als *kulinarische Sprache* bezeichnet, während die auf Erkenntnis der culinaria zielende Beschreibungssprache (Metasprache) als *kulinaristische Sprache* verstanden wird. Deren Bandbreite reicht von der Alltagskommunikation in Öffentlichkeit und Privatleben über die branchenbezogenen Sondersprachen und die Wissenschaftskommunikation bis zu den interessierten Medien wie Literatur, Presse, Rundfunk und Fernsehen.

Die Grundlegung dieser Meta-Sprache stellt angesichts der Unterschiedlichkeit der Denk- und Redeweisen außerhalb und innerhalb der Wissenschaften eine erhebliche Herausforderung dar, doch die Kulinaristik kann sich ihr schon deshalb nicht entziehen, weil die culinaria in vielfacher Hinsicht Zeichenträger sind und ein unendliches Symbolfeld liefern, das sprachlich vermittelt wird und einen für die Statik der Kultur(en) relevanten Baustein darstellt. Der vorliegende Beitrag stellt darum einige Vorüberlegungen über die Konstruktionsprinzipien der kulinaristischen Sprache zur Diskussion. Angesichts der dürftigen Forschungslage kann es sich allerdings nur um allererste Schritte handeln, denen weitere folgen müssen. Bislang kommt im Gastgewerbe nicht einmal das Standardwerk über Theorie und Praxis des Restaurants von Dettner /Hausmann (2007) auf das Thema zu sprechen. In den eigentlich zuständigen sprach- und textbezogenen Wissenschaften wird die Problematik von den meisten Beiträgen allenfalls gestreift oder berührt, etwa von Klaus Mattheier (1993) und Konrad Ehlich und Jochen Rebein (1975), Roland Posner (1982), Anne Terglane-Fuhrer (1995), Bernd Spillner (2002) und Althaus' Untersuchungen zur Weinansprache (Althaus 2006). Auch in der Fachsprachenforschung sucht man systematische Beiträge vergebens, obwohl die Verschränkung von Essen und Reden als konstitutives Element aller Gastlichkeit gelten darf.

1. Eine nicht verhandelbare Ausgangserwartung an die zu entwickelnde Sprache lautet, dass sie eine sachliche Sprache sein sollte (Gauger 1995), die verschiedene Kommunikationsformen zulässt. Im Interesse dieser vielförmigen Sachlichkeit werden alle Formen und Praktiken der Hypostasierung, Beseelung, Mythisierung oder werbesprachlichen Emotionalisierung von Speisen und Getränken ausgeschlossen, wenn etwa dem Wein ein ‚ausgeprägtes Mitteilungsbedürfnis' zugesprochen wird. Generell gilt es, auch dann sachlich angemessene Wege zu finden, wenn sprachlich deutlich gemacht werden soll, dass und warum Speisen, Getränke und die Eßsituation selber immer schon zu Mitteln der Kommunikation geworden sind, so dass ein gemeinsames Essen metaphorisch auch als „Reden mit anderen Mitteln" beschrieben werden kann (Reinhart 2003, S. 7).

Eine zweite Ausgangsprämisse ist die communis opinio der Wissenschaftstheorie, dass die Gegenstände der Wissen schaffenden Institutionen nicht als beschreibungsunabhängige Wirklichkeiten existieren, sondern von der jeweiligen Sprache mitgeschaffen werden, so dass die Konstruktion der benötigten kulinaristischen Sprache behutsam und weltoffen erfolgen muss. Gesellschaftliche Wirklichkeiten werden nicht allein durch Rechtsverhältnisse, wirtschaftliche Strukturen und soziales Handeln, sondern auch durch Konventionen, Zeichen, Konzepte und Begriffe konstituiert; die Gegenstände wissenschaftlicher Disziplinen werden durch Problemstellungen und theoretische Annahmen geschaffen und in einem vorgegebenen Verstehensrahmen als Blickwinkel entwickelt (Wierlacher/Stötzel 1996). Auch Lernstile und soziale Einstellungen, Berufsvorstellungen, Qualitätsbegriffe und Qualitätsbedürfnisse sind als individuelle Auffassungen zugleich das „Produkt einer kulturellen Kategorisierung der Realität" (Titzmann 1989, 51), mithin Bestandteile von Kulturen. Folglich kann es keine transnational uniforme kulinaristische Sprache geben. Wer für eine global invariante kulinaristische Sprache plädiert, setzt sich dem Verdacht kulturideologischer Interessen aus und muss sich auf diese Interessen hin befragen lassen.

2. Zu den Beschränkungen des Gebrauchs der kulinaristischen Sprache in Produktion, Distribution und Rezeption gehört ferner, dass man von Kultur oder kultureller Identität angesichts der Vielfalt der realen kulturellen Ordnungen genau genommen nur noch im Plural sprechen kann, so dass im kulinaristischen Sprachverhalten kultur- und sprachvergleichende Perspektiven möglichst mitzudenken wären. Dabei empfiehlt es sich, an methodische Überlegungen zur Überwindung zentristischen Denkens anzuknüpfen, die insbesondere Jochim Matthes vorgetragen hat (Matthes 1992).

Selbstverständlich ist die zu konturierende Sprache in ihrem Aufbau und in ihrer Begrifflichkeit wie jede Sprache dem Kultur- und Wissenswandel unterworfen. Umso eher hat die Theorie der kulinaristischen Sprache Antworten zu geben auf Fragen wie diese: welche Beschreibungssprachen und welche Sprachformen der sachlichen Kommunikation sind dem ‚sozialen Totalphänomen' des Essens angemessen und welche nicht? Welche sprachlichen Voraussetzungen verlangt ein Restaurantbesuch? Wie lassen sich wissenschaftliche und berufspraktische Redeformen der verschiedenen Fächer und Branchen umsetzen in eine sachliche Gemeinsprache? Wie bilden wir unsere Begriffe, und welcher Katalog welcher Begriffe wird benötigt?

Bislang werden, soweit ich sehe, derartige Fragen noch kaum gestellt mit der Folge, dass es auch kaum Antworten auf die weiterführende Frage gibt, wie denn und in welchen Kontexten in welcher kulturellen Vielfalt von Fächern und Branchen über das Essen und beim Essen miteinander gesprochen werden sollte. Wie die reale Alltagsrede in beiden Hinsichten oft abläuft, hat Regina Bendix untersucht (Bendix 2004). Doch die Sollensfrage wird vielfach übergangen oder umgangen, indem man ins Englische als lingua franca ausweicht. Die den internationalen Wissensmarkt mehr und mehr beherrschende Weltsprache Englisch hat in vielen Bereichen jedoch bereits zu fragwürdigen Konsequenzen und deren breiter Kritik geführt, die in der Wissenschaft vor allem mit dem Argument vorgetragen wird, dass die Dominanz der Weltsprache Englisch die Verödung nichtenglischer Sachsprachen zur Folge habe, weil diese die Fähigkeit zu authentischer und kreativer Begriffsbildung verlieren. Um diesem Verlust gegenzusteuern, verfolgen die hier vorgelegten Überlegungen im Interesse der Kulinaristik das sprachpolitische Ziel, in Ergänzung der Weltsprache Englisch und der traditionellerweise französischen Küchensprache der Kulinaristik eine deutsche kulinaristische Sprache zu begründen, die mehr ist als eine nationalkulturelle Sprechweise und die in ihrer Besonderheit zugleich einen Mehrwert in den internationalen Diskurs einbringt.

Die Kulinaristik kann den Weg des Englischen als dominanter Wissenschafts- und Verkehrssprache im Übrigen schon deshalb nicht gehen, weil es sich bei ihrem Gegenstand um ein Kulturphänomen handelt, das als solches ungeachtet der Globalisierungsprozesse sprachlich und gesellschaftlich bedingt und gebunden ist. Umgekehrt werden die Verhältnisse folglich erst in der analytischen Diskussion der Konventionen, Zeichen, Konzepte und Begriffe verständlich (Wierzbicka 1997). Andererseits gibt es in den Wissenschaften mittlerweile einen Konsens darüber gibt, dass die Pflege der Grundsprache als Bedingung der Möglichkeit zu verstehen sei, Mehrsprachigkeiten aufzubauen und dass diese zur Richtschnur der Ausbildung zukünftiger Führungskräfte werden sollte. In eins mit der Begründung der Metasprache geht es der Kulinaristik auch um diese Öffnung zur Mehrsprachigkeit, unter der heute in aller Regel eine Dreisprachigkeit von Grundsprache, Weltsprache Englisch und einer Kultursprache verstanden wird. Zweck der Grundlegung einer *deutschen kulinaristischen Sprache* ist also nicht, traditionelle Küchen- und Gastronomiesprachen auf dem Weg über die Konstitution einer Metasprache zu verdrängen, sondern die Grundsprachenkompetenz als Vorbedingung der Wissens- und Wissenschaftskommunikation und der in ihrem Interesse benötigten Mehrsprachenkompetenz zu wahren und zu stärken.

In jedem Land sollte auf dieser Basis und mit diesem Ziel eine kulinaristische Sprache entwickelt werden, zumal erwartet werden darf, dass mit der Mehrsprachenkompetenz auch eine gewisse Mehrkulturenkompetenz verbunden werden wird. Nur in der kulturbewussten Bündelung sachlicher und metasprachlicher Funktionen vermag die gesuchte kulinaristische Sprache die nötige Selbstreflexivität und die Distinktionsfähigkeit zu gewinnen, der Deskription geschmacklicher Wahrnehmungen auf die Sprünge zu helfen und neue Wörter zu schaffen, die geeignet sind, ausgewählte Phänomene des Essens, des Kochens und der Gastlichkeit überfachlich und in ihrer Komplexität mehrperspektivisch als Teil einer erwünschten Wissenskultur zu erfassen und zu beschreiben.

3. Typologisch gesehen ist die kulinaristische Sprache ein Medium erkenntnisgeleiteten kommunikativen Handelns. Sie aktualisiert sich insbesondere im Konnex von Kontaktsystemen wie dem gedeckten Tisch oder der Theke, der Wissenschaftskommunikation, dem Lebensmittelrecht, der Nahrungskritik, dem Kollegengespräch am Arbeitsplatz oder in diskursiven Sonderformen wie der Restaurantkritik und dem Film. Für alle Varianten gilt die konstitutive Bedingungsregel, die von der Anthropologin Mary Douglas in den siebziger Jahren des vergangenen Jahrhunderts in die Worte gefasst wurde: *Eating like talking is patterned activity (Douglas 1975).* Derartige ‚pattern' sind zum Beispiel der grundsätzliche Unterschied der privaten und der öffentlichen Sprache der Küche, die Begriffsgebundenheit der wissenschaftlichen Variante, die Ritualität sprachlichen Handelns in einer formalisierten Eßsituation, die Unterschiedlichkeit der Geschlechter und der Lebensalter sowie der Umstand, dass Wissenschaft nicht nur Probleme löst, sondern auch schafft und nicht zuletzt der Zusammenhang, den ein Wort des französischen Philosophen Jean Paul Sartre in scheinbar einfacher Formulierung vorstellt:"Jede Nahrung ist ein Symbol" (Neumann 1993).

4. Da die kulinaristische Sprache vielen Fächern und Branchen verpflichtet ist, kann sie nicht einer singulären Fach- oder Berufssprache folgen. Sie ist als Fächer- und Berufsgruppen übergreifende Sprache der heutigen und künftigen Wissensgesellschaft zu gestalten und wird ähnlich wie die Kulinaristik selbst in den Zwischenwelten und mit ihnen auch in manchen Gemeinsamkeiten der Fächer und Branchen wurzeln. Nur unter dieser Bedingung mehrperspektivischen Zuschnitts vermag sie der Komplexität auch der sinnlich-sensorischen und ästhetischen Aspekte des Gegenstandes gerecht zu werden und als Mittel der Sprachkritik, Selbstkritik und des kulinaristischen Fort- und Weiterbildungsbedarfs im Sinne lebensbegleitenden Lernens zu dienen, das unsere Kompetenz erhöht, im Netzwerk der Kulinaristik wirksam zu werden.

Besondere kulturhermeneutische Voraussetzungen und Grundbedingungen der kulinaristischen Sprache sind die Selbstreflexivität der Kulinaristik sowie ein grundsätzlicher Respekt (affirmatio) gegenüber den culinaria und der Verzicht auf jeden Jargon in Anlehnung an die Prinzipien guter wissenschaftlicher Praxis. Wo diese oder vergleichbare Rahmenbedingungen fehlen, werden Sachlichkeit und Kommunikationskompetenz über kurz oder lang erstickt. Zu den hellsichtigen Darstellern solchen Erstickens gehört nicht zuletzt die poetische Literatur. Ich verweise als kleine Auswahl neuerer Texte auf Mörikes *Alles mit Maß*, Kafkas *Brief an den Vater,* Joseph Roths *Radetzkymarsch,* Bölls *Billard um halbzehn* und Grass *Die Blechtrommel.*

5. Eine fundamentale Bedingung der zu entwickelnden Sprache ist ihre Verständlichkeit. Ich verstehe unter diesem Begriff eine Branchen und Fächer übergreifende Kommunikationsdienlichkeit, die fachliche Kompetenz nicht bloß demonstriert, sondern dialogbereit in die wechselseitige Aufklärung zwischen Wissenschaft und lebensweltlicher und berufsbezogener Praxis einbringt, wie das mit der Prägung des Ausdrucks *Kulinaristik* intendiert war und offensichtlich auch geschieht. Ob ein Text verständlich ist, hängt höchstwahrscheinlich nicht, jedenfalls nicht primär von kurzen Sätzen und dem Verzicht auf Fachausdrücke sondern eher davon ab, wie ein bestimmtes neues Wissen in ein vorhandenes Wissen integriert wird.

Doch es gibt unterschiedliche Vorstellungen von Verständlichkeit. Für manche meint sie nur *Lesbarkeit* des Textes, zentriert um die Faktoren Einfachheit, Gliederung, prägnante Kürze, verstanden als Ausgewogenheit von Knappheit und Redundanz sowie zusätzlicher Stimulanz, worunter man vor allem rhetorische Figuren versteht. Solche Positionsunterschiede sind hinzunehmen, zumal jede Spezialisierung auch eine Verfügungssprache schafft, die in vielen Fällen erst Verhältnisse begreifen lässt. Anders liegen die Dinge, wenn sich in einem für ein breiteres Publikum gedachten Werk eine Beschreibung des Gegenstandes, zum Beispiel des Stoffwechsels durch folgenden Satz findet: „Abbau der Triglyzeride im Dünndarm durch die Pankreaslipase zu Fettsäuren und Beta-Monoglyzeriden". Schon das erste Wort dieses Satzes (*Abbau)* ist nur bei erheblichem Vorwissen verständlich. Derartige Verschlossenheit (Hermetik) kann nicht die Basis der kulinaristischen Sprache sein.

6. Um das Erfordernis der Verständlichkeit zu erfüllen und unterschiedlichen Branchen und Disziplinen auf der Diskursebene im Sinne kooperativer Erkenntnisarbeit zusammenführen zu können, wird die kulinaristische Sprache auf der lexikalischen Ebene als allgemeine Wissenssprache zu bauen sein. Um Einhakmöglichkeiten und Anknüpfungspunkte zu verschaffen, sollten die Begriffe ungeachtet benötigter semantischer Klarheit anschlussfähig bleiben und darum in ihrem Bedeutungsradius offen gehalten werden. Dieses Postulat gilt insbesondere für kulturell so differente und zugleich vielschichtig semantisierte Wörter wie *Kultur* und *Geschmack,* zumal beide Ausdrücke in der Gegenwartssprache auch als Produktbezeichnungen benutzt werden.

Die benötigte Selbstreflexion der Kulinaristik über ihre Begriffe könnte mit der Prüfung beliebter transkultureller Raummetaphern wie der *Hoch*küche und der *gehobenen* Gastronomie beginnen. Es sind Analogiebildungen zu Begriffen wie *haute couture* im Bereich der Distinktionskraft der Kleidung oder auch *Hochliteratur* – eine Redeweise, die von den früheren Geisteswissenschaften stammt, die jahrzehntelang die *high culture* von der *low culture* und die *E-Musik* von der *U-Musik* unterschieden, als handelte es sich um Wesenheiten, nicht um interpretationsabhängige Geltungssysteme; ähnliche Probleme stellen sich beim Gebrauch von Vokabeln wie *hochwertig*.

Als zwischen Fächern und Branchen vermittelnde Wissenssprache könnte die kulinaristische Sprache eine Art Dolmetschfunktion zwischen Positionen und

Konzepten gewinnen, die dringend benötigt wird. Als kleine Beispiele für den Vermittlungsbedarf sei hier zum einen nur der gastronomische Ausdruck *Textur* angeführt, der zwar eine gemeinsame Entstehungsgeschichte mit dem Ausdruck *Text* hat, aber in den meisten Kulturwissenschaften unbekannt ist und erst noch rezipiert werden muss, umgekehrt sei auf die Begriffe *Code* und *Ritual* verwiesen, die in der Sicht der Kulturwissenschaften bei der Erfassung des Kulturphänomens Essen eine große Rolle spielen: sie bezeichnen „diejenigen Kräfte, die den Stoffwechsel der Kultur in Gang halten" (Neumann in Engelhardt/Wild 2005, S. 205).

7. Im Blick auf die natürlichen Sprachen bietet sich diese Dolmetschfunktion als Aufgabenfeld einer kulturbezogenen Übersetzungswissenschaft und Linguistik geradezu an. Zu deren Aufgaben zähle ich auch die sprachgeschichtliche Erforschung der über Jahrhunderte hin gewachsenen natürlichen Sprache. Derartige Forschungen könnten zugleich dem Zweck dienen, das Ableben von Elementen der natürlichen kulinarischen Sprache und ihre kulturelle Verankerung sichtbar zu machen, um kulturelle Probleme aufzuzeigen, die viele gemeinsam haben und denen sich die Kulinaristik in ihrer besonderen Meta-Sprache zuwenden sollte. So ist beispielsweise zu beobachten, dass die alten gewachsenen Ausdrücke *Wirt* und *Wirtshaus* als Bezeichnungen eines Gastgebers und einer Gaststätte, die einer eher informellen und alltäglichen Kommunikation verpflichtet sind, aus dem Sprachgebrauch verschwinden, weil sie ihre Lebenskraft verloren haben, nachdem die von ihr bezeichneten Personen und Institutionen in der gesellschaftlichen Wirklichkeit zum Gegenstand eher des Spottes als der Achtung geworden sind und kaum noch Befürworter finden. Stattdessen ist die Spottformel weit verbreitet w*er nichts wird, wird Wirt* - ein Urteil, das nicht zuletzt als kollektive Mitbilligung des Verzichts des deutschen Staates und seines Gaststättenrechts auf Qualifikationsvoraussetzungen zur Führung einer Gaststätte gelesen werden kann.

Internationalismen sollten erst nach genauer Prüfung ihrer semantischen Leistung in die kulinaristische Sprache deutscher Version aufgenommen werden. So heißt zum Beispiel lat. *hospitalitas* in seiner englischen und französischen Variante *Hospitality / hospitalité*. Dieses Lexem ist in seiner englischen Variante zwar in die Geschäftsprache der deutschsprachigen Hotellerie, also in die Praxis ihrer Rede eingeführt worden, lässt sich aber nicht organisch in die natürliche kulinarische Gegenwartssprache einbürgern, weil sich seine Bedeutung in konkretisierender Semantisierung des Wortes ‚hospes' schon vor Jahrhunderten zum deutschen Wort *Hospital* oder zum verkürzten österreichischen Ausdruck *Spital* gewandelt hat und beide Bedeutungen lebendig geblieben sind; sie definieren das Verhältnis zum Fremden als Fürsorge. Selbst der Versuch Immanuel Kants, *hospitalitas* durch „Wirtbarkeit" ins Deutsche zu übersetzen, ist bis heute erfolglos geblieben. Erst die neuere Globalisierung hat es geschafft, die englisch-französischen Termini als Alternative für den Oberbegriff des *Gastgewerbes* ins Deutsche zu transportieren und der kulinaristischen Sprache Chancen zu eröffnen, den Ausdruck *Gastlichkeit* in Abgrenzung von Hospitality zu einem semantisch differenzierten und tragfähigen Begriff zu machen.

8. Die Entwicklung der kulinaristischen Sprache erfolgt selbstredend wie in den vorliegenden Überlegungen nicht am Reißbrett, sondern im modellierenden Vollzug. Umso mehr wäre bei der systematischen Konstruktion der kulinaristischen Sprache in selbstreflexiver Aufmerksamkeit beim Registerwechsel zu beachten, dass man nicht aus der wissensbezogenen Sprache bruchlos in die Werbesprache übergeht und auf diese Weise die Wissensbildung konterkariert. In der Chemie wird beispielsweise der Ausdruck ‚kochen' als Bezeichnung eines Reaktionsvorgangs semantisiert, der als Experiment inszeniert wird, um zu bestimmten erhofften Erkenntnissen zu kommen. Außerhalb der Wissenschaft wird der Ausdruck jedoch immer häufiger in die Marketingsprache übernommen, die das Wort ‚kochen' als Metapher der Ideenproduktion einsetzt. Selbst Kommunen beteiligen sich an dieser semantischen Metaphorisierung eines Grundwortes der kulinaristischen Sprache. So hat Braunschweig seine vom Stifterverband für die Deutsche Wissenschaft ausgezeichnete Selbstdarstellung als „Ideenküche" mit der Begründung aufbereitet: „Forschen heißt Experimentieren – Kochen auch. Neue Rezepte werden kreiert und ausprobiert, Zutaten variiert, Gewürze neu dosiert. Neugier und Kreativität, Mut und Experimentierfreude verbinden Kochen und Wissenschaft" [1].

Ein Beispiel dafür, dass Wörter von der kulinarischen in die kulinaristische Meta-Sprache wandern und dabei ihre Bedeutung ändern können, ist das alte Wort *Mahl*. Es ist über den antiken Begriff des *Gastmahls* und den biblisch – neutestamentlichen Begriff des *Abendmahls* vor allem von der Politik und der Theologie aufgenommen worden. Dagegen hat die Verwendung des Ausdrucks *Mahlzeit* ihre alte Bedeutung und Funktion beibehalten, er wird in vielen Betrieben immer noch als Mittagsgruß benutzt, während das Grundwort *Mahl* inzwischen durch ein homonymes Gegenwort konterkariert wird, im meine das Wort *Tafel*. Es war Jahrhunderte lang im Kontext einer nichtalltäglichen, festlich formalisierten Eßsituation für die Oberschichtensprache reserviert. Zur Zeit wird diesem Ausdruck mit Konzepten und Veranstaltungen wie den *Tafeln* der Armenküchen eine neue und durchaus oppositionelle Bedeutung gegeben. Die Gegenbedeutung wird nicht nur als humane Verköstigung der Unterschichten und Armen, sondern auch als alternatives „Geschäftsmodell" betrachtet. Dem Bundesverband ‚Deutsche Tafel' (www.tafel.de) haben sich inzwischen über 500 Initiativen angeschlossen; sie versorgen Woche für Woche etwa eine halbe Million Menschen, von denen rund ein Viertel Kinder sind.

---

[1] http://braunschweig-zukunft.de/wirtschaft_wissenschaft_bildung/stadt-der-wissenschaft/Rezeptkategorien.html. zuletzt ges. am 25. 10. 2007.

9. Konturierte Begriffe sind die Basisinstrumente einer jeden sachlichen und vor allem einer Fächer und Berufe transzendierenden und zugleich vermittelnden Wissenssprache. Solche Begriffe sind auch in der Alltagskommunikation unverzichtbar, weil unsere gesellschaftliche Wirklichkeit, wie oben gesagt, im Allgemeinen durch Begriffe konstituiert wird, auch wenn diese in der realen, emotional relevanten Situation des Sprachhandelns in ihrer Funktion geschwächt und begrenzt werden. Grundsätzlich gilt, die situationsunabhängigen Ausdrücke und Begriffe der Kulinaristik so zu festigen, dass sie im Dialog der Menschen und Kulturen Funktionen von wenigstens mittlerer kultureller Reichweite gewinnen können oder dass ihre Geltung in Wahrung historischer Besonderheiten auf einzelne Kulturregionen beschränkt bleibt. Demgemäß schlage ich vor, den grundsätzlich anschlussfähig zu haltenden Ausdruck *Kultur* nicht als geisteswissenschaftlichen Begriff, sondern als soziographische Bezeichnung einer kollektiven Lebensart und diese als ein auf Austausch angelegtes, kohärentes, aber nicht widerspruchsfreies Regel-, Hypothesen-, Bedeutungs-, Diskurs- und Geltungssystem zu begreifen, die sich in Werten, Redeweisen, Symbolen und Institutionen konkretisiert, zu denen man selbstverständlich auch in einem spannungsreichen Zugehörigkeitsverhältnis stehen darf.

Unter dieser Prämisse dürften mindestens die folgenden Aufgaben des Aufbaus einer kulinaristischen Sprache aus kulturpolitischen Gründen Priorität besitzen:

- die Konstruktion einer kulturbewussten kulinaristischen Sprache mit einem transkulturell offenen System leitender Kategorien- und Begriffe als Teil einer Dreisprachigkeit, die befähigt, an der globalen Wissenskommunikation über den Gegenstand teilzunehmen und sie zu befördern;
- die Schärfung des Blicks für die innere Vielfalt des kulinarischen Segments der Alltagssprache als Basis einer kulinaristischen Bildung;
- die Entwicklung eines kulturspezifischen Beitrags zur globalen kulinaristischen Sprachkritik;
- die sprachliche Unterstützung einer partiellen Verknüpfung von wissenschaftlicher und beruflicher Bildung.

10. Da es menschliche Kultur, wie gesagt, genau genommen nur im Plural gibt und auch Berufsvorstellungen, Qualitätsbegriffe und Qualitätsbedürfnisse von Kultur zu Kultur differieren, kann es weder eine transnational gültige Einsinnigkeit einer kulinaristischen Sprache noch eine global verbindliche, wertorientierte wissenschaftliche Verhaltenskultur geben. Die kulinaristische Sprache muss diese kulturelle Vielstimmigkeit als Pluralität in sich aufnehmen, zu diesem Zweck Abstand von Zentrismen nehmen und Brücken der Interkulturalität ihrer selbst bauen. Der Ausdruck ‚Kulinaristik' wurde trotz der Attacken von Bert Brecht gegen den anstrengungslosen *Kulinarismus* (Kleines Organon für das Theater, Vorrede) und trotz Adornos Dogma der „Emanzipation der Kunst von den Erzeugnissen der Küche" (Theodor W. Adorno: Ästhetische Theorie. Frankfurt 1980, 26) geschaffen und wird, wie die Erfahrung zeigt, auch gut verstanden. Nun muss es darum ge-

hen, das aus der Ecke der Verdächtigungen befreite ‚Kulinarische' auch sprachlich als eine Lebensproblematik zu verdeutlichen, die wir alle gemeinsam haben.

Da alle natürlichen Begriffe sprach- und kulturgebunden sind und somit ihre kulturelle Reichweite begrenzt ist (Matthes 1992), können durch bloßes Vermeiden dieser Begriffe ganze Bereiche kultureller Wirklichkeiten unschwer aus dem Prozess der Kommunikation ausgeblendet werden. Dieses Auslassen oder Übergehen anderer Konzeptionen wird tagtäglich praktiziert. In dem verdienstvollen Handbuch *Geschichtliche Grundbegriffe* fehlt ausgerechnet der Begriff *Gast*. Will die Kulinaristik solche Ab- und Ausgrenzungen zugunsten der erkenntnisgeleiteten Wahrnehmung der kulturellen Vielfalt und Komplexität des Essens und seiner Umfelder rückgängig machen, muss sie einen Katalog von Begriffen bilden, die geeignet und in der Lage sind, die übergreifenden Zusammenhänge mit ins Wort zu fassen.

Mit dieser Ansicht möchte ich keinem Begriffshimmel das Wort reden, sondern zur Begriffsarbeit anregen. Welchen Katalog von Grundbegriffen es in der kulinaristischen Sprache deutscher Version künftig geben wird, ist nicht zuletzt eine Frage systematischer Problemfeldbeschreibung und des wissenskulturellen Wandels. Begriffe wie G*eschmack* und *Genuss*, *Essen*, *Dienen* oder *Frische* dürften ebenso zum unverzichtbaren Ensemble dieser Sprache gehören wie die Internationalismen *Gastronomie*, *Kultur*, *Kommunikation, Regionalität, Service, Rezept* und *Textur.* Sie alle lassen sich im Rahmen des fortschreitenden Selbstverständnisses der Kulinaristik näher festigen. Konkret schlage ich bereits hier vor, unter *Gastronomen* nicht mehr wie noch Stephen Menell generell die Normsetzer im Sinne des gr. ‚nomos', sondern in differenzierendem Bezug auf Udo Pini (*Das Gourmet-Handbuch* 2000) die Betreiber einer kulturbewußten Gastronomie zu verstehen.

11. Die kulinaristische Sprache wird viele Ausdrücke aus der historisch gewachsenen Küchensprache übernehmen können, z.B. die im deutschsprachigen Kulturraum berufrechtsrelevanten Begriffe wie *Küchenmeister oder* Handlungsbegriffe wie die zu aus dem Französischen stammenden Verben *blanchieren*, *tranchieren* oder *gratinieren*. Die Kenntnis dieser kulturellen Lexik und der von ihr bezeichneten Gegenstände, Werkzeuge und Sachverhalte, nicht zuletzt der unterschiedlichen Speisen- und Mahlzeitenbezeichnungen, Speisemetaphern und lexikalischen Solidaritäten der Aktionsverben wie *Tisch oder Geschirr abräumen*, *Kartoffeln schälen, Gemüse putzen* oder *Nudeln abschrecken* gehört zu den besonderen Wissensvoraussetzungen der Anwendung der kulinaristischen Sprache. Die Alltagssprache hat mit ihrer Unzahl von Speisemetaphern wohl die meisten kulinarischen Ausdrücke hervorgebracht. Die Palette reicht von der *Götterspeise* über das *junge Gemüse* bis zu *Teufels Küche*, in die man geraten kann und umfasst eine Vielzahl von Redewendungen wie *den Braten riechen, die Suppe auslöffeln, um den heißen Brei herum reden.* Während Sprichwörter feste Wortverbindungen sind, die einen vollständigen abgeschlossenen Satz bilden, sind Redewendungen Phraseologismen, also Wortverbindungen, die eine offenere Satzstruktur aufweisen. Es handelt sich vornehmlich um idiomatische Wendungen, die als vorgefertigte Elemente

in die eigenen Sätze eingebaut werden wie der Ausdruck *den Braten riechen*. Unzählige Redewendungen, Nahrungs- und Speisemetaphern verdankt Europa der Geschichte des Humanismus („geistige Nahrung“). Sprichwörtlich reden wir heute noch von Neugier als *Wissensdurst;* das Lernen erscheint erst produktiv, wenn der Stoff *verdaut* ist. Der Verbrauch von Gütern heißt *Konsumation,* also Verzehr. In Wendungen wie *Zum Fressen gern haben* wird zugleich deutlich, dass Essen und Verdauung dialektische Prozesse sind, Aufbau- und Zerstörungsprozesse im Sinne des Lebensgesetzes von ‚Stirb und Werde‘.

In Frankreich informiert das Buch *J'ai un mot sur la langue* von Florence Gremaud und Serge Pinchon (Paris 2001) über eine Vielzahl solcher Wörter. In den USA hat sich unter anderen Jay Jacobs (1995) zum Thema geäußert; in Deutschland hat Christoph Gutknecht, ehemaliger Linguist an der Universität Hamburg, mit großer wissenschaftlicher Entdeckerlust Gedichte, Sprichwörter, Zeitungsartikel, Handbücher und Websites nach einschlägigen Spuren der Küchensprache durchforstet und sie auf unterhaltsame Weise analysiert (Gutknecht 2002).

Mit den Migrationsströmen ist eine Vielzahl europäischer und nichteuropäischer Speisen und Speisenbezeichnungen nach Deutschland gekommen, die zu einem großen Teil gleichfalls in die kulinaristische Sprache aufgenommen werden sollten. Wir bestellen heutzutage *Paella, Pizza, Roastbeef, Tabbouleh, Couscous* und *Marron Glacé* und trinken ein Glas *Portwein* oder *Champagner*, einen *Cognac* oder eine *Caipirinha.* Mit der Elektrifizierung der Haushalte hielten in den fünfziger Jahren des vorigen Jahrhunderts viele elektrischen Küchengeräte Einzug in die Gegenwartskultur, die das Kochen wesentlich erleichterten; seitdem begleiten die Menschen ein großes technisches Vokabular der Alltagskommunikation wie *Mixer, Kühlschrank, Tranchiermesser, Spühlmaschine, Induktionsherd* etc. Wörter wie *Vitamin* oder *fast food.*

Die Frage, ob Metaphern der Computersprache, die sich zum Beispiel die Semantik des Ausdrucks *Menü* zunutze macht, in die sachliche Sprache der Kulinaristik aufzunehmen wären, dürfte pragmatisch entscheidbar sein. Dagegen wirft der Anspruch, kulinarische Selbstentwürfe der gesellschaftlichen Gruppen (Sprachregionen) als sprachspezifische Eigenheiten zu erkennen und anzuerkennen, Probleme der kulinaristischen Meta-Sprache auf, weil jede Anerkennung immer auch ein sprachlich vermittelter Akt der Bedeutungszuweisung ist, der begründet sein will. Aus diesem Grund hat die Europäische Union bei Wünschen nach Anerkennung kulinarischer Signaturen auf den Nachweisen einer vorhandenen meta-sprachlichen Erfassung dieser Signaturen bestanden. Entsprechend heißt es beispielsweise in den Erläuterungen der österreichischen Regierungsvorlage vom 7.11.1994, Voraussetzung für die Aufnahme in den Katalog der ‚Austriazismen‘ sei gewesen, dass es sich nicht bloß um regionale oder mundartliche Begriffe gehandelt habe, sondern dass ein „offizieller Charakter des [jeweiligen] Begriffes in Österreich durch Rechtstexte nachgewiesen werden konnte“ (Cillia 1997, S. 242).

12. Die kulinaristische Sprache benötigt Anschlüsse auch an Wirklichkeitsbereiche, die auf den ersten Blick wenig mit Culinaria zu tun haben; sie muss als Metasprache juristische Regelungen, technische Entwicklungen oder unternehmerische Positionen erfassen und gegebenenfalls incorporieren können, die Sprachbenutzer bedürfen der sinnlichen Anschauung vor allem regionaler Gegebenheiten. Darum begrüßt die Kulinaristik sowohl die Idee der Carl Duisberg-Zentren, einschlägige *Sprachreisen* anzubieten als auch das im vorliegenden Band beschriebene Akademie-Vorhaben von Peter Peter, kulinaristische *Exkursionen* aufzubauen. Beide Angebote eröffnen auf dem Weg der Erfahrung solcher Wirklichkeitsbereiche außerdem ähnlich irritierende und potentiell aufschlussreiche weil nachdenklich machende Fremdheitserlebnisse über die Differenz von Standardsprache, Fachsprache und Dialekt wie sie beispielsweise in Thomas Manns ‚Buddenbrooks' eingearbeitet sind: *Und wenn sie ‚Karfiol' sagt, so findet sich wohl nicht so leicht ein Christenmensch, der darauf verfällt, dass sie Blumenkohl meint* (Ges. Werke 1, 1960, 365).

13. Eine besondere Eigenschaft der natürlichen Sprache hinsichtlich der culinaria ist die Nähe zum Performativen also zur Darstellung, zur Inszenierung, zur Bühne. Idiomatische Wendungen wie *den Tisch decken* oder *Speisen auftragen* spiegeln diese Nähe – der letztgenannte Ausdruck meint ja etwas sehr anderes als die Wendung *ein Kleid auftragen*. Seit Jahrhunderten haben Literatur und Philosophie dieses Rollenspiel als theatrum mundi charakterisiert. Die Konstruktion der kulinaristischen Meta-Sprache muss infolgedessen mit Grundeigenschaften der Theatersprache vertraut sein, falls das System der kulinarischen Sprache erfassen und als sachliche Sprache in die Lage versetz werden soll, die Performanzqualitäten einer Mahlzeit verständlich zu erfassen und zugleich auch noch den nichtprofessionellen Sprachbenutzern praktische Hilfe zu leisten. Die Kompetenz, in Sozialsituationen öffentlicher Gaststätten oder privater Tischgesellschaften unterschiedlicher Prägung nicht nur essen, sondern auch angemessen reden zu können, verlangt jedem Teilnehmer verbales und nichtverbales interaktives Können sowie das sprachlich zu vermittelnde Nachdenken über Fragen ab: wie und warum verändern sich die Redenormen und Redeformen in solchen Situationen? welche Rolle kommt der Sprachkompetenz von Gast und Gastgeber im Hinblick auf den Performanzcharakter des Essens als Handlung und Situation zu (Bendix 2004)? Zu diesem sprachpraktischen und sprachanalytischen Aufgabenfeld der Kulinaristik gehört auch die Beschreibung der großen Gruppe der Eigennamen (Nomen proprium) mit denen Träger/-innen dieser Eigennamen auf eine bestimmte Weise verbunden werden, um Appellativfunktionen zu übernehmen, die in unterschiedlichem Grade der Aufwertung von Speisen und Getränke dienen und nach bestimmten anerkannten Personen *(Bismarck-Hering)* benannt werden, um der betreffenden Speise einen historischen Glanz zu verleihen, der Qualität, Exklusivität und eine eigene Geschichte verspricht.

Wie ein guter Schauspieler zu seiner Rolle, so wahrt die sachliche Sprache der Kulinaristik die für alle Erkenntnis nötige Distanz zur Situation, aus der gesprochen wird. Hilfreich ist die Meta-Sprache besonders für die Beschreibung der Kommunikationskompetenz bei Tisch, weil es Genuss nur unter Mitgenießenden gibt, so dass gemeinsames Essen in aller Regel immer auch ein Miteinanderreden in Form eines Gespräch oder der Konversation meint und verlangt; das Wort *Genuss* verweist nicht zufällig auf das Wort *Genosse* (vgl. meinen Beitrag zum Genuss im vorliegenden Band). Da das Reden bei Tisch Teil des Genusses ist, muss die Kulinaristik Antworten auf die Frage erarbeiten, wie die kulinaristische Sprache bei Tisch zu gestalten und wie sie zu erwerben sei. Vorbedingung dieses speziellen Spracherwerbs ist sicherlich ein gewisser Umfang an Sachkenntnissen und kommunikativer Höflichkeit. Ohne diese Qualifikationen tritt die Beeinträchtigung des Genusses am ehesten in der Verengung des Gesprächs bei Tisch auf Konventionen und Konventionalitäten ein, wie wiederum die europäische Literatur vor allem des 19. und frühen 20. Jahrhunderts in teils sehr akribischer Kritik von Eßsituationen einschließlich der Tischgespräche vielfach gezeigt hat (Wierlacher 1987, S. 204 f.). Es wäre daher hilfreich, wenn die Konstruktion der kulinaristischen Sprache sowohl an die Erkenntnisse der Literatur und Linguistik als auch an die Resultate der neueren Höflichkeitsforschung angeschlossen würde (Weinrich 1986, Haase 1994, Liang 1998).

14. Als Institution der Wissensgesellschaft kommt der kulinaristischen Sprache schließlich die spezifische Aufgabe zu, als Ausdrucksmedium auch der Kritik der Küche selbst zu dienen. Das Wort ‚Kritik' meint hier nicht die alltagskommunikative Mängelfeststellung oder gar das Mäkeln, sondern eine Kommunikationsleistung durch Prüfung. Kritikfähigkeit wird wie das Geschmacksvermögen als Unterscheidungskompetenz verstanden, die auch benötigt wird, um aus dem Meer der Informationen das jeweils Wissenswerte auswählen zu können. Diese Kompetenz umfasst als Teil einer kulinarischen Bildung die Fähigkeit, über sich selber und die prägende soziokulturelle Umgebung Auskunft geben zu können und dabei für divergierende Ansichten, Formen, Interessen offen zu bleiben und als ‚interpreter of culture' an der Entwicklung ritualisierter Äußerungsformen wissenschaftlicher Kritik mitzuwirken, die geeignet sind, Sprachkompetenz und Dialogfähigkeit zu befördern. Die Gastrosophie des 19. Jahrhunderts hat darauf aufmerksam gemacht, dass das bei Tisch gesprochene Wort dem primären Sinn gemeinsamen Essens unterzuordnen sei und „bei einem geräuschvollen zwecklosen Plaudern nichts herauskommt" (Rumohr o.J., S. 286). Zu Anfang des 21. Jahrhunderts wissen wir, dass dieser Sinn auch und gerade in dem scheinbar zwecklosen Miteinanderreden liegen kann, weil es als Erkenntnismittel und Anerkennungsmedium bis hin zum Selbstdarstellungsspiel der Essenden in einer formalisierten Tischgesellschaft dienen und den Genuss fördernd kann.

Benötigt wird die kulinaristische Sprache als Metasprache insbesondere als Medium systematischer Kritik ihrer selbst und der Diskurse aller Art *über* das Essen. Zu den besonderen Feldern dieser kulinaristischen Sprachkritik gehören sowohl die Restaurantkritik als auch die Nahrungs- und Geschmackskritik (Bourdieu 1999, 120ff.; 277ff.) und die professionelle Gastronomiesprache, die in Deutschland immer noch so fragwürdige Kompositionsbegriffe wie *Tellergericht, Sättigungsbeilage, Essensbegleiter* und militärische Ausdrücke wie *Brigade* aufweist, die allesamt ein obsolet gewordenes Kommunikationsmodell einer historischen Arbeitswelt tradieren und zu Anfang des 21. Jahrhunderts von einem zeitgemäßeren Konzept abgelöst werden sollten.

Entsprechendes gilt für den Bereich des gastronomischen Service, der immer noch fragwürdige Begriffe wie *Ober* oder *Kellner* im Unterschied zu engl. *waiter* oder frz. *garcon* und span. *camarero* aufweist. Diese deutsche Sprachpraxis erscheint in ihrer Gebundenheit an vergangene Schichtenstrukturen der Gesellschaft nicht nur obsolet, sondern auch kontraproduktiv. Es ist an der Zeit, sie auf der Basis besserer Konzepte durch angemessenere Wörter zu ersetzen. Uta Bühler hat im ‚Essener Kreis' und in ihrer Zeitschrift *Sternklasse* mit der nötigen Prüfung begonnen. Dabei ließen sich im Interesse des Kulturvergleichs vielleicht auch Ergebnisse einer früheren Diskussion innerhalb der deutschen Linguistik über Bedeutungsunterschiede der Wörter *dienen* und *bedienen* einbeziehen, die es in den englisch-französischen Ausdrücken s*erve* und *servir* nicht gibt.

Literatur

Althaus, Hans Peter: Kleines Wörterbuch der Weinsprache. München 2006.

Antos, Gerd (Hg.): Wissenstransfer durch Sprache als gesellschaftliches Problem. Frankfurt 2005

Bourdieu, Pierre: Die feinen Unterschiede. Kritik der gesellschaftlichen Urteilskraft. [1979] Frankfurt 1999.

Bahr, Hans-Dieter: Die Sprache des Gastes. Eine Metaethik. Leipzig 1994

Bendix, Regina: Reden und Essen: Kommunikationsethnographische Ansätze zur Ethnologie der Mahlzeit. In: Österreichische Zeitschrift für Volkskunde 58 (2004), S. 211–238.

Cillia, Rudolf de: ‚Alles bleibt, wie es ißt'. Österreichs EU-Beitritt und die Frage des österreichischen Deutsch. In. Jahrbuch Deutsch als Fremdsprache (Intercultural German Studies) 23 (1997), S. 239–258.

Douglas, Mary: Deciphering a Meal. In: dies.: Implicit Meanings. Essays in Anthropology. London/ Boston 1975, S. 249–275.

Ehlich, Konrad zusammen mit Jochen Rehbein: Zur Konstitution pragmatischer Einheiten in einer Institution: Das Speiserestaurant. In: Dieter Wunderlich (Hg.) Linguistische Pragmatik. Frankfurt. 2. Aufl. 1975, S. 209–254.

Engelhard, Dietrich von / Wild, Rainer (Hg.): Geschmackskulturen. Vom Dialog der Sinne beim Essen und Trinken. Frankfurt 2005.

Gauger, Hans-Martin: Was ist und was soll Sprachkritik? In: ders.: Über Sprache und Stil. München 1995, S. 29–61.

Gutknecht, Christoph: Pustekuchen! Lauter kulinarische Wortgeschichten. 2. Auflage München 2002.

Haase, Martin: Respekt. Die Grammatikalisierung von Höflichkeit. München 1994.

Heringer, Hans Jürgen (Hg.): Sprachgeschichte und Sprachkritik. Festschrift für Peter von Polenz zum 65. Geburtstag. Berlin 1993.

Jacobs, Jay: The Eaten Word. The Language of Food, the Food in Our Language. New York 1995.

Liang, Yong: Höflichkeit im Chinesischen. München 1998.

Markl, Hubert: Bildung für die Welt von morgen. In: Wissen und Werte für die Welt von morgen. Hrsg. vom Bayerischen Staatsministerium für Unterricht, Kultus, Wissenschaft und Kunst. München 1998, S. 39 – 65.

Mattheier, Klaus: Linguistik des Essens. In: Alois Wierlacher /Gerhard Neumann/ Hans Jürgen Teuteberg (Hg.).: Kulturthema Essen. Berlin 1993, S. 245 – 255.

Matthes, Joachim (Hg.): Zwischen den Kulturen? Die Sozialwissenschaften vor dem Problem des Kulturvergleichs. Göttingen 1992.

Neumann, Gerhard: ‚Jede Nahrung ist ein Symbol'. Umrisse einer Kulturwissenschaft des Essens. In. Alois Wierlacher/Gerhard Neumann/Hans Jürgen Teuteberg (Hg.): Kulturthema Essen. Ansichten und Problemfelder. Berlin 1993, S. 385 – 444.

Neumann, Gerhard/Alois Wierlacher/Rainer Wild (Hg.): Essen und Lebensqualität. Kultur- und naturwissenschaftliche Perspektiven. Frankfurt 2001.

Reinhart, Werner: Erlesenes Essen. Eine Einführung. In: Christa Grewe-Volpp/ Werner Reinhart: Erlesenes Essen. Literatur- und kulturwissenschaftliche Beiträge zu Hunger, Sattheit und Genuss. Tübingen 2003, S. 1 – 8.

Rumohr, Carl Friedrich von: Vom Geist der Kochkunst. Wels, o.J.

Spinner, Helmut: Die Wissensordnung. Ein Leitkonzept für die dritte Grundordnung des Informationszeitalters. Opladen 1994.

Spinner, Helmut: Wissen. In: Alois Wierlacher /Andrea Bogner (Hg.): Handbuch interkulturelle Germanistik. Stuttgart 2003, S. 337 – 343.

Spillner, Bernd: Die Textsorte ‚Restaurantkritik' im kontrastiven und interkulturellen Vergleich. In: Martina Drescher (ed.): Textsorten im romanischen Sprachvergleich. Tübingen 2002, S. 101 – 119.

Schiewe, Jürgen: Die Macht der Sprache. Eine Geschichte der Sprachkritik von der Antike bis zur Gegenwart. München 1999

Polenz, Peter von: Wie man über Sprache spricht. Über das Verhältnis zwischen wissenschaftlicher und natürlicher Beschreibungssprache in Sprachwissenschaft und Sprachlehre. Mannheim 1980.

Terglane-Fuhrer, Anne: Die Sprache der Speisezubereitung: empirische Untersuchungen zur vertikalen Variation. Frankfurt 1995.

Titzmann, Michael: Kulturelles Wissen-Diskurs-Denksystem. Zu einigen Grundbegriffen der Literaturgeschichtsschreibung. In: Zeitschrift für französische Sprache und Literatur 99 (1989), S. 47 – 61, S. 51.

Weinreich, Harald: Lügt man im Deutschen, wenn man höflich ist? Mannheim 1986.

Wierlacher, Alois / Stötzel, Georg (Hg.): Blickwinkel. Kulturelle Optik und interkulturelle Gegenstandskonstitution. München 1996.

Wierlacher, Alois: Interkulturalität. In: Henk de Berg und Matthias Prangel (Hg.): Interpretation 2000: Positionen und Kontroversen. Festschrift zum 65. Geburtstag von Horst Steinmetz. Heidelberg 1999, S. 155 – 181.

Wierlacher, Alois: Zusammenführung der Perspektiven: Vorbereitende Überlegungen zur Begründung einer Gesprächsgemeinschaft zwischen Kultur- und Naturwissenschaften des Essens. In: Gerhard Neumann/Alois Wierlacher/Rainer Wild (Hg.): Essen und Lebensqualität. Frankfurt/New 2001, S. 295 – 310.

Wierlacher, Alois: Kultur und Geschmack. In: Handbuch interkulturelle Germanistik, hrsg. von Alois Wierlacher und Andrea Bogner. Stuttgart 2003, S. 165 – 175.

Wierlacher: Kritik. In: In: Handbuch interkulturelle Germanistik, hrsg. von Alois Wierlacher und Andrea Bogner. Stuttgart 2003, S. 264 – 271.

Wierzbicka, Anna: Understanding Cultures through their Key Words. New York/Oxford 1997.

Kapitel II

Ansichten der Kulinaristik als Bildungswissenschaft

Kulinaristik und Allgemeinbildung

Ines HEINDL

1 Szene 1: Frühstücksangebote – Kinder wählen aus

Aufmerksam beobachtend, jedoch langsam, suchend gehen die Kinder an den Speisen vorüber und vergleichen. Sie suchen nach Bekanntem, einem vertrauten Geschmack, ein Blick auf den Teller des Nachbarn oder der Erzieherin sagt vielleicht, was ihm/ihr schmeckt und reizt zum Nachmachen. Es locken Farben, fantasievolle, fröhliche Figuren, wenn z.B. aus einer Gurke eine Schlange wurde oder aus Tomate und Ei ein Fliegenpilz. Frühstück in einer Flensburger Kindertagesstätte: Einmal im Monat wird ein Büfett aufgebaut. Hierzu werden Speisen gemeinsam mit den Kindern zubereitet, Eltern tragen Ideen und Produkte bei, ein Supermarkt in der Nähe spendet Obst, Gemüse und Milchprodukte. Wenn alles fertig angerichtet ist, beginnen die 3- bis 6-Jährigen in Gruppen von 15 bis 20 Kindern auszuwählen und zu essen. Monat für Monat macht man ähnliche Beobachtungen: Die Kinder verbringen Zeit bei der Auswahl; fantasievolle Arrangements, mit klar erkennbaren Lebensmitteln und Farben (Brot, Getreideflocken, Obst, Gemüse, Nüsse, Milch, Joghurt) werden undefinierbaren Mischungen (eingeweichtes Getreide vermischt mit anderen Zutaten) vorgezogen. Die Teller sind selten überladen und sollte es passieren, so stehen Erzieher/innen oder Eltern zur Seite und helfen bei der Entscheidung.

2 Szene 2: Cluburlaub in Spanien – Beobachtungen am Büfett

Osterferien, deutsche Familien verbringen den Urlaub mit ihren Kindern an einer sonnigen Küste Spaniens, in einem Hotel weltweit bekannter Clubketten. Um 350 Gäste beköstigen zu können, entscheidet das Hotelmanagement, Frühstücks-, Mittags- und Abendbüfetts anzubieten, deren Variationen die Vielfalt mediterraner Küchen und Kulturen widerspiegelt. Beobachten, betrachten, vergleichen, auswählen, das ist nun gefragt. Ein Blick in die Köpfe der Gäste: Wo fange ich an? Wie ist das Büfett aufgebaut? Das sieht ja toll aus, ich muss alles probieren! Ist auch genug da? Das kenne ich, das nehme ich! Tag für Tag spielen sich ähnliche Szenen ab: Kaum ist das Büfett eröffnet, springen die ersten auf und schon nach kurzer Zeit sieht man überladene Teller vorbeiziehen, bei Erwachsenen und Kindern. Einige Eltern nehmen ihre Kinder an die Hand und helfen bei der Auswahl, andere Erwachsene kümmern sich nur um sich selbst, Kinder irren herum, bis sie irgendetwas wählen, was sie kennen und wohl mögen. Ein Junge sichert sich eine Schüssel Mousse au chocolat, die Portionsgröße reicht für eine 6-köpfige Familie, niemand greift ein.

Essen auszuwählen ist für Kinder wie für Erwachsene in Wirtschaftsgesellschaften mit einem Überangebot an Nahrung eine der größten Herausforderungen unserer Zeit. Übergewicht, Adipositas und darauf zurückzuführende Krankheitslasten sind Auswirkungen eines jahrelangen Ernährungsfehlverhaltens. In dieser Lage verlangen Botschaften der Werbung mit Anreizen zu ungezügeltem Essen, bei gleichzeitigen Botschaften der Gesundheit mit Forderungen nach dem Verzicht auf Produkte, die nicht selten Kinderwünschen entsprechen, vor allem von der Zielgruppe „Kinder“ das Unmögliche. Die beiden Eingangsszenen werfen Fragen auf: Wie lernt der Mensch, in reichen Ländern aus der Nahrungsvielfalt auszuwählen (vgl. Methfessel 1999)? Wo sind die Lernorte in den sozialen Settings, die den Kindern eine Ess- und Ernährungskultur vermitteln, so dass die genussvollen Vorteile des Nahrungsüberflusses überwiegen, während der Umgang mit den Nachteilen des Schlaraffenlandes, u.a. ständig verfügbares Nahrungsangebot, Mengenproblematik (Abb. 1) und Portionsgrößen, gelernt wird. Gesundheit, Lebensqualität und Lebenserwartung der Menschen sind schon in der jetzigen Generation von diesen Entscheidungsfähigkeiten einer Überflussgesellschaft abhängig.

Die biomedizinische Forschung der vergangenen 40 Jahre gewann Erkenntnisse über die natürlichen Zusammenhänge von Hunger, Appetit und Sättigung, von Energie- und Nährstoffbedarf sowie von den Stoffwechselvorgängen des Individuums. Entsprechend richteten sich Schlussfolgerungen und Ernährungsempfehlungen, die aus diesen Erkenntnissen gezogen wurden, an das *Verhalten* des einzelnen Menschen. Überprüfung und Auswertung der sichtbar werdenden Misserfolge dieser Maßnahmen belegen, dass Strategien der Aufklärung, Information und Beratung volkswirtschaftlich als gescheitert angesehen werden müssen. Die drängenden Probleme von Übergewicht und Adipositas in reichen Ländern scheinen zu bestätigen, dass angebotenes Ernährungswissen nicht automatisch in entsprechendes Handeln umgesetzt werden kann. Grundprobleme für die Ursachen ernährungsbedingter Krankheitslast in zivilisierten Gesellschaften liegen in der unreflektierten Praxis alltäglicher Lebensstile der Menschen. Essverhalten mit Auffälligkeiten bis zu schweren Essstörungen drücken das „Nichtangepasstsein“ an eine Ernährungsumwelt aus, die sich seit 150 Jahren drastisch verändert und in reichen Ländern als adipogene Umwelt bezeichnet wird.

Zunehmend werden Stimmen laut, die nach den Lebens*verhältnissen* als Errungenschaften von Gesellschaften fragen, die im Kulturphänomen Essen wurzeln: Trotz aller Individualität und natürlichen Kräfte des menschlichen Körpers ist der Geschmack soziokulturell geprägt. Kulturspezifische Normen und Bedeutungen, die die Menschen im Geflecht von Makro-, Mikrosystemen und Subkulturen interpretieren, bestimmen mit, was, wie, warum, aus welchem Anlass und mit wem gegessen wird (vgl. Methfessel 2006a, Murcott 2003, Wierlacher et al. 1993, Teuteberg et al. 1997). Dabei gilt es nicht nur zu klären, was, wie viel und wo etwas verzehrt wird, sondern auch Antworten darauf zu finden, warum und wie gegessen und getrunken wird und aus welchen Gründen sich das Essverhalten in Zeit und Raum verändert.

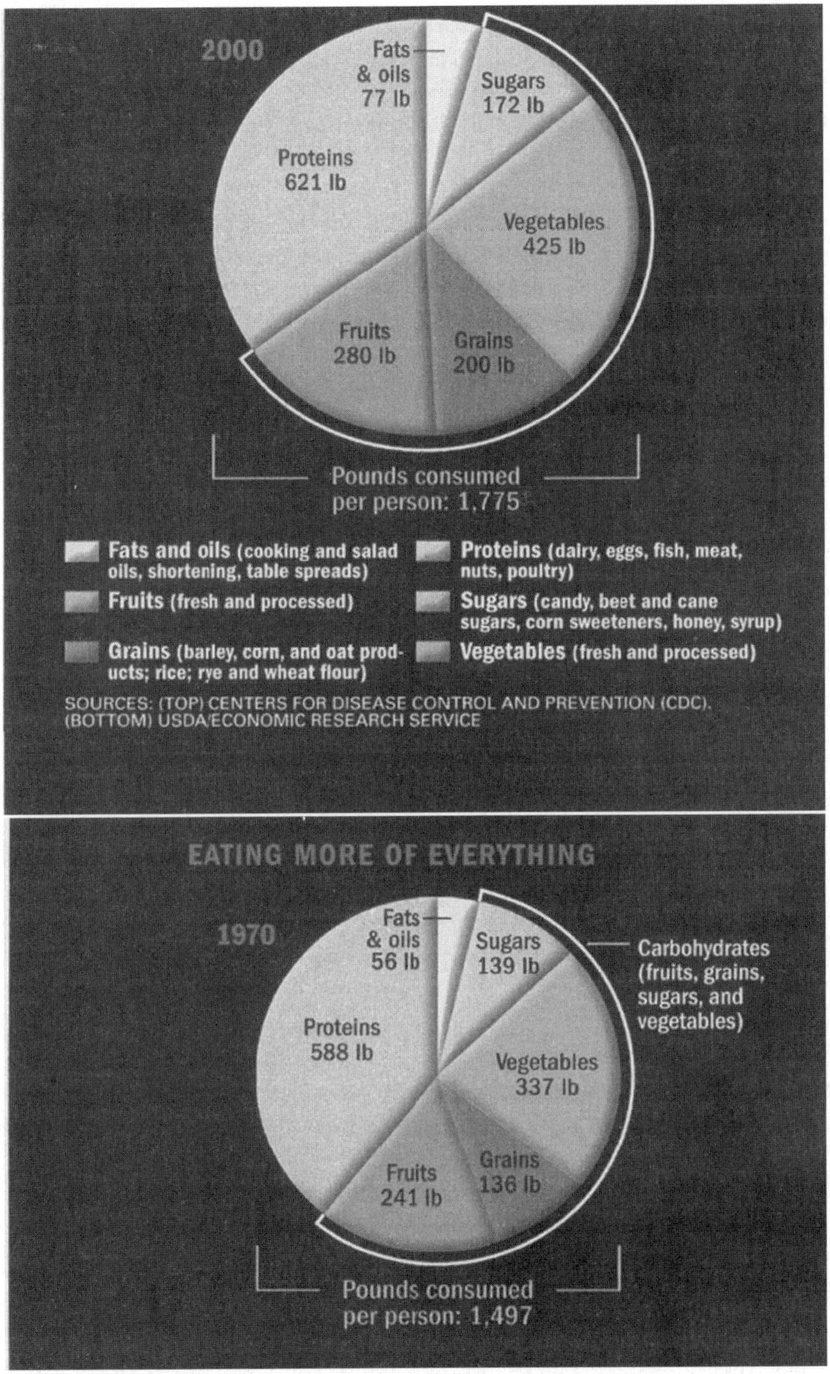

Abb. 1: Mengenproblematik des Nahrungsüberflusses – USA 1970 und 2000 (Newman 2004)

3 Kulinaristik und Bildung – Zusammenhang und Standortbestimmung

Kulinaristik als Teil und Variante der Lebens- und Kulturwissenschaften geht aus von der Annahme, dass das Kulturphänomen Essen den ganzen Menschen betrifft, zwischen individuellem und kollektivem, privatem und öffentlichem Verhalten und Handeln (vgl. Wierlacher 2005). Es ist so eng mit dem jeweiligen Kommunikations-, Werte- und Symbolsystem der Gesellschaften in Alltag und Festtag verbunden, dass man es mit Recht als „soziales Totalphänomen" charakterisieren kann (Marcel Mauss 1968).

Auf der Suche nach den Gegenständen der Kulinaristik bieten Mahlzeiten, verstanden als sozial festgelegte Ordnung von Speisen in typischer Abfolge und Zubereitung, bis heute eine wichtige Orientierung. Falk (Abb. 2) spricht von einem Verfall der Mahlzeitenkultur, da in Wohlstandsgesellschaften das Essen zunehmend von einem gemeinschaftlichen Ritual zur „kauenden Nebenbeschäftigung" (oral side-involvement) verkomme (vgl. Falk nach Bayer et al. 1999). Wenn die Tischgemeinschaft durch den mehr oder weniger gefüllten Kühlschrank ersetzt wird, aus dem sich jeder nach Belieben bedient (vgl. Bartsch 2006), wo findet dann eine Geschmacksbildung statt, die eine Gesellschaft zu recht als Errungenschaft bezeichnen darf, wo lernt der Mensch essen?

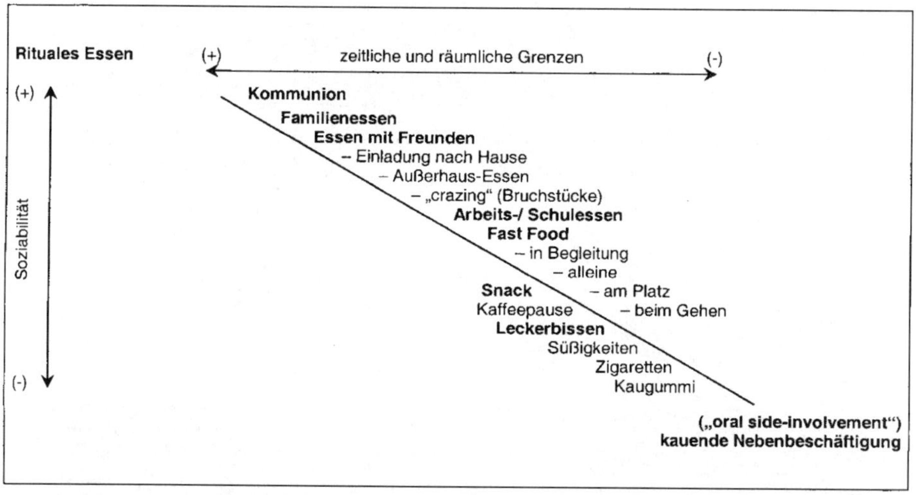

Abb. 2: Transformation der Esskultur (Falk nach Bayer et al. 1999, S. 113)

Das Wissen über den scheinbar trivialen, jedoch lebenswichtigen Umstand, dass uns zwar niemand die konkrete Handlung des Essens abnehmen kann, die Wahl der Speisen jedoch gelernt werden muss, führt zum Begriff der Bildung, durch den alles Fachwissen erst fruchtbar wird (vg. Wierlacher 2005). In allen modernen Gesellschaften vermittelt Bildung den Zugang zu unterschiedlichen Modi der Weltbegegnung und erschließt unterschiedliche Horizonte des Weltverstehens.

Unter den in Tab.1 genannten vier, nicht austauschbaren Horizonten des Weltverstehens kommt ein lebens- und kulturwissenschaftlicher Bezug zum Phänomen Essen nicht vor.

Tab. 1: Grundstruktur der Allgemeinbildung – Modi der Weltbegegnung und Fächerkanon (Klieme 2003, S. 55)

Modi der Weltbegegnung (Kanonisches Orientierungswissen)	Basale Sprach- und Selbstregulationskompetenzen (Kulturwerkzeuge)				
	Beherrschung der Verkehrssprache	Mathematisierungskompetenz	Fremdsprachl. Kompetenz	IT-Kompetenz	Selbstregulation des Wissenserwerbs
Kognitiv-instrumentelle Modellierung der Welt Mathematik Naturwissenschaften					
Aesthetisch-expressive Begegnung und Gestaltung Sprache/ Literatur Musik/ Malerei/ Bildende Kunst Physische Expression					
Normativ-evaluative Auseinandersetzung mit Wirtschaft und Gesellschaft Geschichte Ökonomie Politik/ Gesellschaft Recht					
Probleme konstitutiver Rationalität Religion Philosophie					

Bildung als Erwerb von Fachwissen, als Befähigung zur Selbstbestimmung und als beiden Zielen dienende Befähigung für ein lebenslanges Lernen ist eine Basisbedingung des privaten und beruflichen Lebens und eine zentrale Aufgabe der Bildungs-, Berufs- und Wissenschaftspolitik geworden (vgl. Dörpinghaus et al. 2006). Wenn der Stellenwert von Essen und Ernährung in der Gesellschaft über die naturwissenschaftlichen Zusammenhänge von Hunger, Appetit, Sättigung und physiologischem Nährstoffbedarfsniveau hinausgeht, wenn Essen zu allen Zeiten als Herrschaftsinstrument und Sozialisationsmittel, als Mittel und Experimentierfeld sinnlich-ästhetischer und psychosozialer Erfahrungen oder Sehnsüchte fungierte (vgl. Wierlacher 1993), so darf angesichts ungenutzter Gesundheitsressourcen und bestehender Krankheitslast zu recht ein Bereich für die Allgemeinbildung gefordert werden, der durch die Kulinaristik begründet wird.

Aus Sicht der Kulinaristik sind die *Ziele einer kulinarischen Allgemeinbildung* wie folgt zu formulieren (modif. nach Wierlacher 2005):

1. Das oberste Ziel sollte ein Basiswissen über Lebensmittel, Nahrungsqualität und Speisen sein. Nicht erst durch Lebensmittelskandale wurde deutlich, dass die Märkte einer globalisierten Nahrungsmittelproduktion kaum noch zu durchschauen und zu kontrollieren sind. Angesichts dieser Verunsicherung wuchs ein Gegentrend zur Regionalisierung von Marktangeboten, der seit 25 Jahren durch gesundheitsorientierte Konzepte alternativer Ernährungsformen Unterstützung erfährt.
2. Einsicht in die kommunikations- und kulturstiftende Bedeutung des Kochens und der Rolle der Köchin/des Kochs. Die Zubereitung von Nahrung durch entsprechend qualifizierte Personen geht weit über arbeitstechnisch und arbeitswissenschaftlich begründete Vorgänge hinaus. Gute Köche sind Meister der Kommunikation.
3. Die vertiefte Einsicht in den Zusammenhang von Essen und Kommunikation. Jenseits einer kommunikationsstiftenden Bedeutung des Essens in der Gemeinschaft, werden Nahrungsmittel, Speisen und das Essen selbst zu Mitteln der Kommunikation: „Essen ist Reden mit anderen Mitteln“ (Reinhart 2003, S. 7).
4. Eine Sensibilisierung des Körpers durch eine neue Anthropologie der Sinnlichkeit. Sinnesbildung als Basis der Allgemeinbildung wird zum Ausgangspunkt intellektueller und sozialer Grundausstattung. Sinnliche Sensibilisierung des Körpers heißt aber auch, den Zusammenhang von Geschmack, Genuss und Körperlichkeit im sozialen Kontext neu definieren.
5. Die Vertiefung des Wissens über den Zusammenhang von Geschmack und Gastlichkeit zum Zweck einer verbesserten Lebens- und Berufspraxis und damit der Lebensqualität. Für Schulen und Kindertageseinrichtungen wird hier deutlich, dass der gesellschaftliche Wert von Essen und Speisenangeboten sowie die Rolle des vermittelnden Personals unter der Wirkung von Investition und Qualifizierung und nicht von Aufwandsminimierung neu zu betrachten sind (vgl. DGE 2007).

Die fünf genannten Bildungsziele der Kulinaristik werden in diesem Beitrag überprüft und ausgearbeitet zunächst unter biographischen Bezügen von Essen und Ernährung, Lernen und Gedächtnis sowie im Lebenslauf entstehenden Essmustern der Kommunikation. Sie spiegeln Phasen, Orte und Möglichkeiten des Essenlernens und deren Erinnerung wider. Danach folgt eine Analyse aktueller Konzepte der Bildungsreform, inwieweit die Ziele einer kulinarischen Bildung dort Berücksichtigung finden. Schließlich werden angestrebte Kompetenzen der Ess- und Ernährungskultur im Rahmen einer Verpflegungsqualität betrachtet, die in Schulen und Kindertageseinrichtungen auch durch Gastlichkeit und Essatmosphäre immer wieder neu herzustellen ist.

4 Essen im Lebenslauf – das biographische Gedächtnis

Das Gedächtnis und seine kluge Nutzung bestimmen, was den menschlichen Geist von dem anderer Säugetiere unterscheidet. Genauer betrachtet, ist es das autobiographische Gedächtnis, was den Menschen zum Menschen macht. Jeder Person in ihrer Einzigartigkeit, mit eigener Lebensgeschichte, bewusster Gegenwart und erwartbarer Zukunft liefert das autobiographische Gedächtnis das Vermögen, die persönliche Existenz in einem Raum-Zeit-Kontinuum zu situieren. Offensichtlich dient dieses Vermögen dem Zweck, Erlerntes und Erfahrenes für die Gestaltung und Planung von zukünftigem Handeln zu nutzen (vgl. Markowitsch und Welzer 2005).

Diese Orientierungsleistung, auch für den Sinn und Nutzen von Nahrung und Ernährung, weist drei Merkmale auf, (1) einen unmittelbaren Ich-Bezug: Geruch, Geschmack und Konsistenzgefühl im Mund müssen neben anderen Sinnesfähigkeiten selbst erlebt werden, um Speisen zu lieben oder sie abzulehnen. Damit hängt eng zusammen (2) ein emotionaler Index: Geruch und Geschmack sind vom ersten Lebenstag an mit wertenden Gefühlen verknüpft, die Annahme und Ablehnung lebenslang begleiten. (3) Biographische Erinnerungen an Speisen und Esssituationen sind „autonoetisch", das heißt, wir erinnern uns nicht nur, sondern sind uns auch dessen bewusst, dass wir uns erinnern (vgl. Markowitsch und Welzer 2005). Letzteres ist von großem Vorteil, da sich Alternativen für ein Handlungsspektrum auftun, die für begründete Entscheidungen lebenslang wichtig sind. Essen ist an körperliche Erfahrung gebunden, die in den ersten Lebensjahren unreflektiert in den Gesamtrahmen von Umwelterfahrungen einmündet. Langsam zunehmend wächst dann die Fähigkeit, sich selbst in einem Raum-Zeit-Kontinuum verorten zu können, so dass die Umwelt planmäßig erschlossen und ausgewertet werden kann.

Bei der Ausprägung von Essgewohnheiten als sichtbaren Zeichen des biographischen Gedächtnisses spielen verschiedenste Faktoren eine Rolle. Jeder einzelne Mensch wird dem Einfluss bestimmter Faktoren auf sein Verhalten ein anderes Gewicht beimessen. Mögliche Einflussfaktoren lassen sich nach interner und externer Herkunft einteilen (mod. nach Leitzmann et al. 2001).

Interne Faktoren: Genetische Voraussetzungen, physiologische Bedürfnisse (Hunger und Durst), Persönlichkeitsmerkmale, Einstellungen, Meinungen, Werte, Erfahrungen, Vorlieben, Abneigungen, intellektuelle Fähigkeiten, ernährungsbezogene Kenntnisse, Körperbau, Alter, Erkrankungen, Gebisszustand, weitere Zustände des Organismus wie Müdigkeit oder Nervosität.

Externe Faktoren: Verfügbare Nahrungsmittel und Speisen, Lebensgemeinschaften und andere Personen, Ort und Zeit der Nahrungsaufnahme, Lebenslage und Einkommen, Anlass des Essens, Speisepläne (Restaurant, Kantine), Tischsitten, Diätvorschriften, Arbeitsplatz (Tätigkeit), Klima, Jahreszeit, geographische Lage, Umweltereignisse, Technologien, Medien.

Da der Mensch heute in komplexen Zusammenhängen zwischen Natur und Kultur lebt und aufwächst, müssen Bildungsprozesse des Essenlernens entsprechend differenziert und langfristig angelegt sein. Als Ursprung für Leben und Lernen sind die Fähigkeiten in den Sinnen – der Säugling kann fühlen, riechen, schmecken, hören, sehen und kommunizieren – Vorraussetzung und Grundlage für jeden weiteren Lernschritt und Lernerfolg, von der sinnlichen Wahrnehmung bis zur Bildung intellektueller Fähigkeiten. Werner Loch (vgl. 1983) spricht von drei Stufen kindlichen Lernens als Aufgaben der Erziehung, deren erste Stufe die *Erziehung durch Ernährung* ist. Nach dem Schreien leistet der Säugling durch das Saugenkönnen seinen Beitrag zur Selbsterhaltung. Er erlebt im Vorgang des Stillens das grundlegende Gefühl der Lust, als Lust zum Leben. „Das Produkt, das durch das Zusammenwirken der einverleibenden Tätigkeit des Kindes und der kräftigenden Tätigkeit der Mutter oder Amme zum Wachsen gebracht wird, ist der seine menschlichen Anlagen entwickelnde Leib des Kindes." (Loch 1983, S. 48) Die mütterliche Liebe hat den entwicklungslogischen Sinn, dafür zu sorgen, dass das Kind lernt, sich in seinem Leib wohl zu fühlen, nachdem es den Mutterleib verlassen hat. Als zentrale Funktion der Erziehung durch Ernährung ist das Vergnügen am wachsenden Können des eigenen Leibes der Ursprung des individuellen Überlebens und das basale Motiv der Selbstverwirklichung. Dieses trägt alle folgenden Stufen der Erziehung und sollte deshalb auf keiner geschwächt und auf jeder bestärkt werden (vgl. Loch 1983).

Werner Loch erinnert daran: Der Umstand, dass der Mensch organisch zu früh, also unfertig geboren wird, bedeutet, dass in ihrer Entwicklung genetisch angelegte Ausreifungsprozesse mit sozialen Ausformungsprozessen zusammenfallen müssen. Organische und soziale Entwicklung laufen gemeinsam ab – schon vorgeburtlich, deutlicher aber postnatal. Und genau darauf ist die menschliche Gehirnentwicklung ausgelegt: Kein anderes Lebewesen verfügt über eine vergleichbare Neuroplastizität, das Gehirn des Menschen besitzt ein unvergleichlich großes Entwicklungspotenzial für die Adaptierung an verschiedene, sich verändernde Umweltbedingungen (vgl. Markowitsch und Welzer 2005). Die Gehirnentwicklung des Menschen braucht somit, ausgehend von den Sinnesfähigkeiten, die sozialen Kontakte für die Ausformung des sinnlichen Potenzials. Für das Essenlernen bedeutet diese Erkenntnis der Kommunikations-, Biographie- und Gehirnforschung: Wenn Eltern, Erzieher/innen, Lehrer/innen, Köche und Köchinnen Kindern Angebote machen, die schmecken, im sozialen Umfeld positiv besetzt sind, in guter Atmosphäre erlebt werden und dabei noch ernährungsphysiologisch ausgewogen sind, so wird das Wahlverhalten der Kinder positiv-prägende Wirkung auf ihr gesamtes Leben haben. Es gilt ein Essverhalten und Erinnerungsvermögen anzuregen, dessen Muster schon immer zu den stabilsten Gewohnheiten des Menschen gehörten, sie bilden sich früh heraus und bleiben ein Leben lang bedeutsam.

Wenn somit die erste Stufe des Lernens das so genannte sensorische Gedächtnis ist und das (Essen)Lernen immer durch die Sinne geht, so versäumt es die Bildung insgesamt, die institutionelle Verantwortung aber im Besonderen, das Potenzial einer Esskultur durch das biographische Gedächtnis aufzubauen. Bis etwa zum sechsten Lebensjahr stehen die Fenster für die Entstehung von synaptischen Verknüpfungen im Gehirn weit offen (Synaptogenese). Zugleich gibt es Phasen rapider Verringerung von Synapsen, nämlich all jener, die nicht gebraucht werden (Pruning), sie verkümmern wie ein Muskel, der nicht beansprucht wird. Ein kindliches Gehirn, das durch sensorische und sinnliche Anreize – lust- und genussvolles Essen bietet sich geradezu an – zum Lernen herausgefordert wird, zeigt eine entsprechende Potenzialentwicklung, wie bildgebende Verfahren der Gehirnforschung heute eindrucksvoll belegen.

Angesichts dieser Versäumnisse wundert es nicht, dass die sensomotorische Integration in dieser Generation als Voraussetzung für Gesundheit nicht gelingt. Dicke Kinder bewegen sich durch fehlende Vorbilder einer anregenden Ess- und Bewegungskultur auf eine Krankheitslast zu, deren Folgen für sie persönlich und die soziale Gemeinschaft nicht abzuschätzen sind. Es mangelt an einem Verständnis für die Notwendigkeit des sozialen Ausformungsprozesses der biologischen Anlagen. Oder genauer gefragt: Wo sind die qualifizierten Menschen in den Familien, Tageseinrichtungen für Kinder und Schulen, die fähig und bereit sind, Essen lernen als Teil des biographischen und kulturellen Gedächtnisses einer Gesellschaft sowie als Aufgabe und Ziel der Allgemeinbildung zu verstehen und zu gestalten?

5 Essen lernen – PISA und die Folgen für Kompetenzen einer gesunden Lebensführung

Die OECD-Studie PISA (Programme for International Student Assessment, ein Programm zur zyklischen Erfassung basaler Kompetenzen der nachwachsenden Generation) *„konzentriert sich weniger auf die Frage, inwieweit die Jugendlichen bestimmte schulische Curricula beherrschen, als vielmehr auf deren Fähigkeit, ihre Kenntnisse und Fertigkeiten zur Bewältigung realitätsnaher Herausforderungen einzusetzen.“* (OECD 2001).

Das mittelmäßige Abschneiden Deutschlands in der PISA-Studie hat insgesamt eine nachhaltige und umfassende Diskussion ausgelöst und die Schwächen des deutschen Bildungssystems aufgedeckt. Dies wird auch im Kontext von Bildung und Gesundheit diskutiert, zeigt jedoch bislang nur programmatische Auswirkungen (vgl. Heindl 2004 und 2005). Im internationalen Vergleich fördern und verstärken die in Deutschland bestehenden strukturellen Bedingungen die soziale Ungleichheit in Bildungs- und Gesundheitssystemen. Die hohe Zahl von Schülerinnen und Schülern, die die allgemein bildende Schule als Risikogruppe mit ungünstigen Lebensperspektiven verlassen, die eklatanten Leistungsunterschiede zwischen Schulformen, aber auch zwischen einzelnen Schulen innerhalb einer Schulform, zwingen zu einem Paradigmenwechsel auf breiter Ebene. Vor diesem Hintergrund belegen Kinder- und Jugendgesundheitsstudien (HSBC 2003, KIGGS 2006, KOPS seit 1996) auch in Deutschland den Zusammenhang von Armut, Bildung und Gesundheit. Den Menschen in prekären Lebenslagen fehlen Wissen und Können, ein selbst bestimmtes, gesundes Leben zu führen.

Das Lehren und Lernen in deutschen Schulen ist durch fachliche und rechtliche Rahmenbedingungen u.a. von Stundentafeln, Rahmenrichtlinien und Lehrplänen deutlich auf die Qualität dessen fokussiert, was in die Köpfe der Lehrenden und Lernenden gelangen soll. Von diesem „Input“ wurde auf eine Handlungskomptenz geschlossen, die jedoch nie systematisch evaluiert wurde. Da die PISA-Ergebnisse den Blick auf ein funktionalistisches Bildungskonzept öffnen, das wichtige Basiskompetenzen für eine erfolgreiche Teilhabe am gesellschaftlichen Leben definiert, erweist sich das angemessene alltägliche Gesundheitshandeln der Menschen als Ergebnis und Maßstab eines lebenslangen erfolgreichen Bildungsprozesses.

Was in der kurzen Formel von der „Input- zur Outputsteuerung“ im Bildungs- und Gesundheitswesen erfasst werden könnte, ist jedoch ein komplexes und vielschichtiges Unterfangen. Gesunde, entscheidungsfähige Menschen auszubilden, wird vermutlich die Zukunft der weltweiten Wirtschafts- und Gesundheitssysteme bestimmen. Dazu gehört im Rahmen der Allgemeinbildung die Formulierung von Bildungszielen, die Klärung eines gesundheitsbezogenen Kompetenzbegriffs, die Standard- und Curriculumentwicklung.

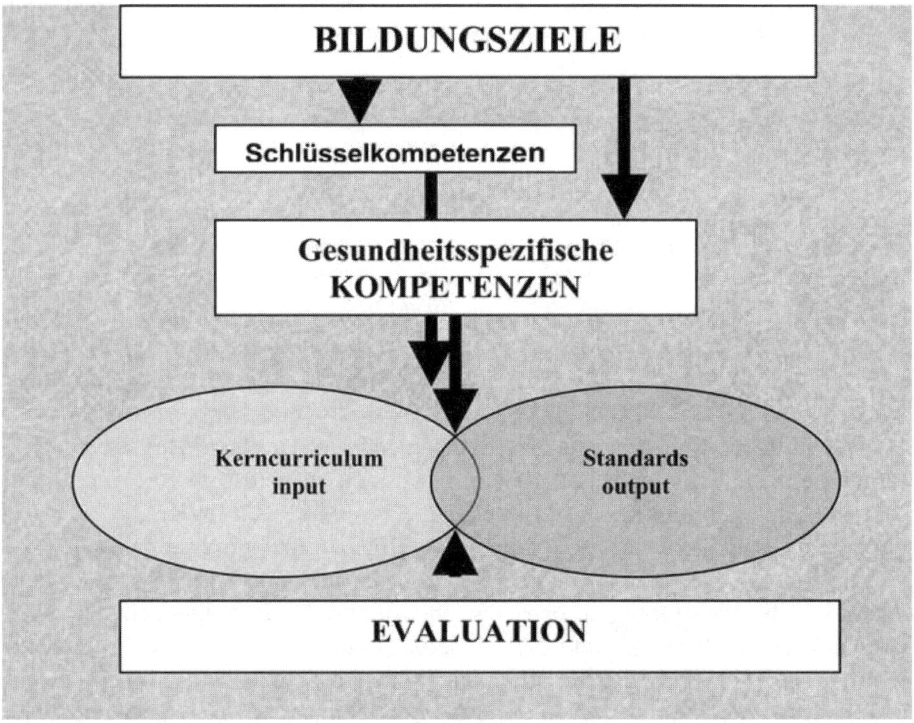

Abb. 3: Bildungsverständnis (modif. nach Beer 2004)

- PISA basiert auf einem dynamischen Modell des lebensbegleitenden Lernens.
- Es geht nicht nur um Wissen, sondern ebenso um die Fähigkeit, Wissen und Erfahrungen zu reflektieren und beides auf realitätsnahe Fragen anzuwenden. (Kompetenzbegriff).
- PISA führt den Begriff der Literacy (ursprüngliche Bedeutung: Fähigkeit zu lesen und schreiben) für den deutschen Sprachraum neu ein und steckt Bereiche einer wissenschaftlich fundierten Grundbildung ab. Health Literacy bedeutet entsprechend: gesundheitlich gebildet sein.

Das aus dem angelsächsischen Sprachraum stammende Literacy-Konzept begründet ein gesellschaftliches Bildungsverständnis, das die unerlässlichen Grundlagen beschreibt, die in einer modernen Gesellschaft nötig sind. Bildung ist individuelles und gesellschaftliches Kapital. Der Schule wächst in diesem Verständnis eine eindeutige Rolle zu: *„Für das Individuum lassen sich auf dieser Grundlage übergreifende normative Bildungsziele formulieren, die ihm für seine persönliche Lebensgestaltung hilfreich sind: politisch partizipieren und Einfluss nehmen, am wirtschaftlichen Leben teilhaben können, intellektuelle Ressourcen und Informationen erschließen und nutzen können, soziale Netzwerke knüpfen und Beziehungen zu anderen eingehen können, die physische und psychische Gesundheit selbsttätig erhalten und Freude am Leben entwickeln können* " (OECD 2001).

In der Auseinandersetzung mit dem Literacy-Konzept wird deutlich, dass sich ein *„Bevorratungskonzept"* des Lernens überholt hat und statt dessen ein *„permanentes Bildungserneuerungsmodell"* greifen muss, dessen Erfolg für das lebenslange Lernen auf einer veränderten Schulbildung fußt (vgl. Weinert 2000).

Was bedeuten diese Ergebnisse und Forderungen einer umfassenden Bildungsdiskussion für den Lernbereich der kulinarischen Bildung, der sich im alltäglichen Essverhalten der Menschen widerspiegelt. Eine Analyse aktueller Bildungskonzepte in Deutschland und Europa stellt zwei Entwicklungen deutlich heraus (vgl. Heindl 2003, Heseker 2005).

Erstens: Der Blick über traditionelle Fachbezüge hinaus führte in Europa schon seit 1990 zu innovativen Ansätzen einer Ernährungs-, Gesundheits- und Verbraucherbildung. Aus den länderübergreifenden Entwicklungen entstand das *europäische Curriculum* „Healthy eating for young people in Europe – a school-based Nutrition Education Guide" (vgl. Heindl 2003). Als Spiralcurriculums für alle Alterstufen der schulischen Allgemeinbildung verknüpfen sieben Themenfelder der Ernährungsbildung mit ihren Schlüsselfragen, Inhalten und Lernzielen zum ersten Mal in Europa ernährungs- und gesundheitswissenschaftliche, kultur- und haushaltswissenschaftliche Kompetenzen mit Einstellungen und Wertorientierungen, für eine situations- und problemgerechte Anwendung des Wissens, anschlussfähig für ein lebenslanges Lernen:

1. Essen und emotionale Entwicklung – Körper, Identität und Selbstkonzept
2. Essgewohnheiten, kulturelle und soziale Einflüsse – Ernährungsweisen, Essstile, Essen in sozialer Gemeinschaft
3. Ernährung und persönliche Gesundheit – Ernährungsempfehlungen und Richtlinien, alte und neue Konzepte
4. Prozesse der Erzeugung, Verarbeitung und Verteilung von Nahrung – Lebensmittelqualität und globaler Handel
5. Lebensmittel, Märkte, Verbraucher und Konsum – Marketing, Werbung und Einkauf
6. Konservierung und Lagerung von Nahrung – Lebensmittelverderb, Hygiene, europäische Bestimmungen
7. Kultur und Technik der Nahrungsmittelzubereitung – ästhetisch-kulinarischer

Umgang mit Nahrungsmitteln, (inter)kulturelle, historische, soziale, religiöse Bezüge

Im Sinne einer kulinarischen Bildung beginnt das europäische Curriculum in seinem ersten Themenfeld mit dem handelnden Menschen, der im Lauf seines Lebens, unter psychosozialen und kulturellen Einflüssen lernt zu essen. Körperlichkeit, Identität, Selbstkonzept und Gesundheit werden in Bezug zu möglichen und relevanten prägenden Faktoren reflektiert. Das letzte Themenfeld spricht dann deutlich vom ästhetisch-kulinarischen Umgang mit Nahrungsmitteln und versteht darunter die kulturstiftende Bedeutung der Zubereitung von Speisen. Grundkompetenzen im Umgang mit Nahrungsmitteln sind dabei ebenso gemeint wie kommunikative Kompetenzen, die sich in der Gestaltung von Mahlzeiten ausdrücken

Zweitens: Das Forschungsprojekt *REVIS* (*Reform der Ernährungs- und Verbraucherbildung in Schulen,* 2003 – 2005) nahm in Deutschland die sieben Themenfelder des europäischen Curriculums auf und erweiterte die Ernährungs- und Gesundheitsorientierung durch eine umfassende Konsumentenbildung. Der daraus entstandene Referenzrahmen formuliert Bildungsziele und -standards, Kompetenzmodelle sowie entsprechende Inhalte und Themen (http://www.evb-online.de). Im Vergleich der deutschen Konzepten, die eher in der ökonomischen bzw. finanziellen Allgemeinbildung anzusiedeln sind, stellt REVIS das übergeordnete Bildungskonzept dar, das die Aufgabenfelder von Ernährung, Gesundheit und Konsum mit Blick auf die privaten Haushalte zusammenführt und zu einer fachlichen Domäne der Allgemeinbildung entwickelt. *REVIS-Bildungsziele:*

Die Schülerinnen und Schüler:

... gestalten die eigene Essbiographie reflektiert und selbst bestimmt.

... gestalten die Ernährung gesundheitsförderlich.

... agieren sicher in Kultur und Technik der Nahrungszubereitung und Mahlzeitengestaltung.

... entwickeln ein positives Selbstbild durch Essen und Ernährung.

... entwickeln ein persönliches Ressourcenmanagement und übernehmen Verantwortung für sich und andere.

... treffen Konsumentscheidungen reflektiert und selbst bestimmt.

... gestalten die eigene Konsumentenrolle reflektiert in rechtlichen Zusammenhängen.

... treffen Konsumentscheidungen qualitätsorientiert.

... entwickeln einen nachhaltigen Lebensstil.

Die vier erstgenannten Ziele einer kulinarischen Allgemeinbildung, von der Basiskompetenz über Nahrungsqualität, Lebensmittel und Speisen bis zur sinnlich-ästhetischen Bildung, sind im europäischen wie auch im REVIS-Curriculum berücksichtigt. Die Themenfelder des europäischen Konzepts zur schulischen Gesundheitsförderung zeichnen sich vor allem durch die aufbauende und vertiefende Formulierung von Inhalten und Zielen durch sämtliche Altersstufen der Allgemeinbildung aus (4 bis 18 Jahre) aus. Die Stärken des deutschen Reformkonzepts zur Ernährungs- und Verbraucherbildung in Schulen liegen in einer konsequenten, expliziten Berücksichtigung der nachhaltigen Wirkung von Konsumentscheidungen auf das Ernährungs- und Gesundheitsverhalten (Klassenstufen: 5–10).

Die Berücksichtigung eines vertieften Wissens und Könnens über den Zusammenhang von Geschmack und Gastlichkeit scheint in beiden Konzepten erkennbar zu sein, jedoch weisen die aktuellen Entwicklungen in Deutschland zu mehr Ganztagsbetreuung für Kinder und Jugendliche einen deutlichen Mangel an kulinarischer Bildung in diesem Teilaspekt aus. Verpflegungskonzepte und Essensangebote in Kindertageseinrichtungen und Schulen stehen unter dem Druck von ökonomischen Entscheidungen und Kostenersparnis. Angebote einer hohen Gesundheits- und Genussqualität sowie entsprechend qualifiziertes Personal, diese dauerhaft zu gewährleisten, haben bisher allenfalls die programmatische Hürde genommen. Als Chance für Essen und Essenlernen in der Verantwortung der Allgemeinbildung wird dieser Zusammenhang bislang nicht begriffen (vgl. Heseker et al. 2003a und b, Methfessel 2006b).

6 Verpflegungsqualität in Tageseinrichtungen für Kinder und Jugendliche – Wer kocht und was gibt es zu essen?

Schulen in Deutschland zur Mittagszeit: Auf der Suche nach Orten, wo Lehrkräfte, Schülerinnen und Schüler essen können, dem Geruch und Lärm folgend, landet man nicht selten im Untergeschoss. Dort befinden sich häufig Küchen und Essräume. Verbrauchte Luft vermischt mit Essensgerüchen, lieblos zusammengestelltes Mobiliar, das irgendwo im Gebäude übrig war, stören vielleicht nicht, wenn der Hunger treibt. Mit Esskultur, Genuss und Gastlichkeit hat das wenig zu tun. Obwohl Schülerbefragungen immer wieder deutlich zum Ausdruck bringen, dass anregender Geschmack, Flexibilität und Wahlmöglichkeiten bei der Speisengestaltung fehlen, die Essräume zu laut und ungemütlich sind, fallen Verpflegungskonzepte, die sich an kulinarischer Bildung orientieren, dem „Outsourcing" zum Opfer. Die Träger von Kindertagesstätten und Schulen übergeben die Verantwortung für Verpflegungskonzepte externen Anbietern, die dann nach den üblichen Maßstäben einer Gemeinschaftsverpflegung und ohne Berücksichtung pädagogischer Rahmenbedingungen in Schulen die Qualität bestimmen. Die Paradoxie der Argumentation zwischen Schulen und Schulträgern treibt seltsame Blüten: „Bei fehlender Akzeptanz der Essensangebote kann ein Caterer schneller ausgetauscht werden als fest angestelltes Personal."

Fragt man Schulen, Essensanbieter und ihre Zielgruppen nach den Erfolgfaktoren einer nachhaltigen Verpflegungsqualität, so schälen sich folgende Aspekte heraus:

1. Ein Verständnisprozess über das Essen in der Schule ist die Voraussetzung für Qualität und Akzeptanz.
2. Genuss braucht Zeit und nach sinnlich-ästhetischen Kriterien gestaltete Orte.
3. Das Prinzip Partizipation: Die Beteiligung der „Kunden" bei der Planung und Gestaltung von Verpflegungskonzepten (z.B. durch sog. Küchenkommissionen), erhöht die Zahl derer, die sich täglich für ein Mittagessen entscheiden.

4. Komponentenessen statt fertige Menus auf dem Teller erhöhen die tägliche Entscheidungsflexibilität. Vor allem Jugendliche klagen darüber, wenn sie im Wochenrhythmus vorausplanend angeben sollen, was sie essen wollen.
5. Eine kommunikationsfördernde Essatmosphäre verbessert die Identifikation der Schülerinnen und Schüler mit der Schule.
6. Gutes Essen und eine gemütliche Essatmosphäre werden von den Nutzern als Wertschätzung verstanden.
7. Fachliche Kompetenz bei der Herstellung und kommunikative Kompetenz bei der Ausgabe sind vermittelnde Faktoren für eine hohe Akzeptanz.

Projektschulen, die als Ganztagseinrichtungen in der Lage sind, diese Erfolgsfaktoren in ihren Schulprogrammen und Profilen zu berücksichtigen, bestätigen bereits heute, dass ein qualitativ hochwertiges Essen von allen Nutzern wertschätzend aufgenommen wird. In gemütlicher Atmosphäre gemeinsam, genussvoll, schmackhaft und gesund essen zu können, verändert den Lebensraum Schule durch die Stärkung einer positiven Lernatmosphäre. Wenn sich alle Beteiligten dann selbstbewusst mit ihrer Einrichtung identifizieren, so trägt diese Wirkung nicht zuletzt zu einem Standortvorteil im Wettbewerb der Schulen um ihre Klientel bei.

Die Schullandschaft in Deutschland verändert sich seit 2003 dramatisch. Angesichts schnell steigender Zahlen von Ganztagsschulen ist Handlungsbedarf gegeben, damit Qualitätskonzepte im Sinne einer ästhetisch-kulinarischen Bildung entstehen. Die Deutsche Gesellschaft für Ernährung hat sich als wissenschaftliche Fachgesellschaft dieser Entwicklungen angenommen und „Qualitätsstandards für die Schulverpflegung" veröffentlicht (vgl. DGE 2007). Mit entsprechenden Richtlinien für die Gemeinschaftsverpflegung, eingebettet in pädagogische und schulorganisatorische Rahmenbedingungen, wird jeder Schule der konzeptionelle Zugang zur kulinarischen Bildung eröffnet.

7 Ernährungskompetenz – von der kauenden Nebenbeschäftigung zu einer neuen Esskultur in Deutschland

Zurück zu den anfänglichen Fragen und Forderungen: Wo lernt der Mensch essen und je nach seiner Lebenslage im Schlaraffenland das Richtige auszuwählen? Wie müssen Eltern, Erzieher/innen, Lehr- und Fachkräfte qualifiziert werden, um diesen Aufgaben gewachsen zu sein? Das Ende der Trivialisierungsdebatte: „Essen kann doch jeder, denn wir tun es jeden Tag", ist sicher erreicht. Die Präventions- und Gesundheitsförderungsforschung weist auf die Alterphasen von der Säuglings- bis zum Ende der Grundschulzeit hin, wo Intervention nachhaltige Wirkungserfolge erzielt (vgl. Schnabel 2007).

Noch immer lernen Kinder und Jugendliche im soziokulturellen Umfeld des gemeinschaftlichen Lebens mit anderen Menschen zu essen, in Familien, mit Freunden, in der Gemeinschaft gesellschaftlicher Einrichtungen (vgl. Methfessel 2006a). Hervorragend ließen sich dort die Lernangebote vor dem Hintergrund der dargestellten Konzepte nutzen, um durch Sinnesschulung die Entstehung von Essgewohnheiten in Richtung Geschmacksvielfalt zu entwickeln. Außerdem könnte das gemeinsame Mahl als ein Ort der ästhetischen Kommunikation auf diese Weise wieder ins Zentrum sozialer Gemeinschaft zurückgeholt werden (vgl. Heindl 2003). Aus der altgriechischen Bedeutungsgeschichte ist ästhetisch alles, was unsere Sinne beschäftigt, in uns Empfindungen und Gefühle entstehen lässt und auf diese Weise unser Bewusstsein prägt (vgl. zur Lippe 1987)

Sinneswahrnehmung lehrt zu unterscheiden. Für den Säugling gibt es eine Zeit lang nur den Geschmack der Milchnahrung in den ersten Monaten, möglicherweise schmeckt jedoch schon die Muttermilch, je nach Stillphase und Ernährung der Mutter unterschiedlich. Danach folgt der langsame Aufbau der Kostform, die im sozialen Umfeld gegessen wird. Durch die so genannte Beikost lernt der Säugling, seinen Geschmack zu erweitern. Schon hier können „Einbahnstraßen" der Geschmackbildung beginnen, wenn die Eltern annehmen, dass die erste Ablehnung eines neuen Geschmacks bestehen bleibt: „Mein Kind mag das nicht", ist eine der häufigsten Bemerkungen, die Erzieher(innen) und Lehrkräfte von Müttern hören. Phasen der Geschmackserweiterung ereignen sich in Schüben, die wie Wachstumsschübe aussehen. Phasen einseitiger Geschmacksvorlieben folgen Neuentdeckungen, die immer vom sozialen Umfeld ausgehen. Eltern sollten allerdings wissen, dass ein abgelehnter Geschmack nach Wochen wieder anzubieten ist, so dass sich im Laufe der Jahre aus dem ersten vertrauten Geschmack eine Vielfalt an Duft- und Geschmacksnuancen entwickeln kann (vgl. Tellenbach 1968). Zu recht klagen Eltern über phasenweise einseitige Vorlieben, die auf Pizza, Pasta, Pommes frites u.ä. reduziert sein können. Geduld, die Vielfalt der Nahrung immer wieder anzubieten, Phantasie, kindgerechte Speisen zu gestalten, und Ausdauer, durch emotional und atmosphärisch positiv besetzte Esserlebnisse, lassen auch diese Phasen vorübergehen. Danach erweisen sich die früh gelegten ästhetisch-kulinarischen Grundlagen als wichtig, die in der Erinnerung gespeichert sind, und auf die die Heranwachsenden zurückgreifen können.

Damit richten sich Forderungen nach der Übernahme entsprechender Verantwortung für das Essenlernen auch an die gesellschaftlichen Bildungseinrichtungen, die neben den Familien die Kinder früh erreichen mit Angeboten einer ästhetisch-kulinarischen Bildung, die zur Grundlage jedes weiteren Lernerfolgs im Lebenslauf werden. „Es ist ein Irrtum zu meinen, dass wir *Sinne ‚haben'*, und dass sie automatisch funktionieren. Wir ‚haben' Sinne so wenig wie Verstand. Was der Mensch in seinen Sinnesorganen mitbringt, sind unausgebildete Möglichkeiten, die in der heutigen Gesellschaft verkümmern" (Picht 1986, S. 386). In den Schulen von heute wird die innere Natur des Menschen gegen das ‚höhere Vermögen', insbesondere die Sinneswahrnehmung gegen den Verstand isoliert. Jedoch ist ohne Anschauung jeder Begriff leer (vgl. zur Lippe 1987).

Die weltweiten Gesellschafts- und Wirtschaftsysteme benötigen gesunde und entscheidungsfähige Menschen. Vor diesem Hintergrund bilden auch die Schulen aus. Knapp sind nicht mehr Arbeit, Maschinen und Rohstoffe, sondern kooperative, umfassend gesunde Wissensarbeiter, die ihre Fähigkeiten und Ideen einsetzen, um Probleme zu angemessenen Kosten zu lösen. Unsere Beziehungen in der Arbeitswelt, im Gesundheitswesen und in unseren Schulen sind nicht produktiv genug, die Familienqualität ist im Durchschnitt nicht ausreichend, den „Knappheitsfaktor Mensch" zu qualifizieren (Händeler 2003, S. 27). Die PISA-Ergebnisse können auch für das Ernährungs- und Gesundheitsverhalten der Menschen heilsam sein, wenn wir den Kindern das an Bildung zukommen lassen, was sie brauchen, um sich in einer Welt der Leistungsmärkte von Nahrungs- und Genussmitteln, Essen und Körperkultur zu orientieren. Frühzeitige Anleitung, den Körper wahrzunehmen und die Sinne zu gebrauchen, rechtzeitige Hinweise, Märkte und Manipulationen zu durchschauen, gleichzeitige Stärkung des Selbstverantwortung der Menschen und der Mitverantwortung sozialer Institutionen tragen zur Entscheidungsfähigkeit der Menschen bei (vgl. Heindl 2003). Gesellschaftliche Erziehungs- und Bildungseinrichtungen sind soziale Organisationen, deren gesetzliche Rahmenbedingungen und Strukturen sich gegen manipulierende Tendenzen der Geschmacksvereinheitlichung und -globalisierung einsetzen lassen. Wie schnell würde sich die Nahrungsmittelindustrie auf neue Entwicklungen durch eine wachsende Geschmackskompetenz ihrer Kunden einstellen, wenn der Konsument zu unterscheiden lernt und sich dann entscheidet, zu essen oder nicht zu essen.

Wenn ästhetisch-kulinarische Bildung zukünftig zum Aufgabenbereich von Schulentwicklung gehört, so werden Lernwege und Lernerfolge zu einer Geschmacksbildung führen, denn es ist klug, Geschmack als Quelle der Weisheit zu schulen (vgl. Benthien und Wulf 2001).

Literatur

Bartsch, Silke: Jugendesskultur – Bedeutungen des Essens für Jugendliche im Kontext von Familie und Peergroup. Dissertation: Universität Heidelberg 2006.

Bayer, Otto/ Thomas Kutsch/ Peter H. Ohly: Ernährung und Gesellschaft – Forschungsstand und Problembereiche. Opladen 1999.

Beer, Sigrid: Zum Grundlagenverständnis für die Standard- und Curriculumentwicklung im Forschungsprojekt REVIS. Paderborner Schriften 2004.

Benthien, Claudia/ Cristoph Wulf (Hg.): Körperteile – eine kulturelle Anatomie. Reinbek 2001.

DGE – Deutsche Gesellschaft für Ernährung: Qualitätsstandards für die Schulverpflegung. Bonn 2007.

Dörpinghaus, Andreas/ Andreas Poenitsch/ Lothar Wigger: Einführung in die Theorie der Bildung. Darmstadt 2006.

Engelhard, Dietrich von / Wild, Rainer (Hg.): Geschmackskulturen. Vom Dialog der Sinne beim Essen und Trinken. Frankfurt 2005.

Händeler, Erik: Die Geschichte der Zukunft – Sozialverhalten heute und der Wohlstand von morgen. Moers 2003.

Heindl, Ines: Studienbuch Ernährungsbildung – ein europäisches Konzept zur schulischen Gesundheitsförderung. Bad Heilbrunn 2003.

Heindl, Ines: Ernährung, Gesundheit und institutionelle Verantwortung – eine Bildungsoffensive. In: Ernährungs-Umschau 51 (6), 2004, Seite 224–230.

Heindl, Ines: Gesundheit und soziale Zugehörigkeit – Probleme der Vermittlung in Bildung und Beratung. In: Helmut Heseker (Hg.): Neue Aspekte der Ernährungsbildung. Frankfurt 2005.

Heseker, Helmut/ Sigrid Beer/ Kirsten Schlegel-Matthies/ Ines Heindl/ Barbara Methfessel: Ernährung in der Ganztagsschule. Teil 1: Notwendigkeit und Problematik von Schulverpflegung. In: Ernährungsumschau 50 (3), 2003a, Seite B9–12.

Heseker, Helmut/ Sigrid Beer/ Kirsten Schlegel-Matthies/ Ines Heindl/ Barbara Methfessel: Ernährung in der Ganztagsschule. Teil 2: Institutionalisierung und Möglichkeiten von Schulverpflegung. In: Ernährungsumschau 50 (4), 2003b, Seite B13–16.

Heseker, Helmut (Hg.): Neue Aspekte der Ernährungsbildung. Frankfurt 2005.

HBSC (Health Behaviour in School-aged Children): WHO 2003.

KIGGS (Kinder- und Jugendgesundheitsstudie): Robert-Koch-Institut 2006.

Klieme, Eckhard (Koordination): Zur Entwicklung nationaler Bildungsstandards – Eine Expertise. Berlin: 18. Februar 2003 (http://bildungplus.forum-bildung.de).

KOPS (Kiel Obesity Prevention Study): Institut für Humanernährung und Lebendmittelkunde der Universität Kiel, 1997 bis 2009.

Leitzmann, Claus/ Claudia Müller/ Petra Michel/ Ute Brehme/ Andreas Hahn/ Heinrich Laube: Ernährung in Prävention und Therapie. Stuttgart 2001.

Lippe zur, Rudolph: Sinnenbewusstsein – Grundlegung einer anthropologischen Ästhetik. Reinbek 1987.

Loch, Werner: Stufen kindlichen Lernens als Aufgabe der Erziehung. In: Werner Loch (Hg.): Lebensform und Erziehung. Essen 1983, Seite 47–59.

Markowitsch, Hans J./ Harald Welzer: Das autobiographische Gedächtnis – Hirnorganische Grundlagen und biosoziale Entwicklung. Stuttgart 2005.

Methfessel, Barbara (Hg.): Essen lehren – Essen lernen. Beiträge zur Diskussion und Praxis der Ernährungsbildung. Hohengehren 1999.

Methfessel, Barbara: Esskultur und familiale Alltagskultur. Familienhandbuch online. 2006a.

Methfessel, Barbara: Ganztagsverpflegung in Schulen. Familienhandbuch online. 2006b.

Murcott, Anne: Food and Culture. In: Peter S. Belton/ Teresa Belton (Eds.): Food, Science and Society – Exploring the gap between expert advice and individual behaviour. Berlin 2003, Seite 21–53.

Newman, Cathy: Why are Americans so fat? In: National Geographic, Heft 8, (2004), Seite 46–61.

Picht, Georg: Kunst und Mythos. Stuttgart 1993.

Reinhart, Werner: Erlesenes Essen – Eine Einführung. In: Christa Grewe-Volpp/ Werner Reinhart: Erlesenes Essen – Literatur- und kulturwissenschaftliche Beiträge zu Hunger, Sattheit und Genuss. Tübingen 2003, Seite 1–8.

Schnabel, Peter-Ernst: Gesundheit fördern und Krankheit prävenieren – Besonderheiten, Leistungen und Potenziale aktueller Konzepte vorbeugenden Versorgungshandelns. Weinheim 2007.

Tellenbach, Hubert: Geschmack und Atmosphäre. Salzburg 1968.

Teuteberg, Hans Jürgen/ Gerhard Neumann/ Alois Wierlacher: Essen und kulturelle Identität – Europäische Perspektiven. Berlin 1997.

Weinert, Franz E.: Lehren und Lernen für die Zukunft – Ansprüche an das Lernen in der Schule. Pädagogische Nachrichten Rheinland-Pfalz, Heft 2, (2000), Seite 1–16.

Wierlacher, Alois/ Gerhard Neumann/ Hans Jürgen Teuteberg (Hg.): Kulturthema Essen – Ansichten und Problemfelder. Berlin 1993.

Wierlacher, Alois: Jahresprogramm Fort- und Weiterbildung der Deutschen Akademie für Kulinaristik. Bremen 2005.

Wördehoff, Bernhard: Sage mir, Muse, vom Schmause… Vom Essen und Trinken in der Weltliteratur. Darmstadt 2000.

Gastrosophische und philosophische Aspekte der Kulinaristik

Harald LEMKE

Der Zeitpunkt, an dem in der jüngsten Vergangenheit erstmals ein kulturtheoretisches Nachdenken über das Essen einsetzt, lässt sich recht genau datieren und zwar auf den 24. bis 27. Mai des Jahres 1989. In diesen Tagen fand in Deutschland das erste Symposium zum „Kulturthema Essen" statt, aus dem der vom Veranstalter Alois Wierlacher zusammen mit Gerhard Neumann und Hans Jürgen Teuteberg herausgegebene Tagungsband mit dem gleichnamigen Titel hervorging (Wierlacher u.a. 1993). Die erklärte Absicht der Tagung war es, die Dominanz eines einseitig naturwissenschaftlichen Ernährungsdenkens zu überwinden. Indem die damalige Tagung das Essen als ein Teil der *Kultur* in den Blick nahm, ging von dieser Tagung gewissermaßen dasjenige diskursive Ereignis aus, welches den *cultural turn* in der Theorie der Ernährung einleitete. In den zurückliegenden Jahren haben die Pioniere der ‚Esskulturforschung' durch diverse Publikationen und eigene Organisationen maßgeblich zu der Formierung einer Kulturwissenschaft des Essens beigetragen. Diese Entwicklung findet ihren gesellschaftlichen Ausdruck in der Gründung der Deutschen Akademie für Kulinaristik. Im Wesentlichen beruht der programmatische Anspruch dieser neuen „Kulinaristik" (Wierlacher) auf zwei systematischen Erwägungen. Es geht in wissenschaftstheoretischer und gesellschaftlicher Hinsicht um die Überwindung der herkömmlichen Reduktion des Essens auf biologische Funktionen und den damit einhergehenden nutritiven Funktionalismus. In Frage gestellt wird die verbreitete Vorstellung, Essen bedeute, dem Körper in Form von ‚Kalorien' oder ‚Brennwerten' ausreichend Nährstoffe zuzuführen, um die ‚verbrauchte Energie' zu ersetzen. Indem das naturwissenschaftliche Paradigma der Ernährungslehre das Essen als ein rein physiologisches Thema behandelt, unterstützt sie ein anti-kulinaristisches Denken, welches die Vorstellung unterstützt, dass das Essen lediglich der Nahrungsaufnahme diene und gleichsam einer animalischen Unterwelt angehöre, in der die funktionelle Befriedigung von ‚vitalen Grundbedürfnissen' stattfindet und jenseits derer erst das ‚eigentlich menschliche' Leben beginne.

Dagegen bringt die neue Kulturwissenschaft des Essens den Gedanken ins Spiel, dass die Ernährung ein *kulturell konstruiertes* Geschehen ist, in dem sich nichts weniger als das *menschliche Sein,* unsere individuelle und gesellschaftliche Identität, *konstituiert*. Kurzum: Die Kulturwissenschaft tut sich mit der Kulinaristik einen ganz neuen Forschungsbereich auf und mit dem Kulturthema Essen sichert sie sich auch eine genuine kulturtheoretische Thematik. Umso bemerkenswerter erscheint der Sachverhalt, dass in der zurückliegenden Formierungsphase der Kulinaristik eine ernsthafte Beteiligung seitens der Philosophie ausgeblieben ist. Von einer aktuellen Philosophie des Essens oder einer Gastrosophie ist nichts bekannt. – Dieses Defizit gilt es zu beheben.

*

Eines der Hauptthemen der philosophischen Ethik beschäftigt sich mit der heute wieder vielfach aufgeworfenen Frage, wie wir leben sollen und mithin, ob eine ‚bessere Lebensweise' als die, die wir gegenwärtig leben, möglich ist. Bezogen auf das Essensthema lässt sich eine Ethik des guten Lebens in die *gastrosophische* Frage umformulieren: Wie müssten wir essen, damit sich alle Menschen gut ernähren können? Ist eine bessere Ernährungsweise möglich als die, die wir derzeit leben? Daran knüpft sich die moraltheoretische Frage: In welchem Sinne hat die scheinbar persönliche Angelegenheit, was und wie ich esse, eine allgemeine ethische Dimension?

Solche ernährungsethischen Überlegungen beziehungsweise gastrosophischen Aspekte der Kulinaristik liegen quer zu den herkömmlichen Denkgewohnheiten der Gegenwartsphilosophie. Diese fühlt sich einem moralphilosophischen Liberalismus verpflichtet, der eine Beschäftigung mit dem Essen als etwas ganz und gar unphilosophisches betrachtet. So fordert beispielsweise Jürgen Habermas, der zweifelsohne einer der prominentesten Repräsentanten der vorherrschenden Moralphilosophie ist, ausdrücklich eine theoretische „Enthaltsamkeit" gegenüber dem Versuch, alltägliche Dinge wie unsere Esspraktiken zum Gegenstand des ethischen Denkens und Handelns zu machen (Habermas 2005).

Die vorherrschende Abstinenz gegenüber dem Essen als einem philosophischen Thema lässt sich von der impliziten und letztlich unbegründeten Annahme leiten, das moralische Recht auf individuelle Freiheit beschränke sich darauf, dass es jedem frei stünde, in den Dingen der privaten Lebensführung wie auch immer, jedenfalls auf eine ethisch irrelevante, ‚ganz persönliche' Weise glücklich zu werden. Dieser neoliberalen Entmoralisierung der individuellen Lebensweise liegt die Vorstellung zugrunde, dass allgemeine Urteile und Wertaussagen über die ‚persönlichen' Bereiche unserer Lebenspraxis nicht möglich seien. Und weil dieser Vorstellung zufolge jeder auf eine subjektive Art — nach seinem ‚Gusto' — das eigene Glück sucht, das in keinerlei Zusammenhang zum möglichen Glück aller anderen stünde, scheint auch eine moralphilosophische Problematisierung der Frage, wie wir essen, nicht möglich. Doch ist diese moralphilosophische Enthaltung und gastrosophische Selbstentsagung angesichts der globalen Ernährungsverhältnisse nicht nur offenkundig falsch, sondern auch theoretisch unhaltbar, wenn man sich klarmacht, dass eine *kritische Theorie des ethisch guten Essens* durchaus begründet werden kann. Im Mittelpunkt steht dabei die philosophische Berücksichtigung aller relevanten umweltlichen, politisch-ökonomischen, leiblich-gesundheitlichen, sozialen und alltagskulturellen Faktoren des Nahrungsgeschehens, die das mögliche Wohl der Menschen sowie eines dem Wohl der Tiere und Pflanzen gerechten Naturverhältnisses betreffen. Mit anderen Worten: Einer aktuellen Philosophie des Essens kommt die gesellschaftlich verantwortungsvolle Aufgabe zu, das gastrosophische Vernunftideal einer leibeingedenkenden, umwelt- und sozialgerechten, kulinarisch-ästhetischen und alltagsethischen Ernährungspraxis als konkrete Utopie eines richtigen, guten Welt-Essens zu begründen. Die eigentliche Schwierigkeit scheint weniger in der Begründbarkeit einer Theorie der gastrosophischen Vernunft zu liegen als vielmehr in der Notwendigkeit ihrer Praxis und globalen Ausbreitung. Gleichwohl kann die Philosophie diese dringend erforderliche Praxis gedanklich vorbereiten und begleiten: sie schmackhaft machen. Deshalb stellt sich die Gastrosophie der gesellschaftlichen Herausforderung, die ideellen Zutaten einer Ethik des guten Essens zu kreieren, anstatt sich einer solchen Kost zu ‚enthalten'.

1 Kleine Genealogie der traditionellen Diätmoral

Die Frage drängt sich auf, warum wir heute auf eine Kultur des ethisch guten Essens so wenig Wert legen und wieso die gastrosophische Ethik so selten Gegenstand einer *Philosophie eines guten Lebens* ist, bei der sich Vernunft mit Genuss vereint. Warum nutzen wir unsere alimentäre Freiheit zumeist nur, um – mit den Worten von José Bové – das „malbouffe", das „schlechte Essen" zu leben, dem es ums möglichst billige, schnelle, beiläufige und einsame Vertreiben von Hunger geht? Wie kommt es, dass wir die kulturelle Leistung einer kulinarischen Lebenskunst und Feinschmeckerei gewöhnlich den moralisch gleichgültigen Dingen zuordnen, statt darin die Aktivität und praktische Weisheit eines moralischen Geschmacks zu sehen?

Unserer frei gewählten gastrosophischen Geschmacklosigkeit liegt ein kaum hinterfragtes, ernährungsphilosophisches Selbstverständnis zugrunde.[1] Dessen Ursprung findet sich in jener Denkungsart der abendländischen Philosophie, die über Jahrhunderte hinweg eine asketische Enthaltsamkeit gegenüber dem kulinarischen Genuss gelehrt und das Essen als denkbare Praxisform einer Ethik des guten Lebens entwertet hat. Deshalb seien hier einige Worte zur Genealogie dieses *diätmoralischen Denkens* gesagt, um so die heute vorherrschende Haltung gegenüber dem Essen zu historisieren.

Von den griechischen Anfängen über die römische Stoa und das mittelalterliche Christentum bis in die neuzeitliche Philosophie hinein beschäftigen sich die großen Denker durchaus mit dem Essen. Im Mittelpunkt dieser traditionellen Philosophie des Essens steht allerdings eine weltanschauliche *Herabwürdigung* des kulinarischen Selbstgenusses. So erfindet die durch Platon und das Christentum entwickelte und von Kant fortgesetzte Metaphysik eine dualistische Anthropologie, die den Menschen in zwei ungleiche Seinsweisen zerteilt: in ein ‚niedriges', sich ernährendes, sinnliches Wesen und in ein ‚höheres' Wesen einer rein geistigen Vernunft. Mithilfe dieser metaphysischen Polarisierung konnte der diätmoralische Diskurs die körperliche Bedürfnisbefriedigung einem Bereich der biologischen Zwänge und geistlosen Naturnotwendigkeiten zuordnen. Darüber hinaus gelang es den diätmoralischen Philosophen, eine willkürliche Leibverachtung und asketische

1 Zur Geschichte der Philosophie des Essens siehe: Harald Lemke: Ethik des Essens (2007).

Genussfeindlichkeit zu etablieren. Von je her sind es neben der triebhaften Sinnlichkeit der Sexualität gerade die kulinarischen Lüste des Essens (und Trinkens), in denen der klassische Rationalismus die größte Bedrohung einer vernunftbegabten Menschheit vermutet. Denn während das geistige Wesen und der moralische Wille die Menschen dazu befähige, sich ihrer Vernunft und Freiheit zu bedienen, gehe – der diätmoralischen Vorstellung nach – von den leiblichen Bedürfnissen und sinnlichen Begierden der Gaumenfreuden eine alltägliche Unfreiheit und vernunftwidrige Lust aus. Daher lautet die Moral der traditionellen Philosophie des Essens: Das tägliche Essen – seine Besorgung, Zubereitung und sein Verzehr – ist ‚gut' lediglich als ein Mittel zum funktionellen, physischen Lebenserhalt; an sich aber gehört das Essen nicht zu den zentralen Dingen, die Menschen erst zu Menschen machen. Wer hingegen das kulinarische Genussleben als konstitutiven Teil eines guten Lebens gutheißt, statt darin eine Enthaltsamkeit zu üben, der *lebe* – dieser philosophischen Tradition zufolge – schlichtweg falsch. Denn er gibt eine mangelhafte Selbstbeherrschung gegenüber der Moral einer ‚richtigen Diät' zu erkennen, die in einer rein funktionellen und kulinarisch gleichgültigen Küche und Esskultur bestünde.

Diese Diätmoral der Philosophen hat sich im Verlauf des Zivilisationsprozesses der abendländischen Esssitten über alle Bevölkerungsgruppen verbreitet und gewissermaßen popularisiert und liegt der westlichen und sich globalisierenden Fast-Food-Mentalität ideell zugrunde. Daher erscheint es heute der allgemeinen Öffentlichkeit ganz selbstverständlich, dass die Art und Weise, wie wir essen, keine wirklich bedeutende (ethische) Angelegenheit ist und die Ernährungsfrage gegenüber den ‚großen' Fragen unserer Zeit als unwichtig und Kleinigkeit abgetan werden können: In der von Habermas geforderten Enthaltsamkeit gegenüber dem Essen als einer möglichen ethischen Praxis steckt ein letztes Echo der diätmoralischen Tradition und Geist-Metaphysik, die tief in unser esskulturelles Selbstverständnis eingedrungen ist.

Darüber hinaus wird das ernährungsphilosophische (antigastrosophische) Selbstverständnis der westlichen Kultur von einer weiteren Wertvorstellung beherrscht, nämlich von der kompromittierenden Verbindung des Essens mit der ‚weiblichen Küchenarbeit'. Hinter der traditionellen Herabwürdigung und Verdrängung der alimentären Angelegenheiten stehen nicht zuletzt patriarchale Herrschaftsverhältnisse. Die Geschichte unserer Esskultur baut auf einem Geschlechterverständnis auf, welches das Essenmachen zur Frauensache erklärt. Eine über Jahrhunderte eingeübte Denkweise verweigert daher dem, was in der Küche passiert, jede gesellschaftliche Anerkennung und verbannt die kulinarische Tätigkeiten als niedrige Dinge der alltäglichen Lebensnotwendigkeit und biologischen Reproduktion in die ‚Privatsphäre' einer weiblichen Häuslichkeit: ‚Man' beschäftigt sich nicht mit so etwas wie dem Essenmachen; *er* beschäftigt sich allerhöchstens mit den *bereits zubereiteten* Speisen. In dem ‚gendered linkage' zwischen Frau und Herd ist eine wesentliche Ursache für die Vernachlässigung und Abwertung der Kochkunst als Lebenskunst einer individuellen Ethik (jenseits der Geschlechter) zu sehen.

Kurz, mit einer doppelten Entwertung des Essens durch eine rationalistische und patriarchale Weltanschauung hat die klassische Diätmoral die bislang kaum hinterfragten, philosophischen Grundlagen für das kulturell vorherrschende Ernährungsbewusstsein geschaffen. Die entscheidende und politisch dringliche Frage, an welchem Punkt und durch welche Strategien die hegemonialen Esssitten zu verändern und verbessern wären, kann also direkt bei der Philosophie ansetzen – indem der diätmoralischen Enthaltsamkeit ein anderes, ein gastrosophisches Denken entgegengesetzt wird, das die ebenso alltägliche wie globale Angelegenheit unserer Ernährungspraxis zum Gegenstand einer Ethik *erhebt*.

2 Politik und Ethik einer vollmundigen Mündigkeit

Eine Veränderung der vorherrschenden Ernährungsverhältnisse hängt in einem *hohen* Maße von der *Politik* und von mächtigen Akteuren ab. Wegen des weitreichenden Einflusses staatlicher und internationaler Gesetze sowie rechtlicher Regelungen bezüglich Landwirtschaft, Tierrechte, Weltökonomie, Lebensmittelgesetze, Geschmacksgüte, Gesundheit, Forschung, Verbraucherschutz usw. ist die Verwirklichung eines besseren Welt-Essens wesentlich eine Sache politischer Entscheidungen und nicht die der ethischen Praxis der Individuen. Hinsichtlich dieser politischen Heteronomie der Ernährungsfrage und der Fraglichkeit einer gastrosophisch guten Politik bleibt den Einzelnen lediglich ein ‚kleiner' Handlungsspielraum. Doch so klein diese Freiheit sein mag, so stark und umfassend auch immer die gegenwärtige Politik die Art und Weise, wie wir uns ernähren, mit beeinflusst: Eine reale Verbesserung des Essens hängt weder allein noch vorrangig von ‚den Anderen' – von politischen Großakteuren und den Kapitalisten der internationalen Lebensmittelkonzerne – ab. Die politischen und ökonomischen Akteure des globalen Nahrungsgeschehens vermögen *nichts* ohne ihre Konsumenten und deren unkontrollierbaren, freien Entscheidungen, die eine freie Marktwirtschaft sogar als ihr Lebenselixier benötigt und voraussetzt.

Man stößt mit dieser Konsumfreiheit auf eine unhintergehbare Macht der Subjekte und damit auf den praktischen Vorrang einer gastrosophische Ethik gegenüber einer gastrosophischen Politik. Denn ebenso wie die Politik und das Kapital von der realen Beteiligung der regierten und unterworfenen Subjekte leben, so wirken sich die alltäglichen Esshandlungen direkt auf die betreffenden Machtverhältnisse aus. Innerhalb der existierenden Handlungsspielräume setzt die gegebene Freiheit, selbst bestimmen zu können, was man isst, der Politik und der Wirtschaft reale Grenzen. Mit anderen Worten: Das allmächtige Subjekt des Essens sind die einzelnen Menschen, jeder und sie alle zusammen; nicht einige Mächtige. So ist an der unscheinbaren Angelegenheit des täglichen Essens besonders interessant und vielversprechend, dass uns die praxische Möglichkeit gegeben ist, jederzeit eine ethische *Selbstmächtigkeit zu aktivieren*, um die eigene Lebenspraxis und die damit unauflösbar verbundenen Weltbezüge – in der Reichweite der eigenen Möglichkeiten und Machtmittel – zu verändern. In diesem Sinne ist eine Ethik des guten Essens immer eine politische Ethik, die auf die Politik und Wirtschaft den bestmöglichen Einfluss ausübt. Wenn sich die Welt des Essens ändern soll, dann nur durch die Änderung des Tuns und Lassens jedes Menschen – durch die Verwirklichung einer gastrosophischen Menschheit in jedem.

3 Vernünftiges Einkaufen als Tugend der gastrosophischen Ethik

Was aber würde es in der Praxis erfordern, wenn wir unsere alimentäre Freiheit zur Verwirklichung gastrosophischer Vernunft einsetzten? Ich möchte drei miteinander verbundene Tugenden einer solchen ethischen Praxis nennen. Bei diesen drei Praxisformen eines guten Essens handelt sich um den klugen Konsum, um das kreative Selbstkochen und um den konvivialen Lebensgenuss im gemeinsamen Mahlritual.

Zur Erläuterung dessen, was hier mit dem Stichwort des *klugen Konsums* markiert sein soll, sei an eine wenig beachtete Ursprungsszene der westlichen Philosophie erinnert, in der sich Sokrates als ein gastrosophischer Vordenker zu erkennen gibt. Dabei handelt es sich um jene Begebenheit in einer Marktstrasse im antiken Athen, in der Sokrates mit vorgestrecktem Stock einen ihm entgegenkommenden Mitbürger am gedankenlosen Weitergehen hindert, um ihn in ein philosophisches Gespräch zu verwickeln. In diesem Gespräch fragt der verkannte Gastrosoph „nach den Einkaufsorten für die jeweiligen Lebensmittel". (Laertius II, 48). Sokrates macht mit seiner ungewöhnlichen Frage nach dem Einkaufsverhalten einen Aspekt unseres Alltagslebens zu einem philosophischen Thema, das unmittelbar nach ihm wieder in Vergessenheit geriet. Seither hat kein namhafter Denker den Einkauf von Lebensmitteln zum Gegenstand eines theoretischen Nachdenkens erhoben. Stattdessen haben sich Philosophen, allen voran Karl Marx, ausschließlich mit der Produktionsseite des Wirtschaftslebens – der ökonomischen Herstellung sowie der politischen Distribution von Lebensmitteln und der damit verbundenen menschlichen Arbeit – beschäftigt. Sokrates fragt jedoch nicht nach der Produktion der Konsumgüter oder der politischen Ökonomie der Arbeitskraft. Er fragt nach der Kaufkraft und problematisiert damit eher die gesellschaftlichen Zusammenhänge zwischen individuellem Konsumverhalten und ethischer Ökonomie.

Indem Sokrates danach fragt, wo Xenophon einkaufen geht, problematisiert er einen gewöhnlich für nebensächlich gehaltenen, in Wahrheit jedoch fundamentalen Sachverhalt: nämlich den lebensweltlichen Ursprung der weitläufigen Wirtschaftsprozesse. Und diesen Ursprung bilden nicht die Arbeiter und Produzenten, die Masse der Proletarier, sondern die Verbraucher und Konsumenten der Nahrungsmittel: die Masse der Kulinarier. Der Tag für Tag millionenfach an fast jedem Ort der Welt stattfindende Einkauf stellt eine Vielfalt von konstitutiven Bezügen zur Welt des Essens her. Weil wir mit jedem Kaufvorgang und Lebensmittelkonsum an unzähligen Fäden des Weltwirtschaftsnetzes ziehen und damit unseren Teil an den weltgesellschaftlichen Lebensverhältnissen weben, ist jeder Einkauf ein zutiefst philosophischer Akt, durch den wir uns auf eine ethisch relevante Weise gegenüber Landwirtschaft und Naturnutzung, Arbeitsbedingungen,

Handelsstrukturen und Gütertransport, Werbe- und Nahrungsindustrie, gesundheitliche Qualität und Inhaltsstoffe, Arten der kulinarischen Zubereitung und Fragen des Geschmacks, den Speiseorten, den Einkaufsbedingungen und ihrer Infrastruktur verhalten. Eine Veränderung der globalen Ernährungsverhältnisse hängt maßgeblich von der kollektiven Mobilisierung einer Kaufkraft ab, die den Griff ins Regal mit der Maxime einer gastrosophischen Ethik verbindet und umweltgerechte, sozial faire und gesundheitlich verträgliche Produkte wählt. So mag das (Weltwirtschafts-) Subjekt eines klugen Einkaufens als ein mündiger Konsument und *kosmopolitischer Kulinarier* bezeichnet werden, der den Welthunger der Ersten Welt auf vernünftige Weise sättigt (vgl. Koslowski / Priddat 2006; Busse 2006). Mit anderen Worten: Die einst von Sokrates aufgeworfene Frage nach dem Einkaufsort verfolgt offenbar die Intention, uns unsere ethische und darin politische Kaufkraft bewusst zu machen.

4 Das kreative Selbstkochen

Wie derjenige, der selbst einkauft und nicht einkaufen lässt, sich jene Machtposition sichert, die dem Einkaufsakt inhärent ist, so spricht auch für das Selbstkochen ein souveräner Machtzugewinn gegenüber der Welt. Indem man das Essen selber macht und dessen Zubereitung nicht anderen überlässt, bringt man sich gewissermaßen an die erste Reihe von Arbeits- und Entscheidungsprozessen, die darüber bestimmen, welche Zutaten und Zubereitungsarten zum Einsatz kommen. Auf diese leicht zugängliche Weise tut sich jedem die ganze Fülle einer *kulinarischen oder kochkünstlerischen Selbst-Bestimmung* auf (Tudge 1980; Marcuse 1972). In Form einer solchen alltäglichen Lebenskunst verwirklicht sich in der Kochkunst ein gastrosophischer Selbst-Bildungsprozess (sofern die Küchenarbeit jenseits der traditionellen Geschlechterverhältnisse als eine individuelle und freiwillige Lebenspraxis aktiviert wird). Denn das Selbstkochen ermöglicht eine kreative Gestaltungstätigkeit, die sich im Umgang mit den kulinarischen Dingen ‚vergegenständlicht'. Gleichzeitig eignet man sich in dieser Vergegenständlichung die eigenen kochkünstlerischen (kreativen) Wesenskräfte an. Wie die Produktion hier unmittelbar auch den Genuss des Produkts umfasst, so ist das Objekt, also das kreierte Mahl, die unmittelbare Betätigung des kulinarischen Selbst, welche sich darin ausbildet und zugleich ins Werk setzt. Das Werk der eigenen Kochkunst tritt dem Selbst nicht entfremdet, als von Fremden Gemachtes, gegenüber. Die vergegenständlichte und angeeignete Einheit von Subjekt und Objekt, des Zubereitenden mit dem Zubereiteten, beinhaltet, dass das kulinarische Selbst in dieser lebendigen Arbeit kreativ ist und in den vollen Genuss dieses kreativen Tätig-Seins kommt. Als eine menschliche Aktivität, in der sich das kulinarisch-ästhetische Selbst tätig verwirklicht, ist das Essenmachen also der Inbegriff einer unentfremdeten Lebenspraxis. Mit anderen Worten: In der alltäglichen Tätigkeit des Herstellens kulinarischer Genussprodukte wird die individuelle Freiheit eines kochkünstlerischen Selbstseins voll gelebt, dessen Wirklichkeit diese in der Küche bewerkstelligte selbstbestimmte Arbeit ist.

5 Der konviviale Lebensgenuss eines gemeinsamen Mahlrituals

Das dritte Praxismoment eines guten Essens betrifft den konvivialen Lebensgenuss im gemeinschaftlichen Mahl. Weit stärker als das Einkaufen und Essenmachen stehen die Gaumenfreuden eines festlichen Gastmahls von jeher im Zentrum einer volkstümlichen Vorstellung vom ‚Guten Leben'. Danach ist das kollektive Tafelvergnügen ein Gutes an sich. Während die philosophische Diätmoral diesen kulinarischen Hedonismus bekämpfte, weil sie darin nicht mehr sehen wollte als ungesunde Völlerei und unbeherrschte Schlemmerei, nimmt dagegen die Gastrosophie diese ebenso archaische wie transkulturelle Glücksvorstellung als eine allgemein-menschliche Wertschätzung ernst. Was auch immer ein gutes Leben sein könnte, jedenfalls scheint dafür dem gemeinschaftlichen Genuss wohlgefälliger Speisen bei einem freundschaftlich-geselligen Zusammensein oder, in Kants Worten, „der guten Mahlzeit in guter Gesellschaft" eine konstitutive Bedeutung zuzukommen (Kant: Anthropologie in pragmatischer Hinsicht, S. 567). Das allgemeine Gute einer Tischgesellschaft begründet sich daraus, dass sie über das unmittelbare Wohlbehagen der leiblichen Sättigung hinaus wesentlich den geteilten Selbstzweck eines kulinarischen Genusses hat, der die einsame Nahrungsaufnahme durch ein konviviales Wohlleben ersetzt. Als Praxisform eines ethisch guten Essens hat das alltagsethische Mahlritual indessen nichts mit einem besonders aufwändigen Festmahl oder einem außeralltäglichen Gastmahl zu tun. Die *gastrosophische Mahlzeit* ist vielmehr ein gewöhnliches Alltagsmahl, dessen einzige ethische Anforderung in der Selbstzwecklichkeit einer täglichen Hauptmahlzeit liegt, die in der Gemeinschaft von (mindestens einem) Anderen genossen wird.

Ein alltägliches Essen mit Anderen, bei dem selbstproduzierte Kreationen aus ethisch korrektem Einkauf auf den Tisch kommen, verleiht der individuellen Kochkunst überhaupt erst den dauerhaften Sinn einer Lebenskunst, die (über die Pflicht eines moralisch guten Einkaufs hinaus) dem kulinarischen Wohl und dem konvivialen Tafelvergnügen dient. Das gemeinsame Tafeln ist auch eine genussvolle Vollzugsform der (Gast-)Freundschaft und das Bekochen und Bewirten ein freundschaftlicher Akt: Auf diese ebenso schlichte wie anspruchsvolle Weise ist eine Kultur des guten Essens mit einer Ethik der (Gast-)Freundschaft ‚vermählt'. (Lemke: Freundschaft, S. 185 ff). Die gastrosophische Mahlgemeinschaft bietet aber nicht nur die Konvivialität eines Sichbekochens und geselliger Gaumenfreuden, sie ermöglicht außerdem eine freie und intersubjektive Beurteilung des Geschmacks. Das Mahl — im Unterschied zur ‚Eigenbrötlerei' — verwirklicht eine unersetzbare Urteilsgemeinschaft und Praxis der kulinarischen Geschmacksreflexion, den *sensus communis culinarius*: Weil es keine objektive Beurteilungsinstanz oder letztgültige Wahrheit des ‚guten Geschmacks' gibt, bleibt nur ein Weg, das kulinarisch-ästhetisch Gute, den Wohlgeschmack der Speisen zu bestimmen und dies geschieht aufgrund des gemeinsamen Essens. Der geschmäcklerische Subjektivismus kommt mit dem Privaturteil aus, wonach dem einen dieses und dem anderen jenes besser schmeckt, weil ‚jeder einen eigenen Geschmack hat' und mithin ‚sich über Geschmack nicht streiten lässt'. Hingegen basiert das gastrosophische Geschmacksurteil auf der Notwendigkeit einer mahlgemeinschaftlichen

Reflexion, in der sachkundig über den Geschmack der Dinge ‚gestritten' werden *muss*, um trotz des individuellen Standpunktes doch ein Einvernehmen über die allgemeinfähige Gültigkeit von kulinarisch-ästhetischen Urteilen und eine fallible Wahrheit des essthetisch Guten herbeizuführen. [2]

So bewirkt die gastrosophische Mahlpraxis die Ausbildung eines geschmacksästhetischen Gemeinsinns ebenso wie die Lusterfahrung eines kulinarischen Wohllebens. In der Mahlpraxis tritt die Tatsache, dass die Ethik eines guten Essens die Praxis eines guten Lebens ist, deutlicher hervor als im Akt des Einkaufens und Essenmachens, da das vernünftige Mahlvergnügen die gastrosophische Lebenskunst in der ‚schönen' Form einer *Kunst des Tafelns* erlebbar macht. Doch die Tugenden des klugen Einkaufs und dessen ethischen Weltbezüge sowie des täglichen Selbstkochens als Einübung eines Gutkochenkönnens bilden den aktiven Rahmen für die kultivierte Tafelfreude. In der Alltäglichkeit dieses essistenziellen Glücks findet die Ethik des Essens ein Vernunftideal, zu dem jeder fähig ist. Wer diese Vernunft kultiviert und sich an ihrem moralisch wie kulinarisch guten Geschmack gütlich tut, aktiviert das vielgestaltige Gute an den diversen Gliedern der globalen Nahrungskette. Die drei Praxisformen eines guten Essens könnten durch die sanfte, wiewohl alles durchdringende Kausalität einer gastrosophischen Weltverbesserung die vorherrschenden Ernährungsverhältnisse und Fast Food Sitten transformieren.

Literatur

Bové, José / Francois Dufour: Die Welt ist keine Ware. Bauern gegen Agromultis. Zürich 2001.

Busse, Tanja: Die Einkaufsrevolution. Konsumenten entdecken ihre Macht. München 2006.

Goodman, David / Michael J. Watts (ed.): Globalising Food: Agrarian Questions and Global Restructuring, London/New York 1997.

Gottwald, Franz-Theo und José Lutzenberger (Hg.): Ernährung in der Wissensgesellschaft. Frankfurt/M New York 1999.

Habermas, Jürgen: Begründete Enthaltsamkeit. Gibt es postmetaphysische Antworten auf die Frage nach dem ‚richtigen Leben'?, in: Ders., Die Zukunft der menschlichen Natur, Frankfurt/M 2005, 11 – 33.

Kant, Immanuel: Anthropologie in pragmatischer Hinsicht, Werkausgabe Band VII, Frankfurt/M 1968.

Koslowski, Peter / Birger P. Priddat: Ethik des Konsums. München 2006.

Korthals, Michiel: Before Dinner. Philosophy and Ethics of Food. Dordrecht 2004.

Laertius, Diogenes: Leben und Lehre der Philosophen. Buch II, Stuttgart 1998

Lappé, Frances Moore / Anna Lappé: Hope's Edge. The next Diet for a Small Planet. New York 2002.

Lauterburg, Dominique: Food Law: Policy & Ethics. Cavendish 2001

Lemke, Harald: Ethik des Essens. Einführung in die Gastrosophie. Berlin 2007

[2] Zur Ästhetik des kulinarischen Geschmacks und zur Logik eines ‚essthetischen' Urteils siehe Harald Lemke, (2007).

Lemke, Harald: Die Kunst des Essens. Eine Ästhetik des kulinarischen Geschmacks. Bielefeld 2007.

Lemke, Harald / Iris Därmann (Hg.): Die Tischgesellschaft. Philosophische und kulturwissenschaftliche Annäherungen. Bielefeld 2008.

Lemke; Harald: Freundschaft. Ein philosophischer Essay. Darmstadt 2000.

Marcuse, Herbert: Versuch über die Befreiung. Frankfurt am Main 1972.

Mepham, Ben: Food Ethics. London 1996.

Pence, Gregory E. (ed): The Ethics of Food. A Reader for the 21st Century. Maryland 2002.

Singer, Peter and Jim Mason: Eating. What we eat and why it matters. London 2006.

Tudge, Colin: Future Food. Politics, Philosophy and Recipes for the 21st Century. New York 1980.

Wierlacher, Alois / Neumann, Gerhard / Teuteberg, Hans Jürgen (Hg): Kulturthema Essen. Ansichten und Problemfelder. Berlin 1993.

Oralität und Kulturalität von Geschmack und Genuss

Alois WIERLACHER

Soll die Kulinaristik erfolgreich aufgebaut werden, erscheint es geboten, eine begriffsheuristische Ausgangsbasis zu schaffen, um die Meisterung der Aufgabe einzuleiten, die uns die Weltentwicklung stellt: sowohl universell akzeptable als auch solche Konzepte und Begriffe zu erarbeiten, die in Wahrung historischer Besonderheiten nur für einzelne Kultur- und Sprachregionen gelten. Zu diesem Zweck sollen im Folgenden die Grundbegriffe *Geschmack* und *Genuss* erörtert und in Rücksicht auf die Pluralität der Kulinaristik als so offene Begriffe konzeptualisiert werden, dass sie anschlussfähig bleiben. Ich beschränke mich auf einige knappe Ausführungen als Diskussionsangebote.

1 Der Geschmack als Kompetenz

Die neuere Forschungsliteratur zum Thema ,Geschmack' lässt sich in zwei große Gruppen gliedern. Die erste Gruppe umfasst vor allem geisteswissenschaftliche Darstellungen des ästhetischen Geschmacks und Geschmackurteils, unter ihnen die resümierenden Beiträge in den Sammelbänden *Handbuch der Rhetorik* (1996) und *Ästhetische Grundbegriffe* 2001). Die zweite Gruppe besteht vornehmlich aus Beiträgen im Umfeld der neueren Soziologie und Kulturwissenschaft des Essens, die in den letzten zwei Dekaden vorgelegt wurden und den Versuch unternehmen, sich der Komplexität des Geschmacks unter Einschluss des Geschmackssinns und des Zusammenhangs von Geschmack, Kultur, Kommunikation und Küche zu nähern, ich verweise vor allem auf Barlösius (1988), Wierlacher/Neumann/Teuteberg (1993), Brandes (1996), Neumann/Wierlacher/Wild (2001), Heindl (2003), Wierlacher (2003), von Engelhard/Wild (2005), Hauer (2005). An diese Veröffentlichungen knüpfe ich an.

1.1 Physiologisch ist der Geschmackssinn beim Menschen auf die Mundhöhle beschränkt, weil es nur in der Mundhöhle Geschmacksnerven und Geschmacksknospen gibt. Deren Anzahl ist bei Kindern am größten, sie nimmt mit dem Alter ab und ist bei den Menschen individuell verschieden groß. Unter ,schmecken' versteht die chemosensorische Wissenschaft das Wahrnehmen der vier (fünf) Speisenqualitäten süß, sauer, salzig, bitter (und umami). Diese Qualitäten werden von darauf spezialisierten Rezeptorzellen der Zunge und des Gaumens identifiziert und über Geschmackssensoren im unteren Zwischenhirn, dem Hypothalamus, zu Geschmacksempfindungen weiterverarbeitet. Die Rezeptorzellen befinden sich im Inneren der Geschmacksknospen und werden vom Körper kontinuierlich erneuert; alle zehn Tage wird etwa die Hälfte der Zellen durch neue ersetzt.

Auf den ersten Blick vereinzelt kein Sinn den Menschen so sehr wie der Geschmackssinn. Er ist infolge seiner physiologischen Verankerung ein Nahsinn im Gegensatz zum Sehsinn. Doch wie alle Sinne ist auch der Geschmackssinn in ein Sinnen-Netz eingebunden. Vor allem der Geruchssinn und der Sehsinn spielen beim Schmecken konstitutive Rollen. Wir sagen zwar vereinfacht meist: „das schmeckt", meinen damit aber außer dem Aussehen der Speisen die Summe sämtlicher Empfindungen, die im Mund-Nasen-Rachenraum durch Stimulation bei der Nahrungsaufnahme entsteht (Heindl 2003, 132). Die Augen fungieren als unsere Oberkontrolleure. Sie stellen oft auf einen Blick fest, ob ein Nahrungsmittel oder eine zubereitete Speise für uns akzeptabel ist oder nicht.

Bereits der komplexe Umstand, dass Menschen mit demselben Organ reden, schmecken und essen, verweist darauf, dass der Geschmack als mehrdimensionaler Sinn zu begreifen und in einem größeren Zusammenhang zu diskutieren ist. Ohne eine sowohl den Sehsinn als auch den Geschmackssinn und den Geruchssinn ansprechende Qualität der Speisen und Getränke schmeckt kaum etwas. Geschmacks- und Geruchssinn weisen zugleich eine ausgeprägte emotionale Komponente auf. Ein stark bitterer Geschmack wird fast übereinstimmend als unangenehm erlebt und abgelehnt. Der Geruchssinn kann sich noch ablehnender melden, weil er mehr als andere Sinne auch Erinnerungen aufzurufen und zu tradieren vermag. ‚Ich kann ihn nicht riechen' ist eine auf Gegenwart und Vergangenheit gerichtete Reaktionsformel, die nicht nur vom Käse, sondern auch von Menschen gilt.

Konstitutiv für den Eigengeschmack von Speisen und Getränken, den der Geschmackssinn erkennt, ist auch die gesellschaftliche Umgebung des Produkts und des Schmeckenden (Benjamin: *Maulbeeromelett*; Proust: *Madeleine*); die Aktualisierung unsers Geschmacksinns bleibt an unsere gesellschaftlichen und kulturellen Bedingungen gebunden. Unsere Geschmacksentscheidungen sind mithin auch durch die Zugehörigkeit zu bestimmten sozialen Gruppen oder durch den Wunsch, zu einer bestimmten Gruppe zu gehören, geprägt. Der identische Wein schmeckt aus all diesen Gründen in verschiedenen Kommunikationssituationen anders, und dieses Geschmackserlebnis lebt in unserer individuellen und kollektiven Erinnerung fort. Generell hängt die sinnliche Sensibilität schließlich auch von unseren Erbanlagen und vom Alter ab. Die Altersgruppen weisen deutlich unterschiedliche Speisenpräferenzen und Sensibilitäten vor allem für Gerüche auf. Infolge all dieser biologischen und kulturellen Gegebenheiten kann es keinen allgemeinverbindlichen Geschmack geben, auch wenn Jürgen Dollase in seinem Versuch einer grundlegenden Geschmacksschule Allgemeinverbindlichkeit im Konnex seiner Geschmackskurven zu unterstellen scheint (Dollase 2005).

Im Blick auf die gemeinschaftsbildende Performanzqualität von Mahlzeiten, vor allem von Familienmahlzeiten, beschreiben Wulf/Zirfas die implizierte Aufgabe mit den folgenden Worten:

„Die mit dem Essen vor allem verbundenen sinnlichen Wahrnehmungen sind [...], im Gegensatz zu Hören, Sehen (und Tasten) eher unsozial, weil die mit ihnen verbundenen Gefühle und Affekte im individuellen Esser selbst verhaftet bleiben. In diesem Sinne gilt auch für Familiengemeinschaften: De gustibus non est disputandum, über Geschmack läßt sich nicht streiten. Insofern erscheint die Frage im Grunde als ein Risiko, birgt sie doch die Gefahr der Teilung der Familie in unterschiedliche Geschmacksrichtungen [...]. andererseits erscheint keine größere Form der Vergemeinschaftung statthaben zu können als die über einen gemeinsamen – sinnlichen – Geschmack. So daß [die] Intention der rituellen Frage: ‚Wie schmeckt es dir?> auf eine leibliche Vergemeinschaftung, auf eine Gemeinschaft im Riechen, Schmecken und Fühlen und damit auf eine natürliche Nähe und Einheit zielt. Deshalb gilt für Gemeinschaften: De gustibus est disputandum, über den Geschmack muß sich verständigt werden" (Wulf/Zirfas 2004, 83 f.).

1.2 Die englische Sprache kennt den Ausdruck *taste* seit dem 13. Jahrhundert; seine Semantik bezieht das erkennende Ertasten der Speisen durch die Zunge ein. Im Inhalt des deutschen Worts *Geschmack* ist dagegen die konkret gerichtete und erkennende Bedeutung fast ganz verschwunden. In der Wortbildung mittels des Kollektivpartikels *ge* erinnert der deutsche Ausdruck ebenso wie die Wörter *Getränke, Gebirge, Gebäude, Gelände* etc.) an übergreifende Zusammenhänge, die semantisch das Zusammengehörige betonend ein komplexes Ganzes erfassen und zur sinnlichen Anschauung bringen.

Semantisch eher vergleichbar erscheinen die beiden Verben *taste* und *schmecken*. Beiden kommt gleichermaßen die Bedeutung einer Erkenntnistätigkeit zu. Stärker als der englische Ausdruck wird das Verb *schmecken* allerdings seit der Mystik Meister Eckharts immaterialisiert und zum Ausdrucksmedium einer Zustimmung semantisiert, die das schmeckende Ich einschließt und so etwas wie eine unio mystica des Schmeckenden mit dem Geschmeckten konstituiert. Diese Bedeutung wird von der modernen Anthropologie bestätigt: Kleinkinder nehmen unbekannte Gegenstände zur prüfenden Erkenntnis in den Mund und machen Essen und Erkennen als ganzheitliche Aneignungshandlungen deutlich, die an einen identischen Körper gebunden und nicht delegierbar sind.

Diese Nichtvertretbarkeit beim Essen wird seit der europäischen Aufklärung gerne mit dem Denken parallelisiert. Insofern jeder Mensch selber denkt, falls er denkt, ist er als Denkender prinzipiell ein Teil der Gesamtheit der Denkenden. Eben so verknüpft uns der individuelle Geschmack mit dem menschlichen Geschmacksvermögen. Die Literatur hat diesen Zusammenhang schon vor bald zweitausend Jahren im biblischen Mythos vom Baum der Erkenntnis verdeutlicht. Ihm folgte der breite Strom humanistischer Metaphorik der geistigen Nahrung, ausgefaltet vor allem in der poetischen und gastrosophischen Literatur (Lange 1966; Rigotti 2003) mit dem Ziel, das Geschmacksvermögen auch als Kompetenz dazustellen. Begreift und aktualisiert man diese als interessegeleitetes Medium individueller und kollektiver Selbstbehauptung (vgl. den Beitrag von Irmela Hijiya-Kirschnereit im vorliegenden Band), kann der Geschmack als sinnliche Wahrnehmungs- und Unterscheidungsfähigkeit sehr schnell ideologisiert werden.

1.3 Immanuel Kant grenzte in der *Kritik der Urteilskraft* den Geschmack im Sinne der scholastischen Vorstellungen ‚de gustibus et coloribus non disputandum' (‚Über den Geschmack und die Farben lässt sich nicht streiten,) aus der Erkenntnisfähigkeit der menschlichen Vernunft aus, während ihn Johann Gottfried Herder als Erkenntnismedium rehabilitierte: „Genie *erschafft*, Geschmack *kostet*, Kritik *urteilt*" (SWS 22, 219). Geschmack kann für Herder mithin zu einer Letzt- und Schutzinstanz der Prüfung werden, mit der sich das Ich als schmeckendes Subjekt bejaht und auf diese Weise paradoxerweise gerade in der kostenden unio mystica von Schmeckendem und Geschmecktem die nötige Distanz zu sich selber und gegenüber vereinnahmenden Geschmacksideologien gewinnt.

Geschmack zu haben, heißt somit, über die sinnliche Kompetenz des Kostens als Prüfens zu verfügen, zu sich selbst als einem Schmeckenden zu stehen und doch Distanz zu sich selber wahren zu können. Diese Fähigkeit ist Zivilisationsmerkmal und meint zugleich die Kompetenz zur Unterscheidung kultureller Werte und zum Abstandnehmen von sich selber und den eigenkulturellen Prägungen. Die kulturpragmatische Wendung dieser Erkenntnis besteht in der Etablierung der Entscheidungsfähigkeit als eines Kulturmusters mit der Folge, dass in der europäischen Bildungsgeschichte der Begriff des *Geschmacks* zu einem Leitbegriff des Verhaltens und des Urteils über Verhaltensweisen werden konnte. An diesen Hintergrund erinnert nicht zuletzt Hans Georg Gadamer, wenn er feststellt: „Es geschieht im Zeichen des guten Geschmacks, daß man zur Abstandnahme von sich selbst und den privaten Vorlieben fähig ist. Geschmack ist daher seinem eigensten Wesen nach nichts Privates, sondern ein gesellschaftliches Phänomen ersten Ranges" (Gadamer 1960, 33).

1.4 Eine besondere Fähigkeit des Geschmacks ist seine Unterscheidungskraft. Geschmack zu haben heißt insofern, eine Grundkompetenz zur Auswahl und Bewertung angebotener Nahrungsmittel und Speisen zu besitzen. Schon die Antike hat diese Zusammenhänge erkannt und sich auf sie eingelassen."Hier", kommentiert Michel Serres,"ist der Geschmack der Ursprung der *sapientia*, der Weisheit. Durch die alte lateinische Definition des Menschseins gaben unsere wissenden, aber auch noch sensiblen Ahnen durchaus ernsthaft zu verstehen, dass wir ohne Geschmack Gefahr laufen, unser Menschsein zu verlieren und in den Zustand von Tieren zurückzufallen" (Serres 1998, 207). Die neuere deutsche Literatur weiß gleichfalls um die bildende Rolle und Funktion des Essens im Aufbau der Kultur(en). Kein Geringerer als Goethe bestimmt ausgerechnet im *Tasso* als „erste Pflicht des Menschen, Speis' und Trank / Zu wählen, da ihn die Natur so eng / Nicht wie das Tier beschränkt" (V, 1). Nietzsche zählt das Essen zu den „allernächsten Dingen" menschlicher Existenz und führt Beschwerde darüber, dass man es nicht zum Gegenstand unbefangenen und allgemeinen Nachdenkens mache: „Man sage nicht, es liege hier wie überall an der menschlichen Unvernunft [. . .]. Vernunft genug und übergenug ist da, aber sie wird *falsch gerichtet* und *künstlich* von jenen kleinen und allernächsten Dingen *abgelenkt*" [1]. Günter Grass hält die Fragen des Essens

[1] Friedrich Nietzsche: Menschliches, Allzumenschliches. In: Werke in drei Bänden, hrsg. von Karl Schlechta. Bd. 1, München 1960, S. 875.

gleichfalls für ein existentiell wichtiges Thema[2] und legt 1977 mit dem Roman *Der Butt* eine veritable literarische Gastrosophie vor.

Die geschmackstheoretische Vorbereitung solcher Ansichten geht in Europa auf Baltasar Gracián (*El Discreto*, 1646) zurück. Seiner Bindung des guten Geschmacks an den discreto entspricht im Französischen die Bindung des ‚goût' an den Gebildeten im Sinne des honnête homme. In beiden Sprachen nehmen die betreffenden Verben und Substantive im Lauf des 18. Jahrhundert vor allem die Bedeutung von ‚distinktion' und ‚discrimination' an; der Geschmack wird als Urteilsvermögen zu einer zentralen Kategorie des gesellschaftlichen, wissenschaftlichen und gesamtkulturellen Lebens (Fick 1996, 22), die sich durch Spontaneität realisiert und eben dadurch auch gesichert wird. Er spiegelt über seine physiologischen Grundfunktionen hinaus die anthropologische Einheit von ‚Leib und Seele', hat mit der Sicherung individueller und kollektiver Identität und ihrer Sicherung zu tun und führt aufgrund seiner Komplexität dazu, dass zwischenstaatliche Konflikte um den Geschmack von Lebensmitteln auch sehr emotional ausgetragen werden können.

Im Interesse des Zusammenlebens der Menschen wird die Wahrung des Geschmacks als Kompetenz Anfang des 21. Jahrhunderts zunehmend zu einem Politikum, weil politische Ereignisse immer häufiger von Bedeutungszuschreibungen abhängen, die Geschmacksurteile einschließen. Die anhaltenden Globalisierungsprozesse transportieren kulturelle Eigenheiten von einem Land in andere, die Wahrung der Geschmacksdifferenz und -vielfalt konkretisiert sich zu einem Element des Respekts vor der Pluralität von Andersheiten und damit auch vor unseren Eigenheiten, weil der Geschmack als sinnlich fundierte Urteilsfähigkeit uns selbst entdecken und dabei erkennen lässt, dass wir alle der Andere für den Anderen sind und in der Eigenheit unserer Andersheit am ehesten dann erkannt werden, wenn wir ein persönliches Geschmacksprofil ausgebildet haben, das als unser Blickwinkel fungiert.

Wird der Geschmack in diesem weiten Bedeutungszusammenhang gesehen, dann geht es bei aller Geschmackstheorie im Grunde um nichts Geringeres als um die Theorie und Geschichte der Wahrnehmung des Lebens und der Nahrungskulturen lebensfördernder Systeme, also um zentrale Fragen der Kulinaristik als einer Lebenswissenschaft und um die Grundlegung einer Lebenskompetenz, genannt: Geschmack. Da dieser Bedeutungshorizont im Sinne der humanistischen Metaphorik von der geistigen Nahrung auch Essen und Lesen miteinander in Beziehung setzt[3], geht es gleichzeitig um die anthropologische Einheit von Leben und Lernen. Auch Herders Theorie des Kostens schließt den Bildungsbedarf unserer Geschmackskompetenz ein, so wie die Stimme eines begabten Sängers ausgebildet werden muss, um sich entfalten zu können.

1.5 Dass sich die Kulturen voneinander unter anderem durch ihre kollektive Interpretation der Geschmacks als eines Kulturmusters unterscheiden und auf dem

[2] Vgl. Pfeffer und Salz. Das aktuelle Interview mit Günter Grass. In: Essen und Trinken 10, 1977, S. 76.

[3] Vgl. Christiaan Hart-Nibbrig: Warum lesen? Frankfurt 1983, S. 195–207;

Weg über die Sozialisation und Enkulturation der Menschen auch deren individuellen Geschmack mitbestimmen, ist der Ernährungsindustrie und Lebensmittelwirtschaft gut bekannt. Man berücksichtigt in der Produktplanung selbstverständlich die Tatsache, dass kulturelle Normen den Geschmack des Menschen nachhaltig prägen und sichert sich empirisches Wissen als Marktwissen. Während die Gastrosophen des neunzehnten Jahrhunderts im Geschmack einer Speise den Ausdruck ihrer eigentümlichen natürlichen Qualität erkannten und sie vom Koch herausgearbeitet wissen wollten, stellt die Lebensmittel- und Gewürztechnologie diesen natürlichen Geschmack so weit wie möglich künstlich her, indem sie wie die Chemie die Natur fortschreibt, u. a. neue Moleküle konstruiert. Abgesehen von offensichtlichen Falschetikettierungen von Nahrungsmitteln und Speisen, die es zu sanktionieren gilt, wird der Geschmacksbegriff daher in der Kulinaristik auch als Produktbegriff zu fassen und der Naturbegriff nicht als bloßer Gegenbegriff zur Kultur, sondern im Sinne der Moleküle bauenden Chemie als Schutzbegriff zu konturieren sein, so wie die Medizin mit industriell hergestellten Antibiotika unsere Gesundheit zu schützen sucht.

1.6 Als sinnlich fundierte Unterscheidungskompetenz ist unser individueller Geschmack von mindestens fünf überpersönlichen Variablen mitbestimmt: von der Generationendifferenz, von unserer Schichtenzugehörigkeit, von den Produkten der modernen Nahrungsmittelindustrie und Lebensmittelwirtschaft, von den kulturellen Vorgaben, seien sie historisch gewachsen oder inszeniert und von der diesen Faktoren verpflichteten familialen Sozialisation und Enkulturation. Daher steht beim Schmecken oft gar nicht das faktische Gericht im Mittelpunkt des Interesses, sondern die Tatsache, dass die Speise oder das Getränk den Geschmack einer prominenten Erfahrung oder einer geliebten Persönlichkeit repräsentiert; die Gerichte und Getränke bekommen Zeichen- und Erinnerungscharakter, sie verweisen auf Statuspräferenzen, Einstellungen und Eigenschaften, die außerhalb ihrer selbst liegen und lösen sich im Extremfall in ihrer semiotischen Bedeutung für den Essenden geradezu auf. Der Essende wird krank, weil er übersieht, dass jede Nahrungsaufnahme immer auch ein nutritiver Akt ist.

In dieser Situation kann sich der Geschmack in seiner Eigenschaft als Leben und Welt aufschließendes Urteilsinstrument bewähren, weil er als körperfundiertes Medium der Kritik die Zustimmung des Subjekts zu sich selber aktiviert und somit vertrauliche Selbstreflexionen des Subjekts erleichtert. Doch dieser Weg der Menschen zu sich selbst wird durch semiotische Überstilisierungen der Nahrungsmittel vielfach verbaut, beginnend mit der ästhetisierenden Präsentation der Nahrungsmittel in Supermärkten, indem man die sinnlich-substanzielle Qualität der Lebensmittel durch farbliche Lichteinwirkung zu verschönern und einen besonders verlässlichen Frische-Eindruck zu erwecken sucht. Derartige Inszenierungen machen sich die Erfahrung vor allem der Weinverkostung zu nutze, die gezeigt hat, welch große Bedeutung das Farbensehen für unser Geschmacksurteil hat. Rote Äpfel werden, so scheint es, überall lieber gekauft als blasse; der rote Farbstoff im Muskelfleisch (Myoglobin) gilt vor allem in der westlichen Welt als mächtiger Verkaufsreiz, während die Aversionen gegen blaue Speisen, wie man in der Forschung annimmt, möglicherweise angeboren ist. Es wird daher bereits von einer *Kulinarischen Farbenlehre* gesprochen und angeraten, eine reichhaltige Farbskala in der Präsentation der Lebensmittel zu benützen (vgl. Wierlacher 2005).

Marktbezogene Institutionen wie die CMA haben aus den Rückwirkungen der Globalisierungsprozesse (Steinmetz 2001) den Schluss gezogen, die Kategorie der *Regionalität* von Nahrungsmitteln und Speisen als Marktchance zu betonen, indem man sie als Vertrauens- und Identifikationskategorie semantisiert. Sie spielt im Kontext der Anonymität der Produkte eine wachsende Rolle; kurze Wege zum Verbraucher und die Kenntnis der Produzenten fördern unser Vertrauen in die Qualität der Produkte. Doch nicht erst anhand entsprechender Marketingstrategien dürfte erkennbar sein, dass das Konzept der ‚Regionalität' weithin eine Konstruktion von Authentizität darstellt wie z. B. die Erfindung der ‚Genussregion Oberfranken' (vgl. den Beitrag von Maier/Förtsch im vorliegenden Band). Um die Glaub- und Anerkennungswürdigkeit authentischer Regionalität kultureller Speisen- und Geschmackssignaturen im Sinne ihrer Verordnung (EWG) Nr. 2081/92 zum Schutz der geographischen Herkunft zu stärken, hat daher die Europäische Union bei vielen Anerkennungsanträgen außer der geographischen Herkunftsangabe auch den Nachweis einer rechtlichen Relevanz kultureller Speisenbedeutungen gefordert.

1.7 Außer dieser rechtlichen Sicherung und der Anstrengung der Lebensmittelüberwachung zum Zweck der Lebensmittelsicherheit gibt es möglicherweise noch einen dritten Verbündeten unseres Geschmacksvermögens, der in der bisherigen Geschmacks-Diskussion, so weit ich sehe, eine eher untergeordnete Rolle gespielt hat.

Buchtitel wie *Die Kultivierung des Appetits* oder *Verschlemmte Welt* evozieren Bilder von Esskultur(en), deren Speisen und Getränke genießbar und ungenießbar sind. Winfried Menninghaus hat in seiner Studie über den Ekel betont, dass in informeller Kommunikation kein Urteil so entscheidend sei wie dasjenige des individuellen oder kollektiven) Ekels (Menninghaus 1999, 13). ‚Disgusting food' wird vor allem beim Kulturwechsel als kulturbezogene Größe erfahrbar. Der Ekel wäre, so gesehen, als ein kulturvermittelter Schutz unseres Geschmacks in seiner Qualität als sinnliches und intellektuelles Urteilsvermögen (Kompetenz) zu begreifen. Viel spricht deshalb dafür, den Ekel als ein distinktives und zugleich kulturrelatives Abwehrsystem zu verstehen, das unser Geschmacksvermögen und mit ihm unsere Kulturalität auch im Konnex der Globalisierung der Nahrungsmittelindustrie schützen kann; immerhin ist der Ekel in der Lage, zur rechtlichen Abwehr von Fälschungen und zur Erfindung neuer Schutzwörter wie *Gammelfleisch* oder *Ekelfleisch* beizutragen.

Auf den ersten Blick scheinen allerdings die Globalisierungsprozesse eher zum Abbau unserer Schutzmechanismen beizutragen, weil die transkulturelle Kommunikation die kulinarischen Grenzen und Ekelwerte so weit abschleift, dass „die Rede vom global village [...] für den Magen mindestens so sehr wie für die Informations- und Kapitalströme gilt" (Menninghaus 25). Auf den zweiten Blick jedoch eröffnet die Internationalisierung die Chance zu wechselseitiger Aufklärung der Essenden über ihre Geschmacksprofile und zum Aufbau eines kooperativen Gemeinschaftshandelns, das Interkulturalität als besondere Kommunikationsordnung entfaltet.

Die Fähigkeit, eine solche Beziehungsordnung zwischen Menschen verschiedener Kulturen zu stiften, nennen wir interkulturelle Kompetenz. Entsprechend begreift die Kulinaristik das Geschmacksvermögen nicht nur als kulturelle, sondern auch als interkulturelle Kompetenz, die mit der Konstitution der Interkulturalität eine dritte Ordnung als kreative Zwischenwelt schafft, in der Verständigung gedeihen kann, weil der Wechseltausch kulturdifferenter Fragestellungen stimuliert und gemeinsames Essen als kooperatives Handeln statthat, das dem Orchester- und Theater-Spiel vergleichbar ist, in dem jeder im Interesse des Ganzen seinen eigenen Part möglichst gut spielt, das Ensemble zusammenspielt und die Regie der Performanz ein stimmiges Konzept hat.

Jedes gemeinsame Mahl generiert eine solch verbindende Handlungssituation, von der die Teilnehmenden eine Zeitlang aus den Zwängen der realen Ordnungen des Alltags partiell befreit werden. Diese temporale Befreiung lässt sich mit den drei Bedeutungen des lateinischen Wortes ‚inter' beschreiben: die gemeinsam Essenden handeln *miteinander*, jeder sitzt *zwischen* den anderen und alle sehen sich *wechselseitig*. Vorbedingung eines kreativen Sehens und seiner befreienden Kraft ist die erkennende Anerkennung der individuellen und kollektiven Geschmacksdifferenzen und der Gleichursprünglichkeit der essenden Personen. Den *Vollzug* einer wechselseitigen Anerkennung kennzeichnet der Philosoph Karl Jaspers als aktive Toleranz (vgl. Wierlacher 1996, S. 67). Sie nützt uns immer selber, weil wir, wie schon gesagt, immer auch selber der Andere sind, der von uns in seiner Andersheit und Differenz respektiert werden will. Da der Akt aktiver, ans Erkennen gebundener Toleranz eine Leistung ist, die unsere Eigenheit nicht schwächt, sondern stärkt, weil sie uns die Phantasie abverlangt, Selbstbegründungen zu bauen, auf denen unsere jeweilige Eigenheit als Andersheit konturiert und gefestigt werden kann, führt von der Geschmackstheorie ein direkter Weg zur Theorie der Toleranz. So wird die gesellschaftspolitische Dimension des Geschmacksvermögens nochmals deutlich, von der Hans Georg Gadamer sprach.

2 Der Genuss als Kompetenz

Eva Barlösius kommt das Verdienst zu, nachdrücklich auf die anthropologisch eigensinnige Bedingung aller Nahrungszubereitung hingewiesen zu haben, dass das, was gegessen werden soll, auch schmecken muss (Barlösius 1988). „Lebensmittel und Speisen so auszuwählen und zuzubereiten, daß diese nur menschliche Möglichkeit gesteigert wird, ist der Aspekt, der das Spezifische dieses Lebensgebietes ausmacht (Barlösius 1993, 101). Doch einen leitenden Genussbegriff hat die Autorin nicht formuliert. Eine ausgefeilte Genusstheorie gibt es weder in den Wissenschaften noch im Gastgewerbe, und das Lebensmittelrecht kennt nach wie vor, sehe ich richtig, nur den Begriff des *Genussmittels*. So blieb das Thema journalistischen Publikationen überlassen, von denen manche, vor allem das Buch Gero von Randows (Randow 2003), den anzuerkennenden Versuch unternehmen, den

Genuss als fundamentale Wahrnehmungskategorie zurück zu gewinnen, während andere den Genussbegriff auf eine orale Kategorie verengen, die sich in Anlehnung an Sigmund Freud erläutern lässt, auf diese Weise aber letztlich nur den Genussbegriff verkürzen und die Trivialisierung des Genusses durch die Werbung nolens volens fördern.

Deren fragwürdiges Spektrum reicht von Milrams Butter-Päckchen mit dem Werbespruch *Genuss Tag für Tag* und der endlosen Metaphernfolge vom *Genießer* und dem *vollkommenen Genuss,* der Rede vom *Kunstgenuss* und vom *Markt der Genüsse* über die Bezeichnung von Gastronomen als *Genuss-Handwerker*, der Rede des Feinschmecker Club Magazins Sommer 2007 vom *Kochgenuss* oder der der Praxis der Firma Schlecker, mit Begriffen wie *Sammelgenuss* und *Genießerpunkten* zu werben, bis zum kaum noch zu überbietenden Angebot einer österreichischen *Genuss-Akademie*, die ein Zertifikat als *Genuss-Akademiker* anpreist.

Kultur- und sozialgeschichtlich gesehen ist die Trivialisierung des Genusses wahrscheinlich Ausdruck anhaltender Abwehr der Maßlosigkeit altrömischer Oberschichten sowie der gleichfalls anhaltenden Wirkung der Verengung des Genussbegriffes durch die Lustfeindlichkeit der Manichäer und manche Kirchenväter (Rigotti 2002) im Unterschied zur offeneren Klosterkultur der Benediktiner. Noch das Jesus-Buch Joseph Ratzingers sieht im Genuss genau genommen nur Maßlosigkeit (Ratzinger 2007, 243) und setzt somit bedauerlicherweise die alte Semantik fort.

Ich nehme die Einladung des Autors an, ihm in diesem Punkt in aller Form zu widersprechen. Angesichts der Forschungslage vermag mein Beitrag freilich nur einige Aspekte des Genusses zu verdeutlichen; die Erarbeitung einer tragfähigen Genuss-Theorie muss als eine der großen Aufgaben der Kulinaristik eingefordert werden. Sie wird uns zurückführen zur Ausgangsannahme der folgenden Überlegungen, dass sich das Essen als Handlung und Institution von der Ernährung vor allem durch seine Sozialität unterscheidet, der jedoch nicht unbedingt ein Kompensations- oder Verschleierungscharakter der Körperlichkeit menschlicher Existenz zukommt, wie man in der Nachfolge Simmels oft geglaubt hat.

2.1 Der Genuss ist ein Kind des Appetits und der an Freundlichkeit und Sympathie interessierten Kommunikationsbereitschaft. Er ist kein Sinn wie unsere fünf Sinne, sondern eine Handlung, genauer: der lustvolle Vollzug einer auf bestimmte Speisen- und Getränke gerichteten Aneignungshandlung des Verzehrs aufgrund einer verknüpften sinnlichen, emotionalen und intellektuellen und anerkennenden Wahrnehmung. Im Unterschied zum Hunger realisiert sich der Genuss wie der Appetit als gerichtetes und in freier Selbstbestimmung im Sinne Herders vollzogenes Probieren (Kosten). Aufgezwungenen Genuss gibt es nicht.

In seiner Eigenschaft als Vollzugshandlung schließt der Genuss ein Geschmacksurteil ein. Als Lebenselixier braucht er darüber hinaus die Selbstbestimmung des Genießenden, das zustimmend anregende Ambiente und, wie sein Name im Deutschen anzeigt, den Mitgenießenden: Das Wort *Genuss* verweist auf das Wort *Genosse,* das es im Deutschen zu Anfang des 21. Jahrhunderts noch im Kompositum *Zeitgenosse oder* in der Bezeichnung einer Zweckgemeinschaft gibt

(Genossenschaft). In Wendungen wie *Nutznießer, ein großes Ansehen genießen* oder *in den Genuss einer Förderung kommen* ist auch die ursprüngliche Bedeutung noch lebendig; die Wortbildung mit Hilfe des Kollektivpartikels ‚ge' verweist wie im Fall des Geschmacks auf den überindividuellen Hintergrund.

Bislang ist der Genuss zwar wie gesagt noch kaum zum Thema der Kulturforschung geworden, doch so viel ist klar: *Genuss* ist ein mehrwertiger Handlungs- und Erkenntnisbegriff und in dieser Mehrwertigkeit zu diskutieren (Wierlacher 1987, 141ff.). Der wichtigste Verbündete des Genusses ist die Dialogqualität menschlicher Existenz (Taylor 1997). Sie bringt es mit sich, dass die Menschen in der Regel lieber gemeinsam essen als alleine. Doch zum Genuss gehören auch Sympathie und Einverständnisse unter den Essenden. Niemand setzt sich gern mit Menschen an einen Tisch, die unsympathisch sind, zumal die Dingsymbolik des Tisches eine symmetrische Beziehung aufdrängt, die von den beteiligt Handelnden vorab gebilligt sein will. Ich verweise hier nur auf die kulturelle Regel in den USA, einen Tisch als Raum der privacy zu bewerten, die einem ungeliebte Tischgenossen erspart.

Manche außereuropäischen Kulturen vermeiden Tische, nicht jedoch die Anwesenheit anderer Menschen beim Essen. Denn Menschen möchten beim Essen auch über die angebotenen Speisen *reden* dürfen, zumal jede Speise zu einem Symbol werden kann: die Essenden suchen zu erfahren, ob die Mitessenden den gleichen Eindruck oder einen anderen von der gebotenen Speise haben. Ein gemeinsames Essen fungiert insofern durchaus als eine Kommunikations- und Erkenntnisbörse; erst in der Verknüpfung der Sympathie als grundlegender Zustimmungsbedingung mit dem Miteinander-Essens mit dem Miteinander-Reden vermögen sich die Essenden der Produkte und ihrer selbst zu vergewissern.

Indem der kulinarische Genuss Reden und Essen lustbetont verschränkt, gibt er sich als eine aktive Handlung zu erkennen, die an die Einstellung der Lebensbejahung (affirmatio vitae) gebunden ist und sie zugleich stützt. Genießen, sinnliche und intellektuelle Wahrnehmung, Erkenntnis, Lebensfreude und Kommunikation als Spiel korrespondieren miteinander. Es gibt nicht nur keinen aufgezwungenen, es gibt auch keinen lustlosen, lebensfeindlichen oder lebensverneinenden Genuss.

Im Englischen heißt Genuss entsprechend *pleasure.* Statt *guten Appetit* zu sagen wünscht man sich *enjoy your meal*; im Französischen dominieren die Wörter *jouissance, plaisir, joie;* im Italienischen dominiert das Wort *piacere.* Alle Wörter drücken die gleichermaßen zuversichtliche Lebensbejahung aus. In diesem und in Nietzsches Sinne des Wortes lässt sich die Kulinaristik mit Recht als fröhliche Wissenschaft charakterisieren wie es Thomas Rietzschel häufig getan hat.

Da der Alltag im Leben der Menschen immer auch mit Schwierigkeiten durchsetzt ist, bilden die fröhlichen Genusssituationen so etwas wie Inseln eines anderen Zustands im Dasein, der sich dann auch als Lebensstil und individueller semantischer Kosmos konkretisieren kann (Schulze, 2003, S. 107). Weil der Genuss lebensbejahende Gemeinschaft verlangt und auch stiftet, wird eine Feier menschlichen Lebens typologisch immer mit einem fröhlichen Essen umrahmt. Der Genuss gibt sich somit als eine Kategorie des Festes, nicht der Alltäglichkeit zu erkennen.

Ein Fest wiederum schließt als prinzipielle Bejahung des Lebens (affirmitatio vitae) schmackhafte und anregende Speisen (Produkte), lebensfrohe, emotional anregende und, wie schon gesagt, symmetrische Gespräche und eine selbstgewisse Vertrautheit unter den Essenden ein. Insofern ein Fest als Zustimmung zum Leben der Humus der Kultur ist, ist die Mitgestaltung eines Festes immer eine kulturelle Tat.

2.2 Dietrich Krusche hat gezeigt, dass im Prinzip alle Nahrungsmittel als Genussauslöser in Frage kommen, sofern sie mindestens eine Voraussetzung erfüllen; „sie müssen einen (nicht einmal besonders starken) Wechsel im körperlichen und damit auch im stimmungshaften (‚seelischen') Befinden auslösen" (Krusche 1993, 46). Sie müssen mit andern Worten so etwas wie eine Verwandlung des Essenden ermöglichen. Da diese Verwandlung die Sinne, den Kopf und die Emotionen umfasst, lässt sich Genussfähigkeit als lebensbejahende Bereitschaft zu solcher Verwandlung und der Genuss selber als ihren gedanklichen und emotionalen Vollzug begreifen, „abhängig von Komponenten, die nicht physikalisch meßbar sind, sondern allenfalls erfragbar" (Schulze 1992, S. 107).

Der Genuss beginnt mithin nicht erst mit dem Essen und endet auch nicht bei ihm. Infolge der lebensbejahenden Qualität des Genusses kräftigt die Genussfähigkeit die Bereitschaft, sich im Vertrauen auf das Leben Neuem auszusetzen, es zu prüfen (kosten) und das Wagnis der Selbstgefährdung in dem Maße auf sich zu nehmen, das erforderlich ist, um neue Erkenntnis über Speisen und Getränke, über sich selbst und somit auch über die Welt zu gewinnen. Genuss ist so gesehen immer auch eine „Risikoerfahrung, ein Rand- und Kippphänomen und deshalb als Erfahrungsraum so aufregend, anthropologisch so aufschlußreich" (Krusche 1993, 50). Umso mehr ist er andererseits auf seine Stützung durch die Ritualität des Essens als vertrauensbildende Kategorie der Verlässlichkeit angewiesen.

Als affirmatio vitae und Modus der Aufwertung des Mitmenschen als Mitgenießenden und als Prüfungsinstrument des Kostens ist der Genuss keine nur auf sich selbst bezogene Lust, sondern die Erfüllung unserer Dialogqualität und insofern ein Generator sowohl sozialer als auch intellektueller Energie (Neumann 2000,41). Brecht hat letzteres in *Galileo Galilei* sehr deutlich gemacht: bei gutem Essen fällt Galileo am meisten ein.

2.3 Um sein kreatives Potential entfalten zu können, braucht der Genuss als spezifische Vorbedingung auch Zeit und wie jede Erkenntnis ein Stück Kontemplation. Sigmund Freud hat darum höchstwahrscheinlich Unrecht, wenn er die Neuheit als Bedingung des Genusses versteht; die lustvolle Erinnerung an geliebte Speisen, die man als Kind in einer bestimmten Umgebung gegessen hat, spricht jedenfalls gegen seine Annahme. Als Vollzugshandlung ist der Genuss aber in jedem Fall eine Eigenleistung wie das Denken auch. Er wird uns nicht geschenkt, wie die Werbung suggeriert. Wenn aber der Genuss wie das Denken eine Aktivität in der Zeit und die Genussfähigkeit eine Kompetenz ist, dann sind die Essenden ähnlich wie die Leser der Literatur nicht nur Empfänger, sondern Mitschöpfer der Werke, die zum Lesen oder Essen aufgetischt werden. Dann weitet sich der Anerkennungscharakter des Genusses, der sich im Urteil ‚Das hat gut geschmeckt' aktualisiert, zur Anerkennung auch des Genießenden als des Urteilenden; im Genuss prüft, erfährt und erkennt und anerkennt der Genießende sich selbst.

Man muss kein Dramaturg und kein Koch sein, um eine Theaterstück zu verstehen oder um ein Steak zu schätzen. Aber man muss in etwa wissen, was ein Theaterstück und was ein Steak ist, wann es in welcher Umgebung es wie gegessen werden will, weil jede Anerkennung auf der Prüfung einer Leistung aufruht (Honneth 1992), Genuss also nur dort möglich wird, wo die Voraussetzungen des Prüfens gegeben sind und wo die anzuerkennende Leistung erkennbar ist. Anonyme Massenprodukte wie die meisten Angebote der Convenience- und Fastfood-Industrie können aus diesem Grund zwar konsumiert, aber im präzisen Sinne des Wortes nicht genossen und als Gegenstand des Genusses betrachtet werden.

2.4 Als Vollzughandlung des Kostens ist der Genuss eine Entdeckungs- und Aneignungshandlung, die uns in einer die Körperlichkeit unserer Existenz überschießenden Weise sättigt: als oraler und kulturell geprägter Akt des Verzehrs versöhnt uns der Genuss genau genommen mit uns selbst, indem er uns als Genießende zur Annahme unserer selbst bringt und zugleich diskursiv mit der Welt verbindet, weil das Reden beim und vom Essen immer auch Teil eines überpersönlichen Redezusammenhanges (Diskurses) ist, aus dem wir unsere Wörter und die Begriffe gewinnen. Aus diesem Grund ist die Kommunikation beim Essen selbst ein essentieller Teil des Genusses. Sie aktualisiert die Dialogqualität unserer Existenz, steigert das Selbstgefühl des Essenden und führt uns über die freundliche Wahrnehmung der Mitgenießenden in Freundlichkeit zu uns selbst. Die paradoxe Sinnbotschaft des Genusses lautet: erst im von der eigenen Egomanie befreienden Genuss gewinnt das Ich sein Höchstmaß an Eigenheit.

Schlussbemerkung

Der Genuss wurde als eine lebensbejahende Vollzugshandlung beschrieben, die den Menschen auf lustvolle Weise sowohl die Verknüpfung der sinnlichen und intellektuellen Dimensionen seiner Existenz als auch seine Angewiesenheit auf den Mitmenschen erfahren lässt und dadurch zu sich selbst bringt. Die Kulinaristik wird sich Gedanken darüber machen müssen, wie sich diese Leistung des Genusses mit den Ansprüchen der kulturellen Systeme, der internationalen Nahrungsindustrie, den sozialen Kräften einer Nation oder Region, der Politik, dem Recht und den Wissenschaften so austariert lässt, dass der Genuss als Kompetenz im Interesse des Zusammenlebens aller gestärkt und in jeder Generation neu entfaltet werden. Nachdem der Mitmensch im Genuss als dessen Bedingungsfaktor in Erscheinung tritt, bringt der Genuss ganz ähnlich wie der Geschmack die Menschen je dazu, sich wenigstens für die Dauer des Zusammenseins bei Tisch ihrer Dialogqualität bewusst zu werden, sich wechselseitig gelten zu lassen und mithin eben die aktive Toleranz zu üben (vgl. Günter Grass' Roman *Treffen in Telgte*), ohne die das Zusammenleben der Menschen in einer Demokratie unmöglich ist[4]. Die Schlussfolgerung greift nicht zu weit aus, wenn sie resümierend festhält, dass sich das Geschmacks- und Genussvermögen der Menschen als ein Politikum ersten Ranges erweist, das unsere besondere Aufmerksamkeit verdient.

Literatur

Bachmae, Helmut / Fischer, Ernst Peter (Hg.): Glanz und Elend der zwei Kulturen. Über die Verträglichkeit der Natur- und Geisteswissenschaften. Konstanz 1991.

Barlösius, Eva: Riechen und Schmecken – Riechendes und Schmeckendes. In: Kölner Zeitschrift für Soziologie und Sozialpsycholologie 39 (1987), S. 367–375.

Barlösius, Eva: Eßgenuß als eigenlogisches soziales Gestaltungsprinzip. Zur Soziologie des Essens und Trinkens dargestellt am Beispiel der grande cuisine Frankreichs. Diss. Hannover 1988.

Barlösius, Eva / Manz, Wolfgang: Der Wandel der Kochkunst als genußorientierte Speisegestaltung. In: Kölner Zeitschrift für Soziologie und Sozialpsychologie 40 (1988), S. 706–727.

Barlösius, Eva: Anthropologische Perspektiven einer Kultursoziologie des Essens und Trinkens. In: Alois Wierlacher / Gerhard Neumann/ Hans Jürgen Teuteberg (Hg.): Kulturthema Essen. Ansichten und Problemfelder. Berlin 1993, S. 85–101.

Böhme, Gernot: Leibsein als Aufgabe. Leibphilosophie in pragmatischer Hinsicht. Kusterdingen 2003.

Brandes, Uta (Hg.): Geschmacksache. Göttingen 1996

Dollase, Jürgen: Geschmacksschule. Wiesbaden 2005.

Douglas, Mary: Deciphering a Meal. In: Dies.: Implicit Meanings. Essays in Anthropology. London/Boston 1975.

Duden, Barbara (Hg.): Spuren des Körpers in einer technogenen Welt. Opladen 2002.

Engelhardt, Dietrich von / Rainer Wild (Hg.): Geschmackskulturen. Vom Dialog der Sinne beim Essen und Trinken. Frankfurt 2005.

Fick, Monika: Geschmack. In: Historisches Wörterbuch der Rhetorik, hrsg. von Gert Ueding. Band 3, Tübingen 1996. Sp. 870–901.

Fischer-Lichte, Erika /Pflug, Isabel (Hg.): Inszenierung von Authentizität. Tübingen/Basel 2000

Frackowiak, Ute: Der gute Geschmack. Studien zur Entwicklung des Geschmackbegriffs. München 1994.

Gadamer, Hans Georg: Wahrheit und Methode. Tübingen 1960.

Hauer, Thomas (Hg.): Das Geheimnis des Geschmacks. Aspekte der Ess- und Lebenskunst. Frankfurt 2005.

Honneth, Axel: Kampf um Anerkennung. Zur moralischen Grammatik sozialer Konflikte. Frankfurt 1992.

[4] Günter Grass, der kulinarisch und kulinaristisch wohl interessierteste deutschsprachige Schriftsteller der Gegenwart, hat die Toleranzfrage und Toleranzpolitik mehrfach als Redner und essayistisch zum Thema gemacht, vgl. Alois Wierlacher: Günter Grass: Über die Toleranz. In: Signaturen der Gegenwartsliteratur. Festschrift für Walter Hinderer. Würzburg 1999, S. 113–124; erweitert unter dem Titel Günter Grass' Toleranz-Reden in: Alois Wierlacher (Hg.): Kulturthema Kommunikation. Möhnesee 2000, S. 335–344.

Jütte, Robert: Vom Notwendigkeitsgeschmack zum Einheitsaroma. Prolegomena zu einer Sinnesgeschichte im 20. Jahrhundert. In: Dietrich von Engelhardt /Rainer Wild (Hg.): Geschmackskulturen. Frankfurt 2005, S. 47 – 58.

Kirshenblatt-Gimblett, Barbara: Playing to the Senses: Food as a Performance Medium. In: Performance Research 4 (1999), S 1 – 30

Krusche, Dietrich: Genuss, Selbsterfahrung und das wissenschaftliche Literaturlesen. In: Alois Wierlacher /Gerhard Neumann / Hans Jürgen Teuteberg (Hg.): Kulturthema Essen. Ansichten und Problemfelder. Berlin 1993, S. 41 – 51.

Lange, Klaus: Geistliche Speise. Untersuchungen zur Metaphorik der Bibelhermeneutik. In: Zeitschrift für Deutsches Altertum 95 (1966), S. 81 – 122.

Meier-Plöger, Angelika u.a.: Fühlen wie's schmeckt. Sinnesschulung für Kinder und Jugendliche. Ein Handbuch für Lehrkräfte und alle Interessierten. Künzell 1999.

Menell, Stephen: Die Kultivierung des Appetits. Die Geschichte des Essens vom Mittelalter bis heute. Aus dem Englischen von Rainer von Savigny. Frankfurt 1988.

Menninghaus, Winfried: Ekel. Theorie und Geschichte einer starken Empfindung. Frankfurt 1999.

Milz, Helmut: Der wiederentdeckte Körper. Vom schöpferischen Umgang mit sich selbst. München 1992

Mittelstrass, Jürgen / Stock Günter (Hg.): Chemie und Geisteswissenschaften. Versuch einer Annäherung. Berlin 1992.

Neumann, Gerhard: ‚Jede Nahrung ist ein Symbol,. Umrisse einer Kulturwissenschaft des Essens. In: Alois Wierlacher /Gerhard Neumann / Hans Jürgen Teuteberg (Hg.): Kulturthema Essen. Ansichten und Problemfelder. Berlin 1993, S. 385 – 444.

Neumann, Gerhard: Über die vorrangige Aufgabe einer künftigen Kulturwissenschaft des Essens. In: Alois Wierlacher (Hg.): Kulturthema Kommunikation. Möhnesee 2000, S. 401 – 409.

Neumann, Gerhard: „Geschmack-Theater. Mahlzeit und soziale Inszenierung“, in: Brandes, Uta (Hg.): Geschmacksache. Göttingen 1996 (Schriftenreihe Forum 6), S. 35 – 64.

Neumann, Gerhard/Alois Wierlacher/Rainer Wild (Hg.): Essen und Lebensqualität. Kultur- und naturwissenschaftliche Perspektiven. Frankfurt 2001.

Pasternack, Gerhard (Hg): Zwei Kulturen – oder die Einheit der Wissenschaften. Bremen 1990.

Petrini, Carlo: Slow Food. Genießen mit Verstand. Zürich 2003.

Raab, Jürgen: Die soziale Konstruktion olfaktorischer Wahrnehmung. Diss. Konstanz 1998.

Randow, Gero von: Genießen. Eine Ausschweifung. München 2003.

Rigotti, Francesca: Philosophie in der Küche. Kleine Kritik der kulinarischen Vernunft. München 2002.

Ratzinger, Joseph: Jesus von Nazareth. Freiburg 2007.

Schipperges, Heinrich: Leiblichkeit. Studien zur Geschichte des Leibes. Aachen 2001.

Schulze, Gerhard: Die Erlebnisgesellschaft. Kultursoziologie der Gegenwart. Frankfurt 4. Aufl. 1992.

Serres, Michel: Les cinq sens. Philosophie des corps mêlés. Paris 1985. Dt. Übers. v. M. Bischoff: Die fünf Sinne. Eine Philosophie der Gemenge und Gemische. Frankfurt 1998.

Steinmetz, Horst: Identität, Kultur, (Literatur), Globalisierung. In: Jahrbuch Deutsch als Fremdsprache (Intercultural German Studies) 27 (2001), S. 105 – 126.

Taylor, Charles: Multikulturalismus und die Politik der Anerkennung. Mit Kommentaren von Amy Gutmann (Hg.), Steven C. Rockefeller, Michael Walzer, Susan Wolf. Mit einem Beitrag von Jürgen Habermas. Frankfurt 1993.

Teuteberg, Hans Jürgen: Prolegomena zu einer Kulturpsychologie des Geschmacks. In: Alois Wierlacher /Gerhard Neumann/ Hans Jürgen Teuteberg (Hg.): Kulturthema Essen. Ansichten und Problemfelder. Berlin 1993, S. 103 – 136.

Welz, Gisela: Inszenierungen kultureller Vielfalt. Berlin 1996.

Wierlacher, Alois: Vom Essen in der deutschen Literatur. Mahlzeiten in Erzähltexten von Goethe bis Grass. Stuttgart 1987.

Wierlacher, Alois /Neumann, Gerhard/ Teuteberg,. Hans Jürgen (Hg.): Kulturthema Essen. Ansichten und Problemfelder. Berlin 1993.

Wierlacher, Alois (Hg.): Kulturthema Toleranz. Zur Grundlegung einer interdisziplinären und interkulturellen Toleranzforschung. Mit einer Forschungsbibliographie von Rainer Haarbusch. München 1996.

Wierlacher, Alois /Otto, Wolf Dieter (Hg.): Toleranztheorie in Deutschland 1949 – 1999. Eine anthologische Dokumentation. Tübingen 2002.

Wierlacher, Alois: Kultur und Geschmack. In: Handbuch interkulturelle Germanistik, hg. von Alois Wierlacher und Andrea Bogner. Stuttgart 2003, S. 165 – 175.

Wierlacher, Alois / Albrecht, Corinna: Kulturwissenschaftliche Xenologie. In: Ansgar Nünning/Vera Nünning (Hg.): Konzepte der Kulturwissenschaften. Stuttgart 2003, S. 280 – 306.

Wierlacher, Alois: Was heißt, die Augen essen mit? In: Dietrich von Engelhardt / Rainer Wild (Hg.): Geschmackskulturen. Vom Dialog der Sinne beim Essen und Trinken. Frankfurt 2005, S. 129 – 143.

Wierlacher, Alois (Hg.): Jahresprogramm der Deutschen Akademie für Kulinaristik. Bremen 2005.

Wierzbicka, Anna: Understanding Cultures through their Key Words. New York /Oxford 1997.

Wulf Christoph / Zirfas, Jörg: Performativität, Ritual und Gemeinschaft. In: Dietrich Harth / Gerrit Jasper Schenk (Hg.): Ritualdynamik. Kulturübergreifende Studien zur Theorie und Geschichte rituellen Handelns. Heidelberg 2004, S. 73 – 93.

Das Besteck und die Vielfalt der Kulturen *

Wolfgang-Otto BAUER

1 Einführung

Zu den Attraktionen der globalisierten Fast Food-Gastronomie gehört die Strategie, Kindern und Jugendlichen Speisen anzubieten, die in die Hände genommen und mit den Händen gegessen werden können. Erkenntnisse, inwieweit diese Handlungsofferte das Essverhalten der Familien beeinflusst, liegen – soweit ich sehe – nicht vor. Überhaupt tauchen im bisherigen Diskurs des Gastgewerbes und der Sozial- und Kulturwissenschaften Untersuchungen zur kulturellen Bedeutung und Funktion der Esswerkzeuge selten auf, zu den Ausnahmen zählen die Arbeiten von Hasso Spode (1995 und 1994) und Mareile Flitsch (2006). Dagegen übergehen ausgerechnet die Publikationen, die sich dezidiert der Tischkultur oder dem Essenlernen zuwenden wie Barbara Methfessels *Essen lehren – Essen lernen* (2000) diesen Themenbereich. Im Interesse kultureller und interkultureller Umgangskompetenzen im Zeitalter der Globalisierungsprozesse und ihrer Rückwirkungen läge es nichtsdestoweniger, das Wissen über die Bedeutung und Funktion der Kulturtechnik des Essens mit Eßwerkzeugen in den verschiedenen Esskultur(en) zu festigen. Der Kulinaristik stellt sich mithin eine aktuelle Aufgabe. In diesem Sinne soll im ersten Teil des vorliegenden Beitrags ein kurzer Überblick über die Geschichte der Esswerkzeuge in Europa gegeben werden. Der zweite Teil des Beitrags zieht einige Schlussfolgerungen aus dem Dargelegten für die Forschungsplanung der Kulinaristik zugunsten kulturvergleichender Fragestellungen.

2 Aspekte der Entwicklungsgeschichte

Esswerkzeuge sind in besonderem Masse Handwerkzeuge. Für Viele aus Gewohnheit nur noch wenig beachtet, aber wie schon Wilhelm Wagenfeld (1900 – 1990) mit seinem notorischen Hinweis „Täglich in der Hand", feststellte, mittlerweile unverzichtbare Lebensbegleiter wie kaum andere Gegenstände. Das war jedoch nicht immer so. Man aß in Europa bis zum Spätmittelalter geradezu selbstverständlich mit den Händen. Die ersten Geräte waren Löffel und Messer, beide sind im Lauf der Zeit die wichtigsten Essgeräte in Deutschland geworden. Sobald ein Kind entwöhnt war, begann die Nahrungszufuhr mit dem Löffel als Werkzeug, Brei und flüssige Speisen aufzunehmen. Die ursprüngliche Bedeutung des Ausdrucks *Suppe* meint eine Speise, die man mit dem Löffel zu sich nimmt; das englische Wort *spoon* kommt aus derselben Sprachwurzel. Ein einziger Löffel genügte vielfach

* Der Autor dankt Professor Alois Wierlacher für seine wesentlichen Hinweise und die redaktionelle Unterstützung.

fürs Leben – in den ökonomisch gut gestellten Schichten stiftete der Pate einen schönen, eigenen Löffel, ein kostbares Werkzeug. Wer es sich leisten konnte, besaß einen aus Silber. Diese Löffel vererbte man, wenn sie wertvoll waren, sogar über Generationen, der Löffel überlebte also den Esser. „Den Löffel weglegen" bedeutet in der volkstümlichen Alltagssprache bis heute soviel wie ‚sterben'.

Die besondere Geschichte der Gabel hat Hasso Spode beschrieben. Sie kam als Signet byzantinischer Herrschaft nach Italien und gelangte von dort ins übrige Europa. Um 1600 hatte sie sich in den italienischen Oberschichten bereits durchgesetzt, doch der Widerstand in der weiteren Bevölkerung blieb groß. „1601 wird eine Vereinigung gegründet, deren Mitglieder sich verpflichten, allzeit mit den Fingern zu essen, und noch Monteverdi ließ für jede Mahlzeit, bei der er als Gast die Gabel benutzen mußte, zur Buße drei Messen lesen" (Spode 1995, S. 30). Nördlich der Alpen blieb die Gabel bis in 17. Jahrhundert hinein nur in sporadischem Gebrauch. Über Frankreich kam sie nach Deutschland. Seit Ende des 16. Jahrhunderts wurde es in Italien zum guten Ton, Gabel und Löffel und Messer als *Besteck* zu kombinieren. Der deutsche Ausdruck meint ursprünglich ein Futteral zum Einstecken von Instrumenten und in der Folge auch die Werkzeuge selbst (vgl. das ‚Besteck' der Ärzte, das ‚Reisebesteck' oder das ‚Tabakbesteck'). Doch erst um 1700 ist das heutige Besteck entstanden, „das nun nicht mehr, wie noch der Name verrät, in einem Futteral am Gürtel steckte, sondern – der exakten Ausrichtung des mechanischen Truppenkörpers auf dem Exerzier- und Schlachtfeld vergleichbar – in genau identischen Garnituren (*couverts*) bereitgehalten und jedem zur Mahlzeit vorgelegt wurde" (Spode 1994, S. 27).

Weil in Alltag und Festtag ständig verwendet, kommt heute ein Gedeck kaum ohne Besteck aus. Dass sich die einzelnen Besteckteile weithin fast unabhängig von einander entwickelten, lässt sich zum Teil aus der Besonderheit ihrer Funktion, Qualitätsentwicklung und Herstellung ableiten. Vor allem Messer waren und sind unentbehrliche Überlebenswerkzeuge, Kulturleistungen, Kulturgüter und gehören für einen Koch zu seinen wichtigsten Instrumenten. Als Messer kann indes nur gelten, was in dem Teil, den wir Klinge nennen, eine gewisse Schneidhaltigkeit aufweist und sich damit zum Schneiden und Trennen geeignet erweist.

Eine Schneide war in frühester Menschheitsgeschichte nur aus der Natur zu gewinnen, aus Spaltprodukten von Steinbrocken vor allem. Dazu gibt es unter dem Stichwort „Handwerkliche Erfahrung vor 2,5 Mio Jahren" Hinweise auf frühe Artefakte [1]. In Äthiopien entdeckten Wissenschaftler eine große Zahl scharfkantiger Steinbrocken. Die aus vulkanischem Gestein gefertigten Werkzeuge sind rund 250 000 Jahre älter als alle bisher bekannten Artefakte. Wissenschaftler sehen darin ein beträchtliches Maß an handwerklicher Erfahrung der damaligen Erzeuger. Das heißt, die Kunst der Messerherstellung ist älter als 2,5 Millionen Jahre.

Je nach Region boten sich unterschiedliche Rohstoffe an. Hier gab es Flint, dort Feuerstein oder Obsidian. Erst nach langem Gang durch die Geschichte gelang es den Menschen, Werkstoffe zu erfinden, die sich als besser geeignet oder leichter zu bearbeiten erweisen sollten. Mit der Bronze (seit etwa 2000 v. Ch.) und später Ei-

[1] Welt am Sonntag, 26.01.1997, Seite 12

sen traten Metalle an die Stelle des schwer zu bearbeitenden Urgesteins. Gold und Silber konnte man sogar gediegen als annähernd reine Metalle finden und durch Hämmern bearbeiten. Für eine brauchbare Klinge eigneten sich die Edelmetalle kaum. Es verwundert deshalb nicht, dass sich unter den kostbaren Grabbeigaben des berühmten Tutenchamun (ca. 1340 – 1323 v.Ch.) auch zwei besondere Werkzeuge befanden: ein grosser, 31,9 cm langer Dolch mit reicher Verzierung und gehärteter Goldklinge sowie ein kleiner aus Eisen, wohl als Messer zum Zerteilen von Speisen auf der Reise ins Totenreich bestimmt. [2]

Lange vor der Serienherstellung beauftragten in Europa Fürsten und andere Würdenträger immer wieder Gold- und Silberschmiede damit, wertvolles Besteck und einzelne Geräte zu schaffen. Die Kostbarkeit von Gold und Silber bewirkte, dass die Künstler der Gestaltung aus diesen Edelmetallen besondere Sorgfalt widmeten. Steine und andere wertvolle Materialien fügten sie zur Verzierung und Wertsteigerung hinzu. Wenn auch viele Gegenstände verloren gingen, die wenigen Sammlungsbestände, die nur Besteck beinhalten, bieten einen guten Überblick, in welchen künstlerischen Höhen Besteck als Kulturgut angesiedelt war. Beispiele finden sich im Deutschen Klingenmuseum Solingen und in Kunstsammlungen, wie der Egloffstein'schen auf der Wartburg, oder in den Sammlungen Amme, Hollander, Marquardt, Sambonet, zu besichtigen in den entsprechenden Katalogen oder Museen. [3] Auch „Schatzkammern", wie die der Hofburg zu Wien, der Residenz in München oder das „Grüne Gewölbe" in Dresden stellen wahre Fundgruben kunstvoller historischer Bestecke und Tafelgeräte dar.

Bis zum Beginn der Industrialisierung war die Herstellung von Besteck schwierig. Erst Mitte des 19. Jahrhunderts kam sie auch in quantitativer Hinsicht richtig in Gang, als immer größere Maschinen zum Walzen, Prägen und Stanzen entwickelt, hergestellt und aufgestellt wurden. Neue Werkstoffe, wie Alpaka oder wie wir es heute nennen, Neusilber, und Schwarzblech ermöglichten jetzt die Versorgung breiter Bevölkerungsschichten mit Besteck. Alpaka ließ sich vielseitig verwenden (gießen) oder man konnte aus Blechen Besteckteile ausschneiden, formen, prägen und polieren. Man formte daraus Messergriffe, Gabeln, Löffel und viele Zubehörteile.

Aber nachhaltiger und natürlich auch aufwändiger war es, die Gegenstände anschließend zu versilbern oder gar zu vergolden. Daneben basierten noch immer die wichtigsten Teile auf Eisen – für Messerklingen war Stahl einfach unverzichtbar. Selbst die edelsten Ausführungen in Sterling Silber – einer Legierung mit 925 / 1000 Gewichtsteilen Silber – kamen ohne Stahlklinge nicht aus.

Spätestens mit dem Wohlstandsschub der „Gründerzeit" in Deutschland nach 1871 kamen exotische Köstlichkeiten auf den Tisch, für die neuartiges Gerät erforderlich war. Die Bereicherung des Speiseplans um ‚Kolonialwaren' aller Art

---

[2] Ägyptisches Museum Berlin: TUTENCHAMUN – Ausstellungskatalog, Berlin 1980, S. 142.

[3] Jochen Amme: Historische Bestecke – Formenwandel von der Altsteinzeit bis zur Moderne, Arnoldsche, Stuttgart, 2002; Bestecke – Die Egloffstein'sche Sammlung auf der Wartburg, Arnoldsche, Stuttgart, 1994; Klaus Marquardt: Europäisches Essbesteck aus 8 Jahrhunderten – Eine Kunstsammlung, Arnoldsche, Stuttgart, 1997; Jan van Trigt: Cutlery – The J. Hollander Collection, Pandora, Antwerpen, 2003; Collectione Sambonet, Milano.

verlangte geradezu nach Ausweitung des Angebots für den gedeckten Tisch, also auch der Besteckgarnituren.[4] Neben die Standardteile Messer, Gabel und Löffel sowie die mittlerweile entwickelten Vorleger für Salat oder Soße traten unzählige neue Teile, wie Limonadenlöffel, Kaviarbestecke, Hummergabeln, Olivenschöpfer und andere. In älteren Katalogen finden sich oft mehr als 100 verschiedene Besteck- und Zubehörteile eines Modells verzeichnet.

Es versteht sich, dass ein so großer Aufwand nur in den Häusern der Begüterten, Reichen, Wohlhabenden getrieben werden konnte. Wie aus der Geschichte der Innenarchitektur abzulesen, statteten beauftragte Architekten und Künstler die Esszimmer oder Säle entsprechend aus. Kunstvolle Tische, Stühle, Anrichten, Büffets, Schränke für Geschirr mit und ohne Besteckschubladen, Vitrinen, Bilder, Leuchter und Wanddekorationen künden noch heute als vor Ort erhaltene Speisezimmer und Säle in Museen, Schlössern oder wenigstens Abbildungen davon. Die Idee eines Gesamtkunstwerk, seit Richard Wagner ein hohes Ziel für viele Künstler, fand hier einen Widerhall.

Im Sinne der schon erwähnten Distinktions- und Repräsentations-bedürfnisse widmeten die Auftraggeber und ihre Künstler oder Entwerfer, damals fast immer Architekten, den Eßwerkzeugen als Tafelgerät förmlicher Kommunikation besondere Aufmerksamkeit. Architekten wie Peter Behrens, Joseph Hoffmann, Charles Rennie Mackintosh, Richard Riemerschmid, Henry van de Velde machten sich auch als Geschirr- und Besteck-Gestalter in der Fachwelt einen Namen und sicherten sich mit Ihren Entwürfen bis heute einen Platz in Museen und Veröffentlichungen zur Kulturgeschichte des Essen und Trinkens.

Der Aufschwung der Industrie im 19. Jahrhundert betraf vor allem die Bereiche der metallverarbeitenden Betriebe. Im Umfeld von Solingen folgte eine Firmengründung der anderen. Auch außerhalb traten neue Firmen auf den Plan. So bildete die Firma Carl Deffner, Esslingen (1810 – 1969), gewissermaßen die Keimzelle für den Aufbau der Hohlwaren- und Silberwarenfabriken im württembergischen Filstal[5]. Die in unmittelbarer Nähe, in Geislingen, 1853 gegründete WMF wuchs rasch zum größten Unternehmen der Branche heran. Sie fertigte und lieferte zunächst Hohlwaren, also Tafelgerät, seit 1883 dann Löffel, Messer und Gabeln aus der Besteckfabrik. Bis zum Ende des Jugendstils zählte man in Deutschland mehrere hundert einschlägige Betriebe.

Mit Beginn des Ersten Weltkriegs brach die Produktionsfülle zusammen und der Jugendstil jäh ab. Was anschließend kam, lässt bereits Ähnlichkeit mit Gestaltungen der heutigen Zeit erkennen. Ja, mehr noch, zahlreiche Muster der 20er und 30er Jahre im Bereich Besteck und Geschirr stehen noch oder wieder in den Katalogen renommierter europäischer Hersteller, wie Christofle, Puiforcat, Robbe & Berking, Wilkens, WMF u.a.m. Sind Europäer so sehr von der Vergangenheit geprägt, verpflichtet, abhängig? Wo bleibt die „zeitgemässe Gestaltung“ unserer

---

4 Vgl. das Schaubild Firmengründungen im 19. Jahrhundert auf der folgenden Seite.

5 Stadtmuseum Esslingen: SilberSachen – Die Esslinger Metallwarenindustrie von 1815 bis 1981. Esslingen 2004.

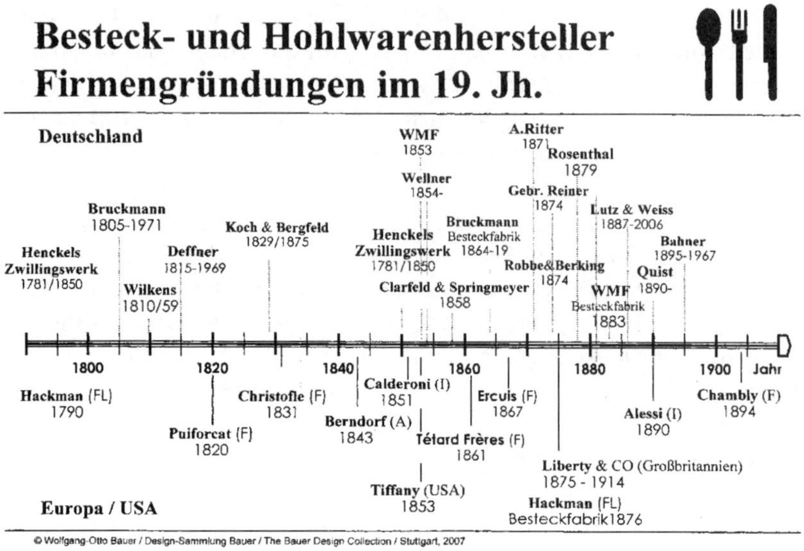

Umwelt? fragten das BAUHAUS, die Neue Sachlichkeit, Art Deco und neuere Richtungen, sonst noch bekannt wurden.

3 Technische und stilistische Innovationen des zwanzigsten Jahrhunderts

Die Erfindung des rostfreien Stahls, 1913 gleichzeitig von Krupp in Deutschland und Brearley in England – gerade noch vor dem Ersten Weltkrieg – bedeutete eine historische Wende. Diese wertvolle Legierung aus weniger als 74 % Eisen, 18 % Chrom und 8 bis 10 % Nickel brachte ungeahnten Aufschwung, ja, den Durchbruch hin zu breiter Verwendung und lang dauernder Nutzung daraus gefertigter Werkzeuge und Geräte. Die Einführung beim Besteck geschah zunächst allerdings recht zögerlich. Sie begann in den 1930er Jahren. Bei den Messerklingen konnte man die Vorteile zuerst erkennen und erleben. Nach dem Zweiten Weltkrieg, kam „Edelstahl rostfrei" oder „Stainless Steel" in weiten Bereichen der Architektur, bei technischen Anlagen, für Haushaltsgerät und in der Gastronomie zum Einsatz. Die größte Veränderung ist damit in der neueren Kulturgeschichte des Gedeckten Tisches, ja unserer gesamten Umwelt, zu verzeichnen. Sie hat sich nachhaltig auf die Gestaltung, Verwendung und Handhabung ausgewirkt und kumulierte im heutigen Höhepunkt: Edelstahl rostfrei, Stainless Steel – Anti-Aging-Material unserer Zeit.

Doch die Entwicklung stockte noch einmal Ende der 30er Jahre, der Zweite Weltkrieg 1939 – 1945 brachte die Produktion von Besteck und Tafelgerät zum

Erliegen. Allmählich lief da und dort die Produktion wieder an, mit Teilen aus Aluminium hier, aus Stahl dort. Um Löffel ging es vor allem und um Geschirr. Wenig später sorgten „Marshall-Plan" (abgekürzt ERP, 1948 – 1952) und das deutsche „Wirtschaftswunder" (mit Ludwig Erhard als Bundeswirtschaftsminister 1949 – 1963) für Aufschwung in Produktion und Konsum. Der Bedarf war immens. Mit den wichtigsten Gegenständen fing alles wieder an: Mobiliar und Ausstattung. Besteck gehörte dazu; verständlich, dass zunächst an vielen Orten die Produktion zunächst mit den verbliebenen Formen wieder aufgenommen wurde [6].

Neue Besteckmodelle traten im Nachkriegsdeutschland ans Licht. So hatte Carl Pott bereits 1941 Hermann Gretsch (1895 – 1950) um einen Entwurf im Sinne der Werkbundziele gebeten. Aber erst nach 1945 konnte Carl Pott das Modell 781 in versilbert und später in Echtsilber der Öffentlichkeit vorstellen. Ein Modell von schlichter Größe und Eleganz, mit strengen Formen und klaren Oberflächen noch voll im früher üblichen Stil. Die Silberwarenfabrik Bruckmann (1805 – 1971) brachte 1953 mit dem Muster „Heilbronn" [7] ein ähnliches Modell auf den Markt. Auch die WMF setzte auf diesen Trend. Sie stützte sich auf die Mitarbeit von Wilhelm Wagenfeld, dem damals wohl bekanntesten deutschen Formgestalter. 1951 kam mit „3600 form" [8] die von Wagenfeld neu interpretierte Version des klassischen Spatenmodells heraus, dem bald ähnliche Muster zur Seite gestellt wurden.

Doch die Entwerfer, Formgestalter und ‚Designer', wie sich manche damals schon nannten, drängten vorwärts zu neueren Formen, weg von den klassischen Mustern. [9] Selbst Wagenfeld war erst mit „4200 Atlanta" (1954), seinem nächsten Modell für die WMF, „... in dieser Hinsicht zufrieden [10]. Carl Pott hatte 1952 das neuartige Edelstahlmodell 2720, von Paul Voß aus Solingen entworfen, herausgebracht. Etwas fiel jetzt besonders auf: die neuen Modelle präsentierten sich rundum schlanker, kleiner wohl auch und nicht zuletzt leichter als ihre in die Nachkriegsjahre hinüber geretteten Vorgänger aus Vorkriegszeiten. Die skandinavischen Vorbilder immer im Hintergrund hatte Carl Pott schließlich selbst ein weiteres Zeichen gesetzt mit seinem Modell 2719. Das 1949 in einer neuen Größe, angesiedelt in der Mitte zwischen dem alten Tafelbesteck traditioneller Art und dem bisherigen Dessertbesteck als „Menübesteck" auf den Markt kam.

Pott produzierte damals für die US-Firma Lauffer das von Don Wallance (1909–1992), einem US-Amerikanischen Pionier der Formgebung, 1953 entworfene Modell ‚design one', das bei Pott als „2721" herauskam und in verkleinerter Form bei der Deutschen Lufthansa als Bordbesteck verwendet wurde.

Bald setzten sich Modelle mit der Bezeichnung „Menübesteck" in Deutschland, in der ganzen Branche, durch und traten als neuer Trend hervor. Der im Zeichen von Ersatzbedarf nach dem Kriege unschwer durchzusetzen war. Die meis-

---

6 Aluminiumbesteck „Götz", Abb. in „Silber aus Heilbronn für die Welt", Ausstellungskatalog, Heilbronn, 2002, Katalognummer 145 Abb. S. 171.

7 „Silber aus Heilbronn für die Welt – P.BRUCKMANN & SÖHNE (1805 – 1973)" – Städt. Museen Heilbronn 2001, Katalog 240 S. Abb. (Katalog Nr. 146).

8 Vgl. Annette Altgeld-Peters: WMF. Lit Verlag, Münster 2000.

9 Siehe dazu: Bauer, Wolfgang-Otto: Europäisches Besteckdesign 1948 – 2000. Stuttgart. 2007.

10 Altgeld-Peters, A. ebenda, S. 65, 630.

ten Haushalte benötigten gerade jetzt neues Besteck, ohne dabei auf die Größen zu achten oder die vielen Neben- und Zubehörteile zu berücksichtigen. Die neuen Menübestecke unterschieden sich in ihren Abmessungen von 20 bis 22 Zentimeter Länge als deutlich kürzer gegenüber der Tafelgröße aus der Zeit der Vorkriegsmodelle mit mehr als 22 und häufig bis zu 26 cm Länge. [11]

Besteck: Arten und Grössen (typische Längen in mm)

Puppen	10 – 30	Dessert	180 – 200
Spielzeug	30 – 60	Tafel (> neu / nach ~ 1950)	200 – 220
Baby	60 – 120	Massgedeck (lt. AMK)	kleiner 225
Esslern	120 – 160	Tafel (historisch)	220 – 260
Kinder	140 – 180	Gourmet (seit ~ 1980)	240 – 320

Dieser ersten großen Veränderung folgte unmittelbar die nächste. Es ging um die Zahl der erforderlichen Teile für ein Set. Wie viele und welche sollten es sein? Unverzichtbar die drei wichtigsten: Messer, Gabel und Löffel. Dazu ein Kaffee- oder Teelöffel. Die Entscheidung fiel meist zugunsten einer kleinen Gabel aus. Oder sollte es ein Tassenlöffel sein? Bei vielen Modellen zählten jetzt zum Set nur noch fünf bis sieben verschiedene Teile. In der Folge reduzierte man auch den Umfang größerer Garnituren, bestehend aus Haupt- und Nebenteilen samt Vorlegern. Die skandinavischen Beispiele dienten in vielen Fällen als Vorbilder. Und noch etwas fiel auf: die Vorderteile, Klingen und Laffen [12] schrumpften zugunsten verlängerter Griffe. Ein Trend, der bis heute anhält

Zu den Neuerungen traten die im Laufe der Jahre entwickelten Veränderungen der Griffe, Übergänge, der Klingen und Schneiden, Laffen, Gabelformen und -Zinken. Mehr als je zuvor ermöglichten mutige Hersteller den Designern Chancen, kühne Entwürfe umzusetzen. Die seit Mitte der 50er Jahre vermehrt produzierten „echten" Neuheiten boten dem Käufer ein breit gefächertes Angebot moderner, oder, wie man es damals nannte, ‚zeitgemäßer' Gestaltung. Unbestritten ist, dass zu vielen Entwürfen im Bereich des Gedeckten Tisches neben Porzellanservice und Glasskreationen passendes Besteck treten sollte. Was sich auch in der Namensgebung ausdrücken ließ, um so Ensembles zu schaffen.

Zu einer kontinuierlichen Entwicklung sollte es jedoch nicht kommen. Die 68er Revolution und weitere Umbrüche im politischen und gesellschaftlichen Leben stürzten vieles zu Boden, das zur bloßen Konvention erstarrt schien. Manche Zeitgenossen forderten im Interesse der verlebendigenden Neubesinnung eine totale Abkehr von der Tischkultur ihrer Väter, weigerten sich sogar, Messer, Gabeln oder Löffel zu benützen. Ihre Kritik war nicht vergebens. Neubesinnungen kamen allerdings nur mühsam voran. Im Jahre 1973 wurden vier Besteckmodelle mit dem Bundespreis „Gute Form" ausgezeichnet [13]: Das schon erwähnte Modell „2720"

[11] Schaubild: Besteck – Arten und Abmessungen
[12] Schaubild POTT 7 Löffel 1936 – 1967
[13] Fünf Jahre Bundespreis „Gute Form", 1973

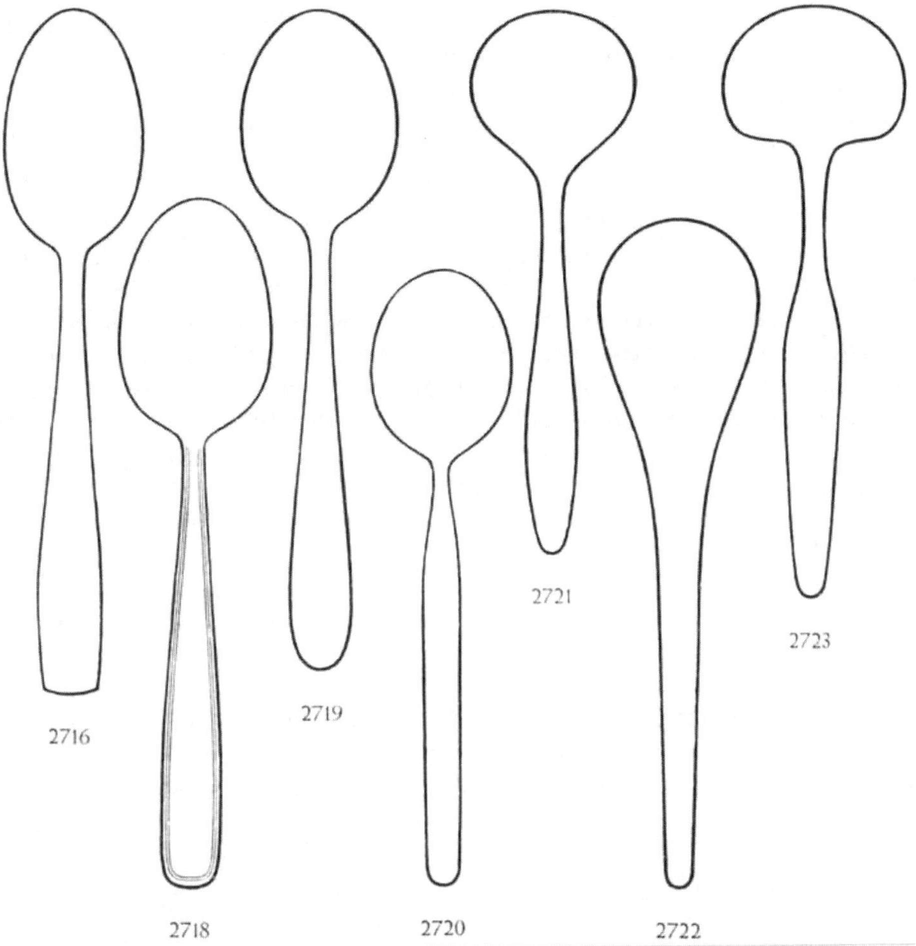

2716 Carl Pott (1906-1985) - **1935** (Produktionsbeginn)
2718 Carl Pott - **1938**
2719 Carl Pott - **1951** ("Veritas = Mittlere Größe" / 5 unentbehrliche Teile)
2720 Paul Voss (1894-1976) - **1952**
2721 Don Wallance (1909-1992) - **1953**
2722 Carl Pott - **1957** (Olympiade '72 München, Bundespreis "Gute Form" '73)
2723 Josef Hoffmann (1870-1956) - **1965** (zum "Schlürfen" geeignet)

© / Quelle:POTT-Prospekte

DSB-Medien 10/95-2

Abb. Pott-Bestecke: Die Laffen von sieben Esslöffeln, 1936 – 1965

von Paul Voss, dazu „2722“ (1956) von Carl Pott, wohl das Designermodell der 60er Jahre und das „mono-a“ (1958), von Peter Raacke, noch immer ein „Dauerbrenner“. Schliesslich das zum Ornamingeschirr „St. Tropez“ gehörige farbige

Kunststoffbesteck (1972) von Erich Slany und Alfons Heimburger. Doch abgesehen von dem Plastikmodell war kein „zeitgemäßer Entwurf“ darunter!

Endlich, in den 80er Jahren des 20. Jahrhunderts erstarkten innovative Kräfte. Die *nouvelle cuisine* verlangte leichtere Modelle. Progressive Marken, wie Alessi (1982 erstmals mit Besteck im Programm) gewannen Resonanz. Wenn auch die Kostenentwicklung schon damals Preiserhöhungen unumgänglich machte, dank moderner technischer Verfahren wurden immer kühnere Entwürfe ermöglicht, so die von dem italienischen Silberkünstler Lino Sabattini entworfenen Bestecke „In-Strumenta“ für Zani&Zani (1978) und „Sculptura“ für Rosenthal (1980). Weitere High-Lights des Besteck-Design rückten ins Rampenlicht: die „Gourmetlinie“ verlangte zu den Gedecken mit größeren Platztellern größeres Besteck. Robbe & Berking brachte 1984 das „EDO“ von Bibs Hosak-Robb als erstes Gourmetbesteck heraus, dann kam Wilkens mit dem „Epoca“, entworfen 1985 von Wolf Karnagel. Sie markieren den Anfang. Und noch immer erscheinen neue Modelle mit verlängerten Formen, erweitert zu schwungvollen Gebilden, die gut in der Hand liegen, schon vom Anblick her einer Tafel neuen Glanz verleihen und zur Präsentation des Life-Style als unaufdringliche und zugleich fabelhafte Werkzeuge des Lebens und Überlebens gehören. Faszinierende, wie „Maxims de Paris“ entworfen von Pierre Cardin für die WMF (1985), die Berndorf-Modelle „Windows“ und „Trinity“ von 1991, das Hackman „Piano 98“ (1998) aus dem Renzo-Piano-Workshop, oder das von Ferran Adria entworfene „FACES“ und andere Bestecke von international bekannten Designern, wie David Mellor, Ettore Sottsass, Philippe Starck (sein Modell „Pointus“, ein Besteck mit Stäbchen!), Robert Welch und Marken, wie Auerhahn, Christofle, Georg Jensen, Hermès, Puiforcat, Robbe&Berking, Wilkens, WMF, Zani&Zani. Ja, es verwundert nicht, dass im Zeichen von multikultureller Vielfalt, aber auch Orientierungslosigkeit und dem Hang zum „Retro“, manche Firmen vielfach auf bewährte Modelle zurückgreifen und einzelne Klassiker neu auf den Markt bringen.

4 Perspektiven

Diese Geschäftspraxis dürfte indes im Kontext der anhaltenden Globalisierungsprozesse kaum zukunftsfähig sein und den gewünschten Erfolg versprechen. Die deutsche und europäische Besteckgeschichte erscheint in der Fülle kultureller Andersheiten als eine Varietät neben anderen und müsste sich in ihrem eigenen Interesse mit weiteren Innovationen bemerkbar machen. In dem grundlegenden Band *Kulturthema Essen (1993)* schreibt der damalige Vorsitzende der Rosenthal AG zum Design des gedeckten Tisches: „Eigentlich genügen ein großes Holzbrett (Teller) und eine weite Trinkschale aus Keramik als Minimalausstattung für jede Eßsituation. Ein Löffel gehört dazu und ein Messer, schon auf die Gabel kann verzichtet werden“ (Müller 1993, S. 78/80). Entsprechend sollte sich auch der Blickwinkel der Kulinaristik öffnen und eine kulturvergleichende Weltgeschichte der Bestecke anstreben, in der Messer und Löffel die Hautrollen spielen. Gute Tischmanieren sind überall auf der Welt auf je unterschiedliche Weise gefragt. Alle verlangen Zurückhaltung, Sauberkeit und Rücksicht, Hast und Gier sind überall verpönt, nicht nur in Europa. Mit den Regeln muss man überall vertraut sein, hat überall zu warten, bis das Zeichen zum Beginn gegeben wird, man nach dem Essgerät greifen darf, das bereitgelegt und für den jeweiligen Gang der Speisenfolge erforderlich ist.

Selbstverständlich sollte darum in der Kulinaristik die Praxis des Umgangs mit den Eßwerkzeugen eine gebührende Rolle spielen, doch zunächst geht es um das Wissen von ihren Funktionen und Bedeutungen in der Vielfalt der Kulturen, um den europäischen Zentrismus, den im Kontext des Kulturvergleichs vor allem Joachim Matthes thematisiert (Matthes 1992), auch in der Kulinaristik zu überwinden. Diese Blickerweiterung ist ein Desiderat. Benötigt wird schon im eigenkulturellen Interesse der Befähigung zu interkultureller Verständigung der kulturelle Grenzen überschreitende Blick auf einen globalen Wirtschafts- und Wissensmarkt, der die kulturelle Vielfalt der Esswerkzeuge zum Gegenstand systematischen Nachdenkens in Forschung und Lehre macht. Dazu gab ich bereits 2005 einen Anstoß mit meinem Seminar-Angebot „Besteck und Stäbchen – Kulturgeschichte der Esswerkzeuge". [14]

Ein guter Weg zu einer Weltgeschichte der Bestecke wäre die verstärkte Beobachtung der Veränderungen von Speisen, Bestecken und Essverhalten in aller Welt durch wissenschaftliche Bildungseinrichtungen und Sammlungen der Universitäten, die dann allerdings auch ihren Kulturbegriff um Handlungskategorien wie die Distanz erweitern müssten. Eine große Hilfe dürften dabei die angeführten Besteck-Sammlungen, Museen, Ausstellungen und Veröffentlichungen sowie die Einbettung einer kulturvergleichenden Besteckforschung in die Erforschung kollektiven Essverhaltens sein, weil die Menschen mit ihrem Geschmackssinn noch stärker als auf den Geruchssinn „auf die Augen angewiesen (sind). Und dem kann in der Ausstellung gedient werden" (Zischka/Ottomeyer/Bäumler 1993, S. 7). Auf diese Weise kann über die Frage nach dem Besteck zugleich d*as Verhältnis zum Essen auf unerwartete Weise thematisch werden, weil die Geräte, mit denen man isst, unterschiedlich weit ausgreifende Armgesten des Essens und mithin unterschiedliche Distanzhaltungen zum Ausdruck bringen. In der europäischen Norm ist ein ausgestreckter Arm, der in eine Schüssel langt, verpönt; die Stäbchen indes dienen geradezu als Arm-Verlängerungen. Eine der wichtigen Fragen, die uns in der kulinaristischen Besteckforschung vor allem beschäftigen müsste, lautet mithin, ob die europäischen im Besonderen und anderskulturellen Normierungen der Essenshandlungen und Tischsitten im Allgemeinen eine Funktion oder ein Korrelat der Eßgeräte (Besteck/Stäbchen) sind?* [15]

---

[14] Bauer, Wolfgang-Otto: Besteck und Stäbchen. Kulturgeschichte der Esswerkzeuge. Jahresprogramm Fort- und Weiterbildung 2005 der Deutschen Akademie für Kulinaristik, Bad Mergentheim, 2005, S. 88/89.

[15] Sapper, Richard: Die Gestik des Essens. In: Cibi e Riti – Essen und Ritual. Ergebnisse der Entwurfswoche im IDZ Berlin, Januar 1981, S. 69 – 73.

Ein zweiter Weg zu einer Weltgeschichte der Eßgeräte könnte die Vertiefung des kulturananalytischen Ansatzes liegen, den Gerd Spittler in seinem Aufsatz ‚afrikanische und europäische Eßkultur im Vergleich' in *Kulturthema Essen* (1993) vorgelegt hat (vgl. Spittler 1993), indem man mit Blick auf die ‚einfachen' Speisen die Frage verfolgt, inwieweit die Bestecke von den Speisenangeboten abhängig oder diese von jenen und warum man in afrikanischen Kulturen viel häufiger aus den Händen ißt? Sind Bestecke auch in nichteuropäischen Kulturen „ein gewaltiges corpus iuris, das Distanzen sicherstellt" (Spode1995, S. 32). Stärker als in Asien oder Afrika bedeutet Essen in europäischer Betrachtung ja, wie Norbert Elias dargelegt hat, bewusst Distanz zu schaffen gegenüber dem eigenen Zugriff auf die Speise. Dieses Kultivierungsverlangen ist ein Ausdruck eines besonderen europäischen Misstrauens gegen die eigene Gier, so dass das Essen als ritualisierte Nahrungsaufnahme zur Arbeit an sich selber wird mit dem Ziel, sich zur Teilnahme am gesellschaftlichen Leben auch in formalisierten Situationen zu befähigen. Die eingangs erwähnten Kinder werden durch die Angebote der Fast Food – Gastronomie von eben dieser Distanznahme befreit und also in ihrer Selbstentwicklung eher behindert.

Weil in Europa die Ästhetik des Besteck und des Porzellans von den Oberschichten als Distinktionsmittel geschätzt wurde, kam es ihr darauf an, möglichst viel Geschirr und Essgeräte aufzulegen in der gleichzeitigen Annahme, dass die Schönheit des gedeckten Tisches weniger von den Speisen als von der Ästhetik der Gläser und des Porzellans und des Tischschmucks konstituiert wird und überall Anerkennung findet. Noch heute übertrifft die Zahl der Geschirrteile bei weitem die der Speisen, die auf dem Tisch stehen – in China ist das eher umgekehrt. Natürlich beobachten wir in Europa auch das andere Extrem, praktiziert von Puristen, denen es nicht minimalistisch genug sein kann. Während in Europa überdies der viereckige Tisch dominiert, favorisiert man in China vor allem bei formalisierten Kommunikationsanlässen den runden Tisch, auf deren Plätzen die für jeden Teilnehmer vorgesehenen Essgeräte (Stäbchen) liegen und auf den nach und nach alle Speisen gestellt werden, die das Haus für die Essenden vorgesehen hat; die Tischplatte lässt sich im Kreis bewegen, man bedient sich mit den eigenen Stäbchen aus allen Schüsseln, eine vorgeschriebene Reihenfolge der Speisenaufnahme gibt es ebenso wenig wie eine Fülle unterschiedlicher Esswerkzeuge oder besondere hygienische Bedenken.

An deutschen Autobahnen tragen die Hinweise auf Raststätten als Zeichen Messer und Gabel, in Italien zeigen die betreffenden Hinweise dagegen statt des Messers einen Löffel. US-Amerikaner legen das Messer nach dem Schneiden weg und nehmen die Gabel in die rechte Hand. Funktion und Hintergrund dieser spezifischen Praxis ist die uralte Bedeutung des Messers als einer Waffe – sie wird beim gemeinsamen Essen als Zeichen des Friedens weggelegt. In außereuropäischen Ländern wie Japan oder China wird gar kein Messer aufgelegt; man isst mit Stäbchen. Die Speisen werden mundgerecht zugeschnitten, bevor sie serviert werden; auch so herausragende Speisen wir die Peking-Ente werden so portioniert, dass der Essende kein Messer benutzen muss.

Chinesische Eßstäbchen bestehen aus Bambusholz oder Plastik, selten auch aus anderem Material, sind durchschnittlich 25 cm lang. Sie tragen vielfach eine Aufschrift, die einen Segenswunsch für den Essenden beinhaltet. Mit diesen Stäbchen isst man noch heute in fast ganz Ostasien. Jeweils zwei Stäbchen werden mit einer Hand so gehalten, dass eines fixiert ist, das andere dagegen beweglich bleibt. Der vierkantige Teil bildet dabei das Griffstück. Größere Bissen werden zwischen den unteren Stab-Enden eingeklemmt. Kleinere, z.B. einige Reiskörner, werden mit den beiden zusammengepreßten Stäbchen aufgenommen. Man improvisiert also in diesem Fall eine Art Schaufel. Im Grunde bilden die Stäbchen im Gebrauch eine Art Greifinstrument und stellen in etwa eine Verlängerung der Finger dar.

Es gibt inzwischen eine veritable chinesische Eßstäbchen-Forschung. Sie wird insbesondere da produktiv (vgl. Flitsch 2006, S. 128 ff.), wo sie kulturvergleichend arbeitet, also die westliche Esskultur als ‚fremdes Essen' untersucht, da alles Fremde ja nur erkennbar ist im Rückblick auf den eigenkulturellen Blickwinkel, unter dem man das Andere als fremd qualifiziert (Wierlacher:*Kulturthema Fremdheit* 1993). Mit der Öffnung Chinas zum Westen bekamen die entsprechenden Informationen, Ratschläge und Untersuchungen einen aktuellen Markt.

Weil man mit den Stäbchen noch das einzelne Reiskorn aufnehmen kann, kommt in der Erfindung und Verwendung dieser Eßwerkzeuge ein Kulturverhalten zum Ausdruck, das stärkeres Achten auf das qualitative Detail einschließt und die kulturelle Praxis des Essens insofern in Bezug zur Erfindung und Funktion der Schriftzeichen und der Kalligraphie setzt. Doch immer noch und wieder essen Millionen von Menschen, nach Mareile Flitsch etwa die Hälfte aller Menschen (Flitsch 2006, S. 138) lieber mit den Händen als mit irgendwelchen Esswerkzeugen. Eine erste Übersicht über die Art und Aufteilung der Esswerkzeuge kann nur annähernd ihre globale Verteilung aufzeigen.

Die Esswerkzeuge – Arten und globale Verteilung

Esswerkzeug	Jahr 1995	Jahr 2000	Bevölkerung der Erdteile	2005	2050
		(geschätzt)			
Art	Millionen	Millionen	Asien	3968	5277
Finger	250	900	Afrika	924	1994
Löffel	...	600	Europa	732	665
Messer und Hand	350	400	Lat.Amerika	566	797
Besteck	1500	1800	Ozeanien	34	48
Stäbchen	1200	2800	Nordamerika	332	462
Benutzer gesamt	3050	6500	Bevölkerung:	6556	9243

Quelle (1995): The Great Food Almanac – KRT/Bulls (SONNTAG Aktuell 12.2.1995, S. 21;
Und für 2050
http://www.learn-line.nrw.de/angebote/agenda21/daten/bevolk.htm

In ihrem interessanten Aufsatz verweist Mareile Flitsch auf einen Bildungszusammenhang kindlichen Umgangs mit Eßstäbchen, den ich abschließend der Kulinaristik und allen Eltern zu bedenken geben möchte: „Mit im Durchschnitt 6,7 Jahren können alle Kinder [in China] sicher mit Stäbchen essen. Da dem Essen in China eine wesentliche soziale Bedeutung beigemessen wird, deuten die Forscher diesen Durchschnittswert als einen Indikator für die frühe Entwicklung der Feinmotorik und für eine früh entwickelte soziale Kompetenz (Flitsch 2006, S. 142). Ich rege an, vergleichbare Fragen über die Sicherheit der Kinder in Europa und die Wirkung der europäischen Esskultur zu stellen. Es wäre sinnvoll, mehr über diese Zusammenhänge zu erfahren.

Literatur

Amme, Jochen: Historische Bestecke. Formenwandel von der Altsteinzeit bis zur Moderne. Stuttgart 2002. Supplementband Historische Bestecke II, 2007

Bauer, Wolfgang-Otto: Europäisches Besteckdesign 1945 – 2000. Stuttgart 2007.

Bauer, Wolfgang-Otto: Besteck und Stäbchen. Kulturgeschichte der Esswerkzeuge. Jahresprogramm 2005 der Deutschen Akademie für Kulinaristik, Bad Mergentheim 2005, S. 88 – 89.

Bauer, Wolfgang-Otto: Esskultur und Lebensqualität. Die Esswerkzeuge des Menschen. Internationaler Arbeitskreis für Kulturforschung des Essens. Heidelberg, 1999

Etzlstorfer, Hannes (Hg.): Küchenkunst und Tafelkultur. Culinaria von der Antike bis zur Gegenwart. Wien 2006

Gehlen, Arnold: Die Seele im technischen Zeitalter. Hamburg 1957

Flitsch, Mareile: „Westküche mit Eßstäbchen“. Überlegungen zur sozial-technischen Wahrnehmung der Welt im modernen chinesischen Alltag. In: Über Himmel und Erde. Festschrift für Erling von Mende. Hg. Von Raimund Kolb und Martina Siebert. Wiesbaden 2006, S. 127 – 151.

Marquardt, Klaus: Europäisches Essbesteck aus 8 Jahrhunderten. Eine Kunstsammlung. Stuttgart 1997.

Spittler, Gerd: Lob des einfachen Mahls. Afrikanische und europäische Eßkultur im Vergleich. In: Alois Wierlacher, Gerhard Neumann und Hans Jürgen Teuteberg (1993), S. 193 – 210.

Spode, Hasso: Von der Hand zur Gabel. Zur Geschichte der Eßwerkzeuge. In: Alexander Schuller und Jutta A. Kleber (Hg.): Verschlemmte Welt. Essen und Trinken historisch-anthropologisch. Göttingen 1994, S. 20 – 46.

Spode, Hasso: Der Mensch ist, wie er ißt? Zur Einführung der Eßgabel in den europäischen Oberschichten und ihrer kulturhistorischen Bedeutung. In: Historicum, Herbst 1995, S. 29 – 35.

Trigt, Jan van: Cutlery. The J. Hollander Collection. Antwerpen 2003.

Wierlacher, Alois / Neumann, Gerhard/ Teuteberg, Hans Jürgen (Hg.): Kulturthema Essen. Ansichten und Problemfelder. Berlin 1993.

Wierlacher, Alois: Kultur und Geschmack. In: ders./ Andrea Bogner (Hg.): Handbuch interkulturelle Germanistik, Stuttgart 2003, S. 165 – 175.

Wierlacher, Alois (Hg.): Kulturthema Fremdheit. München 2. Aufl. 2001.

Wierlacher, Alois: Jahresprogramm Fort- und Weiterbildung der Deutschen Akademie für Kulinaristik, Bremen 2005.

Zischka, Ulrike / Ottomeyer, Hans/Bäumler, Susanne (Hg.): Die anständige Lust. Von Esskultur und Tafelsitten. München 1993.

Neue Drucktechnologien als Appetizer

Klaus PFENNING

In der modernen Medienkommunikation kommt dem Bild eine herausragende Bedeutung mit vielfacher Funktion zu. Auch im Zusammenhang der Nahrung prägen Bilder aller Art bis hin zu Nahrungs- und Speisekalendern mittlerweile weite Bereiche des Informationsmarktes. Anthropologisch lässt sich diese Dominanz des Bildes relativ leicht erklären: der Sehsinn ist für die allermeisten Menschen auch beim Essen kaum weniger bedeutsam als der Geschmackssinn. Das Auge isst im sprichwörtlichen Sinne mit, es ist einer unser obersten Wächter und Führer [1]. Die vielen Bildkochbücher kennen und nutzen dieses Faktum. Doch wie stellt sich diese Konnex der Sinne aus der Sicht der Drucktechnologie dar?, fragte eines Tages der Gründer der Deutschen Akademie für Kulinaristik. Der Mann aus der Druckbranche stutzte. Da falle ihm zunächst nur eine (bedruckte) Pizzaschachtel und dazu ein Bierdeckel ein, meinte er dann, „natürlich mit einem schönen, kühlen, frisch gezapften Pils obendrauf".

Zugegeben: Die Aussage des bekennenden Essers war mit einem nicht zu übersehenden Schmunzeln verbunden. Und doch: Kulinaristik und Drucktechnologie wollen oder können selbst Fachleute beider Seiten auf den ersten Blick nicht unbedingt auf einen großen gemeinsamen Nenner bringen. Allenfalls über die Speisekarten, sinnieren manche, ließe sich vielleicht eine Verbindung herstellen: Gerade Feinschmeckerlokale legten doch im Rahmen ihrer Corporate Identity großen Wert auf eine hochwertig gestaltete und auch gedruckte Karte.

Kein Zweifel, das tun sie, vor allem beim Einband. Der Druck der eigentlichen Karte spielt dabei jedoch nur eine eher untergeordnete Rolle. Grund: Spitzenköche ändern je nach Saison oder nach Verfügbarkeit frischer Produkte Angebot und damit Karte vergleichsweise häufig. Eine aufwendige Gestaltung und ein hochwertiger Druck könnten diesen Zyklen nur schwer folgen. Angesichts der sehr niedrigen Auflage von nur wenigen -zig Exemplaren machte dies auch unter Kostengesichtspunkten wenig Sinn. Also belassen es die Wohlfahrts und Winklers eher bei einer stilvollen Grundgestaltung, die sich schnell aktualisieren und über den eigenen PC problemlos ausdrucken lässt.

1 Kulinaristik als Nachdenken über das sinnliche Erleben

Und dennoch: Es gibt sie sehr wohl, diese verbindenden Elemente zwischen Druck und Kulinaristik. Wer Essen und Trinken nicht nur als quasi zwangsweise erfor-

[1] Vgl. Alois Wierlacher: Was heißt: die Augen essen mit? In: Dietrich von Engelhardt/Rainer Wild (Hg.): Geschmackskulturen. Vom Dialog der Sinne beim Essen und Trinken. Frankfurt 2005, S. 129–143.

derliche Nahrungs- und Flüssigkeitsaufnahme betrachtet, wer sich bewusst die Zeit und die Muse nimmt für all das, was Weiden und Meere, Bäume und Sträucher, Äcker und Reben für uns bereithalten, für den werden die Mahlzeiten zu einem einzigen, lang anhaltenden sinnlichen Erlebnis.

Oder, anders ausgerückt: zu einem Erlebnis für alle Sinne: Ein Erlebnis fürs Sehen, Riechen, manchmal Fühlen und Hören, vor allem aber natürlich fürs Schmecken. Gerüche regen über die Nase und das zentrale Nervensystem den Appetit an. Genau so kann uns aber auch das Geräusch eines leise brutzelnden Rinderfilets förmlich das Wasser im Mund zusammen laufen lassen.

Was das alles mit Drucken zu tun hat? Abwarten... Eines aber bereits vorweg: Es hat mehr damit zu tun, als man gemeinhin vermuten würde. Und zwar nicht nur auf der visuellen Ebene. Der Offsetdruck, der als hochwertigstes Druckverfahren auch für die meisten Kochbücher, Plakate und Wandkalender eingesetzt wird und der 2004 sein hundertstes Jubiläum feiern konnte, erfasst heute weit mehr als nur den Sehnerv.

Zurück zu den kulinarischen Freuden. Gut zu essen und gut zu trinken bedeutet Sinnlichkeit in einer seiner schönsten Formen. In den Gedanken und Erinnerungen des Touristen taucht noch einmal dieses göttliche Arrangement gratinierter Jakobsmuscheln in dem kleinen Restaurant in der Bretagne auf. 1997 war das – so lange ist das schon her? Noch heute haftet der Geruch von Mutters frischgebackenem Christstollen in der Nase, den sie leider nicht mehr backt. Aus dem Gehörgang will plötzlich das brutzelnde Geräusch des Steaks vom Charolais-Rind nicht mehr weg, das es so gut wie sonst kaum von diesem Gutshof – wie hieß er doch gleich? – im vorderen Odenwald zu kaufen gab. Der Tastsinn? Erinnern wir uns wie es ist, wenn die halb geöffnete Hand durch eine große Schale frisch gerösteter, warmer Sonnenblumenkerne fährt und die Kerne zwischen den Finger hindurch gleiten.

Und dann das erst das Schmecken! Allein die Erinnerungen sind ein lustvolles Erlebnis. Seit Jahrhunderten schreibt die Literatur immer wieder von ihm. Sie macht uns klar, dass jede Mahlzeit auch eine soziale Situation ist, unser Gedächtnis bestätigt diese Einsicht und erweist sich als vielschichtig abhängig von der Sprache. Fragt man im Rückblick, was denn nun die beste ‚Mahlzeit' überhaupt gewesen sei, die man zu sich nehmen durfte, lenkt uns die Erinnerung primär auf die Speisen, die man auf dem Teller hatte: war es der unvergleichlich gute Palatschinken in Wien oder die kostbare Gänsestopfleber „avec son verre de Monbazillac" im Périgord? Dieses einzigartige Ragù im Piemont, dessen Rezept uns der Wirt einfach nicht verraten wollte? Die unübertrefflichen Wildhasenfilets mit den heißen Sauerkirschen im Schwarzwälder Landgasthof, oben auf 1.000 Meter über dem Meer? Oder doch die in der eigenen Küche hausgemachten Bratkartoffeln, mit Munsterkäse überbacken?

Fragt man dagegen nach dem schönsten Essen, das man erlebt hat, stehen nicht die Speisen, sondern die Atmosphäre, die Ästhetik, die Kontakte, die Gesprächspartner im Vordergrund des Gedächtnisses. Der Sprachgebrauch zeigt es: Das ‚Essen', so erweist sich, ist ein sehr komplexer Begriff, er umfasst sowohl eine Handlung als auch eine Speise und eine vielschichtige Bedeutungssituation.

Die Verbindung zum Drucken...? Noch ein klein bisschen Geduld bitte...

Die Optik der Jakobsmuscheln, der Geruch des Christstollens, die Haptik der Sonnenblumenkerne, das Geräusch des brutzelnden Rinderfilets, die geschmacklich perfekte Symbiose von Gänsestopfleber und Süßwein: Hochwertiges Essen und Trinken, auch und vielleicht gerade im Sinne rustikal-authentischer Produkte, ist ohne Zweifel ein sinnliches Festival, ein Festival für die Sinne. Es bildet die Grundlage für einen inneren, wortlosen Dialog zwischen Genießer und Köstlichkeit. Und: Es bietet in nahezu allen Kulturen in einem zweiten Schritt zugleich beste Rahmenbedingungen für Begegnung und Kommunikation zwischen Menschen.

Sinnliches Erleben genießt bei Menschen, sieht man von Lebenspositionen wie dem Puritanismus ab, seit jeher einen hohen Stellenwert. In den vergangenen Jahren scheint dieser eher noch ein Stück weit größer geworden zu sein. Vielleicht ist es gerade das Zeitalter der Globalisierung, der Elektronisierung und der allgemein zu beobachtenden Desorientierung, das diesen Trend maßgeblich bestimmt: Eine Rückbesinnung auf die kleinen, traditionellen, ganz persönlich wahrnehm- und erlebbaren Sinnlichkeiten des Alltags. Eines Alltags, der zunehmend dominiert wird von der Digitalisierung, von Bits und von Bytes – von Hilfsmitteln also, wie sie trotz aller unbestrittener Nutzhaftigkeit unsinnlicher kaum sein können.

2 Drucktechnologien: Kulinaristik und Optik

Das Auge isst also mit, wissen wir. Es stiftet einen Teil der sinnlichen Wahrnehmung, häufig den ersten. In aller erster Linie gilt dies natürlich für den Anblick von Original-Lebensmitteln. Bei der gedruckten Darstellung von Speisen und Getränken verhält es sich vom Grundsatz her aber nicht anders: Eine fotografisch und drucktechnisch hochwertige Abbildung in Kochbüchern, Katalogen, Anzeigen, Kalendern und Prospekten kann schnell Appetit machen, eine schlechte ihn leicht verderben. Eine extrem brillante, scharfe Druckwiedergabe ist dabei eine unabdingbare Voraussetzung, genauso wie eine hohe Farbtreue. Was nützt es schließlich, wenn das Rot eines exklusiven Tropfens im Katalog des Versenders mit einem „leuchtenden Rubin“ beschrieben wird, in der bildhaften Darstellung jedoch eine deutliche Purpurfärbung zu erkennen ist?

Wie kein anderes Verfahren ist der Offset-Druck dazu in der Lage, diese Voraussetzung in Verbindung mit einer hochmodernen Druckvorstufe und speziellen Veredelungstechniken zu erfüllen. Eine extrem feine Rasterung lässt jede noch so kleine Schuppe eines Fisches, jede Verästelung eines Sträußchen Dill, jedes Härchen auf dem Panzer eines Scampi in aller Deutlichkeit und Originalität hervortreten. Rasterpunkte, wie sie aus Zeitungen und Magazinen bekannt sind, sucht das menschliche Auge in diesem hochauflösenden Druck vergeblich. Nicht nur die Lebensmittel an sich, auch Bestecke, Gläser und Weinflaschen sind auf diese Art optisch kaum noch vom Original zu unterscheiden.

Neben der Druckvorstufe und dem eigentlichen Druck spielen bei einer hochwertigen Wiedergabe auch exzellente Fotografien und die Wahl eines geeigneten

Papiers eine entscheidende Rolle. Noch übertroffen werden können solche Darstellungen mit speziellen Veredelungstechniken wie etwa punktuell aufgebrachten Lacken oder Glanzfolien, die die optische Wirkung weiter verstärken: Wassertropfen auf eisgekühlten Champagnerflaschen treten durch die Lackierung plastisch hervor, silberne Folien auf der naturgetreuen Abbildung eines Fisches vermitteln zusätzlich den Eindruck von Frische. Modernste Drucktechnologien erlauben darüber hinaus eine (scheinbar) dreidimensionale Darstellung von Speisen und Getränken, die bei manchen Verfahren über eine beigefügte 3-D-Brille, bei anderen sogar ohne jegliche technische Hilfsmittel vom Gehirn als dritte Dimension erkannt werden. Mit diesen Techniken scheint es, als liege die Frucht, das Gemüse, das Fleisch unmittelbar vor einem auf dem Teller.

Die klassischen Veredelungstechniken wie die zunehmend eingesetzte Spot-Lackierung haben noch einen zweiten Effekt: sie sehen nicht nur gut aus, sie fühlen sich auch so an. Damit verschwimmen die Grenzen zwischen Optik und Haptik.

3 Drucktechnologien: Kulinaristik und Haptik

In Buchhandlungen kann man immer wieder Kunden, häufiger noch Kundinnen dabei beobachten, wie sie mit den Fingerspitzen gedankenverloren über den Einband streifen. Mithilfe der Nervenzellen in den Fingerspitzen ist dies eine sehr sinnliche Erfahrung, die in nicht wenigen Fällen zu einer Kaufentscheidung führt. Das Gleiche gilt für exklusive Produkte in entsprechend hochwertigen Verpackungen. Längst hat auch die Druckindustrie die Bedeutung der Haptik erkannt und hierfür eine Reihe von Instrumenten geschaffen. Hierzu zählen beispielsweise Reliefprägungen, die Druck-Erzeugnissen haptisch zumindest die Anmutung von Dreidimensionalität verleihen. Gedruckt auf speziellen Kunststofffolien, lassen sich diese Produkte bis zu einer Tiefe von rund zwei Millimetern ausweiten – eine (fast) perfekte Methode zur dreidimensionalen Darstellung etwa von Austern oder Muscheln.

Eine wichtige Rolle bei Reliefprägung und Haptik spielt auch die Wahl des Bedruckstoffs. Spezielle, etwas lederartig anmutende Papiere eignen sich bei hochwertigen Produkten hervorragend für die Darstellung etwa von Salat- oder Spinatblättern. Ein derart idealtypisches Zusammenspiel nutzte die Heidelberger Druckmaschinen AG, der Weltmarktführer auf dem Sektor Bogenoffset, für ihren Wandkalender 2007. Zusätzlich verstärkt wird auf diesem Kalender die Wirkung der Haptik durch das Aufbringen einer partiellen Lackierung. Ein hochglänzender Klarlack, aufgetragen in Form kleinerer und größerer Tropfen, vermittelt dem Betrachter unwillkürlich sowohl optisch als auch haptisch das Gefühl von Realität und Frische.

Bei der Abbildung etwa von Pfirsichen, Aprikosen oder Mirabellen schaffen so genannte Soft-Touch-Lacke eine samtene, wie zarte Haut anmutende Oberfläche. Ähnliche Effekte lassen sich über eine Beflockung erzielen, die mittels Siebdruck aufgetragen wird. Mit raueren Lacken oder feinen Granulaten ist es kein Problem, zum Beispiel Kiwis fast originalgetreu nachzubilden. Mit derlei Granulaten versucht derzeit auch der Herausgeber eines Weinbuchs, sich über die Haptik von der Masse der Konkurrenzprodukte abzuheben: Der Einband spürt sich an wie eine Mischung aus Korkeiche und rauer Weinkeller-Wand.

Ein exzellentes Beispiel dafür, wie man sein eigenes Produkt mit modernen Drucktechnologien via Haptik wirkungsvoll in Szene setzt, liefert seit etlichen Jahren Europas größter Zuckerproduzent: Auf dem Geschäftsbericht scheint wie zufällig genau jener kristalline süße Stoff aufgestreut, der das Kerngeschäft des Unternehmens ausmacht. Beim vorletzten Bericht schien er aus kleinen aufdruckten Zuckertütchen förmlich herauszurieseln – dreidimensional klar erkenn- und fühlbar. Erst bei genauerem Hinblicken entpuppt sich das scheinbar süße Material als halbtransparenter weißer Lack, der als nachträgliche Spotlackierung aufgetragen wurde.

4 Drucktechnologien: Kulinaristik und Geruchssinn

In den Kindertagen des Drucks rochen Zeitschriften, Kataloge und Bücher lediglich nach Druckerschwärze, später im „Zeitalter der Buntheit“ allenfalls nach Druckfarben. Bis heute kann sich kein Besucher einer Druckerei diesem Geruchscocktail entziehen. In hochwertigen Druckerzeugnissen sind es aber nicht mehr die Farben allein, die ihren olfaktorischen Fingerabdruck hinterlassen. Vom Grundsatz her lässt sich heute jeder auch noch so ausgefallene Duft über das Druckwerk auf ein gewünschtes Trägermaterial applizieren – egal ob Ananas, Pfeffer oder Pizza, gleich ob Orange, Lebkuchen oder Rauchfleisch. Ebenso wie bei den Druckfarben gibt es hierfür darauf spezialisierte Hersteller.

Gerade in der Werbung haben synthetische Duftstoffe die sinnliche Wirkung von Druckmedien um ein Vielfaches gesteigert. Möglich wird dies durch eine Technologie, bei der die Düfte in Mikrokapseln eingeschlossen und anschließend in einen Drucklack eingearbeitet werden. Dieser Drucklack kann im Vierfarbdruck problemlos als eine Art „fünfte Farbe“ ganzflächig oder partiell in jedem Druckverfahren auf den gewünschten Bedruckstoff aufgebracht werden. Reibt der Betrachter mit dem Finger über diesen Lack, öffnen sich die darin eingeschlossenen Mikrokapseln und setzen den Duft frei. Dieser Vorgang lässt sich sehr häufig wiederholen, ohne dass der Duft an Intensität verliert. Anders als die meisten Originaldüfte sind die synthetischen Duftstoffe zudem jahrelang haltbar.

Die Einsatzmöglichkeiten für derlei Stoffe sind praktisch unbegrenzt. Die Heidelberger Druckmaschinen AG verpackte einmal Weihnachtspräsente in Geschenkpapier, das intensiv nach Lebkuchen duftete. Ein Wandkalender des Unternehmens mit Kaffeemotiven verströmte das Aroma von Frischgebrühtem. Der Jahreskalender 2007 eines großen Herstellers natürlicher Aromen roch flächendeckend sehr eindeutig und zugleich sehr intensiv nach Maracuja, Honigmelone oder Bratapfel. Selbst großformatige Poster lassen sich innerhalb des regulären Druckvorgangs beduften. Verpackungen, Kochbücher, Prospekte – es gibt praktisch nichts, was sich heutzutage nicht wirkungsvoll ganz oder teilweise mit einem Duftlack überziehen ließe.

5 Drucktechnologien: Kulinaristik und Hörsinn

Hochwertige (Offset-)Drucke kann man also sehen, fühlen, riechen – aber auch hören? Was vor wenigen Jahren noch als ausgeschlossen galt, ist heute unter technischen Aspekten ebenfalls möglich, wenn auch nur mit einem Scanner als Hilfsmittel. Die Technik hierfür ist unter heutigen Gesichtspunkten vergleichsweise einfach. Das System besteht aus einem gedruckten Datenstrip, ähnlich einem Barcode, einem Lesegerät und einer speziellen Software.

In einem ersten Schritt wandelt die Software Audiodaten in ein Punktmuster um, das im Offsetverfahren innerhalb des normalen Produktionsablaufs auf die gewünschte Oberfläche aufgedruckt wird. Ein solcher Strip ist nur etwa zehn Quadratzentimeter groß und besteht aus Millionen von Druckpunkten, die beliebige Daten wie etwa Sprache oder Musik kodieren können. Auf einem gedruckten Speicher dieser Art können mehrere 10.000 Bytes an Nutzdaten abgelegt werden – genug für bis zu 25 Sekunden Ton. Durch eine Bündelung der Strips lässt sich die Abspielzeit deutlich verlängern. Mit einem Lesegerät etwa von der Größe einer Zigarettenschachtel kann der gedruckte Tonträger dann entschlüsselt und über einen im Lesegerät eingebauten Lautsprecher abgespielt werden. Druck-Erzeugnisse werden damit zu einem multimedialen Kommunikationsmittel.

Hochwertige Kalender mit exotischen Speisen ließen sich dann beispielsweise mit passenden Klängen aus dem jeweiligen Land untermalen, Kochbücher könnten das brutzelnde Geräusch von Fleisch übermitteln, Weinetiketten würden in gesprochener Form über Terroir, Rebe und Kellertechnik informieren. Zugegeben: Das Handling, um den Datenstrip zum Leben zu erwecken, ist etwas umständlich; im Gegensatz zur Optik, zur Haptik und zur Olfaktorik braucht es dazu einen elektronischen Helfer.

Für die mediale Vermittlung kulinarischer Sinnlichkeit besitzt der Datenstrip dementsprechend nur eine untergeordnete Bedeutung; am Markt hat es sich bisher noch nicht durchsetzen können. Denkbar wäre es jedoch, die Verpackung von Speisen und Getränken mit diesem Verfahren zu bedrucken; in erster Linie am Point of Sales ließen sich dann Produktinformationen oder auch Werbebotschaften abrufen. Potenzieller Hauptanwendungsbereich ist jedoch ein anderer: Der Datenstrip könnte auf den Verpackungen die Blindenschrift Braille ersetzen, wie sie auf Medikamentenverpackungen vorgeschrieben ist.

6 Exkurs: Kulinaristik und Verpackung

Eine Sonderrolle beim Brückenschlag zwischen Kulinaristik und Druck- bzw. in diesem Fall Weiterverarbeitungstechniken spielen Verpackungen – im Idealfall ein perfektes Zusammenspiel von Material, Druck, Veredelungen, Prägungen, Falttechniken und anderem mehr.

Exklusive Produkte verlangen nach einer exklusiven Verpackung. Das gilt auch für Lebensmittel. Hochwertige belgische Pralinen, 100 Gramm für 8 Euro, in einem nichtssagenden braunen Karton an den Mann beziehungsweise an die Frau bringen zu wollen? Kaum denkbar. Stattdessen für die „Brussels Collection Millionnaire Millenaire“ eines sehr namhaften Herstellers: Ein Kubus mit einer Kantenlänge von zehn Zentimetern, in edlem dunkelgrün gehalten und – im aufwändigen Prägedruck – in goldenen Lettern mit Name und Logo des Herstellers versehen. Um einen Teil dieses Kubus schlingt sich eine Banderole, auf der Frontseite an einer Stelle ausgestanzt und den Blick auf den Schriftzug des Herstellers freigebend. Auf der Oberseite macht eine zweite, deutlich kleinere und halbrunde Stanzung Platz für eine kleine Schlaufe. Sie ist im gleichen dunklen Grün wie die Verpackung gehalten und dient dazu, die süßen Verführer („Gianduja mit Puffreis im Schokoladenmantel“) an den ausgestreckten Zeigefinger zu hängen und mit einem Lächeln im Gesicht zu verschenken. Auf den Bändel aufgedruckt ist, in einem dezent-passenden hellgrün, das Gründungsjahr des Herstellers, 1857. Keine Frage, eine derartige Komposition nicht allein kulinarischer Art kommt bei der Klientel prächtig an. Verpackung wird damit ein gutes Stück weit zur Verführung.

Sehen, fühlen, riechen, hören – für jeden dieser Sinne sind also moderne Drucktechnologien dazu in der Lage, sinnliche Erlebnisse nachzubilden – beim einen mehr, beim anderen weniger. Schön, nur: Wurde da nicht einer vergessen? Der Geschmackssinn, der Nukleus jeglichen kulinarischen Genusses überhaupt?

7 Drucktechnologien: Kulinaristik und der Geschmackssinn

Um es vorweg zu nehmen: Bei der Abbildung dieses Sinns stößt die Drucktechnologie schnell an ihre Grenzen. Ähnlich wie bei den Duftstoffen ist es zwar ebenfalls möglich, Geschmacksstoffe vielfältigster Art auf ein Trägermaterial aufzubringen. Versuche hierzu hat es gegeben. Aus mehreren Gründen sind diese Ansätze jedoch eher unter dem Kapitel „rudimentär“ abgelegt.

Dies liegt nichts zuletzt daran, dass Geschmacksstoffe anders als Geruchsstoffe nicht „berührungsfrei“, sondern nur über einen direkten Kontakt mit den Geschmacksknospen im Mund ihre Wirkung entfalten. Die Kontaktfolge Geschmacksstoff – Finger – Mundschleimhaut wäre jedoch unter hygienischen Gesichtspunktpunkten bedenklich – vor allem dann, wenn mehrere Zeitgenossen auf diesem Wege ein Geschmackserlebnis erfahren wollten. Hinzu kämen zwangsläufig Probleme mit der Lebensmittelechtheit der Farben oder der Abriebfestigkeit des Bedruckstoffs, in der Regel mit Spezialchemikalien behandeltem Papier oder Folie.

8 Conclusio

Trotz aller technischer Raffinessen enden die Möglichkeiten, sinnliche Erlebnisse über modernste Drucktechnologien weiterzugeben, doch an einem bestimmten Punkt. Und dies ist sicherlich auch gut so: Bei allem Respekt für die technischen Machbarkeiten und am Ende für ein sensorisch nahezu perfektes Druck-Klon: Das wahrhaftige sinnlich-kulinarische Erlebnis entwickelt sich nur beim Original, sei es beim Lebkuchen, beim Kaffee, bei der tropischen Frucht, bei der Gänsestopfleber aus dem Périgord und bei tausend anderen Produkten. Und das, darüber sind sich nicht nur Kulinaristen einig, ist ebenfalls gut so.

Modernste Drucktechnologien mit all ihren Facetten können jedoch weit stärker als jedes andere Kommunikationsmittel maßgeblich dazu beitragen, die Vorfreude auf all diese Genüsse in ganz unterschiedlicher Form erheblich zu steigern. Und das ist ebenfalls gut so.

In diesem Sinne: Fröhliche Vorfreude auf das nächste gute Essen – und das nächste kulinaristische Gespräch, das Teil des Genusses ist.

Literatur

Engelhardt, Dietrich von / Rainer Wild (Hg.): Geschmackskulturen. Vom Dialog der Sinne beim Essen und Trinken. Frankfurt 2005.

Helmut Kipphan: Handbuch der Printmedien. Technologien und Produktionsverfahren. Berlin 2004.

Heidelberger Druckmaschinen AG: 100 Jahre Offsetdruck. Innovationen – Markt – Technik. Heidelberg 2004.

Heidelberger Druckmaschinen AG: Ein Unternehmensprofil. Heidelberg 2004.

Kulinaristik als Nahrungskritik

Hans-Ulrich GRIMM

1 Einführung

Die Kulinaristik beschäftigt sich mit vielem: der Gastlichkeit, dem Können der Köche und Kellner, den kulinarischen Traditionen. Im Zentrum aber stehen die Speisen und Getränke: die Nahrung. Sie hat es verdient, dass sich im großen Haus der Kulinaristik ein eigenes Ressort prüfend mit ihr beschäftigt: die Nahrungskritik.

Diese Aufgabe sollte in Analogie zur Literaturkritik von einer kulinarischen Kritik übernommen werden, der zugleich die Freiheit zugestanden wird, im Interesse des Gemeinwohls auch mal provokatorisch zu werden, wie es im Fall der gesamten Umweltkritik erforderlich war und erfolgreich geschehen ist. Doch eine solche Kritik gibt es bislang nicht. Von Amts wegen beschäftigen sich Scharen von Experten mit der „Ernährung", also der jeweils individuellen Art der Auswahl und des Verzehrs von Speisen. Der Fokus liegt dabei auf der Verzehrsperson. Es gibt Ernährungswissenschaften und Ernährungsministerien im Bund und in den Bundesländern, es gibt Ernährungsberater und Ernährungsratgeber. Die Nahrung selber aber wird kaum gewürdigt. Es gibt keine berufsmäßigen Kritiker mit diesbezüglichem Ressort wie es politische Journalisten in den Zeitungen gibt. Es gibt mithin eine Vakanz. Sie auszufüllen wäre eine große Aufgabe für die Kulinaristik. Einige Tätigkeitsfelder und Pflichten dieses wünschbaren Ressorts seien im Folgenden idealtypisch beschrieben.

2 Nahrungskritik als zeitkritische Aufgabe

Unsere Gegenwartskultur ist eine technologisch geprägte Kultur. Nahrungskritik im hier diskutierten Sinne hat darum mit Technikfeindlichkeit nichts zu tun, wohl aber mit Technikkontrolle. Es war ein technikfreundlicher Naturwissenschaftler, der in seiner Eigenschaft als Präsident der Deutschen Forschungsgemeinschaft (DFG) den „extremen Mangel an Einsicht" in der Öffentlichkeit darüber beklagte, „was eigentlich in unseren Nahrungsmitteln enthalten ist" (Der Spiegel, 11. Januar 99, S. 117).

Nahrungskritik ist auch keine Naturromantik. Es geht, wie im Fall unseres Umgangs mit der Ressource Wasser, um den gesundheitsdienlichen Umgang mit der Nahrung. Die wachsende Anzahl von Angeboten zur Bio-kost, die nun auch von den Discountern offeriert werden, verdeutlicht, wie groß der Bedarf an einer Nahrungskritik ist. Der kulturelle Wandel vom bäuerlichen Produktionsbetrieb zur industriellen Nahrungsproduktion ist in seiner Tragweite kaum zu überschätzen –

für das familiäre Binnenklima, für die individuelle Befindlichkeit, für die Volksgesundheit und die Sozialsysteme. Die staatliche Ernährungspolitik, die Lebensmittelkontrolle und auch die schulische Nahrungsbildung (vgl. den Beitrag Heindl im vorliegenden Band) haben diesen Übergang noch kaum realisiert. Sie denken weithin nur in den Kategorien von Kartoffeln und Mehl, von Eiern und Milch und wenig in den Kategorien Maggi und Knorr, Konservierungsstoffen und Aromen. Eine Kritik der industriellen Nahrungsproduktion findet bislang kaum statt.

Es gibt noch keinen klar umrissenen Begriff der Nahrungskritik. Es gibt demzufolge auch noch keine Orte der institutionalisierten Nahrungskritik und noch nicht den Beruf des Nahrungskritikers. Es gibt Opernkritiker, Theater- und Ballettkritiker und auch Gastro-Kritiker. Ihnen ist gemeinsam, dass sie verschiedene Kunstformen bewerten, durch Oper bis zur Kochkunst. Der Nahrungskritiker hat es dagegen nicht nur mit dem Zubereiten der Nahrung zu tun, sondern mit der Nahrung überhaupt, mit ihrer Rolle und Funktion im Aufbau der Kultur(en) und mit ihrer durch moderne Technologie entstandenen „Künstlichkeit". Die Sachkompetenzen der Nahrungskritik sind folglich wie im Fall der Literaturkritik eine genaue Produktkenntnis und die Fähigkeit zur Kooperation mit den großen Wissensbereichen einschließlich der ernährungsbewussten Medizin, kulturbezogenen Ernährungswissenschaften, dem Lebensmittelrecht und nicht zuletzt auch der Nahrungssoziologie im Sinne von Pierre Bourdieu. Von der Wünschbarkeit einer solchen Zusammenarbeit handelt schon der Band *Essen und Lebensqualität* (2001).

Als Kritik ist eine kulinaristische Nahrungskritik den Prinzipien der europäischen Aufklärung verpflichtet und indirekt auch den „Regeln wissenschaftlicher Professionalität", von denen die Deutsche Forschungsgemeinschaft in ihren „Grundprinzipen" zur „Pflege guter wissenschaftlicher Praxis" spricht. Denn Nahrungskritik ist wie die Wissenschaft der Suche nach Wahrheit verpflichtet – die selbstredend relativ zu verstehen ist. Sie fahndet nach dem ‚Wesen' der Speisen, untersucht die verschiedenen Erscheinungsformen der Nahrung und bisweilen auch den falschen Schein, der die industriellen Speisen häufig umgibt.

Die Fälschung [1] von Speisen war in der Geschichte der Nahrungsproduktion immer präsent, sie war früh schon auch ein bevorzugter Aufgabenbereich obrigkeitlicher Kontrollen. Im Zeitalter der industriellen Nahrungsproduktion wurde die Fälschung professionalisiert – und legalisiert, etwa bei der Zulassung oder auch nur stillschweigenden Duldung des Einsatzes von Chemikalien zu Geschmacksmanipulation wie etwa industriellen Aromen, Geschmacksverstärkern und Süßstoffen. Nahrungskritik muss hier das ‚Wesen' der Waren und ihre Erscheinungsformen, aber auch ihre Wirkung thematisieren.

[1] Der Begriff der „Fälschung" darf hier nicht im kulturkritischen Sinne verstanden werden; vielmehr wird er provokativ eingesetzt, um auf das stete Streben zu verweisen, mittels Kunst und Technik Resultate zu erzeugen, die Ähnlichkeiten simulieren.

3 Nahrungskritik als Fälschungskritik

Für eine gute Hühnersuppe nimmt ein Koch vor allem: ein Huhn. Die Firma Knorr nimmt für ihre „Hühnersuppe mit Nudeln“ nur ein paar Kügelchen, die aussehen wie Nescafé-Körner: das sogenannte „Trockenhuhn“, zwei Gramm pro Tüte. Das entspricht gerade mal sieben Gramm vom Fleisch eines echten Federviehs, von den Food-Technologen „Nasshuhn“ genannt. Damit kann kein Koch der Welt Hühnergeschmack in vier Teller Suppe zaubern. Knorr kann das – mit einem zusätzlichen Gramm „Aroma“, dem Geschmack aus der Fabrik. Das gibt zwar keine echte Hühnersuppe, aber eine „vergleichbare Lösung“, wie ein Knorr-Chemiker diese Flüssigkeit nennt. Auf der Tüte steht allerdings nicht „Vergleichbare Lösung Typ Huhn“, sondern „Hühnersuppe“.

Auf solche Fälschungen gerichtete Nahrungskritik ist ein Teil der Produktkritik und muss mithin in der Lage sein, bei der Untersuchung der industriellen Produkte zu differenzieren zwischen Substanz und Erscheinung. Im Zentrum dieser Nahrungskritik steht die Kritik der industriellen Geschmacksproduktion. Der Geschmack wurde in der industriellen Nahrungsproduktion vom Gehalt der Speise entkoppelt und emanzipiert – ein langandauernder Vorgang, menschheitsgeschichtlich von erheblichem Ausmaß. Der Geschmack, die wichtigste Selbstauskunft einer Speise über ihre Identität, hat seine Wahrhaftigkeit verloren, man spielt gewissermaßen ein Spiel mit unserem Gaumen, und das Ergebnis heißt beim Kunden: Wirklichkeitsverlust. Natürlich haben Gewürze seit jeher ebenfalls Speisen verändert oder gar maskiert, doch hat sich das industriell verwertete jüngere Wissen zur Veränderung von Speisen und deren Haltbarmachung enorm vermehrt. Jahreszeiten mit ihren Vegetationsperioden, regionale Besonderheiten mit ihren Traditionen des Anbaus, der Verarbeitung und des Geschmacks verlieren an Bedeutung.

Die industrielle Nahrungsproduktion hat historisch eine Fülle von Verdiensten, etwa zur Sättigung der Massen in vergangenen Jahrhunderten. Auch hat Mechanisierung und Technisierung zu Arbeitserleichterung im Haushalt geführt, ersichtlich etwa am Beispiel der Tiefkühltechnik. Mit wachsender Dominanz von Ökonomie und Industrie aber werden kulturelle Tradition und die körperliche Bedürfnisse in einem bedenklichen Maße an den Rand gedrängt. Es geht dabei längst nicht mehr nur um folkloristische Speisetümelei („Rettet die Spreegurke“) und um die Sicherung der Authentizität und kultureller Signaturen der Lebensmittel. Es geht um die (kulinarische) Selbstbestimmung. Es geht um Leib und Leben: Denn der massenhafte Verzehr industriell produzierter Nahrung, chemisch überformter Natur, hat massive Folgen für die Gesundheit und mithin die Sozialsysteme.

Während der natürliche Geschmack Auskunft über die Identität und die Substanz der Speise gibt und ausschlaggebend bei der Auswahl ist, sorgen die chemischen Aromen für Irritationen. Sie gaukeln Substanzen vor, die nicht vorhanden sind. Wenn der Körper diese Substanzen nicht erhält, führt das zum Verzehr des Falschen sowie zu Mehrverzehr. Bei Tieren wird dieser Effekt ganz gezielt genutzt: Die Geschmacksstoffe werden als Masthilfsmittel eingesetzt. Studien ergaben, dass Ferkel mit aromatisiertem Futter deutlich schneller an Gewicht zunehmen. Die beliebtesten Geschmacksnoten: Erdbeeren und Schlagsahne.

Beim Menschen ist das ganz ähnlich, wie vor einigen Jahren sogar der Lobbyverband der Aromenindustrie einräumte, in einem Informationsblatt mit dem Titel: „Aromen. Fragen und Antworten". Bei der Frage „Sind Aromen gesundheitsschädlich?" stand da, „dass Gesundheitsschäden, die auf dem Verzehr aromatisierter Lebensmittel beruhen, bisher nicht bekannt geworden sind, sieht man vom Übergewicht ab."

Die nahrungskritische Analyse zum Beispiel der Produktion von Fleischklopsen berücksichtigt auch die Bedingungen der Fleischerzeugung, bei der der Natur regelmäßig Gewalt angetan wird. So mischen die Tierfutterproduzenten den Schweinen und Rindern zum Futter auch Aromen in den Trog, die die empfindlichen Sensoren der Tiere täuschen, um bestimmte Zusätze zu tarnen, die den Gefütterten nicht schmecken, die aber den Masteffekt steigern oder verbilligen sollen. Dazu dient etwa ein so genanntes „Spezialaroma" mit der Markenbezeichnung Bigarol PomaromP (es schmeckt laut Prospekt wie „Frischer, fruchtiger Apfel, verfeinert mit einer süßen Tutti-Frutti-Note"). Das ist unter anderem Rindern zugedacht; es „maskiert unerwünschte Futterfett-Noten". Bigarol MastaromP für Schweine (Geschmacksrichtung „Lebkuchen- und Honigkuchengebäck, verfeinert mit einer Kombination aus Vanille- Butter- und Kokosnoten") dient laut Prospekt „zur Kaschierung" von „Tier-, Fisch-, Blutmehl". Das gleichfalls Schweinen angebotene NectaromP („Harmonisch mit Waldmeister abgerundete Vanille-Milch-Note") bietet „beste Kaschierung von medizinischen, metallischen und chemischen Noten bei Mineralfuttermischungen". HerbaromL für Rinder „vermittelt den typischen Geruch von frischem Heu einer Kräuterwiese". Der Prospekt verkündet in schöner Offenheit: „Bigarol-Spezialaromen für Tierfutter werden überall dort eingesetzt, wo unangenehm schmeckende Inhaltsstoffe maskiert werden sollen, um eine bessere Akzeptanz – zum Beispiel bei Mineral- und Ergänzungsfuttern – zu erreichen."

Die Tiere mögen das Futter also nicht – und zwar aus guten Gründen: Weil der unangenehme Geschmack auf Zutaten hindeutet, die nicht gut für sie sind. Tiermehl und Blutmehl sind als BSE-Auslöser im Verdacht. Futterfette kamen zu Berühmtheit bei einem Skandal um dioxinverseuchte Hühner. Medizinmixturen führten zu Antibiotika-Resistenzen. Und wenn Rinder nicht Gras, sondern Kraftfutter kriegen, führt das zur Ausbreitung lebensgefährlicher EHEC-Bakterien, die jetzt schon vermehrt im Trinkwasser zu finden sind. In seiner technischen Erscheinung als Produkt hat der Geschmack, wie an der sogenannten Hühnersuppe gezeigt, in industriellen Speisen häufig mit dem dinglichen Wesen der Zutaten nichts zu tun. Der Geschmackseindruck wird eigens erzeugt, mit Chemikalien, die den übrigen Zutaten beigesellt werden. Die Zutaten schmecken nach nichts, womöglich sogar schlecht, blechern, metallisch, chemisch. Verzehrsfähig wird das Produkt erst durch diese Chemikalien, Aroma genannt, gemacht.

Labor-Aroma ist die Leitsubstanz der modernen Lebensmittelproduktion. Bald jeder „Frucht"-Joghurt, fast jedes Schnell-Gericht, auch Eisdessert enthält das

Geschmacks-Surrogat. „Unser reichhaltiger Lebensmittelkorb enthält viele Produkte, die es ohne Aromen gar nicht gäbe“, schreibt ein Aroma-Experte aus dem deutschen Holzminden. Holzminden ist gewissermaßen die europäische Hauptstadt des Produkts ‚Geschmack‘. Dort sitzt die Firma Symrise, einer der weltgrößten Aromakonzerne, hervorgegangen aus der Fusion der Geschmacksunternehmen Dragoco und Haarmann & Reimer. Manche Limonade, manches Bonbon, manche Sprituose auch wird uns nur gegeben dank der Kunst unserer Aroma-Profis. Von der Komplexität des Kulturphänomens Essen und von Speisen als einem Kulturgut spricht hier niemand.

Geschaffen wird, was die Menschheit seit jeher erträumte und Goethes *Faust* festgehalten hat: die Emanzipation von den Zwängen der Natur, vom Mangel an Rohstoffen. Die gesamte Welt-Erdbeerernte würde gerade ausreichen, um fünf Prozent des amerikanischen Bedarfs an Erdbeergeschmack zu decken. Dank des industriellen Produkts ‚Aroma‘ ist das Geschmackserlebnis dennoch möglich; allerdings nur als Illusion.

Mehr als die Hälfte dessen, was die Deutschen heutzutage verspeisen, ist künstlich aromatisiert. In der Europäischen Union werden jährlich 170.000 Tonnen industriell hergestellte Aromen verbraucht, eine in ihrer Tragweite kaum abschätzbare Menge, wo schon ein einziges Gramm ausreicht, um ein ganzes Kilo Lebensmittel zu aromatisieren. Hinzu kommt der sogenannte „Geschmacksverstärker“ Glutamat, der in Bouillons, Würsten, Kartoffelchips enthalten ist. Verbrauch europaweit: 95.000 Tonnen. Weltweit: 1,7 Millionen Tonnen.

Die Nahrungsmittelproduktion erzeugt gewissermaßen Ersatz-Speisen, bei denen zwar eine dingliche Basis vorhanden ist, eine Masse gewissermaßen, die Mund und Magen füllt. Doch bei der Einordnung dieser Masse irrt das kauende Subjekt. Es nimmt Erdbeeren wahr, wo nur eine Illusion von Erdbeeren weht, Rind, wo nur eine Fiktion von Rind die Brühe bildet. Eigentlich ist es Betrug, so könnten Laien denken, wenn Verbraucher mittels multipler Geschmackstricks über die Beschaffenheit der Lebensmittel getäuscht werden, wenn Inhaltsstoffe vorgegaukelt und Schadstoffe übertüncht werden. Nach der gegenwärtigen deutschen Rechtslage gilt das juristisch nicht als Betrug, es stellt sich aber doch die Frage, ob derartige Praxis nicht als Beihilfe zur Körperverletzung zu werten sei.

Verbrauchertäuschung ist zwar europaweit verboten. Doch nach Auffassung der zuständigen Behörden in Deutschland ist eine Täuschung dann nicht gegeben, wenn auf dem Etikett „Aroma“ steht. Dann, so die behördliche Logik, weiß der Konsument, dass er nicht das bekommt, was er zu schmecken glaubt, und wird also nicht betrogen. Wenn das „natürliche Aroma“ Geschmacksrichtung Erdbeeren aus Sägespänen hergestellt werden kann und wenn nun beim Wein Holzspäne das Barrique-Fass ersetzen dürfen, in der Europäischen Union wie den USA, dann folgt die industrielle Interpretation von Nahrung offenbar einer eigenen Logik. Anders bei der Geldfälschung: Wenn einer 100-Euro-Scheine fälscht, dann wird er bestraft, auch wenn er hinten winzig klein draufschreibt: „Falschgeld“.

Für den Regensburger Sinnesphysiologen Professor Jürgen Boeckh liegt, wenigstens aus Sicht des Bauches, im Falle des Verzehrs aromatisierter Speisen eine verhängnisvolle Irreführung vor: „Da wird der Körper betrogen." Wenn der Geschmackssinn etwa Rind wahrnimmt, dann reagiert das System Körper entsprechend: „Wenn diese Geschmacksstoffe Rind signalisieren, dann wird das Hirn alarmiert, dann werden die Verdauungsdrüsen aktiviert, die das ganze System darauf vorbereiten, Rind zu verarbeiten." Wenn nun kein Rind kommt, dann „läuft der Apparat leer", betont Boeckh: „Das ist physiologisch ein Mangelzustand." Die Folge ist: „Saumäßiger Kohldampf." Und die reflexhafte Reaktion dann: Weiteressen. Und das Ergebnis: Übergewicht.

Herkömmliche Kochkunst, wie der Gastrokritiker sie kennt, folgt einer Naturlogik. Eine Zwiebel ist eine Zwiebel, eine Erdbeere eine Erdbeere. Eine Komposition folgt gewissermaßen dem natürlichen Geschmacks-Charakter der Nahrung und Zutaten. Oberstes Ziel ist nicht nur Koexistenz der Zutaten, sondern ein Versöhnen der Einzelgeschmäcker auf höherer Ebene.

Das industrielle Kunstkochen folgt dagegen vielfach einer völlig anderen Logik. Es folgt dem Prinzip der Maximierung des ökonomischen Gewinns und den Gesetzen der Distribution und verfolgt zwei große Ziele: Möglichst lange Haltbarkeit im Supermarktregal und möglichst niedriger Preis bei möglichst hohem Umsatz und hoher Rendite. Das kaufpsychologisch ausgeklügelte System der Einflussnahme beginnt schon beim Einkaufswagen und setzt sich über die Vorzugsplätze auf Augenhöhe bis zu Beduftungs- und vor allem Beleuchtungsanlagen fort.

Der nachdenkliche Kunde erwartet gute und authentische Nahungsmittel, von denen er weiß, wo sie gewachsen sind und was sie enthalten. Manchen Früchten werden zu diesem Zweck jedoch schauspielerische Fähigkeiten abverlangt. Die Firma Ocean Spray Ingredients verkauft zum Beispiel solche Früchtchen. Auf einem Prospekt sind sie abgebildet: Erdbeeren, Kirsche, Heidelbeeren, Himbeeren. Doch mit diesen dargestellten Früchten haben die „Fruchtstückchen" nur den äußeren Schein gemein. Sie heißen: „Fruchtstückchen mit Kirscharoma und anderen natürlichen Geschmacksstoffen". Denn bei allen vieren handelt es sich in Wahrheit um Cranberries, eine Art Preiselbeeren. Die werden mit Zuckersirup modelliert und mit Aromen auf die Zielfrucht hingetrimmt. Es entstehen dann Fruchtstückchen, die eigentlich Kunststückchen sind. Ihr Vorteil, laut Prospekt: „Sie haben die Farbe der Früchte, das Aussehen der Früchte, und sie schmecken wie die richtigen Früchte. Aber sie sind viel stabiler und belastbarer als die richtigen Früchte." Ein kleines Fitzelchen der dargestellten Frucht muss gleichwohl ins Glas, räumt die Firma auf Nachfrage ein, damit auf dem Etikett auch „Erdbeere" stehen kann. „Claim Ingredients" heißen diese Alibi-Zutaten, die eigentlich keine Aufgabe mehr haben, außer der rechtlichen: Zeugnis abzulegen von dem vorgegebenen Inhalt.

Dank Aroma können Früchte auch geschmacklich standardisiert und an die Firmernmarke angepasst werden: „Aromen tragen dazu bei, dass Markenprodukte für den Verbraucher unverwechselbar werden", schreibt der Experte aus dem Holzmindener Geschmacksimperium. Aroma ermöglicht zudem, Geschmack zu ersetzen, der bei der industriellen Produktion verloren geht. Auf dem Weg vom Feld zur Fabrik und im Zuge der maschinellen Verarbeitung, überall geht Geschmack verloren: „All diese Aromaverluste werden durch gezielte Zugabe von Erdbeeraroma ausgeglichen, damit das Endprodukt, der Erdbeerjoghurt, gut schmeckt." Ein ehrenwertes Unterfangen, würden die einen sagen. Die anderen könnten rufen: Betrug.

4 Nahrungskritik als Kritik der kulinarischen Vernunft

Die kulinaristische Nahrungskritik zielt auf die Überwindung solcher Handlungsweisen und auf die Darstellung der Bedingungen und Hintergründe ihrer Entstehung, die Bedeutung für den Körper und darüber hinaus für das Selbstverständnis der Kultur(en) und für die Gesellschaft. Der kulinaristische Kritikbegriff orientiert sich dabei am Kritikbegriff des Königsberger Philosophen Immanuel Kant. Dieser große idealistische Denker verstand seine *Kritik der reinen Vernunft* bekanntlich auch als Selbstprüfung der Vernunft in Hinsicht auf die Bedingungen der Möglichkeit ihrer Erkenntnis; die *Kritik der praktischen Vernunft* widmete sich selbstkritisch dem guten Handeln und die *Kritik der Urteilskraft* dem Schönen. Noch in den letzten Jahren versuchte die Wissenschaft, an Kants Kritiken anzuschließen, vgl. etwa Peter Sloterdijk *Kritik der zynischen Vernunft* (1983), Pierre Bourdieu: *Die feinen Unterschiede. Kritik der gesellschaftlichen Urteilskraft* (1989) oder Hans Lenk: *Interpretationskonstrukte. Zur Kritik der interpretatorischen Vernunft*. Frankfurt 1993.

In diese Denktradition fügt sich die Nahrungskritik ein. Es geht ihr, neben der notwendigen Selbstprüfung ihrer Bedingungen und Möglichkeiten, um die systematische Prüfung der Produkte sowie, im Sinne der wechselseitigen kulinaristischen Aufklärung von Theorie und Praxis, um die Analyse der aller Produktion zugrunde liegenden Wertsetzungen[2]. Als wissenschaftliche Kritik hinterfragt Nahrungskritik im Zeitalter der Technikkultur vor allem die Vorgehensweisen der technisch-industriellen Nahrungsmittelproduktion. Zu diesem Zweck benötigt die Nahrungskritik einen normativen Begriff von Nahrung, also eine Vorstellung dessen, was die je bestimmten Speisen und Getränke sein s o l l e n. Was ist Brot? Was ist ein Barrique-Wein? Ein Wiener Schnitzel? Doch wie kann die Nahrungskritik zu ihrem normativen Begriff kommen?

Normen und Maßstäbe tun not. Die Kulinarik im technischen Zeitalter bewegt sich zwischen Kultur und Kommerz. Kochkunst und die Kunstküche nähern sich, orientiert am Geschäftsinteresse, einander an. So wird der katalanische Koch Ferran Adrià, ein Betriebswirt und Autodidakt, mit seinen bizarren Kreationen zur Kasseler Welt-Kunst-Schau Documenta eingeladen – und kooperiert gleichwohl mit den industriellen Kunstköchen von Nestlé.

Jenseits des Kommerzes gibt es aber eine normativ vorgegebene Bedingung alles Kulinarischen: den Körper und seine transkulturellen Gesetzmäßigkeiten. Der

2 Vgl. Francesca Rigotti: Philosophie in der Küche. Kleine Kritik der kulinarischen Vernunft. München 2002

Körper ist, ungeachtet aller kulturellen Überformung, eine Naturgegebenheit. Die Nahrungskritik befasst sich mit den Folgen der – heute dominant industriellen, aber auch der traditionellen – Nahrungsmittelproduktion für den Körper. Der Horizont reicht dabei vom weltweiten Handel im Kontext der Globalisierung und den Konsequenzen für die Nahrung (Geschmacksverlust und Aromatisierung, Verderbnisrisiko und Bazillenbefall, Konservierungsstoffe und Vitaminisierung) bis hin zu den einschlägigen Krankheiten mit ihren enormen Kosten. Sie werden im deutschen Sprachraum als „ernährungsmitbedingte“ Krankheiten bezeichnet, mit dem Fokus auf dem individuellen Verzehrsverhalten. Der Nahrungskritiker bevorzugt verständlicherweise den in Fachkreisen geläufigen englischen Begriff „foodborne diseases“ für die aus der Nahrung erwachsenen Gesundheitsstörungen. Damit verlagert sich auch die Verantwortung für die Krankheiten und ihre Kosten: Nicht mehr bloß der Einzelesser mit seiner falschen Speiseauswahl ist im Blick, sondern auch das Nahrungsangebot und seine Hersteller. Als wissenschaftliche Kritik nimmt Nahrungskritik dabei eine Urteils-Position ein und bewertet dementsprechend die Rationalität der Produktionsprozesse, die geltenden Maximen und Motivstrukturen.

Diese weite Dimension kulinaristischer Nahrungskritik ist umso nötiger geworden, als die geistige Beschäftigung mit Nahrung sich in jüngerer Zeit infolge der industriellen, den Naturwissenschaften verpflichteten Nahrungsversorgung methodisch gefährlich verengt hat. Zu einer unheilvollen Dominanz ist eine eindimensionale chemische Zugangsweise gelangt – und die mit ihr verbundene Manipulationsmacht.

Das Essen wird dabei zerlegt in kleinste Bestandteile, thematisiert in der Sprache der Moleküle. Eingriffe im chemischen Mikrobereich haben dabei allerdings Folgen für das Ganze, für das Wesen der Speise, für den Geschmack – und für den verzehrenden Körper. Die Logik der industriellen Nahrungsproduktion hat, im Verbund mit dem Gestaltungswillen der Chemiker, die Emanzipation der Nahrung und ihres Geschmacks von der Natur forciert und den Körper überlistet. Eine epochaler, womöglich verhängnisvoller Vorgang, deren ganze Tragweite noch nicht abzusehen ist.

Die Subjekte trifft es früh, schon im Kindesalter. Zum Beispiel beim so genannten „Früchte Tee“ von Hipp. Das Etikett zeigt leuchtend rote Erdbeeren, Himbeeren, Kirschen, eine tiefblaue Brombeere, eine Grapefruit. Von all dem enthält das Getränk keine Spur. Stattdessen nur: Aromen, dazu ein bisschen Hagebuttenextrakt und Hibiskusextrakt. Der kindliche Körper lernt also schon gleich zu Beginn seines Lebens den Geschmack der Chemie kennen. Den Geschmack der Natur lernt der kindliche Körper so nicht. Dass sie betrogen werden, wissen die Kleinen nicht und die Mütter beachten es zu wenig. Zwar steht auf der Verpackung das Wörtchen „Aroma“, doch lesen können sie noch nicht: Der Tee ist gedacht für Kinder ab acht Monaten.

Als Kritik der kulinarischen Vernunft befasst sich kulinaristische Nahrungskritik mit dem mittlerweile universellen geschmacklichen Verblendungszusammenhang. Als kulinaristische Kritik untersucht sie auch die Hintergründe der herrschenden Rationalität, die Logik des Produktionsprozesses, die geltenden Maximen und Motivstrukturen. Sie versucht, Licht auch in Bereiche zu tragen, die bisher weitgehend verdunkelt sind. Die Herstellung des industriellen Geschmacks beispielsweise. Der weltgrößte Aromaproduzent, International Flavors and Fragances (IFF) mit Hauptsitz in New York, beliefert zwar Hersteller wie Maggi und damit die Massen. Doch die Firma hat keine Presseabteilung, sie taucht selten bei Messen auf, und sie möchte, wie die Geschäftsleitung auf Anfrage mitteilte, „keine Einzelheiten" zu ihren „geschäftlichen Tätigkeiten preisgeben", aus „firmenpolitischen Gründen". „Wir sind eine sehr zurückhaltende Branche", sagt lächelnd einer der leitenden Herren aus dem norddeutschen Holzminden, wo der Geschmackskonzern Symrise seinen Sitz hat. Die schwedische Firma Aromatic, die Niederlassungen in der Schweiz hat, in Deutschland und Hongkong, warb für ihre Geschmacksverbesserer für Backwaren mit konspirativer Verschwiegenheit: „Erzählen Sie uns von Ihrer Produktion, und wir werden sie gemeinsam verbessern. Niemand wird verstehen, wie Sie es gemacht haben. Das ist es, was wir ‚Secret Service' nennen."

Die Geheimhaltung hat Gründe: Nach einer unter Verschluss gehaltenen Studie der Firma Knorr lehnen 60 Prozent der Verbraucher „künstliche" Aromastoffe ab. Die Verbraucher wollen natürliche Produkte. Die hat die Industrie indessen nicht zu bieten. Sie ist ja Industrie und keine Gärtnerei. Die Industrie muss daher im Geschäftsinteresse die Wirklichkeit umdeuten. Sie nimmt zum Beispiel, wie die Firma Maggi, eine Suppentüte und macht dafür Anzeigen, in denen riesengroß das Wort „Natur" prangt. Die Firma vertraut dabei offenbar darauf, dass die Leute schon gar nicht mehr wissen, dass die Natur ihre Produkte nicht in Tüten füllt.

5 Nahrungskritik als Besinnung auf die Kulturalität des Essens

Für die Beurteilung von Speisen sind heute (auch infolge schwerer Versäumnisse der Wissenschaften und der Gastronomie) weder Wissenschaftler noch Spitzengastronomen, sondern vor allem zwei Berufsgruppen zuständig: Zum einen die so genannten Gastrokritiker, zum anderen die Ernährungsberater. Beide Gruppen weisen jedoch einen sehr spezifischen und berufstypisch eingeschränkten Blickwinkel auf, der das kulturelle, auch wirtschaftliche Umfeld des Verzehrs und der Speisen übergeht oder bagatellisiert. Ernährungsberater richten den Blick naturgemäß primär auf den Esser. Für diese Experten gibt es, so wird es zugespitzt häufig formuliert, kein gutes oder schlechtes Essen, es gibt für sie nur richtiges oder falsches Ernährungsverhalten. Für die Gastrokritik geht es hingegen in erster Linie um das Verzehrsgut auf dem Teller und die Frage, ob dieses gut sei oder schlecht. Der Gastrokritiker nimmt zu oft den Tellerrand als Horizont und verweigert noch den flüchtigsten Blick in die kommunikative Struktur allen Essens. Auch manche Beiträge in der „Frankfurter Allgemeine Zeitung" oder in „Der Feinschmecker" blenden das soziokulturelle Umfeld des Essens und des Schmeckens ebenso aus ihrem Blickwinkel aus wie die Produktionsfaktoren, Bedeutungen und Machtfragen, beharren auf einem privatistischen Qualitätsbegriff („Mir schmeckt's aber") und imitieren auf diese Weise eine längst überholte Geisteswissenschaft[3], die sich weigerte, die weiteren Umstände ihrer Gegenstände in die Analyse-Arbeit einzubeziehen.

Es ist an der Zeit, den Geschmackssinn als eine sinnliche, zugleich anthropologische und überdies höchst gesundheitsrelevante Kategorie wieder zu entdecken und angemessener zu würdigen. Er sollte in der Kulinaristik zu einer zentralen Kategorie und zu einem grundlegenden Baustein des Wissenschaftsgebäudes werden. Am Thema Geschmack lässt sich die Kritik der industriellen Nahrungsproduktion systematisieren; der Geschmack dient dem Informationsaustausch zwischen Mensch und Nahrung. Die individuellen Geschmäcker sind verschieden, weil die Menschen verschieden sozialisiert sind und weil sie sich im Laufe ihres individuellen Lebens wandeln. Darum weisen auch die Generationen einen kollektiv unterschiedlichen Geschmack auf. Der Mensch besteht aus zwei Millionen verschiedenen Substanzen, die unablässig zu ersetzen sind – binnen sieben Jahren. Kein Körperbestandteil mit Ausnahme der Nerven ist älter als sieben Jahre. Der Geschmackssinn ist mithin kein Luxus-Sensorium für Gourmets. Er hat wichtige Funktionen, und es kann weit reichende gesundheitliche Folgen haben, wenn er praktisch flächendeckend mit Illusionen zugepudert wird.

Bei dem im Körper ständig stattfinden Austausch der Substanzen, einer permanenten Altbausanierung gewissermaßen, spielt der Geschmack eine zentrale Rolle. Bei der Auswahl der Speisen dient der Appetit beispielsweise als wichtiges Kriterium. Der Appetit ist ein Steuerungsinstrument des Gehirns. Mit der Lust auf etwas (Rostbraten, Bratkartoffeln, Orangensaft) gibt das Gehirn ein Zeichen, welche Inhaltsstoffe dem Körper aktuell fehlen. Der Geschmack der Speisen wiederum sendet Signale an den Körper, die auf die Beschaffenheit und Inhaltsstoffe hindeuten. Der Geschmackssinn ist uns nicht gegeben, damit wir die höheren Wonnen der Genüsse erleben. Der Geschmack spielt eine große Rolle bei der Qualitätskontrolle der Nahrung, bei Mensch und beim Tier. Er dient als Warnsignal, deutet auf Verzehrsfähigkeit oder Verderbnis. Was bitter schmeckt, ist oft giftig. Die Aromen verfälschen den Geschmack – und führen so das feinsinnige Steuerungssystem des Körpers in die Irre.

Eine in dieser Weise operierende Geschmackskritik kann mithin gut als Modell für Methodik und Reichweite der Nahrungskritik dienen. Sie ist auch als Diskursfeld einer kulinaristischen Gesprächsgemeinschaft von Natur– und Kulturwissenschaften geeignet, weil der Geschmackssinn der Menschen keine nur sinnliche, sondern zugleich eine gesellschaftliche Größe ist.

6 Zur Normativität der Nahrungskritik

Als Teil wissenschaftlicher Kulinaristik stellt Nahrungskritik ähnlich wie die Literaturkritik die Frage nach dem Richtigen und dem Falschen. Ihre Aufgabe ist

---

[3] Vgl. Wolfgang Frühwald, Hans Robert Jauß, Reinhart Koselleck, Jürgen Mittelstraß und Burkhart Steinwachs: Geisteswissenschaften heute. Eine Denkschrift. Frankfurt a.M. 1991; Ansgar Nünning /Vera Nünning (Hg.): Konzepte der Kulturwissenschaften. Stuttgart 2003.

die Prüfung unseres Umgangs mit unseren Nahrungsmitteln; ihr Objekt ist dieser Umgang in Wort und Tat im Blick auf die Authentizität der Gegenstandswelt der Speisen, ihrer Produktion, Identitäten, Qualitäten und der Angemessenheit ihrer Bezeichnungen. Die küchenkulturelle Tradition hat für alle Bereiche der Gesellschaft Rezepte und Regeln hinterlassen, zum Beispiel eine Vorstellung von dem, was ein Wiener Schnitzel zu sein hat, ein Risotto Milanese, eine Miso-Suppe. Die Nahrungsindustrie hat die Traditionen aufgenommen und mit Chemikalien unterfüttert, so dass auch in vielen Restaurants die industrielle Kunstküche waltet und nur noch selten wahre Kochkunst.

Konstitutives Element der hier vorgeschlagenen Nahrungskritik ist der normative Diskurs über die Gerichte. Er setzt die Verbindung mehrerer Kompetenzen voraus. Ziel ist zu klären, wie wir mit den Speisen umzugehen haben und wie zum Beispiel Königsberger Klopse auszusehen und zu schmecken haben, das nach den Regeln der Kunst oder der Variation der Tradition hergestellt wurde. Kritik wird im Sinne des eingangs angeführten Immanuel Kant somit zur Selbstprüfung unseres Handelns. Und wenn „Königsberger Klopse" verkauft werden, in denen nicht nur Fleisch und Kapern und Karotten und Zwiebeln enthalten sind, sondern auch eine seltsame „modifizierte Stärke" und ein mysteriöses „Aroma (mit Ei, Milch)" und gleich drei „Geschmacksverstärker (E627, E 631, E 621") und viele Chemikalien mehr, und wenn sie auch draufschreiben: „Du darfst", dann muss die Frage aufgeworfen und verfolgt werden: ist das zu erlauben? Und darf man sie auch noch „Königsberger Klopse" nennen? Gehört das Kunst-Gericht gleich auf den Scheiterhaufen? Oder genügt die wahrheitsnähere Bezeichnung „Königsberger Chemieklopse"?

Kulinaristische Nahrungskritik muss für diese Entscheidungen Maßstäbe liefern und die Zuständigkeiten wieder zurechtrücken. Solang man in Deutschland eine Gaststätte eröffnen kann ohne irgendwelche Fachkenntnisse zu besitzen, so lange darf sich niemand wundern, dass viele Köche ihre Zuständigkeit fürs Kochen an die Convenience-Industrie abgegeben haben.

Umso erfreulicher ist der Aufbau der Kulinaristik als einer mehrdimensionalen und multidisziplinären Wissenschaft, in der sich Wissenschaftler verschiedener Fächer, Kritiker und Köche zusammen getan haben, um über Essen und Trinken nach den Regeln der Kunst nachzudenken. Es steht zu hoffen, dass sie sich im Sinne guter Praxis gegen Fälschungen aller Art immunisieren.

Das Essen besitzt als Handlung und als Situation immer auch eine symbolische Dimension, einen Interaktions-Aspekt zwischen Koch und den Essenden, aber auch zwischen den Essenden untereinander. Das Essen hat also einen beziehungstiftenden Charakter. Zuvörderst hat es jedoch eine materielle Dimension, ist konstitutiv für den Körper. Nahrungskritik widmet sich vor allem diesem körperlichen Wert der Speisen. Nahrung, die nicht nährt, ist ihr nichts wert.

Literatur

Grimm, Hans-Ulrich: Die Suppe lügt. Die schöne neue Welt des Essens. Aktualisierte Neuausgabe, Stuttgart 2005/München 2008.

Ders.: Echt künstlich. Das Dr. Watson Handbuch der Lebensmittel-Zusatzstoffe. Stuttgart-Bad Cannstatt 2007 (Zusammen mit Bernhard Ubbenhorst und Maike Ehrlichmann)

Ders.: Aus Teufels Topf. Die neuen Risiken beim Essen. Stuttgart 1999.

Ders.: Vitaminschock. Die Wahrheit über Vitamine: Wie sie nutzen, wann sie schaden. München 2002 (Zusammen mit Jörg Zittlau)

Ders.: Die Ernährungslüge. Wie uns die Lebensmittelindustrie um den Verstand bringt. München 2003.

Harth, Dietrich: Kunst und Wissenschaft der Kritik. In: ders.: Gotthold Ephraim Lessing. München 1993, Kapitel III.

Neumann, Gerhard /Wierlacher, Alois /Wild, Rainer (Hg.): Essen und Lebensqualität. Natur- und kulturwissenschaftliche Perspektiven. Frankfurt 2001.

Wierlacher, Alois: Jahresprogramm Fort- und Weiterbildung der Deutchen Akademie für Kulinaristik. Bremen 2005.

Le goût est en bataille! oder: Kulinaristik als kulturpolitische und kulturwissenschaftliche Besinnung auf die kulturelle Speisen-Erbe

Frank THIEDIG

In Kulturen gibt es einen reichen Schatz an Speisen. Dieses Gut wurde in den letzten drei Jahrzehnten von einigen Gastronomen wieder entdeckt und damit erst aus der Alltagsküche herausgehoben. Doch was nützt ein speisenkulturelles Erbe, wenn man es weder kennt noch pflegt? Eine essentielle Dimension der Kulinaristik ist darum die Sichtung und Verdeutlichung der Kulturgeschichte und kulturellen Varietäten der Speisen. Wie bei allen Kulturwissenschaften stehen bei dieser Vermittlungsarbeit die historischen Prozesse, Ereignisse, Zusammenhänge und Wertsetzungen als von der Gegenwart mitkonstituierte Traditionen im Blickpunkt des Interesses. Aus eben diesem Grund ist auch der Begriff des kulturellen Erbes bis heute strittig geblieben. Man kann zwar juristisch ein überkommenes oder angetragenes Erbe als Eigentum ausschlagen; uns alle prägt aber das kulturelle Gedächtnis und mit ihm unser kollektives Selbstverständnis sogar noch dann, wenn wir uns entschließen, es zu bekämpfen oder zu vergessen. In Wahrung und Würdigung dieser schwierigen Differenzen liegt den folgenden Überlegungen ein Begriff des kulturellen Erbes zugrunde, der mir für die Kulinaristik praktikabel erscheint und den wir 1996 bei der ersten Bestandsaufnahme wie folgt festgelegt hatten: „ Zum Verzehr bestimmte tierische und pflanzliche Produkte sowie Produkte mineralischer Art, die landwirtschaftlich, handwerklich oder industriell hergestellt werden und deren Produktions-, Herstellungs- oder Veredelungsmethode schon über mehrere Generationen in einer bestimmten Region weitergegeben wird.“(Thiedig 1996, 9)

1

Der Kalte Krieg endete mit dem Fall der Berliner Mauer, aber längst tobt ein anderer und neuer Streit: der Kampf des Ernährungshandwerks gegen die Banalität und Trivialität der industriellen Nahrungsmittelerzeugung. So zumindest sehen es die Schweizer Agrarwissenschaftler Stéphane Boisseaux und Dominique Barjolle in ihrer Streitschrift „La Bataille des A.O.C. en Suisse“ (Boisseaux 2004). Während die Champagnererzeuger noch mit Heugabeln und Dreschschlegeln aufeinander losgingen, um den Disput zu klären, ob sowohl die Weinerzeuger im Tal der Aube als auch die im Tal der Marne Schaumwein unter der Bezeichnung „Champagner“ herstellen dürfen (Capus 1947), kümmern sich heute in erster Linie Juristen um die Eindeutigkeit der bekannten Bezeichnungen wie Champagner, Bayerisches Bier oder Feta und sorgen damit für die Abgrenzung aber auch für den Erhalt traditioneller regionaler Agrarprodukte und Lebensmittel.

Die Kontroverse zwischen den traditionellen Erzeugern und den industriellen Herstellern in Europa ist in vollem Gange und hat durch das TRIPS-Abkommen [1] inzwischen auch zu Auseinandersetzungen zwischen der alten und der neuen Welt geführt. Letztlich geht es stets um die Frage, welche Identität dem Regionalen zugemessen wird und welchen rechtlichen und damit auch ökonomischen Schutz die Region daraus für sich ableiten kann. Aus europäischer Sicht sind Regionen keine „Elemente einer aktuellen Effektivitätsgeographie, sondern Kulturräume" (Bausinger 1994). Und dabei spielt die identitätsstiftende Wirkung von traditionell handwerklich erzeugten Produkten nicht nur im Tourismus, sondern eben auch in der zunehmend differenzierten Agrarwirtschaft eine große Rolle. In millionenschweren Programmen bemüht sich die EU um die Förderung der Entwicklung des ländlichen Raums durch den Europäischen Landwirtschaftsfonds für die Entwicklung des ländlichen Raums (ELER); allein für Deutschland stehen für den Zeitraum von 2007 bis 2013 rund acht Mrd. Euro an sogenannten ELER-Mitteln zur Verfügung – auch zur Unterstützung der Europäischen Qualitätspolitik. Bei der Umsetzung dieser Qualitätspolitik spielen die geschützten geographischen Herkunftsangaben, die traditionellen Spezialitäten und die Bio-Produkte die wesentliche Rolle.

Der Regionalismus, wie er durch die Verordnung (EG) Nr. 510/2006 definiert wird, legitimiert sich als „tendance à favoriser de régions et de conserver la physiognomie des mœurs, les coutumes et les traditions historiques" [2] und bezieht – pathetisch gesprochen – seine Dignität aus naturräumlichen, administrativen, rechtlichen sowie ökonomischen Merkmalen. Gerade der ‚lien au terroir' (Barjolle 1998) verortet und legitimiert (Barberis würde sagen: krönt) damit regionale Produkte. Die Verbindung zum Terroir wird zwar naturräumlich begründet, soll aber rechtliche Abgrenzungen erwirken, letztlich natürliche Monopole im ökonomischen Sinne schaffen und damit auch kulturelle Identitäten bilden (Thiedig 2000). Dafür bedient sich der europäische Gesetzgeber eines Instruments des gewerblichen Rechtsschutzes und verknüpft es mit einem traditionellen romanischen Qualitätssystem sowie der aus dem deutschen Fallrecht heraus gearbeiteten geographischen Herkunftsangabe. Der Begriff ‚Terroir', der sich aus den französischen Worten ‚terre' (Boden, Erde) und ‚territoire' (Gebiet) ableitet (Thiedig 2004a) wird daher konsequenterweise von Barjolle (1998) als „a combination between natural conditions and human skills which provide a unique context" begriffen.

Juristisch wird der ‚lien au terroir' in der Europäischen Verordnung (EG) 510/2006 in Artikel 4 Absatz 2 definiert als „Angaben, aus denen hervorgeht, dass das Agrarerzeugnis oder das Lebensmittel aus dem abgegrenzten geografischen Gebiet stammt." Der Gesetzgeber hat dafür in der Verordnung (EG) 510/2006

1 Das TRIPS-Agreement (Trade-Related Aspects of Intellectual Property Rights) ist als Annex 1 c ein wesentlicher Bestandteil des WTO-Vertrages. Die geographischen Angaben sind in Artkel 22 bis 24 geregelt.

2 Definition der Académie Français zitiert nach Brunn 1993

für Lebensmittel und Agrarprodukte zwei unterschiedliche Intensitäten entwickelt: Die geschützte Ursprungsbezeichnung qualifiziert sich über die „Güte oder Eigenschaften, die [das Produkt] überwiegend oder ausschließlich den geografischen Verhältnissen einschließlich der natürlichen und menschlichen Einflüsse verdankt“, während die geschützte geographische Angabe sich über „eine bestimmte Qualität, das Ansehen oder eine andere Eigenschaft aus diesem geografischen Ursprung“ bestimmt. Die deutschen Juristen sehen es nüchtern und meinen, dass der „naturwissenschaftliche Nachweis der Voraussetzung für eine Ursprungsbezeichnung, wenn er ernst genommen wird, kaum erbracht werden kann“ (Tillmann 1993) und favorisieren die geographische Herkunftsangabe.

Auch in der Praxis ist der Nachweis eine äußerst schwierige Angelegenheit, denn so einheitlich sind die Regionen selten voneinander abgegrenzt, dass damit auch ein kongruenter Naturraum ausgewiesen werden kann. Das wird beim französischen AOC-Käse Salers, einer geschützten Ursprungsbezeichnung, sehr deutlich: In der Spezifikation des Salers wird die Fütterung der Milchkühe auf Weiden mit vulkanischer Bodenbildung begrenzt, tatsächlich sind im Gebiet rund um die Stadt Salers aber auch Böden mit kristalliner Pedogenese (Thiedig 2004a). Es ist technisch kaum möglich diese Gebiete aus der Produktion herauszunehmen. Ob jedoch der Molkereimeister oder gar der Kunde dieses Terroir wirklich unterscheiden kann? Die Befürworter des ‚lien au terroir‘ behelfen sich in diesen Fällen mit dem savoir-faire, dem Wissen um die lokalen überlieferten Praktiken also den Anbaumethoden, den Herstellungsverfahren bzw. den Rezepturen. Die historische Tiefe dieses Wissens gilt den Agronomen als Garant gegen eine mögliche Entlokalisierung und als der von der EU geforderte Nachweis. Aber wann ist ein Produkt tatsächlich traditionell, wann gilt es als authentisch? Kann man dieses kulturelle Erbe, diese kulturelle Qualität tatsächlich schmecken (Kalka 2000)?

Die Juristen machen es sich erneut einfach. Für sie ist die Qualität an sich „nichts Absolutes und weder in quantitativer noch in geographischer oder gar zeitlicher Hinsicht gültig oder objektiv erfassbar. [Sie kann] vielleicht von einem geographischen Ort beeinflusst, aber nicht bestimmt werden“ (Glaus 1996). Die Lebensmitteltechnologen und Qualitätsbeauftragten machen es sich zwar noch einfacher, indem sie Qualität in den Europäischen Normen 9000ff schlicht als die „Einhaltung von Anforderungen“ definieren; für die Kulturwissenschaftler hingegen fangen die Fragen hier erst an: Wie kommt es zur Konstituierung des kulinarischen Erbes? „Welche Interessen verfolgen die Akteure [...], welche Ordnungen und Orientierungen bilden sich in den damit verbunden Praktiken? (Tschofen 2005). Ist eine flächendeckende Erhebungen überhaupt praktikabel? Schließlich ist eine für den ‚lien au terroir‘ notwendige Kartierung heute kaum mehr vorstellbar: Während 1930 und 1935 im deutschen Sprachraum von etwa 20.000 Mithelfern, davon 78 % Lehrer, 7 % Geistliche und knapp 5 % Landwirte, Fragebögen zu bestimmten Sachbereichen beantwortet wurden und eine heute unvorstellbare Rücklaufquote von über 78 % erreicht wurde und damit Soziologen ihren Studien präzises Kartenmaterial beilegen konnten, können Wissenschaftler heute froh sein, wenn 10 % der Befragten antworten. So nutzte Wiegelmann (1967) noch dieses Kartenmaterial für Untersuchungen zu Kulturpflanzen, wie Hirse und Kartoffel, aber auch zu Genussmitteln, der Stellung des Serviettenkloßes in den Festmahlzeiten, den neuen Fleischzubereitungen des 18. und 19. Jahrhunderts sowie den Aspekten der Mahlzeitenordnung. Eine Arbeit wie ‚Speise und Trank' der Geschwister Schmitthenner (1921) mit 21 europäischen Karten regionaler Verzehrsgewohnheiten wäre in der jetzigen Zeit allerdings nicht mehr denkbar. Heute werden entweder kleinere Umfragen in der Bevölkerung (n=500) oder beim Verkehrskreis, z.B. alle Konditoren, durchgeführt. In einer Erhebung des Bayerischen kulinarischen Erbes im Jahr 1999 an der TU München (Bender 2001), das methodisch auf der ersten Erhebung des kulinarischen Erbes Deutschlands basierte (Thiedig 1996), wurden alle Landwirtschaftsämter und alle Heimatpfleger des Freistaates Bayern gebeten, regionaltypische Lebensmittel und Agrarprodukte aus ihrer Region zu nennen. Von 81 Dienststellen antworteten lediglich 24 Ämter mit der Angabe bestimmter Produkte. Von 321 angeschriebenen Heimatpflegern antworteten gerade mal 34 mit speziellen Angaben. Ein Heimatpfleger aus Oberbayern verneinte in seinem Antwortschreiben ein feststehendes, genau abgegrenztes bayerisches kulinarisches Erbe. Statt von regionaltypischen Produkten gehe er vielmehr von zeittypischen und sich stets wandelnden Produkten aus. Damit thematisiert er, was Barlösius (1988), Schlegel-Matthies (1997) und Keller-Brown (1997) bereits untersucht haben: Letztlich erweisen sich die „meisten sogenannten typischen Landesspeisen [...] als relativ junge Errungenschaften. Die so gern und häufig beschworenen nationalen oder regionalen ‚Urküchen' scheint es also kaum gegeben zu haben." (Schlegel-Matthies 1997, S. 212). Was für Deutschland gilt, kann analog auch für andere europäische Länder, etwa Frankreich oder Italien, angenommen werden.

Aber warum konnte sich in Frankreich und Italien dennoch ein so großes kulinarisches Selbstbewusstsein entwickeln, dass man dort meint ‚Deutschland sei ein kulinarisches Entwicklungsland'? „Les français sont depuis longtemps certains qu'ils possèdent la meilleure cuisine au monde. Le ridicule serait qu'ils soient les seuls à le croire; le grand art est d'avoir su en persuader la terre entière ou presque", schreibt der französische Geograph Pitte (1989, S. 373) *[Die Franzosen sind sich seit langem sicher, die beste Küche der Welt zu haben. Wenn nur sie selbst dies glauben würden, wäre es lächerlich. Die große Kunst besteht darin, davon fast die ganze Welt überzeugt zu haben].* In Frankreich gibt es – angeregt vom inzwischen wieder aufgelösten Conseil National des Arts Culinaires – mittlerweile für 22 Regionen sogenannte ‚Inventaire du patrimoine culinaire' mit jeweils bis zu hundert Produkten (s. Verlag Albin Michel www.albin-michel.fr) und in Italien wurden bereits über 2.000 typische Produkte (prodotti tipici) gesammelt. In Deutschland dagegen hat es bislang nur zu gut 300 regionaltypischen Produkten gereicht (Thiedig 1996). Allerdings konnten bei einer zweiten genaueren Erhebung durch Bender (2001) allein für Bayern immerhin 133 Produkte gesammelt werden. Wie steht es um die Aussage des Zeit-Kolumnisten Wolfram Siebeck, „dass man in Frankreich besser isst als bei uns und letzten Endes wohl auch in Italien, das bedarf, wie ich meine keiner Diskussion. Auch Belgien und die Schweiz haben sicherlich eine größere Esskultur als wir. Aber danach fällt mir schon nichts mehr ein" (Siebeck

1981). Ist Deutschland tatsächlich ein kulinarisches Entwicklungsland ohne kulinarisches Erbe?

2

Der neuseeländische Soziologe Mennell (1988) und seine deutsche Kollegin Barlösius führen die geringe kulinarische Ausprägung Deutschlands darauf zurück, dass sich die deutsche Küche, genauso wie die englische, bei der Gestaltung des Essens und Trinkens an der französischen Haute und Grande Cuisine orientiert habe. So entstanden in den üblicherweise stilbildenden Bevölkerungsschichten für eine kulturell verfeinerte Lebensführung keine Ansätze für eine eigenständige Kochkunst. Als ein weiterer Grund wird die späte Reichsgründung Deutschlands aufgeführt, die nicht dazu ‚genutzt' wurde, eine nationale Kochkunst zu entwickeln. Ein dritter Grund sei, dass das deutsche Bürgertum politisch weniger einflussreich war als das französische und sich mit einem Bildungs- und Kulturbegriff emanzipierte, der primär die schönen Künste umfasste. Während in Deutschland und England die Adeligen zwar hin und wieder zum Königshof kamen, aber stets wieder zurück in ihre mehr oder weniger großen Grafschaften und Herzogtümer zurückgingen, entwickelte sich im absolutistischen Frankreich in der Metropole Paris ein Konzentrat der regionalen Küchen, das zur nationalen französischen Küche und zur kulturellen Identität wurde. Die Adeligen drehten sich um den Sonnenkönig wie die Monde um den Saturn und hielten sich mit Festen bei Laune. Das höfische Leben spielte sich in Paris ab. Noch heute wird gewitzelt, dass jede Initiative zur Förderung der französischen Regionen mit der Schaffung eines Büros in Paris beginnt.

Aber ist das französische kulinarische Erbe nicht lediglich das neu geschaffene Consommé double dieser französischen Bouillon, denn schließlich begann die Sammlung des französischen kulinarischen Erbes auch erst Anfang der 1990er Jahre? Hat nicht Barlösius bereits vor zwanzig Jahren in Deutschland festgestellt, dass „regionale Rezepturen und bürgerliche Traditionen wiederbelebt und mit qualitativ hochwertigen Rohstoffen verfeinert [werden]? Allerdings", so fährt Barlösius fort, „besteht ein wesentliches Problem darin, daß keine „frischen, qualitativ hochwertigen Produkte auf dem deutschen Markt [...] zu erhalten" seien (Barlösius 1988). Liegt vielleicht hierin das Problem? Wird die deutsche Gastronomie in erster Linie vom Pariser Großmarkt mit französischen ‚AOC' oder ‚Label Rouge' Produkten beliefert und hat wenig Eigenes zu bieten? Die Vermutung war vor zehn Jahren in jedem Fall richtig. Da lag der Umsatzanteil deutscher Produkte bei den Lieferanten für die gehobene Küche deutlich unter einem Prozent. Der ehemalige Geschäftsführer von Rungis-Express, Karl Heinz Götze, begründete dies 1995 plausibel: „Die paar Freilandhühner zum Beispiel, die auf vereinzelten Bauernhöfen herumgackern, die kennt jeder beim Vornamen. Die deutschen Landwirte haben zu lange auf Massenprodukte minderer Qualität gesetzt. Wenn man sie auffordert, ihre Produktion umzustellen, verlangen sie langfristige Preis- und Abnahmegarantien. Aber die bekommen sie von uns nicht. Wir sind doch nicht in

Brüssel“ (Götze 1995). In Italien dagegen wird jeder Käse zu einem Kulturphänomen hochstilisiert: „[400 verschiedene Käsesorten sind] keine gastronomische Besonderheit oder eine einfache Mitteilung, die die Fachleute und Feinschmecker interessieren könnte. Es sind vielmehr vierhundert voneinander verschiedene Kulturmodelle, da hinter jedem Käse ein verschiedenes logisches System steckt, eine Philosophie“ (Barberis 1992).Wann hat schon einmal so jemand über die verschiedenen deutschen Brotsorten, die deutschen Biere oder die deutschen Würste gesprochen? Langsam kommen die Qualitätserzeuger aus Ihren Nischen. Aus dem noch vor zwanzig Jahren belächelten Schwäbisch-Hällischen Schwein ist inzwischen ein Unternehmen mit knapp 1.000 Mitgliedsbetrieben geworden, das vor allem die gehobene Gastronomie beliefert (s. www.besh.de). Aber auch die Nachfrage nach wertvollen sortenreinen Destillaten aus autochthonen Sorten steigt kontinuierlich und die großen Handelsunternehmen zeigen zunehmend Interesse an kleinen Nischenherstellern aus ihrer Region.

3

Würde das kulinarische Erbe aus einer rein ökonomischen Perspektive betrachtet werden, sähe es in Deutschland sicherlich besser aus. Denn in dem Moment, in dem es statt um das ephemere Phänomen ‚Essen‘ um das unbewegliche Erbe von Baudenkmälern, Monumenten aber auch um Landschaften geht, ist Geld für deren Erhaltung vorhanden. Anders gesagt, dann wären das Lübecker Marzipan und die Schwarzwaldforelle schon längst im UNESCO-Welterbe verzeichnet. Würden die UNESCO-Kriterien ‚Einzigartigkeit‘ und ‚historische Echtheit‘, um nicht den Begriff der Authentizität zu bemühen, an das deutsche kulinarische Erbe angelegt, könnten sich die deutschen Ämter wohl kaum vor Anfragen für den Schutz traditioneller Spezialitäten und geschützter Herkunftsangaben retten. Würden die Agrarpolitiker, analog zu Throsby's (1997) Schlussfolgerungen zum kulturellen Erbe, das kulinarische Erbe als Kapital-Stock im Kampf der deutschen Ernährungswirtschaft gegen die Trivialisierung durch die industrielle Massenproduktion sehen, müsste das Interesse der deutschen handwerklichen Hersteller am Schutz und der Pflege dieser kulturellen Identität enorm sein. Tatsächlich aber hält es sich in Grenzen. Dies liegt einerseits an der bislang mangelnden Qualitätsorientierung der deutschen Agrar- und Ernährungswirtschaft und andererseits an der Unkenntnis und mangelnden Sensibilität, aus dem Selbstverständlichen etwas Besonderes zu machen. Und da scheint tatsächlich der Hase im Pfeffer zu liegen. Interessanterweise sind es vor allem Weinerzeuger und Gastronomen, die sich auf traditionelle Produkte zurückbesinnen und bereit sind, in Qualität zu investieren. Während einige Württemberger Winzer ihre Qualitäten in luftige Höhen schrauben, produzieren Gastronome wie August Kottmann und Jörg Geiger hochwertige sortenreine Destillate und Schaumweine aus alten regionalen Obstsorten. Das Filderkraut und die Alblinse werden zu besonderen, in der Spitzengastronomie hoch gehandelten Spezialitäten und die Albschnecke, das Musmehl sowie das Limpurger Rind werden erst durch ihre Nutzung vor dem drohenden Aussterben bewahrt. Dabei sind sich die Erzeuger ihrer Kostbarkeiten manchmal gar nicht bewusst. So werden Produkte erst dadurch, dass sie kulturelle Identität stiften zur Spezialität. Aber ob man nun an den ‚lien au terroir' glaubt oder nicht, was „Landschaft und Nahrungsmittel anbetrifft, so machen sich nur Unterschiede bezahlt." (Pitte 1994). In Deutschland erklären wir dies als Differenzierung im Sinne einer Marketingstrategie, in Frankreich wird es als ‚lien au terroir' bezeichnet. Insofern kann man den trotzigen Worten von Boisseaux und Barjolle getrost zustimmen: „Le lien au terroir existe"!

4

Was bedeutet dies für den Aufbau der Kulinaristik? Tschofen (2005) sieht das kulinarische Erbe als „verhandelten Komplex", der nicht einfach gegeben sei, sondern vermittelt und erzählt wird. Nicht aus Zufall warb die erste Werbekampagne für das neue Schutzsystem der europäischen Verordnung (EWG) Nr. 2081/92 zum Schutz der geographischen Herkunft mit dem Claim: „Produkte, die eine Geschichte erzählen." Dabei ist das kulinarische Erbe ohne den Bezug zur Region nicht zu verstehen. Deswegen ist es Aufgabe der Kulinaristik die Fragen, die Tschofen aus Sicht der volkskundlichen Kulturwissenschaft 2005 aufstellte, zu beantworten:

Wie wird das kulinarische Erbe gebildet bzw. konstituiert? Welche Konzepte verfolgen die mit dem kulinarischen Erbe befassten Institutionen und Akteure? Welche Konflikte bestehen beim Schutz regionaler Spezialitäten? Wie könnten Sie gelöst werden? Welche Veränderungen entstehen durch die regionale Abgrenzung und die Einbettung in einen neuen Kontext? Wie verläuft der Mechanismus vom Alltagsgut zur Spezialität, vom Alltäglichen zum Besonderen, vom öffentlichen zum privaten Gut?

Viele dieser Fragen wurden bei der Bestandsaufnahme des kulinarischen Erbes 1996 pragmatisch und aus agrarökonomischer Sicht beantwortet (s. Thiedig und Sylvander 2000). Um aber den „Prozess der Konstituierung" nachzeichnen zu können und das Feld zwischen Nahrungsforschung und der Kulturanalyse einer kulinarischen Regionalisierung zu schließen, bedarf es eines umfassenden kulinaristischen Forschungsnetzwerkes, an dem alle wesentlichen Forschungsrichtungen sowie auch nichtwissenschaftliche Disziplinen zu beteiligen sind. Dabei ist die Überprüfung der 1995 bei der ersten Bestandaufnahme angewandten Methodik vorrangiges Ziel (s. Thiedig 1996). Erst im Anschluss können in Kolloquien, Arbeitskreisen und Seminaren die weiteren Fragen angegangen werden; bis hin zur Bildung eines „Parlament des guten Geschmacks" als letzte demokratische Konstituierungsinstanz. Erst die begleitende kulinaristische Forschung wird dann die Fragen nach den Mechanismen der Umwandlung von „Commons" zu „Properties" (Tschofen 2005) bzw. vom Alltäglichen zur Spezialität ergründen können.

Literatur

Barberis, Corrado: Zwischen Kultur und Wirtschaft. In: DOC Käse aus Italien. Ein großes Vermögen, Ministero Agricoltura e Foreste, Mailand (1992), S. 19 – 20.

Barjolle, Dominique et al: Le lien au terroir : Bilan des travaux de recherche. Lausanne 1998.

Barlösius, Eva: Soziale und historische Aspekte der deutschen Küche. In: Die Kultivierung des Appetits. Die Geschichte des Essens vom Mittelalter bis heute. 1988, S. 423 – 444.

Barlösius, Eva: Soziologie des Essens. Eine sozial- und kulturwissenschaftliche Einführung in die Ernährungsforschung. Weinheim/ München 1999.

Bausinger, Hermann : Region-Kultur-EG. In: Österreichische Zeitschrift für Volkskunde 48 (1994), S. 113 – 140.

Bender, Marianne: Regionaltypische traditionelle Spezialitäten in Bayern. Diplomarbeit. Weihenstephan 2001.

Boisseaux, Stéphane und Dominique Barjolle: Le bataille des A.O.C. en Suisse. Lausanne 2004.

Brunn, Gerhard: Regionalismus im (west)europäischen Kontext. In: Informationen zur Raumentwicklung 11 (1993), S. 739 – 747.

Capus, Joseph : L'évolution de la législation sur les Appellations d'orgine. Paris 1947.

Glaus, Urs: Die geographische Herkunftsangabe als Kennzeichen. Basel 1996.

Kalka, Edith: Kann man kulturelle Qualität in Lebensmitteln schmecken? In: Alois Wierlacher: Internationaler Arbeitskreis für Kulturforschung des Essens, 9 (2000), S. 11 – 18.

Keller-Brown, Linda/ Kay Mussell: Ethnic and regional Foodway in the United States. Knoxville 1997.

Mennell, Stephen: Die Kultivierung des Appetits. Die Geschichte des Essens vomMittelalter bis heute. Frankfurt am Main 1988.

Götze, Karl-Heinz: Händler der vier Jahreszeiten. Nachtexpress. In: Der Feinschmecker,Heft 9 (1995), S. 150 – 153.

Pitte, Jean-Robert: Les origines de la passion gastronomique des Français. In: Alimentation et Regions. Actes du Colloque de Nancy, (1989), S. 363 – 373.

Pitte, Jean-Robert: Spezialitäten vom Lande. Eine Chance für die Bauern, in: Topos, 6, (1994), S. 50 – 59.

Schlegel-Matthies, Kirsten: Regionale Speisen in deutschen Kochbüchern des 19. und 20. Jahrhundert. In: Essen und kulturelle Identität, Berlin 1997.

Schmitthenner, Erika und Heinrich Schmitthenner: Speise und Trank in Europa, Sonderdruck aus: Wissenschaftliche Veröffentlichungen des Deutschen Instituts für Länderkunde, Neue Folge 17/18 (1960), S. 108 – 165.

Siebeck, Wolfram: Wie wird gekocht am deutschen Herd? In: Die Zeit vom 17. April 1981.

Thiedig, Frank: Spezialitäten mit geographischer Herkunftsangabe. Frankfurt am Main 2004a.

Thiedig, Frank: Deutschlands kulinarisches Erbe. Cadolzburg 2004b.

Thiedig, Frank und Bertil Sylvander: Welcome to the club? In: Agrarwirtschaft 12 (2000), S. 428 – 437.

Thiedig, Frank: Regionaltypische traditionelle Lebensmittel und Agrarprodukte: Kulturelle und ökonomische Betrachtungen zu einer ersten Bestandsaufnahme deutscher Spezialitäten. Freising 1996.

Throsby, David: Seven questions in the Economics of Cultural Heritage. In: Michael Hutter. Economic Perspective on Cultural Heritage (1997), S. 13 – 30.

Tillmann, Winfried: Grundlage und Reichweite des Schutzes geographischer Herkunftsangaben nach der VO/EWG 2081/92. In: Gewerblicher Rechtschutz und Urheberrecht international 8/9 (1993), S. 610–617.

Tschofen, Bernhard: Listen, Archen, Inventare. Oder: Was gehört zum kulinarischen Erbe? Eine Anregung für ein Foschungsnetzwerk. In: Die Alltagsküche, Zürich (2005), S. 24–29.

Wiegelmann, Günter: Alltags- und Festspeisen. Wandel und gegenwärtige Stellung. In: Atlas der Deutschen Volkskunde, Neue Folge, Beiheft 1 (1967).

Essen und Religion

Guido FUCHS

1 Einführung

Über den „Klassenmampf" und das Auseinanderklaffen zwischen dem Angebot erlesener Speisen und Getränke einerseits und dem vielfach schlechten und billigen Essen in Deutschland andererseits räsonnierte Ulrich Fichtner, Autor zahlreicher kulinaristischer Bücher, unlängst in einem vielbeachteten Artikel im SPIEGEL (44/2006). Er zitierte dabei Madeleine Jakits, Chefredakteurin des „Feinschmecker", die in Hinblick auf das Verbreitungsgebiet dieses Magazins Menschen in den katholischen Gegenden eine größere kulinarische Sinnlichkeit attestierte. Die Frage, ob und inwieweit zu Anfang des 21. Jahrhunderts diese kulturelle Differenzierung der beiden großen christlichen Konfessionen noch tatsächlich berechtigt ist, darf hier offen bleiben. Unbestreitbar ist jedoch, dass Religions- und Konfessionszugehörigkeiten der Menschen weltweit das Essverhalten, Kochkonzepte, Genussverständnisse und den Mahlstil vor allem im Privatleben prägen. Diese Prägung kann wie im Fall der jüdischen Speisegesetze insbesondere das Produkt handlungsnormierender Festlegungen sein, die letztlich dem Zusammenhalt der betreffenden Religionsgemeinschaft dienen. In der christlichen Religion spielen Bedeutungszuweisungen eine größere Rolle. Ein Wort aus der islamischen Mystik zeigt, dass Essen und Trinken auch für den Islam bedeutungsvolle Vorgänge sind, die als solche weit über Verhaltensregeln wie das Fasten hinausgehen: „Das Einnehmen von Speisen ist ein großes Prinzip, das vieler Wissenschaften bedarf, da es die Angelegenheiten der Religion und des Diesseits umfasst und seine Wirkung am Herzen und am Leib haften bleibt." [1] Der Zusammenhang von Religion und Essen ist mithin ein vorzügliches Beispiel für die Angemessenheit der Aufgabenstellung der Kulinaristik, die wechselseitige Aufklärung von Theorie und Praxis im Aufbau der Kulturen zu befördern.

2 Kein vergessenes Thema mehr

Im Bereich der christlichen Religion sind Essen und Trinken, durch die Praxis Jesu begründet, aber im jüdischen Mahl situiert, zum schlechthinnigen Zeichen geworden. Messe bzw. Abendmahl bringen Essen und Trinken in den sakramentalen Bereich. Die liturgische Mahlfeier ist nicht nur der wichtigste gottesdienstliche

---

[1] Die Gaben der Erkenntnisse des Umar as-Suhrawardi (Awarif al-ma,arif). Übersetzt und eingeleitet von Richard Gramlich, Wiesbaden 1978, 297.

Vollzug überhaupt, die Eucharistie wird in den Texten des II. Vatikanischen Konzils als „Quelle und Höhepunkt des ganzen christlichen Lebens“ bezeichnet. Umso mehr erstaunt es, dass dieser Bereich – zumindest auf katholisch-theologischer Seite – lange wenig wahrgenommen und wertgeschätzt wurde.

„Essen und Trinken – ein vergessenes Thema der Theologie?“ fragte noch nicht allzu lange zurück der Alttestamentler Hans-Winfried Jüngling in einem Aufsatz.[2] Das ist zwar nicht der Fall, wie ich anderorts zeigen konnte.[3] Doch erst in den letzten Jahren stieg die Zahl der Veröffentlichungen zu diesem Themenbereich, aus den verschiedensten theologischen Disziplinen stammend, bemerkenswert an. Publikationen zum letzten Abendmahl Jesu und den biblischen Hintergründen des eucharistischen Mahles, zur Geschichte verschiedener Mahlformen in der Antike, zur Zeichenhaftigkeit, zur liturgischen Mahlgestaltung bzw. religiös geprägter Mahlkultur im Alltag, aber auch zu den Zusammenhängen von Konsum und Verzicht zeigen, dass die Theologie das Essen und Trinken, das sich im öffentlichen Bewusstsein in den letzten Jahren allein durch die Präsenz in den Medien stark in den Vordergrund geschoben hat, wahrnimmt, wertet und für sich aufwertet. Schon zum Grundlagenband *Kulturthema Essen* (1993) hatte der Maria Laacher Benediktinerpater Athanasius Wolff einen Beitrag des Titels „Vorgeschmack des Himmels“ beigesteuert, und die Bibliographie des Bandes führt mehrere Beiträge von theologischer Seite zum Essen auf. Der große kulturgeschichtliche Band von Hannes Etzlstorfer *Küchenkunst und Tafelkultur* 2006 enthält ein eigenes Kapitel zum Teilaspekt „Kochen und Religion“.

Eine spezielle Sammlung dieser Forschungsliteratur gibt es noch nicht; die Deutsche Akademie für Kulinaristik hat auf Anregung ihres Gründers und seinerzeitigen Vorsitzenden einen Arbeitskreis „Kulinaristik und Religion“ eingerichtet und den Verfasser dieser Zeilen mit seinem Aufbau und der Leitung betraut. An dem von ihm geleiteten „Institut für Liturgie- und Alltagskultur“ (Hildesheim) befindet sich eine im Aufbau begriffene Spezialbibliothek zum Thema.[4]

Was sich in der theologischen Literatur gut ausnimmt, lässt in der kirchlichen Praxis jedoch leider oft noch zu wünschen übrig. Dabei käme den Kirchen die – ihr eigentlich wesentliche – Aufgabe zu, die Menschen zu einem ganzheitlichen Lebens- und Ernährungsstil zu ermuntern, der auch spirituell begleitet wird. Hier tut sich ein weites Feld auf, das mit dem Ernstnehmen einer sinnenfälligen Gestaltung des sakramentalen Mahles beginnt, über die Stärkung des christlichen Bewusstseins für Ernährung und Mahlstil im Alltag – auch über die Schulen – bis hin zu konkreten Angeboten religiös motivierter Gastfreundschaft und schließlich der Auseinandersetzung auch mit anderen Religionen und ihrer Ernährungs- und Lebensweise (nicht zuletzt vor dem Hintergrund kultureller und gesellschaftspoli-

---

2 In: rhs (Religionsunterricht an höheren Schulen) 36 (1993), 279–288.

3 Vgl. dazu die Übersicht bei Guido Fuchs, Mahlkultur. Tischgebet und Tischritual (Liturgie & Alltag), Regensburg 1998, 14–19.

4 Der Bestand der Sammlung kann unter www.liturgieundalltag.de (AK Kulinaristik & Religion) eingesehen werden.

tischer Notwendigkeiten) reicht. Hier sind noch immer Diskrepanzen und Defizite auszumachen, aber auch bemerkenswerte Ansätze festzustellen.

3 Mahlkultur im Gottesdienst

Ein Auseinanderklaffen zwischen theologischem Anspruch und kirchlicher Wirklichkeit gibt es leider vielfach auch im Hinblick auf die gottesdienstlichen Mahlfeiern der katholischen Kirche. Es gehört zu den Leistungen der Kirche nach dem II. Vatikanischen Konzils (1963–65), dass die Mahlgestalt der Eucharistie wiederentdeckt und aufgewertet wurde. Was in Artikel 55 der Liturgiekonstitution nur umrissen wurde, erhielt im Messbuch Pauls VI. und in nachfolgenden Dokumenten klare Gestalt: Die Kommunion als liturgisches Mahl impliziert idealerweise, (1) dass die Gläubigen nicht länger vorkonsekrierte Hostien aus dem Tabernakel empfangen, sondern die konsekrierten Hostie der Messe; (2) die Möglichkeit zur Kelchkommunion, die erweitert wurde und mit wenigen Einschränkungen fast immer gegeben ist; (3) ein als „Speise" erkennbares Eucharistisches Brot anstelle früherer „Papierhostien"; (4) die Anteilhabe der Gläubigen an der gebrochenen Hostie, womit auch die Brotbrechung selbst aufgewertet wurde, die der ganzen Feier einmal den Namen gab (Apg 2,42).

Zu diesem betonten Mahlcharakter der Eucharistie und ihrer Sinnenhaftigkeit kann auch noch das Trinken aus dem Kelch anstelle des Eintauchens der Hostie zählen sowie die Verwendung von Rotwein, der ja auch zum jüdischen Paschamahl gehört und Jesus erst zu der Deutung „Dies – mein Blut" evozierte; nach den liturgischen Büchern ist er nicht ausgeschlossen. Schwieriger ist es mit der Verwendung von richtigem (nach katholischer Tradition allerdings ungesäuertem) Brot: Da nach Lehre der Kirche auch die Teile des eucharistischen Brotes den ganzen Leib Christi enthalten, stellt sich der Frage nach dem Umgang mit den zwangsläufig entstehenden Partikeln bei der Brechung richtigen Brotes. Daher wird in den liturgischen Dokumenten auch stets auf die Verwendung herkömmlicher Hostien verwiesen. Angesichts der bei Gruppengottesdiensten nicht unüblichen Praxis, Brot zu verwenden, gab es jedoch in dem vom Deutschen Liturgischen Institut in Trier 1999 herausgegebenen Büchlein „Mehr als Brot und Wein" das Backrezept für ein eucharistisches Brot.

Doch von diesem Mahl-Ideal, das letztlich dem Tun und Auftrag Jesu entspricht, sind die meisten katholischen Gemeinden in der Praxis weit entfernt. Selbst ein auf die Eucharistie und das Mahl bezogenes Fest wie Fronleichnam veranlasst kaum, den eucharistischen Mahlstil zu verbessern, wie ich unlängst darstellen konnte:[5] Nach einer Umfrage zur Gestaltung dieses Festes, an der sich ca. 500 Gemeinden beteiligt hatten, zeigt sich, dass man weitgehend an der Tradition festhält – und das heißt: kein Kommunionempfang unter beiderlei Gestalt, wie es der Name des Festes eigentlich geradezu fordert („Hochfest des Leibes und Blutes

[5] Vgl. dazu Guido Fuchs: Fronleichnam. Ein Fest in Bewegung (Liturgie & Alltag). Regensburg 2006.

Christi"), keine ausführliche Brotbrechung; Kommunion häufig aus dem Tabernakel. Das oft gedankenlose Abspeisen der Gläubigen mit Hostien aus dem Tabernakel (in einem „Speisekelch"!) hat immer wieder den provokanten Vergleich mit dem Essen aus dem Kühlschrank assoziiert. Leider lassen sich die Gemeinden von den vielen oft vorbildlichen Gottesdiensten, die im Fernsehen übertragen werden, nur selten anregen, ihre eigene Liturgiefeier in der Gestaltung zu überdenken und aufzuwerten. An die Stelle einer vollen liturgischen Zeichenhaftigkeit etwa auch im Mahlgeschehen der Kommunion treten oft banale „Symbole", die Sinnenfälligkeit wird zudem durch die schiere Verwortung der Gottesdienste unmöglich gemacht.

Im evangelisch-kirchlichen Bereich gibt es in der Beziehung zwischen Liturgie und Mahl weniger Schwierigkeiten. Was katholischerseits aus theologischen Gründen unmöglich wäre, findet hier in vielen Gemeinden statt: die gelegentliche Verbindung von Abendmahlfeier und wirklichem Essen, etwa im so genannten Tischabendmahl. So lud beispielsweise die Gemeinde St. Johannes in Groß Escherde bei Hildesheim am Gründonnerstag dieses Jahres zu einem „festlichen Abendessen ... umrahmt von einem Abendmahlsgottesdienst" in das Gemeindezentrum ein (Hildesheimer Allgemeine Zeitung vom 5. 4. 2007). Ein anderes Beispiel ist der in manchen Gemeinden regelmäßig stattfindende Frühstücksgottesdienst meist am Sonntagmorgen, der in unterschiedlicher Form stattfinden kann: Abendmahlsfeier, Andacht oder Wortgottesdienst. Letztere Form knüpft in der Verkündigung an das Gespräch und die Kommunikation beim Miteinander-Essen an – ganz in biblischer Tradition: „Jesus von Nazaret war nach biblischer Überlieferung dort zu finden, wo die Menschen aßen und feierten. Er kommunizierte mit ihnen durch Ja und Nein hindurch, befragt und selbst fragend."[6]

4 Fasten – Vom Verzicht auf den Verzicht

Eine Diskrepanz ganz anderer Art stellt im Zusammenhang des Essens und Trinkens auch das Fasten dar. Die Bedeutung des Fastens als spirituelle Übung, als therapeutisches Heilmittel, als Ausdruck der Solidarität im Kontext des Essens und Trinkens ist unbestritten. Es ist wesentlicher Teil der spirituellen Ausdrucksform vieler Religionen. In den westlichen Kirchen scheint sie verlorengegangen zu sein und wird erst mühsam wiederentdeckt. Der Verzicht auf das Fasten und das Umgehen der damit verbundenen Regeln hat in der westlichen Christenheit allerdings eine traurige Tradition. Das äußerte sich schon in den Spitzfindigkeiten bayerischer Mönche, die es schafften, ihr Bier als „Fastengetränk" zu deklarieren und den Biber zum „Wassertier" zu erklären, dessen Fleisch, wie Fisch, das Fasten nicht bricht. Zum Auftakt der Fastenzeit am Aschermittwoch laden Restaurants heute zu opulenten Buffets mit Fischspezialitäten ein, die den Feinschmeckern das Wasser im Mund zusammenlaufen lassen. Und der Anstich des Fastenstarkbieres

6 H.-W. Heidland, Das Verkündigungsgespräch, Stuttgart 1969, 48.

auf dem Münchener Nockherberg wird alljährlich zur schenkelklopfenden Gaudi mitten in der österlichen Bußzeit. Auch kirchlicherseits ist das Fasten – und auch die Nüchternheit im Zusammenhang der Eucharistie – auf ein Minimum reduziert. In der katholischen Kirche sind nur noch der Aschermittwoch und Karfreitag Fastentage (an Fastentagen ist eine Mahlzeit zuzüglich zweier kleiner Stärkungen gestattet), die vierzig Tage vor Ostern wurden in „Österliche Bußzeit" umbenannt – nur aus traditionellen Gründen spricht man noch von der „Fastenzeit". Heute wird, wenn überhaupt, nicht allein eine Abstinenz von verschiedenen Speisen angezielt, sondern eine Enthaltung von Genussmitteln allgemein, wie immer diese aussehen mögen. Es handelt sich also um eine Umwidmung des Nahrungs-Fastens zu anderen Formen des Verzichts bzw. der Solidarität („Sieben Wochen ohne"), die zwar auch spirituell sinnvoll sein können, aber das eigentliche Fasten im Sinne der bewussten Nahrungsreduzierung nicht ersetzen. Ein Verlust, kein Zweifel. Und man schaut mit Erstaunen auf die Fastenpraxis vieler muslimischer Mitbürger. Vielleicht kann ja das Grußwort des deutschen Bundespräsidenten zum Ende des Ramadan die Christen daran erinnern, dass sie ebenfalls den institutionalisierten Rahmen einer Fastenzeit haben; dieser Rahmen kann helfen, Verzicht einzuüben und Solidarität mit den Armen zu praktizieren – Motive, die auch das muslimische Fasten prägen.

5 Zwischen Gottesdienst und Alltag

Eine Kirche, die das gemeinsame Essen und Trinken als wichtigstes sakramentales Zeichen hat, darf sich nicht damit begnügen, es mehr oder weniger sinnenfällig im engen gottesdienstlichen Bereich zum Ausdruck zu bringen. Das, was das „Mahl" symbolisiert – Gemeinschaft, Kommunikation, Teilen, Freude an den Gaben Gottes und ihr Genuss, Erfahrung von Lebenskraft –, muss auch außerhalb der Liturgie einen unübersehbaren Platz haben.

Dies war in der Geschichte der Kirche durchaus der Fall. Bis in das 5. Jahrhundert hinein spielte die Agape, das „Liebesmahl", neben der Eucharistie eine wesentliche Rolle – auch als Form der gemeindlichen Caritas, weil das Essen und Trinken nicht nur der liebevollen Gemeinschaft untereinander dienen sollte, sondern auch der Versorgung der weniger wohlhabenden Gemeindemitglieder (Beispiel „Witwenagape"). Nach dem Größerwerden der Gemeinden und der Übernahme der Caritas durch bischöfliche Behörden hat die Agape, die als Essen in den Häusern wohlhabender Gemeindemitglieder, aber auch bisweilen in den Kirchen stattfand, ihren „Sitz im Leben" verloren und überlebte nur im Restformen. Erst im 18. Jahrhundert wurde die altkirchliche Form wiederentdeckt und kam vor allem in der Herrnhuter Brüdergemeine als „Liebesmahl" wieder zu Ehren. Im 19. Jahrhundert knüpfte Johann Konrad Löhe, Gründer der Missionsanstalt Neuendettelsau, am alten Namen und dem Wesen der Agape an. Sein Ziel war es, das Abendmahl stärker mit dem alltäglichen Essen in Verbindung zu bringen. Im 20. Jahrhundert kam es auch zu einer Wiederentdeckung in der katholischen Kirche. Die Agape lässt sich als wirkliches Essen und Trinken definieren, das jedoch nicht zu Völlerei und Trunkenheit animiert, das (durch Gebete, Lieder, Gespräche) geistlich geprägt ist, der liebevollen Gemeinschaft untereinander und der Fürsorge dient. Zumeist wird die Agape als Fortführung der Abendmahlsfeier am Gründonnerstag in den Gemeinden begangen, es gibt jedoch viel mehr Möglichkeiten und Anlässe.[7] Leider ist sie auch häufig sehr stilisiert, wodurch die Bedeutung eines religiösen Mahles im Alltag nicht mehr deutlich wird.

Vielleicht muss die Agape als sozial und geistlich geprägtes Mahl heute auch anders umgesetzt werden, vielleicht auch ohne den Namen „Agape", der die Natürlichkeit hemmen kann. In der Tradition der antiken „Witwenagape", die den Frauen zugute kam, die in der rechtlich wie sozial sehr schwierigen Situation des Witwenstandes waren, stehen manche Mahlzeiten, die im gottesdienstlichen Rahmen heute angeboten werden, um Alleinstehenden zu helfen. So etwa auch der „Frühstücksgottesdienst", den die Heilsarmee in München sonntags für sozial Bedürftige ausrichtet und bei dem erst die leiblichen Bedürfnisse befriedigt werden, bevor sich dann eine kleine Andacht anschließt.

6 Heilige Alltäglichkeit

Die christliche Religion lässt sich sowohl mit Bezug auf die Eucharistie/Abendmahl als auch im Blick auf den Alltag der Christen als eine als eine „Speisenreligion" charakterisieren. Eine Verbindung von Gottesdienst und Alltag stellen Mahlzeiten im Anschluss an den Gottesdienst dar; sie tragen zur Erfahrung dieses Wesens und zur Verstärkung des gustativen (geschmacklichen) Elementes in der Liturgie wesentlich bei. Das liturgische Jahr hält in seinen Festen und Festzeiten verschiedene Anlässe und Gelegenheiten bereit, den Gottesdienst in ein Zusammensein münden zu lassen, bei dem auch gegessen und getrunken wird. Neben der Agape kann man hier an einfache gesellige Formen denken wie ein Frühstück nach der „Frühschicht" (eine seit den 70er Jahren vor allem in Jugendkreisen verbreitete Gottesdienstform) oder dem Rorategottesdienst, bzw. ein Frühschoppen nach der Sonntagsmesse. In vielen Gemeinden finden in der Fastenzeit gemeinsame Mahlzeiten („Fastensuppe") statt, die den sozialen Aspekt der Agapen aufgreifen.

Mit den Agapen in ihrer Herkunft möglicherweise verwandt sind auch verschiedene Feiern, bei denen Wein gesegnet und gereicht wird wie etwa der Johanneswein am 27. Dezember. Dieser Brauch wird darauf zurückgeführt, dass der Apostel Johannes von einem vergifteten Wein getrunken habe und nicht zu Schaden gekommen sei; vielleicht liegen ihm auch noch andere, ältere Bräuche zugrunde (Restformen gemeinschaftlicher Mahlzeiten; klösterliche „Karität" [besondere Weingabe]). Mit dem Martinstag am 11. November verband und verbindet sich noch gelegentlich eine Segnung des neuen Weines. Belege dafür finden sich in Klöstern für das 12. Jahrhundert, im profanen Bereich für das 16. Jahrhundert. In

7 Zur Geschichte und Gestaltung der Agapemähler vgl. Guido Fuchs: Agape feiern in Gemeinde, Gruppe und Familie. Regensburg 1997.

Österreich hat sich der Brauch des Martinstrunkes (und der Segnung des neuen Weins) als so genanntes „Martiniloben“ bis heute bewahrt.

Die Bedeutung von Brot und Wein für die christliche Religion kommt auch in Brotsegnungen zum Ausdruck. Am 5. Februar, dem Gedenktag der heiligen Agatha, kann das so genannte Agathabrot gesegnet werden. Möglicherweise handelt es sich bei diesem Brotbrauch um eine Aus- bzw. Missdeutung der Darstellung der Heiligen. Deshalb sollte man überlegen, ob es sinnvoll ist, ihn überhaupt noch zu praktizieren; besser wäre es, den guten Brauch einer Brotsegnung und eines anschließenden Imbisses an solchen Tagen zu vollziehen, an denen das Brot und die Speisung wesentlich im Leben und Handeln der Heiligen verankert ist Es böten sich beispielsweise die Gedenktage von Klemens Maria Hofbauer (gelernter Bäcker und Seelsorger für Leib und Seele – 15. März), Nikolaus von Myra (Kornwunderlegende – 6. Dezember) oder Elisabeth von Thüringen (Brot-/Rosen-Legende – 19. November) an. Überhaupt kann die heilige Elisabeth den Blick auf Zusammenhänge von Fest und Fasten, Mahl- und Sozialgemeinschaft schärfen: Die Fürstin hielt nicht nur die damals weitaus schwereren Fastenzeiten ein, sie pflegte – im Gegensatz zu den höfischen Gepflogenheiten – die Gemeinschaft mit ihrem Mann beim Mahl, sie achtete sehr auf die „Sozialverträglichkeit“ der Nahrungsmittel und enthielt sich nötigenfalls.

In diesen Zusammenhängen könnte mehr geschehen. Die Verbindung von kirchlichen Feiern mit Mahlzeiten, das Ineinandergreifen von Liturgie und Kulinaristik machen „heilige Alltäglichkeit“ deutlich erlebbar in ihrer wechselseitigen Beziehung: der Heiligkeit des Essens einerseits, der Alltagsrelevanz des Kirchlichen andererseits. [8]

7 Essen und Seelsorge

Außer in der Liturgie bzw. im liturgischen Umfeld kann das Essen und Trinken auch als Hinführung zu einer Lebenskultur Aufgabe der Kirche bzw. der einzelnen Gemeinden sein. Einige Beispiele verdeutlichen, wie und wo sich kulinaristische Angebote bereits in das pastorale und soziale Programm einer Gemeinde einfügen, und können so Anregung zu einer wünschenswerten Beziehung geben.

Das markanteste Beispiel ist vielleicht die bekannte Kirche „St. Martin in the Fields“ am Londoner Trafalgar Square, die in ihrer Krypta ein Restaurant eingerichtet hat, das „Cafe-in-the-crypt“. Mit den Einnahmen unterstützt die Gemeinde soziale Projekte – ganz im Sinne ihres Namenspatrons, des hl. Martin. Sie wurde (nicht nur hierin) auch zum Vorbild für die Citypastoral der Düsseldorfer evangelischen Johanneskirche, die ebenfalls ein Kirchencafé in ihren Räumlichkeiten birgt, das zwischen 10 und 18 Uhr geöffnet ist. „Ins Kirchencafe kommen täglich bis zu 600 Gäste, vom Obdachlosen bis zum Banker. Vor allem die letzteren genießen hier mittags einen Imbiss ohne viel Schickimicki. Und so mancher verbringt

---

8 Vgl. dazu Thomas Bornhauser (Hg.), Heilige Alltäglichkeit. Essen und feiern in der Kirche. Eine Handreichung für die Gemeindepraxis. Zürich 2007.

nach dem Mittagsmenu noch ein paar besinnliche Minuten im stillen Kirchenraum." [9] Die Kirchencafé-Zeit endet jeden Tag mit einer zehnminütigen Andacht; so kommt der religiöse Zusammenhang nicht nur räumlich zum Tragen.

Eine besondere Verbindung von Mahl und Kirche bietet seit einigen Jahren die evangelische Stuttgarter Leonhardskirche, die erstmals 1995 für einige Wochen während der kalten Jahreszeit in einem großen Bereich des Kirchenraums Bänke heraus- und Tische einräumte, um Menschen verschiedener Armutsgruppen täglich ein warmes Essen anzubieten („Vesperkirche") – aber auch die Möglichkeit zur ärztlichen Betreuung und zum Gespräch, zur Berufsberatung oder zum Haareschneiden zu geben.

Der Mittagstisch im evangelischen Gemeindehaus „Lutherhaus" in Iserlohn, ursprünglich als Angebot für Wohnungslose konzipiert, hat sich zu einer integrativen und überkonfessionellen Einrichtung für verschiedene Gäste entwickelt. An den Tischen sitzen inzwischen bedürftige und alte Menschen ebenso wie Arbeitslose oder Alleinerziehende mit Kindern. Bei diesem Mittagessen geht es nicht nur um die Einnahme einer preiswerten, warmen Mahlzeit. Genauso wichtig sind die kleinen Gesten, angefangen vom Bedienen der Gäste bis hin zum Tischschmuck, kurz all das, was den Mittagstisch von einer „Essensausgabe" oder „Suppenküche" unterscheidet. Erst dies schafft eine Atmosphäre, in der sich die Gäste für Gespräche öffnen. Vor allem bietet sich die Chance, nicht für sich allein Nahrung aufzunehmen, sondern in Gesellschaft zu speisen. Gerade das lässt viele Gäste gern kommen. Bis weit über hundert Mahlzeiten werden pro Öffnung ausgegeben.

Für „Leib und Seele" bietet die Evangelisch-lutherische Kirchengemeinde Harksheide-Falkenberg (Norderstedt bei Hamburg) neben Gottesdienst und Seelsorge auch einen offenen Treffpunkt mit Mahlzeiten an. Montags bis freitags gibt es zwischen 10 und 17 Uhr eine Seniorentagesgaststätte, sonntags ein Kirchencafé und darüber hinaus regelmäßige Veranstaltungen. So etwa ein „Essen mit den Heiligen", wo zu Heiligen-Geschichten ein abwechslungsreiches und schmackhaftes Büfett auf die Besucher wartet. [10]

8 Gottesdienst und Gastlichkeit

Diese Zusammenhänge von Gottesdienst und Essen, von Bethaus und Gasthaus sind nicht neu, sondern greifen auf eine uralte Einheit zurück, wie Wolfgang Vorländer aufzeigt: „In der ... syrischen Kirchenordnung aus dem 5. Jahrhundert ist der Satz zu lesen: ‚Gleich bei der Kirche soll ein Hospiz sein, wo der Erzdiakon die Fremden empfängt. Er soll ständig im Gästehaus der Kirche erreichbar sein, weiße Kleider und die Stola über der Schulter tragen. Schon in dieser antiken Stadtkirche tritt neben das Gotteshaus oder Bethaus ein weiteres Haus, das in Sonderheit der Gastfreundschaft dient, womit sofort der diakonische Auftrag der Kirche im Blick

9 www.ekir.de/ekir/33776_20429.php.

10 www.kirchencafe-falkenberg.de

ist. „Bethaus“ und „Gasthaus“ zusammen verkörpern etwas vom Wesen der Kirche. Heute sind in den meisten Gemeinden neben dem Gottesdienstraum zusätzliche Gemeinderäume in Form eines Gemeindehauses oder Gemeindezentrums eine Selbstverständlichkeit. Leider ist dabei nur selten die Aufnahme und Bewirtung von Fremden und Durchreisenden im Blick. [...] Dass es neben dem Gottesdienstraum bzw. dem Kirchengebäude weitere Räume gibt, in denen sich das kirchliche Leben entfaltet, sollte doch im weitesten Sinne dem Ziel dienen, dass Menschen auf ihrer Lebensreise einen Ort der Einkehr finden, wo sie willkommen sind, wo sie Nahrung und Geborgenheit für Leib und Seele finden und vor allem: glückende Begegnungen. Hier ist immer der ganze Mensch im Blick. Der Mensch in seiner Bedürftigkeit, aber auch der Mensch, der als solcher ein Geschenk und eine Gabe Gottes für andere ist. Dieses Gasthaus soll ein Ort sein, wo Leben wohnt und Leben gefördert wird. Blumen und Bilder sind dabei ebenso wichtig wie die Küche und die Bewirtung, wie ein Spielraum für Kinder bzw. Mutter-Kind-Gruppen.“ [11]

Dieses „Gasthaus“ lässt sich nicht einmal planen und steht dann für immer. Es muss stets neu aktualisiert werden. Eine anspruchsvolle Aufgabe für all jene in einer Gemeinde, die sich mit ihrer Kreativität in die Gestaltung der Räume, des Essens und Trinkens, des gastfreundlichen Umgangs miteinander einbringen wollen.

9 Leben und Ernährung

Ein anderes ganzheitliches Konzept der Zusammenhänge von Essen und Religion bietet das Benediktinerkloster Plankstetten in der Oberpfalz. Hier hat man sich 1994 entschlossen, in der Bewirtschaftung des Klostergutes streng ökologischen Gesichtspunkten zu folgen. Dieses Ideal einer gesundheits- und umweltorientierten Lebensmittelherstellung und Ernährung nimmt auch auf die Zeitrhythmen des Jahres und die Produkte der Region Rücksicht; es prägt seither das Essen im Kloster, in der Klosterschenke und im Bildungshaus. Leben im Rhythmus, gesundes Maßhalten, das Anerkennen von Grenzen, die Einübung in die Zufriedenheit und Dankbarkeit: All das ist im Sinne der monastischen Tradition und der Benediktsregel und soll den Teilnehmern der Kurse „Leben und Ernährung“ vermittelt werden.

In diesem „Präventiv- und Therapiekonzept“ geht es um die vier Bereiche (1) Gesundheit und Ernährung; (2) Warenkunde (Lebensmitteleinkauf, Qualitätsbeurteilung, Konservierung); (3) Essenszubereitung (Koch- und Küchentechnik) (4) Lebensordnung: spirituelles Lebenskonzept, Esskultur, Bewegung des Körpers. „All das ist in die rechte Balance zu bringen. Das Erlangen von Gesundheit nach WHO-Definition in der Harmonie von Körper, Geist und Seele und ehrfürchtiger Nutzung der Ordnungsgesetze der Schöpfung. Wir in Plankstetten wollen es noch präziser fassen: Gesundheit als Kraft zum Menschsein.“ [12]

Ein Kloster mit seinen beiden Brennpunkten Chor und Tisch bzw. Kirche und Refektorium ist sicherlich ein idealer Ort, diese Zusammenhänge zu leben und zu

---

[11] Wolfgang Vorländer: Vom Geheimnis der Gastfreundschaft. Gießen 2007, 84f.

[12] Vgl. dazu www.kloster-plankstetten.de/lebenundernährung/konzept.htm#warum

vermitteln: es wäre wünschenswert, dass die spirituellen Impulse, die von diesen Orten ausgehen, auch in den Gemeinden und Familien ankommen. Darüber hinaus böte der Religionsunterricht die Möglichkeit, die Zusammenhänge von Ernährung, Lebensstil und Gesundheit zu erschließen. Das von der deutschen Bundesregierung 2007 auf den Weg gebrachte Gesundheits- und Ernährungsprogramm „Fit statt fett" kann und sollte auch von religiös-geistlicher Seite her unterstützt werden.

10 „Das Wesen des Christentums ist ... miteinander essen"

Essen und Trinken, den katholischen Gebieten scheinbar leichter zu vermitteln, wie es eingangs anklang, gehören zur Praxis der Kirche wesentlich dazu – ja, „das Wesen des Christentums ist ... miteinander essen", wie der Bibeltheologe Franz Mußner festgestellt hat. [13] Doch die Beziehung der Religion zur Kulinaristik wird im kirchlichen Kontext nicht immer in dem Maße wahrgenommen und gepflegt, wie sie eigentlich gegeben ist. Dabei dürfte das vertiefte Nachdenken über den Konnex von Religion und Essen nicht nur der kulinarischen, sondern auch der religiösen Praxis zugute kommen. Ein weites Feld, das vom Gottesdienst bis hin zu Gemeindeprojekten reicht. Auch ein unverkrampfter, ein sich zumindest gelegentlich dem Genuss und der Lebensfreude hingebender Umgang der Kirchen mit dem Essen und Trinken und allem, was damit an Kultur verbunden ist, wäre zu wünschen – auf den verschiedenen Ebenen und in den unterschiedlichsten Zusammenhängen und Gestaltungen, wie sie vorgestellt wurden. Zu wünschen ist auch eine Lust an der eigenen kulinarischen Tradition: Vielleicht lässt sich dabei vom Judentum lernen, wo ein gutes Essen auch Ausdruck der Freude am Religiösen ist, wie dies auch ein jüdischer Witz zum Ausdruck bringt, mit dessen Anführung ich diesen Beitrag abschließen will:

„Blumenfeld will sich am Sonntag taufen lassen. Am Schabbes vorher bestellt er sich im koscheren Restaurant noch einmal alle seine Leibgerichte: Bohnensuppe, gefüllten Fisch, Gans mit Grütze, Schalet. Als Blumenfeld andächtig isst, tritt der Wirt an ihn heran und fragt: ‚Nu, wie schmeckt's?' – ‚Großartig', murmelt Blumenfeld mit vollem Mund. Darauf der Restaurateur mit mildem Vorwurf: ‚Und von so einer Religion wollen Sie abfallen?'" [14]

---

[13] Franz Mußner: Der Galaterbrief. Freiburg i. Br. 1974, 423.

[14] Aus: Salcia Landmann: Der jüdische Witz. Düsseldorf, 14. überarb. Aufl. 2006, 629f.

Literatur

Etzlstorfer, Hannes (Hg.): Küchenkunst und Tafelkultur. Culinaria von der Antike bis zur Gegenwart. Wien 2006.

Fuchs, Guido: Mahlkultur. Tischgebet und Tischritual (Liturgie & Alltag). Regensburg 1998.

Lamm, Marion/Dietrich, Peter: Essen mit Gott in Deutschland. 2 Aufl. Neukirchen-Vluyn 2007.

Bornhauser, Thomas (Hg.): Heilige Alltäglichkeit. Essen und feiern in der Kirche. Eine Handreichung für die Gemeindepraxis. Zürich 2007.

Josuttis, Manfred / Marcel, Gerhard Martin (Hg.): Das heilige Essen. Kulturwissenschaftliche Beiträge zum Verständnis des Abendmahls. Stuttgart 1980.

Zeitschrift: Meditation Nr. 27 (2001), Heft 3: Essen und Trinken.

Stentzler, Friedrich: Gesegnete Mahlzeit. Zur religiösen Substanz der Eßkultur. In: Alexander Schuller/ Jutta Anna Kleber (Hg.): Verschlemmte Welt. Essen und Trinken historisch-anthropologisch. Göttingen 1994, S. 197 – 214.

Götterspeise

Angelos CHANIOTIS

Die ‚Götterspeise' ist eine beliebte Süßspeise im europäischen Raum; in Deutschland etwa wird ein Wackelpudding als ‚Götterspeise' bezeichnet, in der Schweiz eine geschichtete Mischung von Zwieback, Vanillepudding, Fruchtkompott und Schlagsahne. Haben Name und Rezeptur dieses Gerichtes in der europäischen frühen Neuzeit ihre Beliebtheit gewonnen, so besitzt das Konzept einer besonderen Speise für die Götter eine große Bedeutung in antiken Religionen. Dies wird hier am Beispiel des griechischen Götterkultes erläutert.

Im ersten Buch seiner *Historie* charakterisiert Herodot das Volk der Perser durch eine Beschreibung seiner Sitten (1.131 – 139). Nachdem erst die Verehrung der Götter (1.131) und die Opfer (1.132) dargestellt werden, gilt es als nächstes Thema die Tischsitten zu behandeln (1.133). Die Geburtstagsfeier sei das wichtigste Fest bei den Persern. *An diesem Tag will der Perser ein reichlicheres Mahl einnehmen als sonst. Die reichen Perser lassen dann ein Rind, ein Roß, ein Kamel und einen Esel auftragen, die im Ofen ganz gebraten werden. Die Ärmeren lassen kleinere Tiere zubereiten. Brot wird wenig gegessen, viel Zukost, und zwar in mehreren Gerichten. Darum sagen sie auch, die Griechen ständen hungrig von der Mahlzeit auf, denn nach dem Hauptgericht würde nichts Rechtes mehr gereicht. ... Den Wein lieben sie sehr.* Ähnlich verfährt Herodot etwa mit den Ägyptern (2.77 – 78), den Skythen (4.61 – 63, 66) und den Völkern Afrikas (4.177 – 178 und 186).

Die Eßgewohnheiten und Speisen einer ethnischen Gruppe galten in der Antike als zentrales Identitätsmerkmal. Beobachtungen zu diesem Thema, oft mit den auch uns vertrauten Clichés und Vorurteilen verbunden (z.B. ‚Spagetti-Fresser'), gehörten zum Stoff der antiken ethnographischen Literatur (z.B. Müller 1972, 57 – 58, 121 – 123, 201, 240). Anaxandrides, Autor eines ethnographischen Werkes über das Rote Meer im 2. Jh. v. Chr., benennt die verschiedenen Völker nach ihrer Nahrung als ‚Schildkrötenesser', ‚Wurzelesser', ‚Holzesser', Samenesser', ‚Straußenesser', ‚Heuschreckenesser' usw. (Müller 1972, 285 – 289). Die Rezeption des Fremden ist nicht zuletzt auch Rezeption seiner Nahrung und seiner Tischsitten.

Selbst die Bewohner der Unterwelt unterschieden sich durch kulinarische Kriterien. Ein ewiges Symposion erwartete die Frommen und die Eingeweihten in Mysterienreligionen nach dem Tod (Chaniotis 2000, 166 und 178 Anm. 25); dagegen hatten Essen und Trinken keinen Platz in der Schattenexistenz des normalen Toten, dessen Seele gelegentlich nur durch das Trinken von Blut ein verübergehendes Erwachen erlangte (Homer, Odyssee 10.516 – 537 und 11.24 – 50).

Kulinarische Konstruktionen von Identität und Alterität liegen auch dem griechischen Konzept des Göttlichen zugrunde (Grotanelli/Milano 2004). Eine besondere Speise (*ambrosia*) und ein den Menschen unzugängliches Getränk (*nektar*) machte die Götter zu Göttern (Roscher 1883). *Ambrosia* - gebildet von *brotos* (‚sterblich') und dem *alpha privativum* – bedeutet wortwörtlich ‚die Speise der Unsterblichen'. Auch die Kommunikation zwischen Göttern und Menschen benutzte kulinarische Kanäle. Ein Mensch konnte zwar die Götter jede Zeit anrufen, aber die institutionalisierte Kommunikation mit den Göttern fand im Fest statt. Sein Höhepunkt war das Opfer mit dem anschließenden Bankett,[1] zu dem die im Fest geehrten Götter als anwesend betrachtet wurden. Gleich im ersten Gesang der Odyssee wird von Poseidons Abwesenheit vom Olymp berichtet; er sei zum Land der Äthiopier gegangen, um dort ein Schlachtopfer von Stieren und Schafen zu genießen (Odyssee 1.22–26).

Das Ritual der *Theoxenia* – das Gastmahl für den Gott – insinuierte die Anwesenheit des Gottes und seine Teilnahme am Festbankett (Jameson 1994). Mit diesem Ritual ehrten die Griechen übermenschliche Wesen, indem sie die aus dem weltlichen Gastmahl bekannten Rituale und Bräuche auf diese übertrugen. Sie luden die Götter ein, bereiteten Bette und Tische für das Gelage, und boten Essen und Getränke an. Die Anwesenheit der übermenschlichen Gäste wurde durch die Aufstellung ihrer Symbole evoziert (z.B. Statuen, Waffen). Der Anteil der Götter am Opferfleisch wurde auf einen Tisch (*trapeza*) gelegt, manchmal mit weiteren Speisen, wie Opferkuchen und Früchte (Gill 1974; Berthiaume 2005; Bruit-Zaidman 2005).

Eine der besten Beschreibungen dieser virtuelle Speisung der Götter finden wir im Beschluß der kleinasiatischen Stadt Magnesia am Mäander betreffs eines Festes für Zeus Sosipolis (Sokolowski 1955, Nr. 32): *Der Kranzträger* (der höchste Beamte*), der die Prozession leitet, soll möglichst schön bekleidete Holzstatuetten aller Zwölf Götter tragen. Er soll einen Zelt auf dem Markt, in der Nähe des Altars der Zwölf Götter, schlagen und drei möglichst schöne Bette decken. Er soll auch für musikalische Darbietungen sorgen, und zwar durch Spieler des Aulos, der Syrinx und der Kithara*. Durch ihre Statuetten galten die Götter als präsent im Festbankett. Die Frage, ob dieses Ritual als *gemeinsames* Mahl von Menschen und Göttern verstanden wurde, läßt sich nicht eindeutig beantworten. In Athen wurden auf jeden Fall Repräsentanten des Gemeinwesens ernannt, die ‚Parasiten' (*parasitoi*), die zusammen mit den Göttern, vor allem Herakles, aber auch Apollon, Athena und die Dioskouren, im Gastmahl teilnahmen.

Lange Zeit vor dem Opferfest fingen die Vorbereitungen mit der Auswahl geeigneter Opfertiere an (Sokolowski 1955, Nr. 32). In der kleinasiatischen Stadt Bargylia verteilte die Gemeinde Geld an die Unterabteilungen der Bürgerschaft und an die fremden Bewohner, damit sie möglichst schöne Kühe für ein Artemisfest aufziehen. Ein ‚Schönheitswettbewerb' unter den Tieren bestimmte den Sieger; die siegreiche Kuh nahm den ersten Platz in der Prozession ein (Zimmermann

[1] Die Bibliographie zum griechischen Opfer und zu den Opfertieren ist sehr groß. Ich liste nur einige für meine Ausführungen relevante Arbeiten auf, in denen weitere Literatur zu finden ist: Stengel 1910; Eitrem 1915; Vernant 1981; Detienne/Vernant 1989; Étienne/Le Dinahet 1991; Bowie 1995; van Straten 1995; Himmelmann-Wildschütz 1997; Georgoudi 2005.

2000). Die Kultbeamten der Städte besorgten mit öffentlichen Mitteln die weiteren Zutaten des Göttermahls: Wein und Honig für Spenden, Opferkuchen, Brot, Olivenöl, Käse usw.[2] Bis zu 26 unterschiedliche Speisen sind für ein Fest auf der Insel Delos belegt (Linders 1994), und das Personal eines Heiligtums umfaßte auch den Koch (*mageiros*; Berthiaume 1976) und den Bäcker (*artokopos*).

Die Eigenschaften einer Gottheit waren relevant für etwaige Aspekte des Opfers und des Banketts: für die Farbe, das Geschlecht, das Alter, und die Art des Opfertieres, für das Darbieten eines blutlosen (‚vegetarischen') Opfer, die Verwendung von Wein, den Anteil der Gottheit (Berthiaume 2005), den Zeitpunkt des Opfers (Tag oder Nacht) und die Behandlung des Opferfleisches (vollständige Verbrennung, Verzehrung vor Ort, Mitnehmen usw.). Obwohl eine klare Trennung zwischen unterirdischen (‚chthonischen') und olympischen Göttern nicht immer erkennbar ist und auch Heroen durch Opfer mit den Göttern assimiliert wurden, unterlag das Darbringen von Speisen an Götter, Gottheiten der Unterwelt, Heroen bzw. Verstorbene in der Regel separaten Ritualen (Jordan 1994; Scullion 1994; Ekroth 2002). Folgender kurzer Überblick betrifft allein die Speisung der Götter.

Die kulinarischen Vorlieben einzelner Gottheiten gehörten ebenso wie ihre Ikonographie, ihre Attribute, ihre Mythen, ihre Epiklesen und ihre Rituale, zu den Mitteln, die ihre Eigenart zum Ausdruck brachten und zum besonderen Profil ihres Kultes beitrugen. Zahlreiche Steininschriften mit Opferkalendern (Listen der vorgesehenen Opfer im Laufe des Jahres in einer Gemeinde oder in einem Heiligtum), Opfervorschriften und Listen mit den Ausgaben für Opfer geben uns einen Eindruck von dieser Differenzierung.[3] Jede Stadt hatte allerdings separate Vorschriften; was man aus einer griechischen Polis kennt, läßt sich nicht immer auf den gleichen Kult einer anderen Stadt übertragen. Dies macht die Feststellung allgemeiner Regeln sehr schwierig. Zudem hingen einige Differenzierungen bezüglich des ‚Opfermenüs' nicht allein mit dem Wesen der Gottheit zusammen, sondern mit der Bedeutung des Festes in der Festkultur einer Stadt oder mit dem Anlaß des Opfers. Erwachsene Tiere (*téleion*), für die Bewirtung größeren Personengruppen geeignet und entsprechend teuer, waren verständlicherweise für größere Feste vorgesehen (z.B. Sokolowski 1955, Nr. 26 und 49). Für eher alltägliche Opfer bevorzugte man junge Tiere.[4] Auch die Verfügbarkeit der Tiere und ihr Preis spielten eine große Rolle bei der Wahl des Opfermenüs. Sie waren aber nicht die einzigen Faktoren, denn die billigste Speise der Griechen – Fisch – hat keinen Platz im Me-

---

[2] Einige Beispiele. Brot: Sokolowski 1955, Nr. 21. Olivenöl: Sokolowski 1955, Nr. 21; Sokolowski 1962, Nr. 2. Gerste: Sokolowski 1955, Nr. 36 und 41. Getreide: Sokolowski 1955, Nr. 36. Käse: Sokolowski 1955, Nr. 41 und 71; Sokolowski 1962, Nr. 2 und 29. Honig: Sokolowski 1955, Nr. 41; Sokolowski 1962, Nr. 2. Knoblauch: Sokolowski 1955, Nr. 41. Wein: Sokolowski 1955, Nr. 41. Opferkuchen: Sokolowski 1955, Nr. 43. Kichererbsen: Sokolowski 1962, Nr. 2. Sesam: Sokolowski 1962, Nr. 2. Zur großen Vielfalt der Opferkuchen s. Kearns 1994.

[3] Zu den griechischen Opfertieren und dem Darbieten von Nahrungsmitteln an die Götter: Detienne 1989; Durand 1989; Bodson 1978; van Straten 1995; Georgoudi 2005. Archäozoologische Untersuchungen liefern viele Informationen über den Konsum verschiedener Tiere in griechischen Heiligtümern. s. z.B. Hägg 1996.

[4] Z.B. *galathenon* (‚Säugling'): Sokolowski 1955, Nr. 26; Georgoudi 1988; *pratenios* (ein Jahr altes Tier): Perpillou 2002.

nü der Götter, trotz der Verfügbarkeit und des niedrigen Preises (s.u.). Mit wenigen Ausnahmen opferten die Griechen domestizierte Tiere, und aus diesem Grund sind Vögel, Fisch und Wild vom Bankett der meisten Götter verbannt (Stengel 1910, 197–201; s.u.).

Warum der gleiche Gott in der gleichen Stadt und am gleichen Tag unterschiedliche Opfertiere in unterschiedlichen Kultplätzen erhielt, kann man nicht mit Sicherheit sagen. So opferten z.B. die Athener am Fest Thargelia dem Apollon Alexikakos (‚der das Böse abwehrt') eine erwachsene Sau, dem Apollon Pythios (dem Gott von Delphi) und dem ‚väterlichen' Apollon Patroos dagegen ein Rind (Sokolowski 1962, Nr. 14). Solche Unterschiede waren das Ergebnis langer Entwicklungen, über die uns die Zeugnisse oft fehlen. Wie Sextus Empiricus (Hypotyposeis 3.220–221) beobachtete: *Die Opferbräuche und die Verehrung der Götter wird von großen Unregelmäßigkeiten gekennzeichnet. Was in manchen Kultorten als heilig gilt, wird in anderen als unheilig betrachtet ... Niemand würde zum Beispiel dem Sarapis ein Schwein opfern, und dennoch opfert man dem Herakles und dem Asklepios Schwein ... Es ist fromm, der Artemis Ziegen zu opfern, nicht aber dem Asklepios.*

Obwohl den erhalten Zeugnissen allgemein geltende Regel nicht abzuleiten sind, beobachten wir etwa, daß das Schwein (auch das Ferkel und die Sau) vor allem im Kult von Gottheiten der Unterwelt (z.B. Hekate) und von Göttinnen, die mit dem unterirdischen Bereich und der Fruchtbarkeit in Verbindung gebracht wurden (z.B. Demeter und Kore/Persephone), anzutreffen ist (z.B. Sokolowski 1955, Nr. 26). Schwangere Opfertiere waren ein Merkmal des Kultes der Demeter, Beschützerin der Fruchtbarkeit (z.B. Sokolowski 1962, Nr. 87 und 95: schwangere Wildsau). Während Götter männliche Tiere bevorzugten – z.B. Poseidon, Apollon und Zeus Schafe und Rinder (Sokolowski 1955, Nr. 38, 71; Sokolowski 1962, Nr. 14) –, opferte man den Göttinnen, vor allem jenen, welche die Lebensbereiche der Frau beschützten, weibliche Tiere. Ein Kultgesetz von Halikarnass z.B. sieht für alle Gottheiten einen Widder (*krios*) vor, für die Mutter der Götter (Meter Theon) und nur für sie dagegen eine Ziege (Sokolowski 1955, Nr. 72). Hera Anthee (eine Vegetationsgöttin) erhielt in Milet ein weißes Mutterschaf (*ois leuke*), Daimon Leukos (‚der weiße Daimon') ein Schaf (Sokolowski 1955, Nr. 41). Die Bewohner von Stratonikeia opferten Zeus ein nicht kastriertes Zicklein (*eriphos enorches*), der Hera dagegen eine junge Kuh (*damalis*; Sokolowski 1955, Nr. 67); auch für Athena ist das Opfer einer jungen Kuh mit vergoldeten Hörnern (Sokolowski 1955, Nr. 81) belegt.

Eine direkte Verbindung zwischen der Funktion eines Gottes und den Speisen, die ihm angeboten wurden, stellt man in der kleinasiatischen Stadt Theben bei Mykale fest (Sokolowski 1955, Nr. 39). Hier waren die transhumanten Hirten ihrem Schutzgott Hermes besonders verpflichtet. Er erhielt typische Produkte der Viehzucht, wie Käse (*tyreie*), Zickleine (*eriphos*), Schafe (*probaton*) und Ziegen (*aix*), Opferkuchen (*epipemmata*), und Wein. Es fehlen gerade die Tiere, die in der griechischen Weidewirtschaft für Wanderbewegungen ungeeignet waren (Rinder und Kühe, Ochsen, Schweine).

Die Vorliebe des Heilungsgottes Asklepios für Hühner (*alektryon*) war fast sprichwörtlich (Edelstein/Edelstein 1945, Bd. I, 296–299), ebenso wie jene der Aphrodite für Hasen und Kaninchen (Stengel 1910, 200), vermutlich wegen der Beziehung der Göttin zur Fruchtbarkeit oder, weil diese Tiere oft als Liebesgeschenke galten. Die ambivalente Stellung des Herakles, der als Mensch geboren erst nach seinem Tod in den Olymp aufgenommen wurde, zeigte sich auch im Opfer, das er in Milet erhielt: ein schwarzes Mutterschaf (Sokolowski 1955, Nr. 42). Gottheiten, die die Einhaltung von Eiden überwachten, bevorzugten das Opfer von Ebern (*kapros*; Sokolowski 1955, Nr. 30 B), oder das besondere Ritual der *trittoia*, d.h. das Opfer von Eber, Stier und Widder (Stengel 1910, 195–196). Im Kult der ägyptischen Gottheiten findet man das für die Griechen eher ungewöhnliche Opfer von Vögeln (Sokolowski 1955, Nr. 36).

Da die Griechen in der Regel domestizierte Tiere opferten, bekamen ihre Götter nur äußerst selten Fisch. Poseidon, als Gott des Meeres, erhielt von Thunfischfängern als Opfer den ersten Fisch, den sie gefangen hatten (Athenaios 7.297). Am Kopais-See opferten die Boiotier Aale, vielleicht weil die Aale für die Bewohner des Sees als domestizierte Tiere galten. Der Ursprung dieses Rituals war selbst den Opfernden unbekannt. Es wird berichtet, daß ein Fremder darüber staunte, wie die Boiotier Aale bekränzten und wie ‚normale' Opfertiere behandelten; als er sich nach dem Grund erkundigte, bekam er folgende Antwort: *Man muß die väterlichen Bräuche befolgen, ohne sie gegenüber Fremden zu rechtfertigen* (Athenaios 7.297). Auch die große Vielfalt von Opferkuchen, in Bezug auf Rezept und Form, geht auf die individuelle Profilierung der Kulte zurück (Kearns 1994).

Obwohl die griechischen Götter tolerant bezüglich ihrer Speisekarte waren, sind in manchen Kulten auch ‚kulinarische' Tabus bezeugt (Lupu 2005, 211). Daß semitische Kulte in Delos das Schweineopfer verboten (Sokolowski 1962, Nr. 58), überrascht nicht; auch Ziegen galten den semitischen Kulten auf Delos als unrein (Sokolowski 1962, Nr. 57–58; vgl. Lupu 2005, 211). Eine Abneigung gegenüber Schweinen und Ziegen stellt man aber in vereinzelten Fällen auch in griechischen Kulten fest, so z.B. auf der Insel Thasos im Kult des Herakles (Sokolowski 1962, Nr. 63), der Göttin der Überzeugung Peitho (Sokolowski 1962, Nr. 73) und der Hera Epilimenie (Beschützerin des Hafens; Sokolowski 1962, Nr. 74). Schafe, eins der häufigsten griechischen Opfer, waren im Kult der ägyptischen Götter manchmal verboten (Lupu 2005, 211).

Klare Differenzierungen erkennt man auch in Bezug auf die ‚Trinkgewohnheiten' der Götter. Die Libation, die Weinspende, ist Teil der Götterverehrung. Und dennoch schreiben manche Kulte ein ‚nüchternes' Opfer (*nephalios thysia*) vor. Da der Weinkonsum Teil der alltäglichen Kommensalität der Griechen war, stellt die Abstinenz von Wein eine Abweichung von der alltäglichen Norm dar. Sie charakterisiert den Kult von Gottheiten, in deren Zuständigkeit Phänomene der Marginalität und des Übergangs fallen (Graf 1985, 24–31). Zeus Elasteros, Gott der Rache, bevorzugte weinlose Spenden mit Honig (Sokolowski 1962, Nr. 62); die Göttinnen des Schicksals, die Moiren, die über Geburt und Tod wachen, und Zeus Moiragetes befahlen in einem Kultgesetz in Chios: *Bringt keinen Wein*! (Sokolowski 1962, Nr. 79; Graf 1985, 24–31). In späten Zeiten, als Sinn und Ursprung alter Rituale vergessen war, versuchte man, sie rationalistisch zu deuten. Ein Orakel des Asklepios und der Hygieia in Athen (1. oder 2. Jh. n. Chr.) schreibt nicht nur ‚nüchterne' Opfer (*nephalioi thysiai*) vor, sondern bietet auch eine rationalisierende Erklärung: *den tugendhaften Göttern schicke eine tugendhafte Kost* (*agathe geusis*)! (Sokolowski 1962, Nr. 16).

Die folgenden Zeugnisse präsentieren einige charakteristische Beispiele kulinarischer Differenzierungen im Götterkult. Ein Beschluß von Magnesia am Mäander in Kleinasien (frühes 2. Jh. v. Chr.) betrifft das Fest des Zeus Sosipolis, des Gottes, der die Stadt rettete (*sosi-polis*; Sokolowski 1955, Nr. 32). Er erhielt das teuerste Opfertier, das die Griechen kennen: einen Stier (*tauros*). Am gleichen Tag opferten die Finanzbeamten der Stadt separat an Zeus, Artemis und Apollon; das Opfertier für Zeus war ein Widder (*krios*), für Artemis dagegen ein weibliches Tier, eine Ziege (*aix*), für ihren Bruder Apollon ein Ziegenbock (*attegos*). Eine der ausführlichsten Opfervorschriften betrifft die Kulte des Geschlechtes der Salaminier in Athen (Sokolowski 1962, Nr. 19, 363 v. Chr.); einige Auszüge zeigen die Vielfalt der zu opfernden Tiere: *Im Monat Mounichion, in Porthmos. Für Kourotrophos eine Ziege (10 Drachmen Wert), für Ioleos ein Schaf, das vollständig verbrannt wird (15 Drachmen), für Alkmene ein Schaf (12 Drachmen), für Maia ein Schaf (12 Drachmen), für Herakles ein Ochse (80 Drachmen), für den Heros am Meer ein Schaf (15 Drachmen), für den Heros in Antisara ein Schwein (3 Drachmen 3 Obolen), für den Heros am Turm ein Schaf (3 Drachmen 3 Obolen)... ; dem Eurysakes einen Eber. Im Monat Hekatombaion. Am Fest Panathenaia ein Eber für Athena (40 Drachmen)... Am 7. Metageitnion. Für Apollon Patroos ein Eber (40 Drachmen), für Leto ein Schwein (3 1/2 Drachmen), für Artemis ein Schwein (3 1/2 Drachmen)... Im Monat Maimakterion der Athena Skiras ein trächtiges Mutterschaf* usw.

Eine Kultvorschrift in Kyrene (Libyen, 2. Jh. v. Chr.) zeigt eine ähnliche Differenzierung (Sokolowski 1962, Nr. 116): *Für die Anemoi* (die Götter der Winde) *eine Ziege; für Apollon Apotropaios* (‚der das Böse abwehrt') *eine Ziege, Äpfel (?), ein Ziegenböcklein* (*chimaros*); *dem Zeus Hyperphoreus* (Himmelsgott) *wird kein Lebewesen geopfert; betritt sein Heiligtum barfuß; bringe ihm keine Myrte; für die Telessai eine Ziege, ein Eber; für Zeus Hyellaios und Athena Hypellaia eine Ziege; für Iatros* (Heilgott) *ein Eber; für Zeus, eine Ziege, ein Eber; für Ammon und die Götter um seinen Tempel ein Schaf*.

Der Opferkalender von Mykonos wurde um 200 v. Chr. revidiert, als sich die zwei Gemeinden der kleinen Insel in eine vereinigten. Der Text gibt uns einen lehrreichen Eindruck von den kulinarischen Vorlieben einzelner Götter (Sokolowski 1969, Nr. 96). *Am 5. Poseideon, an Poseidon Temenites* [‚Poseidon des heiligen Bezirks'] *ein weißer Widder der besten Qualität, nicht kastriert; der Widder wird nicht in die Stadt gebracht; Rücken und Schulter werden abgehackt; die Schulterstücke werden dem Gott geweiht; der Priester erhält die Zunge und ein Schulterstück. Am gleichen Tag, dem Poseidon Phykios* [‚Poseidon des Seetangs'], *ein weißes unkastriertes Lamm; Frauen dürfen nicht teilnehmen; von der Fischfangsteuer wird der Rat Schafe im Wert von 20 Drachmen kaufen und sie zur Verfügung stellen* [d.h. für das Bankett]. *Am gleichen Tag, der Demeter Chloe* [‚Demeter der ersten Vegetation'] *zwei Säue der besten Qualität, eine davon schwanger; der Rücken der schwangeren Sau wir abgehackt. Der Rat soll die Säue auswählen; die Beamten werden dem ‚Schlachter' die Lende und einen Schenkel der anderen Sau geben, dazu zwei Choinikes* [Meßeinheiten] *von Gerste und drei Kotylen Wein. Am 10. Lenaion während des Singens des Hymns für gute Ernte an Demeter eine schwangere Sau, die ihren ersten Wurf trägt; an Kore* [Persephone] *einen erwachsenen Eber, an Zeus Bouleus* [‚der beratende Zeus'] *ein Schwein. ... Am 11. Lenaion an Semele* [die Mutter des Dionysos] *ein Schaf, ein Jahr alt; der neunte Teil wird verbrannt. Am 12. Lenaion, an Dionysos Leneus ein Schaf, ein Jahr alt. Für gute Ernte an Zeus Chthonios und Ge Chthonie* [‚Zeus der Unterwelt', ‚Erde der Unterwelt'] *schwarze geschorene Schafe, ein Jahr alt; kein Fremder darf teilnehmen; das Fleisch wird ebenda verzehrt. Am 10. Bakchion, in Deiras, an Dionysos Bakcheus ein Ziegenbock der besten Qualität. ... Am 7. Hekatombaion, an Apollon Hekatombios* [‚Apollon, Empfänger eines Opfers von Hundert Rindern'] *ein Stier und zehn Lämmer; der Rücken des Stiers wird abgehackt; der Priester erhält die Zunge und ein Schulterstück des Stieres* usw.

Analoge Differenzierungen beobachten wir in den sehr detaillierten Opferkalendern von Athen aus dem späten 5. Jh. v. Chr. (Lambert 2002). Der Opferkalender des Bezirks Thorikos schreibt etwa verschiedene Opfer im Laufe des Jahres vor (Lupu 2005, 115–149 Nr. 1). In einigen Fällen wird das Tier ganz allgemein als ‚erwachsen', ohne weitere Spezifizierung charakterisiert, aber meist gibt es genau Bestimmungen, z.B. Schaf für Zeus Polieus (‚Beschützer der Burg'), Lamm für Poseidon, junger Ziegenbock für Apollon, Sau für Kourotrophos (Beschützerin der Geburt und der jungen Lebewesen), gelbbrauner oder schwarzer Ziegenbock für Dionysos, schwangeres Mutterschaf für Demeter, Ziege für Artemis und Leto usw.

Als Ritual blieb das Opfer nicht unverändert im Laufe der Jahrhunderte. In der Kaiserzeit wuchs das Bedürfnis, die Götter mit Worten, nicht mit Handlungen, zu ehren – so zumindest im Kreis der Intellektuellen; das Interesse verlagerte sich vom mechanischen Vollzug des Rituals auf das Lob der Macht und der Güte des Gottes (Bradbury 1995; Chaniotis 2004, 12–14; Stroumsa 2005). So änderte sich auch der Geschmack der Götter. Ein Orakelspruch Apollons in Didyma bringt dies deutlich zum Ausdruck (2./3. Jh. n. Chr.): *Ihr Unseligen, was sollen mir wohlgenährte Hekatomben von Schafen, glänzende Statuen aus reichem Gold oder Standbilder, die aus Silber oder Erz kunstvoll hergestellt sind? Die Götter sind keines Besitzes bedürftig, sondern dessen, was alter Brauch ist; daran haben sie ihre Freude. Immer ist es fromm, wenn die Knaben wie früher bei meinem Tempel Hymnen singen, zu dem Augenblick, wenn die sich drehende Türangel im Begriff steht, den Orakelspruch aus dem unbetretbaren Inneren zu offenbaren. Ich habe Freude an jedem Gesang, selbst wenn es ein moderner ist; sehr aber, wenn er alt ist; am meisten aber, wenn er uralt ist; denn so ist es am besten. Für frommen Sinn gegen Gott wird es immer unverkürzten Dank geben. Mit Hymnen habe ich einst zum erstenmal die vielschadenden Krankheiten vertrieben, indem ich die Leid bringenden, verwünschten Fäden der Moiren erweicht habe* (Busine 2005, 73, 164, 448–449 Nr. 24). Mit dem Hymnus konnte die Macht des Gottes gepriesen werden, und dadurch wurde der Schwerpunkt der Verehrung von der blutigen Tat des Opfers auf das Lob des Gottes verschoben. Gerade in der Zeit, in der die öffentliche Speisung der Bürger in den von der städtischen Elite finanzierten Festbanketts an Bedeutung gewann (Schmitt Pantel 1992), distanzierte sich Apollon, jener Gott, dessen Orakelsprüche oft die religiösen Konzepte der Intellektuellen widerspiegelten (Busine 2005), vom traditionellen Ritus des Opfers. Als Gott hatte er kein Bedürfnis nach dem kulinarischen Angebot der Sterblichen. Aber selbst durch diese negative Haltung konstruierte sich seine Göttlichkeit letzten Endes in Bezug auf seine Tischsitten.

Literatur

Berthiaume, Guy: Les rôles du mageiros. Étude sur la boucherie, la cuisine et le sacrifice dans la Grèce ancienne. Leiden 1976.

Berthiaume, Guy: L'aile ou les mêria. Sur la nourriture carnée des dieux grecs. In: Georgoudi (Hg.) 2005, S. 241–253.

Bodson, Liliane: Hiera zoa: contribution à l'étude de la place de l'animal dans la religion grecque ancienne. Brüssel 1978.

Bowie, A.M.: Greek Sacrifice: Forms and Functions. In: Anton Powell (Hg.): The Greek World, London/New York 1995, S. 463–482.

Bradbury, Scott: Julian's Pagan Revival and the Decline of Blood Sacrifice. In: Phoenix 49 (1995), S. 331–356.

Bruit-Zaidman, Louise: Offrandes et nourritures: repas des dieux et repas des hommes en Grèce ancienne. In: Georgoudi (Hg.) 2005, S. 31–46.

Busine, Aude: Paroles d'Apollon. Pratiques et traditions oraculaires dans l'Antiquité tardive (IIe-VIe siècles). Leiden 2005.

Chaniotis, Angelos: Die Verträge zwischen kretischen Städten in der hellenistischen Zeit. Stuttgart 1996.

Chaniotis, Angelos: Das Jenseits – eine Gegenwelt? In: Tonio Hölscher (Hg.), Gegenwelten zu den Kulturen der Griechen und der Römer in der Antike. München/Leipzig 2000, S. 159–181.

Chaniotis, Angelos: Wie erfindet man Rituale für einen neuen Kult? Recycling von Ritualen – das Erfolgsrezept Alexanders von Abonouteichos. In: Forum Ritualdynamik 9. Heidelberg 2004 (www.ub.uni-heidelberg.de/archiv/5103).

Detienne, Marcel: Culinary Practices and the Spirit of Sacrifice. In: Detienne/Vernant 1989, S. 1–20.

Detienne Marcel/Vernant, Jan-Pierre (Hgg.): The Cuisine of Sacrifice among the Greeks. Chicago 1989.

Durand, Jean-Louis: Greek Animals: Toward a Typology of Edible Bodies. In: Detienne/Vernant 1989, S. 87–118.

Edelstein, Jeannette/Edelstein, Ludwig: Asclepius. A Collection and Interpretation of the Testimonies. Baltimore 1945.

Eitrem, Samson: Opferritus und Voropfer der Griechen und Römer. Kristiania 1914.
Ekroth, Günnel: The Sacrificial Rituals of Greek Hero-Cults in the Archaic to the early Hellenistic Periods. Liège 2002.
Étienne, Roland/Le Dinahet, Marie-Thérèse (Hg.): L'espace sacrificiel dans les civilisations méditerranéennes de l'Antiquité. Actes du colloque tenu à la Maison de l'Orient, Lyon, 4–7 Juin 1988. Paris 1991.
Georgoudi, Stella: Galathena. Sacrifice et consommation de jeunes animaux en Grèce ancienne. In: Liliane Bodson (Hg.), L'animal dans l'alimentation humaine. Paris 1988, S. 221–247.
Georgoudi, Stella (Hg.): La cuisine de l'autel. Les sacrifices en questions dans les sociétés de la Méditerranée ancienne. Turnhout 2005.
Gill, David: Trapezomata: A Neglected Aspect of Greek Sacrifice. In: Harvard Theological Review 67 (1974), S. 117–137.
Graf, Fritz: Nordionische Kulte. Religionsgeschichtliche und epigraphische Untersuchungen zu den Kulten von Chios, Erythrai, Klazomenai und Phokaia. Rom 1985.
Grotanelli, Cristiano/Milano, Lucio (Hgg.): Food and Identity in the Ancient World. Padova 2004.
Hägg, Robin (Hg.): Ancient Greek Cult Practice from the Epigraphical Evidence. Proceedings of the Second International Seminar on Ancient Greek Cult, Organized by the Swedish Institute at Athens, 22–24 November 1991. Stockholm 1994.
Himmelmann-Wildschütz, Nikolaus: Tieropfer in der griechischen Kunst. Opladen 1997.
Jameson, Michael H.: Theoxenia. In: Hägg 1994, S. 35–57.
Jordan, David: Late Feasts for Ghosts. In: Hägg 1994, S. 131–143.
Kearns, Emily: Cakes in Greek Sacrifice Regulations. In: Hägg 1994, S. 65–70.
Lambert, Stephen D.: The Sacrificial Calendar of Athens. In: Annual of the British School at Athens 97 (2002), S. 353–399.
Linders, Tullia: Sacred Menus on Delos. In: Hägg 1994, S. 71–79.
Lupu, Eran: Greek Sacred Law. A Collection of New Documents. Leiden 2005.
Müller, Klaus E.: Geschichte der antiken Ethnographie und ethnologischen Theoriebildung von den Anfängen bis auf die byzantinischen Historiographen. Teil I. Wiesbaden 1972.
Perpillou, Jean-Louis: Animaux d'un an. In: Revue de Philologie 76 (2002), S. 233–241.
Roscher, Wilhelm Heinrich: Nektar und Ambrosia. Leipzig 1883.
Schmitt Pantel, Pauline: La cité au banquet. Histoire des repas publics dans les cités Grecques. Paris 1992.
Scullion, Scott: Olympian and Chthonian. In: Classical Antiquity 13 (1994), S. 75–119.
Sokolowski, Franciszek: Lois sacrées de l'Asie Mineure. Paris 1955.
Sokolowski, Franciszek: Lois sacrées des cités grecques. Supplément. Paris 1962.
Sokolowski, Franciszek: Lois sacrées des cités grecques. Paris 1969.
Stengel, Paul: Opferbräuche der Griechen. Leipzig/Berlin 1910.
van Straten, Folkert T.: Hiera Kala. Images of Animal Sacrifice in Archaic and Classical Greece. Leiden/New York/Köln 1995.
Stroumsa, Gedaliahu A. G.: La fin du sacrifice: les mutations religieuses de l'Antiquité tardive. Paris 2005.
Vernant, Jean-Pierre (Hg.): Le sacrifice dans l'antiquité. Genf 1981.
Zimmermann, Klaus: Späthellenistische Kultpraxis in einer karischen Kleinstadt. Eine lex sacra aus Bargylia. In: Chiron 30 (2000), S. 451–485.

Exkursionen als Elemente kulinaristischer Fort- und Weiterbildung

Peter PETER

Zum Programm vieler akademischer Fächer gehören heute fachliche Exkursionen. Sie verfolgen in der Regel das Ziel, Theorie und Anschauung miteinander zu verbinden. Eben dieses Vorhaben bestimmt in Forschung, Lehre und Weiterbildung auch die Arbeit der Kulinaristik. Sie hat darum nach zahlreichen Vorarbeiten und vielen Planungsgesprächen im Jahre 2007 als wichtigen Baustein ihres Bildungsauftrags erstmals ein Programm kulinarischer Exkursionen aufgelegt. Im Folgenden werden einige Prinzipien dieses Programms erläutert; im Anhang werden zwei Beispiele vorgestellt.

1 Grundlagen

Anschauungen ohne Begriffe sind blind, Begriffe ohne Anschauung sind leer, so heißt es bei Immanuel Kant. Dieser erkenntnistheoretisch grundlegende Satz gilt in der Kulinaristik ganz besonders. Ähnlich wie die Kunstgeschichte nicht ohne Denkmalskenntnis und Museumsbesuche zu studieren ist, gehört in allen Studiengängen der Kulinaristik der Einblick in ein möglichst breites Spektrum gastronomischer Länder- und Regionalporträts zu den unerlässlichen Grundlagen. Einen wichtigen Teil des Programms bildet dabei das praktische Kennenlernen der Küche, der Weine, der Produkte und der Speisekultur einer Region. Nicht nur angesichts mangelnder Strukturen – spärliche Aufarbeitung theoretischer Grundlagen, kaum gastronomische Museen – ist der Erwerb kulinarischer Bildung aktuell weitgehend eine Sache der Praxis und wird es (auch angesichts der hedonistischen Konnotation des Fachs) per se auch graduell immer bleiben. Gerade für die Kulinaristik gilt Pestalozzis Wort: „Jede Erkenntnis muß von der Anschauung ausgehen und auf sie zurückgeführt werden“ in besonderem Maße.

Im Gegensatz zu manchen anderen akademischen Disziplinen kann ein allein auf Vorlesungen, Seminare- und Bibliotheksstudien fokussierter Studiengang der realen Komplexität und Vielfalt der kulinarischen Welt nicht gerecht werden. Der Besuch von Weingütern, Chocolatiers, Kartoffelbauern, Marktleitern, Restaurantchefs etc. stellt einerseits eine unentbehrliche Realienkunde dar und erschließt andererseits in der Kommunikation direkter Begegnungssituationen das spezialisierte Wissen und Know-How von Produzenten, Bauern, Technikern, Werbefachleuten und Managern. Zugleich vermittelt die Begegnung mit unterschiedlichsten Lebensmittelproduzenten, Firmen, Restaurants und Geschäften Einsichten in das ökonomische Innenleben und die Vernetzung des hochinnovativen gastronomischen Wirtschaftsektors.

Wie hoch dieses Erfahrungs- und Praxiswissen mittlerweile in modernen Forschungsansätzen perzipiert wird, zeigt exemplarisch die Strategie der Terra Madre Bewegung, die bei ihren Kongressen bäuerliche Produzenten, Fischer, Hirten und Tierzüchter mit den Vertretern des universitären Wissenspools zusammenbringt und damit kulinaristische Reflektion auf eine komplexere Ebene hebt.

2 Fort- und Weiterbildung

Neukonzeptionen von Studiengängen und der Aufbau von Programmen wissenschaftlicher Weiterbildung müssen heute Hand in Hand gehen; denn für alle Studiengänge gilt, dass die Wissensvermehrung es immer unmöglicher macht, in die Ausbildung die gesamte Wissensbreite eines Faches aufzunehmen. Auch das Exkursionenprogramm ist diesem Ziel verpflichtet. Ein grundlegendes Kriterium bildet die Differenzierung zwischen *Weiterbildung* und *Fortbildung*. Unter *Fortbildung* wird die Weiterqualifizierung im eigenen Fach, unter *Weiterbildung* hingegen die Erweiterung des Fachwissens um Wissensbestände, die für die je eigene Arbeit unter übergeordneten Gesichtspunkten konstitutiv sind, verstanden. Beiden Zielen sollen die Exkursionen dienen. Inhaltlich ist dabei außer der materiellen Seite des Kulturphänomens des Essens und Trinkens die kulturelle Differenz der Auffassungen von großer Bedeutung und methodologisch die Einblicke in die je andere wissenschaftliche und außerwissenschaftliche Praxis des Redens vom Essens (Diskurs) und der kulinarischen Sprache im Besonderen. Die Reflexion auf diesen Diskurs ist schon deshalb so wichtig, weil bereits die Sorge um die Authentizität der Lebensmittel und ihr angemessenes Management Resultat kultureller Entwicklungen in den Kulturen ist. Folglich sind kulturwissenschaftliche Studien unerlässlich. Ein besonderes Desiderat ist die weithin noch gar nicht ausgebildete fremdheitskundliche Dimension der kulinaristischen Weiterbildung.

Weil außer der fachlich orientierten Fortbildung Exkursionen auch der berufsoffenen, aber wissenschaftlich abgesicherten Weiterbildung zum Nutzen der lebensweltlichen Praxis dienen sollten, werden wir uns in Zukunft ausgewählten deutschen und globalen Destinationen widmen, die durch ihre besondere kulinarische Strahlkraft auffallen und damit zu lohnenden Zielen einer gastronomischen Bildungsreise werden. Aufgrund ihres breiten Bildungsansatzes können die Akademie-Reisen im Sinne universitärer Stages als Praktika für ein Studium der Kulinaristik anerkannt werden: So organisierte ich im Auftrag der italienischen Partneruniversitäten Pollenzo und Colorno 2006 Exkursionen an die Mosel/ Hohenloher Land und nach Bayern/ Franken und plane Fahrten zu Partneruniversitäten. Das Exkursionsangebot wendet sich an alle Mitglieder und die interessierte Allgemeinheit. Außerdem ist die Kulinaristik der kompetente Ansprechpartner, um für Firmen oder Freundeskreise maßgeschneiderte kulinarische Reisen mit wissenschaftlich anspruchsvollem Inhalt und Unterhaltungswert zu organisieren.

So sollten beispielsweise Firmenphilosohie, Vermarktungsstrategien und die kulinarische Identität des Produktes anschaulich vermittelt werden. Die Reisebegleitung tritt dabei weniger als phänomenologisch orientierter Dozierender auf, sondern erfüllt eine Scharnierfunktion als erkenntnisfördernder Vermittler zwischen akademischem und außerwissenschaftlichem Praxismilieu.

Auf der universitären Basis privilegierter und exklusiver kulinarischer Kontakte lassen sich auch besonders hochwertige Incoming Reisen für die interessierte Allgemeinheit entwickeln. Touristische Marktforschung hat längst erkannt, dass der individuelle Kontakt mit Land und Leuten der Hauptwunsch selbst klassischer Bildungsreisender ist. Kaum ein anderer Sektor eignet sich für passionierten, sozialverträglichen Begegnungen und Gespräche besser als das kulinarische Umfeld von Gaststätten, Produzenten und Weingütern. So sind kulinarische Exkursionen dieser Dimension durchaus prädestiniert, eine Klientel, die privilegierte Einblicke und Erlebnisse gewinnen will, anzusprechen.

Ein erstes praktisches Beispiel: Bei der von der Akademie für Kulinaristik unter Federführung des Autors im Juni 2006 organisierte Bayernexkursion für die Master-Studiengangsstudenten der Universität Colorno wurden gezielt gerade für ausländische Studenten interessante Basics süddeutscher Kost abgedeckt. Ein moderierter Viktualienmarktbesuch analysierte in Interviews mit Standbesitzern das Konsumentenverhalten im Spannungsfeld zwischen internationalen Delikatessen und regionalen Produkten, unter gleichen Gesichtspunkten wurde das Delikatessengeschäft Dallmayr in München besichtigt. Eine Betriebsführung durch die im 13. Jh. gegründete Hofpfisterei machte mit den typischen Produkten Vollkornlaib und Brezel bekannt, zeigte aber auch die Stärke bewusst regionaler Vermarktungsstrategien auf. Im Gegensatz dazu wurde bei der kleinen aber im Premiumsegment erfolgreichen Enzianbrennerei Lantenhammer in Schliersee deutlich, wie sehr solche Nischenprodukte von einem nationalen oder globalen Kundennetzwerk profitieren. Der Marketingbeauftragte von Erdinger Weissbier demonstrierte, wie mit Werbestrategien ein ursprünglich eher behäbig regionales Getränk wie Weizenbier zu einem internationalen Kultgetränk mit jugendlicher Ausstrahlung umgemodelt werden kann. Die Bamberger Brauerei Schlenkerla garantiert ihren Absatz auch dadurch, dass ihr Rauchbier längst zu den touristischen Geheimtipps einer Deutschlandreise zählt, während fränkischer Wein mit modernen Flaschenformen um Marktsegmente kämpft. Eine Professorin der Landwirtschaftshochschule Weihenstephan stellte den Studiengang „Landwirtschaft und Agrarmarketing" vor, ein Referent aus Veitshöchheim umriss Historie, Geologie und Vermarktungsstrategien der Weinbauregion Franken. Ein Besuch im Bayerischen Landwirtschaftsministerium thematisierte die Vernetzung der Entscheidungsträger, den Lobbyismus in der Agrarpolitik und die Rahmenbedingungen staatlicher Förderungsmöglichkeiten, etwa durch die Verleihung EU-weit geltender Gütesiegel,

3 Vielfalt der Wissensträger und der Praxis-Erfahrung

Ein markantes Alleinstellungsmerkmal der sich profilierenden Kulinaristik ist die breit gefächerte Provenienz der Wissensträger und potentiellen Bildungsvermittler. Daraus resultieren die Annahme und ihre Akzeptanz, dass weder die Gesamtheit der institutionalisierten Wissenschaft noch einzelne Fächer über das Wissensmonopol, sondern allenfalls über perspektivengebundene Interpretations- und Vermittlungshoheiten verfügen – lebendige Kulinaristik muss sich folglich als offenes Forum unterschiedlicher Kompetenzträger definieren. Die Organisation der Deutschen Akademie für Kulinaristik als Corporate University ist Ausdruck dieses Erfordernisses.

Durch die aus den Exkursionen resultierende Engführung von Praxis und Theorie wird der berufsbezogene praxisrelevante Aspekt des Kulinaristik – Studiums gestärkt. Das bedeutet aber auch eine Verpflichtung, die universitären Exkursionen nach bestimmten Qualitätsmaßstäben zu organisieren. Dazu gehört eine repräsentative Auswahl der Besichtigungsziele, die möglichst ein landestypisches Gesamtporträt oder ein bewusst gewähltes kulinarisches Segment der bereisten Region widerspiegelt. Entscheidend ist nicht zuletzt die Verpflichtung kompetenter Gesprächspartner, damit sich die Besuche eben nicht in touristischem Anschauen und Verkosten erschöpfen sondern ein didaktischer Mehrwert erzielt wird.

Weltweit sind *stages* integrativer Bestandteil des Curriculums der italienischen Partneruniversität der Akademie, Università delle Scienze Gastronomiche mit den Studienorten Colorno und Pollenzo. Auch gastronomische Colleges und Fachhochschulen in Kanada, Schweden und den USA komplettieren mit kulinarischen Exkursionen ihren Vorlesungsbetrieb. Gerade durch universitäre *stages* konkretisieren sich für die Studenten eines bewusst mehrdisziplinär konzipierten Studiums wie der Kulinaristik mögliche Berufsbilder: flexible Teamarbeit, Marktforschung, werbegerechte Auftritte garantieren längst nicht nur den Erfolg der Lebensmittelindustrie, sondern auch kleinerer Erzeuger traditioneller oder luxuriöser Lebensmittel. Doch wird es bei den *stages* nicht nur um kulinarische Primärbegegnungen gehen, etwa im Sinne vom bloßen Kennenlernen gastronomischer Phänomene, sondern um eine Einbettung in die Fülle universitärer Disziplinen, die als Hilfswissenschaften das Profil der Kulinaristik konstituieren.

Ein paar Beispiele: Länderübergreifende Vergleiche kulinarischer Mentalitäten arbeiten mit dem Instrumentarium der Soziologie und Ethnologie. Das genaue Lesen und Analysieren von Speisekarten und Weinetiketten ist unterfüttert mit philologischen und werbepsychologischen Denkansätzen. Die Ernährungsgewohnheiten bestimmter Regionen wurzeln oft unbewusst tief in historischen und geographischen Konditionierungen. Ökonomische Sachzwänge bedingen teilweise Optionen für ökologisches Wirtschaften oder Agrarindustrie. Produktionstechniken, Saatgutwahl oder auch die Akzeptanz national wechselnden Fast Foods wird durch naturwissenschaftliche und sensorische Grundkenntnisse verständlicher. Partiell werden Besichtigungspunkte auch nach künstlerischen und landschaftlichen Kriterien ausgewählt – selbst die literarische Auseinandersetzung mit der Gastronomie kommt nicht zu kurz.

Kollateraleffekt im Sinne kulinarischer Qualitätspflege ist durch die mit dem Besuch verbundene internationale Anerkennung ein Motivationsschub für lokal produzierende Lebensmittelbetriebe: gerade die prestigereiche Akademie für Kulinaristik ist in der Lage, solchen positiven Initiativen ein Forum zu geben.

4 Anhang

Zwei Exkursionsprogramme seien im Folgenden als Demonstrationsbeispiele angeführt. Das erste, die Stage Bayern, Franken und Hohenlohe *Dark Beer, Dark Bread and Pure Wine* wurde 2006 für die Universität Colorno nach akademisch-universitären Gesichtspunkten aufgebaut und italienisch und englisch formuliert (hier im Folgenden die englische Fassung). Die Piemont-Exkursion Barolo, Gran Caffès und Barock, Piemontesische Impressionen wendet sich hingegen primär an ein allgemeininteressiertes Publikum, das kulinarische Erlebnisse mit landeskundlichen Begegnungen und Informationen im Stile eines intelligenten Tourismus zu verknüpfen wünscht.

Erstes Beispiel

DEUTSCHE AKADEMIE FÜR KULINARISTIK
UNIVERSITÀ DELLE SCIENZE GASTRONOMICHE COLORNO

Dark Beer, Dark Bread and Pure Wine
In Southern Germany
(Stage Bavaria, Franconia and Hohenlohe)

10.-18.7.2006

10.7. Transfer from Colorno to Munich (3 nights)
11.7.: Bavarian products in Munich

Let's start with regional German products in the heart of Munich: First a guided tour of Munich's bustling *Viktualienmarkt* with explanations and tastings of local specialities. Afterwards we will examine the relationship between national and foreign products at *Dallmayr* or *Käfer*, the two most famous *delikatessen* shops in Germany. Dr. Balling (a member of the German-Italian chamber of commerce) will receive us in the Headquarters of the *Bavarian Ministry of Agriculture* to talk about his initiative to put Bavarian specialities on the Internet and in general on the relationship between policy-makers and lobbyists and the marketing of agricultural products.

In the afternoon we will be welcomed by the famous university for agronomic sciences of *Weihenstephan* (Freising), which for ten years has been offering a curriculum on Agrarian Sciences and Marketing, run by Prof. Gerschau. A few kilometres away can be found the *Erdinger Weissbier*. A marketing representative will help us to get to know one of the key breweries of Bavaria, that has succeeded in spreading globally a very local product such as blonde wheat beer. In the evening the *Zerwirk*, the former game-butchery of the Bavarian kings, and now Germany's first *vegan restaurant*, will cook vegan local food!

12.7.: Organic Butchery and Distillery

A trip to the countryside to the *Hermannsdörfer* farm: Almost the story of a *pentito*, a reformed character. A few years ago Mr. Schweisfurth, the owner-chairman of a huge „industrial" meat packing company, decided to sell everything and start again using strictly traditional methods. Now he is once again number one in Germany – for ecological meat and cold cuts, hams and smoked meat with no additives!

On the banks of the alpine lake of Schliersee we will be welcomed by the *Lantenhammer* distillery, that supplies high quality restaurants throughout Germany. Besides the classic distillations from fruit (partly from its own plantations) it produces a very „alpine" gentian liqueur aged in oak casks. In the evening we will meet the *Slowfood-Convivium* of Munich for discussing insight views of Bavarian food habits.

13.7: Alpine Allgäu cheese

During a „Bavarian breakfast" of *handmade white sausage* with sweet mustard an official of the „DOP for white sausage (Weißwurst)" cooperative will illustrate to us the problems of maintaining official recognition by the EC. Afterwards we will depart for a traditional *cheesemaking hut* in the Allgäu area in the Bavarian alps. The suggestive visit includes mountainhiking, demonstration of traditional cheesemaking and a tasting of local Bergkäse with butter and bread. A representative of Baldauf-cheese will explain the marketing strategies of this renowned product. In the evening, Ing. Koenig from *Bayerischer Brauerbund* (Bavarian Beer Association) will introduce us to the international marketing of beer: afterwards there might be a tasting of a beer-based menu in a cookery school.

14.7.: Hofpfisterei, Nürnberg and Kraut Queens

The *Hofpfisterei* brand dates back to 1294: The antique oven of the Bavarian Court has now changed into a large company with about one hundred branches throughout Bavaria. All of them sell the traditional round loaves that weigh two kilos, produced without the addition of any chemical or artificial substances, in this way spreading artisan quality in a professional manner.

Our first leg is to Nürnberg (Nuremberg). The capital of Franconia boasts two products protected by the EC. During the visit to a producer of *Nürnberger Lebkuchen* they will tell us, how a Renaissance recipe came to be the most heavily exported cookie from Germany. The other is *Bratwurst*, a small sausage, that traditionally is roasted on an open fire or cooked in a vinegar broth. An industrial butchery will show us how it is made and will outline its worldwide success – even the Japanese appreciate these wurstels. As a contrast we will try out one of the little hostelries, that roast handmade sausage. Kraut Queens and the mayor will expect us in the afternoon in the small Franconian village of *Merkendorf*, where in a typical cabbage barn factory we will see a movie that explains Sauerkraut processing and kraut farming. In the evening we will reach *Bad Mergentheim*, former residence of the knights of the German Teutonic Order and Headquarters of the *Deutsche Akademie für Kulinaristik* (4 nights).

15. 7.: Hohenlohe: A slow region

We will take a relaxed tour of Hohenlohe, an historic ex-principality between Franconia and Swabia and today a quiet and rural region full of small towns and culinary initiatives. Here the local cooperative guarantees the best beef and pork in Germany (*Boeuf de Hohenlohe, Schwäbisch-Hällesches Landschwein*): Breeds that are almost extinct and formerly appreciated almost only by high quality restaurants. Rural jobs are assured and created by means of the *Bauernläden* concept (direct sales by farmers to the consumer). In the evening the *Zirbelstube* at the Victoria Hotel, the best restaurant in Germany, which has a high star-rating using exclusively local products, will seduce us with the richness of local flavours.

16.7.: Wine villages of Franconia

Otto Geisel, Vice President of the Deutsche Akademie für Kulinaristik and renowned wine expert and specialist, is striving to extend the *Purity Law* (Reinheitsgebot), which has been in force for beer since way back in 1518, also *for wines.* On the banks of the River Main grow *vines that are typical of Franconia* such as Müller-Thurgau, Silvaner and also the famous Rhine Riesling, which are bottled in characteristic rounded flasks. We will visit *prestigious vine-dressers* in romantic towns such as *Fürst in Bürgstadt* and the newly created *Weinreich in Sommerach, Dr. Kolesch* of the *University Wine Institute of Franconia* at *Veithöchsheim* will inform us about profile and future of German wine.

17.7.: Dark beer of Bamberg

One day in *Bamberg*, an old imperial and papal residence and secret beer capital, famous for its *historic breweries* with its hundreds of years old recipes. Mr. Trum from the world famous family run brewery *Schlenkerla* will show us the long tradition of their smoked Rauchbier. Other meeting might include members of the *Bierprojekt*, promoted by the University of Bamberg, the *Beer Museum* and the local *brewers' association* in order to assess the different aspects of beer culture.

18.7. Return from Bad Mergentheim to Colorno.

Zweites Beispiel

Barolo, Gran Caffès und Barock.
Piemontesische Impressionen
(5 Tage)

Piemont, das Land am „Fuße der Alpen“ gehört zu den großen touristischen und kulinarischen Entdeckungen Italiens. Die elegante Olympiastadt Turin vereint den barocken Charme der alten Savoyer-Residenz mit der hemdsärmeligen Energie der FIAT-Fabriken – eine faszinierende Mischung! Unter kilometerlangen Kolonnaden locken Jugendstilcafés auf eine schwarze Schokolade oder einen Vermouth – die Uferparks des Po laden zu grünen Spaziergängen, Museen und Kirchen zu kunstgeschichtlichen Entdeckungen.

In der trüffelreichen Hügellandschaft der Langhe, in der die meisten Romane Cesare Paveses spielen, reift die kostbare Nebbiolo-Rebe, aus der edelste Tropfen wie Barolo und Barbaresco gekeltert werden. Der Film „Bitterer Reis“ ist längst Geschichte, doch in den charakteristischen *risaie* von Vercelli wird noch immer der ideale Risotto-Reis gezogen. Nicht ohne Grund wurde im Piemont die Slowfood-Bewegung gegründet, die weltweit für die Erhaltung regionaler Kost als Kulturgut eintritt.

Unsere besondere exklusive Begegnung: Wir sind zu Gast in der wichtigsten gastronomische Universität Europas. In Pollenzo erforschen in einem idyllischen Backsteincampus des 19. Jahrhunderts Studenten aus aller Welt die Geheimnisse der kulinarischen Großmacht Italien.

Entworfen und begleitet wird die Reise von dem Piemontkenner Dr. Peter Peter. Der Münchner veröffentlichte 2006 im C. H. Beck Verlag eine „Kulturgeschichte der Italienischen Küche“. Er koordiniert für die Deutsche Akademie für Kulinaristik (www.kulinaristik.de) die Kontakte zur Università delle Scienze Gastronomiche in Pollenzo, wo er als freier Dozent tätig ist. Er schreibt regelmäßig Restaurantkritiken für die Frankfurter Allgemeine Zeitung am Sonntag.

1. Tag: Flug nach Mailand/ Turin

Transfer vom Flughafen in das Barolo-Weinbaugebiet der Langhe. Wir checken in einem gepflegten charmanten Landhotel ein. Abends spazieren wir durch das Winzerstädtchen La Morra, genießen Nebbiolo-Rotwein und unverfälschte piemontesische Küche wie bagna caoda (Rohgemüse mit Sardellensauce), Paprika-Sformatino, Tajarin-Nudeln, mariniertes Kalbfleisch und in Arneis geschmortes Kaninchen.

2. Tag: Torino – Savoyer-Residenz, FIAT-Metropole, Olympiastadt

Nietzsches Lieblingsstadt entpuppt sich als kolonnadengeschmückter lebenswerter Salon mit nostalgischen Gran Caffés und einem der lebendigsten Märkte der Appeninenhalbinsel. Ein köstliches Muß ist ein heißer Bicerin mit Kaffee und Schokolade.

Kunstgeschichtliche Attraktionen sind die furiosen kurvierten Barockkirchen Guarino Guarinis. Theologische, ja detektivische Rätsel gibt bis heute der Sindone, das Bahrtuch Christi, im Dom auf: Kann die Reliquie echt sein? Um modernere Mysterien geht es in der Mole Antonelliana. Italiens berühmtestes Hochhaus birgt ein faszinierendes Filmmuseum.

Abends probieren wir zum rustikalen Imbiss autochthone Weine.

3. Tag: Reismühlen, Barocksynagogen. Vercelli und Casal Monferrato

Ein Ausflug zu den den gefluteten Reisfeldern Piemonts – eine einzigartige Agrarlandschaft. In einer Reismühle wird für uns nach lokalen Rezepten Risotto gekocht. Im Bilderbuchstädtchen Casal Monferrato zeigt uns die Kustodin des Museo Ebraico eine jüdische Rarität – die vollständig erhaltene Barocksynagoge. Am späten Nachmittag kosten wir in einem Dorf des Roero bei einer prämiierten Winzerin den feinherben weißen Arneis-Wein.

4. Tag: Alba und die Langhe

Vormittags sind wir für einen Besuch in der berühmtesten gastronomischen Universität der Welt angemeldet. Die Università delle Scienze Gastronomiche wurde 2004 von Slowfood gegründet und befindet sich in einem neugotischen Schloß beim Dorf Pollenzo – hier wird nicht nur studiert, sondern auch eine der berühmtesten Weinbanken Italiens gepflegt.

Anschließend bummeln wir durch die Trüffelhochburg Alba: mittelalterliche Wehrtürmen, kleine Feinkostläden und elegante Boutiquen tragen zum besonderen Charme des Städtchens bei. Bei einer Panoramafahrt lernen wir das Terroir der Nebbiolo-Rebe kennen und besuchen Städtchen wie Grinzane Cavour, Barolo und Serralunga. In einem Weingut verkosten wir Barolo- und Barbaresco-Wein.

Abends ist zum Abschied in einer Osteria ein landestypisches piemontesisches Degustationsmenu für uns bestellt.

5. Tag: Heimflug

Transfer zum Flughafen Mailand/ Turin und Heimreise

Weitere Informationen und die genauen Reiseverläufe sind im Internet unter www.kulinaristik.de abrufbar.

Kapitel III

Kulinaristik als Komponente der Medienanalyse und Medientheorie

Kochbücher von Gastronomen und Köchen als Indikatoren kultureller Entwicklungen

Trude EHLERT

1 Zielsetzung

Die Kulinaristik versteht sich als ein fächerübergreifendes Kompetenzzentrum, in dem die Kommunikation und Kooperation zwischen Wissenschaft und Praxis rund um das Kulturphänomen „Essen und Trinken“ thematisiert werden soll. Dabei geht es vor allem um die wechselseitige Aufklärung von Theorie (wissenschaftlichem Zugang) und Praxis (Gastronomie, Hotellerie, Lebensmittelindustrie, öffentliche und private Lebenswelt) mit dem Ziel, einerseits mehr über das Funktionieren kultureller Handlungen im Bereich „Essen und Trinken“ zu erfahren und andererseits gestützt auf derartiges Wissen die Kommunikationskompetenz und damit die Leistungsfähigkeit in der Praxis zu stärken.

Einen Beitrag zur Erforschung des kulinarischen Diskurses, an dem Wissenschaftler und Praktiker auf je eigene Weise beteiligt sind, soll die folgende Untersuchung von Kochbüchern leisten, deren Autoren namhafte Gastronomen und Köche sind. Köche und Gastronomen dürfen aufgrund ihres beständigen Kontakts zum Kunden als besonders sensibel für sich anbahnende kulturelle Trends gelten, die sie prüfen, aufnehmen und verstärken oder aber auch kritisch begleiten können. Ihre Kochbücher sind daher aus Sicht der Kulturwissenschaften bestens geeignet, als Indikatoren kultureller Entwicklungen zu fungieren. Die Untersuchung möchte zugleich Anregung zu einer verstärkten Kooperation zwischen Kulturwissenschaft, Gastrosophie und Gastronomie geben.

2 Prämissen

Essensordnungen, die als kulturelle Normen ‚kulinarisches Handeln‘ regeln (Begriff nach Enninger 1982, S. 321), werden im Unterschied etwa zu Rechtsordnungen und religiösen Speisenormen, die durch die intentionale Formulierung der Religionsstifter und ihrer Interpreten eingesetzt werden, meist nicht durch bewusste Setzungen und Entscheidungen konstituiert, sondern konkretisieren sich in einer langen Reihe von oft nicht verbalisierten Auswahlprozessen. Diese Auswahlprozesse sind primär Teil des kulinarischen, nicht des kulinaristischen Diskurses; unter *Diskurs* verstehe ich im Anschluss an Foucault die regulierte, d.h. bestimmten Regeln gehorchende Serie von Aussagen, Ordnungs- und Deutungsmustern sowie Praktiken, die demselben Formationssystem zugehören (Foucault 1981). Der kulinarische Diskurs einer Gesellschaft umfasst also aus meiner Sicht alles, was in

einer Gesellschaft mit Essen und Trinken zu tun hat, von der Bestimmung, welche verdaulichen Materialien als Nahrungsmittel aufgefasst werden, über die Prozesse der Zubereitung und Verteilung der Nahrung, des Verzehrs und des Sprechens über all diese Prozesse. Nach Foucaults Verständnis übt dabei Macht aus, wer die Regeln des Diskurses formuliert, wozu auch die Bestimmung dessen gehört, welche Gegenstände dem Diskurs zugerechnet werden und welche nicht.
Die Diskurse sind allerdings beeinflusst von dem kulturellen Umfeld, in dem die Akteure dieses Diskurses leben,

- zum einen von den materiellen Bedingungen, unter denen Nahrung produziert, verarbeitet und verzehrt wird (z.B. bäuerliche vs. agrarindustrielle Produktion; Nahmarkt vs. Weltmarkt; Familienmahlzeit vs. Restaurantmahlzeit);
- zum zweiten von sozialen, religiösen und ethischen Normen sowie intellektuellen Dispositionen und Denkmustern, welche die Mentalität der Akteure prägen und ihre Wahlentscheidungen steuern (z.B. religiöse Nahrungstabus, soziale Nahrungshierarchien wie "Herrenspeise" vs. „Bauernspeise" im Mittelalter);
- zum dritten von den Vermittlungsmedien, welche auf die jeweiligen Entscheidungsträger einwirken (face to face-Kommunikation der Ess-Erfahrung, Buch, Fernsehen, Internet etc.)

Ein wichtiges Medium, das wesentlich zur Konstituierung, Implementierung und Konservierung, aber auch zum Wandel von Essensordnungen beiträgt, ist das Kochbuch: In Kochbüchern wird das in einer Gesellschaft gültige kulturelle Wissen darüber aufgezeichnet und tradiert, was als essbar und schmackhaft gilt, welche verdaulichen Stoffe als Nahrungsmittel angesehen werden und in welcher Kombination, welcher Bearbeitung und welcher Reihenfolge (und unter Umständen auch: zu welcher Gelegenheit) sie verzehrt werden dürfen oder müssen. Indem Kochbücher, wie sie es bis über die Mitte des 20. Jahrhunderts hinaus vornehmlich taten, traditionelle Gerichte und Zubereitungsweisen notieren, konservieren sie in der Gesellschaft bereits etablierte Essensordnungen. Kochbuchautoren können aber auch neue Trends aufnehmen, sie verstärken oder gar selbst kreieren, so wie wir es seit der zweiten Hälfte des 20. Jahrhunderts verstärkt beobachten können (Ehlert 1993). Kochbücher können daher wirkmächtige Medien des kulinarischen Diskurses sein, sie können sogar den Anspruch erheben, die Regeln dieses Diskurses zu verändern. Kochbücher sind mithin immer auch Indikatoren kulinarischer und damit auch kultureller Trends. Dies möchte ich im folgenden am Beispiel von Kochbüchern großer und berühmter Küchenchefs des letzten Vierteljahrhunderts zeigen.

3 Kochbücher

Im 20. Jahrhundert hat sich ein Funktionswandel der Gattung Kochbuch vollzogen, der mit den Stichworten zunehmende Typenvielfalt, steigende Spezialisierung und Polyfunktionalität umschrieben werden kann (Ehlert 1993, bes. S. 332–334): Neben wenigen Allround-Kochbüchern wird auf dem Markt eine kaum mehr überschaubare Menge von Spezialkochbüchern (vgl. Ehlert 1993, bes. S. 320–325) angeboten, die auf spezifische Käuferinteressen antworten oder diese Interessen allererst zu wecken versuchen. Diversifizierung in der Menge des Angebots und Spezialisierung des einzelnen Kochbuchs führen zur Polyfunktionalität der Gattung Kochbuch, die nun nicht mehr nur die Bewahrung und Tradierung des Bekannten beabsichtigt und so zur Konservierung etablierter Essensordnungen beiträgt, sondern in der sich zunehmend Stimmen artikulieren, die auf Veränderungen im kulinarischen Diskurs hinwirken wollen.

Zu den Stimmen, die den kulinarischen Diskurs in ihrem Sinne zu verändern trachten, gehören in ihrer Mehrheit die namhaften Spitzenköche und Küchenchefs, die Kochbücher unter ihrem Namen herausgeben oder herausgeben lassen. Unter den Spezialkochbüchern macht dieser Typus ein stetig größer werdendes Segment aus. Welche Argumentationsstrategien diese Spitzenköche verwenden, um den kulinarischen Diskurs in ihrem Sinne zu beeinflussen, und auf welche kulinarischen und kulturellen Tendenzen ihre Werke verweisen, soll nun am Beispiel einiger dieser Kochbücher untersucht werden.

Paul Bocuse: „La cuisine du marché“

Ich beginne die Reihe mit einem Rückblick auf zwei ältere Exemplare, weil sie am Ausgangspunkt dieser Entwicklung standen, die großen Kochbücher von Paul Bocuse und Paul und Jean-Pierre Haeberlin.

Vor gut dreißig Jahren, 1976, erschien in Frankreich das Kochbuch „La Cuisine du Marché“ von Paul Bocuse; bereits im Jahr danach wurde es ins Deutsche übersetzt und von den Übersetzern, Bernd und Isabelle Neuner-Duttenhofer für das deutsche Publikum auch bearbeitet (Bocuse 1977). Die Bearbeitung erstreckte sich auch auf den Titel: Aus der „Küche des Marktes“ wurde „Die neue Küche“. Damit wurde Anschluss an den Begriff der Nouvelle Cuisine gesucht, unter dem die vor allem von Bocuse, aber auch von zahlreichen seiner Mitstreiter in Frankreich und langsam auch in Deutschland propagierte Verwendung marktfrischer Produkte und ihre Zubereitung unter größtmöglicher Respektierung ihres Eigengeschmacks auftrat.

Bocuse stellt seinen Rezepten, die er nach der Speisenfolge gegliedert präsentiert, ein Vorwort voran, in dem er im lockeren Plauderton sein kulinarisches Credo entwickelt, das er sowohl auf die Restaurantküche als auch auf das Kochen zu Haus bezogen wissen will: Bocuse fordert von seinen Lesern – oder besser gesagt, von seinen Leserinnen, denn er spricht ausdrücklich von der Hausfrau –, sich als Gastgeberin nicht zu überfordern mit der Zubereitung komplizierter Gerichte und einer umfangreichen Speisenfolge, sondern sich vielmehr auf das zu verlassen, was sie vollendet beherrsche, im übrigen aber die Realisierung seiner Rezepte von den Angeboten des Marktes abhängig zu machen und stets der Improvisation Spielraum zu geben, vor allem aber mit Liebe zu kochen. Er beruft sich auf seinen Lehrer Fernand Point, wenn er sagt: „ Man kann nur mit Liebe gut kochen, weil es vor allem darum geht, um einen Tisch herum Atmosphäre von Freundschaft und Brüderlichkeit zwischen den Menschen zu schaffen. (. . .) Ich glaube, es ist leichter für Leute zu kochen, die man gerne hat; es schmeckt dann auch besser." (S. 9) Und Bocuse gesteht freimütig, dass er auf die Rezepte des von ihm bewunderten Alfred Guérot zurückgreift, wenn er diese auch „überarbeitet, verändert und unserer Zeit angepasst" habe (S. 10). Ausdrücklich betont Bocuse, dass er mit seinem Buch beides wolle: „an die Ursprünge unserer kulinarischen Traditionen zurückführen und gleichzeitig neue Aussichten eröffnen auf das, was wir erreichen können, wenn wir unsere Nachbarn oder gar ferne Länder beobachten. Mein Buch will also das Herkömmliche mit dem Neuen verbinden."(S. 8)

Genau diese Verbindung leisten denn auch die Rezepte des Buches; sie decken die ganze Spannbreite eines Allround-Kochbuchs ab und bieten darüber hinaus raffinierte Neuerungen. Sie reichen vom Eierkochen (S. 63) bis zur Soupe aux truffes ‚Élysée' (Trüffelsuppe ‚Élysée', S. 79), die Bocuse aus Anlass seiner Auszeichnung mit dem Kreuz der Légion d'honneur kreierte. Bei der Darbietung der Rezepte erleichtern die Übersetzer ihren deutschen Rezipienten das Arbeiten mit dem Buch, indem sie die Zutaten als „Block zusammengefasst und nach der Reihenfolge der Verwendung geordnet" (S. 14) den Zubereitungsanweisungen voranstellen. Mit der Übersetzung des Werkes ins Deutsche wird offenbar auch ein anderes Publikumssegment als Rezipienten angesprochen: Wo Bocuse von der Hausfrau spricht, wenden die Übersetzer sich an den „Feinschmecker" (S. 13) und den „(interessierten) Laien" (im Unterschied zum Profi-Koch, S. 14), dem sie die Neue Französische Küche durch die Übersetzung auch der Küchen-Fachtermini nahe bringen wollen.

Wo Bocuse sich auf die Tradition beruft und sein Pochen auf Frische und Qualität der Zutaten als eine Rückkehr zu den Quellen rechtfertigt, sich also als Erneuerer alter Werte affirmativ in den kulinarischen Diskurs einreiht und seine Neuerungen als Anpassung an „unsere Zeit" ausgibt, betonen die Übersetzer gerade die Neuerungen. Das mag damit zusammenhängen, dass Bocuse sich ja auf den französischen Kochstil bezieht, der für die deutschen Rezipienten (noch) nicht die Norm bildete, so dass das Propagieren von Bocuse' Neuer Küche für den kulinarischen Diskurs in Deutschland ein größeres Veränderungspotential besaß als in seinem Ursprungsland.

Das von Bocuse verwendete Argumentationsmuster zur Durchsetzung seines Kochstils und damit auch von Veränderungen im kulinarischen Diskurs, nämlich der Rückbezug auf das Alte und Bewährte, das vernachlässigte Gute: dieses Argumentationsmuster werden wir auch bei den deutschen Chefköchen wiederfinden.

Paul und Jean-Pierre Haeberlin: „Meisterküche im Elsass"

Nur fünf Jahre nach der „Cuisine du Marché" von Paul Bocuse erschien das Kochbuch eines anderen Michelin-besternten Kochs, das des Elsässers Paul Haeberlin, der zusammen mit seinem Bruder Jean-Pierre die „Auberge de l'Ill" zu kulinarischem Ruhm geführt hatte. Unter dem Titel „Paul und Jean-Pierre Haeberlin: Meisterküche im Elsass: Die Auberge de l'Ill"[1] gab Bernd Neuner-Duttenhofer

[1] Zitiert wird nach der Sonderausgabe Düsseldorf, Wien1988.

jenes Buch heraus, das, so der Waschzettel, „die Geheimnisse ihrer handgeschriebenen Rezeptbücher einer breiteren Öffentlichkeit preis[]geben" sollte. Wieder hat der Herausgeber die Rezepte nicht nur übersetzt, sondern auch präzisierend bearbeitet. Anders als im Werk von Bocuse legt hier jedoch nicht der Meister selbst Rechenschaft ab über das, was er mit seinem Kochstil anstrebt, sondern das Werk wird eröffnet mit einer Eloge auf die Kochkunst Paul Haeberlins durch den Gastrokritiker Gert von Paczensky, gefolgt von einer Einleitung des Herausgebers sowie je einer Portraitskizze über die beiden Brüder, die eine kurzgefasste Geschichte des inzwischen über hundertjährigen Hauses einrahmen.

In seiner Einleitung ordnet der Herausgeber Paul Haeberlin der Strömung der Neuen französischen Küche zu, stellt ihn Paul Bocuse zur Seite und schreibt dessen unerwarteten Erfolg der Tatsache zu, dass er mit seinen Rezepten das technische Können der Hausfrau und des Hobbykochs in Rechnung gestellt habe. In Anlehnung an Bocuse' Forderungen rät Neuner-Duttenhofer den Rezipienten, die Rezepte nach den Angeboten des Marktes zu variieren und propagiert als „oberstes Gebot: das Kochen soll Spaß machen" (S. 14). Und im Unterschied zu dem sich auf seinen Lehrmeister berufenden Bocuse besteht der Herausgeber von Paul (und Jean-Pierre) Haeberlins Rezepten auf der Einmaligkeit des Buches, die er darin sieht, dass es nur Rezepte enthält, die von den Haeberlins entwickelt wurden, und dass es daher „ganz aus der Bodenständigkeit des Elsass erwächst" (S. 15). Abschließend aber insistiert Neuner-Duttenhofer auf dem von Bocuse übernommenen Argument, dass es im Grunde keinen „Unterschied zwischen der großen Kochkunst und den einfachen Gerichten der Hausfrau" gebe, wenn nur „sorgfältig mit guten Zutaten umgegangen wird" (S. 15).

Neuner-Duttenhofer kombiniert hier zwei Argumentationsmuster: Zum einen bestätigt er den etablierten kulinarischen Diskurs durch die Berufung auf das gute Alte, das Bodenständige als Maßstab („Bodenständigkeit des Elsass"), an dessen Tradition die Küche selbst eines Ausnahmekochs wie Paul Haeberlin anknüpft, und zum anderen betont er, indem er die Einmaligkeit der Rezepte eben dieses Sterne-Kochs hervorhebt, dessen Innovationskraft und damit seine Macht, prägend, und das heißt auch: dessen Regeln verändernd, auf den kulinarischen Diskurs einzuwirken. Indem er zugleich die Distanz zwischen dem Spitzen- und dem Hobbykoch bzw. der Hausfrau einebnet, ermutigt der Herausgeber die Rezipienten zur Identifikation mit dem Spitzenkoch, zur Nachahmung und Übernahme auch der Innovationen. Auf diese Weise schreiben Rezeptautor und Herausgeber nicht nur durch die Rezepte am Wandel des kulinarischen Diskurses mit, sie motivieren auch die Rezipienten, durch das Nachkochen an diesem Wandel aktiv zu partizipieren. Das Argument, dass Kochen Spaß machen solle, verweist zugleich auf eine tiefgreifende Veränderung der Situation, in der das Kochbuch herangezogen werden soll: Kochen wird nicht mehr als Pflicht der Gäste bewirtenden Hausfrau imaginiert, sondern als Freude vermittelnde und der Entfaltung der eigenen Kreativität Raum gewährende Tätigkeit. Fremdbestimmung durch äußere Zwänge ist also der Selbstbestimmung des Individuums gewichen, allerdings nur dadurch, dass als Rezipient eher der Hobbykoch denn die Hausfrau angesprochen erscheint. Aber auch das verweist auf einen Wandel im kulinarischen Diskurs, dass Kochen als erstrebenswerte Freizeitbeschäftigung angesehen wird.

Viele der Rezepte im Haeberlin-Kochbuch weisen in der Tat spezifisch elsässische Zutaten oder Zubereitungsweisen auf, die jedoch oft, wie in der Spitzenküche nicht anders zu erwarten, raffiniert und verfeinert wurden. Das geht von der Froschschenkelsuppe (Potage aux grenouilles, S. 91f.) über die Matelote d'anguille au pinot noir (Fischragout[2] vom Aal mit Pinot noir, einem elsässischen Rotwein, der einem Spätburgunder Weißherbst ähnelt, S. 127) bis zum Coq au Riesling (Hahn in Riesling, S. 204). Selbstverständlich gibt es jedoch auch Rezepte mit Trüffeln oder Meeresfischen, wie sie zur großen französischen Küche gehören, oft in spezifisch elsässischer Variante, wie etwa Blanc de saint-pierre au pinot noir (Filet vom Saint-Pierre in Pinot noir, S. 143f.). Wie immer im Elsass ist die Region eine der Quellen des kulinarischen Diskurses; die andere, aus der er sich speist, kommt aus dem „Inneren" Frankreichs, wie man hier zu sagen pflegt.

Beide Kochbücher, sowohl das von Paul Bocuse als auch das der Haeberlins, kommen mit sehr wenigen Photos aus – daran wird deutlich, dass sie vor Revolutionierung der Food-Photographie, die Mitte der 80er Jahre in Deutschland einsetzte, konzipiert wurden.

Deutsche und elsässische Kochbücher von Spitzenköchen aus den letzten zehn Jahren

Im folgenden werde ich die Ergebnisse meiner Untersuchung von 14 Kochbüchern (Corpus Ehlert 2007) berühmter Chefs aus Deutschland und dem Elsass aus den letzten zehn Jahren vorstellen; dabei werde ich analysieren, welche Ziele sie verfolgen und mit welchen Argumentationsstrategien sie in den kulinarischen Diskurs eingreifen, um diesen in ihrem Sinne zu verändern. Ich habe diese 14 aus der nahezu unüberschaubaren Fülle von Kochbüchern auf dem deutschen Markt (und einige wenige Exemplare aus dem Elsass) ausgewählt, weil sie – mit Ausnahme des Kochbuchs des zum angeführten Korpus gehörenden Jamie Oliver, der in Großbritannien von einem TV-Sender als Medienereignis aufgebaut wurde und nicht als Chef eines Restaurants zu Ruhm gelangte, gerade dadurch aber den Trend repräsentiert, Kochen zum Event zu stilisieren – zwei Kriterien erfüllen: Sie stammen alle von namhaften, meist mit Michelin-Sternen ausgezeichneten Köchen, und sie stehen für die Kochstile, welche diese Chefs mit ihren Rezepten propagieren.

Optische Aufmachung

Die meisten dieser Kochbücher entsprechen in ihrer optischen Aufmachung dem heute gültigen Standard: Sie sind reich mit überaus ansprechenden Photos von den

[2] „Matrosengericht", wie Neuner-Duttenhofer Matelote übersetzt, ist zwar richtig von „matelot", „Matrose" abgeleitet, der Name ist aber eine typische Küchenbezeichnung und meint eine Art Fischragout auf Weinbasis.

Gerichten und oft auch mit stimmungsvollen Photos vom Environement (Landschaft, Bauernhöfe als Quellen der verwendeten Lebensmittel, Restaurant) ausgestattet. Eine Ausnahme bildet in dieser Hinsicht nur das „Tantris-Kochbuch" von Eckart Witzigmann, dessen Umschlag – wie auch das Restaurant selbst – in Rot und Schwarz gestaltet und mit dem asiatisch wirkenden Tantris-Logo versehen ist und das auch im Innern mit denselben Farben arbeitet und ausschließlich Schwarz-Weiß-Photos (darunter nur ein einziges von einem Gericht) enthält. Es trägt der gegenwärtigen Situation einerseits durch ergänzend eingestreute Kommentare Witzigmanns zu seinen Rezepten sowie das Hinzufügen von Rezepten seiner Nachfolger im „Tantris" Rechnung und andererseits durch das – ausdrücklich erwähnte – Weglassen von Rezepten für Kalbsbries oder die Substituierung von Rindermark durch Butter, da diese Produkte in Zeiten des BSE-Skandals nicht mehr opportun erschienen.

Alle anderen Bücher sind mit erstklassigen Farbphotos der Gerichte ausgestattet, fast immer auch mit einem oder mehreren Portraitphotos des jeweiligen Kochs [3], vielfach auch mit repräsentativen Photos seines Restaurants oder mit scheinbaren Einblicken in den Arbeitsprozess in der Küche, gelegentlich mit Photos, die den Chefkoch zusammen mit prominenten Gästen zeigen [4], und mehrfach mit photographischen Darstellungen blitzsauberer Kühe oder munter dreinblickender, handgefütterter und selbstverständlich freilaufender Hühner [5] und von fein herausgeputzten, zarten Gemüsen und makellosem Obst [6].

All diese Photos haben argumentative Funktionen: Ästhetisch hochwertige Photos von raffiniert arrangierten Speisen sollen dic Lust auf den Verzehr der Speise und die zuvor zu bewältigende Arbeit der Kochens anregen. Wird der Meisterkoch im Kreise von Prominenten gezeigt, so fungiert das Photo als Indikator seines Berühmtheitsgrads und soll den Rezipienten stimulieren, sich über die Bewunderung mit ihm verbunden zu fühlen, teilhaben zu wollen an seiner Aura durch die Lektüre des Buches und idealiter durch das Nachkochen der Rezepte. Stimmungsvolle Photos von scheinbar unberührter Natur oder perfekt auf alt gestylten, meist rustikal anmutenden Stadtansichten suggerieren die Verbundenheit des Kochs mit der in die Vergangenheit projizierten heilen Welt, sein Verwurzeltsein in der Tra-

3 So Bocuse (1977), nach S. 32; Cuisine de passion (2002) mit einem Gruppenphoto im Vorsatz und im Nachsatz des Buches; Haeberlin (1988), nach S. 16 und vor S. 17; Jung (2001), S. 5; Lafer (o.J.), Deckel und S. 4; Lafer (2000), passim; Mosimann (o.J.), S. 6; Oliver (2003), passim; Schuhbeck (2002), passim; Schuhbeck (o.J.), Rückumschlag; Westermann (1996), S. 9 – alle Photos von Personen sind schwarz-weiß gehalten; Die Jungen Wilden (2000), jeweils zu Beginn des Abschnitts eines Kochs, schwarz-weiß; Winkler (2003), Deckel und S. 3; Witzigmann (2001) passim, schwarz-weiß; Witzigmann (2000), passim; Wohlfahrt (198), Schutzumschlag, S. 4, 6f., 10f.

4 So Lafer (2000), S. 232; in Lafer (o.J.) finden sich pro Rezeptdoppelseite zwei Photos des Prominenten, dessen Rezept Lafer bearbeitet; Winkler (2003), S. 6ff. und S. 222. Bei Haeberlin werden statt dessen Autogrammen berühmter Zeitgenossen aus dem Gästebuch abgebildet, S. 26f. Oliver (2003) enthält zahlreiche Photos, die ihn mit seiner Frau, (seinen) Kindern oder Freunden zeigen.

5 Kühe: Schuhbeck (2002), S. 10f., 15; Winkler (2003), S. 64f., 188; handgefütterte Hühner: Lafer (2000), S. 28f.

6 So in geringem Umfang Jung (2001), vor allem aber Lafer (2000), Schuhbeck (2002), Witzigmann (2003).

dition und in der jeweiligen Region [7]. Und die Bilder der zur Nahrung geeigneten Tiere und Pflanzen in ihrer natürlichen Umgebung sollen die Authentizität der Produkte unter Beweis stellen, mit denen der Koch seine Gerichte zubereitet.

In Schuhbecks „Neuem Bayrischen Kochbuch" sind neben den Hochglanzphotos schwarz-weiß gehaltene Vignetten von Küchenszenen und zur Speisezubereitung geeigneten Tieren und Pflanzen, wie sie im 19. Jahrhundert zur Illustration von Kochbüchern dienten, über das ganze Buch verteilt. Funktion dieser Vignetten ist es, die Traditionsverbundenheit des Autors zu signalisieren, die im Vorwort postuliert wird sowie in Auswahl und sprachlicher Gestaltung – der Autor verwendet bevorzugt bairische Regionalwörter zur Bezeichnung seiner Gerichte – zum Ausdruck kommt.

Schon die optische Präsentation der Kochbücher hat also Zeichencharakter: Ins Bild gesetzt werden die zwei zentralen Postulate, die schon Bocuse an die große Kochkunst richtete: der Tradition verbunden zu sein und ihre Werte aufzunehmen, zugleich aber dem Neuen gegenüber aufgeschlossen zu sein. Das Gewicht, das die Autoren dem Traditionsbezug zumessen bzw. das sie dem Wunsch nach Neuerungen zubilligen, ist bei einzelnen Autoren unterschiedlich, und auch das lässt sich an der optischen Ausstattung bereits ablesen.

Rahmentexte und Autor-Rezipienten-Verhältnis

Was die Darbietung der Texte angeht, so lassen sich zwei Grundformen unterscheiden, die einander zwar konträr entgegenzustehen scheinen, zwischen denen es aber dennoch auch Mischformen geben kann. Beide Formen zeichnen sich bereits in den Kochbüchern von Bocuse und Haeberlin ab, die daher paradigmatisch für die beiden Darbietungsformen stehen können: Entweder der Koch formuliert einleitend oder auch in fortlaufenden Kommentaren zu einzelnen Rezepten seine Vorstellungen vom Kochen und Essen; er greift also sowohl reflexiv durch seine Kommentare und Stellungnahmen als auch praktisch durch seine Rezepte in den kulinarischen Diskurs ein. Oder aber er überträgt die Aufgabe, seine Ziele und Absichten zu formulieren, einem Herausgeber, der in der 3. Person von den Ideen und Postulaten berichtet, die der Spitzenkoch mit dem Kochen und Essen verbindet. Im ersten Fall gibt der Koch dem Rezipienten das Gefühl, unmittelbar mit ihm zu kommunizieren, von ihm selbst aus erster Hand über seine Ziele und Absichten unterrichtet zu werden. Eine Lehrer-Schüler-Relation wird konstruiert, durch die der Rezipient als „Schüler" disponiert wird, die Ideen des Lehrers zu übernehmen. So verfahren Paul Bocuse und besonders auffällig in einem fast kumpelhaften Ton Jamie Oliver, der Distanz abbaut und zu Identifikation durch Nähe animiert. Im zweiten Fall, wenn ein Herausgeber oder Texter die Vorstellungen des Meisterskochs erläutert, entsteht eine größere Distanz zwischen dem Kochrezeptautor und dem Rezipienten, welche eine Hemmschwelle für die Identifikation

---

[7] So bei Lafer (2000), Schuhbeck (2002), Westermann (1996) – hier sind es Abbildungen von museal intakten Fachwerkhäusern Altstraßburgs, welche die Rolle übernehmen, die in anderen Büchern der Natur zukommt: sie sollen auf die ungebrochene Beziehung zur Tradition verweisen; Winkler (2003).

mit dem Meister und ein potentielles Hindernis für das Gelingen der Kommunikation zwischen beiden bilden kann. Der Rezipient hat – außer über die Rezepte – keinen unvermittelten Zugang zum Meister. So konzipieren die Herausgeber das Haeberlin-Kochbuch und so lassen auch Johann Lafer, Alfons Schuhbeck, Antoine Westermann, Heinz Winkler und Harald Wohlfahrt ihre Kochbücher im Grundsatz anlegen.

Es gibt aber Zwischenstufen zwischen beiden Präsentationsformen, etwa wenn ein kurzes Vorwort mit prägnanten Zielformulierungen den Rezipienten dazu disponieren soll, die sich daran anschließenden Ausführungen eines Herausgebers oder Redaktors als quasi stellvertretend für den Meister formuliert zu verstehen, so etwa bei Alfons Schuhbeck oder Heinz Winkler. Schuhbeck führt in der Einleitung zur Neuauflage den Erfolg seines 1989 zuerst erschienenen „Bayrischen Kochbuchs“ auf seine „Liebe zu bodenständigen bayrischen Gerichten“ zurück. Er inszeniert sich als traditionsverbunden, wenn er versichert, nach wie vor seien es „die altbewährten Rezepte [s]einer Heimat, Gerichte, die über Jahrhunderte gewachsen sind“, die ihn weit mehr begeistern, als „jedes noch so extravagante Trendmenü“ (Schuhbeck 2002, S. 5). In Heinz Winklers Kochbuch findet sich statt der üblichen Titelei auf den entsprechenden Seite ein Ausschnittsphoto seines Hotelrestaurants; darüber stehen quasi als Motto die Sätze: „Die Tradition bekommt eine Zukunft. Neues zu schaffen, nach vorn zu denken, wird ihr Bestandteil“. „Das Forum: Die Residenz.“ „Der Mann: Heinz Winkler.“ Neben einem Panoramaphoto der „Residenz“ und einem kleinen Portraitphoto des Kochs eröffnet Winkler auf den beiden nachfolgenden Seiten dem Rezipienten, den er wie einen Gast begrüßt, dass er das Buch auf Wunsch vieler seiner Gäste zusammengestellt habe – womit er einen uralten Prologtopos bemüht. Er schätzt das Buch als seinem Qualitätsanspruch genügend ein und beteuert, dass er darin seinem Kochstil, den er als „Cuisine vitale“ bezeichnet, treu geblieben sei. Motto und Vorwort formulieren Winklers eigenen Anspruch und positionieren sein Schaffen im kulinarischen Diskurs auf der Skala zwischen Traditionsverbundenheit und Offenheit für Neues eher mit der Blickrichtung auf das Neue bei gleichzeitigem Insistieren auf der Tradition.

Ein besonders gelungenes Beispiel für die Kommunikation mit dem Rezipienten, durch die der Kochbuchautor ja in den kulinarischen Diskurs eingreifen will, bietet Johann Lafers „Lebenslust und Tafelfreuden“. Schon der barock anmutende Titel eröffnet diese Kommunikation und macht neugierig auf die Durchführung. Der Autor Christian Backhaus vermag durch die Disposition der Kapitel ebenso wie durch die Art und Weise, wie er Lafer, immer wieder dessen eigene Meinung zitierend, darstellt, dessen Ansichten und ihre Fundierung in Lafers eigener Lebenserfahrung dem Rezipienten nahezubringen, indem er Lafers schon geleisteten Beitrag zum kulinarischen Diskurs expliziert: seinen Wunsch, dem „Verlernen und Verlieren einst elementarer Kenntnisse in Verbindung mit immer feinerer Spezialisierung“ (Lafer 2000, S. 14) durch seine Tätigkeit als Koch entgegenzuwirken, Kochen daher als einen „Akt der Erinnerung“ (Lafer 2000,S. 24) zu begreifen, durch den Erfahrungen der Kindheit reaktiviert und ein intensiveres Lebensgefühl vermittelt werden kann. Bezeichnend für die Anordnung der Kapitel ist es, dass Backhaus einleitend, noch bevor er auf die Biographie Lafers zu sprechen kommt, den Spitzenkoch als Lehrer inszeniert, der seine „Schüler" ansporn und ermutigt: Das erste von sechs Kapiteln, von denen je drei den Rezeptblock in der Mitte einrahmen, ist überschrieben: „Die fröhliche Schule der Genüsse. Kochen hat auch mit Verwandlung zu tun: Johann Lafers lukullische Lehranstalt ‚Table d'Or'"; das doppelseitige Photo zeigt Lafer, der an eine stehende Schiefertafel ein Alphabet der Genüsse schreibt: „A = Apfelkompott, B = Birnenstrudel, C = Carpaccio" etc. (Lafer 2000, S. 12f.). Backhaus konstruiert also explizit die Lehrer-Schüler-Relation, die Bocuse implizit herstellte: Indem Backhaus Lafer als Lehrer darstellt, schreibt er ihm die Autorität über das zu, was Backhaus im folgenden als dessen Kochphilosophie entwickelt; und er ermöglicht dem Rezipienten des Buchs, sich mit den Lafer-Kochschülern zu identifizieren und befördert so Akzeptanz und Übernahme derjenigen Thesen, mit denen Lafer (und vielleicht auch Backhaus) auf den kulinarischen Diskurs einwirken wollen.

Präsentation der Rezepte

In der Präsentation der Rezepte zeichnen sich vier Typen ab: Der gängigste und traditionellste Typus ist die Anordnung der Rezepte entsprechend der Speisenfolge, wie sie bei Bocuse und Haeberlin anzutreffen ist; so verfahren auch die Cuisine de passion (2002), Jung (2001), Lafer (2000); Mosimann (o.J.), Schuhbeck (2002), Westermann (1996), Witzigmann im „Tantris-Kochbuch" (2002), Wohlfahrt (1998).

Ein zweites Anordnungsprinzip ist die Abfolge der Jahreszeiten, innerhalb derer die Rezepte wiederum der Speisenfolge entsprechend dargeboten werden; diese Anordnung wird von Winkler (2003) und Witzigmann in seiner „Crossover-Küche" (2003) gewählt. Die Präsentation nach den Jahreszeiten setzt also durch die Anordnung der Rezepte auch in der Form der Darbietung eine Forderung um, die alle Spitzenköche seit Bocuse an die gute Küche stellen, nämlich dass sie vornehmlich die saisonüblichen Produkte verarbeiten soll; diese Präsentationsform trägt damit zur Durchsetzung eines Wandels bei, der in der inhaltlichen Konzeption der Neuen Küche vorbereitet worden war.

Das dritte Gliederungsprinzip bietet Rezepte jeweils für ein ganzes Menü dar; es wird in den hier untersuchten Werken nur von den Jungen Wilden angewandt, weil sich in ihrem Kochbuch jeder Koch mit einem Menü präsentiert. Das vierte Prinzip hängt eng mit der Intention des Kochbuchs (und der Fernsehserie, der es sich verdankt) zusammen: Die beschriebenen Gerichte werden in der Abfolge vorgestellt, in der die Prominenten in der Fernsehsendung als Vermittler des Rezepts auftraten (Lafer 2000); dabei steht nicht das Gericht im Mittelpunkt, sondern die Tatsache, dass es den Geschmack und die Vorliebe einer prominenten Persönlichkeit repräsentiert; die Gerichte bekommen Zeichencharakter: Sie verweisen auf Präferenzen, Einstellungen und Eigenschaften der bekannten Persönlichkeiten. Diese Gliederung ist nicht von den Normen des kulinarischen Diskurses bestimmt, sondern spiegelt den *event*-Charakter der Veranstaltung, der sich die Rezeptsammlung verdankt.

In keine dieser Kategorien lassen sich das Kochbuch von Jamie Oliver und das Fingerfood-Kochbuch von Alfons Schuhbeck einordnen. Während Schuhbeck seine Fingerfood-Rezepte nach Zutaten, Zubereitungsweisen und Präsentationsformen ordnet, also mehrere Ordnungskriterien nebeneinander benutzt, verfolgt der medial auf jugendlicher Kumpel getrimmte Jamie Oliver diskret didaktische Ziele mit der Anordnung seiner Rezepte: Er betont schon in seinem Vorwort einerseits das Spaßprinzip und will andererseits vor allem „normale Leute" ansprechen und zum Kochen zu ermutigen [8].

Auch die Wahl der Rezeptanordnung verweist also bereits zeichenhaft auf die Programme der Köche und kann dadurch mitwirken an der Veränderung des kulinarischen Diskurses.

Zielsetzungen

Vor allem die oft nicht explizit artikulierten, zuweilen aber auch mehr oder minder ausführlich explizierten Zielsetzungen der Kochbücher leisten einen wesentlichen Beitrag zur Modellierung des kulinarischen Diskurses.

Dass sich den untersuchten Kochbüchern eine Vielzahl zum Teil sogar konträrer Zielsetzungen entnehmen lässt, entspricht der eingangs erwähnten Polyvalenz der Textsorte. Die Skala der explizit verfolgten Absichten reicht von dem Wunsch, altbewährte Rezepte (wenn auch in zeitgemäß angepasster Adaptation) zu bewahren (Schuhbeck 2002, S. 5; Oliver 2001, S. 20), regionale Traditionen aufzunehmen und weiterzuentwickeln [9], bis zu der ganz bewussten Aufnahme fremder Zutaten und Zubereitungsweisen, wie sie besonders Eckart Witzigmann in seiner „Crossover-Küche" (2003) und die Jungen Wilden (2000) propagieren. Während der Koch und sein Rezipient sich im Anknüpfen an die Tradition der eigenen Identität zu versichern versuchen – Lafer bezeichnet, wie gesagt, das Kochen als einen „Akt der Erinnerung" [10] –, steht das Experimentieren mit fremden Geschmacksrichtungen für „Inspiration und kulturellen Austausch", für „Weltoffen-

---

8 Oliver (2001), S. 8: „Mein großes Ziel war es (...), die besten Rezepte aus meinem Profialltag so zu modifizieren, dass sie auch zu Hause und unter einfachen Bedingungen richtig gut funktionieren – selbst dann, wenn Garten und Vorratsschrank nur wenig hergeben. Dieses Buch soll Ihnen einfach Mut machen, ohne große Vorbereitungen und selbstbewusst in die Küche zu gehen und gut gelaunt loszulegen." S. 9: „Ich habe so viele Briefe und E-mails an meine Website (www.jamieoliver.com) bekommen, dass ich jetzt mehr Ahnung davon habe, was normale Leute zu Hause kochen möchten. Beim Schreiben dieses Buches hatte ich das stets im Kopf." Daher setzt er nach einem Abschnitt, in dem er Kräuter als Geheimtip für die gute Küche anpreist, mit Rezepten für die „Herzhafte Küche" ein, gefolgt von Rezepten für die „Schnelle Kühe", und (unter dem Titel „Kid's Club") Rezepten, mit denen Eltern die Phantasie ihrer Kinder anregen und sie zum Mittun in der Küche animieren sollen; Salat- und Dressingrezepte schließen sich an, Fisch, Fleisch, Gemüse und Brot sowie Desserts und Getränke nehmen je ein Kapitel in Anspruch, womit sich Oliver der Anordnung nach der Speisenfolge wieder annähert.

9 Cuisine de la passion (2002); Haeberlin (1988); Jung (2001); Lafer: Leibgerichte (o.J.); Lafer (2000); Schuhbeck (2002); Westermann (1996); Wohlfahrt (1998).

10 Lafer (2000), S. 24. Vgl. auch Witzigmann: Tantris-Kochbuch (2001), S. 189, 191.

heit und Lebensfreude", wie Witzigmann in seinem Vorwort anführt (Witzigmann 2003, S. 6). Während Lafer in den „Kosmopoliten und Technokraten", für die er kocht und „die die Verbindung zu ihrer Herkunft abgebrochen haben"(Lafer 2000, S. 214), durch das Aktivieren von Geschmacks-Erinnerungen das Bewusstsein für die kulturelle Verwurzelung kulinarischer Traditionen und somit für die – vielleicht verschüttete – eigene Identität wecken möchte, das Bewahren der Tradition also positiv besetzt, begreift Witzigmann gerade das Fehlen einer „fest verwurzelte(n) Regionalküche" (Witzigmann 2003, S. 6) in den westlichen Millionenstädten wie New York oder London als Chance für eine ideenreiche Küche, „die überraschende Kombinationen von Zutaten" (Witzigmann 2003, S. 6) zulässt, gründliche Kenntnis der fremden Küchen und professionelles Fingerspitzengefühl des Kochs allerdings vorausgesetzt (vgl. Witzigmann (2003), S. 8). Diese beiden Kochrichtungen stehen zeichenhaft für zwei kulturelle Diskurse in unserer Gesellschaft: die Tendenz zur Globalisierung und die ihr gegenläufige Tendenz zur Rückbesinnung und Anbindung an die Traditionen der Regionen.

Einig sind sich „Traditionalisten" und „Interkulturalisten", wie ich die Vertreter der beiden Kochrichtungen einmal verkürzt nennen möchte, jedoch darin, dass die Produkte von erstklassiger Qualität sein und in ihrer Eigenart respektiert werden müssen. [11] In dieser Hinsicht tragen sie alle zur Implementierung der Grundsätze der Nouvelle Cuisine und zu einem Wandel des kulinarischen Diskurses bei. Ebenfalls übereinstimmend halten sie Kochen für einen kreativen Akt und wollen durch ihre Bücher die Rezipienten zu eigener Kreativität anspornen [12], und auch dies indiziert einen tiefgreifenden Wandel des kulinarischen Diskurses, der durch die moderne Freizeitgesellschaft allererst ermöglicht wird. Konsens besteht ferner zwischen vielen von ihnen auch darin, dass Kochen Spaß machen soll [13], was gleichfalls darauf verweist, dass Funktion und Bedeutung des Kochens sich gewandelt haben: Kochen dient nicht mehr nur der Befriedigung des Hungers, sondern Kochen kann darüber hinaus durch das Ausleben kreativer Fähigkeiten das Bedürfnis nach Selbstverwirklichung befriedigen. Durch das Nachkochen raffinierter Gerichte berühmter Küchenchefs demonstriert der Kochbuch-Rezipient darüber hinaus kulinarisches Können und *savoir vivre*, wovon er sich einen Zuwachs an Prestige, an sozialer Geltung versprechen kann.

Auch darüber besteht Einigkeit zwischen einigen Repräsentanten der „Traditionalisten" und der „Interkulturalisten", dass man selbst als Spitzenkoch „nicht an der Realität vorbei kochen" dürfe, wie die Jungen Wilden mit einem kritischen Seitenblick auf die „hoch subventionierte" Sterne-Gastronomie bemerken (Die Jungen Wilden 2000, S. 15.). Im Hinblick auf die Hausfrau als Gastgeberin argumentierte schon Bocuse ähnlich, wenn er sie aufforderte, lieber ein Gericht zuzubereiten, das sie wirklich könne (Bocuse 1977, S. 9.); und Jamie Oliver zielt

---

[11] „harmonie des mets et respect du produit", wie es Émile Jung formuliert hat, Jung (2001), S. 21. Vgl. auch Witzigmann: Crossover (2003), S. 8; Die Jungen Wilden (2000), S. 12.

[12] Vgl. Bocuse (1977), S. 9; Lafer (2000), S. 22; Oliver (2003); Westermann (1996), S. 12; Die Jungen Wilden (2000), S. 8; 12; Witzigmann: Crossover-Kochbuch (2003), S. 6.

[13] Neuner-Duttenhofer in Haeberlin (1988),S. 15; Oliver (2003), S. 12, 65; Die Jungen Wilden (2000), S. 8.

mit seiner „herzhafte[n] Küche“ (S. 18ff.) in dieselbe Richtung: Diese Köche sprechen den Durchschnittsverbraucher und die Alltagssituation an, in der gut gekocht werden soll, ohne dass dabei unbedingt Luxusprodukte verarbeitet oder extrem komplizierte Bearbeitungsvorgänge bewältigt werden müssten. Die Rezeptpraxis der Jungen Wilden wird ihrem theoretischen Anspruch nach Realitätssinn indes nicht immer gerecht. Was sich aber sowohl bei den Jungen Wilden als auch bei dem mit seiner Fernseh-Show überaus erfolgreichen Jamie Oliver abzeichnet, ist jedoch eine Gegenbewegung gegen jene Trends im kulinarischen Diskurs, die mit der Nouvelle Cuisine einsetzten und zu ständig steigendem Raffinement der Zubereitungsweise und des Anrichtens führte (was in gewisser Weise als eine verfeinerte Fortführung der alten Grande Cuisine gedeutet werden kann, man denke an die architektonischen Aufbauten, zu denen um die Wende vom 19. zum 20 Jahrhundert die Gerichte aufgetürmt wurden und gegen die Paul Bocuse sich noch zur Wehr setzt; (vgl. Bocuse 1977, S. 11). Die Forderung nach Realitätsnähe beim Kochen wendet sich auch gegen die Tendenz zur Elitebildung, die mit der Neuen Küche und ihrer Durchsetzung in Deutschland einherging: Das Beherrschen des kulinarischen Diskurses fungierte als Status-Indikator; durch Aufnahme und Diskussion der kulinarischen Trends konnte eine Elite ihre Teilnahme am kulinarischen Diskurs demonstrieren, was in bestimmten gesellschaftlichen Schichten mit einer Zunahme an Prestige verbunden war und ist. Bei Jamie Oliver dagegen ist weniger der mit der Demonstration von kulinarischem *savoir vivre* verbundene Zuwachs an gesellschaftlicher Reputation gefragt, sondern offen propagiertes Ziel ist die persönliche Befriedigung, die aus der Freude am guten Essen unmittelbar entspringt.

Zur Realitätsnähe gehört ein Argument, das in den hier untersuchten Kochbüchern der großen Chefs eine geringe Rolle spielt, dem aber ein ganzes Segment auf dem Kochbuchmarkt seine Existenz verdankt: das Zeitsparen. Alfons Schuhbeck thematisiert es in seinem Buch „Fingerfood“, und Jamie Oliver bietet im Kapitel „Schnelle Küche“ Rezepte für „rasche und leckere Zubereitungsarten“(Oliver 2003, S. 44). Wenn die Rücksichtnahme auf den Zeitmangel oft doppelbelasteter Hausfrauen, die ja nach wie vor überwiegend das Pflichtprogramm in puncto Kochen absolvieren, bei den großen Küchenchefs kaum eine Rolle spielt, so zeigt dies an, dass im kulinarischen Diskurs Alltagsküche und Spitzenküche überwiegend unverbunden nebeneinander herlaufen. Dennoch sind vorwiegend die Alltagsköchinnen und –köche die Käufer der analysierten Werke.

Einige „Traditionalisten“ unter den Chefköchen betonen, dass das Essen dem physischen [14] wie psychischen [15] Wohlbefinden dienen soll. Dass richtige Ernährung dazu beiträgt, die Gesundheit zu erhalten, ist seit der Antike Teil des kulinarischen Diskurses [16]; geändert haben sich im Zuge des Paradigmenwechsels der

[14] Vgl. Mosimann (o.J.), passim; Oliver (2003), gibt S. 206f im Kapitel „Und zum Schluss… … man ist, was man isst“ Ratschläge zur gesunden Ernährung; Winkler (2003) nennt seinen Kochstil „cuisine vitale“, vgl. Untertitel und S. 6.

[15] Vgl. Bocuse (1977), S. 9; Oliver (2003), passim; Winkler (2003), S. 6.

[16] Erich Schöner: Das Viererschema in der antiken Humoralpathologie. Wiesbaden 1964 (= Sudhoffs Archiv, Beiheft 4). – Klaus Schönfeldt: Die Temperamentenlehre in deutschsprachigen Handschrif-

Medizin zu den Naturwissenschaften allerdings die Normen, die bestimmen, was gesund ist und was nicht. Eher zu den „Traditionalisten“ gehören auch diejenigen Kochbuchautoren, die in der Geschmackserziehung eines ihrer Ziele sehen, oder die doch wenigstens danach streben, Geschmackserlebnisse präsent zu halten, die durch den Konsum industriell vorgefertigter Lebensmittel verloren zu gehen drohen, so Johann Lafer, Émile Jung und Jamie Oliver [17]. Lafer will zudem die Kulturtechnik des (guten) Kochens vor dem Vergessenwerden bewahren (Lafer 2000, S. 14.).

4 Zusammenfassung

In den letzten dreißig Jahren hat sich der Typus „Kochbuch von Gastronomen und Spitzenköchen“ erheblich gewandelt: Nicht nur durch ihre Rezepte, auch durch ihre expliziten Kommentare, durch die Anordnung ihrer Rezepte und nicht zuletzt durch die optische Präsentation ihrer Kochbücher wirken die Chefkoch-Autoren bestätigend oder verändernd auf das Regelwerk des kulinarischen Diskurses ein. Aspekte wie Frische und Qualität der Zutaten, die Forderung nach gesunder Ernährung, das Ideal der Leichtigkeit der Speisen, die Erweiterung der Geschmackserfahrungen durch die Crossover-Küche, das Motto „Kochen muss Spaß machen“, die Inszenierung von Essen als Genuss und als Ausweis des *savoir vivre*, aber auch die Suggestion, durch de Rückbesinnung auf regionale kulinarische Traditionen quasi der eigenen Identität habhaft werden zu können: all diese Aspekte sind Indikatoren für einen Wandel des kulinarischen Diskurses, der zeichenhaft auf Trends im kulturellen Prozess verweist.

Zwei gegenläufige Trends sind dabei zu erkennen: Einerseits machen es sich die meisten Kochbuchautoren ganz bewusst zur Aufgabe, der schwindenden kulturellen Kompetenz des täglichen Kochens entgegenzuwirken; andererseits stellen ihre Rezepte oft höchste Anforderungen an die praktischen Fertigkeiten der Rezipienten. Einerseits wollen sie Kenntnisse und Geschmackserfahrungen lebendig erhalten, mangelndes Erfahrungswissen ersetzen und zu Geschmackserlebnissen Anreiz geben, die Erinnerungen wecken, andererseits aber auch ganz neue Dimensionen von Geschmackserfahrungen erschließen. Die Kochbücher der großen Chefs spiegeln also aktuelle Trends in Wirtschaft und Gesellschaft – der kulinarische Diskurs weist mithin immer auch über sich selbst hinaus, er hat Zeichencharakter; an ihm lassen sich Tendenzen des kulturellen Prozesses ablesen, die nicht nur im kulinarischen Diskurs, sondern darüber hinaus in der gesamten Gesellschaft wirksam sind.

---

ten des 15. Jahrhunderts. Phil. Diss. Heidelberg 1962.

[17] Jung (2001), S. 18: „culture et [...] éducation du goût“; in dieser „éducation et cet éveil des sens“ spiele für Jung die Küche eine entscheidende Rolle, schreibt der Herausgeber Michel Loetscher. Lafer (2000), S. 24–31; Oliver (2003), S. 67, 72, 75.

Quellen und Literatur

Quellen

Bocuse, Paul: Die neue Küche. Das Kochbuch vom König der Köche. Übersetzung aus dem Französischen und Bearbeitung: Bernd und Isabelle Neuner-Duttenhofer. Düsseldorf, Wien 1977.

Haeberlin, Paul und Jean-Pierre: Meisterküche im Elsass. Die Auberge de l'Ill. Fotografiert von Johann Willsberger, hrsg. v. Bernd Neuner-Duttenhofer. Düsseldorf, Wien 1981. Zitiert wird nach der Sonderausgabe Düsseldorf, Wien1988.

Corpus Ehlert 2007

Cuisine passion à l'alsacienne. Le savoir-faire gourmand des meilleurs chefs d'Alsace. Photographies Marcel Ehrhard. Strasbourg 2002. Jung, Émile: À la table du Crocodile. Terroire & prestige: 30 recettes de bonheur. Textes de Michel Loetscher. Photographies de Marcel Ehrhard. Strasbourg 2001.

Johann Lafer kocht Leibgerichte. Genießen auf gut deutsch. Prominente und ihre Leibgerichte. Hamburg, Köln o.J.

Lafer, Johann: Lebenslust und Tafelfreuden. Die hohe Kunst der kreativen Küche. Mit den fünfzig herrlichsten Gerichten des großen Kochs und Patissiers. In sechs Szenen und einem Panorama beschrieben von Christian Backhaus. Fotografiert von Wolfgang Wesener und Michael Wissing. Gestaltet von Peter Breuel. Hg. v. Thomas Schröder. Köln 2000.

Mosimann, Anton: Mosimanns natürliche Küche. Guten Gewissens genießen. Konzept und Realisation healthcom AG, Zürich. Hg.: Pfizer Ag, Zürich. Zürich o.J.

Genial Kochen mit Jamie Oliver. The Naked Chef – Englands junger Spitzenkoch. Fotos von David Loftus. Starnberg 2002. 8. Aufl. 2003. Originalausgabe London 2001.

Schuhbeck, Alfons: Das neue bayrische [!] Kochbuch. Mit Fotos von Christian von Alvensleben. München 6. Auflage 2002 der Neuausgabe 1995.

Schuhbeck, Alfons: Fingerfood. Die Lust, aus der Hand zu essen. Fotografien von Ray Hoff. München o.J.

Westermann, Antoine: L'Alsace des saveurs retrouvées. Photographies de André Martin. Paris 1996.

Die Jungen Wilden kochen. Deutschland Starköche – The New Generation. Hg. v. den Jungen Wilden. Fotos von Amos Schliack. Texte von Carolin Schuhler. Niedernhausen 2000.

Heinz Winklers Meisterküche. Cuisine Vitale – Genuss für alle Sinne. Hg. v. Thomas Ruhl. Köln 2003.

Witzigmann, Eckart: Mein Tantris-Kochbuch. Erinnerungen und Rezepte. Niedernhausen 2001.

Witzigmann, Eckart: Crossover-Küche. Fotos Günter Beer. Hg. v. der Redaktion Der Feinschmecker. München, Hamburg 2000. 6. Aufl. 2003.

Wohlfahrt, Harald: Feines aus meiner Küche. Fotografie Kai Mewes. Mit einer Einführung von Johannes Gross. Augsburg 1998.

Literatur

Ehlert, Trude: Zum Funktionswandel der Gattung Kochbuch in Deutschland. In: Alois Wierlacher / Gerhard Neumann / Hans Jürgen Teuteberg (Hg.): Kulturthema Essen. Ansichten und Problemfelder. Berlin 1993 (= Kulturthema Essen 1), S. 319 – 341.

Enninger, Werner: Auf der Suche nach einer Semiotik der Kulinarien. Ein Überblick über zeichenorientierte Studien kulinarisches Handeln. In: Semiotik 4 (1982), S. 319 – 335.

Etzlstorfer, Hannes (Hg.): Essen wie gedruckt. Kulinarische Kreativität im Spiegel der Kochbücher. In: Ders. Küchenkunst und Tafelkultur. Wien 2006. S. 13 – 30.

Foucault, Michel: Archäologie des Wissens. Frankfurt am Main 1981 (= stw 356).

Das Kulturthema Essen im Hörfunk

Klaus PILGER

In der europäischen Kulturgeschichte nimmt das Hören einen bemerkenswert privilegierten Platz ein. Der ‚Hörwinkel' reicht – als Ergänzung oder Alternative des Blickwinkels – vom Zuhören in der Alltagskommunikation über die hörende Wahrnehmung dessen, was ein Politiker in seinen Reden, ein Dozent im Unterricht oder ein Geistlicher in einem Gotteshaus über das Hören sagt, bis zur Semantik des Hörens als einem Modus des Gehorchens (von ‚horchen') und der Beachtung dessen, was ‚sich gehört'. Auch die ‚Zugehörigkeit' der Menschen zu einer übergeordneten Gruppe ist hier anzuführen. In anderen Zusammenhängen, zum Beispiel beim Umgang mit Hörbüchern, wird die Rolle des Hörers ähnlich wie das Lesen darüber hinaus um die eines aktiven Co-Autors erweitert, so dass das Mitdenken im Mithören eine besondere sinnliche Qualität bekommt.

Als solch aktives Mitdenken und Mithören spielt das Hören auch beim Essen und beim Kochen eine große Rolle. Wir missbilligen in Europa Essgeräusche, aber wir achten lustvoll auf das Brutzeln in der Pfanne oder das Geräusch beim Öffnen der Weinflasche. Wird jedoch vom Essen oder Kochen in den Medien gesprochen, denkt man bemerkenswert selten an den Hörfunk, sondern meistens an das Fernsehen. Was Alfred Biolek mit „Alfredissimo" vormachte, variierten viele andere Sender auf unterschiedlichste Weise. Selbst der Musiksender „VIVA" kreierte eine Koch-Show, Titel: „Das jüngste Gericht", mit prominenten Gästen aus der Musikbranche, VOX übernahm und synchronisierte die in England sehr populäre BBC-Sendung „The Naked Chef" mit dem unkonventionellen Jungkoch Jamie Oliver. In der ZDF-Talkshow „Kerner" wird mit prominenten Köchen ein Menü bereitet. Längere und aufwendige Fernsehfeatures über Genussreisen und die schönsten Ess-Landschaften der Welt werden immer wieder besonders in den dritten Fernsehprogrammen der ARD ausgestrahlt. Die Zeit ist vorbei, wo nur Kochpioniere wie der legendäre Clemens Wildenrod in den 50er Jahren oder Ulrich Klever in den 60ern als fast einzige Koch-Matadore das Thema Essen im Fernsehen beherrschten. Auffällig ist, dass es bis Anfang der 90er Jahre dauerte, bis die erfolgs- und quotenorientierten Fernsehsender erkannt haben, dass den Deutschen das Thema Essen in seinen Feinheiten nicht mehr so fremd ist wie noch 20 oder 30 Jahre zuvor.

Das wachsende Qualitätsbewusstsein im Umgang mit der Nahrung ist einer der Gründe für das größere Interesse. Durch das Reisen in andere Länder und das dortige Kennenlernen fremder Küchen und Kulturen sowie durch die große Zunahme ausländischer Restaurants in Deutschland und das absinkende Vertrauen in die Nahrungsmittelsicherheit sind viele Menschen in Deutschland offener, kritischer und neugieriger geworden. Die Erkenntnis, dass Essen und Trinken ein Teil der Kultur sei – in mediterranen Ländern eine Selbstverständlichkeit – ist auch in deutschen Landen gewachsen und das in einer Gesellschaft, wo die Trennung zwischen „guter“, „ernster“ und somit „wichtiger“ Kultur und andererseits trivialer, unterhaltender und somit „unwichtiger“ Kultur so streng war wie bei kaum einem anderen europäischen Nachbarn.

Außer den Fernseh-Kochsendungen, die als Unterhaltungsformate derzeit eine große Rolle spielen, gibt es auch Rundfunk-Sendungen zum Thema. Doch mit der Rolle des Hörsinns beim Essen und mit dem Thema „Essen im Hörfunk“ haben sich Medienwissenschaft und sprachbezogene Kulturwissenschaften bislang noch kaum befasst [1]; das Lemma ‚Hören‘ hat bisher kaum Aufnahme in linguistische Lexika gefunden. Dieses Defizit dürfte wissenschaftsgeschichtlich nicht zuletzt mit dem leitenden Kulturkonzept und seinem speziellen historischen Erbe der Verhaltensregeln beim Essen zu tun haben, die besagen, dass Essgeräusche, wie Norbert Elias aufgezeigt hat, infolge der jahrhundertealten soziokulturell durch den Fürstenhof geprägten Zivilisationsgeschichte in Europa als unerwünscht gelten und darum möglichst zu unterdrücken sind; insofern stören normwidrige Geräusche den Sehsinn und führen zu Abwehrreaktionen – man sieht und hört weg, bevor einem Hören und Sehen im Ekel vergeht. Darüber hinaus drängt sich die Ansicht auf, die skizzierte Forschungslage in den sprach- und textbezogenen Medien- und Kulturwissenschaften sei auch auf ihre langjährige Vernachlässigung der realen menschlichen Stimme zurück zu führen (Mayer-Kalkus 2004; Bogner 2005). Möglicherweise kann die Entwicklung einer hör- und medienwissenschaftlichen Komponente des Hörfunks wenigstens indirekt gefördert werden, wenn im Folgenden der Versuch unternommen wird, die Präsentation des Kulturthemas Essen aus der Sicht des Produzenten im Hörfunk zu erläutern und als Aufgabe der Kulinaristik transparent zu machen.

1

„Ich habe nur zweimal in meinem Leben geweint. Das erste Mal, als ich Paganini spielen hörte und das zweite Mal als bei einer Kahnpartie eine mit piemontesischen Trüffeln gefüllte Ente über Bord fiel. Können Sie das verstehen?“ Der italienische Komponist Gioacchino Rossini schrieb diese Sätze in einem Brief an den deutschen Kollegen Richard Wagner. Ob der gebürtige Sachse Wagner daraufhin den italienischen Feinschmecker mit einem Rezept für Leipziger Allerlei oder gar Dresdner Christstollen zu trösten versuchte, ist nicht bekannt.

Rossini jedenfalls bewertete die emotionale Qualität des musikalischen und des geschmacklichen Genusses gleichermaßen hoch und setzte die gute Speise in Parenthese mit dem Werk einer anderen künstlerischen Gattung. Diese Gleichrangigkeit zweier ‚Künste‘, die man zusammen mit der Leistung des Schauspiels ge-

[1] Auch in dem aufschlussreichen Buch über ‚Geschmackskulturen. Vom Dialog der Sinne beim Essen und Trinken‘, das der Internationale Arbeitskreis für Kulturforschung des Essens 2005 herausgebracht, hat, ist vom Hörsinn nicht die Rede; zum Ohr im Text vgl. Peter Utz: Das Auge und das Ohr im Text. Literarische Wahrnehmung in der Goethezeit. München 1990.

meinhin als transitorische Künste bezeichnet, war im 19. Jahrhundert keineswegs üblich. Sie ist auch nur möglich, wenn Lachen und Weinen ebenso wie die Speisen als kulturell vermittelte Phänomene begriffen werden. Von dieser Prämisse gehen die folgenden Überlegungen aus. Der geliebte und gehasste deutsche Gastrokritiker Wolfram Siebeck, bekannt für seine bewusst provozierenden und bisweilen arroganten Formulierungen, wurde einmal von einem Radio-Interviewer mit folgendem Satz konfrontiert: „Viele Deutsche fragen sich: Was haben Essen und Kochen überhaupt mit Kultur zu tun?" Siebeck stöhnte laut auf und antwortete: „Das ist es eben. Sie tun es tatsächlich. Sie FRAGEN es!"

Die menschlichen Sinne sind nur im Netzwerk wirksam. Es kommt beim Hörfunk also auf die Akzente, auf die Zutaten an, auf die Komposition, auf den speziellen Appetit als das gerichtete Interesse an; die Präferenz eines Sinnes, in diesem Fall des Hörsinns, macht es möglich, das Thema Essen und Trinken sinnvoll auch im Radio zu vermitteln, obwohl man in den Ätherwellen nichts schmecken und auch nicht einmal sehen kann, wie die Speise ausschaut, so wenig wie die Zeitungsleser, die eine Restaurantkritik verfolgen, in aller Regel die Speisen sehen und schmecken wie die Fernsehzuschauer, die einem TV-Koch bei der Arbeit zuschauen. Abgesehen davon, dass das Reden vom Essen ein essentieller Teil des Essensgenusses ist, vermögen alle Betrachter in der Regel zu hören. Die Bilderfluten des Fernsehens und der Werbung erschlagen bisweilen die Augen, betäuben auch die anderen Sinne. Der Hörfunk dagegen lässt Bilder im Kopf entstehen und ist damit im Grunde ein die Phantasie anregendes und kein bevormundendes Medium. Die Hochwertung des Sehsinns schafft über dessen Verknüpfung mit anderen Sinnen eine Synästhesie, die unsere Sensibilität im Fall des Hörsinns zweifellos verbessert; ein populäres Beispiel auf dem Felder Musik bietet das sogenannte ‚ultimative Brassorchester' der Münchner Philharmoniker. Es praktiziert ein Motto, das ihr Leiter Bob Ross nennt: „Das Auge hört mit"[2].

Der Hörsinn ist die große Chance des Hörfunks ähnlich wie diejenige der Musik. Der frühere Hörfunk-Musikredakteur Joachim-Ernst Berendt beschäftigte sich lange und ausführlich mit den Eigenschaften des Hörens und kommt in seinem Buch *Ich höre – also bin ich* zu folgender Erkenntnis: „In unserem Innenohr gibt es dreimal so viele Nervenzellen und -endungen wie in unseren Geschlechtsorganen. Dort hat also die Evolution unsere dichteste Wahrnehmungsfülle – damit auch Lustfülle! – angesiedelt. Englisch ‚to listen'= hören, kommt aus der gleichen Sprachwurzel wie das englische und deutsche Wort ‚Lust'". (Berendt 21). Das Ohr ist das erste Sinnesorgan, das beim Embryo bereits etwa viereinhalb Monate nach der Befruchtung komplett entwickelt ist. Das Innenohr hat bereits vor der Geburt seine endgültige Größe erreicht. Der Embryo ist in allem von seiner Mutter abhängig, nur hören kann er bereits ganz früh alleine. Am Ende des Lebens ist es in der Regel auch der Hörsinn, der als letzter erlischt.

Joachim-Ernst Berendt setzt sich in *Ich höre – also bin ich* sehr bewusst mit dem berühmten aufklärerischen Vernunft-Zitat „Ich denke – also bin ich" des Phi-

---

[2] Programmheft des Konzerts in Mannheim am 18.2. 2003, S. 3

losophen René Descartes auseinander. Er beschreibt wie das Zitat dazu geführt hat, „dass wir Existenz immer mehr auf den Kopf reduzierten und unsere leib-seelische Einheit – die Erfahrung des *ganzen* Menschen und des wahren Seins in seinem Reichtum und seiner Fülle – verloren haben.“ (Berendt 15). Hören = Sein, zu dieser neuen reduzierten Formel gelangt Berendt in seiner Untersuchung. Des weiteren beschreibt Berendt den Hörsinn als empfindlichsten der Sinne: „Nach jedem denkbaren Parameter ist unser Ohr dem Auge überlegen. Es ist sensibler, genauer, schneller, leistungsfähiger, weniger täuschungsanfällig. Der Wahrnehmungsspielraum – der *Range* – unseres Auges ist etwa eine Oktave breit . . . aber wir können in einem *Range* von rund zehn Oktaven hören . . . Unser Auge braucht 20/1000 Millisekunden, um zwei aufeinander folgende Reize noch unterscheiden zu können, das Ohr lediglich 3/1000 Millisekunden. Das Ohr ist also fast siebenmal schneller . . . Unser Ohr kann Intensitäten zwischen 10 – 11 und 11 +6 verarbeiten – das ist ein millionenfacher Wert. Würden wir unser Auge einer solchen Dynamik aussetzen, wir würden sofort geblendet, erblinden. Unser Ohr verkraftet sie spielend“ (Behrendt 20). Joachim-Ernst Berendt benennt auch Immanuel Kant als Zeugen für die Bedeutung des Ohrsinns, der da schrieb: „Nicht-sehen trennt den Menschen von den Dingen. Nicht-hören trennt den Menschen von den Menschen.“

So gesehen gehört das Radio als Hörmedium – und das ist durchaus nicht jedem reinen Nachrichtenhörer klar – zu den emotionalsten Medien, oder anders gesagt zu den Medien, die in der Lage sind, starke Emotionen zu erzeugen, wenn man sich nur auf das Medium einlässt. Außerdem ist das Radio in Deutschland ein Medium mit einer sehr hohen Nutzung, d.h. nach Ergebnissen der Arbeitsgemeinschaft Media-Analyse MA 2006/ II hört der Deutsche (ab 14 Jahren) täglich 199 Minuten Radio. Der Rundfunk steht damit dem Fernsehen in der durchschnittlichen Verweildauer nicht nach. Das Radio ist ein wichtiges, wirksames und unterschätztes Medium und übrigens auch das schnellste in der Reaktion auf aktuelle Ereignisse.

2

In vielen Hörfunksendungen tauchen Beiträge auf, die sich mit Essen und Trinken befassen. Im Deutschlandfunk ist dies etwa im Magazin „Corso – Kultur nach drei“ der Fall, auch viele Radio-Feature-Redaktionen in der ARD haben Sendungen aus diesem Themenbereich immer wieder in ihr Programm aufgenommen. An dieser Stelle sei nur beispielhaft auf einige jüngere Produktionen innerhalb der ARD hingewiesen, die sich regelmäßig mit dem leiblichen Genuss beschäftigen oder beschäftigt haben.

Das Magazin „Aus Küche und Keller“ von Radio Bremen 2

Sechs Jahre lang lief im Programm Radio Bremen 2, einer Kulturwelle, jede Woche ein einstündiges Magazin mit Themen aus dem Bereich Essen und Trinken –

bis Ende 2001. Dann fiel die Sendung des Redakteurs Klaus Jochims einer Programmreform zum Opfer. Wegen großer Finanzprobleme musste der kleine Bremer Sender mehr mit dem großen Nachbarn NDR kooperieren und die Bremer Kulturwelle Radio Bremen 2 konnte nicht in der alten Form weiterbestehen. Eine der Folgen: „Aus Küche und Keller", ein – wie Redakteur Jochims betont – „gelungenes Experiment" in der deutschen Radiolandschaft fand sein Ende.

Jede Woche liefen in der Sendung etwa fünf Beiträge, Reportagen oder Interviews, jeweils etwa fünf bis sieben Minuten lang. Personen wurden porträtiert, über die Pressekonferenz zum neuen Weinführer berichtet, ein Koch vermittelte Warenkunde, es gab regionale Restauranttipps, Rezeptvorstellungen und Berichte über Produkte und Küchen aus aller Welt oder Rezensionen von neuen Kochbüchern etc. Wie wirksam sie war und wie stark die Sendung vom Publikum angenommen wurde, ließ sich, laut Redakteur Klaus Jochims, davon ableiten, wie stark empfohlene Restaurants besucht wurden oder wie viele Hörer sich an speziellen Aktionen beteiligten. Die Sendung wurde also keinesfalls wegen Erfolglosigkeit eingestellt, sondern war ein Opfer der Verschiebung von Programmschwerpunkten und Kooperationskompromissen.

Hessischer Rundfunk: „HR-Skyline Genuss"

„HR-Skyline" nennt sich das Wirtschaftsradio des Hessischen Rundfunks in der deutschen Wirtschaftsmetropole Frankfurt am Main. Die Zielgruppe dieses Programms sind die Wirtschaftsinteressierten. Doch ähnlich wie einige Print-Wirtschaftsmagazine haben die Radiomacher erkannt, dass sich diese Zielgruppe auch für andere Dinge interessiert, zum Beispiel für Reisen und für Essen und Trinken. HR-Skyline richtete jeden Samstag den regelmäßigen Programmplatz „HR-Skyline Genuss" ein. Redakteur Andreas Horchler sendet dann jeweils zwei Beiträge von vier bis fünf Minuten Länge, die Produkte vorstellen, regionale Gastrotipps geben oder ausgewählten Wein präsentieren. Themenbeispiele: „Weltmeisterblutwurst aus Berlin", „Krach oder Untermalung: Von der Musik zum Essen", „Tief im Osten – Das Weinanbaugebiet Saale-Unstrut", „Käsegenuss – der Brie aus Meaux", „Wodka aus Hessen? – Der Kartoffelbrand aus der Rhön".

Auf die Vorstellung von Rezepten wird allerdings verzichtet.

Südwestrundfunk SWR 1 Rheinland-Pfalz: „Trüffelschwein"

Andreas Doms stellt jede Woche dienstags eine neue „Schlemmerei" vor, d.h. Rezepte werden präsentiert und zum Nachkochen vorgestellt. Die Weinempfehlung eines „Weinmannes" soll dem Hörer bei der Auswahl eines passenden Tropfens helfen.

Essen und Trinken im Programm des Deutschlandfunks

Der Deutschlandfunk ist eines der zwei Programme der öffentlich-rechtlichen Rundfunkanstalt „Deutschlandradio“. Das Programm des Deutschlandfunks wird im Funkhaus Köln produziert, das andere Programm von „Deutschlandradio Kultur“ im Funkhaus Berlin. Die Rundfunkanstalt Deutschlandradio ist eine Schöpfung der Nach-Wendezeit und wurde im vereinigten Deutschland 1994 gegründet. Der Deutschlandfunk, Rias Berlin und der „Deutschlandsender Kultur“ der DDR wurden unter einem gemeinsamen Dach zusammengelegt. Der bereits seit 1962 aus Köln sendende Deutschlandfunk hielt sein bewährtes Format als Informationsprogramm aus Politik, Wirtschaft und Kultur bei. Die Mitarbeiter des ehemaligen Westberliner RIAS und des ostdeutschen Deutschlandsenders Kultur mussten ein neues Programmformat entwickeln, das in der hauseigenen Werbung auf den Nenner „Information – Kultur – Musik“ gebracht wurde.

Der Erfolg der beiden Programme unter einem Anstaltsdach ist recht unterschiedlich.

Während der informationsorientierte Deutschlandfunk in den vergangenen Jahren seine Hörerschaft verdoppeln konnte (aktuell 1,48 Millionen Hörer täglich, 6.129 Millionen Hörer regelmäßig, Quelle: Medienanalyse 2006/II), ist die Hörerakzeptanz des als Markenzeichen noch nicht so bekannten „Deutschlandradio Kultur“, das auch bundesweit über weniger Frequenzen verfügt als der Deutschlandfunk, mit 336.000 täglichen Hörern geringer. Der Deutschlandfunk ist damit zur Zeit der deutsche „Marktführer“ für höherwertiges Informations- und Kulturradio.

Dies wird von Seiten des Senders unter anderem damit erklärt, dass die Hörer den mit Werbung durchsetzten und informationsreduzierten „Dudelfunk“ anderer Sender leid geworden seien und sich nach klar strukturierter Information sehnen. Mit dem Slogan „Bundesweit – werbefrei“ wirbt das Deutschlandradio für seine beiden Programme. Bundesweit sind die Programme im Kabelnetz zu empfangen und – allerdings nicht komplett flächendeckend – auch über Antenne.

Das Programm des Deutschlandfunks verfügt am Tag über klar von einander getrennte Magazinformate. Am Abend werden dem Radiofeature, dem Hörspiel, dem Radio-Essay und den verschiedenen Musikbereichen in der Regel jeweils etwa einstündige Programmflächen zur Verfügung gestellt. Das Deutschlandfunk-Programm hat einen in der Rundfunklandschaft überdurchschnittlich hohen Wortanteil von circa 75 Prozent. Das Alter des Durchschnitthörers liegt etwa bei Mitte fünfzig.

Das Interesse an Essens- und Ernährungsthemen

Das Thema Essen und Trinken tauchte im Programm des Deutschlandfunks bis vor einigen Jahren meist eher in der Berichterstattung von Großveranstaltungen wie der „Allgemeinen Nahrungs- und Genussmittel-Ausstellung“ (ANUGA) oder der „Grünen Woche“ auf. In den 90er Jahren nahmen die verbraucherkritischen

Sendungen zu, die Thematik Ernährung und Gesundheit wurde wichtiger. Zum Beispiel in dem werktäglichen Magazin „Umwelt und Landwirtschaft" wurden Beiträge aus diesem Bereich immer zahlreicher und bedeutsamer.

Das Thema „Kultur des Essens" kam im Deutschlandfunk freilich immer etwas kurz, wenn man von einzelnen Essays oder gelegentlichen Reportagesendungen z.B. aus einem Weinanbaugebiet absieht. Ende der 90er Jahre wurde auch einmal von Programmmachern darüber nachgedacht, ob nicht eine regelmäßige Magazinsendung nach dem Vorbild der oben beschriebenen Radio-Bremen-Sendung „Aus Küche und Keller" für das Programm und seine Hörer sinnvoll wäre. Es ist bis heute nicht zu einer solchen Sendung gekommen.

Und das hat mehrere Gründe: der Deutschlandfunk musste als Folge der Neugründung der Rundfunkanstalt Deutschlandradio rund die Hälfte seiner festen Arbeitsplätze abbauen, was wiederum eine deutlich höhere Konzentration in der Arbeit der Redaktionen zur Folge hatte. In dem sehr engmaschigen Netz waren keine personellen Kapazitäten für die Umsetzung eines solchen neuen Programmformats vorhanden. Das bereits existierende sehr eng strukturierte Programmschema ließ auch kaum Raum für neue Programmformate. Auf die Wirtschaftssendung, die Büchersendung oder das Wissenschaftsmagazin hätte man zu Gunsten einer Sendung mit Themen aus dem Bereich des Essens und Trinkens in dem so stark informationsorientierten Programm sicherlich nicht verzichten mögen.

Das Schubladendenken, dass nur die ‚ernste' Kultur die wichtige Kultur sei, ist in den Köpfen der Deutschlandfunk-Kulturredakteure sicher nicht mehr so verbreitet wie vor noch vor einigen Jahrzehnten. Trotzdem gibt es nach wie vor Prioritäten: die Berichterstattung über die Wagner-Festspiele, das Essay zum Geburtstag von Theodor W. Adorno oder die Rezension des neuen Romans von Günter Grass werden in dem informationsorientierten Programm auch in Zukunft eher im Vordergrund stehen.

Die Originalität und der Innovationsfaktor eines neuen Magazins zum Thema „Essen und Trinken" wurde in Zeiten der Inflation von Ess-Sendungen im Fernsehen und der Zunahme der neuen Zeitschriften zum Thema sicherlich auch nicht als besonders hoch bewertet. Ein seriöser Sender sollte letztendlich auch nicht mit einem „Genuss"-Magazin in einen „Hedonismus-Verdacht" geraten – dies war zumindest ein einzelnes der Argumente in der Diskussion.

Trotzdem bietet und bot die Rundfunkinsel Deutschlandfunk doch einige Programmflächen, wo nicht regelmäßig, aber immer wieder einmal Themen aus dem Bereich Essen und Trinken einen besonderen und größeren Raum einnehmen können.

Es gibt die sogenannte „Lange Nacht", die sich am Wochenende spätabends drei Stunden lang ausführlich mit einem speziellen Thema aus Kultur, Politik und Gesellschaft beschäftigt.

Außerdem gab es bis zum Jahre 2001 die Sendung „Corso-Extra", die sich am Samstagnachmittag zwei Stunden lang schwerpunktmäßig mit einem Thema befassen konnte. Beide Sendeformate sind, bzw. waren, auch für kulinarische Themen offen.

Ein Beispiel und ein Beleg dafür, dass seriöse Information, Unterhaltung und Genuss sich nicht ausschließen, war zum Beispiel die Sendung „ Von der Lust am Wein“, die der Deutschlandfunk am 15. November 1997 zwischen 14.05 und 15.55 Uhr erstmals sendete. Es handelte sich um eine Live-Sendung mit Studiogästen, Musik von CD und mit vorproduzierten Radiobeiträgen.

Die Studiogäste waren die Sommelière Christina Fischer, der renommierte Ahr-Winzer Werner Näkel und der Weinhändler Burkhard Jung. Im Live-Telefoninterview kam der Ernährungswissenschaftler Nikolai Worms, der Autor des Buches „Täglich Wein“, zu Wort. Rezitiert wurde aus der Erzählung „Geschmack“ von Roald Dahl, diskutiert wurde über Weinsnobs, Weinsprache und gesundheitliche Wirkungen des Getränks, aber auch über Wein als Thema in der Bibel. Im Interview war weiterhin der Weinkritiker Joel Payne, ein Autor berichtete über Wein als Geldanlage, ein anderer machte einen parodierenden „Discountweine-Test“ und schließlich kam der Kabarettist Lars Reichow zu Wort mit seinem musikalisch interpretierten Text „Der Wein“. Die gesamte Musikauswahl der Sendung, also etwa zehn Titel, passte thematisch und inhaltlich zum Wein. Und das Wichtigste: die Studiogäste stellten sich für eine öffentliche Wein-Geschmacksprobe zur Verfügung, die sich über den Großteil der Sendezeit hinzog und spontan erzählte lebhafte Geschmackserlebnisse zur Folge hatte. Als Service für die Hörer wurde eine Literaturliste zum Thema Wein angeboten.

Die Hörerresonanz war gewaltig; hunderte von solchen Listen wurden angefordert. Die Sendung ist im Jahre 1999 mit dem „Deutschen Weinpreis“ des Deutschen Weininstituts in Mainz ausgezeichnet worden.

Die zehnteilige Serie „Hungrig!“ in der Reihe „Freistil“ des Deutschlandfunks

Seit Januar 1998 existiert im Programm des Deutschlandfunks die Feature-Reihe „Freistil“. Jeden Sonntagabend werden 55 Minuten lange Radiofeatures präsentiert. Die Sendungen sind monothematisch, werden von Autoren recherchiert und geschrieben und mit Radio-Originaltönen versehen. Ein Team aus Regisseur, Toningenieur, Tontechniker und Schauspielern produziert dann die Sendung in zwei bis drei Arbeitstagen. Ein Hörfunk-Feature kann sich aller Möglichkeiten des Mediums Radio bedienen und sie zu einem Gesamtwerk komponieren: Interview, Reportage, Glossierendes, historisches Archivmaterial, Musik, Hörspielelemente, Dialoge, Zitate, Klangexperimente, Geräusche und Atmosphären – alles was dazu dient, das jeweilige Thema möglichst sinnlich und radiophon den Hörern näher zu bringen. Die Möglichkeiten des Radio-Features sind somit mannigfaltig.

Im Deutschlandfunk existieren traditionell ein politisches Feature und ein klassisches Kultur-Feature. „Freistil“ befasst sich auch mit kulturellen Themen, hat aber den „erweiterten Kulturbegriff“ als Grundlage genommen. Wer 1960 als junger Rock’n Roll-Fan Bill Haley oder Elvis Presley bejubelte oder für James Dean als jungen Rebellen schwärmte, der oder die ist heute schon 60 Jahre alt. Pop-Kultur ist längst nicht mehr nur etwas für ganz junge Leute. Primär triviale Phänomene haben eine Bedeutung erlangt, die früher nicht so wahrgenommen wurde. Der Bereich „Unterhaltung" ist oft ein deutlicher Indikator gesellschaftlicher Phänomene. Kritische Auseinandersetzung mit deren Entwicklungen ist wichtig. Zur Informationspflicht eines Senders gehört demnach auch die Wahrnehmung der populären Kultur. Die Reihe „Freistil" macht sich auf die Suche nach Phänomenen, modernen Mythen und Persönlichkeiten. Die Provokationen eines Regisseurs wie Christoph Schlingensief können hier genauso Thema sein wie die Lieder der Chansonette Tina Teubner oder der Großbusen von „Baywatch"-TV-Star Pamela Anderson.

„Freistil" soll stehen für unterhaltsames Radio, das Spaß macht, Raum für Überraschungen und Assoziationen lässt und journalistischen Ansprüchen genügt. „Freistil" ist für manchen Hörer so etwas wie die bunte „Wochenendbeilage" des Deutschlandfunks, will aber auch eine wichtige Ergänzung des „normalen" Kulturprogramms sein. Themenbeispiele: „menschsein, mehrstimmig – Der Schweizer Musikmime Jürg Kienberger"; „Obi et Orbi – Paradies Baumarkt"; „Kicken ohne DFB – Alternativfußball in Deutschland"; „Die Zukunft ist rot – Die Magie des Mars"; „Geraubte Bilder – Nachrichten aus der Welt des Kunstdiebstahls"; „Corto Maltese oder die Realität imaginärer Horizonte – Über den Comic-Autor Hugo Pratt"; „Die Verwüstung des Innenohrs oder Viel Lärm um nichts – Fragen in einer Ruhepause"; „Der göttliche Schmerz – Opium: Kulturgeschichte einer Dichterdroge"; „Das Sherlock-Holmes-Phänomen: Die Kuriosität einer realen Fiktion".

In der Reihe „Freistil" hatten Themen aus dem Bereich „Essen und Trinken" immer wieder einen Platz. „Küchen-Leben – Ein Büfett von Speisen und Erkenntnissen", „Vom Spieß auf die Kralle – Eine kleine Kulturgeschichte des Dönerkebap", „Fett – ein geschmiertes Lob der Fülle" sind Themenbeispiele.

Im Frühjahr/Sommer 2003 wurde in Freistil die zehnteilige Serie „Hungrig! – Zehn Features über das Essen" ausgestrahlt. Dahinter steckte der Gedanke, im Abstand von zwei Jahren Serien über die vielseitigen Facetten der menschlichen Grundbedürfnisse ins Programm zu bringen. 2001 gab es die sechsteilige Reihe „Ohrlust" zum Thema Sex, der gelungene Versuch sich auf seriöse, informative und zugleich unterhaltsame Weise der menschlichen Sexualität zu widmen und das in einem seriösen Informationssender, von dem man solch ein Thema nicht unbedingt erwartet. Auf diese Serie gab es ein bundesweites Presseecho, vielleicht gerade weil man Sendungen wie „Sex mit jemandem, den ich wirklich liebe – Eine traurige Geschichte der Onanie" oder „Der Klang des Sexus – Aus dem Triebleben von Melodie und Rhythmus" nicht unbedingt mit dem Deutschlandfunk in Verbindung gesetzt hätte.

Nach dem menschlichen Grundbedürfnis Sexualität war nun das Essen dran. Es galt eine thematische Vielfalt zu finden, die Hörer auch anspricht. Aus den geplanten sechs Folgen der Serie wurden sehr schnell zehn, denn die Ideen der Redaktion und die Themenangebote der angesprochenen Autoren waren sehr zahlreich. Bei der Auswahl der in ihrem formalen Stil teils sehr unterschiedlichen beteiligten Autoren kam es auch darauf an, eine große Vielfalt in der formalen Gestaltung der verschiedenen Features – je nach Thema – anzustreben, um den

Hörern Abwechslung in der Machart zu bieten. So kam es zu folgender Zusammenstellung von Features:

Essen kann auch Philosophen zum Denken anregen, Rolf Cantzen bereitet deshalb in seiner Sendung „Kopf und Magen“ eine kleine philosophische Mahlzeit zu, die weit über Ludwig Feuerbachs Bemerkung „Der Mensch ist, was er isst“ hinausgeht, denn sie informiert unter anderem darüber, dass Friedrich Nietzsche gerne Wurst aß, vor der Jean-Jacques Rousseau ausdrücklich warnte – eine philosophische Gedankenspielerei über das Essen.

Das Essen sagt viel über den Essenden aus, aber auch über die Vielfalt der Kulturen und die Küchen dieser Welt. Malte Jaspersens Sushi-Sendung erzählt, wie Sushi in Japan hergestellt und serviert wird und schaut nicht auf den Schicki-Micki-Nippon-Imbiß auf der Düsseldorfer Königsallee. Essen ist ein weites Feld – und deshalb befasste sich Walter Filz mit nicht sehr gängiger, aber trotzdem deutscher „Hausmannskost EXTREM“: Pferdebraten, Schafsaugen, Blutpfannekuchen und Lungengulasch gehören dazu. Womit also das Thema Essen und Toleranz erreicht wäre und die Behauptung: Essen ist Ideologie. Dieter Jandt befasste sich in seiner Sendung „Der Kampf der Fleischlosen“ mit Verbissenheiten rund um die Anrichte von Vegetariern, Veganern und Frugivoren. In nur scheinbar extremen Gegensatz dazu steht das Feature „Fleischeslust“ von Heide und Rainer Schwochow, die sich auf eine kulturästhetische Reise vom Kannibalismus zum Rinderwahn begeben und zu zeigen versuchen, dass auch eine andere These stimmen kann: Essen ist gefährlich. Und Essen ist Kulturkampf! Markus Metz und Georg Seeßlen stellten „Fast Food“ und „Slow Food“ gegenüber, die Tiefkühl-, Kunstaroma- und Mcdonalds-Mentalität im Widerstreit mit der ästhetisch etwas abgehobenen, aber sympathischen Bewusst-Esserei der Slow-Food-Bewegung. Dass Essen erotisch ist – oder zumindest sein kann – das zeigt sich in einem szenisch-sinnlichen Diskurs von Jürgen M. Thie in dessen Sendung „Lutsch’ die Flügel aus mit Wonne“ – der Titel ist ein Zitat aus dem 16. Jahrhundert und stammt von dem französischen Schriftsteller und Arzt Francois Rabelais. Zu Rabelais’ Zeiten träumten die Menschen bereits vom Schlaraffenland, dessen Wirkung bis in unsere Zeit das Feature von Wolf Eismann beleuchtet: Essen als Teil der Kulturgeschichte. Essen ist Medienthema: Gastrokritiker, Kochbücher, Koch-TV-Sendungen unterschiedlichster Couleur und Gourmet-Fachzeitschriften erleben einen Boom im Land der ehemals Ess-Ahnungslosen. Die Sendung „Ich hab’ da schon mal was vorbereitet! – Von Biolek und echten Köchen“ von Claudia Cosmo taucht hinein in die bunte Welt der schön fotografierten Ossobucos und souverän abgefilmten Soufflés, die dann beim Nachkochen zu Hause immer so schön zusammenfallen. Wie schwer es fällt, freiwillig nicht zu essen, wissen alle, die einmal abnehmen wollten. Der Autor Dieter Mayer-Simeth versuchte dies in einer Nobel-Klinik und liefert zum Schluss der Serie mit „Hungern auf hohem Niveau“ einen, wie er es betitelte, „eleganten Fastenbericht“.

Beispiele für die Gestaltung

Die Methoden der Radiodramaturgie und des Feature-Machens sind kreative und assoziative Tätigkeiten. Sie sollen anhand zweier unterschiedlicher und trotzdem stimmiger Beispiele erläutert werden:

1. Beispiel: Rolf Cantzen: „Kopf und Magen – Eine kleine philosophische Mahlzeit"

Der Autor arbeitet mit 4 Stimmen: einer Erzählerin, die kommentiert und überleitet, sowie mit einem jüngeren und einem älteren Zitator sowie einer Zitatorin. Dazu kommen O-Töne aus Interviews mit dem Satiriker und Feinschmecker Wiglaf Droste und dem Gastronomiekritiker Helmut Gote. Cantzen verwendet Geräusche, die mit Essen zu tun haben und benutzt zur Illustration rund ein Dutzend verschiedener Musiken, die von Hildegard von Bingens „Geistlichen Gesängen" über ein Telemann-Konzert bis zum American Yodeling und zu Herbert Grönemeyer reicht. Cantzen mischt in schneller Abwechslung Zitate, kurze und längere O-Ton-Ausschnitte, sehr schauspielerisch umgesetzte Sprechertexte (was den teils schwierigen philosophischen Zitaten sehr gut tut) und Musiken, um so seinen Diskurs über die Philosophen hörbar zu machen. Mit viel Ironie setzt er die zum Teil nicht uneitlen philosophischen Weisheiten von Epikur bis Adorno verschiedenen Aussagen aus der Gegenwart aktueller Ess-Diskussionen gegenüber. Somit porträtiert er die Geisteshaltung manches Philosophen auf eine sehr leicht verständliche, sehr zugängliche und unterhaltsame Weise. Die Brechung und Irritation durch die schnelle Abwechslung im Textaufbau geben der Sendung Tempo. Inhaltlich wechselt er furios zwischen Genuss, Kannibalismus und Geschmacksphysiologie und schafft es, den Gedankenfluss zu einem assoziativen, aber homogenen Ganzen zu verbinden, bis hin zu der These von Charles Fourier, die da lautet: „Die Gastronomie wird die Fortsetzung der Politik mit anderen Mitteln, ja ersetzt Politik vollständig". Cantzen schafft es Denkanstöße auf unterhaltsame und intelligente Weise radiophon zu vermitteln.

2. Beispiel: Walter Filz: „Hausmannskost EXTREM – Ein bizzares Menü in vier Gängen"

Diese Sendung befasst sich bewusst mit den Dingen, die man wirklich nicht überall zu essen bekommt, wie zum Beispiel Pferdebraten, Schafsaugen, Blutpfannekuchen oder Lungengulasch. Der Autor macht sich auf die Suche nach der Herkunft dieser fremdartig erscheinenden Speisen, erkundet, wie die Menschen heute darauf reagieren, er zeigt, wie diese Gerichte zubereitet werden und wie sie zelebriert werden könnten. Er arbeitet mit drei Stimmen: einem Zitator, einer Sprecherin in der Rolle einer Servierkraft und dem Autor selbst. Der Autor übernimmt die Funktion des moderierenden, überleitenden, ironisierenden und kommentierenden Sprechers.

Im O-Ton erscheinen unter anderem kochende Kinder, Urlaubsreisende, die von ihren Ess-Erfahrungen berichten, drei Köche (u.a. Vincent Klink), ein Pferdemetzger, der bildende Künstler Daniel Spoerri, ein Känguru-Händler, eine Käserei-Betreiberin.

Die Grundstruktur der Sendung sind die vier Gänge. Das Feature hat darüber hinaus verschiedene Ebenen:

1. Die Restaurantebene – in einer akustisch naturalistischen Restaurant-Atmosphäre erklärt eine Servierkraft den Gästen die Feinheiten des ungewöhnlichen Menüs – dies sind gespielte hörspielähnliche Szenen.
2. Die Kochebene – zwei Kinder bereiten einige der Gerichte wie Lungenbraten und Blutpfannekuchen in einer echten Küche zu und werden akustisch dabei beobachtet
3. Die Reporterebene – Interviewausschnitte mit den oben beschriebenen Personen
4. Die Zitatebene – mit literarischen Zitaten u.a. von James Joyce
5. Die Autorenebene – der Autor leitet über, kommentiert und erklärt

Diese fünf Ebenen werden miteinander verflochten, so dass damit eine abwechslungsreiche dramaturgische Mischung entsteht. Diese Mischung wird durch Musiken und Soundeffekte illustriert und ergänzt. Benutzt werden eine jeweils gleiche Zwischenmusik zwischen den Gängen, verschiedene leitmotivische Musiken für gleiche Elemente (z.B. Auftritt der Kinder) und leitmotivisch gebaute drastisch überzogene lautmalerische Soundeffekte, die den einzelnen Gängen zugeordnet sind. Innereien = matsch- und pflatsch-Sounds. Pferd = Messerwetzen. Käse = Gas- und Luftgeräusche. Blut = Tropfen, Plätschern. Das Ganze ergibt eine abwechslungsreiche Mischung, die auf vorzügliche Weise Information und Unterhaltung verbindet und durch deutliche sinnenfrohe Schilderungen die ungewöhnlichen Speisen und auch den Respekt davor sehr plastisch erscheinen lassen – im Kopf des Hörers nämlich.

Resonanz

Die Reihe „Hungrig!“ wurde etwa neun Monate vor der Ausstrahlung geplant und die von der Redaktion gewünschten Themen mit den Autoren diskutiert und schließlich in Auftrag gegeben. Die Manuskripte der einzelnen Features waren in der Regel drei Monate vor der Ausstrahlung fertig. Die Produktion der Sendungen geschah dann etwa sechs Wochen vor den Sendeterminen.

Über einen Presseverteiler wurden u.a. die großen Tageszeitungen und andere hörfunkinteressierte Print-Medien ausführlich über das Projekt informiert. Der Deutschlandfunk warb auf seiner Internet-Seite für die Serie, auch einzelne Anzeigen in Tageszeitungen wurden eingesetzt.

Es gab ein lebendiges und durchweg positives Presseecho, am stärksten im Berliner „Tagesspiegel“, im Schweizer „Radiomagazin“, in der „Badischen Zeitung“ und in der „Funkkorrespondenz“.

Der Hörerservice des Deutschlandfunks stellte eine überdurchschnittlich starke Nachfrage nach den Manuskripten der Reihe fest. Auch die Frage nach akustischen Kopien der Sendungen waren sehr zahlreich, wobei der Sender dies aus rechtlichen Gründen nicht erfüllen kann. Es gab auch eine große Anzahl von persönlichen Briefen, in denen Hörer sich äußerten. Einige Beispiele:

„Sie haben sich selbst übertroffen. Diese Sendungen sind mit so viel Liebe und Engagement gemacht, dass sich dies regelrecht auf den Hörer überträgt. Ich bin zwar ein ziemlicher Konsummuffel, aber wenn es diese Reihe komplett auf CD zu kaufen gäbe, dann würde ich sie kaufen."

„Es ist unglaublich, wie spannend und gleichzeitig dichtbepackt mit offen oder mehr oder weniger versteckt enthaltenen Informationen diese Sendung ist".

Negative Reaktionen auf die Sendungen waren selten.

Wie zu erwarten gab es aber auf die sehr ironische Sendung über den „Kampf der Fleischlosen – Von Verbissenheiten rund um die Anrichte" einige skeptische, diese Ironie nicht erkennende Anmerkungen:

„Ich habe den Beitrag schon reichlich tendenziell und voreingenommen empfunden. Das Resümee der Sendung könnte lauten: ‚Wussten wir's doch immer: die Vegetarier sind alle Spinner'. Natürlich ist es einfach, hämisch einige vegetarische Fundamentalisten vorzuführen, aber eine sachliche Auseinandersetzung ersetzt das nicht."

Resümee

Essen und Trinken als Thema im Hörfunk – das funktioniert. Sowohl Magazine als auch Einzelbeiträge oder große Features haben dies belegt. Die Resonanz auf diese Sendungen liegt um ein vielfaches höher als die auf Sendungen der meisten anderen Thematiken.

Wenn das Medium Radio sich seiner radiophonen Mittel bedient und es auf unterschiedliche Weise gelingt, diese sinnliche Thematik auch ebenso lustvoll zu transportieren, dann ist ein Erfolg gewiss. Die Kulinaristik sollte diese Erfahrung für ihre Zwecke nutzen.

Literatur

Berendt, Joachim-Ernst: Ich höre – also bin ich. Freiburg 1989.

Bogner, Andrea: (Hg.) Die Stimme. Konkretisationen ihrer Fremdheit. In: Jahrbuch Deutsch als Fremdsprache (Intercultural German Studies) 31 (2005), S. 79 – 248.

Göttert, Karl-Heinz: Geschichte der Stimme. München 1998

Koch, Hans Jürgen / Glaser, Hermann (Hg.): Ganz Ohr . Eine Kulturgeschichte des Radios in Deutschland. Köln / Weimar/ Wien 2005.

Kreuzer, Helmut (Hg.): Radio. Stuttgart 1998 (=Zeitschrift für Literaturwissenschaft und Linguistik Heft 111).

Kunst- und Ausstellungshalle der Bundesrepublik Deutschland GmbH, Red.: Uta Brandes (Hg.): Welt auf tönernen Füssen. Die Töne und das Hören. Göttingen 1994.

Meyer-Kalkus, Reinhart: Stimme und Sprechkünste im 20. Jahrhundert. Berlin 2004.
Vogel, Thomas (Hg.): Über das Hören – einem Phänomen auf der Spur. 2. Auflage Tübingen 1998.

Über *Die bösen Köche* und *Der Butt*

Gisela SCHNEIDER

Ein wesentliches Element der Kulinaristik ist das *Reden* vom Essen. Der literarischen Variante dieses Redens sind die folgenden Überlegungen gewidmet und zwar im Blick auf Günter Grass, weil ihm in der deutschen Literatur eine herausragende Stellung in Bezug auf das Kulturthema Essen zukommt und ihm in Anerkennung dieser besonderen Leistung im Jahre 2005 der Große Preis der Deutschen Akademie für Kulinaristik verliehen wurde, überreicht vom Gründer und damaligen Vorsitzenden der Akademie, Professor Alois Wierlacher, dem die Wissenschaft auch das erste Buch über die Darstellung des Essens in der deutschen Literatur von Goethe bis Grass verdankt (Wierlacher 1987).

Tatsächlich lassen sich vor allem Romane wie *Die Blechtrommel, Der Butt, Das Treffen in Telgte* oder *Ein weites Feld* und das Drama *Die bösen Köche*, aber auch manche Gedichte, Radierungen und Skulpturen als Beitrag zu einer literarischen Gastrosophie lesen, in der auf besondere Weise mit dem Essen auch die Gastlichkeit, das Kochen und die Erfahrung des Hungers als Nahrungsmangel thematisch werden.

Grass liebt die Doppelrolle, als Zeitgenosse die lebensweltliche Praxis des Essens und des Kochens zu üben und diese Praxis dann wieder aus theoretischer Sicht auf die Nahrungsdinge in fiktionalen Texten, Interviews und Gesprächen zu überprüfen, um auf diese Weise zugleich seine Leser kulinarisch zu bilden[1]: „Ich möchte auf sinnliche Weise aufklären und sehe es als eine meiner großen Aufgaben an, keine Bestätigungsliteratur zu schreiben." (X, 172)

Im Folgenden möchte ich im Sinne einer kulturbezogenen Literaturwissenschaft anhand des Dramas *Die bösen Köche* und des Romans *Der Butt* aufzeigen, dass und in welchem Umfang Grass das literarische Nachdenken über das Kochen zu einem kritischen Kommentar der jeweils zeitgenössischen deutschen kulinarischen Situation nutzt[2].

*

Am Anfang des Romans *Die Blechtrommel* erscheint die weißhaarige Großmutter im Sinne des mythischen Konzepts der Großen Mutter und des ursprünglichen Konzepts der Kultur in uralter Geste der Lebens- und Kulturstiftung in Opposition zur schwarzen Köchin als Köchin auf dem Acker (Wierlacher 1987, 196

---

[1] Für diesen Aufsatz wurde folgende Ausgabe der Werke von Günter Grass verwendet: Grass, Günter: Werkausgabe in zehn Bänden. Hg. von Volker Neuhaus. Neuwied: Luchterhand 1987; aus diesen Bänden wird im Text unter Angabe der Seiten und römischen Band-Ziffern zitiert.

[2] Die Überlegungen schreiben meinen Aufsatz „Die bösen Köche" fort (2007); den Ausführungen zum *Butt liegt* auch mein Aufsatz „‚Zur Hölle mit den Fertiggerichten!' *Der Butt* als Beitrag zum Diskurs des Essens der 70er Jahre in der Bundesrepublik Deutschland" (2005) zugrunde.

ff.). Wenn sich Oskar Matzerath anlässlich der Schilderung von Alfred Matzeraths Beerdigung an seinen Vater erinnert, so fallen ihm zunächst dessen Kochkünste ein.

> Er war ein guter Koch. Wenn ich heute Matzerath manchmal vermisse, sind es seine Königsberger Klopse, seine sauren Schweinenieren, sein Karpfen mit Rettich und Sahne, seine Gerichte wie: Aalsuppe mit Grün, Kassler Rippchen mit Sauerkraut und all seine unvergeßlichen Sonntagsbraten, die ich noch immer auf der Zunge und zwischen den Zähnen habe. (II, 498)

Beide Figuren, sowohl die Großmutter als auch Alfred Matzerath, „der Gefühle in Suppen zu verwandeln verstand", aber auch nur in Suppen (II, 42) und der jenseits des Kochens über keine weiteren Mittel verfügt, mit seinen Gefühlen umzugehen oder sie gar auszudrücken, sind zwei eindrucksvolle Beispiele, in welcher Weise Grass das Kochen als Teil des Kulturphänomens Essen mittels der Figurenbildung literarisch verarbeitet. Wie kaum ein anderer zeitgenössischer deutschsprachiger Autor ist Günter Grass an der alimentären Thematik interessiert. Das Essen als Handlung und als Situation, Köche, Kochmützen, eine Fülle von Speisen einschließlich Pilzen und Fischen prägen das Gesamtwerk, in den Romanen wird in einem Spannungsfeld zwischen Genuss und Ekel gekocht, gegessen, genossen, verdaut und gebrochen. All dieses geschieht nicht beiläufig, es wird mit einer zuweilen erstaunlichen Detailverliebtheit und Konstanz geschildert. Im März 1975 äußerte sich Grass in einem Gespräch mit Peter André Bloch auf die den *Butt* betreffende Frage „Ihr neues Buch hat stofflich mit ‚Eat-Art' zu tun, mit Essen, mit Trinken. Wie kamen Sie auf diesen Aufhänger?" (X, Gespräche, 172):

> Das sinnliche Leben, das Ausleben der Sinne hat bei mir immer eine Rolle gespielt: das Nichtausleben der Sinne, die Tabuisierung, die Zurücknahme, die Pervertierung des Sinneslebens durch moralischen Überbau. Das waren immer Themen für mich, und in diesem Buch nun stehen Essen, Trinken, Überfluß und Hunger im Mittelpunkt, auch aus politischen Gründen. (X, Gespräche, 172)

Eine besondere Bedeutung gewinnt bei Grass das Kulturthema Kochen als Teilbereich des Kulturphänomens Essen. Wie der Autor wiederholt in Interviews bestätigte, widmet er sich auch als reale Person gerne dieser Tätigkeit. Hierüber berichtet auch Wilhelm Johannes Schwarz, der Grass auf Wahlreisen begleitet hat:

> Wenn aber erst vom Essen oder vom Kochen die Rede ist, gerät Grass in helle Begeisterung [...]. Grass ist ein vorzüglicher Koch, der nach eigenem Rezept die erlesensten Gerichte bereitet. Stundenlang kann er von Tintenfischen, Hummer, Petersilie, Beifuß und allen möglichen Gewürzen reden. (Schwarz, S. 162) [3]

Dieses praktische und kommunikative Reden vom Kochen und seine literarische Verarbeitung stehen bei Grass in einem durchaus kulturanalytischen und bildungs-

[3] Vgl. auch Hans Werner Richter: Im Etablissement der Schmetterlinge, S. 135: „Wer ihn einmal beim Kochen beobachtet hat, weiß, daß er ein hervorragender Koch geworden wäre, und er kocht auch barock. Er könnte sich, das ist mein Eindruck, dabei vergessen und bis in alle Ewigkeit kochen."

politischen Zusammenhang. Er setzt den Handlungskomplex in seiner Vielschichtigkeit kunstvoll ein, um die verschiedensten gesellschaftlichen Bereiche zu sichten, durchschaubar zu machen und schließlich in der Figuren- oder Erzählerperspektive prüfend zu kommentieren. In Grass' Werken geschieht das vor allem mittels der Figuration von Köchen und Köchinnen, insbesondere in *Die bösen Köche* und *Der Butt*.

Das Drama *Die bösen Köche* ist in der zweiten Hälfte der 50er Jahre zunächst als Opernlibretto (1957) entstanden, uraufgeführt wurde das Stück 1961 in Berlin. Im Mittelpunkt stehen eine Gruppe von fünf Köchen – der Chef Petri, Grün, Stich, Benny und Stephan, genannt Vasco – und ihr Gegenspieler Herbert Schymanski, der von allen nur der Graf genannt wird. Der Graf hat in dem Restaurant, in dem die Köche beschäftigt sind, gelegentlich und als Hobby eine Suppe gekocht, die bei den Gästen großen Beifall fand. Von Vasco bedrängt, gibt Schymanski schließlich preis: „Es ist eine Kohlsuppe, eine ganz gewöhnliche Kohlsuppe. Nur tu ich eine ganz bestimmte Menge ganz besonderer Asche daran" (VIII, Köche, 170). Das Rezept dieser ‚grauen Suppe' [4] wird zum Gegenstand des Begehrens der beruflich tätigen Köche. Eingestaltet ist ins Theaterstück *Die bösen Köche* von vornherein die Spannung zwischen dem Außenseiter als einzelnem Originellen und der eher mediokren Gruppe der Berufsköche, die sich durch die Konkurrenz des Einzelnen gefährdet sieht. Das Bestreben der Köche, dessen besondere Suppe in ihr Repertoire aufzunehmen, scheitert an dem Grafen, weil er sich weigert, das Rezept mit den Köchen zu teilen. Mit allen erdenklichen Mitteln versuchen die Köche, an das Rezept zu kommen. Dabei schrecken sie auch vor dem Einsatz von Gewalt nicht zurück; denn für sie steht viel auf dem Spiel: „Wir befinden uns in Gefahr, unser guter Ruf scheint erschüttert, die Leute wenden sich ab, es schmeckt ihnen nicht mehr bei uns." (VIII, Köche, 161). Da alle Versuche scheitern, die Suppe mit ihnen bekannten Zutaten nachzukochen, sehen die Köche in dem Rezept des Grafen die einzige Lösung für ihr zunächst einmal kulinarisches, tatsächlich aber existenzielles Problem. Von dem Rezept versprechen sie sich die Kenntnis der genauen Zutaten und eine Handlungsanleitung, wie mit diesen Zutaten umzugehen sei, um den einzigartigen und bei den Gästen so beliebten Geschmack zu erzeugen. Der Hinweis, den der stark unter Druck gesetzte Graf ihnen schließlich gibt, nämlich dass es „sich hier nicht um irgendein x-beliebiges Rezept [handelt], sondern um [sein] armseliges, ganz privates kleines Geheimnis" (VIII, Köche, 206), setzt die Köche

4 Zum Motiv der Farbe Grau siehe: IV, Tb, S. 334: „Grau beweist, daß nirgendwo schwarz ist." Siehe auch I, Gedichte, S. 98: Askese (aus: Gleisdreieck). Zu diesem Gedicht schreibt Grass in „Schreiben nach Ausschwitz", S. 16: „Es heißt ‚Askese', ist, wie auf Anhieb, ein programmatisches Gedicht und schlägt den für mich bis heute bestimmenden Grundwert Grau an." Sich auf Adornos berühmt gewordene Problematisierung des Schreibens von Lyrik nach Ausschwitz beziehend, schreibt er weiter: „Seiner [Adornos] Gesetzestafel entlehnte ich meine Vorschrift. Und diese Vorschrift verlangte Verzicht auf reine Farbe; sie schrieb das Grau und dessen unendliche Abstufungen vor. Es galt, den absoluten Größen, dem ideologischen Weiß oder Schwarz abzuschwören, dem Glauben Platzverweis zu erteilen und nur noch auf Zweifel zu setzen, der alles und selbst den Regenbogen graustichig werden ließ. Und obendrein verlangte dieses Gebot Reichtum neuer Art: mit den Mitteln beschädigter Sprache sollte die erbärmliche Schönheit aller erkennbaren Graustufungen gefeiert werden." (S. 18f.)

nicht auf die richtige Spur. Da Geheimnisse schließlich verraten werden können, setzen sie dem Grafen weiter nach. Sie verkennen dabei jedoch, dass Kochen immer auch ein individueller Prozess ist und das fertige Gericht Spuren des Koches birgt. Wenn verschiedene Köche dasselbe Rezept verwenden, entstehen nicht jedes Mal identische Gerichte. Das Rezept wird vielmehr „jedesmal beim Kochen neu entdeckt“ (Stolz 1999, 93). Nicht nur die Schaffung eines neuen Gerichts, eines neuen Rezepts ist ein schöpferischer Akt, sondern jeder Kochvorgang.[5] „Nur [...] in der unmittelbaren Ausführung erweist sich wahre Meisterschaft, kommt das Schöpferische zum Tragen.“ (Schwarzbauer 1987, 11) Entsprechend stellt sich im Verlauf des Dramas heraus, dass der Graf das am Anfang der Jagd der Köche stehende Rezept am Ende der Jagd gar nicht mehr an die Köche weitergeben kann, auch dann nicht, wenn er es denn wirklich wollte. Denn in der Zwischenzeit hat er sich verändert, ist er nicht mehr derselbe, der zu Beginn die Gäste mit seiner grauen Suppe überzeugte. Seine in das Rezept für die Suppe eingebrachten Erfahrungen gehören der Vergangenheit an. Ein rekonstruierendes Nachempfinden ist ihm nicht mehr möglich, und das Rezept ist verloren. Und die Köche scheitern schließlich, da ihnen jegliche Einsicht in den Charakter eines Rezeptes fehlt.

1 Sozial- und kulturgeschichtliche Referenzpunkte des Textes

Warum erfindet der Erzähler diesen Vorgang? In den späten 50er Jahren, zur Zeit der Entstehung des Dramas, befand sich die alte Bundesrepublik in einer Umbruchsituation, die auch den kulinarischen Bereich erfasste. Nach den Entbehrungen während der Kriegs- und zunächst auch der Nachkriegszeit schöpften die Bundesbürger in der jungen Wirtschaftswunderrepublik nun aus dem Vollen. In ihrem Konsumverhalten manifestierte sich ihr Wunsch nach der Ausbildung eines Lebensstils, der wesentlich dadurch bestimmt war, sich immer mehr und immer bessere Waren leisten zu können.[6] In Bezug auf das Essen ist diese Tendenz als ‚Fresswelle‘ in das kulturelle Gedächtnis der Westdeutschen eingegangen.[7] Die Regale

---

[5] Vgl.: Gisèle Harrus-Révidi: Die Kunst des Genießens, S. 8f.: „Die Aufzeichnung eines Rezepts verdeckt das Wesentliche, wird weder der Qualität des Produkts noch der Kunstfertigkeit des Kochs gerecht.“

[6] Siehe hierzu: Michael Wildt: Vom kleinen Wohlstand, insbesondere die Schlussbetrachtung Konsum als Lebenspraxis. S. 227 – 246.

[7] Dass man den Begriff ‚Fresswelle‘ in seiner Generalisierung und Vereinfachung nur mit Vorsicht verwenden sollte, verdeutlicht Michael Wildt: „Im Bild des Westdeutschen als Vielfraß, der nicht die feinen Speisen, sondern die fetten, und diese in möglichst großen Mengen, begehrt, lebt eine Vorstellung wieder auf, die dem Mangel nur die Völlerei, dem Hunger nur das Fressen gegenüberzustellen weiß, in der die Differenziertheit selbst des kärglichen Essens kaum wahrgenommen wird. Der Topos von der ‚Freßwelle‘ verschweigt ja nicht nur die nach wie vor angespannte Situation vieler Familien in den fünfziger Jahren, die es keinesfalls erlaubte, all die Herrlichkeiten zu kaufen, die in den Schaufenstern auslagen. Er verleitet auch zu der Vorstellung, daß die Befriedigung in den ersten Nachkriegsjahren in der Menge, im ‚In-Sich-Hineinstopfen‘ gelegen habe und weniger im Genuß lang entbehrter Nahrungsmittel, im wieder erfahrbaren Geschmack von bestimmten Speisen.“ Michael Wildt: Vom kleinen Wohlstand, S. 77 – 78. Siehe hierzu auch: Becher, Ursula A.J.: Geschichte des modernen Lebensstils, S. 96ff.

in den Läden waren wieder gefüllt und die Bürger griffen zu. Zunächst stand nicht eine besonders raffinierte und feine Zubereitungsweise im Mittelpunkt des Interesses der Bevölkerung, deren Leben mehrheitlich während der letzten Kriegsjahre und in den ersten Jahren der Nachkriegszeit durch eine Reduzierung auf das Nötigste bestimmt war, sondern das Begehren richtete sich überwiegend darauf, möglichst große Portionen der lange entbehrten Lebensmittel zu sich zu nehmen. [8] Dabei ging es auch zunehmend nicht mehr nur um das Stillen eines körperlichen Hungergefühls, sondern um den Konsum. So manifestierte sich im üppigen Essen der neue soziale Status:

> Aus „Otto Normalverbraucher" war eine rundliche, dicke, übergewichtige Figur geworden, die weithin dokumentierte, wie weit man es doch wieder gebracht hatte. Ludwig Erhard, als Vater des Wirtschaftswunders apostrophiert, verkörperte mit seiner Leibesfülle sehr anschaulich das Lebensgefühl der noch einmal Davongekommenen, die nun auf den schnell errungenen materiellen Erfolg um so stolzer waren, als ihnen an anderen Werten nicht viel geblieben war. [9]

Ausdruck und Beleg dieser Entwicklung ist die Ende der 50er Jahre zunehmende Internationalisierung der Rezepte. [10] Mit wachsender Verfügbarkeit auch exotischerer Lebensmittel begannen die Bundesbürger ihren Traum vom Reisen in südliche Länder zunächst kulinarisch zu antizipieren. Die Rezepte, die in den verschiedensten Zeitschriften veröffentlicht wurden, erhielten zunehmend Phantasienamen mittels internationaler Attribute wie zum Beispiel ‚nach französischer Art', ‚nach Mailänder Art' und Hackfleischbällchen gab es plötzlich als ‚portugiesische Frikadellen', ‚Beefsteaks auf Lyoner Art', ‚griechischer Hackbraten im Mantel', ‚Tessiner Fleischpudding' und ‚Pariser Hackbraten'. Dabei hatten diese Gerichte in der Regel sehr wenig mit der Küche derjenigen Länder zu tun, deren Namen sie sich bedienten. Es ging vielmehr darum, etwas vom Ambiente, Flair und Image der fernen und für viele immer noch unerreichbaren Länder auf den heimischen Küchentisch zu bringen. Michael Wildt stellt fest,

> daß es in der Rhetorik dieser Rezeptseiten nicht um Authentizität ging, nicht um das tatsächliche Kennenlernen fremder Küchen, sondern die Arbitrarität der Zeichen im Vordergrund stand. Die Rezeptvorschläge bezeichneten nicht regionale Küchen, sie verwiesen vielmehr auf Stimmungen im Nachkriegsdeutschland in der zweiten Hälfte der fünfziger Jahre, wieder ‚dazugehören' zu wollen, wieder ein anerkanntes Mitglied der internationalen Staatengemeinschaft zu werden, die offenkundig vornehmlich das europäische Ausland und die USA umfaßte, während die übrige Welt unter ‚Afrika' oder ‚China' lief. (Wild 1996, 200)

---

[8] Vgl.: Nikolaus Jungwirth, Gerhard Kromschröder: Die Pubertät der Republik, S. 120: „Noch vor allen anderen kollektiven Bemühungen, alles nachzuholen, was man so lange hatte entbehren müssen, schwappte die ‚Freßwelle' über die Bundesrepublik, wobei die Eßgewohnheiten verständlicherweise weniger auf Verfeinerung des Genusses als vielmehr auf den Verzehr möglichst großer Mengen sättigender Speisen gerichtet waren. Konsumiert wurden in erster Linie fettes Fleisch, Kartoffeln, Brot und andere kohlehydratreiche Lebensmittel. Viel zu essen galt damals noch als gesund."

[9] Becher, Ursula A.J.: Geschichte des modernen Lebensstils, S. 98. Siehe hierzu auch: Claus-Dieter Rath: Reste der Tafelrunde, S. 297.

[10] Siehe auch: Michael Wildt: Vom kleinen Wohlstand. S. 197 – 202.

Mit dem Essen wurden Sehnsüchte und Wünsche verknüpft, deren Erfüllung durch Essen alleine in der Regel nicht erreicht werden konnte – ein Dilemma, das letztlich zu noch mehr Hunger führte und zu gesteigerten Ansprüchen an das Kochen.

Während also auf der einen Seite der gesamte Bereich der Ernährung in den 50er Jahren eine immer weiter steigende und immer differenziertere Bedeutungsdimension erfährt, kommt es auf der anderen Seite im selben Zeitraum zu Entwicklungen, die dem scheinbar entgegenstehen. Der hohe Bedarf an neuem Wohnraum nach dem Zweiten Weltkrieg führte dazu, dass in verhältnismäßig kurzer Zeit viele normierte Wohnungen gebaut wurden, in denen für die Küche nicht allzuviel Platz vorgesehen wurde. [11] Das hatte langfristige Folgen für den Bereich des Kochens und damit auch des Essens:

> Als nämlich nach dem 2. Weltkrieg und nach den ersten Jahren der immer bedrohlicher werdenden Lebensmittelknappheit endlich wieder an normales Kochen gedacht werden konnte, sah man sich gezwungen, den dafür notwendigen Raum neu zu definieren. Die Küche verlor ihren Anspruch, zentraler Ort des häuslichen Geschehens zu sein. Sie wurde zum Arbeitsraum degradiert, zu einem zwar praktisch perfekten, aber in seiner kommunikativen Isoliertheit unwirtlichen Ort, der schnelle Erledigung förmlich programmierte. (Schwarzbauer 1987, 8)

Die Entwicklung verlief also zumindest im Neubaubereich weg von der Wohnküche, die quasi das Kommunikationszentrum des Haushalts darstellte, hin zu einer auf Funktion bedachten Arbeitsküche. Gleichzeitig führten technische Neuerungen zu einer größeren Automatisierung des Haushalts, und neuartige Verpackungen ermöglichten Vorratshaltung, was ein verändertes Kochverhalten nach sich zog. Zunehmend kamen industriell vorgefertigte Lebensmittel auf den Markt, die darauf angelegt waren, den Prozess des Kochens effizienter und schneller zu gestalten, und die Arbeitserleichterung versprachen. [12]

> Die ‚Küche' stellte sich als der Ort heraus, an dem die Veränderungen der Konsumpraktiken besonders sichtbar wurden: Die Arbeitsküchen im sozialen Wohnungsbau unterschieden sich von den herkömmlichen Wohnküchen grundlegend in ihrem Konzept eines rationalisierten Haushalts, eine neue Generation von elektrischen Küchengeräten sollte der Hausfrau die tägliche Mühsal erleichtern, industriell hergestellte Nahrungsmittel beeinflußten sichtlich die Zubereitungsweisen. Die Geschichte der Elektrotechnik im Haushalt reicht bis in das 19. Jahrhundert zurück, die ‚Frankfurter Küche' war eine Idee der zwanziger Jahre. Zum Tragen jedoch kamen diese Innovationen erst im Nachkriegsdeutschland, als es sowohl der Massenwohnungsbau wie die Entwicklung der Einkommen zuließen, daß Küchen

---

[11] Siehe hierzu: Michael Wildt: Vom kleinen Wohlstand, S. 118.

[12] Darauf, dass dieser Prozess schon im 19. Jahrhundert begann, verweist z.B. Michael Köhler: „Im Jahr 1883 bringt der Schweizer Kaufmann Julius Maggi die ersten Produkte, sogenannte Leguminosemehle auf den Markt. Das sind eiweißreiche Mehle aus Bohnen, Erbsen und Linsen für die Zubereitung nahrhafter Speisen; ein billiges Volksnahrungsmittel. Drei Jahre später kommt die Maggi-Würze heraus, weitere zwei Jahre darauf entstehen die Fleischbrühsuppentafeln. Diese verdichteten, haltbaren und nahrhaften Fertigprodukte erobern weltweit die Haushalte. Fertig- oder Halbfertigprodukte werden in der zeitknappen Industriegesellschaft seitdem immer wichtiger: von der handgelöteten Blechkonserve alter Art zum Erbspürree, der typischen Kriegsnahrung neuer Art und den mikrowellenerhitzten Schnellgerichten heutiger Tage." Michael Köhler: Sein und Mahlzeit, S. 38. Vgl.: Ursula A. J. Becher: Geschichte des modernen Lebensstils, S. 94–96.

als Arbeitsküchen gebaut und mit elektrischen Haushaltsgeräten ausgestattet werden konnten. (Wild 1996, 232)

2 Literarische Spiegelungen

Liest man Grass' Drama *Die bösen Köche* auf der Folie dieser sozial- und mentalitätsgeschichtlichen Umbrüche, also den Widersprüchen zwischen dem Wunsch nach einer Küche, die Sehnsüchte und Wünsche jenseits des Essens erfüllend identitäts- und sinnstiftend wirkt und der Konturierung einer technisch immer besser ausgestatteten Küche, die eher einem Labor glich, in dem effizient und zeitsparend gekocht wird, so fällt bald auf, in welch erstaunlichem Umfang Grass diese widersprüchliche Situation im Drama verarbeitet hat. Die Verarbeitung manifestiert sich in einem ziemlich schroffen Antagonismus, den der Erzähler aufbaut: auf der einen Seite die Charakterisierung des Grafen und Hobbykochs als Vertreter einer sinnstiftenden Küche, die schöpferisch, ja künstlerisch, ist und auf der anderen Seite die Darstellung der den wirtschaftlichen Vorteil suchenden Berufsköche, deren Kochstil eher zu einer ‚Laborküche' passt, die Misstrauen erregt. Das Stück lässt sich insofern als ein Plädoyer für eine vertrauenswürdige Küche lesen, in der mit natürlichen Zutaten schöpferisch umgegangen wird – ein Thema, das die Entwicklung der modernen Ernährungsindustrie im öffentlichen Diskurs begleitet und das Grass nicht zuletzt im *Butt* wieder aufgreift. Grass' Roman weist nicht nur intertextuelle Bezüge zu wissenschaftlichen Auseinandersetzungen mit dem Thema der Ernährung auf, als Beispiel seien hier die Arbeiten von Lévi-Strauss genannt. Der Roman erweist sich ebenso wie *Die bösen Köche* als kulturkritischer Kommentar zum kollektiven zeitgenössischen Essverhalten und der Ernährungssituation.

Auf die Phase des übermäßigen und üppigen Essens während der Wirtschaftswunderzeit folgte in den späten 70er Jahren die Gegenbewegung, als die französische Nouvelle Cuisine die Bundesrepublik Deutschland erreichte. Vor allem ein Name ist mit dieser Trendwende der kulinarischen Situation der Bundesrepublik Deutschland verbunden: Paul Bocuse, dessen Gerichte auf die Vertreter der sogenannten Neuen deutschen Küche starken Einfluss ausübte. [13] Leitmotive modernen Kochens Ende der 70er Jahre waren nicht mehr in erster Linie sättigende und üppige Speisen nach traditionellen Rezepten, sondern leichtere Gerichte aus frischen Produkten, die oftmals in Deutschland gar nicht zu beschaffen waren und von den Köchen besserer Restaurants aus Frankreich importiert wurden. [14] Diese erste Phase der Neuen deutschen Küche beschreibt Eva Barlösius folgendermaßen:

---

[13] Thomas Kleinspehn interpretiert den Kochstil, wie Bocuse ihn vertritt, in Zusammenhang mit „zwei ineinander verwobenen Tendenzen [. . .]: die Ästhetisierung der Präsentation des Essens und ästhetische Inszenierungen der Eßhandlungen selbst". Thomas Kleinspehn: Vom Schlachtemahl zum Erlebnisessen, S. 264.

[14] Vgl.: Eva Barlösius: Soziale und historische Aspekte der deutschen Küche, S. 440: „So mußten 1977 80 Prozent der gesamten Frischware, die in den Spitzenrestaurants verarbeitet wurden, aus Frankreich importiert werden."

In der ersten [Phase] haben ehemalige Schüler von Bocuse, Guérard und anderen berühmten Köchen der französischen Nouvelle Cuisine wie Witzigmann und Franz Keller das, was sie in Frankreich gelernt haben, mit eigenen Ideen angereichert, aber prinzipiell ähnlich in Deutschland weitergekocht. Sie übernahmen Kompositionen, Grundstrukturen der Rezepturen und die bevorzugten Küchentechniken. Damit brachten sie deutsche Restaurants auf das französische Niveau, ohne jedoch eine eigenständige Entwicklung der Kochkunst zu versuchen. Sorbets und Parfaits aus Obst, Gemüse al dente gekocht und Gänseleber und Kaviar standen nun auf der Speisekarte. Die üblichen und traditionellen Geschmacksharmonien wurden aufgelöst, und an ihre Stelle traten höchst umstrittene und in Fachkreisen heißdiskutierte Einfälle, wie Kombinationen von Kalb und Lachs in Blätterteig, Lamm und Hummer. (Barlösius 1988, 440f.)

Schon die Aufzählung der Gerichte lässt vermuten, dass der Kreis derjenigen bundesdeutschen Bürgerinnen und Bürger, die die Erzeugnisse dieser an der Nouvelle Cuisine orientierten Neuen deutschen Küche in den späten 70er Jahren tatsächlich zu sich genommen haben, außerordentlich klein gewesen sein dürfte. Auch der Zugang zu den Orten, an denen eine solche Küche angeboten wurde, nämlich einige deutsche Spitzenrestaurants, war sicher in erster Linie nur den Mitgliedern wohlhabender Schichten möglich. Dennoch lässt sich auch für eine breitere Bevölkerungsschicht ein allmählicher Wandel in den Ansichten über die Ernährung beobachten. Der von den Redakteuren und Journalisten sogenannter Food-Zeitschriften, wie zum Beispiel „essen & trinken", und von auf das Thema Ernährung spezialisierten Publizisten, wie etwa Wolfram Siebeck, geführte Diskurs favorisierte eine neue Art der Küche, und dementsprechend gestaltete sich das Angebot der in den verschiedensten Zeitschriften veröffentlichten Rezepte. Die Koch- und Ernährungsweise oberer sozialer Schichten erweist sich letztlich als stilbildend. [15] Karl Möckl weist darauf hin,

daß dieser Boom [...] um die Mitte der siebziger Jahre einsetzte. Die Zeitschrift „Essen und Trinken" erscheint seit 1972, „Der Feinschmecker" seit 1975 und das Magazin „Gourmet" seit 1976. Nicht zuletzt ist der Run auf die großen Köche und deren Kochkurse Zeichen der Akzeptanz und Popularisierung feinen Essens. (Möckl 1987, 60)

Während sich die favorisierten Gerichte und die mit ihnen verbundenen Vorlieben zwischen den 50er und den späten 70er Jahren wandelten, veränderte sich das Bedeutungsspektrum des semiotischen Systems Ernährung kaum, das Statussymbol üppigen Essens veränderte nur seine Erscheinungsform. Auch in der von der Nouvelle Cuisine beeinflussten Küche der späten 70er Jahre vermittelte das Essen die Botschaft, dass man sich wieder in einer wirtschaftlichen Situation befinde, die es erlaube, sich die oben genannten edlen Nahrungsmittel zu leisten. Hinzu kam nur, dass mit dem Partizipieren an einer bestimmten Ernährungsweise nun auch ein Dazugehören dokumentiert wurde, und zwar ein Dazugehören zu einer Trend begründenden Elite, die das Wissen um gesunde und gute Ernährung teilte.

Wie schon in den 50er Jahren aktualisiert sich das Ernährungsverhalten in der Bundesrepublik der 70er Jahre als Ausdruck eines bestimmten Lebensstils. Nun

[15] Vgl.: Ebd., S. 441.

ging es einerseits um die Tendenz zur Verfeinerung und zum Luxus und andererseits um Zeitersparnis und Arbeitsminderung für die Hausfrau durch industriell vorgefertigte Produkte; der Unterschied lag genau genommen in dem, was den Lebensstil jeweils konkret ausmachte. [16]

Neben den schon etablierten Konservendosen und Suppenextrakten wurde nun auch zunehmend Tiefkühlkost verzehrt. Diese Entwicklung begann bereits Anfang der 60er Jahre mit der Schaffung der notwendigen technischen Voraussetzungen. [17] Sobald die Kühlung auf dem Transportweg und die Ausstattung der Haushalte mit Kühlschränken gewährleistet werden konnte, begannen Vermarktung und Konsum von Tiefkühlgerichten. Mit der Tendenz zum vermehrten Verzehr von industriell vorgefertigten Produkten in den Privathaushalten ging auf Seiten der Nahrungsmittelindustrie die marktdienliche Veränderung der Herstellungspraxis einher.

> Die traditionelle Herstellungspraxis wurde in den 70er Jahren von Nahrungsmittelherstellern mehr und mehr verlassen, weil sie zu personal- und damit kostenintensiv war. Nach und nach gingen alle Bereiche, die Molkerei-, Käse- und Speiseeisindustrie, die Suppen- und Saucenindustrie, die Hersteller von Senioren- und Babykost sowie die Obst-, Gemüse- und Fruchtsafthersteller und nicht zuletzt die Fertiggerichte-, Tiefkühlkost- und Konservenproduzenten dazu über, Lebensmittel großtechnisch herzustellen. (Furtmayr-Schuh 1993, 98)

Grass nimmt auf diese zeitgenössischen Entwicklungen in dem Roman *Der Butt* noch direkter als in dem Drama *Die bösen Köche* Bezug. Angesprochen werden im Roman beide oben beschriebenen Tendenzen der kulinarischen Situation in der Bundesrepublik der 70er Jahre: die in der ‚Edelfresswelle' gipfelnde Tendenz zur Verfeinerung ebenso wie der weiter fortschreitende Konsum von Fertigprodukten. In der fiktiven Rede der Delegierten Lena Stubbe, einer in die 70er Jahre versetzten Verkörperung der Verfasserin eines nie veröffentlichten proletarischen Kochbuchs auf einer Tagung der Gewerkschaft Nahrung-Genuß-Gaststätten, werden beide Aspekte miteinander verbunden. Ihr Publikum besteht aus „Kantinenköchen und Köchen der Gaststättenbetriebe ‚Wienerwald', [...] Konservenköchen und sonstigen Köchen" (V, 511), wobei die ‚sonstigen Köche' zur Gruppe der eher elitären Köche gehören, die „in Hotelküchen erster Ordnung (Rheinischer Hof, Hilton, Steigenberger)" (V, 511) kochen. Vertreter der beiden extremen Tendenzen der Küche der 70er Jahre sind also zugegen, als sich Lena in ihrer Rede heftig gegen einen Kochstil wendet, der auf Schnelligkeit abzielt und auf Fertigproduk-

[16] Für einen etwas größeren Zeitraum formuliert Ursula A. Becher: „Bei allen Veränderungen der Mahlgewohnheiten zwischen 1800 und 1985 ist eines gleichgeblieben: In der Mahlzeit spiegeln sich Einstellungen und Werthaltungen der Essenden, und was sie für wert halten, das sagt etwas über die Gesellschaft aus, in der sie leben. So enthält auch das heutige Mahl als soziale Veranstaltung eine Struktur, die sich entziffern läßt." In: Dies.: Geschichte des modernen Lebensstils, S. 108.

[17] Noch in den späten 50er Jahren galt der Kühlschrank in Privathaushalten als Luxusgegenstand. „1955 besaßen erst 10% aller bundesdeutschen Haushalte einen Kühlschrank, 1958 21%, und 1962/63 gab es in 51,8% aller privaten Haushalte in der Bundesrepublik einen Kühlschrank, bei den 4-Personen-Haushalten lag die Quote bei 63%." Michael Wildt: Vom kleinen Wohlstand, S. 124.

ten basiert. Sie protestiert gegen die zeitgenössische Küche der Fertiggerichte, die unter anderem mit dem Argument vermarktet wird, Zeit und Arbeit zu ersparen:

Liebe Kolleginnen und Kollegen! Was heißt hier Schnellküche! Zur Hölle mit den Fertiggerichten! Auch wenn sie Zeit sparen, frag ich euch: Zeit wofür und für wen? (V, 511) [18]

Der spärliche Beifall, den sie für ihren „Angriff auf die Konservenindustrie, gepfeffert mit Beispielen schlechter Qualität" (V, Butt, 511), erhält, stammt hauptsächlich von den Vertretern der Edelküche, die Lena fälschlicherwiese auf ihrer Seite wähnen. Das Argument, welches Lena aus dem Publikum der ‚Konservenköche' entgegengebracht wird, ist ein politisches: „So kann sich doch auch der einfache Mann mal Rinderzunge in Madeirasauce leisten!" (V, Butt, 511) Wenn schon Schnelligkeit und Arbeitserleichterung nicht als Argumente zählen, dann vielleicht der Hinweis, dass in Form von preiswerten Fertiggerichten Gerichte in jeden Haushalt einziehen können, die ansonsten nur den Wohlhabenden vorbehalten blieben. Statt in einem exklusiven und teuren Restaurant kann so ein ausgefallenes Gericht zu erschwinglichen Preisen zu Hause konsumiert werden. In diesem Sinne wird das „Fertiggericht als Konservendose" (V, Butt, 511) von Lenas Zuhörern als „Fortschritt im Sinne gewerkschaftlicher Solidarität" (V, Butt, 511) gefeiert.

Diesem Legitimierungsversuch des Marktes luxuriöser und exquisiter Gerichte setzt der Erzähler durch seine Sprachrohrfigur Lena eine sehr andere gesellschaftspolitische Position entgegen. Nicht die Meister der ausgefallenen Gerichte, nicht die berühmt gewordenen Chefköche der Geschichte, sondern die Vertreter einfacher, sowohl Genuss als auch Gesundheit fördernder Gerichte sollen gefeiert werden. An einem historischen Beispiel verdeutlicht Lena, dass es nicht darum gehen sollte, in allen Menschen den Wunsch nach exotischen oder teuren, luxuriösen Gerichten zu wecken und dann anschließend mit einer billigen Kopie zu befriedigen. Vielmehr sollte eine Küche angestrebt werden, die dem Lebensstil der weniger wohlhabenden Bevölkerungsgruppen und damit der Mehrheit entspricht. Als Beispiel dienen Lena die Arbeiterfrauen „zur Zeit des Frühkapitalismus" (V, Butt, 512), die in Ermangelung einer klassenbewussten Küche den Gerichten der wohlhabenderen Klassen hinterher träumten. Diese Gerichte entsprachen weder ihrem Geldbeutel noch ihrem Lebensstil und führten, so Lena, letztlich nur zu einer Entfremdung von ihrer eigenen gesellschaftlichen Klasse. Überhaupt sei die Edelküche ein Produkt privilegierter kochender Männer, denen es nicht um Ernährung, sondern um egozentrische Selbstdarstellung gehe. Frauen hingegen hätten sich zu allen Zeiten um die tägliche Ernährung kümmern müssen.

Lena schließt ihre Rede mit einem leidenschaftlichen Plädoyer für diese andere Küche. Sie tut es vor dem Hintergrund der rechtsgeschichtlichen Differenz von Öffentlichkeit und Privatleben, ohne ihn jedoch in Frage zu stellen. Jahrhunder-

[18] Lenas Haltung gegenüber der Schnellküche korrespondiert mit einer Äußerung von Grass in einem 1975 geführten Gespräch: „Das Kochen heute ist zusammengeschnurrt zur Schnellküche" (X, Gespräche, S. 190). Auch in „örtlich betäubt" wird auf Fertignahrung Bezug genommen, und zwar auf Tiefkühlkost. Die tiefgekühlte Nahrung verweist in diesem Kontext auf emotionale Kälte. (IV, öb, S. 81)

telang wirkten in der Öffentlichkeit Europas die Köche, denn Köchinnen war nur das Privatleben zugänglich. Erst in der zweiten Hälfte des vergangenen Jahrhunderts begann sich diese sozialrechtliche Diskriminierung zu lockern (vgl. den Beitrag von Poletto/Wierlacher im vorliegenden Band). Keine der Köchinnen des *Butt* kann mit einer elitären, luxuriösen oder exotischen Küche in Verbindung gebracht werden. Obwohl jeder Köchin ganz bestimmte, für sie charakteristische Gerichte und ein ganz bestimmter Kochstil zugeordnet sind, sind sie alle Vertreterinnen ein und derselben Haltung: Sie kochen das Nahrhafte und Geschmackvolle, nicht das Ausgefallene. Was sie antreibt, ist nicht eine besondere Produktionslust, nicht ein am Status oder am Verdienst orientiertes Profilierungsverlangen oder der Wunsch, als gastronomischer Unternehmer Erfolg zu haben, sondern die Verpflichtung, dem Gemeinwohl der großen Mehrheit der Bevölkerung durch eine förderliche Ernährung zu dienen.

Mit dieser Aufwertung der Kategorie des Dienens hat Grass einen Prozess des Nachdenkens über die Theorie und Praxis der Gastlichkeit in Deutschland angestoßen, dem seitens der Kulinaristik im Zusammenhang nicht bloß einer Fußballweltmeisterschaft erhöhte Aufmerksamkeit geschenkt wird (vgl. den Beitrag Allert im vorliegenden Band). Die beiden Texte *Die bösen Köche* und *Der Butt*, so darf ich zusammenfassen, stehen am Anfang und am Ende einer geschichtlichen Etappe der alten Bundesrepublik Deutschland, die sich sozialgeschichtlich nicht zuletzt durch eine kollektive Konsumlust und ihre Befriedigung in einer ‚Fresswelle' und deren Wandel zu einer ‚Edelfresswelle' auszeichnet, an der sich zwar viele orientierten, an der aber nur eine sehr kleine Bevölkerungsschicht aktiven Anteil hatte.

Historisch gesehen sind die von Grass und vielen anderen Autoren wie Koeppen, Nossack oder Böll aufs Korn genommenen Esser allerdings nicht nur Geschöpfe der Wirtschaftswunderzeit nach dem Zweiten Weltkrieg, sondern auch Teil einer langen literarischen Reihe säkularen Fehlverhaltens beim Essen, das Joseph Roth vor allem in der Figur des Bezirkshauptmanns (*Radetzkymarsch*) und Franz Kafka in seinem *Brief an den Vater* rügten (Wierlacher 1987). Selbst die Teilung des Himmels in Christa Wolfs Roman *Der geteilte Himmel* geht nicht nur auf politische Hindernisse, sondern auch auf unterschiedliche Einstellungen zum Essen zurück.

Grass würdigt das Fehlverhalten des orientierungslosen Konsumenten mit einem kritischen Kommentar, der sich nicht in seiner Kritik erschöpft, sondern ein Plädoyer für eine Küche aufbaut, die weder auf eine ‚Fress'- noch auf eine ‚Edelfresswelle' abzielt, sondern, um mit dem *Butt* zu sprechen, einen dritten Weg der gemeinsamen Aufklärung über die culinaria geht (V, Butt, 8).[19] Es ist der Weg zu einer neuen kulinarischen Ordnung, deren Konstitution sich die Kulinaristik im

[19] Auf den ersten Seiten des „Butt" findet sich folgende Textstelle: „Und es stimmt schon, oft fehlt heute die dritte. Ich meine, es fehlt irgendwas. Na, das Dritte." (V, Butt, S. 8) Gemeint sind hier auf einer ersten Bedeutungsebene die drei Brüste der Urmutter Aua. Die Bedeutungsdimension wird jedoch erweitert auf eine allgemeine dritte Lösung, das Konzept eines dritten Weges wie in der Theorie der interkulturellen Kommunikation und interkulturellen Germanistik, vgl. Alois Wierlacher /Andrea Bogner (Hg.): Handbuch interkulturelle Germanistik. Stuttgart: Metzler 2003.

Kontext der interkulturellen Kommunikation und der Rückwirkung der anhaltenden Globalisierungsprozesse vorgenommen hat.

Literatur

Aubry, Lutz: Von der tiefgefrorenen Erbse zum kompletten Feinschmeckermenü. In: Vom Hungerwinter zum kulinarischen Schlaraffenland. Aspekte einer Kulturgeschichte des Essens in der Bundesrepublik Deutschland. Hg. von Wolfgang Protzner. Wiesbaden: Steiner 1987 (= Beiträge zur Wirtschafts- und Sozialgeschichte. Hg. von Hermann Kellenbenz u.a. Bd. 35), S. 137 – 148.

Barlösius, Eva: Soziale und historische Aspekte der deutschen Küche. In: Stephen Mennell: Die Kultivierung des Appetits. Die Geschichte des Essens vom Mittelalter bis heute. Frankfurt am Main 1988, S. 423 – 444.

Becher, Ursula A.: Geschichte des modernen Lebensstils. Essen, Wohnen, Freizeit, Reisen. München 1990.

Furtmayr-Schuh, Annelies: Postmoderne Ernährung. Food-Design statt Eßkultur. Die moderne Nahrungsmittelproduktion und ihre verhängnisvollen Folgen. Stuttgart 1993.

Harrus-Révidi, Gisèle: Die Kunst des Genießens. Eßkultur und Lebenslust. Düsseldorf, Zürich 1996 (Frz.: Psychoanalyse de la gourmandise. Paris: Editions Payot).

Jungwirth, Nikolaus; Kromschröder, Gerhard: Die Pubertät der Republik. Die 50er Jahre der Deutschen. Reinbek 1983.

Kleinspehn, Thomas: Vom Schlachtemahl zum Erlebnisessen. In: Geschmacksache. Hg. von der Kunst- und Ausstellungshalle der Bundesrepublik Deutschland GmbH. Göttingen 1996, S. 263 – 283.

Köhler, Michael: Sein und Mahlzeit. Über Opfer und Essen. In: Die Äpfel der Erkenntnis. Zur historischen Soziologie des Essens. Hg. von Jutta Anna Kleber. Pfaffenweiler 1995 (= Schnittpunkt Zivilisationsprozeß. Hg. von Gerburg Treusch-Dieter. Bd. 20), S. 28 – 40.

Möckl, Karl: Die große deutsche Küche. Formen des Eßverhaltens seit den 70er Jahren. In: Vom Hungerwinter zum kulinarischen Schlaraffenland. Aspekte einer Kulturgeschichte des Essens in der Bundesrepublik Deutschland. Hg. von Wolfgang Protzner. Wiesbaden 1987 (= Beiträge zur Wirtschafts- und Sozialgeschichte. Hg. von Hermann Kellenbenz u.a. Bd. 35), S. 49 – 64.

Neuhaus, Volker / Weyer, Anselm (Hg.): Küchenzettel. Essen und Trinken im Werk von Günter Grass. Frankfurt 2007.

Rath, Claus-Dieter: Reste der Tafelrunde. Das Abenteuer der Eßkultur. Reinbek 1984.

Richter, Hans Werner: Im Etablissement der Schmetterlinge. Einundzwanzig Portraits aus der Gruppe 47. München 1993.

Schneider, Gisela: „Zur Hölle mit den Fertiggerichten!" Der Butt als Beitrag zum Diskurs des Essens der 70er Jahre in der Bundesrepublik Deutschland. In: Language – Text – Bildung. Essays für Beate Dreike. Hg. von Andreas Stuhlmann und Patrick Studer in Verbindung mit Gert Hofmann. Frankfurt 2005, S. 143 – 152.

Schneider, Gisela: Die bösen Köche. In: Küchenzettel. Hg. von Volker Neuhaus. München 2007, S. 55 – 73.

Schwarz, Wilhelm Johannes: Auf Wahlreise mit Günter Grass. In: Grass. Kritik. Thesen. Analysen. Hg. von Manfred Jurgensen. Bern 1973, S. 151 – 165.

Schwarzbauer, Georg F.: Kunst und Küche. Fragmentarische Hinweise zum Thema. Exemplarische Beispiele unseres Jahrhunderts. In: Vom Essen und Trinken. Darstellungen in der Kunst der Gegenwart. Hg. von Ursula Peters u. Georg F. Schwarzbauer. Wuppertal 1987, S. 8 – 24.

Stolz, Dieter: Günter Grass zur Einführung. Hamburg: Junius 1999.

Wierlacher, Alois: Opulente Fremde und fremde Opulenz. Die Bundesrepublik Deutschland in der Außenperspektive deutscher Erzählliteratur der fünfziger und frühen sechziger Jahre. In: Jahrbuch Deutsch als Fremdsprache 11 (1985), S. 179 – 190.

Wierlacher, Alois: Vom Essen in der deutschen Literatur. Mahlzeiten in Erzähltexten von Goethe bis Grass. Stuttgart 1987.

Wierlacher, Alois/ Gerhard Neumann/ Hans Jürgen Teuteberg (Hg.): Kulturthema Essen. Ansichten und Problemfelder. Berlin 1993.

Wierlacher, Alois: Jahresprogramm Fort- und Weiterbildung der Deutschen Akademie für Kulinaristik. Bremen 2005.

Wildt, Michael: Vom kleinen Wohlstand. Eine Konsumgeschichte der fünfziger Jahre. Frankfurt am Main 1996.

Der Streuselkuchen in Dietrich Krusches *Stimmen im Rücken*

Alois WIERLACHER

1 Einführung

Dietrich Krusche ist einer der wenigen Wissenschaftler im weltweiten Bereich der interkulturellen Kommunikation, die sich in den vergangenen Jahren auch als Schriftsteller hervorgetan haben. Er ist auch einer der sehr wenigen Autoren in der deutschen Gegenwartsliteratur, der sich mit der sozialen Funktion einer Speise in Deutschland befasst hat, die Jahrzehnte lang in vielen Regionen und sozialen Schichten Deutschlands an den Freud- und Leid-tagen der Familie, also an Geburtstagen, Hochzeiten und Begräbnissen, gegessen wurde und als familiale Institution in Deutschland gelten darf. Es geht um Krusches 1994 erschienenen Roman *Stimmen im Rücken* und sein Kapitel über den Streuselkuchen.

Der Roman ist ein Jahr nach der Veröffentlichung des vom Verfasser dieser Zeilen herausgegebenen Buches *Kulturthema Essen* (Berlin 1993) und im selben Jahr erschienen, in dem in Deutschland der *Internationale Arbeitskreis für Kulturforschung des Essens* ins Leben gerufen wurde. An dem Band *Kulturthema Essen* hat Dietrich Krusche mit einem Beitrag zum Genuss selbst mitgewirkt.

Die deutsche Literatur kennt viele Erzähltexte, die Geburtstage darstellen; vergleichbar mit Krusches szenischer Erzählung ist neben Marie Luise Kaschnitz kurzem Prosatext *Zum Geburtstag* (1970) am ehesten ein Kapitel in Siegfried Lenz' Roman *Deutschstunde* (1968). Marie Luise Kaschnitz erzählt eine Geburtstagsfeier, die von einer „bürgerlichen Familie", wie es im Text heißt, einem „fremden" Kind bereitet wird; Lenz und Krusche erzählen dagegen im gattungstheoretischen Rahmen der Erinnerungsliteratur Geburtstage, mit denen sich eine deutsche Familie selbst feiert. Lenz imaginiert die ‚Glüseruper Kaffeetafel', Krusche erzählt die Feier von ‚Tante Olgas Achtzigstem Geburtstag', einem „Geburtstag der ganzen Familie", wie der Text betont (Krusche, S. 164). Lenz tischt mehrere Kuchensorten auf, außer Sandkuchen und Nußtorten gibt es auch den blaßgelben Streuselkuchen (S. 75). Doch nur Krusche rückt diesen Kuchen in den Mittelpunkt seines Erzählinteresses und gibt dem betreffenden Kapitel auch den Namen dieses Kuchens und zwar ohne einen Singular und Plural differenzierenden Artikel; das Kapitel heißt *Streuselkuchen* (Krusche 1994, 156 – 177).

Wenn das Wort ‚Streuselkuchen' fällt, geht es mir ähnlich wie vielen, insbesondere männlichen Zeitgenossen meiner Generation aus allen Schichten vor allem nord- und mitteldeutscher Regionen: das Wort ruft wie Benjamins *Maulbeeromelett* schönste Erinnerungen hervor, die entspannen, die Menschen werden lebhaft, fröhlich und beginnen zu lächeln – Kuchen ist eben nicht Kuchen, wie man bei

Krusche lernen kann: in Wirklichkeit, betont der Erzähler, gebe es nur einen einzigen, den Streuselkuchen (S. 173).

Den ironischen Unterton dieser Ansicht des Erzählers wollen wir hier auf sich beruhen lassen; ich halte als Ausgangserkenntnis fest: der Autor hat mit dem Streuselkuchen nicht einen banalen, kulturgeschichtlich irrelevanten Gegenstand, sondern eine bedeutungsvolle Institution im familialen Speisen- und Erlebnishaushalt Deutschlands entdeckt, aufgegriffen und dargestellt.

2 Zur Sozialgeschichte des Streuselkuchens

Diese Entdeckung ist eine Leistung, die ich eigentlich von der Wissenschaft erwartet hätte. Doch die Germanistik hat meines Wissens noch kein Wort über den Streuselkuchen verloren und die historische Ernährungsforschung hat sich mit ihm kaum befasst (Wiegelmann 1967; Heizmann 1994; Kempa/Reichardt 1994, 341–353; Wurmbach 1980, 20). Gesichertes historisches Wissen ist indessen, dass der Streuselkuchen seit seiner Erfindung, die in den Kontext der Geschichte des Weißzuckers und des Weißmehls hineingehört, als ein Festtagskuchen galt; seine Substanzen Butter, weißer Zucker und Weißmehl waren bis in die sechziger Jahre unseres Jahrhunderts teuer, wie man in der Geschichte des Zuckers (Mintz 1987) und des Butter-Ersatzes Margarine gut nachlesen kann. Im Vergleich zum Brot galt der Streuselkuchen Anfang des zwanzigsten Jahrhunderts in Berlin als „Luxusnahrungsmittel" (Fendler/Stüber 1916, 8). Besonders beliebt war er in Sachsen und Schlesien, wo aitiologische Sagen zur Erklärung seiner Geschichte erfunden wurden [1]. Gesichertes Wissen ist ferner, dass der Streuselkuchen soziologisch ein Landkuchen der Großfamilie und ein Opulenz-Angebot war, also in großen Mengen gegessen wurde. Eichendorf erinnert in einem Brief an „einen groszen sträuszelkuchen" schon „zum Frühstück" (Steinsdorff 1992, 446) und auch bei Fontane gibt es „grosze Stücke Streuselkuchen" (vgl. Grimms Wörterbuch, Band 19, Sp. 1512). Gebacken wurde er als Blechkuchen von viereckiger, nicht runder Form, dem Zwetschgenkuchen oder Zwetschgendatschi vergleichbar. Als solcher Landkuchen für die Großfamilie wird er auch von Krusche dargestellt; der Text spricht vom „Streuselkuchenberg" (S. 165).

Im Kontext der Veränderungen der allgemeinen Ernährungslage, der Modernisierungs- und Urbanisierungsprozesse in der westlichen Welt nach dem Zweiten Weltkrieg hat der Streuselkuchen vor allem in der Bundesrepublik Deutschland seine Sozialfunktion als Freud- und Leidkuchen der Familie weithin verloren. Heutigen Ernährungswissenschaftlern sind die Streusel aus Fett und Kohlehydraten geradezu ein Greuel. Im *Öko-Lexikon unserer Ernährung*, hg. von Gerd Billen-Girmscheid und Otmar Schmitz, Frankfurt 1986 findet man zwar den Stockfisch, aber nicht mehr den geliebten Streuselkuchen. In Kushis großem Buch der Küche ‚für Gesundheit, Harmonie und Frieden' (Kuschi/Jack 1987) aus dem Jahre 1987 kommt die Steckrübe vor, aber wieder nicht der Streuselkuchen. Auch

[1] Vgl. Unser Nachwuchs 6 (1929), Nr. 21,2.

in dem Buch über Bedingungen und Grundlagen einer zeitgemäßen Ernährung, das Horst Skobranek unter dem Titel *Blickpunkt Ernährung* (München) 1985 herausgebracht hat, habe ich den Streuselkuchen vergebens gesucht. Selbst Konversationslexika wie der *Brockhaus* haben vom Streuselkuchen Abschied genommen. Dagegen hat Langenscheidts Großwörterbuch Deutsch als Fremdsprache das Lemma Streusel/Streuselkuchen aufgenommen und gibt sogar die Bestandteile der Streusel an. Auch Küppers *Lexikon der Umgangssprache* weist ein Lemma ‚Streuselkuchen' auf, doch hier wird der Ausdruck ‚Streuselkuchen' nur noch als Alltagsmetapher notiert, er bezeichnet u.a. ein „hautunreines" Gesicht mit Windpocken oder Akne.

3 Vergöttlichung des Kuchens als Perversion des Fests

Krusches Text präsentiert also ein unter verschiedenen Gesichtspunkten weithin obsolet gewordenes Stück unseres speisenkulturellen Gedächtnisses [2]. Sehweise des Textes ist nicht die kindliche Unbedenklichkeit der Erinnerung an den Streuselkuchen, von der ich eingangs sprach, sondern das Erkenntnisinteresse eines Kulturkritikers. Der Kuchen wird nicht als Teil oder Objekt eines kulturellen Gedächtnisses oder eines übergeordneten Zusammenhangs etwa der Nationalgeschichte veranschaulicht; es geht genau genommen weniger um den Kuchen als um seine Funktion in der Familie. Diese Funktion prüft der Text nach. Während bei Lenz das Darstellungsinteresse des Erzählers der Beobachtung der Essenden gilt, von denen keiner vor dem unaufhörlichen Angebot von Kuchen und Gebäcksorten kapituliert, die in festgelegter Folge herumgereicht werden (S. 79), blendet Krusche die Handlungen des Essens so gut wie völlig aus und konzentriert den erzählerischen Blick auf den szenischen Moment, in dem Tante Olga den von Mathilde frischgebackenen Kuchen in den Garten trägt und sich die Versammlung um den Kuchen schart. Die Szene spielt an einem Sonntag im zweiten Weltkrieg im damaligen ‚deutschen' Polen, am letzten Fronturlaubstag des Onkels der Familie.

Da sich Kulturen im Spiel zu erkennen geben, Kulturverstehen und Spiel zueinander gehören (Wierlacher 1982, 102 – 230), rückt Krusche das Selbstdarstellungspiel der Familie unter die Perspektive einer Kulturanalyse der säkularisierten und politisierten Essensanordnungen in ihrer Qualität als Selbstdarstellungsspiel usurpierter ‚patterned activities' (Douglas 1975) und machte sie als Ausdruck kultureller Eigenarten deutlich gemacht werden.

Die Erinnerungsperspektive stellt den Kuchen und das Umgehen mit ihm als konstitutiven Faktor im Aufbau des familialen Selbstverständnisses der Figuren dar. Spielmuster von Tante Olga ist das Spiel der Liturgie. Biblische Zitate und Allusionen unterstreichen die Aura der Anbetung, Mathilde fungiert als untergordneter Priester, Tante Olga trägt wie ein anderer Vater Abt den Kuchen wie in

---

2 Angefügt sei hier, daß Wörter für Teig und Gebäck oft aus der Töpfersprache stammen, das gilt insbesondere für das Wort Torte. Wir wollen diese spezielle Mitteilung aber hier nicht auswerten (vgl. Wurmbach 1980: 27).

einer Fronleichnamsprozession als summum bonum der Versammlung in den Garten, ehrerbietig von den Versammelten gegrüßt, die sich in ihrer Glorifikation des Kuchens auch nicht durch mahnende Verweise des Onkels auf die Lage an der Kriegsfront stören läßt. „Kuchen gibt es, wann und wo immer die Familie zusammen ist in Kuchensnamen" (S. 173).

Mit derartigen Bemerkungen setzt der Text des Erzählers sehr deutliche Ironiesignale (Müller 1995). Sie geben zu erkennen, daß die Feier des Kuchens der Eucharistiefeier nicht nur nachgebildet ist, sondern ihr gleichzukommen sucht. Nicht Tante Olga ist für die Versammelten der Held des Tages, sondern der vergöttlichte Streuselkuchen und mit ihm alle anderen Kuchenarten, die der Autor denn auch in einer Art Allerheiligenlitanei aufzählt, damit zugleich dem unterstellten Gebot folgend: „Du sollst nicht andere Kuchen haben neben mir" (S. 173). Als eucharistisches Manna wird der Kuchen zum ens unum: er ist auf allen Tischen, wie der Erzähler betont, „ein und derselbe" (176). Darum bleibt der Kuchen auch in der Überschrift des Kapitels artikellos, weil unbestimmbar; ein numinoses Wesen, das per definitionem einzig und allein seinen eigenen Namen kennt. Dezidiert meint der Erzähler vom Streuselkuchen: „Nur er weiß, wie er heißt" (S. 173).

Soziologisch gesehen ist die Feier eine Szene mit begrenzter Teilnahmeberechtigung; beteiligt ist an ihr ein Personenkollektiv als einer Gemeinde, die „durch den gleichzeitigen Konsum eines bestimmten Erlebnisangebots abgegrenzt ist" (Schulze 1993, 460). Wie Marie Luise Kaschnitz in ihrem Text *Zum Geburstag* den Gabentisch der bürgerlichen Familie durch das entsetzte Kind abräumen läßt, verwandelt Krusches Darstellung dieser Gemeinde die eingangs erwähnten kollektiven Erinnerungen in nachträgliches Entsetzen: Auf sehr ähnliche Weise wie Tante Olga den Streuselkuchen in den Garten trägt, tragen zur erzählten Handlungszeit die Nazis das Hakenkreuz in einer parodierten Monstranz herum. Sehr deutlich parallelisiert der Text die Kuchenverherrlichung der versammelten Gemeinde mit der nazistischen Machtverherrlichung und ihrem totalitären Zwang zur Teilnahme: „weh dem", heißt es im Text, „der keinen Hunger hat" (S. 174).

Dieser Hinweis des Erzählers verschärft die textuelle Prüfung der dargestellten Situation: mit der Stilisierung der Geburtstagsfeier zur Eucharistiefeier wird von der Versammlung auch der Festcharakter des Geburtstags pervertiert. Feste, welcher Art immer, sind zentrale Stätten der affirmatio vitae und der affektiven Selbstbegründung des Einzelnen im Konnex der Wertschöpfung und Gemeinschaftsbildung der Kulturen; Feste heben die flüchtige Zeit auf und sammeln sie in der Lebenssicherheit simulierenden Rhythmik ihrer Wiederkehr, die auf Zukunft gebaut ist (Tellenbach 1968). Insofern ist ein Fest nicht nur ein Moratorium des Alltags, sondern immer auch eine konstitutive Bedingung der Möglichkeit unseres Alltags (Marquard1989, 684–691). Infolge seiner Transubstantiation des Kuchens zum Allerheiligsten wird Tante Olgas Familienfest nicht zu einer solchen Affirmation des Lebens, sondern zur lebenszerstörenden Selbstauslieferung der Menschen an die eigene Selbsverherrlichung. Von der Weisheit des Festes ist nichts mehr zu finden; die Teilnehmer leben im Zustand der Seins- und Todesvergessenheit und schaffen eine verkehrte Welt, die den Kuchen als Lebensmittel zu einem Dingsymbol und Medium hypostasiert, das nicht mehr über sich hinausweist, sondern wie das Hakenkreuz selber zur Heilsbotschaft wird: The medium is the message.

4 Der Kuchen als Konsummittel

Diese Bedeutungsebene verbindet den Text mit genusstheoretischen Überlegungen, die Dietrich Krusche wie eingangs gesagt ein Jahr vor der Veröffentlichung des Romans in *Kulturthema Essen* angestellt und in seinem folgenden Buch über Leseerfahrung und Lesergespräch in modifizierter Form wieder vorgelegt hat (Krusche 1995, Kapitel I.1.). Mit Krusche bin ich der Ansicht, daß Essens-Genuss stets ein Stück Kontemplation und als solches ein Experiment, eine Risiko-Erfahrung und ein Sichaussetzen ist, also eine Erkenntnishaltung, die lebenswichtig scheint, aber nicht ohne Anstrengung des Begriffs nicht zu haben ist und sich schon dadurch vom Konsum erheblich unterscheidet. Die bei Tante Olga versammelte Gemeinde gibt sich dagegen als Konsumgemeinschaft zu erkennen, die sich und den Genuss selber liquidiert. Der Roman nimmt insofern die sozialpsychologische Erläuterung heutigen Konsums vorweg, die besagt, daß er nicht sachorientiert ist, sondern nach emotionalen Erregungen strebt und darum von Soziologen innenorientierter Konsum genannt wird: „In kaum einem Detail enthüllt sich der Triumpf von innenorientierter über außenorienterte Sinngebung deutlicher als in dem Umstand, daß es normal geworden ist, ganz unabhängig von Hunger und Durst zu essen und zu trinken, ja gegen die eigene Sattheit anzuessen und anzutrinken" (Schulze 1993, 488). Krusche spricht ganz entsprechend vom ‚Entgegenschmecken' (Krusche,176).

5 Die kulturelle Außensicht des Textes

Die Darstellung der konsumverfallenen Geburtstagsfeier hat der Autor in mehrere kulturelle Perspektiven aufgefächert. Zwischen der Figurensicht und der zeitversetzten Erinnerungsperspektive des Erzählers rückt Krusche als dritte, drucktechnisch abgesetzte Wahrnehmungspositon die Perspektive eines polnischen Freundes des Erzählers. Diese Figur macht mit ihrer Vision künftigen Zusammenlebens zum einen den Versuch, zwischen Geschichte, Gegenwart und Zukunft zu vermitteln; zum anderen eröffnet sie in der Gesprächsgemeinschaft mit dem Erzähler so etwas wie einen interkulturellen Dialog über Feste und Konsum, also über Fragen des Lebens und seiner Gestaltung.

In der prüfenden Sicht des Erzählers isst und trinkt sich die deutsche Gemeinde der Geburstagsfeier das Gericht; das Wort ‚Hybris' bezeichnet ursprünglich eine Überfüllung des Magens. Sehr klar wird das Verhalten der Gemeinde beurteilt, wenn der Freund des Erzählers ihre Geburstagsfeier in der direkten Kommunikation mit dem Erzähler als eines „eurer gefräßigen Feste" (S. 177) qualifiziert.

Indem mit diesen Worten auch die Zugehörigkeit des Erzählers zu dieser Kultur betont wird, reklamiert der Text zugleich die kulturelle Mitverantwortung der

Literatur an den beobachten Verhältnissen. Er spannt die Darstellung der Geburtstagsfeier in die Dialektik des Eigenen und Fremden ein und eröffnet im Sinne der hermeneutischen Theorie des ‚Sehens mit anderen und fremden Augen' über die Urteilsperspektive des außenbetrachtenden Dritten auch dem Esser wie dem Leser einen Weg zu distanzierender Kritik. Diese Einführung eines die Selbstverständigung des Lesers fördernden Dritten in die narrative Perspektivik des Textes korreliert mit der auch für die Kulinaristik grundlegenden Annahme, dass das Dritte als Modus einer Zwischenposition wahrscheinlich überhaupt der Mehrwert ist, den alle Kommunikation anstrebt.

„Ein großes spitzes Dreieck in ungleiche Teile geteilt, mit der spitzesten, kleinsten Abteilung nach oben gewendet – ist das geistige Leben schematisch richtig dargestellt", hat Kandinsky in seinem bekannten Buch *Über das Geistige in der Kunst* geschrieben (Kandinsky 1952, 29). Ein 1927 erschiener Aufsatz Kandinskys trägt hingegen den Titel *Und*. Gefragt wird nach dem Wort, das das 2o. Jahrhundert im Vergleich zum 19. Jahrhundert kennzeichnet. Während das 19. Jahrhundert vom Entweder-oder regiert wurde (Kierkegaard), sollte das 20. Jahrhundert nach Ansicht Kandindskys der Arbeit am *und* gelten, also dem Nebeneinander, der Vielheit, der Ungewißheit, der Frage nach dem Zusammenhang und den Zwischenräumen.

Mit diesem *und* beginnt zwar nicht die Harmonie, aber es beginnt der kreative Abschied sowohl von einer simplen Aufteilung der Welt als auch und von der kulturellen Selbstverherrlichung des Eigenen in der postmodernen Verabsolutierung der Differenz, die letztlich zu eben der Vergöttlichung eigenkultureller Institutionen führt, die Krusches Text darstellt.

Ulrich Beck hat die Konstitution von Zwischenpositionen und Zwischenräumen als die Erfindung des Politischen kennzeichnet (Beck 1993). Ganz entsprechend ist die die Erfindung der Kulinaristik ein Politikum; ganz entsprechend erkennen wir im kulturenübergreifenden Gemeinschaftshandeln zeitbewusster Partnerschaft ihren grundlegenden Blickwinkel. Erst dieser Blickwinkel konstituiert jene Bedingungen des Lebens, von der Edward W.Said unsere Zukunft abhängen sieht: „Überleben hängt mit den Verbindungen zwischen den Dingen zusammen" (Said 1994).

Im Sinne dieser Konstitutionskategorien des Lebens und des Überlebens gewinnt der Text die Funktion einer prüfenden Erfahrung der historischen und kulturellen Fremde: Der Streuselkuchen erscheint in der Erzählgegenwart als Institution einer bestimmten Kultur und als Relikt einer vergangenen Zeit; die Verherrlichung dieser kulturellen Institution innerhalb einer anderen Kultur weist die Geburtstagsfeier zugleich als Teil eines weltverlorenen Kulturmissionarismus aus.

Historische Prozesse sind nicht ableitbar und nicht hintergehbar. Der Autor führt uns diesen Umstand mit Hilfe seiner dritten Figur vor Augen, die im Text als ‚Stimme im Rücken' sowohl der Familie als auch des Erzählers figuriert. Diese Metapher des Rückens lässt sich plausibel konkretisieren, wenn wir kulturräumlich an die Flucht der Deutschen vor den Russen in den Westen denken; den Rücken erkenntnistheoretisch als Schatten der unhintergehbar-eigenen Wirklichkeit und vergangenheitsheoretisch als das historische Gedächtnis, ethisch als das sittliche Gewissen auffassen und wenn wir uns bewußt machen, daß der Rücken des Menschen, anatomisch gesehen, die dem Bauch und seiner Völlerei abgewandte Seite des Körpers ist.

Ich komme zum Schluss. Die schönen Eingangserinnerungen an den Streuselkuchen sind verflogen; Krusches Erzählung legt die superbia einer Gesellschaft offen, die in ihrer Selbstverherrlichung eine Institution des Streuselkuchens als eines Handlungsmusters gemeinschaftsbildenden Genusses pervertiert. In dieser Behauptung des Textes steckt aber auch der Ansatz einer Therapie zur Rückgewinnung unserer Genuss- und Kommunikationsfähigkeit. Genuss ist nur denkbar, wo wir vom Konsum absehen und im Sinne der Phänomenologen und der Köche auf die Speisen selber achten und uns selbst mit dieser Achtung ehren, wenn also auch der Streuselkuchen wieder selig sich selber scheinen darf und der Genuss als eine gemeinschaftliche Erkenntnis begriffen wird. Ich schließe meine Überlegungen also nicht mit dem Abschied vom Streuselkuchen, sondern im Gegenteil mit der Aufforderung, ihn im Sinne der Zukunftsvision des hermeneutischen Dritten als Gegenstand unseres Genusses wieder neu zu entdecken: „Wenn Kaffee und Kuchen uns wieder selbst gehören, wenns wieder unsere Feste sind, die gefeiert werden". (S. 177), dann entdecken wir mit dem kulturellen Erbe unserer Speisen auch uns selber und unsere Geschichte neu.

Literatur

Beck, Ulrich: Die Erfindung des Politischen. Frankfurt 1993.

Douglas, Mary: Deciphering a Meal. In: Dies.: Implicit Meanings. Essays in Anthropology. London/Boston 1975.

Eichendorf: Sämtliche Werke, Historisch-Kritische Ausgabe XII, Briefe 1794–1857, hg. von Sibylle von Steinsdorff, Stuttgart u.a. 1992.

Fendler, G. und Stüber, W.: Untersuchungen von Berliner Kuchengebäck. In: Zeitschrift für Untersuchung der Nahrungs- und Genußmittel 31 (1916).

Heizmann, Berthold: Die rheinische Mahlzeit. Zum Wandel der Nahrungskultur im Spiegel lokaler Berichte. Köln 1994.

Kandinsky, Wassily: Über das Geistige in der Kunst. Mit einer Einführung von Max Bill. Bern 1952, 10. Auflage, o.O.

Kempa, Martin und Reichardt, Lutz: Kuchen. Namen und Sache. In: Zeitschrift für Württembergische Landesgschichte 53 (1994).

Krusche, Dietrich: Leserfahrung und Lesergespräch. München 1995.

Kuschi, Ayeline und Jack, Alex: Aveline Kushi's großes Buch der makrobiotischen Küche. Völklingen 1987.

Marquard, Bodo: Moratorium des Alltags – eine kleine Philosophie des Festes. In: Walter Haug/Rainer Warning (Hg.): Das Fest. München 1989.

Mintz, Sidney: Die süße Macht. Kulturgeschichte des Zuckers [zuerst New York 1985]. Frankfurt/ New York 1987.

Müller, Marika: Die Ironie. Kulturgeschichte und Textgestalt. Würzburg 1995.

Said, Edward: Kultur und Imperialismus. Einbildungskraft und Politik im Zeitalter der Macht. Aus dem Amerikanischen von Hans-Horst Henschen. Frankfurt 1994.

Schulze, Gerhard: Die Erlebnisgesellschaft. Fankfurt/New York 1993.
Tellenbach, H.: Geschmack und Atmosphäre- medine menschlichehn Elementarkontakts. Salzburg 1968.
Wiegelmann, Günter: Alltags- und Festspeisen. Wandel und gegenwärtige Stellung. Marburg 1967.
Wierlacher, Alois (Hg.): Kulturverstehen und Spiel. In: Jahrbuch Deutsch als Fremdsprache 8 (1982).
Wurmbach, Annemarie: Kuchen-Fladen-Torte. Eine wort- und sachkundliche Untersuchung. In: Zeitschrift für Volkskunde 56 (1980).

Filmische Darstellungen des Essens *

Gerhard NEUMANN

1 Der Film *Babettes Gastmahl* von Gabriel Axel

I

Solange es Literaturverfilmungen gibt – und es gibt sie, seit Filme gedreht werden –, hat die Kritik sich in einem Feld bewegt, das von zwei extrem entgegen gesetzten Forderungen her bestimmt ist: der Forderung nach Werktreue, nach der Nähe zur Vorlage einerseits, und der Forderung nach eigenständiger, eigenwilliger Gestaltung dessen, was der zugrundeliegende Text vorgibt [1]. Ein großes Beispiel für die eine Tradition ist Eric Rohmers *Marquise von* O..., ein unvergessliches Beispiel für die andere Viscontis *Tod in Venedig.* Dem Streit zugrunde liegt die doppelte Ausrichtung des Films auf das digitale und das analoge Zeichensystem kultureller Vergegenwärtigung; auf Sprachsysteme und Bildsysteme als Medien sozialer Realisation des Menschen; Maßstab der Beurteilung ist das Glücken oder Missglücken des Übergangs vom einen in das andere semiotische System.

In diesem Kontext doppelter semiotischer Vergegenwärtigung nimmt das Kulturthema Essen als Gegenstand der Kulinaristik eine ausgezeichnete Stellung ein. Es liefert eine der wesentlichen Begründungen für die Notwendigkeit solcher Verdoppelung, des Darstellens durch sprachliche und visuelle Vergegenwärtigung; Essvorgänge spielen sich auf besondere und suggestive Weise im Spannungsfeld von Körper und produziertem Zeichen, von materiellem Grundvorgang und sozialer Bedeutungsstiftung ab. Kein anderes Medium vermag so wie der Film das Widerspiel solcher semiotischer Felder, der Körperzeichen und der Sprachzeichen, in einem einzigen Ausdrucksfeld zu inszenieren – der Sprache als digitales, der Bilder als analoges Medium – und diese Klang- und Bildkomplexe mit suggestiver Präsenz zu sättigen, sie gleichsam mit Authentizität zu ‚indizieren'. Literatur erscheint in diesem gedoppelten Feld der Darstellung dem Film unterlegen; hier ist die Differenzierung von digitalem und analogem Medium ausschließlich durch die Indizierung der Sprachzeichen selbst im einen wie im andern Sinne möglich, nicht durch deren unmittelbare, suggestive Präsenz [2].

---

* Vorbemerkung der Herausgeber: Der folgende Beitrag ist ein redaktionell leicht veränderter Nachdruck aus dem vergriffenen Band *Kulturthema Essen. Ansichten und Problemfelder (*Berlin 1993), herausgegeben von Alois Wierlacher, Gerhard Neumann und Hans Jürgen Teuteberg. Der Beitrag wird hier wieder zugänglich gemacht, weil er in der Sicht der Herausgeber ein vorzügliches Beispiel dafür ist, wie auch filmanalytisch Brücken in die Kulinaristik geschlagen werden können.

1 Franz-Josef Albersmeier und Volker Roloff (Hg.): Literaturverfilmungen. Frankfurt/M. 1989.

2 Jean Paul hat diesen Sachverhalt – bei der Beschreibung der Hochzeitstafel des Armenadvokaten Siebenkäs – unbestechlich konstatiert: „Ich bekomme jetzo vor meinen Schreibtisch die lange Hochzeittafel gestellt, bei welcher zu bedauern ist, daß kein Gemälde davon an den mit Herkula-

Neben diesen ersten Vorzug, der dem Film bei der Darstellung von Essakten gegenüber der Literatur einzuräumen ist, tritt ein zweiter: die – in naturwahrer Zeitfolge vergegenwärtigte – doppelte Suggestion von Kontrast und Parallelität: ermöglicht durch das optische Segmentierungsverfahren der Schnitte, durch die Parzellierung von Bildsequenzen, eine Technik, deren sich die Literatur erst langsam und nur unvollkommen nach dem Vorbild des Films zu bemächtigen wusste [3].

Ein dritter Vorzug filmischer Vergegenwärtigung besteht darin, daß solches Widerspiel der semiotischen Felder von Sprache und Bild durch die in der Kameraführung gleichsam naturwüchsig organisierte Perspektivierung des Blicks in Szene gesetzt werden kann, wie dies einer schreibaktgebundenen Perspektivierung durch den Erzähler in einem literarischen Text kaum möglich ist.

Erst durch die Entwicklung eines neuen Paradigmas der Wahrnehmung, das aus der Differenzierung von digitaler und analoger Repräsentation von Welt und deren kinetischer Struktur erwächst, Sprache und Körper als in sich gespanntes Ausdrucksfeld – gleichsam als eine neue Physiognomik – begreift, haben Filme in zunehmendem Maße Essvorgänge zu ihrem Thema gemacht und sie, gleichsam auf einer Metaebene, als Sozialrituale kommunikativer Sinnstiftung in Szene gesetzt, wobei die Evidenz der Sinnlichkeit, das Spiel von Farbe und Anordnung in der Wiedergabe der Speisen, zuletzt wohl auch die Orientierung an der kunsthistorischen Tradition der Stilleben eine prägende Rolle gespielt haben. Hier ist eine ganze Reihe von Beispielen signifikant, von Marco Ferreris *La Grande Bouffe* bis zu Louis Malles *Milou en Mai,* über Malles *Mein Essen mit André* zu Greenaways *Der Koch, der Dieb, seine Frau und ihr Liebhaber* [4]. Gabriel Axels Film *Babettes Gastmahl* reiht sich in diese Tradition, und er profitiert auch von dieser; er ist aber vor allem deshalb so wichtig, weil er, bei größter Texttreue, gleichzeitig alle jene Mittel zu nutzen weiß, die dem Film gegenüber der Literatur so große Vorteile einräumen; und weil er diese sachgerecht und mit überlegenem Kunstverstand einsetzt, sie gleichsam *aus* seinem Gegenstand

---

neum untergesunknen Vasen steht – man hätt' es mit herausgescharrt und in den herkulanischen Zeichnungen matt kopieret und diese Nachzeichnung könnt' ich dann statt alles hersetzen. Wenige haben eine bessere Meinung von dem Vermögen meiner Feder als ich selber; aber ich sehe völlig, daß es meines und ihres übersteigt, nur zur Hälfte und schlecht in schwarzer Manier darzustellen, wie es den Gästen schmeckte [...] Das Gemälde greift mich an. Inzwischen mußt' es koloriert sein, und es war über den Schmaus-Luxus nicht etwan dadurch wegzuwischen, daß ich ihn leicht mit einem kurfürstlich-sächsischen verglichen und erläutert hätte." Jean Paul: Werke. Siebenkäs. Flegeljahre. Hrsg. von Gustav Lohmann. Darmstadt 1964. S. 42–44.

3 Wolfgang Jahn: Kafkas Roman „Der Verschollene" („Amerika"). Stuttgart 1965. ‚Visualität', S. 32–67.

4 Einige beliebig herausgegriffene Filmtitel mögen genügen: ‚Mein Essen mit André' (Louis Malle, USA 1981); ‚Das große Fressen' (Marco Ferreri, Frankreich/Italien 1973); ‚Das Gespenst der Freiheit' (Luis Bunuel, Frankreich 1974); ‚Der diskrete Charme der Bourgeoisie' (Luis Bunuel, Frankreich 1972); ‚Fellinis Satyricon' (Italien 1969); ‚Nanuk der Eskimo' (USA 1921); ‚Das Brot des Bäckers' (BRD 1976); ‚Im Reich der Sinne' (Japan/Frankreich 1976); ‚Die 120 Tage von Sodom' (Italien/Frankreich 1975); ‚Mondo cannibale' (Italien 1972, zwei Fortsetzungen 1976 und 1980); ‚Kuhle Wampe' (Deutschland 1932); ‚Hühnchen in Essig' (Frankreich 1984/85); ‚Molière' (Frankreich 1978); ‚Heinrich VIII. und seine sechs Frauen' (England 1972); ‚Tom Jones – Zwischen Bett und Galgen' (England 1962); ‚Tampopo' (J. Itami); ‚Eating Raoul' (Paul Bartel); ‚Rossinis Pasticcio ... ' (Pit Riethmüller 1989).

entwickelt, indem er den Essvorgang mit großer künstlerischer Bewusstheit ins Spannungsfeld semiotischer Ordnungen stellt und auf einer poetologischen Ebene über dieses dialektische Spiel reflektiert. Man könnte sagen, dass dieser Film ein Alterswerk im auszeichnenden Sinne des Wortes ist; einen lang gehegten Plan gelassen in Szene setzend; eine Behutsamkeit gegenüber dem Text bewahrend, die beispielhaft ist; aus einem Landschaftskonzept heraus operierend, in dem Farbe und Musik gleichermaßen als Mittel der Gestaltung ihren Ort finden; eine souveräne Optik des Kulinarischen entwickelnd, die das Phänomen menschlicher Sinnlichkeit zwischen Text und Geschmack, zwischen Schrift und Bild, zwischen Aroma und Memoria sichtbar werden lässt und zugleich auf höherer Ebene reflektiert.

II

Zunächst ist die Sicherheit hervorzuheben, mit der der Film *Babettes Gastmahl* die Grundkonstellation des Kulturthemas Essen inszeniert: es als ein Sozialritual begreifend und gleichzeitig die aus ihm erwachsende Wertigkeit entbindend, die gemeinsame Mahlzeit als Knotenpunkt eines Zeichenspiels ins Bewusstsein rückend – ein filmisch geradezu ideal realisierbarer ‚ritueller' Darstellungszusammenhang. Dabei greift Gabriel Axel, ganz im Sinne des Textes, auf zwei konkurrierende Modelle zurück: das Gedächtnismahl, das zur Feier des hundertsten Geburtstages des Probstes, als eigentlichem Garanten der Identität der Gemeinde, stattfindet, also gleichsam im Namen des Vaters inszeniert wird; und das Friedensmahl demgegenüber, von einer Frau realisiert, das als Kommunikationsakt der Versöhnung und Selbstrealisierung einer Gemeinde zugleich begriffen wird, als Identitätsbekräftigung einer minoritären Gruppe, die sich im Namen des Erlösers Christus zusammenfindet. Beide Formen des Mahls stehen im doppelten Fluchtpunkt von Erinnerung und Kommunikationsgarantie, damit natürlich zugleich auf die Eucharistie und ihre symbolische Repräsentanz Bezug nehmend. Das erste, was im Film in den Blick kommt, sind die getrockneten Fische, dann die alltagsweltliche Realität der Nahrung, die in der Welt der Gemeinde durch Brot und Biersuppe vertreten wird. Diese Objekte des alltäglichen Verzehrs werden transparent auf die Eucharistie, auf den Fisch als Zeichen Christi (Ichthys) und auf Brot und Wein als die Elemente eucharistischer Repräsentanz: Sprache, Speise und den sie vermittelnden Vorgang der Transsubstantiation zugleich vergegenwärtigend.

Wenn der Film so das große abendländische Thema der ‚Memoria' anschneidet, so inszeniert er gleichzeitig auch deren doppelte Bestimmung durch Religion und Kunst. Religion auf der einen Seite: das Erlöserthema, in der Konfiguration des Abendmahls vergegenwärtigt, durchzieht den ganzen Film, und zwar in doppelter Kontrafaktur dessen, was, auf der einen Seite, Leonardos *Abendmahl* und dessen aufklärerische Parodie in den Phantasien von den ‚Zwölfen bei Tisch' – und der Rolle des Zwölften (Judas) in diesem Spiel – seit jeher thematisiert.[5] Und die

[5] Vgl. meinen Aufsatz „Rede, damit ich Dich sehe". Das neuzeitliche Ich und der physiognomische

Kunst auf der anderen Seite, die durch die Generalkategorie der Memoria repräsentiert wird, des Gedächtnisses, innerhalb dessen sich Kultur durch fortgesetzte Vergegenwärtigung erneucrt. Diese beiden Welten sind es ja, die im Film durch den aus der Vergangenheit wirkenden Probst, als Garanten des religiösen Konzepts, und die in der Gegenwart wirkende Köchin Babette, als Exponentin des Paradigmas der Kunst, bezeichnet werden. Verdichtet erscheint diese doppelte Thematik von Religion und Kunst in der durch den Film so suggestiv vergegenwärtigten ‚Anagnorisis', der Wiedererkennungsszene bei Tisch: auf der einen Seite der General, der das ihm vorgesetzte Menü in einer minuziösen Anamnese als dasjenige des Café Anglais in Paris rekognosziert: Amontillado,Veuve Cliquot, Clos Vougeot, cailles en sarcophage, Blinis Demidoff; auf der anderen Seite die Gemeinde, die, durch die Verweigerung solchen Erkennens und (kulinarischen) Anerkennens, die Perspektive auf das Wiedererkennen der Eucharistie eröffnet: Anagnorisis, die nur in der (aus der Bibellektüre realisierten) Weintraube vom Bach Eskol sich ereignet. Es ist die Dialektik der Memoria, die hier inszeniert erscheint: als religiöses Gedächtnismahl oder als Vergegenwärtigung eines Kunstaktes. Auf exemplarische Weise wird dieser Zusammenhang zwischen beiden Systemen, dem religiösen wie dem kulinarischen, vom Film sichtbar gemacht, als Babette, im Gespräch mit den beiden Schwestern, sich die Inszenierung des Gedächtnismahls für den Probst als „dîner français" erbittet und dabei mit dem Kreuz auf ihrer Brust spielt, dieses in eben jenem Augenblick in der Hand verbergend, als sie ihren Plan eines ‚kulinarischen Kunstwerks' (statt einer religiösen Vergegenwärtigung) entwickelt.

Der Film inszeniert dieses Widerspiel konkurrierender Konzepte aber nicht nur auf *einer* Ebene; neben die Antagonismen von Religion und Kunst treten noch zwei weitere dichotomische Argumentationsfelder: dasjenige der Konstellation von Religion und Ökonomie einerseits, dasjenige von Essen und Tod andererseits.

Der Konflikt von Ökonomie und Eucharistie wird seinerseits aus dem Motiv des ‚Fisches' entwickelt: die Trockenfische zunächst, der Frischfisch sodann, das christliche Zeichen des ‚Ichthys'-Symbols zuletzt; auf der einen Seite Babette, die am Strand den eben gefangenen Fisch zu günstigem Preis erhandelt und damit das Nahrungsmittel in den Bereich universeller Repräsentanz im Tauschwert des Geldes hinüberspielt; der Fisch auf der anderen Seite, der zum eucharistischen Garanten des Abendmahlsgeschehens wird; und dazwischen das künstlerische Geschenk des Gastmahls, das zu einer ästhetischen Repräsentation dessen wird, was, als wunderbare Brot- und Weinvermehrung und Vergeudung im Mahl der ‚Hochzeit zu Kana', vom Text erinnert wird. Die filmische Vergegenwärtigung dieser Situation erfolgt, als eine der Frauen bei Tisch das Weinglas mit dem Wasserglas vertauscht und, in einem Meisterstück physiognomischer Inszenierung, das Verwandlungs- und Vergeudungswunder optisch evident macht.

Ein drittes Argumentationsfeld entwickelt der Text aus dem Gegensatz von Essen und Tod; gerade hier verstärkt der Film mit seinen Mitteln die in der Erzäh-

---

Blick. In: Ulrich Fülleborn und Manfred Engel (Hrsg.), Das neuzeitliche Ich in der Literatur des 18. und 20. Jahrhunderts. Zur Dialektik der Moderne. Ein internationales Symposion. München 1988. S. 71 – 108.

lung angelegte Dichotomie; der Tod der Tiere, in seinen erschreckenden und ekelerregenden Aspekten, wird unmittelbar (durch Schnitte) mit der Zubereitung des Mahls verkoppelt, die Paradigmen von ‚den Tod essen' im Reproduktionsakt des Mahles und ‚das Leben essen' im Essakt der Eucharistie werden unmittelbar miteinander verknüpft; Babette, die Künstlerin, erscheint gleichzeitig als Schöpferin und als Todesbotin, bedrohlich sich aufrichtend im Traum einer der Schwestern, die sie als Hexe phantasiert. Dabei ist von Bedeutung, dass Babette aus dem Esszusammenhang des Films, der Tod und Leben zueinander gesellt, ausgeschlossen wird – sie nimmt nicht an dem Essen teil, Schöpfer und Produkt bleiben räumlich streng getrennt.

Wie der Text der Erzählung, so verankert auch der Film das Nahrungsgeschehen bei *Babettes Gastmahl* in einer Zeichentheorie: dem durch den Jakobusbrief legitimierten Doppelspiel der Zunge zwischen Rede und Speise, zwischen Gut und Böse, zwischen Gift und Honig, zwischen Kulinarik, Erotik und Religion. Die filmischen Mittel erlauben hier eine unmittelbare Vergegenwärtigung dieser Differenz zwischen Sprachakt und Essakt, der visuellen Konfrontation der Aggregatzustände von Sprachvorgängen und Essvorgängen, konfigurativ in den Blick gesetzt durch den redenden General auf der einen Seite, die schmeckenden, Verständnis verweigernden Gäste auf der anderen. Auch dies ein Zusammenhang, den ein literarischer Text nur durch wechselnde Indizierung von Sprache, das Filmwerk aber durch Gegenüberstellung digitaler und analoger Zeichenfolgen vor Augen zu bringen vermag.

III

Das Gastmahl, das von Babette angerichtet wird, gewinnt im Film – und zwar sehr viel deutlicher als in der literarischen Vorlage – Züge eines Gedächtnismahles für den ‚Vater'. Dies wird schon im suggestiv inszenierten Vertauschungsspiel der Bilder sichtbar, wobei der Film Vorgaben des Textes verändert; im Film wird das Bild des Vaters – gleichsam in einem Akt der Verdrängung – aus dem Eßzimmer ins Empfangszimmer verbannt, während der triviale Stich des Erlösers an der Wand verbleibt. Suggestiv verstärkt wird diese Szene durch jene andere, in welcher der Versuch einer der beiden Töchter gezeigt wird, sich von der Dominanz des Vaters und seiner am Familientisch ausgeübten Autorität zu befreien: es handelt sich um die in einer Schnittfolge parallelisierten Sequenzen, in denen, in benachbarten Räumen der potentielle Liebhaber Papin, durch das Duett aus Mozarts *Don Giovanni,* einer der beiden Töchter in einer Art durch die Opernszene eingeleitetem Emanzipationsspiel eine Rolle außerhalb der Familienzwänge offeriert, während gleichzeitig der Vater, mit der anderen Tochter am Familientisch Hand in Hand vereint, lauschend – es ist die Musik der Emanzipation – und in Bangigkeit den Ausgang des Emanzipationsexperiments der anderen Tochter (deren drohenden Schritt aus der ödipalen Abhängigkeit) beargwöhnt. Es ist der Übergang von primärer zu sekundärer Sozialisation, der durch eine Schnittsequenz des Films sichtbar gemacht wird: der Kampf zwischen Vater und Liebhaber um die

Dominanz in der Zuschreibung der sozialen Rolle an die Frau. Musik als Medium solchen Rollenspiels kann nur im Film, mit seiner optischen und akustischen Präsenz, suggestiv vergegenwärtigt werden, der Versuch, etwas Vergleichbares durch ein Notenzitat im Text zu erreichen, wie dies Tania Blixen tut, muss unzulänglich bleiben.

IV

Von wesentlicher Bedeutung für die Einsicht in die Möglichkeiten der filmischen Mittel ist dann die Gestaltung des Raumes, in dem dieses Spiel von Gastmahl und Familientisch, von Friedensfest im Namen Christi und Gedächtnisfest im Namen des Vaters sich entfaltet, die Inszenierung der Grundkonstellation des Problems in topographischen Dimensionen. Es ist die Landschaft, von der her Gabriel Axel das Thema seines Films entwickelt und konstelliert, und zwar von zwei dominanten Kategorien sinnlicher Orientierung her, der Farbe auf der einen Seite, der perspektivischen Strukturierung durch den Blick auf der anderen.

Die Farbgebung, die Farbregie, die das Geschehen des Films interpungiert, ist ebenso streng wie konsequent; ins Spiel von Grau, Braun und Schwarz, das die Welt des Fischerdorfes bestimmt, bricht das Rot der Welt in dreierlei Weise ein: durch den Rock des Generals, der die große Welt des Hofes, des Feudalismus und der Feinschmeckerei repräsentiert, durch das Rot der Uniform des reitenden Postboten, der die Welt der Lotterie, des Zufalls und der Glücksentscheidung in die geregelte Ordnung der kleinen Gemeinde hineinträgt, und zuletzt durch das Rot des vergossenen Weins, vielleicht am eindrucksvollsten in der Traumszene mit dem umstürzenden Weinbecher verdeutlicht, der zugleich die Pervertierung der Eucharistie durch den Hexensabbat ins Bewusstsein hebt, bis hin zum realen Blut der getöteten Tiere, dem metaphorischen Blut, das in den Trauben verschlossen liegt und jenem ‚Blut' der idiomatischen Formel, das der General Galliffet zu vergießen bereit war, als er die von Babette im Cafe Anglais angerichteten Diners als Liebesmähler, als rituelle Auratisierung erotischer Sinnlichkeit bestimmt.

Ebenso bedeutsam wie die Farbe ist aber die Möglichkeit perspektivischer Strukturierung, der Blickrichtung im wörtlichen Sinne, die sich erst durch filmische Mittel ganz erschließen lässt: jenes Verhältnis von Innen und Außen, das die Welt der kleinen Gemeinde so durchgängig prägt – als Blick aus dem Fenster, der sich immer wieder leitmotivisch in das Geschehen des Films hineinschiebt, vielleicht am eindrucksvollsten in jener Szene, wo die Tränen im Auge Babettes in das schwimmende Licht des Regens sich verwandeln, der vor der Glasscheibe des Fensters zu fallen beginnt. Es ist aber auch die Perspektivierung der Landschaft Norwegens insgesamt, die aus der Wegmetaphorik der Erzählung erwächst und deren Thematik topographisch verdichtet: so als Weg mit den Räderspuren, in deren stehendem Wasser der Himmel sich spiegelt: eine räumliche Verdichtung der Frage einer glückenden Vermittlung von Augenblick und Lebensganzem – im Film (abweichend vom Text der Novelle) gerade in jenem Augenblick gezeigt, wo der General, im Wagen fahrend, den Satz von jener „Reihe von Siegen" spricht, die zuletzt „eine Niederlage“ bedeuten können. Noch deutlicher solche Kunst der Perspektivierung, wenn Papin, in seiner Künstler-Melancholie, inmitten einer romantischen Küstenlandschaft im Stile Caspar David Friedrichs erscheint oder wenn die Differenz zwischen der kargen Bergwelt der norwegischen Pietisten und der mondänen Welt von Paris durch das Meer in den Blick gerückt wird, das beide Welten trennt und verbindet zugleich; Babette am Meer, im Nachdenken darüber, ob ihr eine Rückkehr nach Paris möglich wird (gleichzeitig aus dem Innern des Hauses der Klang einer Sonate); das Boot, das Papin aus der unwirtlichen Welt Norwegens wieder zurück in die verfeinerte Kultur Frankreichs bringt; das Boot schließlich, mit dem die Lebensmittel des kulinarischen Paradieses Frankreich in die Öde Norwegens verbracht werden. Räderspuren, die den Lebensweg zeichnen, eine romantische Landschaft, die die Melancholie des Künstlers suggestiv vergegenwärtigt, das Meer zuletzt, das als symbolische Vergegenwärtigung des Raums zwischen kontrastierenden Welten und als Naturschauspiel der ‚Wege und Begegnungen‘ zugleich erscheint.

V

Von größter Bedeutung für die Frage, welche Möglichkeiten ein Film zu nutzen vermag, die dem literarischen Text weitgehend verschlossen bleiben, gehört das Thema der Inszenierung von Konfigurationen, aus denen Kommunikationsmuster erwachsen. Dieses differenzierte Feld wird vom Film Gabriel Axels auf den verschiedensten Ebenen sichtbar gemacht. Vom kleinen, im Augenblick auf scheinenden Detail bis hin zu den ganzen Film strukturierenden Sequenzen. Ein kurzer, gleichsam symbolischer Augenblick ist das Sich-Verschlucken des jungen Lorens Löwenhjelm an den dürren Plätzchen des Familientischs im Hause des Probstes und seine grandiose Lobrede auf das Gastmahl Babettes, die Jahrzehnte später dieser frühen ‚Urszene‘ antwortet. In diesem Spiegelspiel von Details wird die Differenz zwischen Scheitern und Glücken von Kommunikation – als ein ‚Sich-Verschlucken‘ im Eßakt und dessen mystische Überhöhung in einer Verschmelzungsphantasie – unmittelbar augenfällig gemacht.

Eine weiträumige, als Sequenz aufzufassende Entfaltung des Kommunikationsthemas (der Bedeutungsstiftung durch Konfiguration) bietet der Film auf faszinierende Weise, indem er die Versetzung der Figur des kleinen rothaarigen Küchenjungen in ein ‚kommunikatives Dreieck‘ (Sender – Medium – Empfänger) vornimmt. Was Tania Blixens Text nur andeuten kann, wird hier in einem virtuosen Spiel der Konfiguration entfaltet: als dreifache Rollenbestimmung dieses Schiffsjungen als Helfer und Hausgeist (‚Küchenjunge‘) einerseits; als Kuppler und Amor (im Dienste einer ‚Venus‘ des Kulinarischen), ineins damit als Zauberlehrling im Dienst einer Hexe (er ist rothaarig) andererseits; zum dritten aber seine Rolle als ‚Parasit‘ im Essspiel der anderen, deren Kommunikation gleichzeitig störend und ermöglichend, wie dies die von Michel Serres überzeugend entwickelte Theorie des Parasiten dartut[6]. Der Film zeigt alle Differenzierungen die-

[6] Michel Serres: der Parasit. Frankfurt /M. 1981.

ses komplexen Kommunikationsspiels zwischen Babette und dem Jungen, oft nur durch kleine Gesten, wie das Streichen über das Haar, verdeutlicht, er inszeniert ein geradezu klassisches Kommunikationsmodell, das auf diffizile Weise Gelingen und Misslingen des Kommunikationsaktes auf dem Weg vom ‚Produzenten' zum ‚Konsumenten' von Zeichen darstellt: in diesem Fall das Spiel des Verstehens und Missverstehens, dem Babettes Schöpfungsakt in der Küche und dessen Aufnahme im Speisezimmer ausgesetzt ist: visuell vergegenwärtigt im Spiel der Beziehungen zwischen den Figuren.

Gerade hier entfaltet der Film darstellerische Möglichkeiten der Differenzierung und Artikulation durch optische Mittel, die einem literarischen Text verschlossen bleiben. Im Grunde geht es ja um jenen fundamentalen Vorgang des sozial gegliederten Nahrungsprozesses, den der Ernährungshistoriker Teuteberg als „Nahrungskette" beschrieben hat: die Kulturisation der Nahrung durch eine Geschehensfolge, die durch die Stationen der Nahrungsbeschaffung, des Nahrungstransports und der Nahrungskonservierung, der Nahrungsverarbeitung, des Arrangements auf dem Tisch, des Verzehrs und der an diese Ereignisverkettungen gekoppelten Bedeutungsstiftung bestimmt ist. Alle diese Elemente des Vorgangs der Kulturisation von Nahrung werden im Film gezeigt, und zwar in suggestiver Bildlichkeit: die Beschaffung der Lebensmittel in Norwegen und Frankreich; deren Transport aus der Nähe und aus der Ferne bei Berücksichtigung der zur Verfügung stehenden Mittel der Konservierung, deren Verarbeitung in der Küche, das Decken des Tisches, den Verzehr der Gerichte im Speisezimmer und deren Verwandlung in Bedeutung, in ein soziales, Identität stiftendes Wertsystem durch die Tischrede des Generals. Die eindrucksvolle künstlerische Leistung des Regisseurs besteht nun gerade darin, zwischen diesen Segmenten des Kulturisationsprozesses von Nahrung Asynchronien wirksam werden zu lassen, und zwar wiederum durch das Mittel des filmischen Schnittes: So entstehen fast unmerkliche Spatien zwischen Produktion und Rezeption der Nahrung (als sozialem Vorgang), wenn Sequenzen, die die Herstellung der Vorspeise in der Küche zeigen und Sequenzen von deren Verzehr im Speisezimmer einander gegenübergestellt werden; als Vermittler zwischen beiden Räumen, die streng voneinander getrennt bleiben, fungiert der rothaarige Junge – der General, als genialer Rezipient des Diners, bekommt dessen Produzentin, Babette, kein einziges Mal zu Gesicht und fragt auch, gegen alle Logik der Erzählung, kein einziges Mal nach ihr, obwohl er ihre Identität an ihrer kulinarischen ‚Handschrift' erkennen müsste -; der die Speisen auftragende Küchenjunge wird zum Vermittler und ‚Störer' von Kommunikation zugleich, eben dadurch, dass er seiner Doppelrolle als ‚Parasit', also als Medium der Botschaft und als deren Nutznießer und ‚Anzapfer' zugleich, im genauen Sinne des Wortes gerecht wird. Die Möglichkeit, auf diese Weise zugleich die ‚Parzellierung' des Weges der Nahrung vom Produzenten zum Rezipienten und den problematischen Charakter von Kommunikationsakten (deren parasitärer Struktur) im Spiel einer Handlung in- und gegeneinander zu arbeiten, und dies auch als verräumlichendes Spiel durch Parzellierung der Schauplätze sichtbar zu machen, besitzt nur der Film mit seinen Möglichkeiten der Parallelisierung und Konfrontierung von Schnittsequenzen.

Durch die Verkuppelung von ,Asynchronie'- und ,Parasiten'-Struktur, wie sie gerade in Essenszenen exemplarisch ineinander wirken, gelingt es dem Film, das Problem der Zeichen – digitaler wie analoger – und ihrer ambivalenten Funktion zwischen Natur und Kultur zu vergegenwärtigen: die Probleme der Kommunikation zwischen Künstler und Publikum, zwischen Produzent und Rezipient sichtbar zu machen und jenes Zwielicht gleichsam optisch zu inszenieren, das Tania Blixen auf die Frage nach dem Sinn der Botschaft wirft, die hier vermittelt wird: die Botschaft eines Künstlers an seine Gemeinde, die Botschaft einer schöpferischen Frau an eine Welt, die von Männern und den durch sie gesetzten Regeln und Gesetzen beherrscht wird.

VI

Der Film von Gabriel Axel wirft, gerade weil er in so vollkommener Weise die Problemverflechtungen, die in Nahrungsvorgänge eingelagert sind, zu nutzen und zu exponieren versteht, das alte Problem der Literaturverfilmung – ,Wort gegen Bild' – wieder auf. Und zwar insofern, als bei diesem Film diese Kontroverse nicht mehr im kritischen Blick liegt, der auf das alte Thema sich richtet, sondern vom Thema selbst, das er sich zu eigen macht, wieder zur Frage erhoben wird. Es ist die eigentliche Grundproblematik der literarischen Vorlage des Films selbst, die hier mit filmischen Mitteln exponiert und auf eine Metaebene gehoben wird: die Konfrontation der Stummheit des Essaktes, die ja einen analogen Zeichenzusammenhang exponiert, mit der Sprachgebundenheit der Sinnstiftung, die sich im digitalen Spiel der Worte abzeichnet. Es ist die Grundfrage nach der Semiotik des Kulinarischen, die im Spannungsfeld von Bild und Schrift angesiedelt ist und nur durch ein ständiges Oszillieren und gegenseitiges Subvertieren der beiden aufeinander verwiesenen Zeichensysteme bewusst und evident gemacht werden kann.

Wenn die Filmphilologie sich die Vermittlung von filmischer und literarischer Narrativik zum Gegenstand gemacht hat, so sind Filme, die das Essen darstellen, für diesen Zusammenhang von zentraler Bedeutung, weil sie, (wie vielleicht nur noch Filme, die erotische Vorgänge darstellen) die Reproduktion des Körpers und die Produktion von Zeichen als ein nicht harmonisierbares, aber zugleich auch nicht aus seiner Verflechtung zu lösendes Konfliktfeld zeigen; weil sie mit der alle Brüche und Verwerfungen berücksichtigenden Inszenierung des Grenzfeldes zwischen Wort und Bild, zwischen Stimme und Blick, eben diese Differenz zwischen Zeichen und Körper zum Gegenstand machen müssen, auf die es hier ankommt, und zwar aus der inneren Logik des dargestellten Gegenstandes selbst. Denn genau diese semiotische Grenzstellung besitzen Essakte, die, sobald sie sozial werden, immer zugleich als Handlung und als Bedeutungsstiftung verstanden werden; ein Film kann solche Handlungen ohne Umstände mit Vorgängen der Bedeutungsstiftung koppeln und miteinander konfrontieren: seien sie durch einen Erzähler im Hintergrund, seien sie durch sprechende Figuren im dargestellten Geschehen, oder seien sie, wie in diesem Film in den Gestalten des Generals und des rothaarigen Küchenjungens, durch Sprache oder kommunikatives Handeln ‚inszenierende' Figuren repräsentiert. Literatur vermag dies nur durch verschiedene Indizierung gleichförmig strukturierter Sprechakte zu leisten.

Gabriel Axels Film behauptet, gerade weil er sich die Texttreue zum Prinzip macht, seine künstlerische Berechtigung neben der Novelle Tania Blixens: und zwar aus der inneren Dynamik des Kulturthemas Essen, das die ihm eigenen semiotischen Bedingungen aus sich entlässt.

2 Louis Malle: *Milou en Mai* (Komödie im Mai) und Peter Greenaway: *The Cook, the Thief, his Wife and her Lover* (Der Koch, der Dieb, seine Frau und ihr Liebhaber)

I

Seit den siebziger Jahren ist die Zahl der Filme, die Eßszenen in den Mittelpunkt des Geschehens rücken, kontinuierlich angestiegen, *Babettes Gastmahl* steht also in einem durchaus wahrnehmbaren und ernstzunehmenden Beziehungsfeld. Oberflächlich gesehen mag dieses neue Darstellungsparadigma lebensweltlicher Vorgänge mit der zunehmenden Ästhetisierung der Eßvorgänge zusammenhängen, wie sie eine Wohlstandsgesellschaft mit sich bringt; die tieferen Gründe für eine solche Orientierung liegen aber in einem Wandel der Auffassung kultureller Geschehnisse, der Wahrnehmung ihrer doppelten Verankerung in natürlichen und sozialen Gegebenheiten; in einer Ausrichtung der Aufmerksamkeit auf den Körper in seiner materiellen und in seiner sozialen Qualität – und die Verflechtungen und Interferenzen, die sich zwischen beiden Qualitäten wahrnehmen lassen. Der Film ist dasjenige Medium, das die beiden Zeichenfelder, die hieraus erwachsen, in ein homogenes Darstellungsensemble versetzt, sie ‚zeigt' und mit ihnen zu arbeiten vermag.

Es liegt daher nahe, Gabriel Axels Film nicht isoliert zu betrachten, sondern ihn, in seiner besonderen Akzentuierung, mit zwei anderen hervorragenden Beispielen der Gattung zu konfrontieren. Es sind Filme zu wählen, die die wesentlichen Aspekte des Kulturthemas Essen in exemplarischer Weise verschieden beleuchten. Hierzu bieten sich Louis Malles melancholische Komödie *Milou en Mai* (1989) und Peter Greenaways Melodram *The Cook, the Thief, his Wife and her Lover* (1989) an.[7]

Alle drei Filme wählen Gastmähler zum Thema, also jene Situation, in der die Selbst- und die Beziehungserfahrungen des Menschen sich wie in einem Brennspiegel entwickeln, und aus denen sich Sozialkonzepte und Sozialutopien herausreizen lassen. In *Babettes Fest* ist es ein Festmahl, das im doppelten Licht von

---

[7] Im Text mit Seitenzahl zitiert nach Louis Malle und Jean-Claude Carriere, Milou en Mai. Scenario. Paris 1990; Peter Greenaway, Der Koch, der Dieb, seine Frau und ihr Liebhaber. Drehbuch. Zürich 1989.

Liebesmahl und Abendmahl steht, in *Komödie im Mai* ist es der Familientisch, der zum Ausgangspunkt des Geschehens wird, in *Der Koch* schließlich ist es das Bankett eines Gangsters, in dessen Verlauf es zu einer kannibalischen Katastrophe kommt. Alle drei Filme lassen die Ereignisse auf der Folie des Bewusstseins von der Französischen Revolution ablaufen, jenes Vorgangs, an den die Vorstellung vom neuzeitlichen Subjekt – in seiner Körperlichkeit wie in seinem sozialen Bewusstsein – gekoppelt ist. Alle drei Filme konzentrieren sich auf das soziale Ereignis der Vermittlung zwischen Materialität und Symbolizität, zwischen Essen und Sprechen, zwischen Bildzeichen und Sprachzeichen. In allen dreien geht es um das exponierte – man könnte auch sagen: das gefährdete — Subjekt der Neuzeit in seiner Konfrontation mit den gründenden autoritären Ordnungen einer Gesellschaft, der es sich zugehörig fühlt und als deren Außenseiter und Opfer es sich zugleich betrachten muss. Im Spiel des kulinarischen Codes zeigt *Babettes Gastmahl* die Problematik des Künstlers (und zwar speziell des weiblichen) in der modernen Gesellschaft; *Komödie im Mai* stellt den gealterten Mann, einen Sonderling zwischen Konservatismus und neuer Revolution, in den Mittelpunkt; *Der Koch* rückt den Verbrecher (als ‚enfant terrible' zwischen Ordnung und Anarchie) ins Zentrum des Geschehens. Kunst und Religion, Familie und Gesellschaft, Institution und Anarchie sind die Bereiche, in denen die drei Filme, je anders akzentuiert, ihr Thema abhandeln: Kunst, Revolution und Aggression werden als jene drei Kräftefelder gezeigt, aus denen die Subjekt -Erfahrung der Moderne erwächst.

II

Louis Malles Film *Komödie im Mai* erzählt folgende Geschichte: Eine alte Dame stirbt, in einem Landhaus in der Provinz, im Gers. Sie hatte dort mit ihrem gealterten Sohn Milou und einem Dienstmädchen gelebt. Die Familie kommt, um das Erbe aufzuteilen. Es ist der Augenblick, wo in Frankreich, im Mai 1968, in der Republik De Gaulles die Studentenunruhen zu einer Staatskrise führen. Die Ereignisse wirken von ferne – durch das Radio und die heranrückende Unruhe – in die Situation ein; es kommt zunächst zu einer sozialutopischen Idylle, die sich in ein ländliches Picknick, dann in ein bacchantisches Fest verwandelt; später bricht plötzlich die Angst ein, die Großfamilie flüchtet in eine prähistorische Höhle im Gebirge. Am nächsten Morgen ist die Ordnung wieder hergestellt. Die alte Dame wird beerdigt, das Erbe verteilt. Milou bleibt mit der Erinnerung an seine Mutter allein.

Louis Malle lässt seinen Film im europäischen Kernland der Revolution spielen, das zugleich das Kernland der Kochkunst ist. Die Studentenrevolte im Mai 1968 löst die Ereignisse im Landhaus der Vieuzacs aus; die Gespräche kreisen um die neu sich stellende Frage nach gesellschaftlichem Verhalten, nach Masse und Revolution – die Große Revolution liegt freilich nun schon beinahe 180 Jahre zurück. Die erste Szene des Films zeigt ein Bienenvolk, das durch Verse aus Vergils *Georgica* besänftigt wird. Spätestens seit Mandevilles *Bienenfabel* (1714–29) ist das Bienenvolk Gleichnis menschlichen Sozialverhaltens. Aus dieser ersten

Szene des Films, die politische Metapher und Nahrungsthema (den Gewinn von Honig) verknüpft, entwickeln sich die um den Familientisch gelagerten Essszenen des Films, in denen Fragen des bürgerlichen Besitztums, der politischen und sexuellen Emanzipation („C'est vrai, ce qui a toujours manqué aux grands réformateurs sociaux, c'est la pilule. Enlevez à l'amour sa nécessité génétique et vous n'aurez que le plaisir! Le plaisir pur! Sans arrière-pensée! Donc le bonheur!" 118) zur Diskussion stehen.

Die zahlreichen Essszenen des Films lassen sich nach ihren Schauplätzen gliedern: Sie finden im Innern des Hauses, im Freien und an Orten des ‚Übergangs' statt. Das hat strukturelle Bedeutung. Sie evozieren das bürgerliche Erfahrungsmodell der Konkurrenz zwischen Intimität und Öffentlichkeit und signalisieren gleichzeitig die Übertretungsvorgänge, die subversiven (emanzipatorischen) Charakter haben. Die den Essszenen gegenübergestellte Welt ist dann die der Schrift: das Testament der Mutter; der Rechtsanwalt, der es verliest; Milous Bücher, die von der Verteilung ausgenommen werden; die Buchpläne des Journalisten Georges, die plötzlich in Frage gestellt sind.

Ganz am Anfang des Films steht die Zubereitung des Essens durch die Mutter -der Augenblick ihres Todes, der während dieser Tätigkeit eintritt, setzt das Geschehen in Gang. Um die – im Haus aufgebahrte – Mutter gruppieren sich die Essvorgänge der Familie: das Essen der Kleinfamilie – Milou und das Dienstmädchen Adèle, wobei diese die Rolle der toten Mutter („La, c'est plus propre... Mangez! Si elle vous voyait comme cą elle serait pas contente." 16) übernimmt; das Frühstück der inzwischen eingetroffenen Großfamilie um den Sarg der Mutter; die „Snacks", die in der Küche eingenommen werden – Camille, die von hier aus ihren Geliebten wahrnimmt, die Kinder, die auf das Rätsel der lesbischen Frauen aufmerksam werden; das Mittagessen der erweiterten Familie, bei dem es um die Erbschaft geht, Ökonomie, Besitz und Umverteilung – hier ist es Milou, dem es den Appetit verschlägt, sein fortgesetztes ‚Sich-Bekleckern' ist ein Ausdruck der Regression so gut wie der gestörten Kommunikation; hier sind es die Kinder, die durch Brotwerfen ihre Emanzipationsspiele in Gang setzen; dann das Abendessen, bei dem es um Grundfragen der Politik, des Konservatismus und der Anarchie geht, und wo unvermittelt das Licht verlischt – mitten in einer dialogischen ‚Philosophie der Aufklärung', die in ihrer Argumentation zwischen politischer und sexueller Emanzipation schwankt; das ‚Bacchanal' schließlich, bei dem der Champagner zum Auslöser eines Identitätsspiels wird, in dem Rausch, Ichauflösung (Onkel Alberts afrikanischen Masken), Rollenspiel (die Verkleidungen und Verlarvungen), Selbstbestätigung und erneute Thematisierung des doppelten Aspekts von ‚Revolution', ihrer politischen wie ihrer sexuellen Komponente, in ein Defilee des sexuellen Rollentausches zwischen Mann und Frau, der Tabudurchbrechung im Feld sozialer Spielregeln führt. Hier ist es der legendäre – längst verstorbene – Onkel Albert, ein Anarchist in bezug auf die bürgerlichen Tabubereiche von Religion und Sexualverhalten (der Frauen zu Jagdhunden abrichtete, ein Zebra hielt und „seinen Harem mit in die Kirche nahm"), der zum unsichtbaren Zeugen und Garanten des Geschehens wird.

Anders verhält es sich mit den Essenszenen, die sich im Freien abspielen. Hier wird die mythische Inszenierung von Adams und Evas Begegnung im Paradies geprobt (Marie-Laure und Pierre-Alain unter dem Kirschbaum), eine Szene, die von Claire (der „Dritten", der Schlange) gestört wird und damit das biblische Modell erfüllt; und die Umwendung dieser Szene in das Paris-Urteil des Mannes, der die Frucht (hier sind es die Kirschen) als Preis der Schönsten überreicht; hieran schließt sich ein Picknick auf dem Rasen, an dem alle teilnehmen, von den mit roten Fahnen vorbeimarschierenden Schülern des Gambetta-Gymnasiums (der Pfarrer hat ihm einen neuen Namen gegeben: „Enfin, il ne s'appelle plus Gambetta. GEORGES: II s'appelle comment? LE CURE: ‚Lycée Che Guevara'. C'est moi qui leur ai donne l'idée." 104) zu einer Sozialutopie Fourierschen Zuschnitts (der Text spricht von „phalanstère") inspiriert, die im Gespräch zu Träumen erotischer, politischer und ökologischer Freizügigkeit – eine Art Ernährungsautonomie in der Provinz – ausgearbeitet wird; die (eingebildete) Bedrohung durch die Aufständischen führt zum Auszug der Großfamilie in die Hügel, zu einem zweiten Picknick, das nun im Zeichen der Angst – vor dem Unwetter und vor der politischen Katastrophe – und der Überlebensstrategien steht und in einer Höhle mit prähistorischen Wandzeichnungen endet, als eine Reminiszenz der menschlichen Urhorde zugleich, die durch Hunger, Überlebenskampf und unverhohlene sexuelle Rivalität gekennzeichnet ist. Dort wird die Geschichte von jenen Matrosen im Krieg erzählt, die, nach dem Schiffbruch, ihresgleichen verzehren (132). Milous Krebsfang für das Abendessen, wo er sich selbst gleichsam als Köder für die Tiere auswirft – „Oui, oui, elles adorent ça. Elles sont folles de chair humaine." (50) –, kehrt diese Konstellation um.

Eine dritte Gruppe von ‚Mahlzeiten' betrifft jene Grenzaugenblicke, in denen die Überschreitung des Nahrungstabus geprobt wird, und zwar in verschiedene Richtungen. So im Blick auf die Droge, wenn während des Picknicks eine Haschisch-Zigarette zu kreisen beginnt; so im Hinblick auf das Medikament, das die Empfängnisverhütung garantiert, die – gleichzeitig mit der politischen Revolution einsetzende – Revolutionierung der sexuellen Freiheit durch die ‚Pille'; so die Überschreitung der kulinarischen Erfahrung im Hinblick auf die Geruchswahrnehmung, deren ‚Essenzialisierung' gewissermaßen: die Begegnung zwischen Lily und Milou im betäubenden Geruch des Weinkellers, die Milou kurz darauf, durch Absingen der Internationale, als erotischen Sieg feiert, und der Morgen, oben auf dem Hügel, nach der Gewitternacht in der prähistorischen Höhle, wo Lily und Milou aus dem Wald treten, das Haus im Tal sehen, er den Geißblattgeruch wahrnimmt, und mit einem Mal, wie aus der Erinnerung, eine Beziehungserfahrung erwächst:

LILY: A quoi pensez-vous?
MILOU: Je pense à maman, toute seule là-bas... A vous, à moi, à la maison...
A tout ça... Vous sentez? Le chèvrefeuille... " (142) [8]

[8] In ihrem ‚Lai de chievrefeuil' hat Marie de France im 12. Jahrhundert – in bezug auf die Tristan-Geschichte – die nie wieder verlöschende erotische Konnotation des Geißblatt-Geruchs gestiftet.

Es ist diese lange, kunstvoll verflochtene Kette von Mahlzeiten, in der die Themen von Erotik, Politik und sozialer Beziehung sich allmählich herausschälen und die Beziehungsfiguren der Personen sich entwickeln: der „große Junge" Milou („On ne me privera pas de mon enfance, je vous avertis!" 48), der mit seiner Mutter und dem Mutter-, Schwester- und Geliebtenstelle abwechselnd einnehmenden Dienstmädchen Adèle in einer regressiven Idylle lebt, der Bruder und Journalist, der zwischen Konservatismus und Anarchie sich nicht zu entscheiden vermag, der junge Revolutionär, der die beiden lesbischen Frauen trennt, die Kunsthändlerin und Musikerin Claire, der Kleinunternehmer Grimaldi, der mit seinem Kühlwagen voll Tomaten hier steckenblieb; der Fabrikbesitzer mit seiner Frau, die die Panik der Konservativen in die Familie tragen, die Familie Camilles und ihre bürgerliche Ideologie, der Hass zwischen den Generationen – dies alles wird aus dem Spiel des alimentären Codes entwickelt.

Es gelingt, weil der Film die „Nahrungskette" (Teuteberg) zum ‚roten Faden' des Geschehens macht und damit zur Erscheinung bringt, wie die Reproduktionsfunktion des menschlichen Körpers die Produktion der sozialen Zeichen aus sich heraustreibt. Am Anfang dieser Kette steht die Beschaffung der Rohprodukte, des Bienenhonigs, der Fang der Krebse in der Natur, das Einsammeln der Eier, aber auch die Hamsterkäufe, die in der bedrohlichen politischen Situation einsetzen; eine zentrale Dimension des Films betrifft dann den Transport der Nahrung: die einzige Öffnung der Blickrichtung auf eine weitere Topographie. Während die Familie im Haus ängstlich der Stimme De Gaulles lauscht, der eine patriotische Rede hält, und das Licht ausgeht, wird der herannahende Lastwagen Grimaldis mit Pierre-Alain (dem Neffen Milous) gezeigt; Grimaldi erzählt von seinen erotischen Abenteuern mit Beifahrerinnen; mitten im Satz erfolgt ein Schnitt, und die Stimme des Generals De Gaulle klingt aus dem Radio. Aus der Vorstellung vom Transport der Nahrung entwickelt sich die Bewegung der menschlichen Stimme, wird das Umschlagen des sexuellen in den politischen Diskurs evident. Der Laster enthält jene Tomaten, die, als „Paradiesäpfel", später gratis an die Bevölkerung verteilt werden. Die nächste Station in der Nahrungskette betrifft die Bearbeitung der Nahrung, die in der Küche erfolgt: erst durch die Mutter, dann durch Adèle, später durch Camille; das Arrangement des Essgeschirrs auf dem Tisch – es wird für zwölf angerichtet, das Abendmahls-Modell – offenbart die prekäre Erbschaftssituation; die schon auf die Familie verteilten Teller müssen wieder der Nutzung zugeführt, die Unterbezahlung der Servierenden diskutiert werden; während des Essens offenbaren sich die das Verhalten der Figuren prägenden Vorstellungen – der Ordnungsdiskurs des Vaters, repräsentiert durch De Gaulles Stimme, die Rede der Anarchie im jungen Revolutionär; deren Umschlagen in die Rede der Erotik in der Konstellation mit der jungen Tänzerin, die synchron mit der patriotischen Rede De Gaulles ihre ‚exercises' absolviert; schließlich die Initiation der Kinder in die Erfahrungsbereiche von Politik und Sexualität, gerade dadurch, dass der pädagogische Diskurs der Mutter und Großmutter – das Reinlichkeitstrauma – mit der Initiation in das sexuelle Verhalten der Erwachsenen in Konkurrenz tritt; schließlich, als ‚Ende' der Nahrungskette, die Artikulation des ‚fait physiologique' im

Doppelthema der ‚Verstopfung' des Journalisten, seines vergessenen ‚Laxativs', und des ‚Durchfalls' der Zwillinge.

Die Essakte des Films treiben aus sich die Konfigurationen der Personen und ihrer Beziehungsspiele hervor; in ihnen zeichnen sich die konkurrierenden Diskurs-Regler Politik und Sexualität ab. Das Maskenfest markiert die Grenze und zeigt deren Überschreitung: das weite sich auffächernde Feld politischer Rollen vom konservativen Fabrikbesitzer bis zum jungen studentischen Anarchisten, in Konkurrenz gesetzt mit den verschiedenen Abschattierungen erotischer Begegnung – von dem Augenspiel zwischen Großvater und Enkelin über die Mutterbindung Milous, die lesbische Beziehung zwischen Claire und Marie-Laure, den ‚Striptease' im Wohnzimmer, die ‚bürgerliche' Ehe Camilles, die freie Liebe des Revolutionärs, den Ehebruch der bürgerlichen Frau und den Männlichkeitsgestus Grimaldis bis hin zur Konkurrenz zwischen Milou und dem Verlobten Adèles.

Freilich bleiben all diese Formen der Identitäts- und Beziehungsstiftung, die die Eßakte des Films in Szene setzen, auf *einen* Punkt bezogen: das Faktum des Todes nämlich, des stumm präsenten toten Körpers der Mutter. Sie, die Nahrungspenderin, ist es, die die Eßakte regelt, die Zubereitung, das Verhalten bei Tisch, die Verteilung des Besitzes, die ‚Ordnung der Familie'; und sie ist es, die im Tod die Lebensordnung dieser Welt widerruft. Es ist mehr als eine makabere Pointe, wenn einmal erwogen wird, die Tote zur Konservierung in den Kühlwagen Grimaldis, der die Nahrungsmittel enthalten hatte, zu legen.

III

Der Film Peter Greenaways *Der Koch, der Dieb, seine Frau und ihr Liebhaber* ist in hohem Maße stilisiert und ritualisiert. Der Regisseur begreift ihn als eine Kontrafaktur zu dem satirischen englischen Theater des 17. Jahrhunderts, etwa zu John Fords *T'is Pity She's a Whore* von 1633 (5).Wie in jenen erotischen und gewalttätigen Stücken des Barock sind es wenige fundamentale Kräfte im Gefüge sozialer Gebilde, die in ihrem Zusammenwirken und Gegeneinanderwirken gezeigt werden, ein ‚Welttheater'; Greenaway nennt sie „Gewalt, Lust, Liebe und Rache". Mittelpunkt des Geschehens ist ein – gleichsam permanentes, sich über zehn Tage erstreckendes – Bankett (eine Eucharistie-Konstellation); aus dieser Grundstruktur entwickelt sich die Handlung des Films. Der Titel, der wie derjenige eines Märchens aus Tausendundeiner Nacht anmutet, deutet an, daß sich das Geschehen aus einer Figurenkonstellation entwickelt: dem Küchenchef Richard, dem Gangsterchef Albert, und dem Buchhändler Michael; zwischen Albert und Michael steht ein Kind, der vierzehnjährige Küchenjunge, „fast ein Albino" und Sopranchorknabe; zwischen Albert und Michael steht Alberts Frau Georgina. Der Film zeigt den Eingang des Restaurants mit der Entladung harrenden angelieferten Nahrungsmitteln, zwei Lastern, die Rohfleisch und Frischfisch enthalten. Die erste Szene (der „Prolog") zeigt die Demütigung – im Grunde die ‚Kreuzigung' – eines Menschen, schlägt das Thema der Animalität – herumstreunende Hunde – und des Opfers an. Das Restaurant gehört dem Koch und dem Gangster – wohl nach dem Modell der von der Mafia ‚beschützten' Gaststätten. Im Restaurant entspinnt sich das Beziehungsspiel zwischen der Frau Alberts und dem Buchhändler. Der Gangster kommt dem Liebespaar auf die Spur. Beide flüchten in die Bibliothekswelt des Buchhändlers. Der Gangster spürt sie auf, ermordet den Rivalen, indem er ihn an seinen eigenen Büchern ersticken lässt. Die Frau des Gangsters überredet den Koch, ihren toten Geliebten dem Ehemann zur Speise vorzusetzen. Dieser wird von der Frau, bevor sie ihn erschießt, dazu gezwungen, von dem toten Rivalen zu essen. Der Film endet mit Georginas Ausruf: „Du Kannibale".

Die beispiellosen und scheinbar chaotischen Grausamkeiten des Films unterliegen einem strengen kompositorischen Gesetz, das Nahrungsvorgänge als ‚Form der Anschauung' präsentiert, ‚Essen *als* Zeit'; der Film beginnt – unter den Klängen einer „Aschermittwochsmusik" (12) – an einem Donnerstag und endet am Samstag der folgenden Woche. Man könnte auch sagen: Der Film zeigt ‚Zeit als Essen' in Form einer Leidensgeschichte, die sich an der Passion Christi orientiert – freilich überlagert durch die Selbst-Behauptungsgeschichte des Verbrechers Albert. So treten eucharistisches Geschehen und Gangsterbankett in geheime Beziehung. Der Prolog (Donnerstag) zeigt ein gefoltertes Opfer, das – ein säkularisierter Heiland – an den Boden genagelt wird; der Samstag ist der Hochzeitstag von Georgina und Albert; am folgenden Mittwoch ereignet sich die Kreuzigung Michaels (das ‚Opfer' vom letzten Donnerstag wird wiederholt); das Freitags-Geschehen läßt der Film unsichtbar; es wird aber deutlich, dass die Welt am ‚Karfreitag', dem Kreuzigungstag Christi, verdunkelt ist und das ‚Opfer zubereitet' wird; am Samstag ist das Restaurant geschlossen; in ‚geschlossener Gesellschaft' findet das Bankett statt; Albert wird gezwungen, Michaels Fleisch zu essen; er stirbt von der Hand Georginas als ‚Kannibale'. Vor dem ‚Oster'-Sonntag, dem Tag der Auferstehung, endet der Film.

Die (negative) Orientierung des Films am eucharistischen Muster ist nicht zu übersehen: ein Ess-Geschehen als Leidens-Geschehen, im Licht einer zweifelhaften Transsubstantiation. Dieser (chiliastischen) Zeit-Ordnung entspricht eine durch Farben geregelte Raumordnung. Die Schauplätze, die die Passion des Ess-Ereignisses vergegenwärtigen, sind farblich gegeneinander abgesetzt. Der Parkplatz hinter dem Restaurant, wo die beiden Laster mit Fisch und Fleisch (auch dies ein eucharistisches Symbol) stehen, erscheint in Dunkelblau; die Restaurantküche dunkelgrün, die als Ensemble gesehenen Speisekammern, Kühlräume und Geschirrkammern zeigen sich in dunklen Grüntönen; die Toiletten strahlen in blendendem Weiß; der Speisesaal des Restaurants ist in dunkle Rottöne getaucht, während das Bücherdepot sich in Rembrandtsche Brauntöne hüllt. Diese hintereinander gestaffelten Räume werden vom Blick der Kamera bei sich öffnenden Vorhängen ‚durchfahren' und erhalten dadurch Bühnenstruktur – die Ordnung (oder Unordnung) der Welt geriert sich als ‚Esstheater'.

Die ästhetische Stilisierung des Geschehens wird durch das Ineinanderwirken verschiedener künstlerischer ‚Codes' verstärkt: Zum einen ist das Restaurant in seinen Details nach niederländischen Stilleben des 17. Jahrhunderts dekoriert, in deren Doppelung von üppiger Sinnlichkeit und Todesverfallenheit; Veroneses

Hochzeit zu Kana erscheint als Werbung auf einer Plakatwand (136). Zum anderen zieht ein Miserere („Aschermittwochs-Musik", 12, Text nach dem 51. Psalm) durch den Film, bald orchestral, bald vokal, in unterschiedlicher Besetzung.

Zunächst sind es zwei Ordnungen, die in dem Film sichtbar werden: die durch den Koch Richard repräsentierte zum einen, die ästhetische Autorität beansprucht und auch behauptet, hier ist es der Diskurs kulinarischer Kompetenz, der als Dispositiv des Geschehens nicht in Frage gestellt wird; die durch den Gangster Albert vertretene Ordnung zum anderen, die eine solche roher und unverhohlener, aber autoritätsloser Gewalt ist, freilich eben daher immer nach dem ästhetisch begründeten Legitimationsmodell schielend. Es ist wohl die fundamentale Aporie der modernen Gesellschaft, die sich hier modellhaft ausdrückt: die Autorität einer diskursiven Ordnung; die anarchische Gegenkraft, von dieser fasziniert und gegen sie rebellierend zugleich; und die Gewalt, die an den Berührungsstellen beider Kräfte nistet.

In diesen Fundamentalkonflikt zeichnet sich ein semiotisches Problem ein, das sich als fortgesetzte Dissemination zwischen materieller und symbolischer Ebene artikuliert. Da ist der Koch, dem die Rede über das Essen zu Gebote steht, der kreiert, aber nicht isst; da ist ferner der Gangster, in sich fortzeugende Akte der Vertilgung verwickelt, dessen unmotiviertes und hilfloses Gebrüll Zeugnis seiner sprachlichen Inkompetenz bleibt.

Zwischen beide tritt nun – und das ist der Auslöser der Handlung – der ‚Dritte', der Mann mit dem Buch, lesend und essend, aber vorerst sprachlos. Er ist zugleich der Liebhaber, der die dritte Position zwischen den Bereichen des Kulinarischen und des Gewalttätigen besetzt. Auch als Liebender ist er zunächst ohne Sprache. Während des Stelldicheins in der Milchkammer am Samstag (72) bleibt er stumm. Erst in der Rupfkammer am Sonntag (84) findet er die Sprache, und zwar gleichsam legitimiert durch einen Film, der das Modell des Entstehens menschlicher Sprechfähigkeit vorgibt:

MICHAEL Ich hab mal einen Film gesehen, in dem die Hauptfigur die erste halbe Stunde lang kein Wort gesagt hat.

GEORGINA ... wie wir? Wenn man die Minuten zusammenzählt – haben wir eine halbe Stunde zusammen verbracht?

MICHAEL ... Ich wartete völlig fasziniert darauf, was wohl als nächstes passieren würde, weil einfach alles möglich war.

GEORGINA *nach einer Pause* ... und dann ...

MICHAEL *mit selbstironischem Lächeln* Dann hat er es verdorben: Er hat gesprochen.

GEORGINA ... und?

MICHAEL ... und nach fünf Minuten hatte ich jedes Interesse verloren.

GEORGINA Und jetzt, wo du den Mund aufgemacht hast, erwartest du, daß ich mein Interesse verliere?

MICHAEL *lächelnd* Das war nur ein Film. (85f.)

Zwischen Essen und Sprechen schiebt sich – in Form des mythischen Augenblicks zwischen Mann und Frau – die lakonische Formel der Menschheitsgeschichte ein: „Sie erinnern an Adam und Eva“ (108,114) heißt es mehrfach im Text des Drehbuchs, und die Vertreibung aus dem Paradies wird berufen, die „Deportation“ (118), wie -mit politischer Konnotation – hinzugefügt wird.

Die Gestalt Georginas, der Frau des Diebs, die, indem sie sich durch den Film bewegt, die einander überlagernden Felder von Essen, Erotik und Sprache in Berührung, gleichzeitig aber die in ihnen nistende Gewalt zum Ausbruch bringt, ist eine zwiespältige Figur – sie vergegenwärtigt einerseits die Vorstellung der Frau als Puppe, als Projektion männlicher Autorität (in einer suggestiven Szene spricht sie nur nach, was die Männer ihr vorsprechen, 78); andererseits aber das Element einer subversiven, das dominierende Gewaltprinzip unterlaufenden List. Wenn die drei Repräsentanten getrennter Bereiche, der Koch, der Verbrecher und der Buchhändler (er gibt sich gleich zu Beginn der Begegnung mit dem Rivalen als „Gynäkologe“ (79) aus), die ihnen nicht zugeordneten Bereiche ‚anzapfen‘ (der Koch die Erotik, der Verbrecher die Sprache, der Liebhaber das Essen), bildet Georgina (beinahe allegorisch) die das Geschehen durchziehende ‚Sinnlichkeit‘ und leitet jene ‚Interferenzen‘ ein, die schließlich zur Katastrophe führen; jene verhängnisvolle Verquickung von Sprache, Essen und Gewalt, die, in zitierendem (und pervertierendem) Rückgriff auf das Bild der Apokalypse (der Verwandlung des logos in das eucharistische Geschehen) und den das göttliche Buch verzehrenden Johannes, zum Ersticken des Körpers an den Zeichen führt: „manger le livre“.[9]

IV

Die drei hier behandelten Filme stellen – mit größter künstlerischer Konsequenz - zwei fundamentale soziale Vorgänge in den Mittelpunkt. Sie zeigen das ‚Gastmahl‘ als jenes Sozialritual, in dem die – gesellschaftlich höchst kompliziert vermittelte – Verwandlung der Nahrung in ein Symbol erfolgt, der Leben fristende Vorgang des Essens in die Stiftung von Gemeinschaft bildendem Sinn übergeht. Sie rekonstruieren ferner – dies ist das zweite – die minutiöse, mit diesem Prozeß der gesellschaftlichen Bedeutungsstiftung verknüpfte ‚Nahrungskette‘,[10] die die materiale Basis menschlichen Handelns bildet, ja eigentlich als naturwüchsiger Aspekt jenes Prozesses erscheint, der, auf seiner symbolischen Ebene, als ‚Geschichte‘ – im doppelten Sinne von Erzählung und Historie – gelesen werden kann.

Diese beiden Grundvorgänge, ein situativer und ein prozessualer, in ihren semiotischen wie in ihren syntaktischen Aspekten, deuten auf das in sich gedoppelte Bewegungsparadigma jeder Kultur: den Transport der Güter, an den der Transport

[9] Gérard Haddad, Manger le livre. Rites alimentaires et fonction paternelle. Paris 1984.

[10] Produktion, Beschaffung, Transport, Zubereitung, Servieren, Verzehr, Verdauung, Ausscheidung der Nahrung. Dieser Vorgang wird gleichzeitig als eine Semantik und Syntax der sozialen Bedeutungsproduktion gelesen.

der Zeichen gekoppelt ist [11]; in diesen Rahmen eingebunden erst entwickelt sich eine Reihe anderer Vorgänge.

Der wichtigste und für die kulturelle Verwebung des Themas bedeutsamste Aspekt ist dann wohl der einer Ausrichtung aller drei Filme auf das Modell der Eucharistie; *Babettes Gastmahl* entwickelt dies nicht weniger stringent als *Der Koch* mit seinen Anspielungen auf Passion und Sündenfall; die Einbettung des eucharistischen Geschehens in die *Komödie im Mai* ereignet sich in behutsamen Andeutungen im Feld zwischen „Zwölfzahl bei Tisch“ (36) und biblischem Paradieses-Fall.

Als Gegenpol der ‚eucharistischen‘ Perspektive wird von allen drei Filmen das Thema der Französischen Revolution ins Feld geführt, als desjenigen geschichtlichen Ortes, wo sich Geburt und Sündenfall des neuzeitlichen Subjekts (die ‚Dialektik der Aufklärung‘) ereignen; *Babette* tut dies in der Knüpfung eines Spannungsfeldes zwischen Pariser Kommune und norwegischer Idylle; *Komödie im Mai* zeigt das Geschehen von 1789 gebrochen in den Maiunruhen des Jahres 1968, evoziert im doppeldeutigen Motiv der Internationale, der *General Lavine*-Anspielung Debussys und der Hindeutung auf die traditionelle französische Verknüpfung von Priesterfigur und Kommunismus; der *Koch* schließlich nutzt das Motiv der Revolution in vielen Verästelungen. Der Buchhändler Michael liest während des Essens Pascal Astruc-Latelles Buch *Die Französische Revolution* (76), Georgina tut es ihm nach und trägt das „Lieblingsbuch“ (147) ihres Liebhabers fortan in der Handtasche mit sich (91). Michael „katalogisiert die französische Geschichte“ (119) und liest in einem Buch, das „die letzte Mahlzeit Ludwigs XVI.“ vor seiner Hinrichtung schildert (132). Dies ist der Punkt, wo im Film kulinarischer und historischer Code sich verknüpfen; während der tote Michael vor einem Kochbuch aufgebahrt ist (146) und Georgina den Koch Richard über Michaels „Lieblingsbuch“ informiert, gesteht dieser seine Vorliebe für Guillaume Rosarts Buch *Französische Küche* (148).

Mit der Projektion der doppelten Leitvorstellung von Eucharistie und Französischer Revolution auf den Vorgang des Essens als Lebensfristung des menschlichen Körpers erscheinen dann auch die Anfangszenen der drei Filme durch eine vergleichbare Perspektivierung verbunden, ihre Orientierung auf das Tier als Bildzeichen menschlicher Natur- und Körperverfallenheit. *Babettes Gastmahl* beginnt mit dem Blick auf die zum Trocknen aufgereihten Fische und deren (zuletzt sich herausschälende) eucharistische Bedeutung; *Komödie im Mai* setzt mit dem Bild des Bienenschwarms ein, dessen alimentäre Bedeutungskomponente allmählich in die politische Dimension (der Funktion von Massenbewegungen) hinüberleitet; der Prolog von Greenaways Film zeigt durch Unrat und Exkremente streunende Hunde und führt dieses Thema in eine Parabel der Obszönität menschlicher Gewalt über: den in Alberts Restaurant herrschenden Nahrungsterror.

---

[11] Dies wird in allen drei Filmen sinnfällig: Das Nahrungsschiff, das die kulinarischen Territorien ‚Frankreich‘ und ‚Norwegen‘ verbindet, in ‚Babettes Gastmahl‘; der Tomatentransporter in ‚Milou en Mai‘, der zwischen Spanien, der Großstadt Paris und dem provinziellen Gers vermittelt; die beiden Kühlwagen vor dem ‚Hollandais‘ im ‚Koch‘, die Eucharistie und Restaurant in Bezug setzen.

Damit wird aber zugleich das kardinale kulturelle Problem in den Blick gerückt, auf das alle drei Filme ausgerichtet sind, die Vermittlung von Materialität und Symbolizität an drei signifikanten historischen Punkten der Geschichte der Moderne: zur Zeit der Pariser Kommune 1871, zur Zeit der Studentenunruhen in Paris 1968, und schließlich im Kulminationspunkt einer Aggression, Sexualität und Nahrungsterror zusammenführenden kulturellen Wende in den achtziger Jahren. Alle drei Filme zeigen – mit unterschiedlicher Akzentverlagerung – die aus drei Diskursen, dem kulinarischen, dem erotischen und dem politischen erwachsenden Kommunikationsstrukturen und ihre Verdichtung im Gastmahl, das als Liebes- und als Abendmahl verstanden wird; im Familientisch, der zwischen Picknick und Orgie bald im Licht der Angst bald im dem der paradiesischen oder utopischen Idylle erscheint; im Gangsterbankett zuletzt, das in der Todesfolter des „manger le livre“ endet.

Diese Thematik wird in allen drei Filmen in strenger topographischer Fokussierung entwickelt; *Babettes Fest* entfaltet das Geschehen zwischen Andachtsstube und Landschaft und bedient sich zur Kennzeichnung des Risses zwischen beiden Welten der Farbe (das Rot der Uniformen); *Komödie im Mai* differenziert zwischen dem Inneren des Herrenzimmers und der freien Natur, und setzt auf die Grenze zwischen beiden, die eindringenden Medien (Telefon und Radio) und die Musik (Claires Musikstück, Debussys *Cake-walk,* wird „zum Fenster hinaus“ gespielt); Greenaways *Der Koch* schließlich setzt gleichfalls das Strukturierungsmittel der Farbigkeit ein, die die Räume trennt und die beiden kontrastierenden ‚Institutionen‘ Bibliothek und Restaurant (geschieden und verknüpft durch die „blendend weißen Toiletten“) in den Blick rückt. In diese Räume eingebettet wird dann – wiederum in allen drei Filmen – das Erscheinungsbild verschiedener sozialer Strukturen, die sich um den Akt der Nahrungsaufnahme lagern: die Gemeinde im Blick auf eine religiöse Utopie; die bürgerliche Familie im Blick auf das ästhetisch inszenierte Doppelspiel von Erotik und Politik; die Welt der anonymen Institutionen als Keimzellen von Gewalt. Untergründig werden zudem in allen drei Fällen pädagogische Strukturen erkennbar: in *Babette* die Askese des patriarchalischen Familientisches und seines Verdikts gegenüber aller Sinnlichkeit; die sybaritische Welt des späten Bürgertums im Konnex mit der noch immer gültigen (von der Mutter auf die Tochter tradierten) Reinlichkeitserziehung („Wasch dir die Hände!“); die Pervertierung der Reinlichkeitsregeln zur Folter in einem anarchischen Gewalt-Raum: [12] Dabei reizen alle drei Erzählungen, bei sehr verschiedenem Darstellungsstil, die Grenzen des Themas aus, indem sie das größte soziale Tabu der europäischen Gesellschaft durchbrechen, das der Anthropophagie: als exotische Reminiszenz erscheint es in *Babette,* als kriegsbedingten Ausnahmezustand, zudem in einer prähistorischen Höhle erzählt, zeigt es *Komödie im Mai,* als unver-

[12] „Wasche mich, wasche mich,/So werde ich weiß wie Schnee“ (7); „[. . .] daß du deinen Po saubermachen sollst, wenn du aufs Klo gehst“ (17); „Lern erst mal Manieren und daß du immer sauber bleiben mußt“ (18); „Deine Fingernägel könntest du auch mal putzen. Zeig deine Fingernägel her!“ (33); „Zum Essen [. . .] anständig gewaschen und angezogen [. . .]“ (33); „Nicht mit den Fingern!“ (34); „Und wasch dir die Hände-„(48) (57); „Geh, stell dich in die Ecke [. . .] mach ihm eine Narrenkappe aus Papier“ (65) usw.

hohlenenen Kannibalismus inszeniert es *Der Koch, der Dieb, seine Frau und ihr Liebhaber.*

Wenn alle drei Filme die sozialen Essvorgänge in ihrer symbolischen Qualität – als kommunikative Handlungen – zur Diskussion stellen, so tun sie dies mit besonderer Aufmerksamkeit für die ‚parasitäre' Figur jenes Dritten, dessen sie bedarf, des Vermittlers in der Doppelrolle des Ermöglichers und Nutznießers von Kommunikation – der ‚Parasit' ist ja nicht zuletzt auch der Schmarotzer beim antiken Gastmahl. In Gabriel Axels Film nimmt der rothaarige Küchenjunge (das ‚Hexen'-Motiv) diese Stelle ein, in *Komödie im Mai* ist es das Paar Milou-Françoise, Großvater und Enkelin, die beobachtend, vermittelnd und nutznießend am kommunikativen Spiel teilhaben; bei Greenaway ist es der Sopranchorknabe und Küchenjunge Pup, der als „Albino", als ‚weißer Fleck' im Zeichenspiel des Films die Doppelrolle von ‚Parasit' und ‚Opfer' spielt, ein ‚Vermittler', der nunmehr – aus dem Gewaltmodell der Kommunikation heraus durchaus konsequent – als ‚Objekt' der Aggression (statt des Begehrens) definiert wird.

Als universelle Folie des im Essgeschehen inszenierten Spiels der Zeichen (linguistisch gesprochen: als Signifikat dieser Bewegung) erscheint in allen drei Filmen der Tod: in Axels Film ist es der tote Vater, der zuletzt durch die Todesbotin Babette ersetzt wird; im Film *Komödie im Mai* ist es die tote Mutter, die zu der leblosen Puppe auf das Sofa sinkt, als zu ‚Beerbende' das ganze Mahlzeiten- und Bedeutungsspiel in Gang bringt; in Greenaways Film schließlich ist es die „kostbarste", die „schwarze Speise" (150) des Kannibalismus, des Menschentodes, die zuletzt gegessen wird.

Schließlich ist es von Bedeutung, dass alle drei Filme, während sie von der materiellen Ebene der Essvorgänge in die symbolische Ebene der Bedeutungsstiftung überwechseln, zugleich noch eine dritte Ebene, die der (poetologischen) Meta-Reflexion ansteuern. Denn die Filme bezeichnen auch selbst ihren Ort in der Gattung – *Babette* versteht sich als (filmnovellistisch erzählte) ‚Schicksalsanekdote', *Komödie im Mai* als ‚historische Aufnahme' im Sinne des realistischen Erzählens, *Der Koch* als zeitgenössisches Melodram, das sich als Kontrafaktur des satirischen englischen Theaters des 17. Jahrhunderts zu erkennen gibt. Dabei zielen die drei Filme auf drei verschiedene poetologische Aspekte: In *Babette* geht es um das Problem weiblicher Kunstakte, die von der Sprache und ihrer verewigenden, in die Geschichte sich einschreibenden Kraft abgelöst sind; in *Milou en Mai* um das Problem des ‚Ästhetischen', das zwischen den konkurrierenden Diskursen von Politik und Erotik oszilliert; im *Koch* – nach dem Vorbild der Freudschen ‚Urszene' – um die Geburt der Sprache, um den Erwerb der symbolischen Kompetenz des Menschen, eines Sprechakts, der aus dem Medium selbst, dem Film, gewonnen wird:

GEORGINA Haben Sie schon mal Liebende gesehen, die sich so benommen haben?
RICHARD *nach einer Pause* Meine Eltern haben sich so benommen.
GEORGINA *überrascht und entzückt* Tatsächlich?! Sie haben sie gesehen?
RICHARD ... und Liebende im Kino benehmen sich manchmal so. (152)

MICHAEL Ich hab mal einen Film gesehen, in dem die Hauptfigur die erste halbe Stunde lang kein Wort gesagt hat.
GEORGINA ... wie wir? Wenn man die Minuten zusammenzählt – haben wir eine halbe Stunde zusammen verbracht?
MICHAEL ... Ich wartete völlig fasziniert darauf, was wohl als nächstes passieren würde, weil einfach alles möglich war.
GEORGINA *nach einer Pause* ... und dann?
MICHAEL *mit selbstironischem Lächeln* Dann hat er es verdorben: Er hat gesprochen. (85 f.)

Das Substrat solcher metatheoretischen Erwägungen – der Thematisierung der Frage nach der Kunst selbst nämlich – wird in allen drei Filmen durch die Spiegelung in einem anderen ästhetischen Medium ermöglicht: dem der Musik. In *Babettes Gastmahl* ist es das Gegenüber von Kirchenlied (des Vaters) und *Don Giovanni-Duett* (des Verführers), zwischen die sich – gleichsam eine Brücke bildend – jene Sonate schiebt, die Babette mit dem Blick aufs Meer vernimmt. In *Komödie im Mai* sind es die über die Themen von Revolution, Erotik und ästhetischer Impression reflektierenden' Musikzitate aus *Figaros Hochzeit* (Cherubins Arie II, 2), dem arabesken Stück *La Fille du Bedouin,* ferner Debussys ‚exzentrisches' Prélude II, 6 *Général Lavine,* zuletzt die in einen Rag-Time übergehende Sonate Madame Vieuzacs und Milous *Internationale.* Im *Koch* ist es der „Psalm", der wie ein roter Faden sich durch das Gewebe der Eß-Passion zieht.

Die drei Filme bieten drei für die Codierung des Kulturthemas Essen bedeutsame Paradigmen, und zwar in einer durch das filmische Medium allererst ermöglichten – dem Thema wesensimmanenten – Konfliktstruktur: nämlich die Darstellung der Interferenzen zwischen Materialität und Symbolizität der Nahrungsvorgänge und deren Einlagerung in analoge und digitale Medien, in Felder von Bildzeichen und Felder von Sprachzeichen.

Während *Babettes Gastmahl den* Code des Essens auf die ‚Künstler'-Problematik orientiert und die Rolle der Frau – zwischen Religion und Emanzipation – beleuchtet, zeigt Louis Malles *Komödie* die Paradigmen des Politischen und des Erotischen, wie sie aus der Grunderfahrung menschlicher ‚Aisthesis', dem Essakt, hervortreten – und zwar am Beispiel männlicher Wahrnehmung; Greenaways *Koch* schließlich zeigt den kulinarischen Code im Aggressionsfeld moderner Zivilisation und ihrer Institutionen im Spiel einer Gewalt erzeugenden Dialektik von Ordnung und Anarchie. Es sind Konflikte des Einzelnen mit der sozialen Ordnung, wie sie in Semantik und Syntax des Kulturthemas Essen, wie sie im Spiel von Bild und Wort in drei bedeutenden Filmen zur Darstellung gelangen.

Kapitel IV

Kulinaristik als Beitrag zur gastronomischen Forschung

Kulinarisches Gedächtnis und gastronomisches Ritual

Dietrich HARTH

Das Bedürfnis der Speisen hat der Mensch für sich selbst, aber den Genuß derselben teilt er mit den Göttern.

Ludwig Feuerbach

1 Küche, Kulinaristik, Künste und das Gesicht der Erde

Bei den Römern hieß die Küche *culina*, und so wäre denn – beim Wort genommen – die *Kulinaristik* nichts anderes als ein Lehrgebäude der Küchen- und Kochkunst? Immerhin, es darf von Kunst hier die Rede sein, auch wenn diese sich allein im engen Revier der Speisezubereitung, also an Wasch- und Werktisch bzw. in Töpfen und Tiegeln am Herd und neuerdings auch im Labor entfalten kann, ein „Ins-Werk-Setzen kulinarischer Wahrheiten" (H. Lemke 2005, 4). Wir fragen indessen nicht, ob es auch eine Kunst des Essens und Trinkens gibt. Denn wer würde ernsthaft ihre Existenz bestreiten, obwohl ihr oberster Zweck die Annihilation, also die Vertilgung der von der Kochkunst geschaffenen Werke zu sein scheint. Und das will uns die Sprache mit dem Wort „Gastronomie" durchaus auch einreden. So als gehe es bei Tisch überhaupt nicht um das mit Raffinement hervorgerufene synästhetische Fest der Sinne, die Kunst des Genießens, sondern einzig und allein um die Metabolismen der Verdauung.

Von dieser Arbeitsteilung ist nicht viel zu halten. Denn schon in der Küche steht während des zersetzenden, schrotenden und mollierenden Gemetzels der Kochkunst auch die Verdauung auf der Agenda. Bei Tisch anderseits beschränkt sich die Kunst der Präsentation keineswegs auf blitzendes Werkzeug und gleißendes Porzellan, sondern lenkt die wohlgefälligen Blicke – *das Auge isst mit*, heißt es zu Recht – auf die Farben, Formen und Konsistenzen der in Schüsseln und Schalen sich hingebungsvoll darbietenden Materien. Gefragt ist eine besondere Art der Konfusion, der jener Genuß entspringt, indem sich die Sinneseindrücke lustvoll vermengen und beispielsweise der Blick haptische Qualitäten entwickelt, während die Zunge im Innern der Köstlichkeiten unbeschreibliche Landschaften entdeckt.

Dennoch bleibt es dabei: Unter Klassifikationsaspekten sind zwei Kunstgattungen zu unterscheiden, von denen die eine der Produktion, die andere der Konsumtion dient; bekannt unter den geläufigen Namen der Koch- und der Tafelkunst. Auch ist offensichtlich, dass die eine nicht ohne die andere bestehen kann, ihr Verhältnis ist demnach komplementär. Kulinaristik wird daher stets das eine wie das andere, Kulinarisches und Gastronomisches, auf einander beziehen, oder – anders gesagt – erkunden, was beide, der Koch und der Esser, leisten. Darüber sind freilich als Dritte im Bunde die Produzenten der Rohstoffe nicht zu vergessen, die selbstverständlich in einer Person nacheinander die eine oder andere der genannten Funktionen übernehmen können.

Die Wissenschaften, die hier im Geist einer eigenständigen kulinaristischen Forschungsperspektive zusammenwirken sollten – Kulturgeschichte, Soziologie und Anthropologie – haben vieles mit dem gemeinsam, was Alois Wierlacher unter der trinitarischen Formel „Küche, Kommunikation, Kultur" zum zentralen Forschungsthema gemacht hat (Wierlacher 2003). Es ist daher nicht so weit hergeholt, wenn mit den kultur- und kommunikationsanalytischen Schlüsselbegriffen *Ritual* und *Gedächtnis* der mit dieser Formel umrissenen Perspektive eine Dimension hinzugefügt wird, die sich vor allem auf die Untersuchung konkreter kleinteiliger Handlungsformen bezieht. Denn die Aktivierung des Gedächtnisses zeigt sich im *Erinnern*, und die des Rituellen in der *kultischen* bzw. *kultähnlichen Praxis*. Hinzu kommt, dass der Begriff der „Kultur" aufs engste mit der menschlichen Suche nach Nahrung und nach ihrer die Sinne befriedigenden Veredelung verknüpft ist. Den Dämonen oder Göttern ein rituelles Opfer zu bringen, bevor der Pfeil die Beute trifft, die Hacke das Dickicht klärt oder der Stammesälteste das Schlachtbeil zückt, war seit Beginn der Kultivierung der Erde so selbstverständlich wie die erinnernde Bewahrung sowohl der dabei verwendeten Sprüche als auch der dabei anzuwendenden erfolgverheißenden Arbeitstechniken. Was wir „Kultur" nennen, ist schließlich eben so eng mit der vor wenig mehr als 10.000 Jahren begonnenen Kultivierung der Erde, ihrer Flora und Fauna, verknüpft wie die Erfindung immer neuer Veredelungstechniken mit der Anthropogenese und Zivilisierung unserer Spezies, des *homo sapiens sapiens*.

Die Sprache der Alten hat sich sehr genau auf solche Zusammenhänge eingelassen, da beispielsweise „sapiens" (*et sapientia*), das lateinische Wort für *verständig* (und für *Weisheit*), auf das Verb *schmecken* „sapere" als seine Grundform verweist. „Hier", kommentiert Michel Serres, der Philosoph unter den Genießern, „ist der Geschmack der Ursprung der *sapientia*, der Weisheit. Durch die alte lateinische Definition des Menschseins gaben unsere wissenden, aber auch noch sensiblen Ahnen durchaus ernsthaft zu verstehen, dass wir ohne Geschmack Gefahr laufen, unser Menschsein zu verlieren und in den Zustand von Tieren zurückzufallen" (Serres 1998, 207). Das ist unmittelbar einsichtig. Doch eine Grundbedingung für den Genuss von etwas schmackhaft Zubereitetem ist – dem Urheber des biblischen Sündenfalls sei's geklagt – die Arbeit, vor allem die in den extraparadiesischen Gefilden. Das lateinische Wort „cultura", das unser Sprachgebrauch in angepasster Form auf alles Menschengemachte, und zwar unterschiedslos auf Geistiges wie auf Materielles bezieht, bewahrt noch die Erinnerung an die Mühen der Domestizierung der Wildnis sowie an die daraus hervorgehenden Ordnungen des Ackerbaus und in der kürzeren Form „cultus" die Anspielung auf überpersönliche, die Fruchtbarkeit und das Wachstum überwachende Mächte.

Allmählich aber hat der Mensch mit seiner im Namen der Kultur vollzogenen Besitzergreifung der Erde Gesicht nachhaltig verändert. Bald waren es besondere, nach kollektiv geltenden Ernährungs- und Geschmacks-Normen komponierte Mahlzeiten, die fast überall anthropogenen Landschaften zur Geburt verhalfen: Rinder- und Schafweiden, Getreidefelder, Gemüseäcker, Zuckerrohrplantagen, Fischteiche, Kokospalmenwälder, Obstwiesen, Weinberge, Olivenhaine, Reisterrassen usf. Und heute verwandeln Wissenschaften und Techniken die einst so geschaffenen Landschaften in gigantische Treibhäuser, aus denen unabhängig von jahreszeitlichen Rhythmen die artifiziellsten Reproduktionen der Natur hervorschießen und schneller als gedacht über die Weltmärkte zirkulieren.

Es sind diese schnellen, mit Verlust und Gewinn einhergehenden Veränderungen, auf die unter den Bedingungen der Moderne jene Anstrengungen des Bewahrens und Konservierens antworten. Deren theoretische Reflexion und analytische Betrachtung hat in zahlreichen Wissenschaften unter den Stichworten „kulturelles Gedächtnis" und „Erinnerungskultur" Schule gemacht und längst zu einer krassen Veränderung traditioneller Beschwörungsrituale geführt.

2 Ritual – *ein Schlüsselwort der kulinaristischen Forschung*

Während das Erinnern als innere Handlung dem Auge verborgen ist, lässt sich das rituelle Handeln als beobachtbares durchaus als eine Gedächtnisleistung *in actu* begreifen. Sehen wir zunächst von den mit dieser These verbundenen weiterführenden Fragen ab und versuchen zu umreißen, welche Gebrauchsweisen bzw. Bedeutungen dem Ritualbegriff von den Wissenschaften zugestanden werden. Es sind in der Tat zahlreiche, zum Teil miteinander verwandte, zum Teil einander entgegenstrebende Wissenschaften, die mit diesem Begriff bestimmte Formen des Handelns oder Verhaltens bezeichnen. Zu den möglicherweise kooperierenden Disziplinen gehören die hermeneutisch orientierten historisch-philologischen und sozialwissenschaftlichen Fächer incl. Religionswissenschaft und Ethnologie, zu den eher funktionalistisch den Begriff anwendenden Disziplinen Ethologie (Erforschung tierischen Verhaltens) und Neurobiologie. Eine ähnliche Unterscheidung lässt sich übrigens treffen, betrachtet man die Gebrauchsweisen des Gedächtnisbegriffs in den Kulturwissenschaften einerseits und in medizinisch-psychologischen Kontexten andererseits.

Wie viele andere bildungssprachliche Wörter entzieht sich auch das Wort „Ritual" einer eindimensionalen Definition. Gleichwohl stehen die erwähnten Wissenschaften unter dem Zwang, das Wort als Terminus im Hinblick auf ein möglichst genau umrissenes Anwendungsziel konstruieren zu müssen, um es mit Gewinn als Forschungsinstrument einsetzen zu können. Destillieren wir aus all diesen vielfältigen Verwendungsweisen den kleinsten gemeinsamen Nenner, so lässt sich annäherungsweise folgende Umschreibung festhalten: *Der Begriff des Rituals bezeichnet tradierte/vorgeschriebene, auf bestimmte Weise formalisierte Handlungsmuster, die nicht in Routinen aufgehen, sondern einen symbolischen Bezugsrahmen besitzen.* Die Nähe zur Routinehandlung ist groß, wird aber ausgeschlossen durch die in der Ritualhandlung sich verkörpernde Anspielung auf eine Welt der Symbole, die indes keineswegs auf materielle Symbolträger – wie Götterbilder, Fetische, sakrale Speisen etc. – zu reduzieren ist.

Eine verbreitete Meinung besagt, Rituale seien wie beliebige Ornamente bedeutungslos und nicht selten trügerisch. Sie spiegelten etwas Wichtiges und Bedeutsames nur vor und gehörten daher zu den üblichen, im sozialen Alltag verbreiteten Täuschungs- bzw. Verstellungskünsten. Gewiss, als Handlungsmodus, also als eine Art der Handlungsgestaltung, schließen Ritualisierungen Mißbrauch nicht aus. Eine vom Propagandaministerium in Auftrag gegebene Mythenerfindung über den reinrassig germanischen Ursprung des deutschen Biers hätten die Propagandisten durchaus mit einem beim Öffnen einer jeden Bierflasche obligaten Beschwörungsritual verbinden können – wer hätte dem schon widersprochen? Der Symbolik wäre auf diese Weise Rechnung getragen worden, die Obligatorik hätte zugleich die Funktion der sozialen Kontrolle übernommen und die Wiederholung des immer gleichen Handlungsmusters zusammen mit reichlichem Biergenuss die allgemeine Volksverdumpfung noch vertieft. Kurz, wie jede andere Handlungsart ist auch die rituelle von Ambivalenz nicht frei; und es ist wichtig, daran zu erinnern, da die Theoriebildung über Rituale unbedingt die Möglichkeit der Handlungskritik in ihren Diskurs einschließen muss. Ausschlaggebend wird ein positives Verhältnis von Theorie und Kritik zum Beispiel dann, wenn rituelle Vorschriften und Tabus die Freiheit zu handeln einschränken und unter Berufung auf entsprechende Ge- und Verbote eine Diktatur der Diskriminierung errichten. Das wissenschaftliche Studium der in einer Gesellschaft etablierten Rituale bietet hier die Möglichkeit, nicht nur den wie immer verborgenen Gründen für das eine oder andere Tabu nachzuforschen, sondern es auch im Kontext des jeweils geltenden gesellschaftlichen Normensystems zu erklären und zu relativieren.

Von diesen etwas abstrakten Ausführungen ausgehend, lässt sich zeigen, welche soziokulturelle Aussagekraft manche rituell eingeschliffenen, normenkontrollierten Handlungsmuster an Herd und Tisch besitzen. Die Rede von den Ess- und Trinkgewohnheiten trifft meist nur die halbe Wahrheit. Denn zahlreiche uns vertraute Formen der Nahrungszubereitung sowie des Speisens und Trinkens, die wir für selbstverständlich halten und vielleicht sogar als etwas ‚Natürliches' ansehen, besitzen meist einen undurchschauten rituellen Hintergrund. So sind in vielen Kulturen bestimmte Formeln und Gesten vorgeschrieben, die vor Beginn und nach Beendigung einer gemeinsamen Mahlzeit auszusprechen bzw. zu vollziehen sind. Der vor dem Mahl auszubringende Toast zum Beispiel auf den verstorbenen Gönner, dem diese oder jene Tischgesellschaft ihren materiellen Existenzgrund verdankt, ist zugleich ein Schwellen- und ein Erinnerungsritual: Es markiert ähnlich wie die *happy hour* die Überwindung jener ‚Schwelle', die zwischen der Alltagsordnung und der Ordnung der Frei- bzw. Festzeit liegt, und es vergegenwärtigt das Andenken des Verstorbenen durch dankbare Nennung seines Namens. Schwellen- und Erinnerungsrituale, auch das Gebet bei Tisch sind nicht in jedem Fall aufs innerste mit Essen und Trinken verbunden, da diese Formen auch in anderen Praxiszusammenhängen auftreten.

Das sieht etwas anders aus, erinnert man sich der Tabus und Reinheitsgebote, die in zahlreichen Gesellschaften mit der Speisenzubereitung und -aufnahme verbunden sind. Sie bilden meist einzelne Fäden in einem umfassenden Gewebe weniger hygienisch als sozial oder religiös begründeter Ritualgebote. Rituelles Schlachten, sog. Schächten (*Shechita, Halal*), ist ein gutes Beispiel für die in der rituellen Praxis wirksame Symbolik. Denn trotz oft zu vernehmender gegenteiliger Propaganda ist kein hygienischer Grund für diese Tötungstechnik erkennbar, es geht einzig und allein darum, dem geschlachteten Tier das als Fluidum der Unreinheit gefürchtete Blut, oder – wenden wir es ins Positive – den Lebenssaft zu entziehen. Im Hintergrund sind die Gebräuche uralter Opferrituale zu erahnen, die vielleicht auch die Scham vor dem Mord am Lebendigen einschließen. Geopfert wird auch gern nach den auf das Schlachten folgenden Reinigungs-, Gar- und Würzprozessen, nämlich bei Tisch. Allerdings ist hier oft unklar, wer wem geopfert werden soll. Denn wer als erster sich das beste Stück vom Fleisch einverleiben darf, Hausvater oder Gast, das legen die sozialen Ritualrichtlinien fest, die nur selten in schriftlicher Form, meist wohl mündlich tradiert und überwacht werden und natürlich nur im übertragenen Sinn als Opferhandlungen gelten können. Die zugrunde liegenden Vorschriften bestimmen das Handeln unter besonderen Umständen (des Heilens, des Jubels, des Triumphs, der Trauer oder der Traditionserneuerung) und halten zugleich die Erinnerung an symbolische Grenzen sowie an seit alters geltende Unter- und Überordnungsverhältnisse in einer Gemeinschaft fest. Der Opferrahmen zielt in solchen Fällen nicht zuletzt auch auf das mit der Finanzkraft der Beteiligten weitgehend identische Prestige – man denke an den Einstand, an Hochzeitsbankette, an Abschiedsfeiern, Preisverleihungen und ähnliches.

Was wir mit allen Mitteln gründlicher Methodik an Menschen und Dingen erkennen, lässt sich nicht im Handumdrehen im Sinne praktischer Nutzbringung in deren Veränderung oder Verbesserung investieren. Macht doch die Erkenntnissuche das Alltagshandeln zu ihrem Studienobjekt, um es vom Fluchtpunkt der Reflexion aus, in erster Linie also *praxisdistanziert* analysieren, um den utilitaristisch oder vielleicht auch ganz irrational begründeten Motiven der Akteure auf den Grund gehen und die darin wirksamen sozial- und ordnungspolitischen Bedingungen praktischen Verhaltens *aufklären* zu können. Ein Handbuch wie das über die kulinarischen Kulturen Europas (Goldstein/Merkle 2006) ist ohne die Wissenschaften nicht denkbar. Sein praktischer Nutzen aber liegt bei den Lesern, die, studieren sie die Einträge durch die kulturvergleichende Brille, etwas über Identitätsstiftungen und Differenzierungsprozesse in den kulinarischen und gastronomischen Landschaften Europas erfahren können, was ihnen sonst niemals auffallen würde. Und das ist nicht wenig, da es den Blick auf die selbstgezimmerte enge Provinz und damit zugleich die Eigenerfahrung im Sinne einer kreativen Horizonterweiterung verändern kann. Mit anderen Worten: Der Blick kann nach der Lektüre über den eigenen Tellerrand hinausgehen. Ob aber das neue Wissen auch die eingefleischte habituelle Praxis ändert, ist nicht unter Hinweis auf irgendwelche Kausalitäten zu beantworten. Denn es hängt – und das ist der Prüfstein für die

Frage nach dem praktischen Nutzen – von der Einstellung der Einzelsubjekte ab, also davon, ob sie überhaupt bereit sind, Wissen in Handeln umzusetzen.

Das kulinaristische Wissen, das im Rahmen der hier verhandelten Themenstellung besondere Aufmerksamkeit verdient, bezieht sich weniger auf das Handwerk der Küchenkünste als auf das, was bei Tisch Norm und Standard ist bzw. war. Wohlgemerkt, es ist an dieser Stelle nicht von den Ritualisierungen der *haute cuisine* die Rede. Vielmehr geht es um die schlichte Tatsache, dass der Umgang mit Lebensmitteln im gewöhnlichen Alltag nicht nur in zunehmendem Maß als entritualisiertes Handeln zu beobachten ist, sondern auch eine Beiläufigkeit annimmt, die den Tisch, das in unserer Kultur ‚heilig' gehaltene Zentrum ritualisierten Gemeinschaftshandelns, überflüssig macht, wenn nicht bereits völlig aufgegeben hat. Fast Food ist zum Synonym nicht nur der Zubereitung, sondern längst auch des Konsums geworden. Man nimmt das in der nächstbesten Imbissbude erstandene Zeug mit, um es – wie ein öffentlich demonstrierender Parasit – auf der Straße zu verschlingen.

Wo bleiben die guten Manieren? In geschilderten Fall sind sie entbehrlich, sieht man vom Nachspiel der Verpackungsentsorgung einmal ab. Denn gute Manieren gehören – kulinaristisch gesprochen – an den Tisch und können als jene Anzeichen des Triebaufschubs und der Selbstkontrolle gelten, die einem gemeinsamen Essen die Gestalt eines rituellen Friedensmahls verleihen. Was hier als bloß formalisiertes Handeln auffallen mag, bringt zum Ausdruck den gemeinsamen Willen, auf faire, ja gerechte Weise die aufgetischten Güter zu teilen. Mehr noch: In den das gemeinsame Essen und Trinken einleitenden, die Gesundheit der andern beschwörenden Sprüchen und Formeln meldet sich als eine noch weitaus höher einzuschätzende Errungenschaft die Zivilisation zu Wort. Denn als zivilisiert kann gelten, wer sich manierlich benimmt. In unserem Fall: wer trotz der üblicherweise bei Tisch entstehenden körperlichen Nähe die Gesundheit des Nächsten nicht bedroht und sowohl seine eigenen Hände (manierlich kommt von *manus*) als auch seine Körperöffnungen unter Kontrolle hält.

Bedenkt man die gewalttätigen Voraussetzungen gemeinsamen Tafelns – das Internieren und Schlachten der Tiere, das Zerreißen von Fasern und Häuten, das Fermentieren, Häckseln, Schnibbeln und Brennen vegetabilischer Lebensgeister – so mag die Behauptung nicht so weit hergeholt erscheinen, dass in den Tischritualen auch eine „soziale Magie" wirkt (Bourdieu 1990, 86), die es schafft, dunkel geahnte Gewalt einzuhegen oder zu bannen. Die rituell geregelte Tischgemeinschaft als die Urszene einer Abgründe überbrückenden Geselligkeit und Vergesellschaftung zu betrachten, ist keine Übertreibung. Im Forschungsfeld der Kulinaristik ist Platz genug, um diese Behauptung auch an jenen Formen gemeinschaftlichen Speisens und Trinkens zu überprüfen, die den ‚Tisch' – jene Metonymie eines zugleich nahrhaften und symbolischen Ereignisses – im Tempel, im Palast, im Zirkuszelt oder auf der Straße eindecken.

3 Kulturelles und kulinarisches Gedächtnis

Die Sprache ist, wie wir bereits an Exempeln wie „culina“, „Kultur“ und „sapientia“ ablesen konnten, ein attraktives Leitmedium für jeden Gedächtnis-Freak. So bewahrt zum Beispiel auch das Wort „Gastronomie“ wie in einer Kapsel die Erinnerungsspuren an eine Schrift über die „Pflegerichtlinie (nómos) des Bauches (gasteros)“, die aus der Feder eines altgriechischen Gelehrten namens Archestratos stammte. Im Deutschen hat sich in diesem Wort ein eher protestantischer Sinn breit gemacht und die hedonistischen Anklänge unterdrückt. Auch so scheinbar unauffällige Bezeichnungen wie „Wein“ oder „Tee“ weisen, recht besehen, auf vieltausendjährige Traditionen zurück und gehören daher in jenes Gedächtnisarchiv, aus dem sich auf dem Umweg über die Sprachbetrachtung allerlei bunte Kulturgeschichten ausgraben lassen. Gerade die zuletzt genannten Einsilbler bergen wie uralte Gefäße die reichhaltigsten Erinnerungen an Götterkulte, rituellen Kannibalismus, höfische Zeremonien und vieles andere mehr.

Die Rede vom „kulturellen Gedächtnis“ verweist indessen nicht nur auf Sprache als einziges Leit- und Überlieferungsmedium. Vielmehr fassen die historisch-philologischen Wissenschaften unter dieser Formel „den jeder Gesellschaft und jeder Epoche eigentümlichen Bestand an Wiedergebrauchs-Texten, -Bildern und -Riten zusammen, in deren ‚Pflege‘ sie ihr Selbstbild stabilisiert und vermittelt“ (Assmann 1988, 15). Dass in dieser Erläuterung zuerst die Texte genannt werden, hängt an den Besonderheiten des Schreibens und der Schrift, die flüchtige, mündlich artikulierte Rede zu fixieren und einer wiederholten Betrachtung zum Studium zu überlassen. Das Schreiben schafft bereits in den frühesten Hochkulturen Bibliotheken, also Text- und Bücher-Vorräte, die insgesamt einen vom subjektiven Erinnerungsvermögen unabhängigen, einer besonderen Klasse von Kommunikationsexperten überlassenen Gedächtnisspeicher bilden. Und es ist kein Zufall, dass die dort archivierten Tafeln, Rollen, Bücher bzw. buchähnlichen Skripte zuallererst die Handels- und Distributionswege der Lebens-Mittel, Ess- und dazugehörigen Gebrauchswaren registrierten: in Rezepten, Inventaren, Rechnungen, in Vertrags- sowie Rechtsurkunden usf.

Vom „Gedächtnis“ einer Kultur ist im umfassenden Sinn freilich erst dann zu sprechen, wenn, wie oben erläutert, eine Gesellschaft eine symbolisch kodierte Wertordnung und ein Selbstbewußtsein entwickelt hat, das sich aus einem immer wieder aufs Neue reaktivierbaren kanonisierten Energievorrat von Texten, Bildern, Ritualen und ähnlichen auf relative Dauer gestellten Handlungen speist. Zu diesem Vorrat gehören nun keineswegs allein die klassischen Bücher (der Religion, der Wissenschaften und Künste), die verbindlichen Rechts- und Verfassungstexte sowie die schriftlich, bildlich, dramatisch und architektonisch überlieferten Herkunftsmythen. Es gehören dazu auch die Sitten sowie die Brauchtümer der Rituale, und das betrifft – nach allgemeinem Verständnis – vor allem auch die Normen und Regeln, nach denen eine Gesellschaft kocht, trinkt und speist. Sind die Rituale, da sie sich als Handlungen beobachten lassen, Teil der gelebten Kultur, so gehören die Vorschriften und Regeln, soweit sie schriftlich niedergelegt sind, zum Archiv des kulturellen Gedächtnisses. Als wirksam erweist sich ein solches Archiv, wenn es in Gebrauch bleibt; nur dann ist das kulturelle Gedächtnis noch aktiv. Auf das Archiv kulinarischen Wissens angewendet heißt das: Erste Voraussetzung für die Bestimmtheit und Überprüfbarkeit einer nationalen oder ethnischen Küche ist ihre Textualisierung. Denn im Archiv der Kochbücher schlummert der kulinarische und handwerkliche Kanon dessen, was – um Beispiele zu nennen – als ,italienische', als ,arabische', als ,indische' Küche Ansehen in der Welt besitzt.

Jede Küche hat als Erkennungszeichen ein eigentümliches *piéce de résistance*: die italienische *Pasta*, die arabische *Mezze*, die indische *Curry*, die deutsche *Kraut* usw. Alle Welt hält das für ein unverwechselbares Ingredienz des kulinarischen Gedächtnisses und wahrhaftes Identitätszeichen der einen oder der andern Kultur. Was uns die historische Analyse dieses Gedächtnisses bietet, ist aber ein weitaus interessanteres Bild, da diese zeigen kann, wie sich Eklektizismen und Synkretismen mit kulturellen Konfrontationen kreuzen, um dann irgendwann so etwas wie ein scheinbar unerschütterliches Monument des Identischen zu erzeugen. Die berühmten, die italienische Küche *par excellence* repräsentierenden „Spaghetti al pomodoro" sind, was die Nudeln betrifft, im arabischen Sizilien erfunden worden, während die ersten Tomaten für den „sugo" mit den spanischen Conquistadores aus der Neuen Welt nach Europa reisten. Das den ethnisch-regionalen Küchen Indiens übergestülpte Reduktionsklischee „Curry" ist eine Erinnerung an die britische Kolonialherrschaft. Und überhaupt, was überall als *die* indische Küche gepriesen wird, geht nicht nur auf eine Jahrhunderte zurückliegende Verschmelzung turko-afghanischer Traditionen mit den Bauernküchen der nordindischen Regionen (vor allem Rajastans) zurück, sondern verdankt eines der charakteristischsten Merkmale, die Schärfe des Cayennepfeffers, den portugiesischen Händlern.

Was hier kulinarisches Gedächtnis heißt, das wollen die zitierten Beispiele belegen, ist nicht dasselbe wie die zur Stereotype erstarrte Gleichsetzung einer regionalen, ethnischen oder nationalen Küche mit einem Masterplan oder dominanten Rezept. Mit der Gedächtnismetapher wollen wir vielmehr auf den latenten Reichtum hinweisen, von dem die Vielfalt der in den Grenzen einer Gesellschaft oder Nation enthaltenen Formen der Produktion, der Zubereitung und letztenendes auch der Art und Weise des Speisens abhängt. Diese für die Heterogeneität einer jeden Kultur sprechende Vielfalt wird oft genug von wohlfeilen Klischees verdeckt oder durch die aggressiven Marktstrategien der Fast-Food-Ketten und Convenience-Food-Industrien unterdrückt. Vielleicht ist es ja so, dass ähnlich wie in der *haute couture* die *haute cuisine* als Avantgarde die Kreativität der kulinarischen Kulturen rettet, indem sie von Zeit zu Zeit die alten Standards verschiebt und durch neue ersetzt. Aber in der Welt des Kulinarischen geht es nicht darum, das Neue wie einen Fetisch um seiner selbst willen anzubeten. Dafür steht in dieser Welt zu viel auf dem Spiel: Fragen der Ressourcenökonomie und Ernährung, Probleme der Gesundheit und Umwelt, der Soziabilität und der gerechten Verteilung sowie nicht zuletzt in globalem Maßstab die Annäherung an ein ökologisches Gleichgewicht.

4 Schlussfolgerungen

Als Markenname für eine multi- und interdisziplinär zu organisierende Forschungsinitiative ist „Kulinaristik“ weder auf die bloße Inventarisierung historischer Handlungsmuster noch auf die Anbetung der *haute cuisine* zu reduzieren. Eine ihrer wichtigsten, sozialpolitisch folgenreichen Aufgaben liegt vielmehr in der kritischen Wendung des kulinarischen Gedächtnisses gegen die Depravierung der sinnlichen Erfahrungsfähigkeit durch Unterwerfung unter die einseitigen Rezepte einer synthetisch produzierenden Lebensmittelindustrie. Das schließt Komplexität nicht aus, sondern gibt ihr vielmehr eine Chance. Denn der Wunsch nach dem Genuss des Authentischen natürlicher Aromen und Geschmacksvarietäten verträgt sich sehr gut mit der Entwicklung einer ‚ployglotten‘ Küche und Gastronomie. Voraussetzung ist, dass die Zunge und mit ihr alle anderen Sinne noch zu unterscheiden und zu urteilen vermögen. Dazu müssen praktische Erfahrung und Training zusammenkommen, die Forschung ihre Resultate in Bildungsprozesse übersetzen, und das kulinarische Gedächtnis beständig im Umgang mit der Sensitivität der Nah- und Fernsinne geschult werden.

Ritual und Gedächtnis sind universell anwendbare Schlüsselbegriffe und passen daher zur Offenheit der hier skizzierten Forschungsperspektiven. Denn diese richten sich sowohl auf einzelne kulinarische Kulturen als auch auf den grenzübergreifenden Kulturvergleich. Der italienische Historiker Massimo Montinari bietet dieser Forschung als Hilfsmittel für die methodische Ordnungsstiftung das Modell einer kulinarischen ‚Grammatik‘ an. Nach diesem Modell zielt die *lexikalische* Betrachtung auf das Repertoire der Produkte, die *morphologische* Analyse auf deren Verarbeitung, die *syntaktische* auf die Abfolge und Komposition von Speis und Trank und die *rhetorische* schließlich auf die Art und Weise ihres Auftischens und Konsummierens. Grammatiken sind üblicherweise dazu da, die Gebrauchsregeln einer Einzelsprache zu rekonstruieren. Eine ‚Grammatik‘ der zeitgenössischen *lingua culinaria* würde aber, so ist zu vermuten, universelle Geltung beanspruchen können, da das Besondere einer ethnischen oder regionalen Küche und korrespondierender Tischsitten heute nicht mehr an den Grenzen lokaler Kulturen endet, sondern in weitaus schnellerem Takt als in früheren Jahrhunderten in die Zirkulationsströme weltweiter Austauschprozesse eingespeist wird.

Literatur

Appadurai, Arjun: How to Make a National Cuisine: Cookbooks in Contemporary India. In: Comparative Studies in Society and History 30/1 (1988), S. 3 – 24.

Assmann, Jan: Kollektives Gedächtnis und kulturelle Identität. In: J. Assmann & T. Hölscher (Hg.): Kultur und Gedächtnis. Frankfurt a.M. 1988, S. 9 – 19.

Baranzke, Heike / Franz-Theo Gottwald / Hans Werner Ingensiep (Hg.): Leben – Töten – Essen. Anthropologische Dimensionen. Stuttgart/Leipzig 2000.

Bourdieu, Pierre: Ce que parler veut dire. L'économie des échanges linguistiques. Paris 1982. Dt. Übers. v. H. Beister: Was heißt sprechen? Die Ökonomie des sprachlichen Tausches. Wien 1990.

Goldstein, Darra & Katherine Merkle (Hg.): Cultures culinaires en Europe – Identité, diversité, dialogue. Straßburg 2006.

Harth, Dietrich: Die Erfindung des Gedächtnisses. Frankfurt a.M. 1991.

Harth, Dietrich & Gerrit J. Schenk (Hg.): Ritualdynamik. Kulturübergreifende Studien zur Theorie und Geschichte rituellen Handelns. Heidelberg 2004.

Kreinath, Jens / Jan Snoek / Michael Stausberg (Hg.): Theorizing Rituals: Issues, Topics, Approaches, Concepts. Leiden/Boston 2006.

Lemke, Harald: Kochen als Kunst. Zur Philosophie der kulinarischen Praxis (2005). www.haraldlemke.de/texte/

Mintz, Sidney W. & Christine M. Du Bois: The anthropology of food and eating. In: Annual Reviews of Anthropology 31 (2002). S. 99 – 119.

Montanari, Massimo: Il cibo come cultura. Bari 2005.

Müller, Klaus E.: Nektar und Ambrosia. Kleine Ethnologie des Essens und Trinkens. München 2003.

Serres, Michel: Les cinq sens. Philosophie des corps mêlés. Paris 1985. Dt. Übers. v. M. Bischoff: Die fünf Sinne. Eine Philosophie der Gemenge und Gemische. Frankfurt a.M. 1998.

Visser, Margaret: The Rituals of Dinner. The Origins, Evolutions, Eccentricities and Meaning of Table Manners. New York etc. 1992.

Wierlacher, Alois: Kultur und Geschmack. In: A. Wierlacher u. A. Bogner: Handbuch interkulturelle Germanistik. Stuttgart/Weimar 2003. S. 175 – 185.

Die Berufslage des Gastronomen im heutigen Deutschland aus der Sicht der Praxis [1]

Hans Stefan STEINHEUER

Wenn man über die Gastronomie und ihre Küchen sprechen will, muss man sie in ihre verschiedenen Segmente aufschlüsseln. Soll zudem ein Blick aus der Praxis vermittelt werden, gilt es, die ‚Mitspieler' und ‚Rezipienten' dieser Küchen mit einzubeziehen. Der folgende Beitrag führt deshalb Erfahrungen und Einsichten aus meiner eigenen Berufspraxis zusammen mit Ansichten, die in Gesprächen mit verschiedenen Kollegen deutlich wurden. So manches dieser Gespräche hat neue Facette aufgeworfen, und somit setzt sich das das hier dargestellte Bild der deutschen Gastronomie aus vielen Einzelperspektiven zusammen,. Als Gastronom, der die gegenwärtige Gastronomiesituation beobachtend mitgestaltet, bin ich auch ein Leser der Gastro-Presse, wie sie die regelmäßig erscheinenden Artikel beispielsweise in der *Frankfurter Allgemeinen Zeitung* und einschlägige Beiträge in Fachmedien wie der *Feinschmecker*, *Essen und Trinken* oder *Gault Millau* darstellen. All dies bildet die Grundlage der folgenden Ausführungen.

1 Frischeküche und Convenience-Küche

Voraussetzung für den Versuch, die Situation der Gastronomie im heutigen Deutschland aus der Sicht des Gastronomen zu beschreiben, ist zunächst die Gegenüberstellung von Frischeküche und Convenience-Küche. Der Schwerpunkt der weiteren Überlegungen liegt sodann auf der Vorstellung der Bereiche der Frischküche. Abschließend soll ein Blick auf die Rolle und Funktion der Fernsehköche und die der Gastlichkeit geworfen werden.

Die Frischeküche verarbeitet ausschließlich Produkte der Region aus dem nahen Umfeld oder Frischprodukte aus der ganzen Welt. Ihr begegnen wir sowohl in der bürgerlichen Küche als auch in der Spitzenküche. Die Convenience-Küche dagegen hat mit der Spitzenküche nichts gemein. Sie besteht aus gefrorenen oder vorgefertigten Produkten oder vorgegarten, dann gefroren oder haltbar gemachten Gerichten. Zum Einsatz kommt die Convenience-Küche hauptsächlich in der Gemeinschafts- oder Sozialverpflegung. Sie zeigt sich, so sehr man dies bedauern mag, aber auch immer mehr im Bereich der bürgerlichen Küche, wo ein hektischer Berufsalltag den Verlockungen von Convenience, wie der Name dies ja bereits sagt, oft nachgeben muss. Auch die Bankettküche in Großhotels oder bei

---

[1] Dieser Beitrag wurde ursprünglich auf Einladung des seinerzeitigen Vorsitzenden der Deutschen Akademie für Kulinaristik als Vortrag auf ihrer ersten Jahrestagung (2006) gehalten und liegt hier in leicht überarbeiteter Fassung vor.

Großveranstaltungen bedient sich der Convenience-Küche in zunehmend umfangreicherem Maße. Convenience bedeutet in diesem Rahmen wohl auch Einsparung von Arbeitskräften und Zeit; wo ein Preis-Leistungswettbewerb herrscht, wird diese Form der Küche vermehrt genutzt werden.

Bedenklich ist der Einsatz der Convenience-Küche vor allem im Bereich der Verpflegung von Kindern und Jugendlichen in Ganztagsschulen, Kindergärten und Kindertagesstätten, weil sie Geschmack und Essverhalten prägt, das sie bestimmt ist von Einheitsgeschmack und Geschmacksverstärkern.

Um diese Folgen in der Öffentlichkeit bekannt zu machen und ein Umdenken herbeizuführen, ist nicht nur seitens einer bewusst arbeitenden Gastronomie, sondern auch seitens jeden um gesundes Heranwachsen besorgten Erdenbürgers kompetente Beratung im Bereich Kindergarten- und Schulernährung dringend geboten[2]. Es gibt bereits zahlreiche Initiativen von Institutionen, Gemeinden und Ländern um Kindern qualitativ hochwertige Nahrung bereitzustellen, aber ernährungsphysiologisch kompetente Unterstützung bleibt ein Muss. Auch Restaurateure müssen sich dieser Aufgabe stellen; einige Restaurants bieten bereits spezielle Menüs für Kinder an, die auf dieser Grundlage erstellt sind[3]; das aus der Fast Food Küche inspirierte Kindermenü hat jedoch leider vielerorts immer noch die Oberhand.

2 Die bürgerliche Küche als „Mutter“ der Frischeküche

Die bürgerliche Küche, die man in Italien auch als „Cucina di Mama“ beschreibt, bezieht ihre Wurzeln aus den Produkten der Region und den von der Region mitbestimmten Bedürfnissen der Menschen. In Deutschland präsentiert sie sich heute immer weniger als Frischeküche. Zum einen ist die Zahl dieser Küchen, die sich der originalen frischen Küche verschreiben, nicht zuletzt auf Grund der Altersstruktur der Inhaber zurückgegangen. Zum andern machen es auch spezifische Bedingungen und Behördenauflagen immer schwerer, das ‚Prinzip Frische‘ vorwalten zu lassen; so ist zum Beispiel die Kombination von Gastwirtschaft und Metzgerei mit Hausschlachtung lebensmittelrechtlich nicht mehr erlaubt, obwohl sie ein Garant der Frische ist oder sein kann. Die Nachfolgeregelung in einer gastronomischen Familie glückt oft nicht mehr, obwohl es sehr viele gut ausgebildete junge Köche gibt. Häufig beinhaltet deren Ausbildung die regionale Küche mit ihren geschmacklichen Facetten nicht mehr vollständig und damit fehlt die Perspektive, ein solches ‚traditionelles‘ Restaurant zu führen, da es scheinbar nicht den nötigen Anspruch an Kreativität, Popularität und damit Wirtschaftlichkeit erfüllt.

In der gegenwärtigen Gastronomie zeigen sich jedoch Bemühungen, die regionalen Wurzeln der Küche wieder zu beleben. Es wäre besonders wichtig, dieses

2 Die Deutsche Akademie für Kulinaristik hat sich in einem kleinen, aber stark besetzten Symposium im Oktober 2006 dieses Themas angenommen http://www.baden-wuerttemberg.de/de/Meldungen/157425.html

3 Als Beispiel ist zu nennen. L’Art de Vivre Gourmet Residenzen, www.gourmet-residenzen.de

Segment in der Küchenlandschaft zu besetzen, denn es bildet die Basis des Geschmacks: Wer erinnert sich nicht gerne an die frische Butter, das frisch gebackene Brot, die legefrischen Eier – an all das, was man auf Bauerhöfen oder in Omas Küche fand?

Mein Kollege, der französische Cuisinier im renommierten Lokal ‚Im Schiffchen' in Düsseldorf, Jean-Claude Bourgueil, das seit Jahren mit drei Michelin Sternen ausgezeichnet ist, mag hier stellvertretend für diejenigen Kollegen stehen, die aus der französisch orientierten Spitzenküche kommend, immer mehr die Relevanz der bürgerlichen Küche annehmen und diese auch propagieren. Er ist dabei, ein Kochbuch der klassischen regionalen Rezepte herauszubringen. Der Franzose Bourgeuil macht uns Deutschen damit vor, wie man zur Tradition stehen kann und welchen Wert sie haben kann. Unter seinen Rezepten findet sich beispielsweise als begleitender Wein zum rheinischen Sauerbraten der Vorschlag eines restsüßen Ahr-Spätburgunder. Er entdeckte diese Kombination vor 25 Jahren, sie blieb in seiner Erinnerung verhaftet und er verweist damit auf die Potenz regional verankerter kulinarischer Erinnerung.

Es gibt zweifellos einige sehr gute deutsche Restaurants mit regionaler Küche. Meist sind sie aus Sterne-Restaurants herausgewachsen und haben bekannte Chefs.[4] Als Gastronom würde ich mir eine Verbesserung der Bedingungen wünschen, um diese bürgerlich-regionale Küche dichter halten zu können.

3 Die Spitzenküche und ihre Rezeption

Spitzenküche bezeichnet die Küche, die ihren Gerichten die besten und ausgewähltesten Produkte aus den Regionen, aus den besten Fang- und Aufzuchtgebieten Europas, sowie aus aller Welt zugrunde legt.Jeder Spitzenkoch gibt seinen Gerichten eine individuell interpretierte Richtung, sowie seine kreative Prägung. Die Spitzenköche entdecken alte Rezepte, interpretieren sie neu und kochen sie nach den ernährungsphysiologischen Bedürfnissen ihrer Gäste. Die besten Köche und Küchen zeichnen sich dadurch aus, dass sie in der Lage sind, ihre Top-Ergebnisse in jedem Service perfekt zu wiederholen. Sie nutzen die technische Entwicklung, physikalische Erkenntnisse sowie molekulares Wissen aus der Nahrungsmittelindustrie, wie zum Beispiel die Wirkung von Gasen wie Stickstoff auf Lebensmittel oder die Wirkung von Alginaten zur Bindung verschiedenster Flüssigkeiten.

Bindungsmittel sind ein gutes Beispiel, um die Kreativität und das Innovationspotential der Spitzenköche zu illustrieren. Vor Jahren kannte die Küche nur vier bis fünf dieser Bindemittel; heute verfügt der katalanische Sternekoch und Impulsgeber für die gesamte Zunft, Ferran Adriá, offenbar über etwa achzig verschiedene Bindemittel. Er ist sicherlich der Vorreiter der kreativen Bewegung der letzten 10 Jahre, wie Gourmetkritiker Jürgen Dollase in seiner Laudatio für Ferran Adriá anlässlich der Verleihung des Internationalen Eckart-Witzigmann Preises für

[4] Erwähnt seien hier Rolf Straubinger, Restaurant Burg Staufeneck, Salach, Josef Bauer, Restaurant Adler, Rosenberg, und Karl Emil Kuntz, Restaurant Krone, Herxheim-Hayna

Grosse Kochkunst der Deutschen Akademie für Kulinaristik 2005 sehr anschaulich dargestellt hat.

Ferran Adriá hat für sich, sein Kochen, sein Team, und seine kreativen Prozesse eine Art ‚Optimal'-Situation erreicht, von der die meisten seiner Kollegen wohl träumen. Nach einem halben Jahr Restaurantsaison nimmt er sich mit seinen Mitarbeitern ein halbes Jahr Zeit, um in seiner Experimentierküche ein komplett neues Programm für die nächste Saison vorzubereiten. Er hat so die Möglichkeit zu experimentieren und zu entdecken, wie jegliches Produkt verändert werden kann. Dies hält er in akribischen Skizzen fest und entwickelt daraus seine vorbildlichen Kochbücher.[5]

Wirtschaftlich besehen ist diese Idealsituation in Deutschland und vermutlich an den meisten Standorten nicht zu erreichen. Zumindest gibt es bis dato keine Küche in Deutschland, die so arbeiten kann.

Am Beispiel Adriá lässt sich aber sehr deutlich zeigen, was die Spitzenköche in Deutschland momentan beschäftigt. Ein großer Teil der höchstbesternten Köche ist nicht selbständig, sondern befindet sich in Beschäftigungsverhältnissen, das heißt, sie sind nur mittelbar mit Betriebs- und Personalplanung, Organisation, Wirtschaftlichkeit und Aquise belastet.

Hingegen stehen die Chefs der selbständig geführten Spitzenrestaurants nicht nur am Herd; ihr Alltag ist mit vielen anderen Aufgaben ausgefüllt. Diese Umstände führen nicht automatisch dazu, dass kreativer oder klassischer gekocht wird, aber sie können dazu führen, dass die jungen Köche nicht die notwendige Zeit und Ruhe haben, Informationen sammeln zu können, um einen eigenen Stil zu finden. Sie sind hin- und her gerissen zwischen den Impulsen aus verschiedenen Küchen der Welt, und es fehlt oft der Mut eigene Wege zu gehen.

In dieser Situation kommt dem Publikum, den Genießern, eine große Verantwortung zu. Das Publikum kann dem jungen Koch die nötige Rückbindung geben. Denn was in Spanien, London oder New York im Trend ist, wird in Deutschland oft sehr unterschiedlich beurteilt. Die Mehrzahl des essenden Publikums scheint zögerlich gegenüber Neuem und ist geneigt, einen jungen Koch gleich mit der ausgefeilten Küche der Besten der Zunft, z.B. Harald Wohlfahrt oder Dieter Müller, vergleichen zu wollen. Unsere jungen Köche können sich und ihren Stil aber nur finden, wenn Neues auf die entsprechende Akzeptanz stößt, sonst sind sie dazu verdammt, Epigonen zu sein, zweifellos oft gute und solide, aber sie werden sich ohne Freiraum, Mut und Akzeptanz von Kreativität und Neuem nicht über die Rolle des Nachahmers hinaus bewegen können.

Eine neue Küche braucht neue Ideen und die Freiheit der Entfaltung. Ein Beispiel: Ob man den Hummer lieber pur oder eingepackt isst, ob man Schärfe mit Süße kombiniert, ob man dem Gast vorgibt, wie er zu essen hat, z.B. von rechts nach links, von mild nach scharf, von weich nach fest, ist eine kulturell vermittelte Interpretation und muss nicht gleich als Vorschrift gewertet werden. Freilich sind solche Problemknoten unter dem Aspekt der Kreativität anders zu beleuchten als

5 Z.B. Ferran Adria, Juli Soler, Albert Adria: El Bulli 2003 – 2004. Mering, Hampp Verlag 2006.

aus der Sicht der Gastlichkeit. Entscheidend ist jedoch zunächst immer, dass das Produkt in einer perfekten Qualität verarbeitet wird.

Auffallend ist, dass sich die Suche der Köche nach Kreativität oft nur an einigen wenigen Gästen ausrichtet, die fast täglich Spitzenrestaurants besuchen. Die Mehrzahl des Publikums in Deutschland bevorzugt Klassik nach französischem oder mediterranem Vorbild. In einer solchen Situation kommt die Avantgarde eindeutig zu kurz und findet ihre Entfaltung nur in sehr wenigen Häusern.

Eine besondere Gruppe unter den Köchen, die sich dem Neuen zu wenden, ist diejenige derer, die als Autodidakten oder Quereinsteiger zur Spitzenküche kommen. Sie sind oft sehr inspiriert und experimentierfreudig. Da ihnen die Grundlagen der klassischen Ausbildungsküche fehlen, sind sie unbelastet und darauf angewiesen, mehr auszuprobieren. Sie haben zum Beispiel keine Beziehungsprobleme zwischen Vanille und Heilbutt, und finden Abstraktionen, die manch anderem, klassisch ausgebildetem Kollegen, schwer vorstellbar sind.

Beim Lesen so mancher Gastroartikel und Tests fällt das leidige Paradox auf: Die ständige Suche nach und das Einfordern von Kreativität steht der gleichzeitigen Liebe für die klassische Geschmacksküche gegenüber. Der mehrheitlich festzustellende Mangel an Kreativität bei Deutschlands Köchen wird denn auch hauptsächlich von Journalisten bzw. den Medien reklamiert. Das essende Publikum scheint dies meist nicht so zu interpretieren. Die Gäste bevorzugen die Geschmacksperfektion auf den Tellern eines Jörg Müller oder auch Hans Haas, dem Küchenchef des legendären ‚Tantris' in München. Die Spitzenqualität ist seit langem bekannt und sie wird nicht besser oder schlechter durch die unterschiedliche Beurteilung verschiedener Gastrokritiker.

Wie wenig Wirkung die Innovationsfreudigkeit der Spitzenküche auf das kollektive Ess- und Einkaufsverhalten der Deutschen hat, zeigt sich auch an ihrem Produktverständnis; denn daran hat sich nachweislich seit langem nichts wesentlich geändert – und dies nach 35 Jahren Spitzenküche in Deutschland. Auch die Lebensmittelskandale der jüngeren Vergangenheit, Fleischkrisen wie BSE, der Gammelfleischskandal, die Vogelgrippe oder Würmer in Fischen sind nach kurzer Zeit wieder vergessen und führen nicht dazu, dass man die Kompetenz und das Wissen der besten Köche in Deutschland suchte, denn sie sind nun mal die Hauptabnehmer und Kenner der besten Produkte; man nutzt ihr Wissen nicht dazu, eine Qualitätsoffensive für Verbraucher und Verbraucherverhalten zu starten, so dringend dies auch nötig wäre!

4 Die Omnipräsenz der Fernsehköche: Ein Impuls für Veränderungen?

Fernsehköche kochen und brutzeln heute auf allen Kanälen, was darauf hindeutet, dass Essen und Kochen zumindest als Unterhaltungsfaktor einen enorm hohen Stellenwert zu haben scheinen. Auch zeigt sich am Boom der Fernsehköche, dass Fernsehbilder stärker sind als Schrift und Wort. Insgesamt besehen scheint das

Fernsehkochen hauptsächlich der Popularität einzelner Köche und deren Produzenten zu dienen.

Nicht umsonst gilt Alfred Biolek beim Publikum als der bekannteste deutsche Koch. Er wirkt jedoch bei den jungen Leuten als langweilig, sie zieht es eher zu Jamie Oliver, der flink im weißen Hemd seine Gerichte zubereitet, die manchmal gar nicht so einfach nachzukochen sind und der, wohlgemerkt, in teuren Geschäften immer beste Zutaten einkauft.Sein deutsches Pendant Tim Mälzer macht es da flotter und es scheint so, als bringe er mit seiner Experimentier- und Kombinationsfreude zumindest die jungen Leute zum Kochen.

Mälzers über zwei Millionen verkaufte Bücher zeigen hier im Vergleich zu den verkauften Büchern der Spitzenköche eindeutig, dass die Spitzenküche fürs Fernsehformat zu kompliziert ist und die wenigsten Amateurköche/köchinnen sich an kompliziertere Rezepte heranwagen.

Mit wenigen Ausnahmen wie z.B. „ARD-Buffet", mit Vincent Klink bietet das deutsche Fernsehen aus Sicht gastronomischer Berufspraxis nicht die Reichweiten, die nötig wären, um einem größeren Publikum Kochgenuss näher zu bringen. Innovation und Kreativität sollten auch hier mehr Raum gewährt werden; nicht zuletzt wäre dieses Massenmedium ein Ort, wo sich die oben geschilderten Anliegen zu frischer Küche, gesunder Kinderernährung und qualitativ hochstehender, kreativier Spitzenküche vermitteln ließen.

5 Die Gastlichkeit

Die Gastlichkeit stellt einen bislang in seiner Wichtigkeit noch gar nicht so recht erfassten Bereich der Gastronomie dar. Küche und Köche haben in den letzten drei Jahrzehnten eine immer größere Bedeutung in der Gastronomie und der Gesellschaft erlangt. Wenig Aufmerksamkeit erfuhr in dieser Entwicklung der Service, der oft vernachlässigt oder hinten angestellt wurde.

Service-Mitarbeiter sind in den letzten Jahren immer besser ausgebildet worden; aus ihrem Kreis heraus wuchsen Spezialisten wie z.B. die Sommeliers, die mit eigenen Aufgaben betreut sind, die Weine pflegen und dem Gast das Zusammenspiel von Wein und Küche näher bringen. Damit haben sie es geschafft, sich einen Platz im gastronomischen Ablauf zu sichern und in ihrer beratenden Funktion der Gastlichkeit ein weiteres Angebot beizufügen.

In früheren Zeiten war der Mâitre d'Hotel die wichtigste Person im Restaurant.

Ihm kam die Gastgeberrolle zu, er leitete den Service, betreute die Gäste und vermittelte zwischen Gast und Küche. Diese Funktion besteht auch heute noch, wird aber nicht mehr dementsprechend wahrgenommen und gewürdigt.

Die Herzlichkeit und der kompetente Eingang auf die Wünsche des Gastes, dazu die Perfektion auf dem eingedeckten Tisch, das Ambiente des Restaurants, die Lage des Hauses, tragen erheblich zum positiven Gesamtbefinden des Gastes bei.

Die Kunst des Services besteht darin, Stammgäste besonders zu behandeln und allen anderen Gästen das Gefühl zu geben, genau so wichtig zu sein. Der Gast wird nur dort Stammgast werden, wo all diese Komponenten mit seiner Lieblingsküche geboten werden und übereinstimmen. Und von diesen Stammgästen lebt die Gastromomie!

6 Fazit

Ein anschauliches Beispiel mag abschließend illustrieren, wo unsere heutigen Probleme und Aufgaben liegen. Schauplatz ist das dreitägige internationale gastronomische Gipfeltreffen, die *Madrid Fusion*, die, wie ihr Titel schon besagt, zusammenbringt.

Im Januar 2006 dominierten Kreativitätsexperimente, die aus den Fugen zu geraten drohten. Zuckerfäden wurden aus Black & Decker Bohrmaschinen hergestellt, Pürrees und Saucen spritzten aus Tintenstrahldruckern. Diese Entwicklung scheint fern der Gastronomie. Sie konfrontiert Technik mit Koch-Performanz und vermittelt ein wenig des Ambientes einer Werkstatt oder Garagenküche, so wie man vor Jahren die ersten Garagenweine einiger kalifornischer Experimentierlustigen kennen gelernt hat

Solche Versuche sind vom Ansatz her – als quasi-künstlerische Expermientezwar interessant, vom Ergebnis her aber nicht nachhaltig. Internetforen beschäftigen sich intensiv mit diesen Themen und werden das ihre dazu beitragen, dass sie weder von Köchen noch vom Gastro- Sensationsjournalismus überschätzt werden.

Die Globalisierung hat schon vor Jahren in der Gastronomie Einzug gehalten. Cross-over Küche ist heute oft ein Gemisch verschiedenster ethnischer Küchenrichtungen, wobei deren Eigenheit nur schwer mit den Geboten von klassischer oder kreativer Küche in Einklang zu bringen ist. Spitzenküche, Kochkunst im Performanzformat ebenso wie experimentierende Kreativität sind, so darf man dennoch behaupten, vereint in ihrer Arbeit gegen die Convenience-Produzenten.

Für die Zukunft kann aus dem Gesagten nur der doppelte Schluss gezogen werden, einerseits weiter nach den eigenen Wurzeln zu suchen, um dem Duft und Geschmack des heimatlichen Terroirs in der Küche Ausdruck zu geben, andererseits die Praxis der Gastronomie mit der wissenschaftlichen Erforschung des Kulturphänomens Essen und der Gastlichkeit zum wechselseitigen Nutzen zusammenzuführen. Eben das will die Kulinaristik, und eben darum habe ich mich ihr angeschlossen.

Das kulinaristische Themenfeld Gastronomie – eine Bestandsaufnahme aus Sicht der Betriebswirtschaftslehre

Wolfgang FUCHS

1 Absicht des Beitrags

Der vorliegende Beitrag konzentriert sich aus betriebswirtschaftlicher Sicht auf das kulinaristische Themenfeld *Gastronomie*. Unter diesem Ausdruck wird Unterschiedliches verstanden. Zum einen kann die Gastronomie ihrem Namen folgend (griech. gaster = Magen; griech. nomos = Brauch, Sitte, Gesetz) als normative Richtschnur der allgemeinen Kochtätigkeit aufgefasst, zum anderen kann sie als Ausprägung eines bestimmten Gewerbes oder auch Kochstils (z. B. die deutsche Gastronomie oder die italienische Gastronomie) oder auch als Wirtschaftszweig innerhalb des Gastgewerbes begriffen werden (vgl. Scarpato 2002, S. 52 ff.). Die folgende Argumentation will die Vielschichtigkeit, die in dem Begriff liegt, nicht trennen, zumal die unterschiedlichen Facetten des Begriffs von der nachfolgenden Argumentation gemeinsam betroffen sein werden. Ziel der Ausführungen ist es, den gegenwärtigen betriebswirtschaftlichen theoretischen Wissensstand darzulegen und darauf aufbauend Empfehlungen für eine künftige wirtschaftswissenschaftliche Konturierung des Aufgabenfeldes Gastronomie in der Kulinaristik zu formulieren.

2 Rückblick: nicht im Rampenlicht

Ein Blick in die jüngere Geschichte zeigt, dass die Gastronomie in Deutschland lange Zeit nicht – wie es ihrer Bedeutung entsprochen hätte – von der Öffentlichkeit, und hierbei insbesondere von der Politik, wahrgenommen wurde. Als Branche wurde sie zwar sehr wohl registriert, geriet aber im Vergleich zu Branchen des produzierenden Gewerbes (etwa Bergbau, Papierindustrie, Fahrzeugbau, chemische Industrie, Elektrotechnik oder Maschinenbau) in der öffentlichen oder genauer in der politischen Diskussion leider ins Hintertreffen. Über die Gründe kann spekuliert werden, eine fundierte Erklärung muss ausbleiben. Zumindest intuitiv leuchtet ein, dass viele Beobachter die Gastronomie als Teil des Gastgewerbes und damit als Teil des Dienstleistungsgewerbes den kleinbetrieblichen Unternehmen zuordnen und zugeordnet haben. Oft familiär geprägt, über Generationen fortgeführt, kleinbetrieblich strukturiert, gekennzeichnet durch relativ niedrige Umsätze und wenige Angestellte im Vergleich zu den Großunternehmen schrieb man ihnen nicht die (volkswirtschaftliche) Bedeutung zu, wie man sie anderen Branchen zuschrieb.

Auch im Bereich der Literatur spiegelt sich die unberechtigte, geringere öffentliche Beachtung der Branche wider. Blickt man etwa in das Nachbarland Frankreich, ist dort eine gastronomische Literatur gegenwärtig, die nahezu 200 Jahre zurückreicht: Sei es „La France gastronomique“ von Maurice Edmond Saillant (1872 – 1956) und Marcel Rouff (1887 – 1936), der „Almanach des Gourmands“, in dem Restaurantkritiker wie Alexandre Balthasar Laurent Grimod de la Reynière (1758 – 1837) ihre Meinungen veröffentlichten oder das Werk „La Physiologie du goût“ von Jean-Anthelme Brillat-Savarin (1755 – 1826), das bis zum heutigen Tag aufgelegt wird (vgl. Paczensky/ Dünnebier 1999, S. 528). In Deutschland existiert keine vergleichbare Literaturbasis. Es gibt zwar ebenfalls eine gastronomische Literatur, die in das vorletzte Jahrhundert reicht, allerdings nur in sehr begrenztem und überschaubarem Umfang.

Ähnliche Aussagen lassen sich zu der betriebswirtschaftlich ausgerichteten gastronomischen Literatur in Deutschland machen: Historische Arbeiten gibt es im Vergleich nur wenige. Eine Erklärung dürfte in dem Umstand liegen, dass die betriebswirtschaftliche Literatur in Deutschland geschichtlich gesehen vornehmlich eine Literatur aus dem Blickwinkel von Großunternehmen war. Literatur, die sich auf spezifische Probleme von kleineren – etwa gastronomischen – Betrieben konzentrierte, wurde nur in begrenztem Umfang verfasst.

3 Gegenwärtiger Stand: Defizite im Forschungsbereich

Die Defizite der Vergangenheit wirken nach. Die Vertreter aus der Praxis handeln pragmatisch, übertragen Wissen aus anderen Branchen und haben Erfahrungswissen entwickelt. Eine ausgebaute, theoretisch orientierte Begleitung der Branche hat in Deutschland nicht stattgefunden. Zwar gab es in den letzten Jahrzehnten immer wieder sehr fundierte Veröffentlichungen im Bereich der Lehre (vgl. etwa Thoms 1952), von einer theoriegeleiteten, breit angelegten betriebswirtschaftlichen Durchdringung der Gastronomie kann bis zum heutigen Tag nicht die Rede sein. Insgesamt ist die Literaturbasis daher leider nur als unzureichend zu bezeichnen.

Es gibt zwar einige wenige Standardwerke, die betriebswirtschaftliche Grundlagen legen (vgl. etwa Hänssler, Henschel oder Schätzing), darüber hinaus fehlt aber eine tiefergehende Literatur, die in die einzelnen betriebswirtschaftlichen Funktionsfelder wie Organisation, Personalwirtschaft, Investition, Finanzierung oder Marketing reicht. Oder um das an einem anderen konkreten Beispiel fest zu machen: Es existieren in Deutschland zwar verschiedene Lexika mit gastronomischem Bezug, etwa solche mit einer fachpraktischen Ausrichtung (vgl. z.B. Hering, Müller/ Rachfahl) oder solche mit einer ernährungswissenschaftlichen Orientierung (vgl. z.B. Der Brockhaus, Dumont, Herrmann), ein betriebswirtschaftlich orientiertes Lexikon aber, das auf die Gastronomie zugeschnitten ist und wissenschaftlichen Ansprüchen genügt, sucht man vergebens.

Ebenso ernüchternd ist die Suche nach wissenschaftlichen Fachzeitschriften. Gab es in der Vergangenheit in Deutschland noch zwei touristische Fachzeitschriften (Tourismus Jahrbuch und Tourismus Journal), in denen zumindest sporadisch gastronomische Fragestellungen beleuchtet wurden, ist dies seit 2004 bzw. 2006 ebenfalls Geschichte. Beide Fachzeitschriften wurden eingestellt. Erstaunlich und erwähnenswert ist in dem Zusammenhang die Tatsache, dass in Deutschland kein betriebswirtschaftlich orientierter Lehrstuhl an Universitäten eingerichtet ist, der sich der Gastronomie widmet. Dadurch entfällt die natürliche Brutstätte, die kontinuierlich akademischen Nachwuchs generieren könnte. Da keine ausreichend große „wissenschaftliche Gemeinde" existiert, wird auch keine ausreichende Nachfrage nach wissenschaftlichen Werken initiiert. Der Kreis ist geschlossen: Mögliche Anbieter von wissenschaftlichen Werken halten sich mit Veröffentlichungen aus einem nüchternen Kosten-Nutzen-Kalkül zurück oder publizieren in englischsprachigen Fachzeitschriften, denen – berechtigt oder nicht – ein höheres Renommee zugeschrieben wird.

Ein akademischer Blick ins Ausland macht die schwierige Wettbewerbsposition noch deutlicher. In angelsächsischen Ländern wie den USA, Großbritannien oder Australien existiert eine breite Basis betriebswirtschaftlicher Basiswerke, die ergänzt werden um Arbeiten, die in die einzelnen betriebswirtschaftlichen Funktionsfelder eindringen. Fachzeitschriften wie die Annals of Tourism Research, Cornell Hotel and Restaurant Administration Quarterly, Journal of Foodservice Business Research oder Tourism berichten mitunter seit Jahrzehnten über gastronomische Fragestellungen. Im Gegensatz zu Deutschland gibt es an Universitäten Lehrstühle, die eine gastronomische Ausrichtung aufweisen.

Eine Erklärung für die auffallende Diskrepanz zwischen dem angelsächsischen und dem deutschsprachigen Bereich dürfte in der unterschiedlichen Größenstruktur der gastronomischen Branche liegen. In den angelsächsischen Ländern ist die Gastronomie eher großbetrieblich organisiert, industriell geprägte Konzerne führen den Wettbewerb, in Deutschland überwiegt – wie schon oben angedeutet – die kleinbetriebliche Struktur. Dass hierzulande von Gast*gewerbe* gesprochen wird und in den USA von einer Hospitality *Industry* bzw. Foodservice *Industry* ist nichts anderes als ein sprachliches Abbild der unterschiedlichen Größenverhältnisse. Insofern ist es nur logisch, dass aufgrund der dortigen großbetrieblichen Strukturen auch eine entsprechende wirtschaftswissenschaftliche Begleitung stattgefunden hat. Der beschriebene Umstand betrifft im übrigen nicht nur Deutschland. Ähnlich verhält es sich in Ländern auf dem europäischen Festland wie Österreich, Schweiz oder Italien – ebenfalls Länder, in denen sich die Gastronomie über Jahrhunderte langsam und stetig entwickelt hat und deswegen vergleichbare kleinbetriebliche Strukturen aufweist.

Interessant ist, dass Frankreich und Italien (Università degli Studi di Scienze Gastronomiche, Bra) seit kurzem Fakultäten bzw. Universitäten einrichten wollen bzw. eingerichtet haben, die ihren Schwerpunkt auf die Gastronomie legen. Eine Erklärung liegt in den herausgehobenen Positionen, die Italien und Frankreich aus esskultureller Sicht vorzuweisen haben. Eine andere Erklärung mag darin bestehen, dass diese Länder Defizite in der (wirtschafts)wissenschaftlichen Betrachtung erkannt haben und den internationalen akademischen Wettbewerb mit den angelsächsischen Ländern aufnehmen wollen, um langfristig wieder Boden gut zu machen. Mit diesem Argument wäre auch zu erklären, dass Schweden schon seit einiger Zeit eine Universität aufgebaut hat, die eine gastronomische Fakultät beherbergt (Örebro University in Grythyttan).

4 Herausforderungen: interdisziplinäre Sichtweise

Es scheint, dass die Gastronomie als Branche seit einiger Zeit stärker insbesondere von der Politik wahrgenommen wird. Dies mag zum einen vor allem darauf zurückzuführen sein, dass der Dienstleistungssektor seit langem an volkswirtschaftlicher Bedeutung gewinnt und auch künftig als Hoffnungsträger, etwa bei der Schaffung von Arbeitsplätzen, gesehen wird. Alleine Baden-Württemberg kann – Stand 2003 – über 20.000 Unternehmen der speisengeprägten Gastronomie, über 3.800 Unternehmen der getränkegeprägten Gastronomie und über 1.100 Kantinen und Caterer vorweisen (vgl. Statistisches Landesamt Baden-Württemberg 2006). Unterschätzt werden darf ebenfalls nicht, dass die Gastronomie – etwa in der Form des dörflichen Gasthauses – einen bemerkenswerten Beitrag zur Lebensqualität leistet und damit auch zu der Attraktivität eines Landes.

Vergrößert man den Blick über die Gastronomie hinaus, lässt sich der Stellenwert des Gastgewerbes und des Tourismus verdeutlichen. Nach Berechnungen des DWIF (Deutsches Wirtschaftswissenschaftliches Institut für Fremdenverkehr e.V. an der Universität München) beliefen sich die Nettoumsätze aus Übernachtungstourismus und Tagesreisen im Jahr 2004 alleine in Baden-Württemberg auf insgesamt ca. 12,8 Mrd. Euro, über 5,5 Mrd. Euro entfielen davon auf das Gastgewerbe. Das insgesamt geschaffene Einkommen betrug über 7,1 Mrd. Euro. Der Beitrag zum Volkseinkommen lag bei ca. 3%. Durch Einbezug weiterer (statistisch nicht erfassbarer) touristischer Dienstleistungen – etwa Versicherungen oder Transport – lag der touristische Gesamteffekt deutlich höher (vgl. Maschke 2005, Maschke 2006).

Was sind nun unter der betriebswirtschaftlichen Perspektive die künftigen Herausforderungen? Welches Wissen wird gebraucht, bzw. worauf sollte eine Fokussierung erfolgen? Eine erste Antwort hat die Master-Studiengangskommission der Deutschen Akademie für Kulinaristik in den Jahren 2004 – 2006 gegeben (vgl. Teil V des vorliegenden Bandes); in dieser Kommission hat der Ravensburger Professor für Hotel- und Gastronomiemanagement, Karl Heinz Hänssler, mitgewirkt. Von den insgesamt angesetzten 700 Präsenzstunden sollen rund die Hälfte für betriebswirtschaftliche Fragestellungen eingesetzt werden. Die Stunden Betriebswirtschaft sollten sowohl den Kapiteln Gastronomie wie auch Ökonomie zugeordnet werden. Und eine ökologische Komponente sollte etwa 1/4 der Stunden umfassen. Inhaltlich sollten die 350 Stunden wie folgt aufgeteilt werden:

1. Marketing – die Vermarktung der kulinaristischen Leistung
2. Mitarbeiterführung ("der Küchenchef als Führungsperson" ...)

3. Unternehmensführung (Strategieentwicklung, Wissensmanagement und Organisation)
4. Beschaffungsmanagement incl. Finanzierung
5. Qualitätsmanagement
6. Ausgewählte Aspekte des Gastronomie- und Beherbergungsmanagements/Entrepreneurship in der Hotellerie und Gastronomie (business plans)
7. Methodenfächer (Selbstmanagement, Innovations- und Projektmanagement).

Die Betriebswirtschaftslehre muss die gastronomische Branche über Lehre und Forschung adäquat begleiten. Über die Lehre muss eine entsprechend fundierte Managementausbildung erfolgen, um der mit zunehmender Größe der Betriebe und weiteren Internationalisierung des Geschäftes gestiegenen Aufgabenkomplexität gerecht zu werden. Betriebswirtschaftliches Wissen ist auch deshalb so wichtig, weil die Branche einem massiven Kostendruck ausgesetzt ist, etwa im Bereich der Lohn-, Gehalts- oder Warenkosten. In manchen Betriebsarten verzehren diese Kostenblöcke nicht selten alleine schon 50% des Betriebsumsatzes. Eine Auslagerung von Betrieben und Arbeitsplätzen in das Ausland ist nicht oder nur bedingt möglich, einer Automatisierung eines personalintensiven Gewerbes sind Grenzen gesetzt (vgl. Dehoga Baden-Württemberg 2006, o.S.).

Durch die Verbindung von betriebswirtschaftlichen mit branchenbezogenen und transdisziplinären Studieninhalten der Kulinaristik sollten die Absolventen entsprechender Studiengänge eine breite Ausbildung erhalten, die ihnen die Qualifikation und die notwendige Flexibilität für die sich wandelnden Bedürfnisse des Arbeitsmarktes vermittelt.

Bei der Übertragung betriebswirtschaftlichen Wissens auf relevante Fragestellungen der Gastronomie ist es wichtig, den branchenspezifischen Rahmen (z.B. Größe und Struktur der Betriebe) zugrunde zu legen. Nur dadurch kann der Transfererfolg abgesichert werden. Bildungsinstitutionen wie die Berufsakademie Ravensburg, die Fachhochschule Heilbronn oder die Fachhochschule München haben seit den 1970er bzw. 1980er Jahren in diesem Bereich Pionierarbeit geleistet. Zu erwähnen sind in dem Zusammenhang auch traditionsreiche Hotelfachschulen wie Heidelberg, die ebenfalls hervorragende Bildungsarbeit geleistet haben. Sie haben über die Lehre zu einer fundierten Ausbildung von Personal mit Managementaufgaben beigetragen und damit zu einer Professionalisierung der Branche.

Zu wenig Beachtung fand hingegen der Bereich der Forschung. Es liegen zwar anwendungsorientierte Ergebnisse vor, die über Untersuchungen an Berufsakademien oder Fachhochschulen gewonnen wurden, eine weitere Intensivierung der Forschung, auch und insbesondere an Berufsakademien und Fachhochschulen, die tief in die betriebswirtschaftlichen Funktionsfelder reicht, wäre aber notwendig und wünschenswert. Wir wissen und vermitteln beispielsweise relativ wenig über die Geschichte und kulturellen Funktionen der Gastronomie oder über die ökonomischen Auswirkungen von Restaurantkritiken. Was heißt ‚Kritik', und nach welchen Gesichtspunkten wird sie formuliert? Was sind ihre positiven, was die negativen Auswirkungen, etwa in bezug auf Umsatzhöhe, Kostenstruktur oder Preisgestaltungsspielräume? In der öffentlichen Diskussion (Presse) werden zwar immer wieder Zahlen genannt, wissenschaftlich fundiert sind sie aber nicht. Während in anderen Ländern in dem Bereich Untersuchungen durchgeführt wurden (vgl. bspw. Cotter, Snyder 1998; Johnson et al. 2005), muss für Deutschland Fehlanzeige gemeldet werden. Dieses Wissen ist für die Praxis von hoher Bedeutung, wird aber von Vertretern der Theorie bis heute nicht zur Verfügung gestellt.

Wir wissen auch – um ein anderes Beispiel zu nennen – aus ökonomischer Sicht wenig über die Gestaltung von Warteschlangen. Fundierte Empfehlungen für die Praxis können nur bedingt formuliert werden, da im Gegensatz zu anderen Ländern (vgl. bspw. Baker, Cameron 1996; Dubé-Rioux, Schmitt, Leclerc 1989; Katz, Larson, Larson 1991, Maister 1985) keine Forschungsaktivitäten vorliegen. Oder, um ein anderes Beispiel zu nennen: Was erwarten Gäste etwa bei dem Besuch eines gehobenen Speiserestaurants? Welches Konzept von Gastlichkeit erwarten sie, welche Serviceintensität wünschen Sie, welches Angebot an Weinen? Sind Verkaufsförderungsmaßnahmen für Weine in einem Restaurant sinnvoll, oder tragen sie zu einer Kannibalisierung im Getränkekonsumverhalten der Gäste bei? Wiederum liegen im Gegensatz zu anderen Ländern (vgl. bspw. Wansink et al. 2006) keine Forschungsergebnisse vor, die der Praxis weiterhelfen könnten? Diese muss sich stattdessen intuitiv an Ideallösungen herantasten.

Eine Argumentation, die nur fordern würde, die betriebswirtschaftliche Forschung auszubauen, ist allerdings nicht ausreichend. Dieser Blickwinkel wäre zu eng und würde nur einen Teil der ausstehenden Fragen erschließen. Um das an einem der gerade erwähnten Beispiele noch einmal zu verdeutlichen: Die Thematik der Restaurantkritik ist nicht nur eine betriebswirtschaftliche Fragestellung, sondern beispielsweise auch eine juristische. Wie hoch muss etwa die Anzahl der Restaurantbesuche durch Testesser sein, um eine Existenz gefährdende Kritik formulieren zu dürfen? Warteschlangenkonstellationen sind nicht nur ein betriebswirtschaftliches Problem der Prozessteuerung, sie berühren beispielsweise genauso den Bereich der Psychologie. Welche Schlangenkonfiguration wird aus Kundensicht als gerecht empfunden? Wie wirken Express-Schlangen („fast tracks") für VIP-Kunden an einem Bedienungsschalter eines gastronomischen Unternehmens auf das Empfinden „normaler" Gäste? Vor allem die Gestaltung von Hotelrestaurants reduziert sich nicht auf die betriebswirtschaftliche Frage des optimalen Speisenangebots oder optimaler Öffnungszeiten. Ebenso relevant sind psychologische Aspekte: Wie kann etwa die Schwellenangst für Besucher eines gehobenen Restaurants in einem Luxushotel gesenkt werden?

Die angedeuteten Fragestellungen zeigen den zu beschreitenden Weg auf. Die ökonomische Betrachtung ist eine extrem wichtige Zugangsweise, die vor allem im Forschungsbereich auszubauen ist. Sie ist notwendig, allerdings nicht hinreichend. Weitere wissenschaftliche Betrachtungsweisen, etwa über die Psychologie, Soziologie, Ernährungswissenschaft, Kulturgeschichte oder das Recht müssen folgen, um die Perspektiven zu erweitern und ein Gesamtbild zu erzeugen. Der interdisziplinäre Weg, der auch in anderen Bereichen so oft gefordert wird, muss beschritten werden, um der Gastronomie den Stellenwert zu geben, der ihr gebührt.

Literatur

Baker, Julie; Cameron, Michaelle: The effects of the service environment on affect and consumer perception of waiting time: an integrative review and research propositions. In: Journal of the Academy of Marketing Science, Vol. 24, No. 4, 1996, S. 338 – 349.

Cotter, Michael; Snyder, Wayne: How Guide Books affect Restaurant Behavior. In: Journal of Restaurant & Foodservice Marketing, Vol. 3, No. 1, 1998, S. 69 – 75.

Dehoga Baden-Württemberg: Gastgewerbe und Tourismus in Baden-Württemberg – ein kleiner Wegweiser. Positionspapier Fachgruppe Tourismus und Hotellerie. Stuttgart 2006.

Der Brockhaus (Hg.): Ernährung. Gesund essen, bewußt leben. 2. Auflage. Mannheim 2004.

Dubé-Rioux, Laurette; Schmitt, Bernd H.; Leclerc France: Consumers' reactions to waiting: when delays affect the perception of service quality. In: Advances in Consumer Research, Vol. 16, 1989, S. 59 – 63.

Dumont, Cédric (Hg.): Kulinarisches Lexikon: Kochkunst · Lebensmittel · Länderküchen · Nährwerte. Bern und Stuttgart 1997.

Hänssler, Karl Heinz (Hg.): Management in der Hotellerie und Gastronomie: Betriebswirtschaftliche Grundlagen. 7. Auflage. München, Wien 2008.

Henschel, Karla: Hotelmanagement. 2. Auflage. München, Wien 2005.

Hering, Richard/ Herrmann, F. Jürgen: Herings Lexikon der Küche. 23. Auflage. Gießen, Leipzig 2001.

Herrmann, Karl (Hg.): Dr. Oetker Lexikon: Lebensmittel und Ernährung. 3. Auflage. Bielefeld 1989.

Johnson, Colin et al.: Behind the stars: A Concise Typology of Michelin Restaurants in Europe, in: Cornell Hotel and Restaurant Administration Quarterly, Vol. 46, No. 2, 2005, S. 170 – 187.

Katz, Karen L./ Larson, Blaire M./ Larson, Richard C.: Prescription for the waiting-in-line blues: Entertain, enlighten, and engage, in: Sloan Management Review, Vol. 32, 1991, S. 44 – 53.

Maister, David H.: The psychology of waiting lines. In: Czepiel, John A./ Solomon, Michael R./ Surprenant, Carol F. (eds.): The service encounter: Managing Employee-Customer Interaction in Service Businesses, Lexington: Lexington Books, 1985, S. 113 – 123.

Maschke, Joachim: Tagesreisen der Deutschen. dwif-Schriftenreihe. München 2005.

Maschke, Joachim: Tagesreisen der Deutschen: Teil 2 – Jahr 2005. dwif-Schriftenreihe. München 2006.

Müller, Marianne/ Rachfahl, Günter (Hg.): Das große Lexikon der Hotellerie und Gastronomie. 4. erweiterte Auflage. Hamburg 2004.

Paczensky, Gert v./ Dünnebier, Anne: Kulturgeschichte des Essens und Trinkens. München 1999.

Scarpato, Rosario: Gastronomy as a tourist product: the perspective of gastronomy studies. In: Anne-Mette Hjalager/ Greg Richards (ed.): Tourism and Gastronomy. London, New York 2002, S. 51 – 70.

Schätzing, Edgar E.: Management in Hotellerie und Gastronomie. 6. Auflage. Frankfurt 2004.

Statistisches Landesamt Baden-Württemberg: verschiedene Statistische Berichte Baden-Württemberg, Stuttgart 2006.

Thoms, Walter (Hg.): Handbuch für Fremdenverkehrsbetriebe: Großes Nachschlagewerk für alle Angehörigen des Hotel- und Gaststättengewerbes. Gießen 1952.

Wansink, Brian et al.: Wine Promotions in Restaurants: Do Beverage Sales contribute or cannibalize? In: Cornell Hotel and Restaurant Administration Quarterly, Vol. 47, No. 4, 2006, S. 327 – 336.

Wierlacher, Alois: Jahresprogramm Fort- und Weiterbildung der Deutschen Akademie für Kulinaristik. Bremen 2005.

Dienen in der Gastronomie

Tilman ALLERT

1 Dienen in der Dienstleistungsgesellschaft

Das Dienen in der Gastronomie zählt zu einer Reihe beruflicher Tätigkeiten, die in der soziologischen Diskussion weitgehend unteranalysiert geblieben sind. Das ist einerseits erstaunlich, weil gerade das Dienen als zentrales Element von Kompetenzen gilt, die der Semantik der „Dienstleistungsgesellschaft“ als der für moderne Gesellschaften prägenden Selbstbeschreibung Pate gestanden haben. Die theoretische Ignoranz hat andererseits einen einfachen Grund: Die Kompetenzprofile beziehen sich bei im einzelnen historisch unterschiedlichen Vorläuferberufen und bei berufspolitisch unterschiedlich durchgesetzten Geltungsansprüchen durchgängig auf eine Dienstleistung, die nicht mehr als ästhetische und sinnliche Aspekte der leibseelischen Verfasstheit der Person zum Gegenstand haben. Im Fokus des Dienens steht eine passagere Aufmerksamkeit auf die Befindlichkeit des Gastes. Ob es sich um den „doorman“ handelt, den Concierge, den Bankettleiter oder um den klassischen Kellner, stets bleibt die Service-Beziehung auf die Präsenz bei Übergangssituationen bezogen und das bei minimaler kommunikativer Wechselwirkung und bei zugleich hoher Statusprätention. Von hierher leitet sich die Problematik ihrer Professionalisierung ab: die Dienstleistung sieht einen ephemeren Kontakt vor, stilisierte Unsichtbarkeit ist geradezu ein Gütekriterium und von daher gestaltet sich die Suche nach der Definition eines Tätigkeitskerns schwer, auf den sich soziale Anerkennung und ein Würdegefühl der Berufstätigen beziehen könnte. Diese Dauerproblematik aufgreifend häufen sich in jüngster Zeit die Bemühungen um eine Qualifikationserhöhung, sogar der Professionalisierung. Professionalisierung ist nicht nur als eine allgemeine Gegenwartserscheinung in der Welt der Berufe zu beobachten, vielmehr erfahren gerade gastronomische Tätigkeiten akademische Nobilitierungen ihrer Ausbildungskurrikula sowie semantische Raffinierung ihrer Aufgabe. Poggendorf etwa (1991) spricht von einer „grundlegenden Systematik der gastronomischen Dienstleistung“. Nicht zuletzt deuten verschiedene Versuche der Institutionalisierung von Akademien darauf hin, dass ein Bedarf an wissenschaftlich angeleiteter Aus- und Fortbildung entstanden ist, der auch Berufe erfasst, die bisher nicht mehr als eine vorwiegend praktische Vorbereitung erfahren haben. Weichenstellend für die Tendenz, den Service vom Ruch des Vorprofessionellen zu befreien, Karriereperspektiven für attraktive Laufbahnen im Bereich des Dienens zu eröffnen, war im wissenschaftlichen Umfeld zweifellos die Arbeit von Anneliese Durst, die die „Dienstleistungsarbeit im Gastgewerbe“ in einer vorzüglichen Dissertation zum Thema gemacht und hierbei insbesondere die für das verberuflichte Dienen kommunikativ ständig virulente Kommerzialisierung herausgestellt hat (Durst 1993). Der

Resonanz auf diese Studie zum Gastgewerbe liegt ein gesellschaftlicher Wandel im Einkommens- und Vermögensniveau zugrunde, der zu einem rasanten Ausbau von Häusern der Spitzen-Gastronomie und – Hotellerie geführt hat. In deren Folge sind Luxusversionen verberuflichter Gastlichkeit entstanden, die in der Qualität und Anzahl vor zwanzig Jahren undenkbar gewesen wären. Sie schließen objektiv an Exklusiveinrichtungen des Kaiserreichs an und bedienen sich darüber hinaus auch in ihrer Selbstdarstellung einer ausdrücklichen Distinktionsstrategie, indem sie ihr Angebot in die ungebrochene Kontinuität eines Lebensstil- und Komfort-Avantgardismus stellen. Dass der Luxuskonsum in Deutschland offen demonstriert und in entsprechenden gastronomischen Angeboten wie selbstverständlich in Anspruch genommen wird, markiert historisch den Abschied von einem durch die Arbeitsaskese der Nachkriegszeit bestimmten Lebensgefühl. Von der Hypothek aufgezwungener oder auch nur empfundener Verschwiegenheit, die mit einer Bereitschaft zur demonstrativen Genussdistanz einherging, kann nicht mehr die Rede sein. Wie immer man dazu stehen mag und wie sozial differenziert im einzelnen das Milieu der Vermögensklasse sein mag, Nutznießer der „Emanzipation" und relativen Demokratisierung des Genießens sind zweifellos das Gastgewerbe und die Vielfalt seiner Berufe. Ihr Bemühen um Qualifikationserhöhung antwortet somit auf einen erhöhten Bedarf an professionellem Service. Der in der Tätigkeit des Dienens historisch bedingte Konnotationsraum einer Hyperkonformität, Unterwürfigkeit – denkt man etwa die bei Robert Walsers *Jakob von Gunten* literarisch gewürdigte Dienerschule als Metapher für bedingungslose Bereitschaft zur Fügsamkeit – verblasst, gleiches gilt für die tradierte Geschlechterasymmetrie in den gastronomischen Berufen, derzufolge den Frauen qua weiblicher Disposition eine Nähe zum Dienen zugeschrieben wurde. [1] Ohne Zweifel wird das Dienen enttraditionalisiert, und dieser Vorgang erleichtert eine gelassene und theoretisch anspruchsvolle Würdigung verschiedener Kompetenzprofile im Bereich der Gastronomie. Aber wie lässt sich der Kern der Arbeit bestimmen, auf welchen Kontext bezogen lassen sich Kriterien angemessenen Handelns entwerfen, die wiederum Grundlage sein könnten für Stolz und Würdegefühl derjenigen, die Dienen zum Beruf gemacht haben?

Die in der Soziologie unter dem Etikett „Semi-Profession" behandelten Tätigkeiten, zu denen auch der Bereich der Gastronomie zu zählen sind, sind unabhängig von der Frage nach den Erfolgsaussichten einer Strategie der Professionalisierung in dreierlei Hinsicht interessant: a) sie nehmen ausdrücklich oder implizit Bezug auf die erfolgreich durchgesetzte Professionalisierung und Machtappropriation der sogen. klassischen Professionen. Für deren historisch einmaligen Durchbruch in eine ökonomisch komfortable und gesellschaftlich anerkannte Professionalität war entscheidend, dass sich ihre Dienstleistung auf die stellvertretende Ar-

---

[1] An folgende bemerkenswerte Notiz aus dem Jahr 1939 von Hitlers Sekretär Martin Bormann an Robert Ley, den Leiter der sogen. Reichsarbeitsfront, sei hier erinnert: „Zu Ihrer Unterrichtung teile ich Ihnen mit, dass der Führer, soweit irgendmöglich, die Bedienung durch Kellner in allen Gaststätten abgeschafft wissen will. Die Tätigkeiten eines Kellners ist nach der Auffassung des Führers nicht die richtige Arbeit für einen Mann, sondern vielmehr die gegebene Arbeit für Frauen und Mädchen" (Heiber 1993, S. 208)

tikulation von basalen Krisen der Lebensführung wie Krisen der Gesundheit, der Gerechtigkeit oder der moralischen Integrität bezieht. In der Fachliteratur werden sie daraufhin auch als Scharnierberufe bezeichnet, die zwischen Individualinteresse und Kollektivinteresse der Gesellschaft vermitteln.[2] Professionalität als ein Tätigkeitsprofil, so die klassische auf Emile Durkheims Theorie der Arbeitsteilung zurückgehende These, bezieht sich auf die soziale Kontrolle potentieller sozialer Anomie und übernimmt ordnungsstiftende Funktionen, unter deren Wirkung zugleich das je spezifische Anliegen der Klienten aufgegriffen und bearbeitet wird. b) gastronomische Service-Berufe sind in ihrem Kompetenzraum mit Ausdrucksformen der „exzentrischen Positionalität" (Helmuth Plessner) des Menschen konfrontiert und spezialisieren sich hierbei, darin den klassischen Professionen durchaus vergleichbar, auf Stellvertretungsaktivitäten. c) Schließlich bewegen sie sich in ihren kommunikativen Austauschbeziehungen in dynamischen Konstellationen, in denen sie triviale und kognitiv wenig komplexe Prozeduren der Ansprache mit einem Professionalitätsanspruch zu verbinden versuchen. Insofern sind diese Tätigkeitsbereiche herausragende Testfälle für die soziologische Theorie, die sich der Ausdifferenzierung von Kompetenzen, den Zumutbarkeitsgrenzen von Expertise analytisch und gegenwartsdiagnostisch zu widmen hat – es stellt sich die Frage, ob und wenn ja, in welcher Hinsicht, liefert die professionalisierungstheoretische Perspektive eine Hilfestellung für das Verständnis der beruflichen Situation gastronomischer Tätigkeiten(Oevermann 1996, Allert 1998).

Das Dienen in der Gastronomie ist dreifach interessant und im Hinblick auf seine Schlüsselfunktion im Übergang von der Küche zum Teller der Kundschaft sogar von herausragender Bedeutung. Dienen impliziert eine komplexe Wechselwirkung und setzt eine hohe kommunikative Sensibilität voraus, Dienen greift in der Selbstverständlichkeit, in der es in Sekundenschnelle gegenüber der Kundschaft erfolgt, auf jahrhundertealte kulturelle Traditionen des Gebens und der Zuvorkommenheit zurück und schließlich bildet das Dienen im Zivilisationsprozess einer Gesellschaft einen besonderen Ort der Pflege einer Ethik und Ästhetik zwischenmenschlicher Begegnung. Diese besondere gleichsam zeitdiagnostische Funktion kommt ihm deshalb zu, weil die im Dienen strukturell eingerichtete Asymmetrie zwischen Befehl und Gehorsam in eine dynamische Spannung zum modernen Gleichheitsgebot gerät, eine Spannung, die keineswegs dadurch gemindert wird, dass der Dienst des Dienenden bezahlt wird. Zu diesen Dimensionen seien im folgenden einige skizzenhafte Bemerkungen im Hinblick auf die Erforschung und die professionelle Schulung formuliert. Eine theoretisch angeleitete Diskussion der Service-Berufe mag auch dazu beitragen, der allgemeinen Klage über die sogen. Service-Oase sowie den mancherorts nur gering ausgebildetem Berufsstolz der Berufsangehörigen eine tragfähige Perspektive entgegenzuhalten.

[2] Die moderne Gesellschaft leitet ihre Leistungs- und Anpassungsfähigkeit daraus ab, dass drei unterschiedliche Logiken und Rationalitätsansprüche in einer unaufhebbaren Konkurrenz zueinander stehen. Neben der Bürokratisierung und der Demokratisierung tritt die Professionalisierung als drittes Prinzip auf den Plan. Zur systematischen und historischen Einschätzung der Professionen siehe die frühe Arbeit von Parsons (1939), neuere Ansätze liegen in den Arbeiten von Oevermann (1997) und Stichweh (1994) vor.

Unzufriedenheit mit dem Service, die sich leicht publizistisch ausschlachten läßt und berufliche Selbstzweifel derjenigen, die Berufe in der Gastronomie aus Freude und innerer Überzeugung ausgewählt haben und auf das öffentliche Bild ihrer Tätigkeit reagieren, können sich leicht zirkulär stimulierend bekräftigen – dem mag eine sorgfältige theoretische Durchdringung abhelfen.

2 Kulturelle Grundlagen einer Ethik des Dienens

Fragt man zunächst nach den kulturellen Traditionen, aus denen sich die Ethik des Dienens speist, so sind drei wichtige historisch-mentale Vorläufer zu benennen: Zunächst einmal ist die Ethik des Dienens kognitiv strukturiert durch die christliche Tradition, die das Dienen zu einer ethischen Grundlage jedweder Form menschlicher Austauschbeziehung aufgewertet hat. Die von Max Weber so bezeichnete brüderlichkeitsethische Verpflichtung, anderen Menschen in der Einstellung der Hilfsbereitschaft zu begegnen, stellt kulturhistorisch die Weichen für die Universalisierung einer Ethik der Reziprozität zu einem Dienstethos. Noch in der regionaltypischen Grussformel „Servus" läßt sich das ethische Prinzip veranschaulichen und hat zum einen vermutlich in der elementaren Unsicherheit, die der Kommunikationsaufnahme unter Fremden unterliegt, seinen Grund. Die Begegnung bildet wechselseitig Anlaß, dem Gegrüßten mit einem Angebot zu Dienen gegenüberzutreten und leitet eine Beziehung möglicher Solidarität ein, transformiert somit das Gefährdungspotential der „ersten Sekunde" in einen Raum möglicher Anschlüsse. Dieser grundlegenden Ethik der Pazifizierung sozialer Austauschbeziehungen durch die Initiierung einer Bereitschaft zu dienen, verwandelt den Status des Fremden in den Status des Gastes. Das Dienen läßt sich von daher als eine Steigerung von Bindung und Selbstbindung bezeichnen, in dem der Auftritt Unbekannter in einem gegebenen Kommunikationsraum bewältigt wird – die Fülle von Literatur über die Kulturgeschichte der Gastlichkeit zielt darauf ab, diesen allgemeinen Zusammenhang einer Zivilisierung menschlichen Zusammenlebens durch die Geste des Entgegenkommens herauszustellen, die sich auf die beiden Elemente Bewirtung und Beherbergung erstreckt. [3] Wie prekär die elaborierte Gastfreundschaft einer Krise der Begegnung abgerungen ist, veranschaulichen insbesondere Weltregionen mit einem sozialräumlich hohen Gefährdungspotential durch die Konfrontation mit Nachbarvölkern. Im Symbolhaushalt der Kaukasus-Völker, denen eine legendäre Gastfreundschaft zugeschrieben wird, ist noch beides sichtbar. In der einen Hand wird dem Gast die Weinschale gereicht, in der anderen Hand wird das Schwert gehalten. Sogar in der eingerichteten Tischgemeinschaft bleibt die Zwiespältigkeit des Verhältnisses erhalten: Der Gast ist ein Fremder, sogar ein potentieller Feind. Indem ich durch Gastlichkeit die Fremdheit auflöse und ihn mir zum Freund mache, banne ich die Gefahr nur vorübergehend: Teller und Becher dürfen niemals leer werden.

[3] Grundlegend die Studie von Georg Simmel über den „Exkurs über den Fremden", mit einem gelungenen Einblick in die allgemeine Bedeutung siehe auch Burkard Liebsch (2004).

Von der Möglichkeit der Transformation ist nun zum anderen die Idee abgeleitet, das Leben überhaupt als einen Dienst zu betrachten, als eine Art Geschenk, das in der christlichen Tradition auf die gleichsam erste Gabe des Lebens aus Gottes Hand zurückzuführen ist. Wer unter dessen stetem Schutz steht, unterliegt einer Reziprozitätsverpflichtung, die dadurch einzulösen ist, dass man sich in den Dienst anderer stellt, allgemeiner formuliert, darin, dass man die eigene Existenz mit der Sinnzuschreibung des Dienens im Sinne eines Zurückgebens versteht und über diesen Weg die erstrebte Heilsgewissheit, göttlichen Lohn und Ausgleich, erlangt (Parsons 1978). Schon aus diesem kulturgeschichtlich bedeutsamen Hintergrund heraus entsteht das Dienen als eine selbstverständliche humane Kooperationsform wechselseitiger Bindung und Selbstbindung. Allerdings entfernt es sich auf dem Wege seiner normativen Universalisierung als verallgemeinertes ethisches Prinzip vom engen Anwendungsraum spezifischer auf das Dienen hin ausgerichteter Tätigkeiten, wird Bestandteil des Habitus der Person und liefert die Grundlage für eine Dankbarkeit dem Leben gegenüber. Das Leben als Gabe Gottes erscheint als mit einer „Rückgabeverpflichtung" versehen: was immer Menschen tun, erfolgt in der Einstellung des Dienstes, zu dem sie sich vom Schöpfer als ihrem Herrn verpflichtet sehen. Dienen wird somit die universale Geste der Ansprache einer göttlichen Instanz, wird sakralisierte Zuwendung – wir sprechen eben nicht zufällig von „Gottesdienst" – Kehrseitig dazu liefert es eine ethische Voraussetzung für eine Gehorsamsbereitschaft, die auf andere Handlungskontexte übertragbar wird: bis zum Extrem des Kriegsdienstes erscheint dann Dienen und Selbstaufgabe als komplementäre Motivation zu Autonomieverzicht, die durch die Aussicht auf geistige Belohnung ausgeglichen wird. Dass die „ethische Prämie" auf das Dienen letztlich auf einen religiösen Wertbezug zurückführbar ist, wird bis in die Gegenwart hinein spürbar. Es muss hier der Hinweis darauf genügen, dass die sogen. Dienstleistungs- oder Service-Mentalität regional bzw. national unterschiedlich verteilt ist, den Konfessionsgrenzen folgend, die die Christianisierung im nord- bzw. südeuropäischen Raum hinterlassen hat.[4] Je weniger die Deutung des Protektions-Verhältnisses zwischen göttlicher Instanz und dem Gläubigen gebrochen ist durch die konkurrierende Idee der Selbständigkeit und Autonomie, umso selbstverständlicher erscheint das verberuflichte Dienen als eine mögliche Form wohlgefälliger Arbeit internalisiert. Dienen erscheint hingegen in denjenigen kulturellen Traditionen als Zumutung, die Dienen in einen scharfen Kontrast zum Autonomieanspruch der Person stellen.

Das Patronage-System des Mittelalters, traditionale Herrschaft im Max Weberschen Sinne, liefert eine weitere historische Vorlage für die Deutungsmuster, die den gastronomischen Service bis in die Gegenwart hinein begleiten. Der Herr nimmt nicht nur eine umfassende Dienstbereitschaft in Anspruch, er trägt auch für den Unterhalt Sorge, sorgt sich um die Familie des Dieners, gewährt ihm Schutz.

---

4 Für Regionen und Länder mit einer islamischen Tradition gilt der Zusammenhang gleichermaßen: Hier wird die fatalistische Hingabebereitschaft und Demut als ein zentrales Deutungsmuster-Element von Bedeutung, demzufolge das Dienen nicht mit der Entwicklung eines personalen Würdegefühls kollidiert.

Implikat der engen herrschaftlichen Bindung, einer historisch lange Zeit vorherrschenden relativen Zivilisierung des Herr-Knecht-Verhältnisses, ist der Umstand, dass sich der Dienende in einer „total societal position" befindet, die Aufgabenstellung ist nicht spezifiziert und die Arbeitsrhythmen folgen den situativen Opportunitäten bzw. Launen des Herrn, ohne dass es eine Chance gäbe, eine Trennung zwischen privater Lebensform und beruflichem Handeln zu ziehen. Als Mitglied der Hausgemeinschaft, als Teil des Gesindes, erscheinen Dienende im herrschaftlichen Raum von Fürstenhof, Königtum oder Grundherrschaft zwar schon nach einzelnen Schwerpunkttätigkeiten differenziert, verbleiben jedoch in der Abhängigkeit einer durch Befehl und Fürsorge strukturierten Beziehung. Dieses Strukturmuster einer patronage-artigen Verpflichtung und Selbstverpflichtung bildet die Grundlage für Dienstauffassungen und berufliche Selbstbilder, die sich bis in den modernen gastgewerblichen Arbeitsmarkt erhalten haben. Nur vor dem Hintergrund einer hohen symbolischen Aufwertung des „Hauses" wird verständlich, wieso selbst bei tarifvertraglich modern geregelten Arbeitsverhältnissen das Dienen in einer auf den Herrn als Chef ausgerichteten Gemeinschaft Kellnern und Restaurantmitarbeitern wichtig geblieben ist. Bekanntlich ist der gewerkschaftliche Organisationsgrad im Restaurant- und Hotelleriebereich außerordentlich niedrig.

3 Professionalitätschancen im Servicebereich

Dienen hat nichts zu tun mit Sklaverei oder Untertänigsein, wenngleich die oben aufgeführten kulturellen Traditionen in die Semantik der Service-Berufe eingegangen sind und es systematisch schwierig machen, ein modernes Dienstleistungsverständnis zu entwickeln. Es gilt, die Geste des Entgegenkommens, die Einheit von Beherbergung und Bewirtung des Fremden als Gast, nicht zu tilgen und dennoch die Idee eines beruflichen Autonomieanspruchs nicht aufzugeben.[5] Darin liegt das Professionalitätsproblem der Serviceberufe, das nun noch durch den anfangs erwähnten Umstand verschärft wird, dass sich das Spektrum der Tätigkeiten von vornherein auf Komfort und Behaglichkeit beschränkt und somit auf Bestandteile der Lebensführung, die von einer Dringlichkeit oder unumgänglichen Notwendigkeit weit entfernt sind. Die Professionalitätsproblematik hat nicht so sehr mit der „Kommerzialisierung des Dienens" (Anneliese Durst) zu tun, damit also, dass die Ausgangssituation der Aufnahme, Beherbergung und Bewirtung des Fremden als Gast von diesem selbst initiiert ist und als Dienstleistung bezahlt wird, sondern damit, dass sowohl Handlungsraum als auch Handlungsthema ein nur passageres Verhältnis stellvertretender Dienstleistung ermöglichen. Denn als Professionen gelten streng genommen nur diejenigen Berufe, die Menschen in krisenhaften, mehr oder weniger ausweglosen Situationen begleiten bzw. ihnen dafür eine Hilfe

[5] So auch Anneliese Durst: „In unserer Gesellschaft, die rechtliche Gleichheit proklamiert und verfassungsmäßig verankert hat, sind Diener mit eingeschränkten Rechten abgeschafft. Das Verhältnis Herr- Knecht hat seine materielle Basis verloren, es bleibt aber nichtsdestoweniger in einer psychologischen, bewußtseins- und verhaltensmäßigen Dimension wirksam: man fühlt sich wie ein Dienstbote behandelt, obwohl man kein Dienstbote mehr ist" (Durst 1993, S. 291).

anbieten sowie Berufe, die man infolge ihres hohen Anforderungsprofils und ihrer hohen Verantwortung in einer lebenslangen Einstellung ausübt. [6]

Das prägnanteste Beispiel ist der Arzt, den wir aufsuchen, wenn wir mit eigenen „Bordmitteln" nicht mehr weiterkommen. Einem Schnupfen ist nicht immer mit heißer Zitrone beizukommen. Unter Professionen verstehen wir weithin Aktivitäten, bei denen außeralltägliche soziale Lagen, Notlagen im weitesten Sinne, veralltäglicht und qua berufliche Routine bearbeitet werden. Notlage bezieht sich systematisch darauf, dass die Person nicht in der Lage ist, mit den Mitteln des Alltagshandelns die entstandene Krisensituation zu bewältigen (Schmeiser 2006). Ob nun unter einer Not zu verstehen ist: eine Krankheit, ein Streit um die Auslegung von Rechtsnormen, eine seelische Krise oder eine empfundene moralische Not, stets entsteht eine Situation, die sich grundlegend von der des Service unterscheidet und zwar mindestens im Hinblick auf folgende zwei Merkmale. Die Krise muss als eine Krise vom Klienten bzw. Patienten empfunden werden: nur wenn ich selbst sage, ich bin krank, kann der Arzt mit mir arbeiten. Nur wenn ich mir im Streit mit meinem Nachbarn über das Herbstlaub, das von seinem Baum auf meinen Weg geweht wurde und das wegzufegen ich ihn vergeblich gebeten habe, nicht mehr weiter weiß, beanspruche ich die Hilfe eines Anwalts. Und schließlich muss ich meine moralischen Skrupel und meine Glaubensungewissheit so nachhaltig empfinden, dass ich glaube ohne die Hilfe eines Therapeuten oder Beichtvaters nicht mehr zurechtzukommen. Professionelle setzen, zieht man diese Beispiele zusammen, stets voraus, dass diejenigen, die die Dienstleistung in Anspruch nehmen, ihre Abhängigkeit anerkennen. Darin liegt im Übrigen der erste Weg zur Lösung und zur Wiedererlangung der Autonomie der Klienten, Mandanten oder Patienten: paradoxerweise dadurch, dass sie ihre Hilflosigkeit anerkennen. Zweitens gilt, dass die Dienstleistung einen komplizierten Wissenskanon voraussetzt. Professionell zu handeln meint eine Kundigkeit, die es ermöglicht, nach bestem Wissen und Gewissen zu handeln, eben über den begrenzten Horizont des Hilfesuchenden hinaus.

Schaut man von hier aus auf die typische Ausgangssituation beim Service, so fragt sich: Wie steht es um den Grad der Bedürftigkeit, um die Dringlichkeit – ja, die Not – der Ausgangssituation? Es zeigt sich sofort der Unterschied: zweifellos sind die Serviceberufe in der Zielsetzung weit entfernt von einer Krisensituation, gleichermaßen von einem Expertenwissen, einzig das Element der Stellvertretung lässt sich aus dem Vergleich zu den klassischen Professionen als handlungsbedeutsam für die Tätigkeit des Service beziehen. Einen Teller reichen kann jeder und im Prinzip kann ich meinen Koffer auch selbst tragen! Der Service bewegt sich somit, wie leicht ersichtlich, in einem außerordentlich unsicheren Urteilsgelände, denn zwingend braucht man ihn nicht und was er professionalisiert, bezieht sich auf nicht mehr als auf Konventionen der gesitteten Lebensführung. Wen wundert es, dass sich die berühmt- berüchtigten Sprüche wie „Wer nichts wird, wird

6 Siehe hierzu die umfangreiche Literatur zu einzelnen Tätigkeitsfeldern der Professionen, die historisch in Gestalt der sogen. freien Berufe zum Durchbruch gelangen (Oevermann 1996, Stichweh 1998, zum Überblick auch Schmeiser 2006).

Wirt“ so hartnäckig halten, in denen die Arbeitssituation und das Qualifikationsprofil der gastronomischen Berufe ebenso lapidar wie hämisch zusammengefasst wird: Vorurteile, die die alltägliche Anstrengung dienender Berufe ignorieren, die sich jedoch hartnäckig halten. Sie verstellen einen wichtigen Zusammenhang.

Gerade im Kontrast zu den Tätigkeiten, die historisch den Titel „Professionalität“ in Anspruch nehmen können, lässt sich erschließen, worin die eigentliche Kunst bei der Dienstleistung im Service-Bereich liegt. Mehr noch: im überraschenden Vergleich können wir uns verdeutlichen, mit welchen Schwierigkeiten der Service es regelmäßig zu tun bekommt, sei es im Hinblick auf die Rekrutierung von Nachwuchs, im Hinblick auf die angemessene Bezahlung, im Hinblick auf das Engagement für den Betrieb oder auch im Hinblick auf das Problem der Ausgestaltung eines individuellen Profils, dem berühmten Charakter bzw. Charme eines Hauses, an dem so vielen Häusern im Hotel- und Gastronomiegewerbe so viel liegt. Auch die vielerorts beklagte hohe Bereitschaft des Servicepersonals zu schnellem Arbeitsplatzwechsel hat hier ihre Ursachen.

Das Dienen, das in Restaurant und Hotels angeboten wird, bezieht sich im Kern auf zwei Dimensionen der menschlichen Lebensführung: auf den Komfort, auf irgendeine Form von Behaglichkeit sowie auf die kulturelle Sublimation dieser Behaglichkeit. Das wichtigste am professionellen Service liegt darin, dass die Dienenden in der Selbstverständlichkeit, in der sie ihren Dienst verrichten, ihre Kundschaft an die Regeln des guten Benehmens, an die Regeln zivilisierter Inanspruchnahme von Luxus und Behaglichkeit erinnern bzw. diese ihnen exemplarisch vorführen – natürlich nicht bewusst, vielmehr in der Art und Weise ihres Auftritts und der anmutigen Choreografie ihrer Bewegungen, die das schlichte logistische Problem, eine Speise an den Tisch zu bringen, den Mantel abzunehmen oder den Koffer zu tragen, in eine Atmosphäre gelungener Hilfestellung verwandelt. Diener sind Repräsentanten einer Welt, die einen Kosmos von Regeln und Konventionen umspannt, sie kultivieren das Gewöhnliche und die Trivialität einer Verrichtung. Stets bezieht sich die Kunst des Dienens auf die Regeln des guten Lebens, auf die ästhetische Gestalt von Genuss und Behaglichkeit, sie sind dem Komfort, um den es immer auch geht, vorgelagert, ja weisen dem Komfortgefühl erst den Weg. Ein Kellner, der vor mir einen Teller einsetzt (ihn nach dem Verzehr aushebt), enthebt mich der Aufgabe, mein Essen selbst zu holen (das Geschirr eigenhändig wegzuräumen). Das ist Komfort. Er tut das aber nicht lapidar, setzt den Teller nicht achtlos vor mir hin. Er zelebriert die Aktion gewissermaßen. Er fügt dem körperlichen Reichen der Speise eine Kulturleistung hinzu unter Zuhilfenahme von anerkannten Benimmregeln, die häufig genug nicht einmal die Kundschaft noch kennt. Somit trägt er bei zur Kultivierung von Trivialgenüssen.

Aber hierbei tut sich eine für das Dienen und dessen ethischen Grundlagen eine folgenreiche Eigentümlichkeit auf. Service erfolgt flüchtig, die Begegnung zwischen Gast und Kellner ist eine Sache von Sekunden, darin liegt die Chance und die Anstrengung des Berufs. Flüchtigkeit erhöht zwar den Reiz einer Begegnung und macht sie rätselhaft, aber sie erscheint Handelnden doch auch stets als eine Zumutung, wieso? Wer sich auf den anderen Menschen einlässt, tut dies mit der Minimalerwartung einer Gegenseitigkeit, aber gerade dieses Minimum legt auf beiden Seiten die Neigung nahe, mehr aus dem zu machen, was soeben geschieht, gleichsam die Beziehung zu vervollständigen, zu füllen, und zwar in zeitlicher wie in sozialer Hinsicht. Menschliche Begegnungen im Bereich des Gastronomie sind voll von episodischen Verlängerungen, Verzierungen, kurzum einer Ornamentik, die es ermöglicht, sich im Vollzug eines Rollenauftrags in seiner persönlichen Handschrift zu zeigen und dem Gegenüber einen winzig kleinen Ausschnitt von dem anzudeuten, welche Person sich hinter dem offiziellen Auftritt verbirgt. Kehrseitig liegt gerade hierin ihr spezifisches Devianzpotential, das Risiko, dass der kurzfristige kommunikative Kontakt in den hier angesprochenen Dimensionen „stellvertretender Navigation" überstrapaziert, überdehnt und von daher aufdringlich und usurpatorisch wird.

Was folgt daraus für die Frage nach der Professionalität des Service? Weil nun allgemein betrachtet erstens die besondere Kulturleistung des Servicemitarbeiters ein Surplus ist und weil zweitens der Dienende den Gast nicht in einer Krisensituation vorfindet (man vergleiche das Dienen mit der Leistung eines Arztes), sondern ihm lediglich eine Behaglichkeitserwartung einlöst, bewegt sich der Service per se in einer äußerst fragilen Situation. Aus diesen beiden Aspekten – Nicht-Körperlichkeit der besonderen Serviceleistung und Hilfestellung in einer harmlosen, nicht krisenhaften Situation – resultieren das häufig anzutreffende Selbstverständnis von Dienenden als Personen, die sich auf eine würdelose Handlung spezialisiert hätten, gleichermaßen resultiert hieraus die Geringschätzung des Service durch die Gäste, aber gerade hieraus leitet sich auch die Professionalisierungsbedürftigkeit ab. Denn so eine Gratwanderung am Rande der Überflüssigkeit nicht nur auszuhalten, sondern in ihr sogar einen Grund für ein eigenes Würdegefühl zu entdecken, dazu bedarf es eines professionellen Selbstbewusstseins.

4 Der Strukturwandel der Kundschaft – Manieren und die Zukunft verberuflichter Zuvorkommenheit

Dienen wird an Bedeutung zunehmen, die Rede von der Dienstleistungsgesellschaft ist keine facon de parler, vielmehr erstrecken sich die Prozesse sozialer Differenzierung und der Erfindung neuer Kompetenz- und Aufgabenbereiche auf das Gastgewerbe gleichermaßen. Es ist in diesem Zusammenhang bemerkenswert, in einem wie hohen Maße in den vergangenen Jahrzehnten nicht allein die Wertschätzung der Behaglichkeit im Hinblick auf die kulinarische Kultur gestiegen ist, sondern zwei gastronomische Kompetenzen diesem Wandel einen außerordentlichen Reputationsgewinn verdanken. An der Tischgemeinschaft von Restaurant und Hotel treten mit dem Sommelier und mit dem Koch zwei Berufe auf, die ein Spezialwissen repräsentieren und darauf bezogen einen Autonomieanspruch entwickelt haben, der ihre Stellvertretungsaktivität glaubwürdig mit Sachkundigkeit begründet. Ob sich ähnliche Differenzierungen und berufliche Spezialisierungen im Bereich der Manieren, dem Benehmen im halböffentlichen Raum der Gastronomie und Hotellerie abzeichnen, bleibt abzuwarten. Die Kommunikation zwischen

Kundschaft und Service ist gerade infolge ihrer besonderen Fluidität und situativen, atmosphärischen Qualität vulgaritätsgefährdet, ihr ist ein eigenes Anomiepotential eingebaut, das zu kontrollieren und auf einem Niveau kultivierten, zivilen Austauschs zu halten stets auch die Aufgabe der Serviceberufe sein wird. Zweifellos wird man damit rechnen können, dass die beispielslose Erfolgsgeschichte kulinarischer Kunst, die gegenwärtig insbesondere in der massenmedialen Dauerpräsenz von Spitzenköchen gefeiert wird, auf den gesamten Sektor gastronomischer Dienstleistungsberufe positiv abfärben wird. Komplementär dazu lassen sich zwei, nur scheinbar gegenläufige, Tendenzen auf Seiten der Kundschaft beobachten. Zum einen zeigen Gäste zunehmend eine Sensibilität für authentische Situationen. Sie verlangen Offenheit, werden sensibler für Täuschungen. Zugleich wächst die Bereitschaft, enge Milieugrenzen nicht zu verlassen und sich gegenüber anderen Milieus räumlich wie symbolisch abzuschotten. Diese Konstellation einer höheren Empfindlichkeit und zugleich eines gestiegenen Authentizitätsanspruchs führt dazu, dass Gäste weniger Geduld und Gelassenheit für die kommunikative Bewältigung eines Auftretens in fremden Umgebungen, die Restaurants und Hotels objektiv nach wie vor repräsentieren, aufbringen. Die Gastronomie reagiert darauf bereits, indem neue, eventartige Formen von Betreuung erfunden werden. Statt vier Stunden an einem Tisch mit immer denselben Gesprächspartnern zusammen zu sitzen, wird die Runde immer wieder aufgelöst, eine neue Lounge aufgesucht, der Ort verändert.

Blickt man in die Zukunft der gastronomischen Berufe, so ist die Möglichkeit nicht von der Hand zu weisen, dass sie zu den Avantgardeberufen der nachbürgerlichen Gesellschaft werden – jedenfalls, wenn man der bürgerlichen Welt zuschreibt, dass Alltagsnormen und Lebensgefühle über den lebenslang ausgeübten Beruf bestimmt wurden. In dieser kritischen Perspektive fällt den Dienenden von morgen die eminent wichtige Aufgabe zu, Gästen als Navigationsexperten, als Virtuosen des Übergangs und im Hinblick auf die Werte des Komforts, der Behaglichkeit, allgemein: der Entschleunigung eines auf Temposteigerung ausgerichteten Lebensgefühls sogar als stellvertretende Philosophen der Lebenskunst zur Seite zu stehen.

Literatur

Allert, Tilman: Die Professionen in der Umbruchsituation der Arbeitswelt. In: Supervision, Zeitschrift für berufsbezogene Beratung 33 (1998), S. 37 – 47.

Allert, Tilman: Braucht jede Profession eine Supervision? Soziologische Anmerkungen zum Autonomieanspruch und Supervisionsbedarf professioneller Tätigkeiten. In: Peter Berker / Ferdinand Buer (Hg.): Supervisionsforschung. Münster 1998.

Bourdieu, Pierre: Die feinen Unterschiede. Kritik der gesellschaftlichen Urteilskraft (1979), Frankfurt 1989.

Combe, Arno/ Helsper, Werner (Hg.): Pädagogische Professionalität. Frankfurt 1996.

Dettmer, Harald (Hg.), Hotellerie und Gastronomie: Arbeitsbuch für Studium und Praxis, Köln 2000.

Durst, Anneliese: Bedienen zwischen dienen und verdienen. Eine berufssoziologische empirische Untersuchung zur Dienstleistungsarbeit im Gastgewerbe. Bielefeld 1993.

Heiber, Helmut (Hg.): Die Rückseite des Hakenkreuzes. Absonderliches aus den Akten des Dritten Reiches. München 1993.

Hochschild, Arlie Russell: Das gekaufte Herz. Die Kommerzialisierung der Gefühle. Frankfurt/New York 2006.

Liebsch, Burkard: Gastlichkeit und Freiheit: polemische Konturen europäischer Kultur. Weilerswist 2004.

Niederberghaus, Tomas: Menschen in Hotels. Berlin 2006.

Oevermann, Ulrich, Theoretische Skizze einer revidierten Theorie professionalisierten Handelns, in: Combe, Arno/Helsper, Werner (Hr.): Pädagogische Professionalität. Frankfurt 1996.

Parsons, Talcott, „The Gift of Life“ and its Reciprocation. In: ders.: Action Theory and the Human Condition, New York 1978, S. 264 – 300.

Poggendorf, Armin: Gäste bewirten, Lebensgeister restaurieren. Eine grundlegende Systematik der gastronomischen Dienstleistung. Hamburg 1991.

Schmeiser, Martin: Soziologische Ansätze der Analyse von Professionen, der Professionalisierung und des professionalisierten Handelns. In: Soziale Welt 57, 2006, 295 – 318.

Stichweh, Rudolf: Professionen in einer funktional differenzierten Gesellschaft. In: Combe/Helsper, a.a.O., 1996, 49 – 69.

Wierlacher, Alois: Jahresprogramm Fort- und Weiterbildungsprogramm der Deutschen Akademie für Kulinaristik. Bremen 2005.

Koch und Köchin als Kulturstifter

Alois WIERLACHER

Abgesehen von kulturbezogenen Kochbüchern wie *Spoonfuls of Germany* (Hassani 2004) oder der kulturwissenschaftlichen Kochbuchforschung (Ehlert 1993) hat das Kochen als Kulturthema bislang weder im Gastgewerbe noch in der Wissenschaft nennenswerte Beachtung gefunden. In der jüngsten Auflage des Standardwerks von Harald Dettmer über das Restaurant (Dettmer/Hausmann 2007) findet sich zwar ein Kapitel über naturwissenschaftliche und lebensmittelrechtliche Grundlagen, aber kein Wort über die kulturelle und kulturkommunikative Signatur eines Kochs, des Kochens oder der Gastronomie überhaupt. Naturwissenschaftliche Publikationen zum Kochen wie zum Beispiel Hervé This-Benckhard (1993) übergehen die kulturellen Dimensionen ihres Gegenstandes in aller Regel ebenso wie geistes- und kulturwissenschaftliche Artikel zum Essen. Selbst in teilempirisch arbeitenden Wissenschaften wie der Soziologie und der Ethnologie, die seit Simmel und Elias dem Thema des Verhaltens beim Essen offener als viele andere Wissenschaften gegenüberstehen und sich auch um Beschreibungen der realen Alltagsverhältnisse im Umkreis der Küche bemühen (Barlösius 1988; 1999; Muri 2005), ist der Blick auf die Tätigkeit des Kochs oder der Köchin und auf beider Stellung in der Gesellschaft eher ein Seitenblick geblieben. Entsprechendes gilt für die verschiedenen Spielarten der Kulturgeschichte, zu deren Ausnahmen die Bücher von Stephen Mennell (1985), Karl Heinz Götze (1999) und Francesca Rigotti (2002) sowie die großen Sammeldarstellungen (Zischka/Ottomeyer 1993, Etzlstorfer 2006) gehören.

Der Beruf des Kochs ist nach wie vor ein Handwerkerberuf wie viele andere, er ist in Deutschland jedoch nicht den Handwerkskammern, sondern der Industrie- und Handelskammer (IHK) zugeordnet. Im *Gesetz zur Ordnung des Handwerks* (HWO) kommen Köche und Gastronomen nicht vor. Köche oder Köchinnen, die eine Meisterprüfung abgelegt haben, heißen in Deutschland traditionell ‚Küchenmeister'. Als Handwerksmeister sind sie inzwischen berechtigt, ein Studium an einer deutschen Universität aufzunehmen. Etwa die Hälfte aller Küchenmeister(innen) in Deutschland sind selbständige Unternehmer; die andere Hälfte arbeitet wie eine große Gruppe der Zwei- und Drei-Sterne-Köche auch als Angestellte (Harald Wohlfahrt, Claus-Peter Lump, Dieter Müller, Joachim Wissler u.a.).

In der täglichen Arbeit beruflicher oder familiärer Köche und Köchinnen wirken grundsätzlich technische, fachliche, handwerkliche, hygienische, organisatorische, kommunikative, ökonomische, ästhetische und kulturelle Faktoren wechselseitig aufeinander. Wenn ich im Folgenden nur den letztgenannten Aspekt expliziere, lasse ich mich weniger von der Absicht, eine Forschungslücke zu füllen als von der doppelten Annahme leiten, dass derzeit die Veränderungen in der Berufswelt schneller verlaufen als die Anpassung überkommener Berufsbilder und dass es im Blick auf die Herausforderungen, die mit den weltweiten Wandlungsprozessen verbunden sind, insbesondere der Privat-Gastronomie im Interesse ihrer Zukunftssicherung gut anstünde, ihre kulturelle Bedeutung und Funktion im Sinne eines ‚cultural turns' neu zu festigen, den viele Geisteswissenschaften in den letzten Jahren auf ihrem Weg zu Kulturwissenschaften vollzogen haben (Frühwald 1999, Bachmann-Medick, 2006).

Besondere Aufmerksamkeit verdient in diesem Zusammenhang die gesellschaftliche Situation von Köchinnen. Sie war Jahrhunderte lang wesentlich schlechter als die weiblicher Gastwirte, die seit dem späten Mittelalter grundsätzlich gleichberechtigt den landesherrlichen oder städtischen Wirts- und Taxordnungen unterstanden (Heise 1993, 156). Günter Grass, der selbst ein guter Koch ist und das Kochen liebt, blieb es vorbehalten, auf literarische Weise die zivilisationsgeschichtliche Leistung von Köchinnen zu würdigen (*Der Butt; Treffen in Telgte),* während die Sprach- und Literaturwissenschaften unter den Kulturwissenschaften, abgesehen von einzelnen Wissenschaftlerpersönlichkeiten, Anthologien (Heckmann; Könneker/Fischer-Homberger) und der Kochbuchforschung, den Köchen und Köchinnen kaum Beachtung schenkten, so dass unter anderem Texte wie die Erzählung von Carl Sternheim: *Napoleon*, in der ein ‚Jahrhundertkoch' und seine Problematik vorgestellt wird, die eine ganze Epoche spiegelt, unausgewertet geblieben sind. Das Desinteresse dürfte sich jetzt möglicherweise ändern, nachdem Volker Neuhaus im Kontext der Kulinaristik, genauer: im Anschluss an die vom Verfasser dieser Zeilen initiierte Preisverleihung der Deutschen Akademie für Kulinaristik an Günter Grass im Jahr 2005, unter dem Titel *Küchenzettel* einen Sammelband über den Nobelpreisträger zum verachteten Thema vorgelegt hat (Neuhaus 2007).

Als Relation zwischen Natur und Kultur verlangt das Kochen sowohl physikalische als auch kulturelle Kenntnisse. Die systematische Reflexion über diese Tätigkeit trägt mithin zur Verbindung von Perspektiven der Natur- und Kulturwissenschaften bei; als Tätigkeit des Richtens (vgl. das ‚Gericht') setzt das Kochen außer handwerklichem Können Kulturwissen, Nahrungswissen, Gestaltungswillen, Experimentierlust sowie einen Begriff von Gastlichkeit und Kreativität voraus. Als Element beruflicher Gastlichkeit ist das Kochen eine entgeldpflichtige Dienstleistung und ein Katalysator der Verständigung. Als Selektion der Lebensmittel, die zu den schwierigsten Aufgaben im modernen Alltag einer Überflussgesellschaft gehört (Schipperges 1985), ist es eine Variante der Kritik und ein Stück Kulturschöpfung zugleich.

Wurde in der neueren und neuesten europäischen Geschichte über das Kochen im Konnex systematischer Diskussion des Handlungssystems des Essens oder der Gastronomie nachgedacht, stammten die betreffenden Beiträge weniger von großen Köchen wie Carême oder Escoffier bis hin zu Bocuse, Walterspiel und den heutigen Spitzenköchen, sondern eher von Außenseitern, vor allem von anthropologisch und kulturpolitisch interessierten Gastrosophen (Brillat-Savarin, Rumohr, Anthus, Herre, von Vaerst etc.). Diese Autoren näherten sich der Komplexität des

Themas vornehmlich aus der Außensicht. Rumohr (gest. 1843) stammte aus begütertem holsteinischem Adel und verbrachte sein Leben als an Italien orientierter Kunsthistoriker. Unter dem Namen seines Leibkochs Joseph König, zu dem er sich in der Vorrede zur zweiten Auflage bekannte, verfasste er die angeführte Schrift. Auch Brillat-Savarin (gest. 1826) war weder Koch noch Hotelier oder Mediziner, sondern Jurist, genauer gesagt Zivilrichter und das in verschiedenen Positionen. Das Nachdenken über das Essen war für ihn zugleich ein Nachdenken über die Ordnung des menschlichen Lebens. Das Kochen interessierte ihn darum als Vorbereitung eines Essens; ein klug geordnetes Mahl, so formulierte er, sei ein Gleichnis der Welt (Brillat-Savarin S. 21).

Diese Ansicht teile ich und knüpfe an das Verfahren der Außenbetrachtung an. Den alten europäischen Antagonismus zwischen Wissenschaft (Kunst) und Küche, den zuletzt vor allem Theodor W. Adorno in einem polemischen Verdikt pointierte, löse ich in der zwanglosen Verankerung des Essens und des Koches in ihrer Kulturgebundenheit auf. Zugleich rücke ich meine Überlegungen in die neueren grundsätzlichen Begründungen berufsbezogener wissenschaftlicher Weiterbildung ein, die besagen, dass es in allen Ausbildungsgängen infolge der Wissensexplosion und anwachsenden Komplexität der globalisierten Gesellschaft zu einer partiellen Verschränkung von wissenschaftlicher und beruflicher Bildung im Konnex lebensbegleitenden Lernens kommen müsse (Wissenschaftsrat 1997). In die Überlegungen schließe ich gelegentlich auch Eltern und Hobbyköche ein und differenziere entsprechend zwischen drei Arten des Kochens: dem beruflichen Kochen, dem Hobbykochen und dem familiären Kochen (Kaufmann 2006). Den Begriff des Kochens verwende ich als Oberbegriff der verschiedenen Gartechniken. Die industrielle Speisenproduktion sowie die Gemeinschaftsküchen wie Universitätsmensen oder Firmenkantinen und die zahlreichen Kochshows der Fernseh-Medien bleiben aus Raumgründen unberücksichtigt.

1. Dem Ethnologen Claude Lévi-Strauss zufolge hat die menschliche Kultur nicht mit der Verführung Adams durch Eva oder mit der Entwicklung der Schrift, sondern mit der Entdeckung des Feuers und der nachfolgenden Unterscheidung des Rohen vom Gekochten begonnen. Erst nachdem Menschen ihren Hunger nicht mehr wie Tiere stillten, sondern die Nahrung zubereiteten und im Laufe des Zivilisationsprozesses auch die Praxis der Menschenfresserei (Anthropophagie) hinter sich ließen, vermochte sich die menschliche Kultur als cultura humana zu entwickeln. Schon die europäische Antike hat zwar die Kochkunst in Beziehung zu ihrer kulturellen Umgebung gesetzt (Rigotti 2002, 30 ff.), doch die herausragende kulturelle Bedeutung eines Kochs und einer Köchin in Aufbau und Weiterentwicklung der Kultur(en) ist nach Ansätzen der benediktinischen Klosterkultur in Europa im Wesentlichen erst von Schriftstellern und Gastrosophen wie dem angeführten Rumohr genauer bedacht worden.

Noch zu Beginn unseres einundzwanzigsten Jahrhunderts wird diese kulturelle Relevanz keineswegs überall erkannt und auch nicht von allen berufstätigen Köchen oder Köchinnen gelebt, obwohl jeder Koch und jede Köchin mit Auswahl,

Herstellung, Angebot und Präsentation der Produkte vor allem in Regionen der Nahrungsopulenz unausweichlich Kulturpolitik betreibt. Im Blick auf den nationalkulturellen Rahmen professionellen Kochens hat diese kulturpolitische Rolle und Funktion eines Kochs am deutlichsten wohl Ducasse gesehen, als er im Blick auf seine Zugehörigkeit zur französischen Nation die eigene Tätigkeit einmal mit den Worten beschrieb, „die französische Tradition zu erhalten, die Vielfalt der Produkte, die regionalen Traditionen, die Gartechniken“ und hinzufügte: „Meine Restaurants sind lebendige Museen französischer Tradition“ (Götze 1999, S. 280).

Im gegenwärtigen Deutschland wird vielfach ähnlich gedacht. Beim G8-Gipfel im Juni 2007 in Heiligendamm kochte Tillman Hahn vom Kempinsky Hotel für die Regierungschefs. Hahn servierte „Deutsche Speisen. Deutschland ist das Gastgeberland. Wir möchten die deutsche Küche präsentieren und mit regionalen Produkten die Staatsgäste für das Land begeistern“ (FAZ Nr. 126 vom 2. Juni 2007, S. 9). Ob es tatsächlich eine gesamtdeutsche Küche gibt, darf hier offen bleiben. Höchstwahrscheinlich gibt es sie nicht (Spiekerman 2002), sondern nur regionale deutsche Küchen, die sich um Verfahren anreichern, die in anderen Regionen praktiziert werden und sich als besonders gesundheitsfördernd erwiesen haben, wie etwa die mediterrane Küche. Für Hahn und andere wie etwa die Deutsche Zentrale für Tourismus und ihre Kampagne eines ‚kulinarischen Deutschlands‘ gibt es die deutsche Küche jedoch als regulative und inszenierte Idee; alle regionalen Produkte sind ja deutsche Produkte.

Kulturpolitische Bedeutungskonstruktionen der Küche und mit ihr der Köche und Köchinnen nehmen im Kontext der anhaltenden Globalisierungsprozesse vor allem in den großen internationalen Hotels zu. Die wechselseitige Aufklärung von Theorie und praktischer Erfahrung, die sich die Kulinaristik vorgenommen hat, umfasst selbstverständlich auch das Essen und Trinken und die Gastlichkeitskultur in diesen Häusern. Sie gelten weithin als säkularisierte Kathedralen und kommunikative Oasen der Moderne, haben in der poetischen Literatur vielfachen Widerhall gefunden (Seger 2005) und sind im Kontext der heutigen Globalisierungsprozesse in Wirtschaft, Politik und Wissenschaft so unverzichtbar geworden, dass man von unserer Zeit als dem ‚Hotelzeitalter‘ sprechen darf. Nicht zufällig wurde im Jahre 2000 ein mehrfach preisgekröntes Hotel (Pflaums Posthotel Pegnitz) mit guter Küche zur Wiege der Kulinaristik. Während sich Managementforschung und Marketing auf breiter Front der Hotelindustrie angenommen haben [1], sind wissenschaftliche Untersuchungen immer noch Raritäten; zu den wenigen Ausnahmen gehört die Arbeit von Antje Rathsmann (2002). Es waren aber nicht nur Architekten, Hotelmanager und Schriftsteller [2], sondern auch Köche, die viele große Hotels

1 Vgl. Karla Henschel: Hotelmanagement. München /Wien 2001; Kirsten Burtsche: Das Arbeitsverhältnis im Hotel- und Gaststättengewerbe. Frankfurt u.a. 2001; Jörg Frehse: Internationale Dienstleistungskompetenzen. Erfolgsstrategien für die europäische Hotellerie. Wiesbaden 2002; Marcus Frey: Netzwerkmanagement in der Hotelindustrie: Gestaltungsansätze für Klein- und Mittelunternehmen. Diss. St. Gallen 2002; Marco A. Gardini; Marketing-Management in der Hotellerie. München [u.a.] 2004; Karl Heinz Hässler: Management in der Hotellerie und Gastronomie. 6.Auflage München u.a. 2004.

2 Eine Münchener Ausstellung „Grand Hotel. Bühne der Literatur„ zeigte vom 28.3 – 17.6.2007 2007

berühmt gemacht und kulturelle Wirkungen erzielt haben, ich verweise als historisches Beispiel nur auf Escoffier und füge im Blick auf die Gegenwart hinzu, dass der spanische Spitzenkoch Ferran Adriàn, soweit ich unterrichtet bin, sowohl mit der spanischen Kette der NH-Hotels als auch mit einem Schweizer Lebensmittelkonzern kooperiert.

2. Keine nur regulative Idee, sondern eine Sachbeschreibung ist die Feststellung, Kochen sei grundsätzlich nichts anderes als der Versuch, Ausgangsstoffe in bestimmter Absicht miteinander in Wechselwirkungen zu bringen, um auf diese Weise eine neue Verbindung zu stiften, die möglicherweise ein neues Resultat als neue Erkenntnis mit sich bringt. Aus der Reaktion der Einzelteile entsteht im Glücksfall ein neues Ganzes im Sinne einer Melodie, die mehr ist als die Summe ihrer Töne. Die Chemiker sprechen darum vom ‚Kochen' als einer ihrer Grundtätigkeiten. Entsprechend kennt die Alltagskommunikation eine Vielzahl von Kochmetaphern als Siedemetaphern, um emotional empörende Verhältnisse verständlich zu machen: Der Mensch *kocht* (= siedet) vor Aufregung; ein Egoist *kocht sein eigenes Süppchen*; eine qualitativ gute Zubereitung von Speisen verlangt sowohl *mit Liebe [zu] kochen* als auch eigenständiges Handeln; denn *viele Köche verderben den Brei*, wenngleich *nichts so heiß gegessen (wird), wie es gekocht wird*.

Der besondere Reiz des Kochens liegt - auch in der Notwendigkeitsküche des Alltags - im Selbst-Schaffen als einer Variante der Schöpfung mit den eigenen Händen; der komplette Prozess liegt konkret in der eigenen Hand, die Hand tut, und ihr Tun ist im Gegensatz zur vernetzten und abstrakten Komplexität der beruflichen Wirklichkeit und ihrer Anforderungen sinnlich und überschaubar. Wenn Koch und Köchin Nahrungsmittel in Speisen verwandeln, handeln sie per se im Interesse entsprechender Reproduktionsbedürfnisse und zugunsten der Aufrechterhaltung der menschlichen Kultur, da sie ohne diese Differenz, von Selbst- und Gemsinschaftshandeln und ohne die Verwandlung keinen Bestand hätte. Bieten Koch oder Köchin ihre Produkte zum Verzehr an, stiften sie im Erfolgsfall einen besonderen Mehrwert für den Erhalt der Kultur(en), indem sie über ihre Angebote die Menschen zum Gespräch bei Tisch zusammenbringen.

Sie vermögen letzteres erfolgreich zu tun, weil die Menschen in der Regel lieber in Gemeinschaft als alleine essen. Dieses lebensgesetzliche Bedürfnis ist so groß, dass die katholische Theologie die Verwandlung einer Speise als Transsubstantiation zum zentralen Dogma ihrer Religion machen konnte. Jede Eucharistiefeier ist als gemeinsames Essen (Mahl) ein Fest, in dem der Priester figurativ als Koch, Vorkoster und Esser fungiert. Ein Fest wiederum ist per se Ausdruck und Medium der Lebensbejahung und gehört insofern zum Humus der Kultur(en). Koch und Köchin, die Feste mitgestalten, sind somit in ihrer praktischen, wenngleich gegebenenfalls kommerziellen Fürsorge immer auch Kulturstifter und ‚Kulturarbeiter'.

---

auf der Basis der Forschungen von Cordula Seger (2005) die Welt der Grand Hotels als Inspirationsort und literarischer Topos weltberühmter Schriftsteller.

Die kulturelle Leistung von Koch und Köchin intensiviert sich dort, wo sie die von Soziologen wie Pierre Bourdieu betonte gesellschaftliche Trennung von Luxus- und Notwendigkeitsgeschmack zwar nicht aufheben, aber die Vielfalt einfacher Speisen oder Speisegattungen wie der Pasta veredeln, neue Speisenvariationen ausdenken, der Ästhetik des gedeckten Tisches und der Gastlichkeit einschließlich des Service besondere Aufmerksamkeit widmen oder Folgen der kulturellen Funktionsdifferenzen von Besteck und Stäbchen für die Speisenzubereitungen entdecken. Diese Arbeit hat wie jede gute Leistung ihren Preis. Eine kulturbewusste Gastronomie ist also nicht die Billigversion der Branche, sondern ihr kulturpolitisches Kompetenzzentrum, das für die Vermittlung seines kulinarischen Wissens erhöhte Gebühren verlangen darf und verlangen muss. Ihr fällt als ‚*Kulturgastronomie*', wie man sie im Unterschied zur Systemgastronomie nennen könnte, auch die Funktion zu, uns daran zu erinnern, dass wir sowohl Getragene als auch Träger der Kultur(en), auch der Esskultur(en) sind.

Diese Erinnerung gewinnt im Zeitalter der Internationalisierung unserer Kontakte und der Wissensexplosion besondere Bedeutung, weil sie die Diskrepanzen und deren Folgen zu bedenken gibt, die sich aus dem sozioökonomischen Umstand ergeben, dass die Technisierung der Nahrungsmittelproduktion zwar Lebensmittel in nie gekanntem Umfang aus aller Welt zur Verfügung stellt, aber dennoch Millionen Menschen auf der Welt nach wie vor unternährt sind. Auf Koch und Köchin als Kulturpolitiker und Kulturarbeiter kommt infolgedessen ebenso wie auf den Wissenschaftler oder die Wissenschaftlerin die erhebliche Aufgabe zu, im Interesse einer von Vernunft und Genuss geleiteten Speisenwahl Auswahlkriterien zu erarbeiten, die die Menschen in die Lage versetzen, mit der neuen Vielfalt der Nahrungsmittel angesichts des Hungers in der Welt konstruktiv umzugehen.

Vor allem in den Überflussgesellschaften besteht die wichtigste Qualifikation auch hinsichtlich der culinaria nicht mehr darin, sich möglichst viele Informationen anzueignen, sondern entscheiden zu können, welche Information man zu seinem wohlverstandenen Nutzen denn benötigt. Versteht man diese Auswahlkompetenz, basierend auf Geschmackskompetenz und einem breiten Kulturwissen, mit Roman Herzog (1998), Hubert Markl (1998) und Reich /Wierlacher (2003) als konstitutiven Teil benötigter Bildung, dann weitet sich das Aufgabenfeld des Kochs und der Köchin der Kulturgastronomie nolens volens um den Aspekt auf dem Markt angebotener *kulinarischer Bildung*. Mit Grund wird mancherorts gefordert, dass sie bereits die Sozialisation und Enkulturation der Kinder prägen sollte (Heindl 2003). Zur Begründung dieses besonderen Bedarfs denke man nur an die Geschmacksprägungen, die bekanntlich soweit gehen (Manz/Manz in Engelhard/Wild 2005, 97), dass Erwachsene, die als Kinder mit einer um Vanille angereicherten Babynahrung gefüttert wurden, noch im Alter dieses Aroma allen kontextuell vergleichbaren Aromen vorziehen. Auch angesichts der industriellen Herstellung von Hunderten von Aromen, Geschmackverstärkern und Angeboten des convenience food wären außer den Ernährungs- und Kulturwissenschaftlern vor allem die qualifizierten Köchinnen und Köche berufen, sich verstärkt an der kulinarischen Bildung der Kinder zu beteiligen; denn alle kulinarische Bildung ist auch eine Funktion der allgemeinen Bedarfslage, sich angesichts der Beschleunigung des gesellschaftlichen Wandels und der Wissensvermehrung auf das Erfordernis eines *lebensbegleitenden* Lernens einzustellen. Gemeint ist nicht allein das Weiterlernen, um auf der Höhe der Zeit zu bleiben, sondern auch das mit aller Wissenserweiterung verbundene Umlernen im Rahmen selbstgesteuerter Fort- und Weiterbildung.

Als Ergebnis dieser Entwicklungen und der anhaltenden Internationalisierungsprozesse ändert sich mit dem Anforderungsprofil auch das bisherige Berufsbild von Koch und Köchin, indem es sich vom Handwerksberuf zum gastronomischen ‚Kulinaristen' weitet, dem im Kontext des kulturellen Wandels wie den modernen ‚Galeristen' Aufgaben zufallen, die sich mit kultur- und bildungspolitischen Aspekten der Wissenschaften, der Kunst und des Lehrberufs berühren. Es versteht sich, dass die Kulinaristik ihre Konzeption von Fort- und Weiterbildung dann grundsätzlich als partielle Verschränkung von wissenschaftlicher und beruflicher Bildung zu begreifen hätte und sich eine Lehrgastronomie ausdifferenzieren sollte, so wie es auch Lehrkrankenhäuser gibt. Es versteht sich ebenso, dass die betreffenden Betriebe dann auch steuerrechtlich der privaten Bildungswirtschaft vergleichbar eingestuft werden könnten und sollten.

Eine wesentliche Aufgabe der Kulturgastronomie besteht zu Anfang des 21. Jahrtausends darin, die Konzeption des Kunden als eines Gastes mit den Begriffen vom Gast zu vermitteln, die wir aus der Anthropologie, der Politik, der Rechtsgeschichte, den Religionen, der Literatur und der neueren Politik und den Kommunikationswissenschaften kennen und die uns zugleich an die performative Qualität des Gaststättenbesuchs als einer Handlungs-Inszenierung erinnern. Der kulturelle Wandel verlangt nicht, die Gastronomie immer stärker in Verbindung mit anderen Aktivitäten zu sehen, wie oft zu hören ist, sondern ihr zu ermöglichen, sich auf ihr Kerngeschäft zu konzentrieren, aber dieses in seiner Komplexität neu zu begreifen. Die Menschen beginnen infolge der Beschleunigung ihrer alltäglichen Lebensprozesse dem Essen, vor allem dem Gemeinsamessen den Platz wieder verstärkt zuzuweisen, der ihm in der Lebenswelt als Fest zukommt: ein belebender Besinnungsmoment im Fluss des Lebens zu sein, der Menschen mit sich ins Reine bringt und Momente der Freiheit stiftet – auch von der Bürde der Zubereitung der Speisen und des nachträglichen Aufräumens. Der Gast zahlt für diesen Dienst und die mit ihm verbundene Erfüllung des Bedarfs, zwischen Privatwelt und Öffentlichkeit changieren zu können, weil der Mensch nicht bloß ein,Privatmensch', sondern auch in Abhängigkeit vom Klima das öffentliche Leben braucht, da er ein ‚zoon politikon' ist.

Im Interesse entsprechender Lehr- und Lernprozesse wird vorgeschlagen, bereits die von qualifizierten Köchen angebotenen Kochkurse nicht nur als fachliche und kommerzielle Angebote, sondern darüber hinaus auch als Module weiterbildender Kulturarbeit anzulegen und zu präsentieren, führen sie doch die Lernenden und - wie jede gute Lehre – auch die Lehrenden zu neuen Erkenntnissen und zur Vertiefung ihrer eigenen kulinarischen Bildung und der mit ihr verbundenen Kompetenzen.

Ähnliches gilt für die Erweiterung der bisherigen Funktionen des Kochbuchs. Es wird zumeist als Handreichung und Nachschlagewerk konzipiert und genutzt, könnte künftig aber auch als Lehrwerk und Lektüregegenstand gebaut und in dieser doppelten Optik genutzt werden. Die Gattung gehört als Textsorte zu den tagtäglich am häufigsten konsultierten Sachbüchern in Deutschland und bietet Entdeckungs- und Gesprächsanregungen für den Alltag, für die nächste Einladung, für das nächste Freundestreffen und für das nächste Familienfest an und trägt auch zur kulturellen Kompetenzbildung bei.

3. Kochkurse und Kochgruppen gibt es in Hülle und Fülle, vom ‚Club kochender Männer' über die ‚Marmiten' und lokale Initiativen wie die ‚Mannheimer Kochschürze' und den nationalen ‚Verband der Köche Deutschlands' (VKD), der jährlich einen Hobbykoch oder eine Hobbyköchin auszeichnet, bis zur internationalen Vereinigung ‚Traditions et Qualité' , die 1954 von Pariser Restaurateurs gegründet wurde. Die alltägliche Küchenarbeit ist dagegen Jahrhunderte lang die Domäne der Hausfrauen und Dienstboten gewesen; heute kochen viele Väter der mittleren Generation in Deutschland immerhin an den Wochenenden. Wie die Handarbeit gehörte die Küchenarbeit zu den niederen Arbeiten; noch in der Villa Thomas Manns, 1913 erbaut, wurde die Küche aus gesellschaftlichen Distinktionsgründen ausgegrenzt und im Kellergeschoss untergebracht. Norbert Elias hat die Küche ebenso wenig wie die Kulturphilosophie in seine Analysen zur Genese der Zivilisation einbezogen. Auch die im Kontext der funktionsorientierten Rationalität der Industrialisierung des späten 19. Jahrhunderts entwickelte ‚funktionale Küche' änderte an der Einschätzung der Küche nichts.

Das wohl bekannteste Modell dieser Variante war die von Margarethe Schütte-Lihotzky in den zwanziger Jahren entwickelte ‚Frankfurter Küche', aus der sich die ‚Einbauküche' entwickelte, die immer stärker die Küche als einen Arbeitsplatz konzipierte, der kurze Wege ermöglichte, aber die Köchin kommunikativ isolierte. Es war das amerikanische Konzept des ‚living rooms' der fünfziger und sechziger Jahre mit einer Art ‚Küchenzeile', das die Küche aufgrund eines weiteren Kulturbegriffs wieder ins ‚Leben' zurückführte, wie ich selber Ende der 1960er Jahren in Kalifornien as junger Professor erfahren konnte, während in Deutschland die Widerstände gegen diese Aufwertung und Integration eines bislang eher verachteten Bereichs noch lange erhalten blieben; die Architekten orientierten sich in der Regel noch in den siebziger Jahren strikt am Frankfurter Modell. Erst mit den achtziger Jahren setzte auch in Deutschland ein Kulturwandel ein, der das Kochen und die Küche aus der Funktion einer bloß lästigen Pflicht oder eines Werkraumes befreite und, wie 2005 eine Studie des Möbelkonzern IKEA bestätigte (*Complete Kitchen Living Report*), als Kontaktraum begriff.

Noch vor zwei Dekaden galt das Essen in den Geisteswissenschaften weithin als wissenschaftsunwürdiges Thema und manchem Zeitgenossen erschien es eher als Zumutung, Köche als Kulturträger und Kulturvermittler zu typologisieren. Ich habe 1987 mit dem ersten interdisziplinären und Branchen übergreifenden Kolloquium einen anderen Ton einzuführen gesucht (Wierlacher 1993), weil erkennbar wurde, dass qualifizierten Köchen und Köchinnen infolge der rechtlichen und wirtschaftlichen Verflechtung der Nationen und Kulturen auch eine nicht mehr zu bagatellisierende Bedeutung als interkulturelle Mittler zuwächst. Doch selbst so verdienstvolle Einrichtungen wie das deutsch-französische Institut (Ludwigsburg) haben die kulinarische und kulinaristische Perspektive internationaler Kulturarbeit noch kaum für sich entdeckt. Spitzengastronomen, die auf ihrem Feld neben Politikern, Wirtschaftlern und Wissenschaftlern als Botschafter und Repräsentanten in der Rolle des kulturellen Mittlers über Jahre hin tätig sind oder sein könnten, erfahren in der breiten Öffentlichkeit kaum Resonanz. Man denke an die Tausende ausländischer Lokale in Deutschland im Allgemeinen und beispielsweise an die großen elsässischen Köche im Besonderen, unter ihnen Vater und Sohn Haeberlin. Der Vater erhielt 1952 den ersten Stern; seit 1967 besaß er drei Sterne (Götze S. ff.). 2004 erhielt sein Sohn Marc Haeberlin den Preis der Deutschen Akademie für Kulinaristik für Große Kochkunst.

Köchen und Köchinnen kommt als beruflichen und als nichtberuflichen Gastgebern im Kontext der Globalisierungs- und Internationalisierungsprozesse nichtsdestoweniger eine interkulturell herausragende Bedeutung zu, weil die multinationale Nahrungsmittelindustrie unsere Speisenwelt partiell internationalisiert und die Gastlichkeit im Prozess der Internationalisierung unserer Kontakte immer deutlicher in die konstitutive Dialektik des Eigenen und Fremden einrückt (Wierlacher /Abrecht 2003), die zu Anfang des 21. Jahrhunderts im Relationsbegriff der ‚Interkulturalität' gefasst wird. Was damit gemeint ist, hat die Wissenschaft grundsätzlich und praxisnah geklärt (Wierlacher 1999, Bolten 2003): der Begriff erfasst die Konstruktion einer kulturellen Überschneidungssituation (Thomas 1996), aus der sich statt der Anpassung des Eigenen an das Fremde eine übergreifende, dritte Ordnung (‚third culture') entwickelt, die beide Seiten in der gemeinsamen Orientierung zu einer Zwischenwelt als neuer Beziehungsordnung verknüpft, so dass die bisherigen Unterschiede in Bewegung kommen, flexibler und im eigenen Interesse auch wandlungsfähiger und somit zukunftsfähiger werden. In der sich anhaltend globalisierenden Welt machen immer mehr Menschen Fremderfahrungen als *Expatriots* – das in der Wirtschaft gebräuchliche Wort verrät schon die Problematik, der sie ausgesetzt sind.

4. Das öffentliche Gasthaus ist vor allem in einer internationalisierten Gesellschaft eine Zwischenwelt in der Spannung von Innen und Außen, Öffentlichkeit und Privatwelt, Identität und Alterität. Die Partizipation an seiner im wörtlichen Sinne vermittelnden Ordnung ist ein sozialer Vorgang der Kulturbegegnung, aus dem keiner unverändert wieder herauskommt (Matthes 1992, 24). Ein qualifiziert geführtes Haus lässt sich darum mit einem Begriff aus der Wissenschaft als ‚kreatives Milieu'(Fromhold-Eisebith 2003) kennzeichnen, das den Essenden im Medium des gemeinsamen Genuss einer Tischgemeinschaft die Chance eröffnet, sich im Prozess selbstbewusster Kenntnisnahme des Anderen neu zu begründen (Assmann/Harth 1990, 39).

Ein kreatives Milieu ist nicht zuletzt durch kommunikative Merkmale gekennzeichnet, zu denen eine physische wie kognitive Abgegrenztheit nach außen als Raum gemeinsamer Selbstwahrnehmung, homogenen Verhaltens, gemeinschaftlichen Know-hows sowie kultureller Gemeinsamkeiten der Beteiligten gehört. Auch besteht in ihm eine hohe Lernfähigkeit und -bereitschaft, die den Akteuren ein schnelles Erkennen und Aufgreifen neuer Ideen sowie wissensbezogene Entwicklungsmöglichkeiten erlauben. Gastronomisch gewendet heißt das, über die Konzeption einer bloßen ‚cross-over-Küche' hinauszugehen und eine neue kulinarische Ordnung zu schaffen, die im Sinne der Interkulturalität ihren Mehrwert weniger in der Erhöhung der Speisenzahl als in der Identitätsfortschreibung bekannter Speisen und der Erleichterung von Redemöglichkeiten erbringt, nachdem Reden und Essen fundamental zusammengehören (Neumann 1993, Bendix 2004) . Die Gastlichkeit und das gepflegte Gasthaus wären demnach ein privilegiertes Medium und ein privilegierter Ort kooperativer Selbstaufklärung – umso mehr verdienen sie hinkünftig unsere kulturwissenschaftliche, ökonomische, branchen- und kulturpolitische Aufmerksamkeit.

Man liest oder hört in den öffentlichen Diskursen der Medien und der Presse immer wieder die Feststellung, in Spanien säßen, anders als in Deutschland, viele Menschen mittags drei bis vier Stunden am Tisch – und abends das Gleiche noch mal. Doch abgesehen von der Institution der Siesta sind auch in Deutschland diejenigen Lokale nach Feierabend gut besetzt, die kostengünstiger als Sternelokale sind und die ihren Gästen leidenschaftliches Reden miteinander gestatten, statt ihnen den gedämpften Ton säkularisierter Andacht und einer formalisierten Kommunikation abzuverlangen. Umso absurder erscheint die Tatsache, dass zur Eröffnung einer Gaststätte in Deutschland bislang bis auf die Teilnahme an einem vierstündigen Seminar (‚Frikadellenschein') keinerlei Qualifikationsnachweis nötig ist. Die kulturpolitische Funktion der Gastronomie wird aber auch gründlich missverstanden, wenn man glaubt, sie im Sinne eines engen Kulturbegriffs realisieren zu können, indem man in die Speiseräume einige Gemälde der Gegenwartsmalerei aufhängt. Die Kritik Jürgen Dollases (FAZ 30. 12. 2006) an solchem Vorgehen ist vielleicht etwas scharf ausgefallen, aber auch in unserem Zusammenhang bedenkenswert: „Wo Entwicklung hätte stattfinden müssen, hat man Dekoration gewählt. Viele Spitzenrestaurants erleben eher sieben Renovierungen der Einrichtung als einen noch so kleinen Fortschritt des Küchenchefs".

5. Während Hobbyköche und Hobbyköchinnen in der Lage sind, Speisen, die sie selber gerne essen, zu kochen, bleibt das familiäre Kochen zu allererst auf die Bewältigung des täglichen Hungers und die Konturierung eines familiale Identität bildenden Speisenkosmos gerichtet, der den kulturellen Horizont der Familien ähnlich wie den einer gastronomischen Institution spiegelt und konstituiert. Als Unternehmer sind Koch und Köchin dagegen gehalten, Speisen anzubieten, die einen Käufermarkt finden. Gerne werben professionelle Köche darum mit dem Hinweis, sie würden das zubereiten, was der Gast wünscht und nicht was die Köche möchten; auch Hahn betont dergleichen im angeführten Interview.

Diese Behauptung scheint auf den ersten Blick ein Widerspruch zum Ausgeführten und zur Problematik der Auswahl aus der Nahrungsfülle zu sein, sie spiegelt aber nur den dialektischen Konnex von Angebot und Nachfrage und verschiebt zugleich auf nicht ganz zulässige Weise die Entscheidungsfolge; nicht der Gast, sondern der Koch wählt ja aus dem weltweiten Angebot aus und unterbreitet es dem Gast als einem Kunden.

Wie vom Buchhandel die Bücher so werden auch die Produkte der Gastronomie auf dem Weg der Blindverteilung unter der alleinigen Verantwortung des Gewerbetreibenden angeboten. Umso mehr sind kulturbewusste Köchinnen und Köche als Unternehmer selbstverständlich gehalten, die Marktlage zu beobachten, die Erwartungshaltung ihrer Gäste zutreffend einzuschätzen und sich um ihre potentiellen Kunden auf vielschichtige Weise zu bemühen. Da die meisten Gäste in den Überflussgesellschaften nicht mehr Sättigung durch die Opulenz des *multum*, sondern Befriedigung des auf das *multa* gerichteten Appetits als dem Vater des Genusses suchen, geht der Trend in den gesättigten Gesellschaften, abgesehen von der Nährwertskala der Speisen und vom gesellschaftlich vorgegebenen Schönheitsideal beider Geschlechter, immer mehr zu vielen kleinen Portionen, so dass die qualifizierten Köche und Köchinnen als Kulinaristen Gefahr laufen, zu Detaillisten werden, weil ihnen die Möglichkeit der Zubereitung der Ganzheit etwa eines Schweins abhanden gekommen ist.

Die Besinnung auf die kulturpolitische Bedeutung und Funktion des Kochs und der Köchin kann diese Gefahr auf einer anderen Ebene ausgleichen. Da die Gäste in den Überflussgesellschaften als individuelle Personen mit vielfältigen, appetitgeleiteten Wünschen in Erscheinung treten, wird die Arbeit eines Spitzenkochs oder einer Spitzenköchin zwar nochmals aufwändiger und anstrengender als üblich; sie verlangt je nach Betriebsgröße ein ganzes Team von Mitwirkenden. Doch logistische und betriebwirtschaftliche Kenntnisse sind nur notwendige, aber nicht hinreichende Bedingungen heutiger beruflicher Gastlichkeit. Dieser Sachverhalt wird unschwer deutlich, sobald man sich klar macht, was Profilierung auch in der Gastronomie heißt: Individualisierung. Der Angebotspalette muss ein Gesicht gegeben werden. Um dieses individuelle Erscheinungsbild aufzubauen, benötigen Koch und Köchin als Gastronomen nicht mehr nur ein handwerklich-technisches Können, sondern ein vertieftes Kulturwissen als Umgebungs- Kommunikations- und Weltwissen. Erst die Kombination von handwerklicher Kompetenz und diesen Wissensarten befähigt zur originellen Wahrung, Variation oder Durchbrechung soziokultureller Konventionen der Speisenwahl und Speisenzubereitung, zu denen auch die oben schon berührten kulinarischen Vorlieben und Abneigungen der Geschlechter gehören, auf die ich hier nochmals zurückkommen möchte.

Denn immer noch, wenn auch durchaus abgeschwächt, gilt die Fleischspeise in Zentraleuropa als wichtiger Proteinlieferant eine Männerspeise und zwar nach wie vor insbesondere in den Oberschichten, während vegetarische Speisen wie das Gemüse als Frauenspeise gelten, nicht zuletzt getragen von gesellschaftlich vermittelten Bildern des Wollens und Dürfens. Bereits vor dreißig Jahren schreibt Ingeborg Bachmann aus weiblicher (Ich-) Erzählerperspektive in ihrem Roman *Malina*(1971):

Ich koche ihm, was nicht auf den Speisekarten steht, und ich rätsle daran herum, wie ich die gute alte Zeit mit ihrem Schweinefett und ihrem süssen und sauren Rahm mischen kann mit der vernünftigen neuen Zeit, in der es Joghurt gibt, Salatblätter mit Öl und Zitrone beträufelt, in der die vitaminreichen Gemüse dominieren, die nicht gekocht werden dürfen, in der die Kohlehydrate zählen, die Kalorien und das Masshalten, die Gewürzlosigkeit.[3]

Ohne gründliche Kenntnisse über die Prägung des gesamten Ernährungswesens durch nicht biologisch, sondern kulturell verlangte Unterscheidungen der Geschlechter (vgl. den Beitrag von Eva Barlösius im vorliegenden Band) werden künftig weder der professionelle noch der private Koch oder die Köchin als Gastgeber und Regisseur bestehen können. Diese Annahme gilt insbesondere hinsichtlich der arbeitsrechtlichen Folgen des neuen Gleichbehandlungsgesetzes der Bundesrepublik Deutschland. Frauen sehen sich zu Anfang des 21. Jahrhunderts in Deutschland rechtlich nicht mehr auf den privaten Bereich der Familie verbannt; die Zeit ist vorbei, dass den Männern Jahrhunderte lang die berufliche Tätigkeit in der Öffentlichkeit der Politik, der Restaurants und großen Hotels vorbehalten war.

6. Wollen der professionelle Koch und die professionelle Köchin als Unternehmer wirtschaftlich erfolgreich sein, sind sie gut beraten, sich auf der Basis dieser Veränderungen auch über die soziokulturellen Gründe zu unterrichten, die Menschen veranlassen, überhaupt ‚aus essen gehen' zu wollen, welche Anforderungen an das Sprachverhalten des Gastgebers und der Gäste mit diesem Wunsch verbunden sind und wie sich der demographische Bevölkerungswandel auswirkt, den man kulinarisch künftig kaum mehr bloß mit einem ‚Seniorenteller' bewältigen kann.

Zu den bekanntesten Motiven eines Restaurantbesuchs gehören bei den Erwachsenen die Erwartung von Rollentausch und emotionaler Verwandlung. Koch und Köchin sind für sie Zauberer, die rohe Nahrung in Speisen zu transformieren verstehen und mittels dieser Transformation auch den Menschen zu verwandeln vermögen, da die Essenshandlung nicht delegiert werden kann. Hauptwünsche sind, so weit ich sehe, unter anderen:

- „schön" essen zu gehen, d. h. etwas im Sinne einer affirmatio vitae in festlich-ästhetischer Umgebung zu feiern und auf diese Weise den Alltag und seine Bedingungen zu transzendieren;
- mit Menschen in symmetrischer Runde entspannend und belebend zusammen zu sein und gemeinsames Essen als einen Verständigung stiftenden Akt zu vollziehen;
- vom Ambiente zuvorkommender Gastlichkeit inspiriert zu werden;
- neue Speisen und Getränke zu erproben oder sich bekannter und subjektiv bedeutungsvoller Speisen neu zu vergewissern;
- sich im mehrdimensionalen Medium des Genusses temporär zu verwandeln mit dem Ziel, wieder zu sich selbst zu finden.
- die alltäglichen Rollen von Gastgeber und Gast einmal zu tauschen und im Be-

3 Werke Band 3, hrsg. von Christine Koschel Neuausgabe München 1993, S. 82f.

dientwerden ein Stück Anerkennung der Würde der eigenen Person und ihrer Lebensleistung zu erfahren.

Ein besonderer Treibsatz dieser Wünsche ist das Bedürfnis nach einem Verwandlungsspiel der Subjekte und Bedeutungen. Die Mode hat sich dieses Bedürfnis seit Jahrhunderten zu Nutzen gemacht. Auch der Restaurantbesuch wurzelt, wie ich bereits angedeutet habe, grundsätzlich in diesem Bedürfnis nach einem Wechsel der Kommunikationssysteme der privaten (Endo-Küche) und der öffentlichen Küche (Exo-Küche). Fasst man diese Küchen als kulturelle Systeme auf, dann gibt sich die spezifische Kommunikationssituation, die im Restaurant oder im Gasthaus überhaupt gesucht wird, als spezifische Überschneidungssituation zu erkennen, als eine soziale Situation, die dem Gast im Genuss auf angenehme Weise die Distanznahme von sich selbst ermöglicht, die Menschen als Vorbedingung aller Selbsterneuerung brauchen.

Aus diesem Grund kommt dem Gasthaus nicht nur die wichtige kulturelle Bedeutung eines Kontaktraums und einer ‚third culture' interkultureller Kommunikation, sondern auch einer Transitwelt mit erheblichen Ventil- und Regenerationsfunktionen zu. Von diesen Funktionen lebt weltweit am besten wohl die industrielle Fast-Food-Gastronomie, weil sie Parallelwelten für alle schafft und doch für sich in Anspruch nimmt, die landeskulturellen Normen des Essens und des Essverhaltens via negativa zu bestätigen. Insofern hat man zu Unrecht von einer Polarisierung des gastronomischen Angebots gesprochen (Jütte 2005, 53). Was aber sind die wichtigsten Bänder, mit denen der professionelle Koch und die professionelle Köchin als Gastronomen den Strauß der Erwartungen und Leistungen ganz praktisch zusammenbinden und zusammen halten? Ich konzentriere meine Überlegungen auf drei Antworten.

7. Als verbindendes Band dient zunächst einmal der gedeckte Tisch. In *Kulturthema Essen (1993)* hat der damalige Vorsitzende der Rosenthal AG, Dietrich Müller, einen Aufsatz zum Design des gedeckten Tisch beigesteuert (Müller 1993), in dem er u.a. ausführt:

> „Eigentlich genügen ein großes Holzbrett (Teller) und eine weite Trinkschale aus Keramik als Minimalausstattung für jede Eßsituation. Ein Löffel gehört dazu und ein Messer, schon auf die Gabel kann verzichtet werden. Was zusätzlich auf den Tisch kommt oder raffiniertere Gestaltung darstellt, ist Funktion der Ästhetik oder auch Reverenz an die servierten Speisen [...] Der gedeckte Tisch ist eine Visitenkarte seiner Mitglieder. Wie und womit ein Tisch gedeckt ist, verrät viel über die Einstellung, die der Gastgeber zum Gast hat, oder die Art, wie in einer Familie miteinander umgegangen wird. Tische zu decken ist ein kreativer Vorgang, der riesigen Spaß machen kann" (Müller 1993, S. 78/80).

Abgesehen von Müllers Bagatellisierung der Funktionen von Essgeräten gehört zu den europäischen Ritualen des Essens in der Tat ein Tisch, an den man sich setzt und auf dem seit einigen Jahrhunderten für jeden Essenden eigene Teller, Trinkgeräte und Bestecke bereitgestellt werden. Da gemeinsames Essen und Reden miteinander zusammengehören, spricht schon Lessing in *Ernst und Falk* metaphorisch von einer Denkgemeinschaft als einer ‚Tischgesellschaft'.

In China stehen die im Verlauf eines Essens angebotenen Speisen schließlich allesamt wie in einem Schlusstableau auf dem Tisch, während sie in Europa in einer bestimmten Folge, den Gängen, aufgetischt und wieder abgeräumt werden. Die kulinarische Handlungssprache macht die Hintergründe dieser Praxis deutlich, indem sie Wendungen wie „Speisen auftragen„ oder „Tisch abräumen„ benutzt. Sie kommen allesamt aus der Theatersprache. Ich habe im vorliegenden Band auf diese Zusammenhänge bereits in meinem Beitrag zur kulinaristischen Sprache aufmerksam gemacht.

Jede Mahlzeit ist als soziale Situation in allen Kulturen zugleich ein inszeniertes Spiel (cultural performance), das eine kulturelle Geschmacks-Formel darstellt, deren Bedeutung von den Genießenden in ihrer Aufführung selbst konkretisiert, vom Produzenten und Intendanten als Partitur vorbereitet wird. Die Speisenfolge dient als Medium und Teilzweck der Gestaltung; Tisch und Esszimmer bilden gemeinsam die Bühne und den Theater-Raum (Schulz 1996, Kirshenblatt-Gimblett 1999, Fischer-Lichte 2000 und 2001, Bendix 2004). Entsprechend regelt eine Fülle von Tischmanieren und Verhaltensritualen als Varianten der Performanzregeln das Verhalten bei Tisch.

Alle Tischregeln einschließlich der hygienischen Anweisung, sich die Hände zu waschen, verweisen auf das Rollenspiel der Theaterpraxis, auch das Abwarten, bis die Plätze angewiesen werden und mit dem Aufnehmen der Speisen gemeinsam begonnen wird, nachdem alle Teilnehmer wie im Theatersaal Platz genommen haben. In einem gut geführten Restaurant werden die Speisen für alle Essenden gleichzeitig aufgetragen, und das Essen wird vom Gastgeber wie eine Theateraufführung (Vorhang) eröffnet. Die Essenden sind Zuschauer und Akteure zugleich.

Diese Praxis ist ein Abbild des theatrum mundi und ein Pendant des bereits berührten Spiels der Liturgie. Leo Moulin spricht hinsichtlich der Tischordnungen entsprechend von den ‚Liturgien der Tafel'. Das Decken des Tisches ist Teil der vorbereitenden Schritte der Inszenierung; der Tisch und seine Ästhetik bilden gleichsam das dingsymbolische Herzstück der Gesamtdarstellung wie in der christlichen Religion der Altar, auf dem - als Tisch des Herrn - die göttliche Speise platziert ist.

Weil alle Eßsituationen als derartige Situationen gebaut sind, haben Gastgeber und Gäste diese Performanzqualität zu beachten und Performanzkompetenz zu erwerben. Dabei bleibt zu bedenken, dass die Rollen des Mahlzeiten-Schauspiels wie im Theater nicht nur von einzelnen Personen, sondern auch von Personengruppen gespielt werden, zu denen außer den Familien mit Kindern die verschiedenen Generationen und die beiden Geschlechter zählen. In Deutschland hat vor Jahren bereits Andreas Pflaum versucht, den performativen Charakter eines gemeinsamen Essens mittels der Kombination von Essen und künstlerischen Darbietungen (Gourmet-oper) auszudrücken. Das war eine von August Everding vermittelte Idee des 19. Jahrhunderts, die man in der Literatur unter anderem bereits bei Ludwig Tieck findet. Wie geschickt man diesen Ansatz kommerziell ausbauen kann, wenn man den leitenden Kulturbegriff zu einem populären Kulturkonzept erweitert, zeigen Harald Wohlfahrt und die Palazzo Varieté GmbH, indem sie den Speisengenuss mit unterhaltsamer Zirkus-Artistik, Varieté und anderen Show-Programmen verbinden. Die Nähe zum Volkstheater ist ebenso unübersehbar wie die Gegenbildlichkeit der Shows zum öffentlich subventionierten Schauspiel als Modus von Kulturkritik und Analyse. Man hat allein in Mannheim mehr als 20.000 Besuchern innerhalb der drei Monate November 2007 bis Ende Januar 2008 gezählt.

8. Das zweite Band, mit dem Koch und Köchin als Gastronomen den Strauß der Erwartungen und Leistungen konzeptionell und praktisch zusammenbinden und auch zusammenhalten können, ist das Gespräch unter den Essenden und seine Förderung. Anders als im Konzertsaal oder im Zirkus spielt im Restaurant und vielen anderen Lokalvarianten, vor allem in der Kneipe, das Gespräch unter den Essenden und / oder Trinkenden eine eminente Rolle. Dieses Differenzmerkmal, das gleichfalls inszeniert sein will, macht die Kulturarbeit von Koch und Köchin als Gastronomen nochmals facettenreicher und schwieriger, weil ihnen als Regisseure performativer Akte auch die Aufgaben zufallen, die Gespräche der Gäste zu stimulieren, indem sie mittels ihrer Speisen und dem Ambiente eben die kreative Atmosphäre schaffen, in der Gespräche gedeihen können.

Ein besonderes Instrument dieser Aufgabe ist das Handlungssystem des Dienens, vgl. den Beitrag von Tilman Allert im vorliegenden Band. Im gegenwärtigen Deutschland wird unter dem Aktionsverb ‚Dienen' vielfach die Bezeichnung eines Ressorts (Dienstleistung) oder eine Tätigkeit in abhängiger Stellung oder eine fragwürdige Untertänigkeit verstanden. Diese weit verbreitete Einstellung ist zweifellos eine kollektive Reaktion des kulturellen Gedächtnisses auf die jahrhundertealte Herrschaftsordnung in Deutschland und die als ideologiehaltig durchschaute Forderung nach selbstlosem *Dienst* an der Sache, die in beamtenrechtlichen Ausdrücken wie *Dienstzeit, Dienstweg* oder *Dienstvorgesetzter* fortlebt. So gesehen war es auf den ersten Blick auch weitsichtig und klug, im Gastgewerbe den Ausdruck ‚Dienen' durch den Ausdruck ‚Service' zu ersetzen; er ist von der tradierten Semantik frei und besitzt den Vorteil, transnational verständlich zu sein.

Das Wort *service* lässt aber zugleich die besondere Semantik des deutschsprachigen Ausdrucks *dienen* vergessen und hat überdies den Nachteil, dass es in vielen Branchen einschließlich der Autowerkstatt genutzt wird. Das kleine Beispiel zeigt, dass es in der Kulinaristik nicht nur um Antworten auf praktische Probleme gehen kann, sondern auch um das Herausarbeiten von Fragestellungen gehen muss, die der Komplexität des Gegenstandes angemessen sind. Wenn man einräumt, dass unsere gesellschaftliche Wirklichkeit nicht einfach gegeben ist, sondern weithin durch Begriffe konstituiert wird, dann käme es darauf an, den kulturspezifischen Mehrwert der Semantik des deutschen Ausdruck *dienen* sprach- und kulturvergleichend wieder zu verdeutlichen. Das wäre kein Rückfall in Provinzialismus, sondern die Aktualisierung kultureller Differenz als transkultureller Reichtum.

9. Das dritte verbindende Band, mit dem Gastronomen den Strauß der Erwartungen und Leistungen der qualifizierten Gastronomie als Ort kulinarischer Bildung

konzeptionell zusammenhalten, ist die Nähe des Kochberufes sowohl zur Kunst als auch zur Wissenschaft. Häufig werden die Köche und Köchinnen als Künstler bezeichnet, Juan Mari Arzak (61) und Ferran Adrià (41), spanische Starköche, betrachten sich dagegen als Wissenschaftler. Genauere Prüfung macht jedoch bald klar, dass Koch und Köchin als Handwerker, Unternehmer, Kulturstifter, Kulturpolitiker und Kulturarbeiter weder Wissenschaftler noch Künstler sind, sondern eigenständig *zwischen* beiden Lebens- Arbeits- und Erkenntnisformen stehen. Einige Gründe für diese These seien als Abschluss des Beitrags angeführt; die Überlegungen sind nicht auf einen bestimmten Kunst- und Wissenschaftsbegriff beschränkt.

Es gibt eine kaum bestreitbare Nähe der Kochkunst sowohl zu den schönen Künsten als auch zur Wissenschaft. Diese Nähe zu den Künsten ist schon mit der Eigenleistung der Speisenherstellung, der Eigengesetzlichkeit und Ästhetik der Speisenpräsentation, des Ambientes und der erläuterten performativen Qualität von Eßsituationen gegeben. Köche und Köchinnen arbeiten wie Schauspieler und Musiker für den Augenblick der vollumfänglichen sinnlichen und intellektuellen Wahrnehmung beziehungsweise des Verzehrs, so dass man das Kochen grundsätzlich ebenso wie das Theaterspiel, die Musik, das Hörspiel oder auch das Ballet als ‚transitorische Kunst' bezeichnen kann.

Im Fall der Musik und des Schauspiels lebt das künstlerische Werk in der Aufführung und, abgesehen von der Erinnerung des Rezipienten, in der Partitur weiter; die Speise überlebt entsprechend als Rezept. Die Erfindung eines Rezepts lässt sich durchaus mit der Erfindung einer Partitur von Musikstücken und dem Text eines Schauspiels vergleichen; es erscheint mir auch zulässig, das Nachkochen eines Rezepts der Interpretation oder neuen Lesart eines literarischen Textes oder eines Musikstücks an die Seiten zu stellen; Mörikes berühmtes Gedicht *Frankfurter Brenten* war ursprünglich ein Rezept und wechselte nur die Funktion.

In der qualifizierten Gastronomie als einer Kulturgastronomie wird die Nähe zu den schönen Künsten auch durch die Praxis unterstrichen, die Angebote in der Regel wie im heutigen Konzert- und Theatersaal immer häufiger auf den Abend zu beschränken. Das Mittagessen nimmt im Kontext der Arbeitswelt selbst in Ländern der *siesta* immer mehr den Charakter eines schnellen lunch an. Die Gastronomie hat es insofern ähnlich wie das Experimentelle Theater Bert Brechts, dessen Formulierungen ich hier aufgreife, immer mehr mit einem von Anstrengungen und Friktionen der Tagesarbeit erschöpften Gast zu tun. Er ist am Abend seiner Welt entflohen. Er sitzt da als Flüchtling, er ist ein Flüchtling, aber er ist auch ein Kunde. Er kann hierher flüchten oder woanders hin. Die Konkurrenz der Gastronomie mit dem Theater oder dem Konzert verschiedenster Art zwingt dem Gastronomen immer neue Anstrengungen ab, attraktiv zu erscheinen. Nur die Stammkunden lassen ihn mal aufatmen, darum sind sie auch so wichtig für das Gastgewerbe - wie für das Theater oder das Konzert die Abonnenten.

Alle Künste tragen ihren Endzweck in sich selber und weisen darum zugleich über sich hinaus, entsprechendes lässt sich auch vom ‚Kunstwerk auf dem Teller' sagen. Doch anders als in den schönen Künsten sind die Produkte eines Kochs oder einer Köchin in Wahrung und Würdigung der nötigen Frische der Produkte auf möglichst sofortigen Verzehr angelegt; sie haben ebenso wie ihre Rohmaterialien ein bestimmtes Verfallsdatum. Ein vergleichbares Datum gibt es nur bei Forschungsfronten der Naturwissenschaften und bei einigen Installationskünsten, etwa den Eiskünstlern. Generell sind die Künste zwar in ihrer Zeit und ihrer Region verwurzelt und an weitere Bedingungen wie Materialgerechtigkeit gebunden, aber ihre Haltbarkeitsgrenzen kennt niemand.

Andererseits sind ein Koch und eine Köchin auch keine Wissenschaftler, weil ihrer Tätigkeit das zentrale Kontrollprinzip der Wissenschaften abgeht: die Nachprüfbarkeit ihrer Ergebnisse. Eine Speise kann nur von einem einzigen gegessen werden kann und ist daher intersubjektiv nicht überprüfbar. Selbst dann, wenn mehrere Personen von einer singulären Speise essen, von einem Fisch etwa, bleibt das individuell-subjektive Geschmacksurteil ähnlich wie die Lektüre eines literarischen Textes oder die Interpretation eines Bildes infolge der differenten Rezeptionsbedingungen unterschiedlich (weshalb die Prüfungspraxis singulärer Tester hochproblematisch ist).

10. Es geht bei der Verwendung des Ausdrucks *Kochkunst* denn auch gar nicht um Kunst im Sinne der Malerei oder bildenden Kunst, sondern um eine *kreative Könnerschaft*, die wir in dem Sinne auf Deutsch als *Kunst* benennen, wie die Lateiner von der *ars vivendi* und der *ars moriendi* sprachen, wie man von der *ärztlichen Kunst* oder von der *Kriegskunst* und der *Kunst des Essens* (Pudel 2003, 64) oder auch von der *Ess- und Lebenskunst*[4] und vom *Master of Arts* spricht. Diese Konzepte spiegeln nicht zuletzt Elemente der mittelalterlichen Konzeption der *artes liberales*. Die Wissenschaft sieht ihr Ziel durchaus erreicht, sobald Forschungs- und Lehrergebnisse vorliegen und in der Prüfung standhalten; die ärztliche Kunst hat ihren Zweck erfüllt, wenn eine Krankheit geheilt werden konnte; die Kriegskunst, wenn der Krieg gewonnen ist, die Kochkunst, wenn die Speise gegessen und beurteilt wurde - the proof of the pudding is the eating.

Dass es Ideenlosigkeit und das Stehlen von Ideen auch bei Köchen gibt, hat Grass in seinem Drama *Die bösen Köche* dargestellt (Schneider 2007). Wenn verschiedene Köche dasselbe Rezept verwenden, entstehen nicht jedes Mal identische, aber auch nicht jedes Mal originelle Gerichte. Ein Rezept wird beim Kochen wie die Aufführung eines Musikstücks stets neu realisiert, wenngleich die Produktion eines Stücks, nicht die Reproduktion die eigentliche schöpferische Leistung darstellt. Doch anders als bei den Theateraufführungen ist das Leitziel des Nachkochens eines Rezepts trotz aller Unvermeidbarkeit der Interpretation nicht die Herausarbeitung einer bislang unbemerkten Bedeutungsmöglichkeit des betreffenden Produktes, sondern die möglichst perfekte Wiederholung der Herstellung dieses Produkts (Speise). Es geht mithin weniger um die Problematik, die Walter Benjamin mit seinem berühmten Aufsatz über *Das Kunstwerk im Zeitalter seiner technischen Reproduzierbarkeit* diskutiert hat, als um die genaue Wiederholung der Herstellung des Produktes, das man erwartet.

[4] So der Untertitel des Buches von Hauer (2005).

Entsprechend wird in Deutschland trotz aller Kochshows der Medien nicht die Kochkunst, sondern die Wissenschaft als Werbemetapher der Ideenproduktion immer beliebter. Und auch so manches Kochbuch qualifizierter Köche nutzt zur Eigenwerbung mittlerweile Ausdrücke und Begriffe aus der Wissenschaft, nicht nur der Natur- sondern auch der Kulturwissenschaften und ihrer Vorformen, wie es etwa der Kochbuchtitel des Drei Sterne-Sternekochs Christian Bau: *Innovation durch Tradition* (2004) im Anschluss an die typische Redeweise der früheren Geisteswissenschaft tut.

Die Hintergründe solcher Anleihen bei den früheren Geisteswissenschaften werden auf der Folie der industriellen Nahrungsmittelproduktion der letzten Jahre deutlich: Ebenso wie die Wissenschaftler sind Koch und Köchin der Authentizität ihrer Produkte und ihrer Inszenierung verpflichte; Produktfälschungen kommen in beiden Bereichen zwar immer wieder vor, werden aber im Fall ihrer Entdeckung in aller Regel sanktioniert. Wissenschaftler und Köche gewinnen ihre Schaffensprodukte gleichermaßen auf systematische Weise unter Wahrung von Detailgenauigkeiten. In den Wissenschaften gilt die Regel, dass Vorgehen und Genauigkeit als Prozess überprüfbar bleiben müssen; in der Gastronomie ist das methodische Vorgehen eher ein Betriebsgeheimnis, nur das Ergebnis wird beurteilt. Dagegen benötigt auch ein guter Gastronom jene Qualifikationen, die in der Wissenschaft ‚key qualifications' genannt und als Faktoren des Könnens, Vorbedingung individueller Produktivität und kreativer Zusammenarbeit in der Berufswelt vermittelt werden. Die aktualisierten Prüfungsordnungen für die Hotel- und Gastgewerberufe sehen sie gleichfalls vor (Korioth / Schmidt 2005): Originalität, Fachkompetenz, Methodenkompetenz, Umgangskompetenz, Fähigkeit zu kooperativer Erkenntnisarbeit, organisatorische Kompetenzen, Mehrkulturen-Kompetenz und eine ausdauernde Lern- und Innovationsbereitschaft.

Anders als Maler, Schriftsteller oder Komponisten vermögen qualifizierte Köche ihre außerordentliche Leistung aber nur zu erbringen, weil sie bei ihrer Arbeit von einem Team von Mitarbeitern wie ein Klinikdirektor unterstützt werden. Sterne-Köche wirken heute wie die meisten großen Mediziner und Wissenschaftler in und mit einer Vielzahl qualifizierter Mitarbeiter zusammen. Im Unterschied zu den vergleichbaren Kollegen aus den Kulturwissenschaften oder der Kunst, in denen die Einzelleistung nach wie vor die entscheidende Leistungsform ist, wird das Team als Orchester neben Logistik und Management immer entscheidender. Insofern sind große Köche durchaus den Leitern großer wissenschaftlicher oder medizinischer Institute vergleichbar. Das distinktive Merkmal, die Ermöglichung von Genuss, beschreibe ich an anderer Stelle im vorliegenden Band. Hier möchte ich statt einer Zusammenfassung drei kurze Folgerungen aus dem Ausgeführten ziehen.

Erstens: So wie die Hochschulpolitik in Deutschland derzeit die Universitäten durch eine ‚Kulturveränderung' (Peter Frankenberg) zum Abschied von obsoleten Verhaltenskulturen veranlasst, gibt es auch in der Gastronomie erheblichen Reformbedarf, um diese Branche zukunftsfähig zu machen, weil sie gebraucht wird. Nicht zuletzt gilt es, Strukturen und Konzepte, die vordemokratischen Vorbildern nachgebaut sind, auf den Prüfstand zu stellen und gegebenenfalls ähnlich gründlich zu modernisieren wie die Verhältnisse an den Hochschulen. Insbesondere lassen sich Wissenschaft und Gastronomie in ihrer dreisinnigen Struktur als Institution, Lebensform und Modus der Wissensvermehrung und ihrer Grundproblematik vergleichen; für beide Berufsgruppen gilt die Diagnose, die der Konstanzer Philosoph Jürgen Mittelstrass hinsichtlich der Professoren auf den Begriff gebracht hat: „Es gibt nicht etwa zu viel Spezialisten und zu wenige Generalisten, sondern zu wenige Spezialisten mit generellen Kompetenzen“ (Mittelstrass 1994, S. 23.).

Zweitens folgt aus dem Dargelegten, dass Koch und Köchin aufgerufen sind, im Interesse ihrer selbst die Nähe der Kochkunst sowohl zu den Wissenschaften als auch zu den schönen Künsten zu pflegen und dass sich alle Fort- und Weiterbildungsmaßnahmen als partielle Verschränkung von wissenschaftlicher und beruflicher Bildung zu strukturieren hätte, die auch die Verhaltenskultur des Servicebereichs einbezieht.

Drittens darf hier festgehalten werden, dass mit der Analyse der Sonderstellung der Gastronomie als Zwischenwelt und Transitraum zugleich ein Studienfeld genannt ist, das kulinaristische Fort- und Weiterbildung grundsätzlich zu vermessen und praxisnah zu bearbeiten hätte. Inhaltlich kommt für diese Studien nach dem Ausgeführten nur eine akademische Fort- und Weiterbildung in Frage, die sich auch der besonderen Stellung der Gastronomie zwischen Wissenschaft und Kunst bewusst ist.

Literatur

Assmann, Jan / Harth, Dietrich (Hg.): Kultur und Konflikt. Frankfurt 1990. Bachman-Medick, Doris: Cultural Turns. Reinbeck 2006.

Barlösius, Eva / Manz, Wolfgang: Der Wandel der Kochkunst als genußorientierte Speisegestaltung. In: Kölner Zeitschrift für Soziologie und Sozialpsychologie 40 (1988), S. 706–727.

Barlösius, Eva: Soziologie des Essens. Eine sozial- und kulturwissenschaftliche Einführung in die Ernährungsforschung. Weinheim und München 1999

Blenke, Peter/ Wieke, Thomas: Kaiser, Köche, Caterer. Kulinarische Gastlichkeit von der Antike bis heute. Niedernhausen 2001.

Bolten, Jürgen (Hg.): Interkulturelles Handeln in der Wirtschaft. Berlin/ Ludwigsburg 1994.

Bolten, Jürgen: Interkulturelle Kompetenz. 5. vollständig überarbeitete Auflage. Erfurt 2007.

Bourdieu, Pierre: Die feinen Unterschiede. Kritik der gesellschaftlichen Urteilskraft. Frankfurt 1984.

Brillat-Savarin, Jean Anthèlme: Physiologie des Geschmacks oder Gedanken zur transzendenten Gastronomie [1825]. Frankfurt 1979.

Dettmer, Harald / Hausmann, Tomas: Restaurant. Theorie und Praxis. Hamburg 2007.

Ehlert, Trude: Ein neuer Forschungsschwerpunkt: Kulturwissenschaft des Essens. Symposion zum "Kulturthema Essenïn Selb vom 24.-26.05.1989. In: Jahrbuch Deutsch als Fremdsprache 15 (1989), S. 464–468.

Engelhardt, Dietrich von / Wild, Rainer (Hg.): Geschmackskulturen. Vom Dialog der Sinne beim Essen und Trinken. Frankfurt 2005.

Etzlstorfer, Hannes (Hg.): Küchenkunst und Tafelkultur. Culinaria von der Antike bis zur Gegenwart. Wien 2006.
Fischer-Lichte, Erika /Pflug, Isabel (Hg.): Inszenierung von Authentizität. Tübingen/Basel 2000.
Fromhold-Eisebith, Martina: Wissenschaft als kreatives Milieu. In: Alois Wierlacher/Andrea Bogner (Hg.): Handbuch interkulturelle Germanistik. Stuttgart 2003. S. 115 – 121.
Frühwald, Wolfgang et al (Hg.): Geisteswissenschaften heute. Eine Denkschrift. Frankfurt 1991.
Götze, Heinz: Les Chefs. Die großen französischen Köche des 20. Jahrhunderts. Frankfurt 1999.
Goffman, Erving: Wir alle spielen Theater. München 1969 (engl. Original: The Presentation of Self in Everyday Life. New York 1956).
Hassani, Nadia: Spoonfuls of Germany. New York 2004.
Heise, Ulla: Der Gastwirt. Geschäftsmann und Seelentröster. Leipzig 1993.
Herzog, Roman: Zukunft bauen. Erziehung und Bildung für das 21. Jahrhundert. Stuttgart 1998.
Kaufmann, Jean-Claude: Kochende Leidenschaft. Soziologie vom Kochen und Essen. Konstanz 2006.
Kirshenblatt-Gimblett, Barbara: Playing to the Senses: Food as a Performance Medium. In: Performance Research 4 (1999), S. 1 – 30.
Korioth, Tamara/ Schmidt, Jens U. (Hg.): Aktualisierte Prüfungen für die Hotel -und Gastgewerbebetriebe. 2. Auflage Bonn 2005.
Lenk, Hans: Eigenleistung. Plädoyer für eine positive Leistungskultur. Osnabrück u.a. 1983.
Manz, Friedrich /Manz, Irmgard: Sinnesentwicklung und Sinnesausprägung beim Föten und Säugling. In: Dietrich von Engelhardt/Rainer Wild (Hg.): Geschmackskulturen. Vom Dialog der Sinne beim Essen und Trinken. Frankfurt 2005, S. 88 – 105.
Markl, Hubert: Bildung für die Welt von morgen. In: Wissen und Werte für die Welt von morgen. Hrsg. Vom Bayerischen Staatsministerium für Unterricht, Kultus, Wissenschaft und Kunst. München 1998, S. 39 – 65.
Markl, Hubert: Gegen Information hilft nur Bildung. In: Merkur 53 (1999), S. 1072 – 1083.
Matthes, Joachim (Hg.): Zwischen den Kulturen? Die Sozialwissenschaften vor dem Problem des Kulturvergleichs. Göttingen 1992.
Mennell, Stephen: Die Kultivierung des Appetits. Die Geschichte des Essens vom Mittelalter bis heute. Frankfurt 1988.
Mittelstrass, Jürgen: Die unzeitgemäße Universität. Frankfurt 1994.
Müller, Dietrich: Vom Design des gedecktem Tisches in der Bundesrepublik Deutschland. In: Wierlacher, Alois (Hg.): Kulturthema Essen. Ansichten und Problemfelder. Berlin 1993, S. 75 – 82.
Mutius, Bernhard von: Die andere Intelligenz.- Wie wir morgen denken werden. Stuttgart 2004.
Neumann, Gerhard: 'Jede Nahrung ist ein Symbol'. Umrisse einer Kulturwissenschaft des Essens. In. Alois Wierlacher/Gerhard Neumann/Hans Jürgen Teuteberg (Hg.): Kulturthema Essen. Ansichten und Problemfelder. Berlin 1993, S. 385 – 444.
Pudel, Volker: Sicherheit und Lebensqualität durch sensorische Lust. In: Engelhardt, Dietrich von /Wild, Rainer (Hg.): Geschmackskulturen. Vom Dialog der Sinne beim Essen und Trinken. Frankfurt 2005, S. 59 – 70.
Randow, Gero von: Genießen. Eine Ausschweifung. Hamburg 2001.

Rathsmann, Antje: Die Hotellerie – nicht nur tragender Dienstleister des Fremdenverkehrs, sondern auch Teil der Kulturumwelt. Diss. Trier 2002.

Reich Hans / Wierlacher, Alois: Bildung. In: Alois Wierlacher/Andrea Bogner: Handbuch interkulturelle Germanistik. Stuttgart 2003, S. 203 – 210.

Rigotti, Francesca: Philosophie in der Küche. Kleine Kritik der kulinarischen Vernunft. München 2003.

Scheriau, Michael: Kochen und Religion. Das strenge Regime in der Küche. In: Hannes Etzlstorfer (Hg.): Küchenkunst und Tafelkultur. Wien 2006, S. 55 – 66.

Schipperges, Heinrich: Lebensmittel – Mittel des Lebens. Einführung in die Regelkreise der Lebensführung. Bad Mergentheim 1985.

Schneider, Gisela: Die bösen Köche. In: Küchenzettel. Essen und Trinken im Werk von Günter Grass. Hg. von Volker Neuhaus und Anselm Weyer. Frankfurt 2007, S. 55 – 73.

Schulz, Denise: Das Lokal als Bühne. Die Dramaturgie des Genusses. Düsseldorf /München 1996.

Seger, Cordula: Grand Hotel: Schauplatz der Literatur. Köln u.a. 2005.

Spiekermann, Uwe: Deutsche Küche – eine Fiktion. In: Kurt Gedrich/Ulrich Oltersdorf (Hg.): Ernährung und Raum. Regionale und ethnische Ernährungsweisen in Deutschland. Karlsruhe 2002, S. 47 – 73

This-Benckhard, Hervé: Rätsel der Kochkunst, naturwissenschaftlich erklärt. Heidelberg 1996.

Thomas, Alexander: Psychologie interkulturellen Handelns. Göttingen 1996.

Walterspiel. Alfred: Meine Kunst in Küche und Restaurant. Erfahrungen und kulinarische Anschauungen eines internationalen Kochs. München 1981.

Wierlacher, Alois / Neumann, Gerhard / Teuteberg, Hans Jürgen (Hg.): Kulturthema Essen. Ansichten und Problemfelder. Berlin 1993.

Wierlacher, Alois: Interkulturalität. In: Henk de Berg und Matthias Prangel (Hg.): Interpretation 2000: Positionen und Kontroversen. Festschrift zum 65. Geburtstag von Horst Steinmetz. Heidelberg 1999, S. 155 – 181.

Wierlacher; Alois (Hg.): Kulturthema Fremdheit (1993), 2. Auflage München 2001.

Wierlacher, Alois / Albrecht, Corinna: Kulturwissenschaftliche Xenologie. In: Ansgar Nünning /Vera Nünning (Hg.): Konzepte der Kulturwissenschaften. Stuttgart 2003, S. 280 – 306.

Wierlacher, Alois: Kultur und Geschmack. In: Handbuch interkulturelle Germanistik, hrsg. von Alois Wierlacher und Andrea Bogner. Stuttgart 2003, S. 165 – 175.

Wierlacher, Alois: Was heißt: die Augen essen mit? In: Dietrich von Engelhardt/Rainer Wild (Hg.): Geschmackskulturen. Vom Dialog der Sinne beim Essen und Trinken. Frankfurt 2005, S. 129 – 143.

Wierlacher, Alois: Jahresprogramm Fort- und Weiterbildung der Deutschen Akademie für Kulinaristik. Bremen 2005.

Wissenschaftsrat: Empfehlungen zur berufsbezogenen wissenschaftlichen Weiterbildung. Bonn 1997

Zischka, Ulrike / Ottomeyer, Hans/Bäumler, Susanne (Hg.): Die anständige Lust. Von Esskultur und Tafelsitten. München 1993.

Grundlegung einer Kulturvergleichenden Weinforschung im Kontext der Kulinaristik

Peter KUPFER

1 Die Bedarfsgrundlage: Zwecke und Ausgangspunkte der Forschung

Es gibt kaum einen Bereich der Wirtschaft, Politik, Gesellschaft und Kultur Chinas der auf Grund der seit einem Vierteljahrhundert anhaltenden tiefgreifenden, umfassenden und folgenreichen Veränderungen im Kontext der Modernisierungs- und Globalisierungsprozesse nicht schon zum Gegenstand öffentlichen wie auch wissenschaftlichen Interesses und größtenteils ausführlicher Forschungen geworden ist. Vergleichsweise wenig Aufmerksamkeit wurde bisher allerdings dem Kulturphänomen des Essens und Trinkens gewidmet, das den chinesischen Alltag gegenwärtig rascher verändert als die meisten anderen Faktoren. Die von Alois Wierlacher, Gerhard Neumann und anderen seit 1989 aus der interkulturellen Germanistik entwickelte interdisziplinäre Kulturwissenschaft des Essens und Trinkens [vgl. Wierlacher 1993; Neumann/Wierlacher/Wild 2001; Wierlacher 2003], deren zweiter, praxisorientierter Strang von Wierlacher seit seiner Gründung der Deutschen Akademie für Kulinaristik (2000) als *Kulinaristik* bezeichnet wird [Wierlacher 2003:165], hat in China seit Jahrhunderten eine traditionelle Grundlage – man denke an die über zwei Jahrtausende zurück zu verfolgenden daoistischen Praktiken der Lebensverlängerung und die medizinisch-diätetische Entsprechungsphilosophie – und erfährt neuerdings in China im Rahmen sowohl individueller Forschungen als auch universitärer Programme ebenfalls eine wachsende Anerkennung und Akzeptanz.

In auffälliger Weise machen sich seit wenigen Jahren – und wie nie zuvor in Chinas Geschichte – im Zusammenhang mit den Veränderungen oder gar der Aufgabe teils uralter Ess- und Trinkkonventionen in der chinesischen Bevölkerung einerseits die zunehmende Suche nach und die Selbstreflexion über diesbezügliche Überlieferungen – zugleich mit Bemühungen um deren Renaissance, andererseits die vergleichende Neugier an entsprechenden Traditionen in anderen Weltkulturen bemerkbar. Auf Grund dieser Tendenz, die vor allem in der städtischen, den vielfältigen Modernisierungs- und Globalisierungseinflüssen unterworfenen Öffentlichkeit, etwa in Form von „Gourmettempeln", „Gourmetstraßen" und Internationalisierung der Kochkunst zu beobachten ist, entwickelt sich derzeit ein verstärktes wissenschaftliches Interesse, das in zahlreichen Ansätzen festzustellen ist – beispielsweise im Rahmen neuerer Buch- und Zeitschriftenpublikationen oder der Etablierung von Fachbereichen und -schulen für traditionelle Diätetik wie auch moderne Kochkunst, im Chinesischen gewöhnlich mit *meishixue* 美食学

(„Wissenschaft des guten Essens“) umschrieben [vgl. z.B. *Meifeng Meishi Wenhua Wang*].

Im Zuge dieser Entwicklungen und gefördert durch neuere Impulse und Entdeckungen in der Kulturforschung und Archäologie (insbesondere auch durch deren Instrumentalisierung zum Zweck der historisch-kulturellen Selbstidentifikation) wird in der Wissenschaftskommunikation in China gegenwärtig ein zunehmendes Bedürfnis erkennbar, das bis in vorgeschichtliche Zeiten zurück zu verfolgende Kapitel der *Kultur fermentierter, alkoholischer Getränke* – in diesem weitesten Sinne im Chinesischen unter dem Begriff *jiu* 酒 subsumiert – wissenschaftlich aufzuarbeiten. Grundlage hierfür bilden die historischen wie auch modernen agrarwissenschaftlichen, produktionstechnologischen, ernährungswissenschaftlichen und medizinischen Quellen, wie z.B. der „Weinkanon“ *Jiujing* 酒经 von Su Shi 苏轼 (11. Jh.), der „Weinkanon des Nordberges“ *Beishan Jiujing* 北山酒经 von Zhu Gong 朱肱 (12. Jh.), die „Geschichte des Weins“ *Jiushi* 酒史 von Feng Shihua 冯时化 (15. Jh.) oder aus neuerer Zeit Zeng [1980]. Der Begriff *jiu* ist in dieser Bedeutungsbreite, die alle denkbaren, auch von westlichen Herstellungstraditionen grundverschiedenen Getränkesorten sowie ihre Verwendung in Küche und Medizin mit umfasst, eigentlich nicht, allenfalls im Englischen mit *wine*, übersetzbar [vgl. dazu die Argumentation bei Huang 2000:149 – 150]. In den jüngsten Veröffentlichungen zur Thematik *jiu* wird immer wieder deutlich, welche offensichtlichen Forschungslücken unter den verschiedenen Perspektiven historischer, archäologischer, naturwissenschaftlicher, anthropologischer, philologischer, kultur- und literaturwissenschaftlicher und nicht zuletzt interkultureller Zielsetzung hier noch allseits zu füllen sind.

In diesem aktuellen Kontext erschien in China 1999 das erste, in Fachkreisen viel beachtete Buch, das den Versuch wagt, die historischen Entwicklungen der *chinesischen Kultur des Traubenweins*, chin. *putaojiu* 葡萄酒, und ihre Zusammenhänge mit der eigenkulturellen Geistes- und Wissenschaftsgeschichte, mit Literatur, Philosophie und Kunst ins Gedächtnis zurückzurufen und zugleich Gemeinsamkeiten wie Unterschiede zur euroasiatischen Weingeschichte zu entdecken [Ying 1999]. Der Titel des Werkes, *Putao Meijiu Yeguangbei* 葡萄美酒夜光杯 ("Traubenwein aus glänzendem Becher der Nacht“), besteht aus dem Eingangsvers des bekanntesten Loblieds auf den Traubenwein in der gesamten chinesischen Literatur, des „Gedichts von Liangzhou“ *Liangzhou Ci* 凉州词, das der Poet Wang Han 王翰 zu Beginn des 8. Jahrhundert verfasste, also während des „Goldenen Zeitalters“ der chinesischen Literatur und zugleich auch der Traubenweinkultur, der Tang-Dynastie (618 – 907). Durch diesen Titel und durch die im Buch oft nur ansatzweise berührten, aus verschiedenen Perspektiven behandelten Themen werden die ausgedehnten, noch weitgehend unbearbeiteten Bereiche künftig zu leistender Forschungsarbeit erkennbar, die gleichwohl in die allgemeine *jiu*-Kulturforschung eingebettet sind.

2 Hauptbereiche des Forschungsbedarfs

Aus den obigen Überlegungen ergeben sich die inhaltlich-methodischen Impulse, welche die Ausgangsbasis für die im Folgenden grob umrissenen vier großen Forschungsbereiche bilden. Alle diese Bereiche sind durch ein offenkundiges Potential noch wenig genutzter und neue Erkenntnisse versprechender Ressourcen und Daten charakterisiert, wobei interdisziplinäre Fragestellungen im Vordergrund stehen und auf die kooperative Bearbeitung aus unterschiedlicher wissenschaftlicher Perspektive geradezu warten.

Größter Forschungsbedarf besteht zunächst bei der *generellen Aufarbeitung der Geschichte des Traubenweins in China und seiner gesellschaftlichen und kulturellen Rolle in den einzelnen chinesischen Epochen*, von der Vorgeschichte (weltweit ältester Nachweis der Traubenweinproduktion von vor 9000 Jahren in Jiahu, Provinz Henan) über die Shang- und Zhou-Zeit (16. bis 3. Jh. v. Chr.) mit ausgeprägter Keramik- und Bronzekultur, hochentwickelter Fermentationstechnologie, reichhaltigen paläographischen sowie literarischen Zeugnissen der Vielfalt und der kultisch-sozialen Bedeutung von *jiu*, die aufblühende Epoche der Han-Dynastie (2. Jh. v. Chr. bis 2. Jh. n. Chr.) bis zur Tang-Dynastie (3. bis 10. Jh.), in der der Austausch mit anderen euroasiatischen Kulturen und die Traubenweinkultur, mit besonderem Einfluss auf Literatur und Weltanschauung, ihre Höhepunkte erfuhren, über die Jahrhunderte der eher introvertierten Song-Dynastie (10. bis 13. Jh.) mit starker „Sinisierung" der *jiu*-Kultur, der Yuan-Zeit (13.-14. Jh.) mit einem nochmaligen letzten Aufblühen der Traubenweinkultur innerhalb des mongolischen Weltreichs bis hin zu den Dynastien Ming und Qing (14.-19. Jh.), in denen der Traubenwein als Kulturgetränk seine Bedeutung verlor. Zum Ende der Qing-Dynastie und in der Republikzeit (1882 – 1949) verbreitete sich allmählich wieder der Weinanbau, nunmehr unter industriellen Bedingungen und im Rahmen globaler Entwicklungen. Der bis heute andauernde Aufschwung setzte jedoch erst nach der Gründung der Volksrepublik (1949) ein, bis in die 1970er Jahre noch durch Staatsbetriebe mit Massenproduktion, seit dem Beginn der Öffnungs- und Modernisierungspolitik in den 1980er Jahren unter marktwirtschaftlichen und vermehrt qualitätsorientierten Vorzeichen mit erstaunlichen Zuwächsen. Die gegenwärtige und zukünftige Entwicklung der Weinwirtschaft und -kultur stehen ganz im Zeichen der Globalisierung und der Ausrichtung Chinas auf den Weltmarkt.

Eingebettet in diesen historiographischen Kontext besteht weiterführend Bedarf an *vertiefenden, teils erstmaligen Thematisierungen und Untersuchungen von Einzelthemen und Fragestellungen.* Hierzu gehören beispielsweise die Auswertung der neueren archäologischen Erkenntnisse bezüglich der Entwicklung der Fermentation in der prähistorischen und frühgeschichtlichen Epoche, Zusammenhänge der Beherrschung der Fermentation und der *jiu*-Produktion mit der Entstehung der materiellen Kultur und erster Zivilisations- und Ritualgemeinschaften, kulturanthropologische Konsequenzen im Sinne der Herausbildung magisch-religiöser Vorstellungen, Kulte und philosophischer Systeme, Zusammenhänge zwischen der *jiu*-Kultur und der Entwicklung des chinesischen Schrift- und Literaturwesens, Einflüsse der Weinkultur auf die Literatur, Dichtkunst, Kalligraphie und Malerei und schließlich die wirtschaftspolitischen und sozialen Gründe des Niedergangs der Traubenweinkultur ab der Ming-Zeit.

Um die bislang weitgehend isoliert erfolgten Forschungsarbeiten einzelner Experten verschiedener fachlicher Ausrichtung zu bündeln, ergibt sich zumindest für die Beteiligten die aktuelle Notwendigkeit zur *Initiierung eines weltweiten, interdisziplinären Austausches und Dialoges auf dem Gebiet der jiu- und Traubenweinkultur*. Vor allem die in den letzten Jahren gewonnenen Erkenntnisse des Archäologen und Weinforschers McGovern [1997; 2003; 2004; 2005; Mai 2005] und die daraus gewonnenen Hypothesen erfordern zwingend ein gemeinsames Vorgehen und den fachübergreifenden Austausch zwischen den verschiedenen Bereichen der Archäologie, Archäochemie und Mikrobiologie, der Geschichtswissenschaft, Kulturanthropologie, Wissenschafts- und Philosophiegeschichte, Paläographie und historischen Sprachwissenschaft, Literaturwissenschaft, Geographie- und Regionalgeschichte, Agrarwissenschaft, der modernen Weinwirtschaft und politik, der kontrastiven und translationsorientierten Weinterminologieforschung usw. Ein erster Anstoß zur Etablierung eines solchen Forums soll das *International and Interdisciplinary Symposium on Cultural Studies of Wine in China and Germany* 中国与德国葡萄酒文化研究国际研讨会 sein, das vom 4. bis 7. Oktober 2007 am Fachbereich Angewandte Sprach- und Kulturwissenschaft (FASK) der Johannes Gutenberg-Universität Mainz in Germersheim stattfand.

Auf der Grundlage der oben aufgeführten Forschungsbereiche und daraus gewonnener Erkenntnisse resultiert schließlich der Bedarf ebenfalls interdisziplinär und international angelegter *Untersuchungen neuerer und gegenwärtiger Entwicklungen der chinesischen Traubenweinkultur im Globalisierungskontext und im interkulturellen Vergleich, insbesondere auch kontrastiv zur deutschen Weinkultur*. Dazu gehören etwa Fragestellungen wie die aktuell rasch zunehmende Bedeutung des Traubenweins im modernen chinesischen Alltag und seine Rezeption und Rolle im Wandel der heutigen chinesischen Gesellschaft, der Traubenwein als allgemeines Kulturgut und Faktor (inter-) kultureller Kommunikation, seine traditionelle und aktuelle Rolle in der Kulinaristik und Einzelthemen wie Traubenwein im Diskurs um Gesundheit, Konsum durch Frauen (Genderforschung), die sich rasch verändernden volks- und landwirtschaftlichen Produktionsbedingungen, die Bewusstmachung und Renaissance diesbezüglicher indigener Traditionen in China (Aufarbeitung des eigenen historischen Weinkulturerbes, zunehmende Rolle des Traubenweins in der modernen Literatur, Herausbildung neuer Traubenweinprodukte mit spezifisch chinesischem „Terroir" usw.). Mit Fokus auf die Zukunft interessieren nicht zuletzt die außenwirtschaftlichen und globalen Folgen der anhaltenden quantitativen und qualitativen Steigerung der chinesischen Weinproduktion auf dem globalisierten Weinmarkt. Dieser Ansatz findet nicht nur immer mehr Aufmerksamkeit in der chinesischen Weinfachwelt selbst, sondern neuerdings auch in der deutschen und internationalen Presse, Weinwissenschaft und -wirtschaft [vgl. Löwenstein 1991 – die erste und bisher einzige deutsche Magisterarbeit zur chinesischen Weinkultur, Smart 1998, Eis 2002, Strittmatter

2005 und insbesondere Bader 2006, der die Entwicklung als „Kultur-Revolution" pointiert u.a.]. Im Zuge der eigenen Standortbestimmung zeigen gerade die chinesischen Experten- und Marktkreise unmittelbares Interesse an diesem Themenkomplex und vor allem an einer fachübergreifenden Kommunikation, was sich in zahlreichen Kontakten sowohl mit Weinwissenschaftlern als auch mit Weinunternehmen in den letzten Jahren immer wieder exponiert bestätigte. Vielversprechend bietet sich hierbei der Kulturvergleich mit Deutschland an, das in China bislang noch kaum als klassisches Weinland wahrgenommen wird – ganz im Gegensatz zu Frankreich, Spanien, Italien, neuerdings auch Kalifornien und Australien, weshalb hier ein besonderer Nachholbedarf besteht.

3 Standort der Forschungsstelle

Zu den Hauptaufgaben des Germersheimer Fachbereiches Angewandte Sprach- und Kulturwissenschaft (FASK) gehören als weltweit größte universitäre Institution für die Ausbildung von Übersetzern und Dolmetschern in insgesamt 12 Sprachfächern neben linguistischer und translationswissenschaftlicher Forschung und Lehre vor allem auch Ausbildungsprogramme und Forschungsprojekte in den Bereichen der vergleichenden Kulturwissenschaft und Interkulturellen Kommunikation. Auf diesbezügliche Schwerpunkte wird seit der Einführung der neuen B.A.- und M.A.-Studiengänge ab Wintersemester 2006/07 besonderer Wert gelegt. Entsprechende kulturwissenschaftliche Studienmodule sind fester Bestandteil des *M.A. Sprache, Kultur, Translation* im Arbeitsbereich Chinesisch, in dem künftig kein Grundstudium im Rahmen des B.A. mehr angeboten wird, sondern nur noch die Konzentration auf die Ausbildung professioneller Sprach- und Kulturmittler erfolgt. Hierzu gehört die intensive und kompetente Vorbereitung der Studierenden auf die aktuellen Entwicklungen von Markt und Gesellschaft in China.

Die Erkenntnis, dass die Umwälzungen in den Ess- und Trinkkonventionen in China nicht nur ein beachtenswertes Alltags-, sondern vor allem auch ein Marktphänomen von unmittelbarer interkultureller Relevanz darstellen, sowie der Umstand, dass der FASK durch seinen Standort in einer der größten zusammenhängenden Weinbauregionen Europas im Hinblick auf Verbindungen zur lokalen Weinwirtschaft und -kultur privilegiert ist, bilden die Ausgangsbasis für die Überlegungen eines wissenschaftlichen Forums für vergleichende Weinforschung. Eine eingehendere Auseinandersetzung mit dem Phänomen Wein bzw. *jiu* in der chinesischen Geschichte und Beobachtungen der Konsumgewohnheiten in der heutigen chinesischen Gesellschaft, wo seit Beginn des 21. Jahrhunderts ein bemerkenswerter jährlicher Anstieg des Verbrauchs von vermehrt inländisch produziertem Traubenwein von 20 – 30% bei gleichzeitigem dramatischen Rückgang des Schnapskonsums zu verzeichnen ist, bestärken das Vorhaben, das in den Chinawissenschaften und selbst innerhalb der Kulinaristik wenig beachtete Kulturphänomen des Weins in den Mittelpunkt einer interkulturellen wie interdisziplinären Diskussion und Forschungstätigkeit zu rücken. Mit der Einrichtung einer Forschungsstelle am FASK bietet sich im Rahmen der Ausbildung auch die Gelegenheit, einen entsprechenden Studienschwerpunkt mit Vorlesungen und Seminaren zu schaffen.

4 Vorarbeiten und Anknüpfungen

Seit dem Jahr 2000 bestehen ständige Kontakte des Arbeitsbereiches Chinesisch mit dem 1994 von Prof. Dr. Li Hua 李华 gegründeten College of Enology der Northwest Sci-Tech University of Agriculture & Forestry (NWSUAF) in Yangling, Provinz Shaanxi, China (西北农林科技大学葡萄酒学院), dem einzigen selbständigen universitären Forschungs- und Ausbildungszentrum für Wein in China und Asien. Im Frühjahr 2002 und 2005 wurde ich als Vertreter der deutschen Chinawissenschaften zu den regelmäßig dort stattfindenden internationalen Wein-Symposien eingeladen. Meine in chinesischer Sprache verfassten Vorträge konzentrierten sich gemäß den Wünschen der Organisatoren auf die Präsentation der deutschen Weinkultur sowie auf die Weinkultur aus vergleichender und globaler Perspektive und wurden in China veröffentlicht [Ke 2003a, Ke 2003b, Ke 2005]. Anlässlich dieser relativ großen und in China selbst bedeutsamen Tagungen ergaben sich eine Reihe von Kontakten zu inländischen sowie internationalen Fachwissenschaftlern und -organisationen sowie zu Institutionen und Unternehmen. In der Folge nahm ich zahlreiche Gelegenheiten wahr, einerseits Weinunternehmen und -experten in verschiedenen Regionen Chinas zu besuchen und Informationen über die Traditionen und Entwicklungen zu sammeln, andererseits diesbezügliche Besucher und Delegationen aus China in Germersheim – teils auch zu Fachvorträgen am FASK – zu empfangen, Fachexkursionen in der Pfalz und anderen Weinbauregionen sowie deutsch-chinesische Kooperationskontakte zu organisieren. Zuletzt besuchte Prof. Li Hua im Frühjahr 2006 Germersheim. Bei dieser Gelegenheit fand am FASK eine Sitzung mit ihm, Kollegen der Universität, den Vorsitzenden der Deutschen Akademie für Kulinaristik und Vertretern der Weinwirtschaft statt, bei der Professor Wierlacher die Gründung einer Forschungsstelle am Arbeitsbereich Chinesisch des FASK sowie die Durchführung des geplanten Symposiums vorschlug. Mit dem Aufbau der Forschungsstelle wurde inzwischen begonnen.

Im Zusammenhang mit den in China publizierten Referaten, weiteren in Deutschland gehaltenen Vorträgen und in Kürze erscheinenden [Kupfer 2007 und 2008] bzw. in Arbeit befindlichen Aufsätzen sowie einem Hauptseminar zur chinesischen Weinkultur im Sommersemester 2006 konnte bereits umfangreiche Literatur zur Thematik gesammelt [vgl. Quellenauswahl im Anhang], bearbeitet und teilweise mit den Autoren Kontakt aufgenommen werden, insbesondere mit den international renommierten Experten und Buchautoren Patrick McGovern [siehe v.a. McGovern 2003] und Dr. Hsing-Tsung Huang [siehe Huang 2000], welche die Idee des Symposiums und einer Forschungsstelle nachdrücklich beflügelten und unterstützen. Ende 2006 hielt der Antragsteller auf Einladung von Chinas bekanntem Schriftsteller und Kulturpolitiker Feng Jicai an dessen Akademie in Tianjin einen Vortrag zum vergessenen Kulturerbe des Weins in chinesischer Sprache [Ke

2007] und fand auch hier maßgeblichen Rückhalt für die Organisation des Symposiums im Oktober 2007.

5 Das Symposium als Auftakt der kooperativen Forschungsstelle

In ausnahmslos allen Kontakten mit den chinesischen, deutschen und internationalen Experten, Referenten, Forschungsinstitutionen und Unternehmen wurde und wird die Bedeutung offensichtlich, die man der oben erwähnten und in dieser Form erstmaligen Konferenzveranstaltung als Einstieg in ein fortzuführendes und permanentes interdisziplinäres Austauschforum auf internationaler Ebene beimisst. Der bereits begründeten Notwendigkeit eines interdisziplinären Diskussionsforums auf dem Forschungsgebiet der Weinkultur Chinas, ausgehend von der breiteren Basis der *jiu*-Kultur, jedoch mit dem Fokus auf die Traubenwein-*(putaojiu-)* Kultur, wurde durch die Bemühung um weitgehende Berücksichtigung der wichtigsten, oben aufgelisteten Aspekte auf dem Symposium Rechnung getragen. Jedoch waren bei dieser viertägigen Begegnung naturgemäß zeitliche und damit auch thematische Einschränkungen unumgänglich, so dass hierbei einerseits nur einzelne Bereiche der potenziellen Themenvielfalt andiskutiert, jedoch wegweisende Impulse für die künftige Forschung erwartet werden konnten.

Bewusst wurden für diesen ersten Anstoß des wissenschaftlichen Austausches unter größtenteils sehr unterschiedlichen Fach- und Forschungsrichtungen *Schwerpunkte auf die neuesten, epochalen Entdeckungen und Resultate aus der Archäologie, Archäochemie, Mikrobiologie, Fermentationsforschung, Agrikultur- und Wissenschaftsgeschichte* gelegt, die durch einschlägige Veröffentlichungen der letzten Jahre dokumentiert sind [vgl. insbesondere „26 gongjin lao jiu ... " 2005, Bower 2004, CIIC 2004, Huang 2000, „Gudai Zhongguo putaojiu de shengchan" 2004, McGovern 2003/2004/2005, Mai 2005, ORF 2004, University of Pennsylvania 2004, Zhongguo Kexueyuan 2005], jedoch noch viel zu wenig interdisziplinär und (fach-)öffentlich kommuniziert wurden. Wie auch die breite Resonanz in der Fachpresse ahnen lässt, kündigt sich vor allem an, dass die Analyseergebnisse von McGovern und seinem amerikanisch-chinesischen Team eine grundlegende Revision des bislang überlieferten Bildes der *jiu*-Kultur des prähistorischen und frühgeschichtlichen China initiieren wird. Auch die überaus umfangreichen Forschungserkenntnisse im neuen Band zur Biologie der renommierten Needhamschen Reihe *Science and Civilisation in China* [Huang 2000] tragen zur Revolutionierung der diesbezüglichen Wissenschaftsgeschichte bei. Diese auf dem Symposium erstmals einem breiteren Experten- und Interessentenkreis zu präsentierenden Forschungsergebnisse könnten den Boden für weiterführende Hypothesen bereiten, die einen Paradigmenwechsel in der historischen Weinforschung allgemein und in engem Zusammenhang damit in der Darstellung der Evolution und Entwicklung früher Kulturen und Zivilisationen initiieren.

Einen weiteren Schwerpunkt des Symposiums bildeten *ausgewählte individuelle Forschungsthemen zu verschiedenen Aspekten von Wein und Kultur in Chinas unterschiedlichen Epochen*, insbesondere in Zeiten großer literarischer Kreativität – Zusammenhänge, die bisher noch viel zu wenig aufgearbeitet wurden und interessante Entdeckungen erwarten ließen, wie einige der ersten Veröffentlichungen in den letzten Jahren hierzu andeuten [z.B. Huang 2002 und Yang 2006].

Um die Diskussion von vornherein in den Globalisierungskontext einzubetten, befassten sich einige Referate mit *kulturkomparatistischen Studien*, wobei einerseits die Vorzüge der Lage des Veranstaltungsortes Germersheim in der größten Weinregion Deutschlands mit einigen benachbarten und kooperierenden Weinforschungszentren (Geilweilerhof in Siebeldingen und Forschungsanstalt Geisenheim) und andererseits das konzentriert präsente Expertenwissen zu aktuellen Entwicklungen in China und weltweit genutzt wurden.

Insgesamt steht die Konferenzveranstaltung und die Einrichtung der Forschungsstelle also unter dem Leitmotiv der *Aufarbeitung eines bislang weitgehend vernachlässigten und in China selbst vergessenen Erbes der chinesischen Zivilisations- und Kulturgeschichte aus interdisziplinärer und vergleichender Perspektive, insbesondere im Kontext historischer und gegenwärtiger globaler Entwicklungen.* Zu den Vorbereitungen gehört die Erarbeitung eines umfangreichen Kataloges von relevanten Themenbereichen und Einzelthemen der Weinkulturforschung, der dazu dienen soll, Wege und Ziele für die künftige Forschungsarbeit aufzuweisen sowie Anregungen und Leitlinien für dieses erstmalige Forum zu liefern. Die Veranstalter und Mitwirkenden setzten in diese erste Begegnung der Wissenschaftler unterschiedlicher Disziplinen die hohe Erwartung, dass sich während und nach dem Symposium zentrale Fragestellungen destillieren lassen, mit denen sich die Forschungsstelle am Arbeitsbereich Chinesisch des FASK künftig befassen wird. Das wichtigste und nachhaltige Ziel des Symposiums war es also, diese Problemstellungen zu identifizieren und die Weichen für weitere interdisziplinäre Forschungsaktivitäten in internationaler Vernetzung zu stellen. Die Publikation des Tagungsbandes wird einen ersten Manifestationsschritt darstellen und ein Zeichen setzen für eine Forschungsorientierung, bei der kulturvergleichende Aspekte immer mehr Gewicht bekommen.

6 Kooperationspartner

Ausgehend von den Kooperationen im Zuge der Organisation des Symposiums im Oktober 2007 könnte sich ein Netzwerk entwickeln, das außer den über 20 Referenten und ihren Universitäts- und Forschungszentren in Deutschland, China und den USA noch eine Reihe wichtiger Organisationen und Institutionen einbezieht.

In erster Linie sieht die im Aufbau befindliche Forschungsstelle eine der organisatorischen Hauptaufgaben in der Koordination ihrer Aktivitäten mit verschiedenen Kooperationspartnern, insbesondere im Zusammenhang mit deren Studien- und Forschungsprogrammen. Die Forschungsergebnisse und Lehrveranstaltungen am FASK ließen sich in erweiterter Form und unter Mitwirkung von Kolleginnen und Kollegen aus Theorie und Praxis in ein berufsqualifizierendes Studien- bzw.

Weiterbildungsprogramm – etwa als BA-/MA-Module – als Lehrangebot zur vergleichenden Weinkulturforschung an der Akademie integrieren.

Ein wichtiger globaler Partner ist die *OIV* (Organisation Internationale de la Vigne et du Vin), der internationale Verband der Wein produzierenden Staaten mit Sitz der Geschäftsstelle in Paris. Da die OIV seit einiger Zeit intensive Kontakte mit China pflegt – auch im Kontext von Beitrittsverhandlungen, hat das Präsidium beschlossen, die Schirmherrschaft über das Germersheimer Symposium zu übernehmen.

Das dem Bundeslandwirtschaftsministerium unterstehende und Germersheim benachbarte *Institut für Rebenzüchtung Geilweilerhof* in Siebeldingen bei Landau/Pfalz zählt zu den führenden Weinforschungszentren weltweit und ist insbesondere auch in China bekannt, wohin es, u.a. durch die Vermittlung des Arbeitsbereiches Chinesisch am FASK, Fachkontakte pflegt. Im Rahmen von Beratungs- und Vortragstätigkeiten sowie Besuchen aus China ergaben sich bereits vor einigen Jahren gute Verbindungen dorthin.

Weitere Beziehungen bestehen zur *Forschungsanstalt Geisenheim (FH Wiesbaden)*, die zu den weltweit renommiertesten Hochschulausbildungszentren für internationale Weinwirtschaft gehört.

Das *University of Pennsylvania Museum* in Philadelphia, USA, ist die Wirkungsstätte des seit einigen Jahren auf Grund seiner international beachteten Entdeckungen weltweit und besonders auch in China renommierten Archäologen, Anthropologen und Weinhistorikers Patrick McGovern, der das Symposium und ein interdisziplinäres Forum mit angeregt hat und durch wertvolle Ratschläge unterstützt. Sein Buch *Ancient Wine: The Search for the Origins of Viniculture* (2003) ist zu einem Standardwerk auf diesem Gebiet geworden und enthält zahlreiche wichtige Ansätze für weiterführende, interdisziplinäre Fragestellungen, die McGovern auf dem Symposium auch einbringen wird.

Das *College of Enology der Northwest Sci-Tech University of Agriculture & Forestry* in Yangling, Provinz Shaanxi, China, ist die bisher einzige universitäre Einrichtung für die Forschung und Ausbildung im Bereich der Weinwissenschaft in China und auch in Asien. Die Kollegen des College haben bei der Planung und Vorbereitung des Symposiums unentbehrliche Hilfe geleistet. Der Gründer und Leiter, zugleich Vizepräsident der NWSUAF sowie Abgeordneter des Nationalen Volkskongresses der VR China, Prof. Dr. LI Hua, hat seine volle Unterstützung zugesagt und ist sehr am Ausbau der vergleichenden Weinkulturforschung interessiert. Neben dem College of Enology der NWSUAF befindet sich an der *China Agricultural University* (中国农业大学) in Beijing das zweitwichtigste Zentrum für Weinforschung in China, deren führende Vertreter, Frau Prof. Dr. MA Huiqin, Prof. Dr. CHEN Shangwu und Prof. LUO Guoguang am Symposium teilnahmen.

Darüber hinaus sind Kollegen und Institute der *Chinesischen Akademie der Sozialwissenschaften (CASS)* auf Zentral- und Provinzebene bei der Planung der Forschungsstelle mit einbezogen, die teils auf dem Symposium vertreten sein werden.

Der glückliche Umstand, dass am *College of Humanities der Xiamen University* (厦门大学人文学院) in der südostchinesischen Provinz Fujian eine ausgewiesene Expertin für die Literatur der Sechs Dynastien (220–581) und die chinesische Weinkultur dieser Epoche, Frau Prof. Dr. WANG Mei, arbeitet, führte zum Vorschlag, die Partnerschaft zwischen Rheinland-Pfalz und dieser Provinz für die Zusammenarbeit im Rahmen des Symposiums und für einen längerfristigen Austausch zu nutzen.

Die Zusammenarbeit mit dem *Feng Jicai Institute of Literature and Art an der Tianjin University* (冯骥才文学艺术研究院) ergab sich auf Grund der persönlichen, bereits zwanzigjährigen Kontakte mit dem Schriftsteller und Kulturpolitiker FENG Jicai, der sehr an der weiteren Erforschung und Aufarbeitung von Chinas Weinkulturgeschichte im Rahmen der Bemühungen zur Erhaltung des Kulturerbes Chinas interessiert ist und seine Unterstützung zugesagt hat.

Nicht zuletzt bestehen *vielfältige Kontakte zu deutschen und chinesischen Weinunternehmen und Winzern.* Einige von ihnen können sicherlich für die Etablierung eines bilateralen Informations- und Kooperationsnetzwerkes gewonnen werden.

Auf Grund des sich schon frühzeitig abzeichnenden inneruniversitären wie regionalen Interesses am Germersheimer Symposium waren alle Vorträge und Diskussionen, einschließlich der Verdolmetschung insbesondere der chinesischen Fachreferate, für die universitäre, fachliche und regionale Öffentlichkeit zugänglich. Es ist zu erwarten, dass die Gründung der Forschungsstelle ein ähnlich erfreuliches Echo hervorrufen wird.

7 Themenspektrum für künftige Forschungsprojekte

Basierend auf dem in Abschnitt II umrissenen Forschungsbedarf sollen nachfolgend der Vollständigkeit halber und zur Verdeutlichung des vielfältigen Projektpotenzials exemplarisch und in Stichpunkten einige Themen künftig möglicher konkreter Forschungsarbeit aufgeführt werden, die die kulturvergleichende und universale Perspektive betonen.

Archäologische, archäobotanische und -chemische Erkenntnisse und Rückschlüsse auf die Fermentation und Produktion alkoholischer Getränke im China der *Vor- und Frühgeschichte* bieten interessante Ansätze zum Vergleich mit anderen Kulturen. Im Lichte der neueren Entdeckungen in China liegt eine kritische Neubewertung der Paläolithischen Hypothese (Traubenwein als ältestes, steinzeitliches Alkoholikum, Vergärung von Weintrauben als Initialprozess für die früheste Herstellung unterschiedlicher alkoholischer Getränke) und der Noah-Hypothese (Ursprung der Weinkultivierung in Vorderasien) nahe. Damit würde der Aspekt der Entdeckung der Fermentation als Triebfeder (Quantensprung) der chinesischen wie universalen Zivilisation und Auslöser der Neolithischen Revolution (Konservierung von Lebensmitteln, Vorratswirtschaft, Keramikproduktion, Domestizierung, Getreideanbau und Landwirtschaft, Viehzucht, Entwicklung verfeinerter

Koch- und Esskultur mit Techniken des Konservierens, Erhitzens, Würzens; natürliche Besserstellung und Selektion von Bevölkerungsgruppen durch verbesserte Ernährung und gesundheitlich-therapeutische Wirkung des Weins; Entstehung der Arbeitsteilung und von Berufen: Bauer, Winzer, Töpfer, Händler, Transportwesen, Weinbeamter am Herrscherhof usw.). Ein breites, noch weitgehend unbearbeitetes Feld stellt der Kulturvergleich bezüglich *jiu* in China und Wein bzw. alkoholischen Getränken in Mesopotamien, Ägypten, Palästina, Kreta, Griechenland, bei den Etrusker, Kelten, Römern und in Mitteleuropa dar.

Ein noch wenig erkundeter Themenbereich ist der Teil der *Wissenschafts- und Technologiegeschichte*, der die chinesische Keramik-, Bronze- und Grabkultur (Neolithikum, Shang-, Zhou- und Westliche Han-Dynastie, bis ca. Zeitenwende) aus dem Blickwinkel der *jiu*-Kultur systematisch erforscht. Im Rahmen der Produktionstechnologie für Alkoholika im alten China liegt dabei besonderes Augenmerk auf den spezifischen Arten der Fermentation, der Fermentationsstoffe (曲 *qu*) und der alkoholischen Getränke in China (Grundstoffe: Reis, Getreide, Früchte/Weintrauben, Honig, Milch; Zusatzstoffe: Harz, Kräuter, Gewürze usw.), die einerseits eigene, unverwechselbare und bis in die Gegenwart überlieferte Merkmale, andererseits in ihrer historischen Entwicklung auch universale Züge aufweisen, die sogar Indizien für einen diesbezüglichen technologischen Austausch in vorgeschichtlichen Epochen versprechen (z.B. der Anbau von Gerste für die Herstellung von prototypischen Biergetränken sowohl im Vorderen Orient als auch in Ostchina). In späteren Stadien unterliegt die *jiu*-Kultur Wandlungen durch parallele Entwicklungen der Teekultur (ca. ab 7.-8. Jh.) sowie der Destillation (ca. ab 10. Jh.).

Unterschätzt werden häufig die *sozioökonomischen und politischen Entwicklungen* in ihren Wechselwirkungen zur chinesischen *jiu-* und zur universalen Weinkultur. Bisher kaum in einem größeren Kontext und auf kulturvergleichender Basis untersucht wurden die sozialen, politischen und rituell-zeremoniellen Funktionen des Weins, etwa die Themen Wein und Götter- bzw. Ahnenverehrung, Wein bei Opferriten („Eucharistie-Funktion“) sowie religiösen und zivilen Festen, Wein und Gastlichkeit, Wein als Elite- und Prestigegetränk, als Tributgabe, als ökonomisches und politisches Machtinstrument (Differenzierung sozialer Gruppen). Staatliche Aspekte der Kontrolle der Weinwirtschaft im alten China belegen, dass der Wein als legislatives und steuerpolitisches Mittel (Staatsmonopol, Epochen unterschiedlicher Besteuerung, Außenhandel etc.), als „Währung“ (Ämterkauf), im Transport, Handel und Tributwesen bezüglich Nachbarvölkern in unterschiedlichen Epochen mehr oder weniger wichtige Funktionen innehatte. In der Gegenüberstellung mit den anderen euroasiatischen Kulturen ergäbe sich unter diesen Aspekten eine Vielzahl von wirtschafts- und gesellschaftshistorischen Forschungsansätzen. Von speziellerem Interesse wären *Untersuchungen bezüglich der eigenen Entwicklungen und Traditionen in einzelnen klimatisch günstigen Regionen des alten China*, wo seit jeher eine erstaunliche Mannigfaltigkeit wilder und autochthoner Rebsorten überliefert ist. Hierüber finden sich wertvolle Hinweise in historischen Aufzeichnungen regional-agrarwissenschaftlicher Abhandlungen. Nicht zuletzt war der Weinbau und -handel im chinesischen Kaiserreich auch von außenpolitischen Faktoren beeinflusst, etwa in den unterschiedlichen Epochen der Öffnung (Han, Tang, Yuan) und der relativen Introvertiertheit (Song, Ming, Qing), wobei dem Gansu-Korridor als Zugang zur westlichen Peripherie und nach Zentralasien („Seidenstraße") eine zentrale Rolle zufiel – eine Region, in der heute wieder verstärkt Weinanbau betrieben wird.

Ein nahezu unüberschaubares Feld künftiger Fragestellungen zeichnet sich in den Bezügen zu *Philosophie, Religion und Weltanschauung* ab. Neuere Thesen und archäologisch-historiographische Erkenntnisse lassen darauf schließen, dass die Rolle fermentierter Getränke im Ahnen-, Toten- und Begräbniskult von der Prähistorie über die Shang-Zeit bis zur Westlichen Zhou-Dynastie (d.h. bis Mitte des 1. Jahrtausends v.Chr.) und beim größten Teil der mythologischen Überlieferung vermutlich dominanter und allumfassender war als in anderen parallelen Hochkulturen. Nachfolgend ergaben sich Zusammenhänge der konfuzianischen Lehre in ihrer ursprünglichen und späteren staatsideologischen Ausprägung mit Aspekten der *jiu*-Kultur im Rahmen ritueller Funktionen und zeitweiliger Alkoholverbote. Eine unverzichtbare Rolle spielten alkoholische Getränke bei magischen und alchemistischen Praktiken zur Lebensverlängerung, bei der Kultivierung des Ichs, des Nonkonformismus und der Weltflucht im philosophischen und volksreligiösen Daoismus sowie in der gesamten davon beeinflussten Einsiedler- und Naturlyrik. So gut wie keine Untersuchungen liegen bisher vor zu den offensichtlichen Zusammenhängen zwischen Weingenuss und den Idealen meditativer Versenkung, metaphysischer Erfahrungen und der Auflösung des Ichs sowie dem Tempel-, Kloster- und Pilgerleben innerhalb des sich ab dem 3. Jh. in China und ganz Zentralasien verbreitenden Buddhismus.

In enger Vernetzung mit den obigen Aspekten bieten sich zahlreiche Aufgaben im Rahmen der *Sprach- und Übersetzungswissenschaft* an. Noch in den Anfängen steckt die Paläographie, die sich mit Aufzeichnungen über alkoholische Getränke, Gefäße, Trinkrituale usw. auf den Schildkrötenpanzer- und Knocheninschriften sowie auf Bronzeinschriften (Shang- und Zhou-Zeit) befasst. Fündig wird man auch in den Bereichen der Schriftzeichenetymologie und -geschichte werden. Als Beispiel sei nur die graphemische Erforschung der Schriftzeichenkomponente 酉 *you* (Abbildung eines Weingefäßes, mit später auf alle alkoholischen Getränke übertragener Bedeutung) genannt. Die Auswertung von Schriftzeichenlexika und Wörterbüchern seit dem *Shuowen Jiezi* (1. Jh.) ergibt die beeindruckende Fülle von 400 Schriftzeichen, die diese Komponente enthalten und jeweils eigene Wortbedeutungen implizieren. Ein in nächster Zukunft für die unmittelbare Anwendung relevantes Projekt ist die Erforschung und Archivierung der Terminologie der modernen Weinkultur, -wirtschaft und -technologie in Bezug auf das Sprachenpaar Deutsch–Chinesisch (evtl. auch mit Querbezügen zu Englisch, Französisch und Italienisch). Dazu gehört die umfassende Auswertung der bisherigen chinesischen Quellen (Datenbanken, Wörterbücher, Glossare, Fachtexte in Büchern, Konferenzpublikationen, Zeitschriften und im Internet) und der Aufbau einer kommentierten Datenbank (in Zusammenarbeit mit Fachexperten und institutionen in China) mit dem Ziel der Standardisierung der chinesischen Fachterminologie, die Voraussetzungen für die laufende diesbezügliche Gesetzgebung schafft.

Nur sporadisch haben sich bisher chinesische und westliche Philologen mit der Rolle des *jiu* und des *putaojiu* in der chinesischen *Literatur, Kalligraphie und Kunst* auseinandergesetzt, begonnen bei den klassisch-kanonischen Werken (z.B. die Ritenbücher wie das *Zhouli* und das *Buch der Lieder – Shijing*, in dem die älteste Erwähnung von Wildreben zu finden ist), über die höfische Dichtung, Einsiedler- und Naturlyrik sowie in den geistigen Strömungen des „Reinen Gesprächs" (*qingtan* 清谈) und der „Lehre des Obskuren" (*xuanxue* 玄学) von der Han- bis zur Liu-Chao-Zeit (2. Jh. v. Chr. bis 6. Jh. n. Chr.; z.B. bei den Dichtern Zheng Xuan 郑玄, Cao Pi 曹丕, Lu Ji 陆机, Liu Ling 刘伶, Tao Yuanming 陶渊明) bis zur Tang-Dynastie (7. – 10. Jh.), der Blütezeit der Poesie und der Traubenweinkultur (Beispiele: Wang Ji 王绩, Bai Juyi 白居易, Wang Han 王翰, Wang Bo 王勃, Wang Zhihuan 王之涣, Wang Wei 王维, Li Bai 李白, Du Fu 杜甫, Liu Zongyuan 柳宗元, Wang Ya 王涯 u.v.a.), als auch die Weinkultur in den Klöstern, die Kultureinflüsse aus Zentralasien, die Kalligraphie der „betrunkenen Tusche" (*zuimo* 醉墨, mit dem „betrunkener Mönch" *zuiseng* 醉僧 = Huaisu 怀素) florierten. Aber auch noch danach, während der Song- und Yuan-Zeit (10. – 14. Jh.), ist die philosophisch-literarische Bedeutung geistiger Getränke nicht zu übersehen (Beispiele: Dichtung von Su Dongpo 苏东坡, Lu You 陆游, Yuan Haowen 元好问, Ouyang Xiu 欧阳修, Zhu Xi 朱熹, Yelü Chucai 耶律楚材; Wein in den Yuan-Dramen; Weinmalerei des Wen Riguan 温日观 etc.), wenngleich ein allmählicher Rückgang der Traubenweinkultur folgt. In den großen Romanen der Ming- und Qing-Zeit (14.-19. Jh.), v.a. in Heldenromanen wie „Die Räuber vom Liangshan-Moor", steht die Funktion alkoholischer Getränke häufig im dramatischen Mittelpunkt. Ein noch offenes Forschungsfeld eröffnet sich in der modernen und gegenwärtigen Literatur (wie auch im Film) Chinas bezüglich der allgemeinen Rolle des *jiu* im Alltag (sogar bis in die kulturrevolutionäre Heldendarstellung hinein), mit wachsender Bedeutung und neuer Perzeption des *putaojiu* in der Gegenwartsliteratur der neuen Mittelschicht.

Ebenfalls wenig aufgearbeitet ist bislang die historische Beziehung von Wein mit *Gesundheit und Medizin*. Bedarf besteht bezüglich systematischer Untersuchungen der Beschreibungen von Alkoholika und Traubenwein in den medizinisch-pharmakologischen Klassikern (z.B. im *Vademekum der Nahrung und der Getränke – Yinshan zhengyao* 饮膳正要 und im *Leitfaden für Wurzeln und Kräuter – Bencao gangmu* 本草纲目, 17. Jh.) und der therapeutischen Verwendung von europäischem Wein am Qing-Kaiserhof unter dem Einfluss der Jesuiten. Auch die heutige Gesundheitspolitik und Werbung greift immer wieder zurück auf die staatlich und akademisch geförderte Verbreitung wissenschaftlicher Erkenntnisse zu gesundheitsfördernden Wirkungen des Weins (antiseptische, antioxidative, Herz und Gefäße schützende, aromatisch-hormonelle Wirkung). Inwieweit sich hier die Wahrnehmung der Heilfunktionen des Weins und Konzepte der traditionell-chinesischen Medizin und Diätik begegnen, wäre untersuchenswert.

Im Blickpunkt *wirtschaftshistorischer und -politischer Forschungsinteressen* stehen Aspekte der neuzeitlichen, gegenwärtigen und künftigen Entwicklung der Weinkultur in China im Vergleich mit Deutschland und im Globalisierungskontext. Die neuere und bereits im Kontext der globalen Wirtschaft zu verstehende Geschichte des Weinanbaus und der Weinproduktion Chinas ist im 19. Jh. zunächst durch Missionare initiiert. 1892 wird das erste, heute größte, Weinunternehmen Changyu *(Zhangyu)* gegründet. Nach der Stagnation in der Republikzeit führen in der VRCh zuerst Staatsbetriebe und seit den 1980er Jahren der sich liberalisierende und differenzierende Markt zu einem neuen Aufschwung in der Weinindustrie, dessen Entwicklungswege und Hintergründe bisher nur rudimentär aufgearbeitet wurden [z.B. von Löwenstein 1991]. Noch offen stehen systematische Analysen neuerer Entwicklungen im Rahmen der wirtschaftlichen und kulturellen Internationalisierung und Globalisierung, darunter auch zu den Fragen des Image und der gegenwärtigen Rezeption des Traubenweins in Chinas Alltag, in der Öffentlichkeit, in der Kulinaristik und in der literarisch-künstlerischen Verarbeitung. Künftige interessante interkulturelle Aspekte beziehen sich auf die Wahrnehmung ausländischer, v.a. auch deutscher, Weinkultur in China, die Rezeption der chinesischen Traubenweinkultur und ihrer Geschichte im Westen, das Image chinesischer Weine in Deutschland und im Westen, Weinwerbung und -tourismus in China im Vergleich mit Deutschland und anderen Ländern, Netzwerke des Informationsaustausches und der weltweiten Kooperation (Joint-Ventures, westliches Know-how in China, Qualitätssicherung und Gesetzgebung, Beitritt zur OIV usw.).

Quellen und Literatur

„26 gongjin lao jiu chutu zi xiang pu bi. Xiri wangzu bei zhong wu ruhe niangzao" [„26 Kilogramm alter Wein mit außergewöhnlichem Aroma entdeckt. Was für ein Gebräu befand sich in den Bechern der Adeligen des Altertums?"], www.news123.org/article/art1066 (zuletzt eingesehen am: 26.03.2005).

Althaus, Hans Peter: Kleines Wörterbuch der Weinsprache. München 2006.

Bader, Werner Bader: „Kultur-Revolution", in: *Weinwelt*, Juli 2006, S. 20–25.

Bailey, H. W. Bailey: „Madu – A Contribution to the History of Wine", in: *Silver Jubilee Volume of the Zinbun-Kagaku-Kenkyusyo Kyoto University.* Kyoto 1954.

Bower, Bruce: „China's Fermented Past: Pottery yields signs of oldest known wine", in: *Science News*, vol. 166, no. 24, Dec. 11, 2004, S. 371, www.sciencenews.org/articles/20041211 (zuletzt eingesehen am: 09.10.2005).

China Internet Information Center (CIIC): „Ältester Wein der Welt in China entdeckt", 24. Dezember 2004, www.china.org.cn/german (zuletzt eingesehen am: 26.03.2005).

Deutsches Weininstitut [2005a]: „Statistiken zum deutschen Wein", www.deutscheweine.de(zuletzt eingesehen am: 14.03.2006).

Deutsches Weininstitut [2005b]: Deutscher Wein Markt. Ein Informationsdienst für die Weinbranche, Nr. 4, 2005.

Eis, Björn: „Honigsüße Stutenaugen auf ex. Berauscht von Yisiling und Shadangni – China, das Land der Tee- und Biertrinker, hat den Wein entdeckt". In: Die Zeit, 30./31. März / 1. April 2002 (Nr. 75), S. VII.

Estreicher, Stefan K.: Wine: From Neolithic Times to the 21st Century. New York 2006.

Fei, Kaiwei: „A brief introduction to viticulture in China“, in: Notae AIVV 4(1), 1987, 36 – 44.

He, Xinhui 贺新辉: Gu shi jianshang cidian [Enzyklopädie der Dichtung des Altertums]. Peking 1988.

Huang, Hsing-Tsung, Joseph Needham: Science and Civilisation in China, Volume 6: Biology and Biological Technology, Part V: Fermentation and Food Science. Cambridge 2000.

Huang, Yongjian 黄永健: „Cong Li Bai de shangyong kan Tang-Dai de jiu wenhua“ [„Betrachtungen zur Weinkultur der Tang-Zeit anhand der Trinklieder von Li Bai“], in: Zhongguo Wenhua Yanjiu, Nr. 2/2002, S. 25 – 33.

Kandel, Jochen (Übers. u. Hg.): Das chinesische Brevier vom weinseligen Leben. Heitere Gedichte, beschwingte Lieder und trunkene Balladen der großen Poeten aus dem Reich der Mitte. Bern / München / Wien 1985.

Ke, Bide 柯彼德 (Peter Kupfer) [Ke 2003a]: „Deguo putaojiu hangye zai Ou-Meng zhong de diwei“ [„Die Stellung der deutschen Weinwirtschaft in der EU“], in: *Huaxia Jiubao,* 2003.2.28, S. 5.

Ke, Bide 柯彼德 (Peter Kupfer): „Deguo de putaojiu shengchan, fazhan yu jingying“ [Produktion, Entwicklung und Marketing des Weins in Deutschland]. In: *Jianiang Zixun (China Wine Information)*, Nr. 2/2003, S. 22–30, und unter: www.grapevinewine.com.cn/magazine (zuletzt eingesehen am: 26.03.2005).

Ke, Bide 柯彼德 (Peter Kupfer): „Xiuxian, youlan, tansuo – putaojiu wenhua, putaojiu tese lüyou yu putaojiu xuanchuan“ [„Erholung, Reise, Abenteuer – Weinkultur, Weintourismus und Weinwerbung“]. In: Li Hua (Hg.): Di si jie guoji putao yu putaojiu xueshu yantaohui lunwenji [Proceedings of the Fourth International Symposium on Viticulture and Enology]. Yangling 2005, S. 240 – 249.

Ke, Bide 柯彼德 (Peter Kupfer): „Putao meijiu – zai Zhongguo bei wangluo de wenhua yichan“ Tianjin 2007. (unveröffentlichtes Vortragsmanuskript)

Kupfer, Peter: „Weinkultur in China aus interdisziplinärer Perspektive“. In: Geilweilerhof aktuell, 35. Jahrgang, Heft 1, S. 28–44. Siebeldingen 2007.

Kupfer, Peter: Putaojiu – Neuere Einblicke in die Kulturgeschichte des Traubenweins in Chinas. In: Zurück zur Freude – Studien zur chinesischen Literatur und Lebenswelt und ihrer Rezeption in Ost und West. Festschrift für Wolfgang Kubin. Hg. von Marc Hermann und Christian Schwermann unter Mitwirkung von Jari Grosse-Ruyken. Sankt Augustin: Institut Monumenta Serica, 2007, S. 589-624. Li, Hua: Putaojiu pinchangxue [Weinsensorik]. Peking 1992.

Li, Hua 李华: „Di er ji: Putaojiu de qiyuan he chuanshuo“ [Teil 2: „Ursprünge und Überlieferungen des Weins], „Di san ji: Gudai putaojiu wenhua“[Teil 3: „Weinkultur im Altertum“], „Di si ji: „Gudai Zhongguo putaojiu de shengchan“ [Teil 4: „Weinproduktion im chinesischen Altertum“]. In: Li Hua zhuanlan [Li Huas Kolumne], www.winechina.com (zuletzt eingesehen am: 12.07.2004).

Li, Hua 李华: „Putaojiu yu jiankang“ [Wein und Gesundheit], in: Li Hua zhuanlan [Li Huas Kolumne], www.winechina.com (zuletzt eingesehen am: 26.03.2005).

Löwenstein, Andreas: Weinbau in der Volksrepublik China. Schriften zur Wirtschaftsgeographie und Wirtschaftsgeschichte Bd. 3. Saarbrücken-Scheidt 1991.

Luo, Zhufeng 罗竹风 (Hg.): Hanyu da cidian [Großes Wörterbuch der chinesischen Sprache], Bd. 9. Shanghai 1992.

McGovern, Patrick u.a.: „The Beginning of Winemaking and Viniculture in the Ancient Near East and Egypt“. In: *Expedition*, vol. 39, no. 1, 1997, S. 3 – 20.

McGovern, Patrick: Ancient Wine: The Search for the Origins of Viniculture. Princeton / Oxford 2003.

McGovern, Patrick u.a.: „Fermented beverages of pre- and proto-historic China". In: *Proceedings of the National Academy of Sciences*, Dec. 21, 2004, vol 101, no. 51, S. 17593 – 17598.

McGovern, Patrick E. u.a.: „Chemical Identification and cultural Implications of a Mixed Fermented Beverage from Late Prehistoric China". In: *Asian Perspectives*, vol. 44, no. 2, 2005, S. 249 – 275.

Mai, Gewen 麦戈文 (Patrick E. McGovern) u.a.: „Shandong Rizhao Shi Liangcheng Zhen yizhi Longshan wenhua jiu yicun de huaxue fenxi – jian tan jiu zai shiqian shiqi de wenhua yiyi" [„A Chemical Analysis of the Longshan Culture Fermented Beverage Unearthed from the Liangchengzhen Site in Rizhao City, Shandong – Also on the Cultural Significance of Fermented Beverages in Prehistoric Times"]. In: *Kaogu* 考古, no. 3, 2005, S. 73 – 85.

Meifeng Meishi Wenhua Wang [Website für Kulinaristik], http://www.gsmeifang.com (zuletzt eingesehen am: 01.03.2006).

Neumann, Gerhard / Alois Wierlacher / Rainer Wild (Hg.): Essen und Lebensqualität. Frankfurt 2001.

ORF ON Science: News: „Alkohol in China schon vor 9.000 Jahren bekannt", 07.12.2004, http://science.orf.at/science/news (zuletzt eingesehen am: 09.10.2005).

Polo, Marco: Die Wunder der Welt. Die Reise nach China an den Hof des Kublai Khan. Il Milione. Frankfurt a.M. / Leipzig 2003.

Queruli, Carlo (Gui Ruli): Ying-Han-Yi-Fa putao niangjiu cidian (English-Chinese-Italian-French Oenological Dictionary). Peking 2001.

Robinson, Jancis (Hg.): Das Oxford Weinlexikon, deutsch von Wolfgang Kiesel, 2 Bde. Bern u. Stuttgart 1995.

Smart, Richard: „Grapegrowing in China". In: *Wine Industry Journal Australia*, 1998, 13 (1), S. 69 – 70.

Strittmatter, Kai: „Denn Wein ist keine Schnapsidee. Literweise Herzblut, unbeschnittene Neugier – wie ein Sachse und ein Bayer den Bauern in der Wüstenprovinz Gansu den Rebensaft nahe bringen". In: *Süddeutsche Zeitung*, 17. März 2005, S. 3.

Tangshi. Tangshi jianshang cidian [Enyklopädie der Tang-Dichtung]. Shanghai 1983.

Tao Yuanming shiwen xuanzhu [Ausgewählte und kommentierte Gedichte von Tao Yuanming], ausgewählt und kommentiert von Tang Manxian. Shanghai 1981.

Tao Yuanming: Der Pfirsichblütenquell. Gesammelte Gedichte. Hg. von Karl-Heinz Pohl. Köln 1985.

University of Pennsylvania: „9,000-year History of Chinese Fermented Beverages Confirmed", 07.12.2004, www.sciencedaily.com/releases/2004/12/041206205817.htm (zuletzt eingesehen am: 09.10.2005).

Wierlacher, Alois: Vom Essen in der deutschen Literatur. Mahlzeiten in Erzähltexten von Goethe bis Grass. Stuttgart 1987.

Wierlacher, Alois u.a. (Hg.): Kulturthema Essen. Ansichten und Problemfelder. Berlin 1993.

Wierlacher, Alois: Kultur und Geschmack. In: Alois Wierlacher /Andrea Bogner (Hg.): Handbuch Interkulturelle Germanistik. Stuttgart 2003, S. 165 – 175.

Xiandai Hanyu Da Zidian Weiyuanhui (Kommission des Großen chinesischen Schriftzeichenlexikons): Xiandai Hanyu da zidian (Großes chinesisches Schriftzeichenlexikon). Band 6. Hubei / Sichuan 1989.

Yang, Yi 杨义: „Li Bai shi de shengming tiyan he wenhua fenxi“ [Analyse der Lebenserfahrungen und der Kultur in Li Bais Gedichten]. In: Xinhua Wenzhai 新华文摘, 4/2006, S. 92–94.

Ying, Yimin: Putao mei jiu yeguangbei [Traubenwein aus glänzendem Becher der Nacht]. Xi'an 1999.

Zeng, Zongye 曾纵野: Zhongguo mingjiu zhi [Geschichte alkoholischer Getränke in China]. Peking 1980.

Zhai, Heng 翟蘅 [Zhai 2005a]: „Zhongguo putaojiuye fazhan xianzhuang“ [Gegenwärtige Entwicklung der Weinwirtschaft in China]. In: www.grapevinewine.com.cn/wine (zuletzt eingesehen am: 26.03.2005).

Zhai, Heng [Zhai 2005b]: „Zhongguo putaojiuye fazhan yuce“ [Perspektiven der Entwicklung der Weinwirtschaft in China]. In: www.grapevinewine.com.cn/wine (zuletzt eingesehen am: 26.03.2005).

Zhang, Fengqin / Luo, Fangmei / Gu, Dabin: „Studies on germplasm resources of wild grape species (Vitis spp.) in China“. In: *Vitis*, Special Issue 1990 (Proceedings of the 5th International Symposium on Grape Breeding, 12–16 September 1989, St. Martin/Pfalz, FR of Germany), S. 50–57.

Zhongguo Kexueyuan Ziran Kexueshi Yanjiusuo [Institut für die Geschichte der Naturwissenschaften der Chinesischen Akademie der Wissenschaften]: „Zhong-Mei kaoguxuejia lianhe yanjiu biaoming: woguo 9000 nian qian yijing kaishi niang jiu“ 9000 – „9,000-year History of Chinese Fermented Beverages Confirmed by Penn Museum Archeochemist and an International Team of Scholars“. In: http://agri-history.net/news/041219.htm (zuletzt eingesehen am: 29.03.2005).

Zhu Lin 朱林: „Zhongguo niangjiu putao shi da chanqu gailun“ [Überblick über die zehn großen Weinanbaugebiete Chinas]. In: www.grapevinewine.com.cn/wine (zuletzt eingesehen am: 26.03.2005).

Kapitel V

Dokumentation

Geschichte der Kulinaristik, ihrer Organisation und der Umsetzung ihrer Visionen in konkrete Programme und Produkte (2000 bis 2008)

Alois WIERLACHER

Ein biblisches Weisheitswort besagt: die einen säen, die anderen ernten. Ein vergleichbares Diktum stellt fest: die Leistung einer Generation bemesse sich nicht nach der Ernte, sondern nach der Aussaat. Von dieser Aussaat ist im Folgenden die Rede. Die Darstellung verfolgt kein institutionelles Interesse, sondern versteht sich als Beitrag zu einem Stück Wissenschaftsgeschichte.

Zur Vorgeschichte der Kulinaristik

Die erste Aussaat erfolgte in Form einer Literaturwissenschaft des Essens als eines sozialen Totalphänomens bereits in den siebziger Jahre des vergangenen Jahrhunderts (Wierlacher 1977). Von den wissenschaftsgeschichtlich fruchtbaren Entwicklungen der sich anschließenden zwei Jahrzehnte sind vor allem folgende zu nennen:

- die auf ein Treffen bei Hugo Steger in Freiburg zurückgehende Zusammenarbeit zwischen dem Verfasser und Gerhard Neumann, der 1982 das Thema ebenfalls aufgriff (Neumann 1982) und es über zwei Jahrzehnte kooperativ bearbeitete;
- die Grundlegung einer ‚interkulturellen Germanistik' (Wierlacher 1985) als einer regionalen Fremdkulturwissenschaft, die diejenigen Sektoren und Kulturthemen der deutschsprachigen Gesellschaften ins Zentrum ihrer Aufmerksamkeit rückt, die in der interkulturellen Kommunikation besondere Rollen spielen. Eines von ihnen ist das Kulturphänomen Essen;
- die Veröffentlichung der ersten großen Untersuchung *Vom Essen in der neueren deutschen Literatur* (1987), die Planung und Durchführung des ersten interdisziplinären, Fächer und Branchen übergreifende Kolloquium zum Kulturthema Essen zusammen mit der Rosenthal AG und der Deutschen Forschungsgemeinschaft (1989), die Publikation seiner Ergebnisse in dem Band *Kulturthema Essen* (1993) und die sich anschließende Gründung des multidisziplinären *Arbeitskreises für Kulturforschung des Essens* (1994) und seine gemeinsame Leitung durch den Verfasser, Gerhard Neuman und Rainer Wild bis zum Frühjahr 2006;
- die Anregungen des Gastgewerbes und der Gastronomie, vor allem der Gründungsmitglieder des gemeinnützigen Vereins Deutsche Akademie für Kulinaristik, Marianne Müller (gestorben am 10. 11. 2007) und Andreas Pflaum.

Die kulturelle Außenperspektive einer auslandsphilologischen Germanistik hatte die Erkenntnis bekräftigt, dass sich Kulturen nicht nur über ihre Sprachen,

Rechtsverhältnisse und politischen Organisationsformen, sondern auch über ihre Essenordnungen definieren. Im Licht dieser Erkenntnis stellte sich in der Folge heraus, dass die großen europäischen und deutschen Autoren von Homer über Goethe, Nietzsche bis Thomas Mann, Joseph Roth und Günter Grass ausgiebig vom Kulturphänomen des Essens handeln, während die Wissenschaften, aus unterschiedlichen Gründen, allen voran die Geisteswissenschaften und die Medizin mit Ausnahme der Medizingeschichte, es völlig übergingen. Gegen diese Missachtung des Themas veröffentlichte der Verfasser im selben Jahr, in dem Grass' *Der Butt* erschien (1977), seinen ersten einschlägigen Aufsatz (Wierlacher 1977) und zehn Jahre später die oben angeführte erste größere wissenschaftliche Monographie zum Thema überhaupt (Wierlacher 1987).

Um das Forschungsthema zu einer fächerübergreifenden Kulturwissenschaft ausweiten zu können, folgte der Verfasser Mitte der achtziger Jahren einem Ruf an die Universität Bayreuth mit dem Ziel, Kontakte zu den Porzellan- und Gewürzfirmen der Region in der Hoffnung aufzubauen, mit ihnen zusammen die angestrebte fächerübergreifende Kulturwissenschaft des Essens praxisnah zu entwickeln. Das erste gemeinsame Symposium von Wissenschaftlern und Unternehmern kam 1989 zustande. Zu den Teilnehmern gehörten unter anderen der Physiker und ehemalige Präsident der Deutschen Forschungsgemeinschaft, Heinz Maier Leibniz, sowie der damalige Präsident der Darmstädter Akademie für Sprache und Dichtung, Herbert Heckmann, die Soziologin Eva Barlösius, der Literaturwissenschaftler Gerhard Neumann und die Mediävistin Trude Ehlert, die über die Tagung berichtet hat (Ehlert 1989).

Im Anschluss an die Publikation der Beiträge (Wierlacher 1993) veranstaltete der Verfasser im Zuge der weiteren Aufbauarbeit zusammen mit Hans Jürgen Teuteberg und Gerhard Neumann im Jahre 1994 eine zweite Tagung in Kooperation mit dem Gewürzwerk Raps (Kulmbach). Zum Abschluss dieser Konferenz wurde mit Unterstützung durch Horst Kühne als damaligem Geschäftsführendem Gesellschafter der Firma der angeführte Internationale Arbeitskreis als Forum für Grundlagengespräche ins Leben gerufen. Dieser Kreis ist nach wie vor in Deutschland und Europa konkurrenzlos, hat im Abstand von drei Jahren große Tagungen veranstaltet, Bücher (*Essen und Lebensqualität* 2001; *Geschmackskulturen* 2005) und jährliche Mitteilungshefte herausgebracht, deren Anfänge der Verfasser noch selbst zusammen mit seinen Hilfskräften bestritten hat, zu denen damals vor allem Tanja Kodisch gehörte [1], der wir eine aufschlussreiche Dissertation über den Konnex von Essen und Fremde im europäischen Märchen verdanken [2]. Als nach der Vereinigung der beiden Staaten die Porzellanindustrie Oberfrankens in Schwierigkeiten geriet, Rosenthal zum Verkauf anstand und sich die wirtschaftliche Lage der Hutschenreuther AG verschlechterte, mit deren Vorstand die dritte Tagung bereits verabredet war, vertraute der Verfasser den Arbeitskreis der Heidelberger

1 Vgl. Alois Wierlacher und Tanja Kodisch (Hg.): Mitteilungsheft 1 des internationalen Arbeitskreises für Kulturforschung des Essens. Bayreuth März 1995.

2 Vgl. Tanja Kodisch: Fremdheitserfahrungen am Tisch des europäischen Märchens. Ein Beitrag zur Kulturthemenforschung interkultureller Germanistik. Frankfurt u.a. 1997.

Dr. Rainer Wild-Stiftung an, die ihn bis heute erfolgreich betreut. Des näheren ist diese Vorgeschichte der Kulinaristik in der Festschrift des damaligen Bayreuther Instituts für internationale Kommunikation dargestellt, das zunächst als Plattform des Arbeitskreises diente (Wierlacher 2000). Ich darf auf diese Publikation verweisen.

Mitteilungsheft 1 (März 1995)

1 Die Gründung der Deutschen Akademie für Kulinaristik

Zu den Gründungsmitgliedern des Arbeitskreises gehört Andreas Pflaum. Er betonte im sich entwickelnden Gesprächskreis immer wieder den Modernisierungsbedarf seiner Branche und das entsprechende Erfordernis, das Gastgewerbe in die Aufmerksamkeit vor allem der sich entfaltenden Kulturwissenschaften zu rücken. Die weiterführenden Gespräche bestätigten seinen Befund; es wurde ersichtlich, dass Gastronomie und Hotellerie in Deutschland im Unterschied etwa zur Ingenieurausbildung in den vergangenen dreißig Jahren in Deutschland weder ein Teil der universitären Bildungsbereiche noch ein Partner der Wissenschaften geworden waren. Um diese branchen- und bildungspolitisch bedenkliche Lage zu ändern, wurde in einer kleinen Planungsgruppe beschlossen, neben den erwähnten Arbeitskreis für Kulturforschung des Essens eine praxisbezogene zweite Institution zu setzen und beide als Brennpunkte einer Ellipse wissenschaftlicher Beschäftigung mit dem Kulturphänomen des Essens zu verstehen.

Als dieser zweite Brennpunkt wurde am 10. August 2000 in Pflaums Posthotel Pegnitz (PPP) nach verschiedenen Vorbereitungstreffen, an dem unter anderen auch der Unternehmer Rainer Wild und der Koch Vincent Klink teilnahmen, die *Deutsche Akademie für Kulinaristik (German Academy for Culinary Studies)* ins Leben gerufen und ihr wenig später die Form einer Corporate University gegeben.

Nordbayerischer Kurier

Dienstag, 25. Januar 2000

Ziel ist der erste Lehrstuhl zur „Kulturforschung des Essens"

Initiatoren für „German Culinary Institute" trafen sich im PPP

PEGNITZ
Von Stefan Brand

Renommierte Vertreter aus Wirtschaft und Wissenschaft trafen sich gestern Nachmittag in Pflaums Posthotel Pegnitz (PPP). Anlass war eine „Vorgründerversammlung" für ein anspruchsvolles Vorhaben. Die Schaffung des ersten Lehrstuhls in Deutschland zum Thema „Kulturforschung des Essens".

German Culinary Institute" soll der offizielle Titel einmal lauten. Ergänzt durch die Unterzeile Deutsches Institut für kulturwissenschaftliche Essensforschung, Gastronomie, Hotellerie, Dienstleistung und Tourismus". Nach Auskunft von PPP-Chef Andreas Pflaum soll die Einrichtung auf der Expo 2000 in Hannover vorgestellt werden.

Wie gesagt: Gestern ging im Posthotel zu Pegnitz die vorbereitende (und nichtöffentliche) Sitzung über die Bühne. Und das in Anwesenheit überregionaler Prominenz. So tummelten sich im PPP Starkoch Eckard Witzigmann - er kam mit Verspätung, da er seinen Zug schon in Neuhaus/Pegnitz verlassen hatte -, Dr. Erich Kaub in seiner Funktion als Präsident des Deutschen Tourismusverbandes, der Unternehmer Professor Rainer Wild aus Heidelberg, der Bankier Karl Gerhard Schmidt aus Hof und viele andere. Darunter auch einer der Initiatoren für „Kulturforschung des Essens" schlechthin: Die Rede ist von Professor Alois Wierlacher, Inhaber des Lehrstuhls für Interkulturelle Germanistik an der Universität Bayreuth.

Walter Scheel, seines Zeichens Ex-Bundespräsident, reiste gestern nicht persönlich an - „aber er steht unterstützend auf unserer Seite", so Andreas Pflaum gegenüber dem KURIER. Das PPP werde auch als „Outposten" der Expo firmieren, eine Forschungsstelle zum gestern in die Wege geleiteten Projekt. Die Ergebnisse dieser Forschungsarbeit sollen am 30. September auf der Expo präsentiert werden.

Eine illustre Runde traf sich gestern Nachmittag im PPP, um die Gründung des „German Culinary Institute" vorzubereiten. Mit von der Partie waren auch Starkoch Eckard Witzigmann (sitzend, rechts) und natürlich die Gebrüder Andreas (links) und Herrmann Pflaum (rechts). Foto: Trenz

Und noch einmal ist das PPP mit der Weltaustellung verbandelt: Das Posthotel wurde eingeladen, Peter Rosendorfers Oper »Der ewige Richard Wagner" als Gastspiel im Zuge des künstlerischen Rahmenprogramms vorzustellen. Vor kurzem hatte das Werk im PPP Aufführungspremiere (der KURIER berichtete).

Gestern beschäftigten sich die Teilnehmer der „Vorgründerversammlung" laut Tagesordnung mit „Leitlinien und Grundriss des Instituts", also mit der Frage „Was wollen wir?". Man suchte nach einer Verständigung über Ziele, Aufgabenfelder und Architektur. Und beschäftigte sich damit, wer als Träger für diese Einrichtung fungieren soll. Weitere Themen: Juristischer Sitz, personelle Besetzung von Direktorium und Vorstand, Finanzierung von Geschäftsstelle, Unterkunft, Lehrangebot und Forschung, Formulierung einer Satzung und Termin der eigentlichen Gründungsversammlung.

Nach einem Satzungsentwurf könnte das Institut seinen Sitz in München haben, seine gastronomischen Labore neben Pegnitz in Stuttgart und München angesiedelt sein, Sekretariat und die eigene Bibliothek (in Kooperation mit der Unibibliothek Bayreuth) in Kulmbach aufgebaut werden. Gedacht wird darin auch an eine Zusammenarbeit mit der 1998 auf Empfehlung des Wissenschaftsrates ins Leben gerufenen interuniversitären Akademie für interkulturelle Studien, die ihr Domizil im Wissenschaftszentrum Schloss Thurnau ha[t].

Die Organisation der Kulinaristik erfolgte als gemeinnütziger Verein mit dem Namen *German Culinary Institute*. Aufgrund eines kurz nach ihrer Gründung eingegangen juristischen Einspruchs des *Culinary Institutes of America* musste sie ihn wieder aufgeben, seitdem trägt sie ihren bekannten Namen. Man erkennt aus dem Dokument auch den Wunsch der Versammelten, einen Lehrstuhl einzurichten. Gedacht wurde schon damals aber nicht an die übliche Professur, sondern an eine Stiftungsprofessur, auf der abwechselnd ein Wissenschaftler, ein Gastronom, ein Medienfachmann, ein Ökonom, ein Theologe u.a. verschiedene Aspekte des Kulturthemas Essen verdeutlichen sollten.

Teilnehmer der schließlichen Gründungsversammlung waren Andreas Pflaum und der Unternehmer Horst Kühne (Kulmbach), die Leiterin der Heidelberger Hotelfachschule, Frau Marianne Müller (Heidelberg), der Lebensmittelchemiker Dr. Fritz Ruf (Heilbronn), der Inhaber der Schmidt-Bank Dr. Karl Gerhard Schmidt (Hof) und der erste Drei-Sterne-Koch Deutschlands, Eckart Witzigmann (München). Andreas Pflaum hatte die Gastgeberrolle einschließlich der Kosten übernommen. Frau Müller wurde zur Gründungsvorsitzenden gewählt. Die erste Pressereaktion auf die Gründungspläne war ein Artikel von Jürgen Jeske in der *Frankfurter Allgemeinen Zeitung* (FAZ) Nr. 184 vom Gründungstag, gefolgt von einer zweiten Notiz einige Tage später.

Auf Einladung des Verfassers hatte auch der Rektor der Universität Bamberg, Professor Dr. Dr. Godehard Ruppert, von Anfang an in den Aufbaugesprächen mit großem Interesse mitgewirkt. Unter den Daten des 9. und 10. April 2001 wurde ein *letter of intent* der Zusammenarbeit unterzeichnet. Die Stadt Kulmbach unterstützte das Akademie-Projekt mit einer ABM-Maßnahme, Geschäftskapital und einem Büro im Rathaus der Stadt. Ein Seminarprogramm wurde entwickelt, ein *Mitteilungsheft* ins Leben gerufen. Am 12. Juli 2002 wurde die Akademie auf der Plassenburg in Kulmbach feierlich eröffnet. Oberbürgermeisterin Inge Aures wirkten ebenso wie Universitätsrektor Ruppert und der damalige Wirtschaftsminister der Bundesrepublik Deutschland, Werner Müller, an der Eröffnungsfeier mit.

2 Kulmbacher Turbulenzen

Doch dann kam alles anders als erwartet und erhofft. Die junge Akademie wurde vom sich bald abzeichnenden Zusammenbruch der Schmidt-Bank umso empfindlicher getroffen, als der Inhaber der Bank zugleich ihr Kassenwart war und die Bank ihr Sponsor werden sollte. Marianne Müller trat von ihrem Amt zurück; außerdem kam es zu einer fristlosen Kündigung des mit der ABM-Maßnahme der Stadt Kulmbach geförderten Geschäftsführers, eines habilitierten Soziologen, in deren Folge die Stadt Kulmbach ihr Engagement beendete. Ein gemeinsam erarbeitetes und in einem ansprechenden Faltprospekt vorgestelltes Seminarprogramm blieb liegen; ein Versuch von Horst Kühne, das Projekt der Akademie ohne Mitwirkung der öffentlichen Hand in Gang zu halten und voranzubringen, zeitigte ebenso wenig Erfolge wie Kooperationsgespräche des Verfassers und Andreas Pflaums mit zuständigen bayerischen Ministern. Zu allem Übel hatte der Verfasser infolge der in Deutschland üblichen Zwangspensionierung von Professoren Ende September

Donnerstag, 10. August 2000, Nr. 184

Für Kultur, Küche und Kommunikation

Andreas Pflaum

Er könnte ein Musiker sein, ein Kunstprofessor, ein pensionierter Diplomat, ein Schauspieler oder einfach nur ein Lebenskünstler im schönen Franken. Andreas Pflaum, Mitinhaber von Pflaums Posthotel in Pegnitz, ist von alledem etwas, und das entspricht auch seinem eigenen Bild von einem Hotelier. So ist die liebenswürdige Attitüde des grauhaarig-lockenköpfigen Sechzigjährigen mit Vollbart, der unterhaltsam über Kultur, Kommunikation und Küche plaudert, gepaart mit ausgeprägtem Geschäftssinn, unternehmerischem Einfallsreichtum und dem Erfahrungsschatz amerikanischer Lehr- und Wanderjahre. Aus dem Posthotel wurde unter seiner Leitung — begünstigt durch die Nähe Bayreuths — eine bekannte Restaurantadresse in Deutschland, vor allem aber ein originelles, für sein Design ausgezeichnetes Erlebnishotel rund um Richard Wagner, bei dem Gäste entweder den Kopf schütteln oder verzückt schwärmen und das Politiker und Künstler, Banker und Kreative, Geist und Kommerz gleichermaßen anzieht.

Der Begriff Designhotel wurde hier entscheidend mitgeprägt und dazu auf Anregung von August Everding die Kunstform der Gourmet-Oper erfunden. Die Einfälle reichen von Tristans Traumeslust als Suite bis zur Internet-Bar. Die 1707 von Heinrich Friedrich Pflaum erbaute Posthalterei von Thurn und Taxis samt Nebenbetrieben befindet sich - das ist erstaunlich - in der elften Generation im Familienbesitz. Sie hat Napoleon ebenso gesehen wie Richard Wagner, Bert Brecht, Aga Khan, Henry Kissinger, James Levine und Michael Jackson. Hinter PPP, wie sich die Pflaumsche Dauerinszenierung nennt, stehen Andreas Pflaum und als Koch sein Bruder Hermann („Wir pflegen das Mannschaftsspiel"). Ein weiterer Bruder liefert Fleischwaren.

Während die Vorfahren noch Landwirte, Wirte, Brauer, Schnapsbrenner, Posthalter und Metzger zugleich sein mußten, um in der Weite der Provinz zu überleben, können die Inhaberfamilien heute von dem Hotel und Restaurant dank entsprechender Preise und einer kleinen Brauerei für den Eigenbedarf gut leben.

Am 10. August soll in Pegnitz eine neue, über das Hotel hinausführende Idee verwirklicht werden: die Gründung des German Culinary Institute als Vorstufe für einen Lehrstuhl zur Kulturforschung des Essens, der 2001 zusammen mit einer nahegelegenen Universität etabliert werden soll. Mit von der Partie sind außer Andreas und Hermann Pflaum der Bankier Karl Gerhard Schmidt, der Mitgründer des Bayreuther Instituts für internationale Kommunikation und auswärtige Kulturarbeit und Vordenker einer Kulturforschung des Essens Professor Alois Wierlacher, die Köche Eckart Witzigmann und Vincent Klink, der frühere bayerische Finanzminister und Viag-Vorstand Freiherr Georg von Waldenfels, die Leiterin der Hotelfachschule Heidelberg Marianne Müller, der Unternehmer Rainer Wild und Vertreter der Firmen Apollinaris und Wilkhahn. Das geplante Institut samt Lehrstuhl sollen nach Pflaums Worten als Ideenschmiede und Kompetenzzentrum für eine Sache dienen, der man sich in Deutschland zuwenig annimmt. „Essen ist Kommunikation," lautet ein Bekenntnis Andreas Pflaums. Er verweist dabei gern auf den großen französischen Staatsmann Talleyrand, der seine besten Köche mit auf den Wiener Kongreß genommen und damit das Klima entscheidend geprägt habe. Das wäre auch sein Rezept für runde Tische und Gipfelkonferenzen — natürlich am liebsten im Pflaums.

JÜRGEN JESKE

Montag, 14. August 2000, Nr. 187

Eßkultur-Institut gegründet

joh. FRANKFURT, 13. August. Nach zehnjähriger Vorarbeit ist wie angekündigt in Pegnitz nach amerikanischem Vorbild das German Culinary Institute/Deutsches Institut für die Kulturwissenschaft des Essens als Verein mit Sitz in Bamberg gegründet worden (F.A.Z. vom 10. August). Ziel des Vereins ist unter anderem die Verbindung zu verschiedenen universitären Disziplinen herzustellen und damit zusammenhängend auch die Gründung eines Lehrstuhls für die Kulturwissenschaft des Essens zu betreiben. Dafür kämen wahrscheinlich die Universitäten Bamberg oder Bayreuth in Frage. Darüber hinaus versprechen sich die Gründer von dem Institut einen Impuls für die Region Oberfranken. Die Führung des Instituts liegt bei einem vielköpfigen Gremium, dem der Wissenschaftler Alois Wierlacher, der Unternehmer Rainer Wild, die ehemalige Leiterin der Heidelberger Hotelfachschule Marianne Müller, der Lebensmittelforscher Fritz Ruf, der Bankier Karl Gerhard Schmidt, der Kochkünstler Eckardt Witzigmann und der Hotelier Andreas Pflaum angehören.

Die ersten überregionalen Pressereaktionen auf die Gründungspläne (FAZ)

GERMAN ACADEMY FOR CULINARY STUDIES
DEUTSCHE AKADEMIE FÜR KULINARISTIK

AKADEMIE
MITTEILUNGEN
2002 1

Ein Netzwerk von Kulturwissenschaft, Gastronomie, öffentlicher Hand und Partnerunternehmen

Eine neue Bildungsinstitution in Deutschland!
Idee und Begründung der Akademie

Vorbereitende Schritte.
Ein Rückblick auf die Gründungs- und Vorgeschichte der Akademie

Das Engagement der Stadt Kulmbach

Die Zusammenarbeit der Akademie mit der Universität Bamberg

Namhafte Dozenten aus Wissenschaft und Praxis
Die ersten Weiterbildungsangebote

Beratung und Service

Erste Pressestimmen

2001 seine Zelte an der Bayreuth Universität abbrechen müssen und sich an seinen früheren Lebensmittelpunkt im Raum Heidelberg zurückgezogen, so dass er nur noch sporadisch zur Verfügung stand. Andreas Pflaum hielt als Nachfolger von Frau Marianna Müller im Amt des Vorsitzenden die Idee der Akademie wach. Ihm und nur ihm ist zu verdanken, dass das Feuer dieser Idee nicht erlosch. Es flackerte kurz wieder auf, als eines Tages der Hotelier Otto Geisel aus Bad Mergentheim und Professor Karl Heinz Hännsler von der Berufsakademie Ravensburg bei Andreas Pflaum anfragten, ob man nicht zusammenarbeiten könne. Doch die aufgenommenen Gespräche verliefen sich.

3 Die Wende im Elsass 2003

Die Neubelebung des brachliegenden Projekts kam erst wieder in Gang, als der Verfasser eine Einladung der Schweizer Goethe-Stiftung, die auf Vermittlung von Professor Dr. Gonthier Fink (Strasbourg) ergangen war, erhalten und angenommen hatte, im Elsass ein Kolloquium zu einem Thema seiner Wahl zu veranstalten. Er wählte das Thema: *Kulturwissenschaft und Gastronomie: Zur Grundlegung ihrer Zusammenarbeit* und lud in Zusammenarbeit mit Professor Fink eine Reihe von Persönlichkeiten aus verschiedenen Berufen zum gemeinsamen Nachdenken vom 17.9. – 20.9.2003 auf Schloss Klingenthal ins Elsass ein. Zum ersten Mal in der Wissenschaftsgeschichte trafen sich Kulturwissenschaftler, Gastronomen und Hoteliers, um über Grundsätze und Möglichkeiten einer Kooperation nachzudenken. Wie passen Kulturwissenschaft und Gastronomie zusammen, so wurde gefragt und warum benötigen wir die Zusammenarbeit? Ein Wort des französischen Philosophen Jean Paul Sartre lässt den Bedarf gut verstehen. Es lautet scheinbar einfach:"Jede Nahrung ist ein Symbol". Doch genau genommen geht es um Grundsätzliches: Der Akt des Essens und der Akt der Stiftung von Bedeutungen und Werten hängen unmittelbar zusammen. Im Sinne dieser Erkenntnis fasste das Symposium Ziele und Aufgaben der möglichen Partnerschaft in einer Resolution zusammen, die als Ausgangsbasis der weiteren Aufbauarbeit diente:

Elsass-Resolution zur Kooperation zwischen Gastronomie und Kulturwissenschaft, verabschiedet am 20.9.2003 vom Symposium „Kulturwissenschaft und Gastronomie: Grundlegung ihrer Zusammenarbeit" auf Schloss Klingenthal (Elsass), veranstaltet von Prof. Dr. Alois Wierlacher vom 17.9. –20.9.2003 auf Einladung der Goethe-Stiftung Basel.

Am Anfang war das Essen. Immer schon war es eine besondere Lust- und Leidquelle menschlicher Existenz, förderte Gemeinschaft und Kreativität, stiftete Vertrauen und Frieden, spiegelte Armut und Wohlstand, diente als Integral des Alltags und des Festtags, war Medium und Experimentierfeld sinnlicher, sozialer und ästhetischer Erfahrungen oder Sehnsüchte. In den Ritualen des Essens offenbaren sich der Charakter und die Geschichte einer Gesellschaft. Darum befassen sich auch die Kulturwissenschaften seit einigen Jahren wieder verstärkt mit dem Kulturthema Essen. Es fehlt aber noch eine in anderen Branchen seit langem übliche und als essentiell empfundene Zusammenarbeit zwischen Gastronomie und Kulturwissenschaft. Um sie zu entwickeln, wird vorgeschlagen:

1. *Es wird dem „Deutschen Hotel- und Gaststättenverband" und der „Deutschen Akademie für Kulinaristik" empfohlen, sich als Partner zusammenzutun. Den Gastronomen und Hoteliers würde sich der Zugang zu relevanten Wissensbeständen und zu einem hochkarätigen Kompetenzzentrum eröffnen; die Mitglieder der Akademie könnten tiefere Einblicke in die Bedarfsstrukturen der Praxis gewinnen.*
2. *Zentrales Kooperationsfeld soll das Kulturphänomen Essen sein – zur Erforschung und Lehre beruflicher Gastlichkeit. Ziel ist die Erarbeitung und Förderung des Kulturwissens vom Essen und eine gesellschaftliche Aufwertung des Themas und der Branche durch*

praxisdienliche Grundlagenreflexion und Konturierung des Fort- und Weiterbildungsbedarfs angesichts der Notwendigkeit lebenslangen Lernens.

3. *Wie in allen anderen Branchen ist die berufliche Entwicklung auch in der Gastronomie an formalisierte Bildungsprozesse gebunden, auch da braucht man sie für Kompetenz- und Statuserwerb. Um diesen Erwerb für die Zukunft nachhaltig zu sichern, empfehlen wir die Planung und Durchführung*
   - *von Kolloquien in Zusammenarbeit von Gastronomie und Kulturwissenschaft,*
   - *von gemeinsamen Sommer- und Winterschulen,*
   - *von gemeinsamen Fort- und Weiterbildungsbildungsangeboten zur Vertiefung des gastronomischen Fach- und Kulturwissens,*
   - *des gemeinsamen Aufbaus interdisziplinärer BA- und MA-Studiengänge mit stärker wissenschaftlich oder berufspraktisch orientierten Zweigen.*
4. *Die Unterzeichner sichern zu, dass sie bereit sind, an der Realisierung dieses zukunftsträchtigen Projekts aktiv mitzuwirken.*
   Prof. Dr. Regina Bendix, Jürgen Dollase, Prof. Dr. Trude Ehlert, Prof. Dr. Gonthier-Louis Fink, Otto Geisel, Priv. Doz. Dr. Günther Hirschfelder, Dr. Ursula Hudson-Wiedenmann, Vincent Klink, Prof. Dr. Dagmar Kostalova, Prof. Dr. Gerhard Neumann, Prof. Dr. Hans Ottomeyer, Klaus Pilger, Andreas Pflaum, Prof. Dr. Roland Posner, Dr. Thomas Rietzschel, Universitätsrektor Prof. Dr. Godehard Ruppert, Dr. Dietrich Sturm, Prof. Dr. Alois Wierlacher.

Vier Wochen später, am Montagnachmittag, dem 20. Oktober 2003, wurde die Resolution auf Initiative von Andreas Pflaum und Otto Geisel im Berliner *Deutschen Historischen Museum,* dessen Generaldirektor Hans Ottomeyer bereits an dem Band *Kulturthema Essen* mitgewirkt hatte, der Öffentlichkeit vorgestellt. Die Einladung griff Argumente und Konzepte des Elsass-Kolloquiums wieder auf:

Essen und Kommunikation gehören seit jeher zusammen; an den gedeckten Tischen hat sich die Gesellschaft versammelt. Der Charakter ganzer Nationen offenbart sich in den Ritualen des Essens. Um dieser kulturgeschichtlichen Bedeutung Rechnung zu tragen, wurde die Deutsche Akademie für Kulinaristik gegründet.

Ihr Anliegen ist es, den Dialog zwischen Theorie und Praxis, zwischen Wirtschaft und Wissenschaft zu beleben. Es geht um die überfällige Zusammenarbeit von Gastronomie, Hotellerie, Medien, Lebensmittelwirtschaft und Kulturwissenschaften im Rahmen einer interdisziplinären Kulinaristik. Die Akademie versteht sich als Kompetenzzentrum. Zu ihren Mitglieder zählen international angesehene Gastronomen, Hoteliers, Wissenschaftler aus verschiedenen Disziplinen, Kommunikationsfachleute und Unternehmer. Ebenso wie die Forschung sind die Wirtschaft und die Hotelfachausbildung vertreten.

Um sich vorzustellen, veranstaltet die Akademie in Zusammenarbeit mit dem Deutschen Historischen Museum ihren 1. Berliner Dialog über die fröhliche Wissenschaft der Gastlichkeit.

14.00 Begrüßung und Eröffnungsvortrag durch den Hausherrn Professor Dr. Hans Ottomeyer: Die anständige Lust

14. 20 Uhr: Professor Dr. Alois Wierlacher, Kulturwissenschaftler und 2. Vorsitzender der Deutschen Akademie für Kulinaristik: Das Kulturthema Essen oder: Was will die Akademie?

14.40 Uhr: Andreas Pflaum, Gastronom, Hotelier und 1. Vorsitzender der Deutschen Akademie für Kulinaristik: Warum brauchen wir die Akademie?

15. 00 Uhr: Dr. Thomas Rietzschel, Journalist: Genuß braucht Wissen – Für eine Kooperation von Theorie und Praxis.

15.20 Uhr: Vorstellung der Resolution des Kolloquiums „Kulturwissenschaft und Gastronomie – Grundlegung ihrer Zusammenarbeit" auf Schloss Klingenthal (Elsass) vom 18.-20. September 2003

ab 15.30 Uhr: Die fröhliche Wissenschaft der Gastlichkeit. Ein offener Dialog. „Was können und wollen wir gemeinsam für die Branche bewegen".

Zur kostenfreien Teilnahme sind Sie freundlich eingeladen.

gez.: Andreas Pflaum / Prof. Dr. Alois Wierlacher/ Dr. Thomas Rietzschel / Prof. Dr. Hans Ottomeyer.

4 Die Jahre 2004 – 2007

Nach dieser neuerlichen Initiative erklärte sich der Verfasser einige Wochen später bereit, die Arbeit an der Kulinaristik und ihrer Organisation wieder aufzunehmen. Auf der Mitgliederversammlung vom 24. Januar 2004 in Otto Geisels Hotel Victoria in Bad Mergentheim übernahm er für eine Legislaturperiode von drei Jahren von Andreas Pflaum den Vorsitz der Akademie; Otto Geisel wurde zum Stellvertreter und Geschäftsführer gewählt. Beide haben ihr Amt auf der Jahrestagung Ende März 2007 wie vorgesehen wieder abgegeben.

Der Akademiepreis

Hauptaufgaben der Amtszeit waren die Fortschreibung der Konzeptarbeit, der Aufbau der Akademie als Institution und die Sicherung ihrer finanziellen Zukunftsfähigkeit. In Blick auf ihren Finanzbedarf beschloss die Mitgliederversammlung am 24. Januar 2004 auf Vorschlag ihrer Vorsitzenden, einen Großen Preis mit drei Kategorien ins Leben zu rufen und ihn in Würdigung ihres Drei-Sterne-Kochs und Gründungsmitglieds Eckart Witzigmann *Internationaler Eckart Witzigmann-Preises der Deutschen Akademie für Kulinaristik* zu benennen. Die DaimlerChrysler Bank übernahm für drei Jahre die Förderung der Preisverleihung. Das Protokoll der Sitzung weist die Zustimmung des Namensgebers aus und deutet auch die leitende, im vorliegenden Band näher explizierte Begründung an: gute Köche und Köchinnen seien wie andere Kreative als Kultur- und Kommunikationsstifter anzusehen, und ein Land, in dem das Kochen seinen besonderen Stellenwert verliert, setzt sich und seine humane Substanz durchaus aufs Spiel.

Der Preis war seitens des Verfassers und damaligen Vorsitzenden im Sinne des Gemeinnützigkeitsrechts als ‚Zweckbetrieb' gedacht, der dazu dienen sollte, die Akademie als Bildungs-Einrichtung auf dem Weg über die jährliche Auszeichnung von Personen und Institutionen bekanntzumachen. Die Differenzierung des Preises war dazu gedacht, die Aufmerksamkeit der Öffentlichkeit auf die besondere Rolle des Essens und Kochens im Aufbau der Alltags- und Festtagskultur(en) und auf die entsprechend große Verantwortung der betreffenden Branchen und Wissenschaften zu richten.

Am 18. Juli 2004 verabschiedete der Vorstand der Akademie den vom Verfasser und von Jürgen Dollase erarbeiteten Preisbeschreibungstext. Er sah die Kategorien ‚Große Kochkunst', ‚Wissenschaft und Medien' sowie ‚Nachwuchsförderung' vor. Im Jahre 2006 ist als vierte Kategorie das ‚Lebenswerk' hinzugekommen.

Am 16. November 2004 folgte der festlichen Vorstellung der Akademie auf der Plassenburg in Kulmbach die erstmalige Verleihung des Internationalen und nationalen Eckart Witzigmann-Preises der Deutschen Akademie für Kulinaristik zusammen mit dem Staatsministerium Baden-Württemberg im Marmorsaal des Neuen Schlosses in Stuttgart. Sie fand in Anwesenheit des Baden-Württembergischen Ministerpräsidenten Günther Oettinger statt. Den Preis in der Kategorie ‚Große Kochkunst' bekam der Elsässer Marc Haeberlin; den Preis in der Kategorie ‚Wissenschaft und Medien' erhielt der Slow Food-Gründer Carlo Petrini; der Preis für Nachwuchsförderung ging an den von Hermann Bareiss initiierten Förderverein FHG. Zum Abschluss wurde ein Kooperationsabkommen zwischen der Deutschen Akademie für Kulinaristik und der von Slow Food Italien geschaffenen Università di Scienze Gastronomiche unterzeichnet.

Verleihung des Akademiepreises an Carlo Petrini (links) durch Professor Alois Wierlacher im November 2004

Die Verlagerung des Akademiesitzes nach Baden-Württemberg

Im Blick auf die unerquickliche Lage der Akademie in Oberfranken fasste die Mitgliederversammlung vom 21. Februar 2005 den Beschluss, den Sitz der Akademie von Pegnitz nach Bad Mergentheim in Baden-Württemberg zu verlegen. Vorausgegangen waren Gespräche der Vorsitzenden mit Vertretern des Landes Baden-Württemberg, unter ihnen der damalige Wirtschaftsminister Walter Döring und der Leiter des Referats Landesmarketing im Staatsministerium Baden-Württemberg, Michael Hörrmann, die beide das Interesse des Landes an der Verlagerung der Akademie von Bayern nach Baden-Württemberg deutlich machten und zusicherten, dass der Akademie im Fall ihrer Verlagerung nach Baden-Württemberg die nötige öffentliche Aufmerksamkeit verschafft würde. Im Kontext dieser Zusicherungen und des Verlegungsbeschlusses begann der Verfasser mit der erneuten Konzeptarbeit und den Umsetzungen der Visionen der Kulinaristik in praktische Programme.

Ausarbeitung eines Programms von Fort- und Weiterbildungsseminaren

Das in den Kulmbacher Anfängen der Kulinaristik ausgearbeitete und in einem aufwändigen und sehr ansprechenden Faltprospekt vorgestellte Seminarprogramm war in den Turbulenzen untergegangen. Da ein solches Angebot jedoch als Teil der essentiellen Produktpalette der Akademie angesehen werden muss, machte sich der Verfasser nach Wiederaufnahme der Konzeptarbeit daran, in mehrmonatiger Arbeit ein neues Programm zu konzipieren und auszuarbeiten. Es ist zusammen mit systematischen Beiträgen zu Konzeption und Geschichte im Sinne eines ersten ‚Vorlesungsverzeichnisses' der Akademie im Jahre 2005 unter Mithilfe von Lambert Leisewitz in Bremen herausgebracht worden (ISSN 1860 – 3718). Es umfasst auf seinen 138 Seiten rund 30 Seminare renommierter Referenten, zu denen auch viele Beitragsautoren des vorliegenden Band gehören. Das Angebot war das erste seiner Art in Deutschland. Es wurde mit den beiden Themen *Kochkunst* (Geisel/Klink/Steinheuer) und *Basisbegriffe der Kulinaristik* (Wierlacher) erfolgreich eröffnet. Wie wichtig Angebot und Realisierung eines solchen Programms auch unter den Gesichtspunkten der Gemeinnützigkeit sind, hat das zuständige Finanzamt unter anderem in einer Vorbesprechung der Gemeinnützigkeitsprüfung ausdrücklich bestätigt.

Gründung einer Jahrestagung und ihre Ansiedlung in der Baden-Württembergischen Landesvertretung in Berlin

Verfasste Gesellschaften veranstalten in der Regel Jahrestagungen, auf denen auch die vorgeschriebenen Mitgliederversammlungen stattfinden. Entsprechend hat der Verfasser eine jährliche Versammlung der Deutschen Akademie für Kulinaristik als Jahrestagung geplant und vorbereitet; das Land Baden-Württemberg konnte als Gastgeber gewonnen werden. Die Eröffnungstagung hat am 3/4. April 2006

Das erste ‚Vorlesungsverzeichnis' der Kulinaristik

in der neuen Landesvertretung Baden-Württemberg in Berlin stattgefunden. Es steht zu hoffen, dass mit der Begründung dieser Institution eine Tradition gestiftet werden konnte, die für den Diskurs der Kulinaristik insgesamt produktiv wird. Einen Bericht über diese erste Jahrestagung, verfasst von Günter Hirschfelder und Ursula Hudson, findet der interessierte Leser in der Zeitschrift für Agrargeschichte und Agrarsoziologie 54 (2006).

Grundlegung eines Bachelor-Studiengangs

Die Konzeptualisierung eines akademischen Bachelor-Studiengangs gehörte von Anfang an zur Produktplanung der Kulinaristik. Bereits im ersten Jahr der gemeinsamen Aufbauarbeit hatten Marianne Müller und der Verfasser einen Entwurf erstellt und ihn in einer Kommission mit Blick auf Realisationsmöglichkeiten in Bamberg diskutiert. Doch infolge der berichteten Turbulenzen konnten diese Überlegungen erst im Anschluss an die Verlagerung der Akademie von Bayern nach Baden-Württemberg praxisnah vertieft werden, wo sich nun größere Realisationschancen eröffneten: in Baden-Württemberg gab und gibt es mit den Berufsakademien eine besondere Einrichtung des Dualen Bildungssystems, das den Zielen der Kulinaristik, eine wechselseitige Aufklärung von akademischer Theorie und berufsbezogener Praxis im Bildungsbereich aufzubauen, grundsätzlich entgegenkommt.

Vision des Verfassers bei der Akademiegründung war, eine partielle Verschränkung von akademischer und beruflicher Bildung mit dem Ziel zu erreichen, in Deutschland eine ähnliche Situation zu schaffen wie an der University in Houston/Texas, der Hilton sein erstes Hotel geschenkt hat, das heute als Ausbildungshotel dient, also ein Hochschulangebot mit Hotelverbund zu schaffen. Mit dem Victoria Hotel des Akademiemitglieds Otto Geisel und der Nebenstelle der Berufsakademie Mosbach in Bad Mergentheim erschienen dem Verfasser gute Voraussetzungen gegeben, diese Vision wenigstens in nuce zu verwirklichen.

Für den 27. September 2005 hatte der Verfasser darum in Mosbach ein Gespräch mit dem Direktor der dortigen Berufsakademie, Professor Reinhold Geilsdörfer und der Leiterin der Außenstelle Bad Mergentheim, Professor Nicole Graf, vereinbart. Dieses Gespräch war von einer ebenso freundlichen wie fruchtbaren Atmosphäre geprägt und dauerte fünf Stunden. Als dem Verfasser im Verlauf des Gesprächs klar wurde, dass seine Gesprächspartner an einer Kooperation interessiert waren, unterbreitete er den Vorschlag, einen BA-Studiengang zu planen und bei der vorgesetzten Dienststelle, dem Wissenschaftsministerium Baden-Württemberg den Einrichtungsantrag zu stellen und diesen Studiengang als thematische Ergänzung zu der auf Hotel- und Gastronomiemanagement bezogenen Ausbildung an der Berufsakademie Ravensburg einen BA-Studiengang zum Gegenstandsbereich der Kulinaristik einzurichten. Der Vorschlag wurde aufgegriffen, beide Direktoren haben auf der angeführten Jahrestagung 2006 in Berlin über ihre Planungen berichtet.

Vor dem Hauptgebäude (Bildmitte) der Berufsakademie Bad Mergentheim

In den Verhandlungen mit dem Baden-Württembergischen Wissenschaftsministerium war bald klar geworden, dass es erforderlich sein dürfte, dem geplanten Studienangebot in Würdigung des dualen Systems, das auch dazu dient, den kooperierenden Unternehmen geeigneten Nachwuchs zu verschaffen, die Konturen eines kulinaristisch akzentuierten Wirtschaftstudiums zu geben. Man entschied sich für das Profil *Food Management*. Anfang 2007 waren die Vorbereitungen weithin abgeschlossen. Seit 1. Oktober 2007 wird der Studiengang als erster Bachelor- Studiengang mit Lehrinhalten der Kulinaristik angeboten – eine Vision war verwirklicht.

Ähnlich wie alle Studiengänge an der Berufsakademie besteht auch dieser Studiengang aus sechs etwa 12-wöchigen Studiensemestern, die sich mit den etwa 12-wöchigen Praxisphasen in den Ausbildungsbetrieben abwechseln. Weil das Studium mit einem Bachelor of Arts in Betriebswirtschaft abschließt, sind etwa 70% der Inhalte mit denen anderer BWL-Studiengänge vergleichbar. 30% der Inhalte werden spezifisch für Food Management und Fragestellungen der Kulinaristik offen gehalten.

Planungen eines Master-Studiengangs

Auch die Einrichtung eines Masterstudiums war von Anfang Teil des Vorhabens, die Kulinaristik konsequent aufzustellen. An den ersten Planungsgesprächen hatte sichwiederum der Rektor der Universität Bamberg, Professor Dr. Godehard Ruppert, aktiv beteiligt. Doch die berichteten Turbulenzen veranlassten zur Zurückhaltung. Erst nach Abschluss des Elsass-Kolloquium und der Verlagerung des Akademiesitzes konnten die Planungen wieder aufgenommen werden. Sie führten nach mehreren Verhandlungen mit der Steinbeis-Hochschule (Berlin) zur Gründung eines gemeinsamen ‚Steinbeis-Instituts der Deutschen Akademie für Kulinaristik'.

Der Gründungvertrag wurde am 22. September 2005 von den beiden Vorsitzenden, seitens der Steinbeis-Hochschule von Professor Dr. Johann Löhn, in Stuttgart unterzeichnet.

Berufspolitisches Ziel der Planungsanstrengungen war, ein berufsbegleitendes Masterstudium aufzubauen, das sich an künftige Führungskräfte und ihre Partner in den Betrieben wendet, um dem Gastgewerbe und anderen Branchen die Chance zu eröffnen, sich bis 2010 in die Reform von Bildung und Ausbildung im Kontext des ‚Bologna-Prozesses' einzuklinken, so dass den qualifizierten jungen Menschen dieser Branchen bessere Aufstiegschancen als bisher eröffnet werden können und sie nicht in anderen Branchen abwandern. Kulturpolitisches Ziel der Maßnahmenplanung war, über die Studiengangsangebote zur Verbesserung der kulinarischen Bildung der deutschen Gesellschaft beizutragen und das Kulturthema Essen zu diesem Zweck in der formalen Einheit eines kumulativ strukturierten Curriculums im tertiären Bildungsbereich zu etablieren.

Eine interdisziplinäre Kommission, in der unter anderen Regina Bendix, Karl Heinz Hänssler und der Verfasser mitwirkten, legte unter Vorsitz des Heidelberger Kulturwissenschaftlers Dietrich Harth nötige Inhaltsplanungen vor und griff dabei auf den engeren Begriffsgebrauch von Weiterbildung zurück, demzufolge als originäre Zielgruppe diejenigen Hochschulabsolventen gelten, die zwischenzeitlich berufstätig waren bzw. es sind, wobei ausdrücklich auch Teilnehmer ohne Hochschulabschluss zugelassen werden, wenn sie eine vergleichbare Qualifikation nachweisen können.

Das Projekt ist noch nicht abgeschlossen. Da es kaum Kandidaten aus der Branche von Gastronomie und Hotellerie gibt, die über eine direkte Zugangsberechtigung (Bachelor of Arts) für ein Graduiertenstudium verfügen, wurde auch an die Doppelvariante einer einjährigen Weiterbildung und eines zweijährigen Master - Studiums gedacht. Auf diese Weise ließe sich, so wurde angenommen, das Berufsbild künftiger Führungskräfte vor allem des Gastgewerbes bedarfsgerecht erweitern, indem mit der Kombination vertiefter betriebswirtschaftlicher, gastronomischer und kultureller Kenntnisse eine Doppelkompetenz aufgebaut würde, über die Nachwuchsführungskräfte der gastgewerblichen und ernährungsbezogenen Berufe mit den verbesserten Aufstiegschancen auch eine angemessene Statusverbesserung erreichen können. Umgekehrt sollte mit den Planungen den Kulturwissenschaften ein von ihnen bislang noch kaum wahrgenommenes Praxisfeld als Fragen- und Applikationsquelle eröffnet und auf diese Weise der Prozess der gemeinsamen Selbstfortbildung als wechselseitiger Aufklärung von Theorie und Praxis bekräftigt werden. Nachdem bis zum 1.1.2009 alle Berufsakademien des Landes Baden-Württemberg zu einer Dualen Hochschule verbunden werden sollen, kann der vorgesehene Masterstudiengang rechtlich in absehbarer Zeit auch auf dem inzwischen bestehenden BA-Studiengang aufgebaut werden. Der Verfasser ist ermächtigt, festzuhalten, dass man von diesem Recht gegebenenfalls Gebrauch machen werde.

Arbeitskreise und Forschungsstellen

Zur Vertiefung und Verschränkung von Theorie und Praxis werden Institutionen benötigt, die als Forschungs- und Diskussionsplattformen dienen können. So hat der Verfasser in den letzten Jahren der Berichtszeit mehrere Forschungsstellen und Arbeitskreise zu zentralen Aufgabenfeldern konzipiert und ins Leben gerufen. Aus sachlichen, organisatorischen und finanziellen Gründen kam als Realisationsmodus des Vorhabens nur der Weg über eigenständige Einrichtungen in Frage. Auf dieser Grundlage entsteht zur Zeit eine Forschungsstelle an der Universität Frankfurt, die von dem Soziologen Professor Tilman Allert geleitet wird und sich vor allem mit einer konzeptionellen Neufassung des Dienens in der Gastronomie befasst. An der Universität Mainz-Germersheim ist unter der Leitung des Sinologen Professor Peter Kupfer Anfang Oktober 2007 im Rahmen eines von der DFG geförderten Symposiums eine *Forschungsstelle für Vergleichende Weinkulturforschung China-Deutschland* gegründet worden. Eine Arbeitsgruppe zum Thema *Kulinaristik und Philosophie* wird unter der Führung des Privatendozenten Harald Lemke, dem wir mittlerweile mehrere Bücher über dieses in Deutschland lange vernachlässigte Themenbereich verdanken, an der Universität Lüneburg entwickelt. Dieser Forschungsstelle kommt die Aufgabe zu, sich sowohl mit der kulinaristischen Philosophie als auch mit deren Rolle und Funktion für andere die Wissenschaften und für interessierte Branchen zu befassen. In Hildesheim schließlich wird unter der Leitung des Theologen, Liturgie- und Weiterbildungsexperten Professor Guido Fuchs ein Arbeitskreis zum kulturpolitisch wichtigen Thema *Kulinaristik und Religion* aufgebaut. Der Verfasser hatte ihn angeregt, weil im Kontext der Internationalisierung und des Tourismus immer mehr Menschen mit Essenordnungen anderer Religionen konfrontiert werden und ein Grundwissen über diese Zusammenhänge zur benötigen interkulturellen Kompetenz gehört. Der Arbeitskreis ist mittlerweile am Institut für Liturgie- und Alltagskultur in Hildesheim angesiedelt worden; seine Aufgaben sind wie die aller angeführten Gruppen *work in progress* und bestehen zunächst darin:

- die verschiedensten Bereiche, Formen und Aspekte der Zusammenhänge von Kulinaristik und Religion zu erkunden, erschließen und darzustellen. Das geschieht vor den kulturellen Hintergründen der christlichen Religion, aber auch im Blick auf andere Religionen;
- Personen und Institutionen, die mit dieser Thematik wissenschaftlich wie praktisch befasst sind, zusammenzuführen und mit einander ins Gespräch zu bringen. Dies kann auch in Form von regelmäßig stattfindenden Veranstaltungen geschehen.
- Forschung, aber auch in der Weitergabe und Vermittlung sozialethischer, biblischer, kulturhistorischer, liturgischer, pastoraler und religionsvergleichender Aspekte (und anderer mehr) durch Seminare an der Universität, Vorträge und Studientage anzuregen;
- eine einschlägige Sammlung von Literatur zu religiösen Aspekten der Kulinaristik am Institut für Liturgie- und Alltagskultur zu erstellen, sie zugänglich zu machen und auf der Website des Instituts (www.liturgieundalltag.de) Neu-

erscheinungen vorzustellen, über die dann auch per Internet gesprochen werden kann.

Vertrag mit dem Main-Tauber Kreis zum Aufbau einer kulinaristischen Spezialbibliothek

Soll ein neues Forschungsfeld interdisziplinär konstituiert, vermessen und dann gemeinsam betreten und untersucht werden, ist es angeraten, die bisherige Literatur zum Thema zu sammeln und zur Verfügung zu stellen. Seit 1949 gibt es in der Bundesrepublik Deutschland das kooperative System des Sondersammelgebiets. Gefördert von der Deutschen Forschungsgemeinschaft (DFG) tragen Hochschul- und Landesbibliotheken die Verantwortung für die Sammlung und Pflege von Literatur eines oder mehrerer Fachgebiete, und zwar international und mit dem Anspruch auf Vollständigkeit. Diese arbeitsteilige Kooperation hat sich in den vergangenen Jahrzehnten beim Aufbau vor allem des wissenschaftlichen Literaturbestandes bewährt und gut etabliert. Die Sondersammelgebiete bilden zusammen mit der *Sammlung Deutscher Drucke*, der 1913 gegründeten *Deutschen Bücherei* in Leipzig und der *Deutschen Bibliothek* in Frankfurt am Main, die zwischen 1947 und 1990 das westdeutsche Pendant zur Deutschen Bücherei war, eine verteilte Nationalbibliothek für Deutschland. Nach der Wiedervereinigung Deutschlands als Vereinigung der beiden deutschen Staaten wurden sie (1990) unter der Benennung „Die Deutsche Bibliothek“ zusammengefasst. Aufgrund eines Bundestagsbeschlusses lautet die Bezeichnung seit 2006 *Deutsche Nationalbibliothek (DNB)*.

Neben der Beschaffung von Literatur besteht die Aufgabe der Sondersammelgebiete vor allem darin, zentraler Anlaufpunkt zu allen Fragen der Informationssuche und Literaturbeschaffung im jeweiligen Fachgebiet zu sein. Mit besonderen Informations-, Beratungs- und Schulungsangeboten sollen beispielhafte Serviceleistungen im Bibliotheksbereich aufgebaut werden. Zusammenfassend gesagt, bedeutet die Pflege eines Sondersammelgebietes

- Beschaffen, Erschließen und Bereitstellen wissenschaftlicher und kulturell bedeutsamer und spezialisierter Literatur verschiedener Formen (gedruckt, elektronisch, Mikroform),
- Schaffen von kostenfreien Zugängen zu elektronischer Literatur, welche dem Profil des Sondersammelgebietes entspricht, u.a. durch Halten von Nationallizenzen,
- Aufbau von virtuellen Fachbibliotheken als Wegweiser zu verteilten Beständen und Informationen, welche fachlich dem Sondersammelgebiet zugeordnet werden können.

Soll die Kulinaristik als transdisziplinäre und praxisförderliche Wissenschaft Zukunft gewinnen, gilt es, eine Sammelstelle einschlägiger Publikationen für die Kulinaristik aufzubauen. Drei Gesichtspunkte erscheinen dabei vordringlich: die Rahmenkonzeption der Kulinaristik, die Exklusion bereits betreuter Gebiete und eine Schwerpunktbildung. Den Rahmen der Sammlung gibt die Bestimmung der

Kulinaristik ab: sie wird verstanden als Lehre und Erforschung zur wechselseitigen Aufklärung von Theorie (Wissenschaft), lebensweltlicher berufsbezogener Praxis über die Rolle und Funktion der Lebensmittel, des Kochens, des Essens und der Gastlichkeit im Aufbau der Kultur, in der Verständigung der Menschen untereinander und im Leben des Einzelnen. Als - örtlich gegebenenfalls zu verteilende – Schwerpunkte empfehlen sich (a) das food management im Sinn des beschriebenen BA-Studiums sowie (b) eine Sammlung von Publikationen zur kulturbezogenen kulinarischen Bildung, (c) zur interkulturellen Kommunikation und zum Kulturtourismus sowie (d) eine Sammlung zum Thema Kulinaristik und Religion. Auszuschließen sind Kochbücher aller Art, auch Bildkochbücher. Diese Texte werden u.a. bereits in Frankfurt und Kulmbach gesammelt.

Alle vier Schwerpunktthemen bedürfen der verstärkten Aufmerksamkeit in Forschung und Lehre, das zweite als Grundlagenthema und das letzte vor allem im Interesse der öffentlichen Dialogfähigkeit der drei großen Religionen: Christentum, Islam und Judentum und auf den gestiegenen Wissensbedarf über die Interdependenz von Kulturen und Regionen.

Als geeigneter Ort für die erste Sammlungsaktivitäten (b) und (c) bot und bietet sich die Klosteranlage Bronnbach an, die vom Land Baden-Württemberg seit längerem zu einem Tagungszentrum ausgebaut wird. Mit den Universitäten Mannheim und Karlsruhe hat diese Anlage bereits Kooperationsverträge abgeschlossen. In deren Nachfolge wurde am 10. Mai 2006 im Rahmen der gleichzeitigen festlichen Eröffnung des Seminargebäudes ein lange vorbereiteter Kooperationsvertrag mit der Akademie mit dem Landkreis Main-Tauber unterschrieben. Als eher symbolisches Startgeschenk hatte der Verfasser einen Scheck über 1000 Euro, die von mehreren Akademiemitgliedern gespendet worden waren, als erstes Prozent der benötigten Basissumme mitgebracht.

Die Anlage eignet sich auch als Ort für ein in Deutschland fehlendes interdisziplinäres und berufsbezogenes *kulinaristisches Doktorandenkolloquium.* Ein solches Kolloquium ist dringend erwünscht, weil die Fortschritte der Wissenschaften mittlerweile auch in den Kulturwissenschaften zu einem wesentlichen Teil auf den vernetzten Forschungen von Doktoranden beruhen. Erste Schritte zum Aufbau eines solchen Kolloquiums wurden zwischen 2004 und 2007 in Kooperation mit der Volkskunde der Universität Bonn getan, das Projekt konnte in der Berichtszeit jedoch nicht wie vorgesehen durchgeführt werden. Inzwischen wird es vom Institut für interkulturelle Kommunikation der Universität Mainz in Germersheim in Angriff genommen.

Kulinaristisches Sommerseminar

Weiter vorangekommen sind dagegen die Planungen eines kulinaristischen Sommerseminars in Anlehnung an die bekannten Sommerschulen an deutschen Universitäten und Hochschulen. Im Zusammenhang der Internationalisierung unserer Kontakte und der gegenläufigen Bedürfnisse der Menschen nach kultureller Vergewisserung ihres Daseins sind Essen und Trinken zu interkulturellen Kontaktbrücken ersten Ranges und zu Erfolgsbrücken auch des wirtschaftlichen Handels geworden. Doch es gibt kaum eine Einrichtung, die das gegenwärtige Deutschland einschließlich seiner Sprache und Literatur aus der Perspektive des Essens transparent macht und zugleich Grundkenntnisse über diese Perspektive vermittelt. Aus diesem Grund wurde in der Berichtszeit die Gründung eines *Kulinaristischen Sommerseminars* geplant und als Vorhaben angekündigt. Sie soll unter der Federführung des Goethe-Instituts Schwäbisch Hall ab 2009 als jährliche Institution angeboten werden. Sie wendet sich im Sinne der Interkulturalität vor allem, aber nicht ausschließlich, an ausländische Teilnehmer.

Eigene und fremde Kulturen sind sinnlich konkret am ehesten an fremden Tischen zu erfahren. Diese Einsicht der interkulturellen Germanistik und der aus ihr herausgewachsenen Kulinaristik macht sich das Sommerseminar zu Eigen. Es lädt dazu ein, Deutschland und die Deutschen aus kulinaristischer Perspektive näher kennen zu lernen, die Kenntnisse der deutschen Sprache einmal anders als üblich zu erweitern, landeskundliches Wissen über Deutschland und die Deutschen aus einer kulturwissenschaftlich interessanten Sicht zu vertiefen und sich selber auf eine neue Weise zu entdecken. Im Zentrum der Veranstaltung sollen das Kulturphänomen Essen und die deutsche Sprache als Medium der Kommunikation über das Essen sowie der Blick auf die bildungspolitischen und beruflichen Interessen am Kulturthema Essen stehen. Ziel des Kurses ist, die Sprachkenntnisse und das Kulturwissen der Kursteilnehmer zu vertiefen und auf dem Weg über die Theorie und Praxis der Gastlichkeit interkulturelle Kompetenzen zu erweitern.

Die Kurstage werden sich in drei Teile gliedern: Sprachintensivkurs mit sprachbezogener kulinaristischer Landeskunde (vormittags: 15 – 16 Wochenstunden), themenbezogene Veranstaltungen und Exkursionen (nachmittags 15 – 16 Wochenstunden) zu Kultur- und Lebensfragen des Essens und zu kulinaristischen Aufgaben in den Bildungsbereichen und im Tourismus. Öffentliche Veranstaltungen zum Thema mit den Experten, ein Kochseminar und ein kommentiertes Essen mit einem „Sternekoch“ sowie ein umfangreiches Rahmen- und Freizeitangebot runden das Programm ab.

Würdigung der Literatur

Mit diesem Abschnitt kehrt die Darstellung nochmals an den Anfang der Dokumentation zurück. Die Gewinner der zweiten Preisverleihung (2005) waren in der Sektion ‚Große Kochkunst‘ der Spanier Ferran Adrià, in der Sektion ‚Literatur, Wissenschaft und Medien‘ der deutsche Nobelreisträger Günter Grass und in der Sektion ‚Nachwuchsförderung‘. der Österreicher Roland Trettl. Die Verleihungsfeier fand am 28. 11. 2005 wie im Vorjahr wiederum mit Unterstützung des Landes Baden-Württemberg im Neuen Schloss in Stuttgart statt. Ministerpräsident Oettinger nahm wie beim ersten Mal persönlich teil. Laudatoren bzw. Berichterstatter waren Jürgen Dollase, Professor Dr. Volker Neuhaus und Professor Karlheinz Hänssler. Sieger der dritten Preisvergabe im Jahre 2006 waren Frédy Girardet, Thomas Keller, Dieter Kosslick und Cornelia Poletto.

Günter Grass in seinem Garten bei der Lektüre der Urkunde

Die Idee, den Preis des Jahres 2005 in der Kategorie Wissenschaft und Medien Günter Grass zu verleihen, hatte in Akademiekreisen und in Stuttgart einhellige Zustimmung gefunden. Es folgten die üblichen Vorgespräche und die Korrespondenz. Mit seinem Schreiben vom 2. Mai 2005 nahm Günter Grass das Angebot vom 23. April 2005 als „inspierend" an und gratulierte „zu der Idee, eine Akademie für Kulinaristik zu gründen". Er reagierte im Sinne der Anerkennungslehre mit einer Anerkennung der Kulinaristik: die Akademie wurde mit der Annahme ihrer Zuerkennung des Preises ihrerseits geehrt und gestärkt, weil sich das anerkennende Ich mit der prüfenden Zuerkennung von Identität dialektisch mitbegründet.

Abgesprochen wurde, anlässlich der Preisübergabe in Stuttgart eine öffentliche Rede über das Kulturthema Essen zu halten, die sich in das breite Spektrum von Grass' großen Reden einbetten sollte (vgl. Werke, ed. Volker Neuhaus, Band X). doch infolge verschiedener Umstände, die hier unausgeführt bleiben dürfen, sagte Grass die vorgesehene Reise nach Stuttgart ab. Stattdessen überreichte der Verfasser ihm am Nationalfeiertag des 3. Oktober 2005 Urkunde und Preisgeld in Behlendorf.

An dem Treffen nahmen außer Frau Grass und weiteren Mitgliedern der Familie auch Professor Volker Neuhaus in seiner Eigenschaft als Herausgeber der Werke des Autors und Dr. Dorothee Römhild teil. Grass dankte in aller Form für die Auszeichnung, las bei schönstem Wetter für das kleine Auditorium im Garten ein Kapitel aus seinem damals noch unveröffentlichten Roman *Beim Häuten der Zwiebel* und erklärte beim Studium der Urkunde, er fühle sich gut verstanden.

Der Text der Urkunde lautet:

Die *Deutsche Akademie für Kulinaristik* verleiht hiermit
Herrn Günter Grass
ihren Internationalen Eckart Witzigmann-Preis in der Kategorie ‚Literatur, Wissenschaft und Medien'.

Günter Grass ist der einzige deutschsprachige Schriftsteller der Gegenwart, der das Kulturthema Essen immer wieder zu einem bevorzugten Gegenstand seiner künstlerischen Arbeit gemacht hat. Von *Die Blechtrommel* über *Der Butt* bis hin zu Gedichten wie *Im Ei* oder *Die Schweinekopfsülze* und zahlreichen Radierungen hat Günter Grass im Sinne der Akademie die anthropologische, kommunikative und symbolische Bedeutung des Essens sowohl im Aufbau der Kultur(en) als auch in der Verständigung zwischen den Menschen und im Leben des Einzelnen ansichtig gemacht.
Ebenso spielen im Gesamtwerk von Günter Grass die Handlungsfiguren des Kochs und insbesondere der Köchin als Kulturstifter eine herausragende Rolle.
Unermüdlich hat Günter Grass auch die Grundbedingung aller Kulinaristik, den Kampf gegen den Hunger in der Welt, thematisiert.
Die Akademie beglückwünscht Günter Grass zu dieser herausragenden Leistung und gibt mit der Preisverleihung ihrer Anerkennung Ausdruck.

Prof. Dr. A. Wierlacher, Vorsitzender

Rhein-Neckar-Forum Kulinaristik: Zusammenführung der kulinaristischen Wissenschaften im Fokus der Interkulturalität

Im Sinne des Ausgeführten lässt sich die Kulinaristik als interkulturelle Überschneidung verschiedener Welten aus Theorie und Praxis charakterisieren. Um die Bewältigung der entsprechend komplexen wissenschaftlichen Aufgaben zu fördern, hat sich Anfang des Jahres 2008 in der am 26. Juli 2005 durch Staatsvertrag der Bundesländer Baden-Württemberg, Rheinland-Pfalz und Hessen gebildeten Metropolregion Rhein-Neckar ein *Forum* konstituiert, das interessierten Mitgliedern und Nichtmitgliedern des gemeinnützigen Vereins der Deutschen Akademie für Kulinaristik eine wissenschaftliche Plattform zu gemeinschaftlicher Arbeit bietet.

In Würdigung der inhärenten Interkulturalität der Kulinaristik hat das Forum seinen Sitz am Institut für interkulturelle Kommunikation der Sprach- und Kulturwissenschaftlichen Fakultät der Universität Mainz in Germersheim genommen, das zur angeführten Metropolregion gehört. Drei große Bibliotheken stehen zur Verfügung: die baden-württembergischen Universitätsbibliotheken Heidelberg und Mannheim sowie die Pfälzische Landesbibliothek Speyer, die bereits ein eigenes Sammelgebiet Wein betreut, das zügig zu einem Kulinaristik-Schwerpunkt ausgebaut werden soll.

Ziel des Forums ist, ein regionales Zentrum des kulinaristischen Gesprächs der Wissenschaften sowohl untereinander als auch mit der vielstimmigen Praxis einschließlich der Bildungsbereiche aufzubauen und die Kulinaristik auf diese Weise als praxisnahe, kulturenübergreifende und mehrdisziplinäre Bildungs- und Kultur(en)wissenschaft zu befördern. Über erste praktische Maßnahmen des Forums informiert die Webseite www.kulinaristik.net.

Literatur

Akademie-Mitteilungen 1 (2002)

Ehlert, Trude: Ein neuer Forschungsschwerpunkt: Kulturwissenschaft des Essens. Symposium zum „Kulturthema Essen" in Selb vom 24.-26.Mai 1989. In: Jahrbuch Deutsch als Fremdsprache 15 (1989), S. 464 – 468.

Engelhard, Dietrich von / Wild, Rainer (Hg.): Geschmackskulturen. Vom Dialog der Sinne beim Essen und Trinken. Frankfurt 2005.

Neuhaus, Volker / Anselm Weyer (Hg.): Küchenzettel. Essen und Trinken im Werk von Günter Grass. Frankfurt u.a. 2007.

Neumann, Gerhard: Das Essen und die Literatur. In: Literaturwissenschaftliches Jahrbuch N.F.23 (1982), S. 173 – 188.

Neumann, Gerhard / Wierlacher, Alois / Wild, Rainer (Hg.): Essen und Lebensqualität. Frankfurt 2001.

Wierlacher, Alois: Der Diskurs des Essens und Trinkens in der neueren deutschen Erzählliteratur. Zur Literaturwissenschaft eines „sozialen Totalphänomens". Eine Vorstudie. In: Jahrbuch Deutsch als Fremdsprache 3 (1977), S. 150 – 167.

Wierlacher, Alois: Vom Essen in der deutschen Literatur. Mahlzeiten in Erzähltexten von Goethe bis Grass. Stuttgart 1987.

Wierlacher, Alois /Neuman, Gerhard / Teuteberg, Hans Jürgen (Hg.): Kulturthema Essen. Ansichten und Problemfelder. Berlin 1993.

Wierlacher, Alois (Hg.): Kulturthema Kommunikation. Möhnesee 2000.

Wierlacher, Alois (Hg.): Das Fremde und das Eigene. Prolegomena zu einer interkulturellen Germanistik. München 1985, 4. Auflage München 2001.

Wierlacher, Alois / Bogner, Andrea (Hg.): Handbuch interkulturelle Germanistik. Stuttgart 2003.

Wierlacher, Alois: Jahresprogramm Fort- und Weiterbildung der Deutschen Akademie für Kulinaristik. Bremen 2005.

Wierlacher, Alois: Deutsche Akademie für Kulinaristik. In: Rudolf Blüchel (Hg.): Deutsche WirtschaftsChronik. München 2005, S. 518 – 521.

Wierlacher, Alois: Kulinaristische Anerkennung – Anerkennung der Kulinaristik. In: Volker Neuhaus / Anselm Weyer (2007), S. 21 – 33.

Wierlacher, Alois: Interkulturelle Germanistik und Kulinaristik – zwei Visionen und ihre Realisation. In: Frank Baasner /Michael Klett (Hg.): Europa. Die Zukunft einer Idee. Robert Picht zum 70. Geburtstag. Darmstadt 2007, S. 383 – 401.

Kapitel VI

Anhang

Auswahlbibliographie Kulinaristik

Das Verzeichnis schreibt die Basisbibliographie des Bandes *Kulturthema Essen* (1993) fort und führt entsprechend nur Titel auf, die seit 1993 erschienen sind.

Adamson, Melitta Weiss (Hg.): Reginal Cuisines in Medieval Europe. A Book of Essays. New York/Londen 2002.

Aoyama, Tomoko: Food and Gender in Contemporary Japanese Women?s Literature, in: U.S.-Japan Women?s Journal, English Supplement, No. 17, 1999, S. 111–136.

Arnold, Rolf (Hg.): Handbuch der Berufsbildung 2. überarbeitete und aktualisierte Auflage. Wiesbaden 2006.

Ashkenazi, Michael, Jeanne Jacob: The Essence of Japanese Cuisine. An Essay on Food and Culture. Surrey 2000.

Bahr, Hans-Dieter: Die Sprache des Gastes. Eine Metaethik. Leipzig 1994.

Bahr, Hans-Dieter: Gast. In: C. Wulf (Hg.): Vom Menschen. Handbuch Historische Anthropologie. Weinheim/Basel 1997, 801 – 811.

Baethge, Martin (Hg.): Expertisen zu den konzeptionellen Grundlagen für einen nationalen Bildungsbericht. Berufliche Bildung und Weiterbildung, lebenslanges Lernen. Bonn/Berlin 2004.

Dassler, Stefan: Nachhaltigkeit als Bestandteil der Berufsausbildung. Berlin 2006.

Barlösius, Eva: Anthropologische Perspektiven einer Kultursoziologie des Essens und Trinkens. In: Alois Wierlacher / Gerhard Neumann/ Hans Jürgen Teuteberg (Hg.): Kulturthema Essen. Ansichten und Problemfelder. Berlin 1993, S. 85 – 101.

Barlösius, Eva: Soziologie des Essens. Eine sozial- und kulturwissenschaftliche Einführung in die Ernährungsforschung. Weinheim und München 1999.

Barlösius, Eva (Hg.): Themenschwerpunkt Ernährung und Region. In: Zeitschrift für Agrargeschichte und Agrarsoziologie 54,2 (2006).

Bendix, Regina: Reden und Essen: Kommunikationsethnographische Ansätze zur Ethnologie der Mahlzeit. In: Österreichische Zeitschrift für Volkskunde 58 (2004), S. 211 – 238.

Benporat, Claudio: Cucina italiana del quattrocento. 2. Aufl., Città di Castello 2001 (= Biblioteca dell? Archivum Romanicum, Serie I: Storia, Letteratura, Paleografia 272).

Benporat, Claudio: Cucina e convivialità italiana del cinquecento. 2. Aufl., Città di Castello 2007 (= Biblioteca dell? Archivum Romanicum, Serie I: Storia, Letteratura, Paleografia 340).

Bérard, Laurence/Philippe Marchenay: Les produits de terroir. Entre cultures et règlements. Paris 2004.

Berghoff, Hartmut/ Vogel, Jakob: Wirtschaftsgeschichte als Kulturgeschichte. Dimensionen eines Perspektivenwechsels. Frankfurt 2004.
Bettoja, Luca: Der Gastaufnahmevertrag. Eine systematische Darstellung. Zürich 2000.
Blotevogel, Hans Heinrich: Auf dem Weg zu einer Theorie der Regionalität: Die Region als Forschungsobjekt der Geographie. In: Schriftenreihe des Instituts für Europäische Regionalforschung. Baden-Baden 1996, S. 44 – 67.
Böhme, Gernot: Leibsein als Aufgabe. Leibphilosophie in pragmatischer Hinsicht. Kusterdingen 2003.
Bourdieu, Pierre: Die feinen Unterschiede. Kritik der gesellschaftlichen Urteilskraft. [1979] Frankfurt 1999.
Brandes, Uta (Hg.): Geschmackssache. [Kunst- und Ausstellungshalle der Bundesrepublik Deutschland GmbH Bonn] Göttingen 1996
Der Brockhaus (Hg.): Ernährung. Gesund essen, bewußt leben. 2. Auflage. Mannheim 2004.
Bürner-Kotzam, Renate: Vertraute Gäste – befremdende Begegnungen in Texten des bürgerlichen Realismus. Heidelberg 2001.
Bungarten, Theo: Sprache und Kultur in der interkulturellen Marketingkommunikation. 2. verbesserte Auflage Tostedt 1999.
Bunsmann-Hopf, Sabine: Zur Sprache in Kochbüchern des späten Mittelalters und der frühen Neuzeit – ein fachkundliches Wörterbuch. Würzburg 2003.
Counihan, Carole / van Esterik, Penny (Hg.): Food and Culture. London 1997.
Counihan, Carole / Kaplan, Steven L. (Hg): Food and Gender, Identity and Power. Amsterdam 1998.
Counihan, Carol: The Anthropology of food and body: Gender, Meaning and Power. London 1999.
De Cilia, Rudolf: Erdäpfelsalat bleibt Erdäpfelsalat. Österreichisches Deutsch und EU-Beitritt. In. Rudolf Muhr /Richard Schrodt/Peter Wiesinger (Hg.): Österreichisches Deutsch. Wien 1995, S. 121 – 131.
Dettmer, Harald (Hg.): Hotellerie und Gastronomie: Arbeitsbuch für Studium und Praxis. Köln 2000.
Dettmer, Harald / Hausmann, Thomas (Hg.): Restaurant. Theorie und Praxis. Hamburg 2007.
Deutsche UNESCO-Kommission (Hg.): Lernfähigkeit: Unser verborgener Reichtum. UNESCO-Bericht zur Bildung für das 21. Jahrhundert. Neuwied/ Berlin 1997.
Deutschlands kulinarisches Erbe. Traditionelle regionaltypische Lebensmittel und Agrarerzeugnisse. Mit einem Vorwort von Frank Thiedig und Fotografien von Andreas Riedel. Cadolzburg 1998.
Dollase, Jürgen: Die Maßstäbe des Restaurantkritikers. In: Kulinarischer Almanach, ed. Vincent Klink et al. Stuttgart 2000, S. 147 – 155.
Dollase, Jürgen: Geschmacksschule. Wiesbaden 2005.
Dornenburg, Andrew / Page, Karen: Dining Out. New York 1998.
Drummer, Christian: Das sich ausbreitende Restaurant in deutschen Großstädten

als Ausdruck bürgerlichen Repräsentationsstrebens 1870–1930. In: Teuteberg, Hans Jürgen/ Neumann, Gerhard / Wierlacher, Alois (Hg.): Essen und kulturelle Identität. Europäische Perspektiven. Berlin 1997, S. 303–321

Düttmann, Alexander Garcia: Zwischen den Kulturen. Spannungen im Kampf um Anerkennung. Frankfurt 1997

Durst, Anneliese: Bedienen zwischen dienen und verdienen, Bielefeld 1993

Ehlert, Trude: Zum Funktionswandel der Gattung Kochbuch in Deutschland. In: Alois Wierlacher/Gerhard Neumann/Hans Jürgen Teuteberg (Hg.): Kulturthema Essen. Ansichten und Problemfelder. Berlin 1993, S. 319–341.

Ehlert, Trude: Regionalität und nachbarlicher Einfluß in der deutschen Rezeptliteratur des ausgehenden Mittelalters. In: Essen und kulturelle Identität. Europäische Perspektiven. Hrsg. v. Hans Jürgen Teuteberg, Gerhard Neumann und Alois Wierlacher. Berlin 1997, S. 131–147.

Ehlert, Trude: Das Rohe und das Gebackene. Zur sozialisierenden Funktion des Teilens von Nahrung im ‚Yvain' Chrestiens de Troyes, im ‚Iwein' Hartmanns von Aue und im ‚Parzival' Wolframs von Eschenbach. In: Repräsentation und Mahl. Hrsg. v. Lothar Kolmer und Christian Rohr. Paderborn 2000, S. 23–40.

Ehlich, Konrad zus. mit Jochen Rehbein: Zur Konstitution pragmatischer Einheiten in einer Institution: Das Speiserestaurant. In: Dieter Wunderlich (Hg.) Linguistische Pragmatik. Frankfurt 2. Aufl. 1975, S. 209–254.

Eichhoff, Peter: Historische Restaurants und Landgasthäuser. Düsseldorf, Niederrhein und Bergisches Land. Düsseldorf 2002.

Ellman, Maud: Die Hungerkünstler. Hungern, Schreiben, Gefangenschaft. Stuttgart 1994.

Engelhard, Dietrich von / Wild, Rainer (Hg.): Geschmackskulturen. Vom Dialog der Sinne beim Essen und Trinken. Frankfurt 2005.

Etzlstorfer, Hannes (Hg.): Küchenkunst und Tafelkultur. Culinaria von der Antike bis zur Gegenwart. Wien 2006.

Eurodip (Hg.): Art Culinaire en Europe. Culinary Art in Europe. Handbook for Students and Graduates oft Hotel and Catering Schools in Europe. Deurne 1995.

Falk, Pasi: Essen und Sprechen. Über die Geschichte der Mahlzeit. In: Alexander Schuller/Jutta Anna Kleber (Hg.): Verschlemmte Welt. Essen und Trinken historisch-anthropologisch. Göttingen 1994, S. 103–131.

Fellmuth, Ulrich: Brot und Politik. Ernährung, Tafelluxus und Hunger im antiken Rom. Stuttgart 2001.

X Fischer-Lichte, Erika / Pflug, Isabel (Hg.): Inszenierung von Authentizität. Tübingen/Basel 2000.

Fichtner, Ullrich: Tellergericht. Die Deutschen und das Essen. München 2004.

Fine, Gary Alan: Kitchens. The Culture of Restaurant Work. Berkeley 1995.

Flad, Patrick Oliver: Dienstleistungsmanagement in Gastronomie und Foodservice-Industrie. Frankfurt 2002.

Flitsch, Mareile: „Westküche mit Eßstäbchen“. Überlegungen zur sozialtechnischen Wahrnehmung der Welt im modernen chinesischen Alltag. In:

Über Himmel und Erde. Festschrift für Erling von Mende. Hg. Von Raimund Kolb und Martina Siebert. Wiesbaden 2006, S. 127–151.

Fuchs, Guido: Mahlkultur. Tischgebet und Tischritual. Regensburg 1998.

Frackowiak, Ute: Der gute Geschmack. Studien zur Entwicklung des Geschmackbegriffs. München 1994.

Fromhold-Eisebith, Martina: Wissenschaft als kreatives Milieu. In: Alois Wierlacher/Andrea Bogner (Hg.): Handbuch interkulturelle Germanistik. Stuttgart 2003. S. 115–121.

Götze, Karl Heinz: Les Chefs. Die großen französischen Köche des zwanzigsten Jahrhunderts. Frankfurt 1999.

Goody, Jack: Cooking, Cuisine and Class: A Study in Comparative Sociology. Cambridge 1994.

Grimm, Hans-Ulrich: Die Suppe lügt. Die schöne neue Welt des Essens. Stuttgart 1997.

Grimm, Hans-Ulrich.: Die Ernährungslüge. Wie uns die Lebensmittelindustrie um den Verstand bringt. München 2003.

Gruber, Susanne: Mein Recht als Gastwirt und Hotelier: Gastwirtschaften, Hotels und Pensionen eröffnen und betreiben. 2. Aufl. München 2000.

Hänssler, Karl Heinz unter Mitarbeit von Bernd Dahringer u.a.: Management in der Hotellerie und Gastronomie. Betriebswirtschaftliche Grundlagen. 7. Auflage München u.a. 2008.

Harris, Marvin: Wohlgeschmack und Widerwillen: Die Rätsel der Nahrungstabus. 4. Auflage, Stuttgart 2005.

Harth, Dietrich/ Schenk, Gerrit Jasper (Hg.): Ritualdynamik. Kulturübergreifende Studien zur Theorie und Geschichte rituellen Handelns. Heidelberg 2004.

Hassani, Nadia: Spoonfuls of Germany. New York 2004.

Hauer, Thomas (Hg.): Das Geheimnis des Geschmacks. Aspekte der Ess- und Lebenskunst. Frankfurt 2005.

Heinrichs, Johannes: Gastfreundschaft der Kulturen: multikulturelle Gesellschaft in Europa und deutsche Identität. Eine aktuelle Einmischung. Essen 1994

Heise, Ulla: Der Gastwirt. Geschäftsmann und Seelentröster, Leipzig 1993 (Historische Berufsbilder).

Heindl, Ines: Studienbuch Ernährungsbildung. Ein europäisches Konzept zur schulischen Gesundheitsförderung. Bad Heilbrunn 2003.

Herzog, Roman: Bildung als Dauerauftrag: In: Forschung und Lehre 8/96, S. 402–405.

Hirschfelder, Gunther: Europäische Esskultur. Geschichte der Ernährung von der Steinzeit bis heute. Frankfurt 2001.

Histoire et identités alimentaires en Europe. Sous la direction de Martin Bruegel et Bruno Laurioux. Paris 2002.

Hijiya-Kirschnereit, Irmela (Hg.): Essen und Ernährung im modernen Japan. In: Japanstudien 12 (2000), S. 9–297.

Hijiya-Kirschnereit, Irmela: Der patriotische Gaumen: Kulinarik und nationale Selbstbehauptung in Japan. In: Amelung, Iwo, Matthias Koch, Joachim

Kurtz, Eun-Jeung Lee, Sven Saaler (Hg.): Selbstbehauptungsdiskurse in Asien: Japan – China – Korea. München 2003, S. 49–85.
Hjalager, Anne-Mette/Greg Richards (ed.): Tourism and Gastronomy. London, New York 2002.
Hoffmann, Georg: Gaststättenrecht: Kommentar zum Gaststättengesetz mit den Vorschriften des Bundes und der Länder. 5. völlig neu bearbeitete Auflage. Heidelberg 2003.
Honneth, Axel: Kampf um Anerkennung. Zur moralischen Grammatik sozialer Konflikte. Frankfurt 1992.
Honold, Marianne: Studie zur Funktionsgeschichte der spätmittelalterlichen deutschsprachigen Kochrezepthandschriften. Würzburg 2005.
Innes, Sherrie A. (Hg.): Kitchen Culture in America. Philadelphia 2000.
Ishige, Naomichi: The History and Culture of Japanese Food. London, New York, Bahrain 2001.
Jäger, Georg und Jörg Schönert (Hg.): Wissenschaft und Berufspraxis. Angewandtes Wissen und praxisorientierte Studiengänge in den Sprach-, Literatur-, Kultur- und Medienwissenschaften. Paderborn/München u.a. 1997.
Jacobs, Jay: The Eaten Word. The Language of Food, the Food in Our Language. New York 1995.
Jütte, Robert: Geschichte der Sinne. Von der Antike bis zum Cyberspace. München 2000.
Jütte, Robert: Vom Notwendigkeitsgeschmack zum Einheitsaroma. Prolegomena zu einer Sinnesgeschichte im 20. Jahrhundert. In: Dietrich von Engelhardt /Rainer Wild (Hg.): Geschmackskulturen. Frankfurt 2005, S. 47 – 58.
Jütte, Wolfgang: Kontexte wissenschaftlicher Weiterbildung. Entstehung und Dynamik von Weiterbildung im universitären Raum Münster 2005.
Kammerhofer-Aggermann, Ulrike (Hg.): Herzlich willkommen. Rituale der Gastlichkeit, Salzburg 1997.
Karmasin, Helene: Die geheime Botschaft unserer Speisen. Was Essen über uns aussagt. München 1999.
Kashiwagi, Kikuko: Festmahl und frugales Mahl. Nahrungsrituale als Dispositive des Erzählens im Werk Thomas Manns. Freiburg 2003.
Kaufmann, Jean-Claude: Kochende Leidenschaft. Soziologie vom Kochen und Essen. Konstanz 2006.
Keenan, Ruth: La cuisine de la bible. Menus inspirés de l?Ancien Testament. Photographies de Jean-François Rivière. Paris 1995.
Keppler, Angela: Tischgespräche. Über Formen kommunikativer Vergemeinschaftung am Beispiel der Konversation in Familien. Frankfurt 1995.
Keß, Bettina (Hg.): Geschenkt! Zur Kulturgeschichte des Schenkens. Heide 2001.
Kimmich, Dorothee/Thumfart, Alexander (Hg.): Universität ohne Zukunft? Frankfurt 2004.
Kipphan, Helmut: Handbuch der Printmedien. Technologien und Produktionsverfahren. Berlin 2004.

Kirshenblatt-Gimblett, Barbara: Playing to the Senses: Food as a Performance Medium. In: Performance Research 4 (1999), S 1 – 30.
Knoblich, Hans u.a. (Hg.): Geschmacksforschung. Marketing und Sensorik für Nahrungs- und Genussmittel. München 1996.
Köhler, Michael: Götterspeise. Mahlzeitenmotivik in der Prosa Thomas Manns und Genealogie des alimentären Opfers. Tübingen 1996.
Kolmer, Lothar /Rohr, Christian (Hg.): Mahl und Repräsentation: Der Kult ums Essen. Paderborn u.a 2000.
Korioth, Tamara/ Schmidt, Jens U. (Hg.): Aktualisierte Prüfungen für die Hotel -und Gastgewerbebetriebe. 2. Auflage Bonn 2005.
Kupfer, Peter [Kupfer 2007]: Putaojiu – Neuere Einblicke in die Kulturgeschichte des Traubenweins in Chinas. In: Zurück zur Freude – Studien zur chinesischen Literatur und Lebenswelt und ihrer Rezeption in Ost und West. Festschrift für Wolfgang Kubin. Hg. von Marc Hermann und Christian Schwermann unter Mitwirkung von Jari Grosse-Ruyken. Sankt Augustin: Institut Monumenta Serica, 2007, S. 589–624.
Lemke, Harald: Ethik des Essens. Einführung in die Gastrosophie. Berlin 2007.
Lemke, Harald: Die Kunst des Essens. Eine Ästhetik des kulinarischen Geschmacks. Bielefeld 2007.
Leonhäuser, Ingrid- Ute: Ernährungskompetenz im Kontext einer Risiko- und Erlebnisgesellschaft. In: Methfessel, Barbara/ Schlegel-Matthies, K. (Hg.): Fokus Haushalt. Beiträge zur Sozioökonomie des Haushalts. Baltmannsweiler 2003, S. 117 – 128.
Leonhäuser, Ingrid-Ute u.a.: Afrika im Blick der sozialwissenschaftlichen Ernährungsforschung. In: Spiegel der Forschung. Wissenschaftsmagazin der Universität Gießen. November 2005, S. 44 – 52.
Lesniczak, Peter: Alte Landschaftsküchen im Sog der Modernisierung. Studien zu einer Ernährungsgeographie Deutschlands zwischen 1860 und 1930. Stuttgart 2003.
Linkert, Marion: Vergleich der Ernährungsvorschriften der Weltreligionen. Marburg 1996.
Logue, Alexandra W.: Die Psychologie des Essens und Trinkens. Aus dem Amerikanischen übers. v. Constanze Vorwerg. Deutsche Übersetzung hrsg. u. mit einem Vorwort vers. v. Volker Pudel. Heidelberg u.a. 1998.
Loycke, Almut (Hg.): Der Gast, der bleibt. Dimensionen von Georg Simmels Analyse des Fremdseins. Frankfurt 1992.
Lüthe, Rudolf / Fontius, Martin: Geschmack /Geschmacksurteil. In: Ästhetische Grundbegriffe. Historisches Wörterbuch in sieben Bänden. Hg. v. K. Barck, M. Fontius, D. Schlenstedt, B. Steinwachs u. F. Wolfzettel, Bd. 2, Stuttgart/Weimar 2001, S. 792 – 819.
Lysaght, Patricia (Hg.): Changing Tastes. Food Culture and the Processes of Industrialization. Basel 2004.
Lysaght, Patricia (Hg.): Food and the Traveller. Migration, Immigration, Tourism and Ethnic Food. Nicosia 1998.

Maier, Jörg / Tröger-Weiss, Gabi: Kulinarische Fremdenverkehrs- und Freizeitkultur. In: Alois Wierlacher/Gerhard Neumann/Hans Jürgen Teuteberg (Hg.): Kulturthema Essen. Ansichten und Problemfelder. Berlin 1993, S. 227–241.

Macbeth, Helen (Hg.): Food Preferances and Taste. Providence 1997.

Maletzke, Gerhard: Interkulturelle Kommunikation. Zur Interaktion zwischen Menschen verschiedener Kulturen. Opladen 1996

Markl, Hubert: Bildung für die Welt von morgen. In: Wissen und Werte für die Welt von morgen. Hrsg. Vom Bayerischen Staatsministerium für Unterricht, Kultus, Wissenschaft und Kunst. München 1998, S. 39–65.

Markl, Hubert: Gegen Information hilft nur Bildung. In: Merkur 53 (1999), S. 1072–1083.

Mattheier, Klaus: Das Essen und die Sprache. Umrisse einer Linguistik des Essens. In: Alois Wierlacher/Gerhard Neumann/Hans Jürgen Teuteberg (Hg.): Kulturthema Essen. Ansichten und Problemfelder. Berlin 1993, S. 245–255.

Matthiesen, Ulf: Esskultur und Regionale Entwicklung – unter besonderer Berücksichtigung von ‚Mark und Metropole': Strukturskizzen zu einem Forschungsfeld. In: Berlin Blätter. Ethnographische und Ethnologische Beiträge 34 (2005), S. 111–145.

Meier-Plöger, Angelika u.a.: Fühlen wie's schmeckt. Sinnesschulung für Kinder und Jugendliche. Ein Handbuch für Lehrkräfte und alle Interessierten. Künzell 1999.

Menell, Stephen: Eating in the Public Sphere in the Nineteenth and Twentieth Centuries. In: Jacobs, Marc, Scholliers, Peter (Hg.): Eating out in Europe: Picnics, Gourmet Dining and Snacks since the Late Eighteenth Century. Oxford u.a. 2003, S. 245–262.

Menninghaus, Winfried: Ekel. Theorie und Geschichte einer starken Empfindung. Frankfurt 1999.

Mensink, Gert et al.: Was essen wir heute? Ernährungsverhalten in Deutschland. Berlin 2002.

Methfessel, Barbara: Essen lehren – Essen lernen. 2. Auflage Baltmannsweiler 2000.

Metzler, Gabriele: Internationale Wissenschaft und nationale Kultur. Deutsche Physiker in der internationalen Community 1900–1960. Göttingen 2000.

Meyer, Simone: Mahlzeitenmuster in Deutschland. München 2002.

Milz, Helmut: Der wiederentdeckte Körper. Vom schöpferischen Umgang mit sich selbst. München 1992.

Mittelstrass, Jürgen: Die unzeitgemäße Universität. Frankfurt 1994.

Mohrmann, Ruth E. (Hg.): Essen und Trinken in der Moderne. Münster 2006.

Montandon, Alain (Hg.): Mythes et représentations de l'hospitalité. Clermont-Ferrand 1999.

Müller, Klaus E.: Nektar und Ambrosia. Kleine Ethnologie des Essens und Trinkens. München 2003.

Müller, Marianne: Natur- und kulturwissenschaftliche Aspekte in der Berufsausbildung? Betrachtungen zur Berufsausbildung im Gastgewerbe. In: Mitteilungen des internationalen Arbeitskreises für Kulturforschung des Essens, hg. von Alois Wierlacher und Rainer Wild, Heft 4, März 1999, S. 21 – 28.

Müller, Marianne / Rachfahl, Günter (Hg.): Das große Lexikon der Hotellerie und Gastronomie. 4. erweiterte Auflage. Hamburg 2004.

Münkler, Herfried / Straßenberger, Grit / Bohlender, Matthias (Hg.): Deutschlands Eliten im Wandel. Frankfurt / New York 2006.

Murcott, Anne: Talking of Good Food: Am Empirical Study of Women's Conceptualizations. In: Food and Foodways 5 (1993), S. 305 – 318.

Mutius, Bernhard von (Hg.): Die andere Intelligenz. Wie wir morgen denken werden. Stuttgart 2004.

Neuhaus, Volker (Hg.): Küchenzettel. Essen und Trinken im Werk von Günter Grass. Frankfurt u.a. 2007.

Neumann, Gerhard: ‚Jede Nahrung ist ein Symbol'. Umrisse einer Kulturwissenschaft des Essens. In. Alois Wierlacher/Gerhard Neumann/Hans Jürgen Teuteberg (Hg.): Kulturthema Essen. Ansichten und Problemfelder. Berlin 1993, S. 385 – 444.

Neumann, Gerhard, „Geschmack-Theater. Mahlzeit und soziale Inszenierung". In: Geschmacksache, Göttingen 1996, S. 35 – 64. (Kunst- und Ausstellungshalle der Bundesrepublik Deutschland. Schriftenreihe Forum / Bd. 6)

Neumann, Gerhard: Über die vorrangige Aufgabe einer künftigen Kulturwissenschaft des Essens. In: Alois Wierlacher (Hg.): Kulturthema Kommunikation. Möhnesee 2000, S. 401 – 409.

Neumann, Gerhard/Alois Wierlacher/Rainer Wild (Hg.): Essen und Lebensqualität. Kultur- und naturwissenschaftliche Perspektiven. Frankfurt 2001.

Ohnuki-Tierney, Emiko: Rice as Self: Japanese Identities Through Time. Princeton 1993.

Ossipow, Laurence: La cuisine du corps et de l'ame: approche ethnologique du végétarisme, du crudivorisme et de la macrobiotique on Suisse. Neuchatel 1997.

Ottomeyer, Hans: Tischgerät und Tafelbräuche. Die Kunstgeschichte als Beitrag zur Kulturforschung des Essens. In: Wierlacher, Alois / Neumann, Gerhard / Teuteberg, Hans Jürgen (Hg.): Kulturthema Essen. Ansichten und Problemfelder. Berlin 1993, S. 177 – 186.

Paczensky, Gert v./ Dünnebier, Anne: Kulturgeschichte des Essens und Trinkens. München 1999.

Peter Peter: Cucina et cultura. Kulturgeschichte der italienischen Küche. München 2006.

Petrini, Carlo: Slow Food. Genießen mit Verstand. Zürich 2003.

Pfriem, Reinhard/Thorsten Raabe/Achim Spiller (Hg.): Ossena .Das Unternehmen nachhaltige Ernährungskultur. Marburg 2006.

Platt, Thomas (Hg.): Genußbarometer Deutschland. Wie wir zu leben verstehen. Berlin 2004.

Pöttler, Burkhard unter Mitarbeit von Ulrike Kammerhofer-Aggermann (Hg.): Tourismus und Regionalkultur. Wien 1994.

Poggendorf, Armin: Gäste bewirten, Lebensgeister restaurieren. Eine grundlegende Systematik der gastronomischen Dienstleistung, Nachdruck Hamburg 1995.

Portmann, Adrian: Kochen und Essen als implizite Religion. Lebenswelt, Sinnstiftung und alimentäre Praxis. Münster 2003.

Raab, Jürgen: Die soziale Konstruktion olfaktorischer Wahrnehmung. Diss. Konstanz 1998.

Randow, Gero von: Genießen. Eine Ausschweifung. München 2003.

Rathsmann, Antje: Die Hotellerie – nicht nur tragender Dienstleister des Fremdenverkehrs, sondern auch Teil der Kulturumwelt. Diss. Trier 2002.

Reich Hans / Wierlacher, Alois: Bildung. In: Alois Wierlacher/Andrea Bogner: Handbuch interkulturelle Germanistik. Stuttgart 2003, S. 203 – 210.

Reinhart, Werner: Erlesenes Essen – Eine Einführung. In: Christa Grewe-Volpp/ Werner Reinhart: Erlesenes Essen. Literatur- und kulturwissenschaftliche Beiträge zu Hunger, Sattheit und Genuss. Tübingen 2003, S. 1 – 8.

Rietzschel, Thomas: Küche mit Lust auf fröhliche Wissenschaft. Die Akademie für Kulinaristik. In: Akademie-Mitteilungen 1 (2002), S. 22f.

Rigotti, Francesca: Kleine Kritik der kulinarischen Vernunft. München 2002.

Rose, Hans-Joachim: Küchenbibel. Enzyklopädie der Kulinaristik. Wiesbaden 2007.

Salomonsson, Karin: The E-conomy and the Culinary Heritage. In: Ethnologia Europaea 32 (2002), S. 125145.

Schaetzing, Edgar E.: Management in Hotellerie und Gastronomie. 7. Auflage Frankfurt 2005.

Schassberger, Ernst-Ulrich (Hg.): Zurück zum Geschmack. Stuttgart/Leipzig 2004.

Scheriau, Michael: Kochen und Religion. Das strenge Regime in der Küche. In: Hannes Etzlstorfer (Hg.): Küchenkunst und Tafelkultur. Wien 2006, S. 55 – 66

Schipperges, Heinrich: Leiblichkeit. Studien zur Geschichte des Leibes. Aachen 2001.

Schlosser, Eric: Fast-Food-Gesellschaft: die dunkle Seite von McFood & C. München 2002.

Schmitt, Eleonore: Das Essen in der Bibel. Literaturethnologische Aspekte des Alltäglichen. Münster 1994.

Scholliers, Peter (Hg.): Food, Drink and Identity: Cooking, Eating and Drinking in Europe since the Middle Ages. Oxford 2001

Schwibbe, Gudrun (Hg.): Kneipenkultur. Untersuchungen rund um die Theke. Münster u.a. 1998.

Schubert, Ernst: Essen und Trinken im Mittelalter. Darmstadt 2006.

Schuller, Alexander / Kleber, Jutta Anna (Hg.): Verschlemmte Welt. Essen und Trinken historisch-anthropologisch. Göttingen 1994.

Schultz, Uwe (Hg.): Speisen, Schlemmen, Fasten. Eine Kulturgeschichte des Essens. Frankfurt 1993.

Segeberg, Harro (Hg.): Die Medien und ihre Technik. Theorien – Modelle – Geschichte. Schriftenreihe der GFM. Marburg 2004.

Serres, Michel: Les cinq sens. Philosophie des corps mêlés. Paris 1985. Dt. Übers. v. M. Bischoff: Die fünf Sinne. Eine Philosophie der Gemenge und Gemische. Frankfurt 1998.

Setzwein, Monika: Ernährung, Körper, Geschlecht. Zur sozialen Konstruktion von Geschlecht im kulinarischen Kontext. Wiesbaden 2004

Sigl, Constanze: Ab wann ist man Gast und nicht mehr Fremder? In: Ulrike Kammerhofer-Aggermann (Hg.): Herzlich willkommen. Rituale der Gastlichkeit. Salzburg 1997, S. 251 – 264.

Simmel, Georg: Soziologie der Mahlzeit. In: R. Kramme / A. Rammstedt (Hg.): Georg Simmel. Aufsätze und Abhandlungen 1909 – 1918 (Gesamtausgabe Bd. 12), Frankfurt 2001, S. 140 – 147.

Spiekermann, Uwe: Deutsche Küche – eine Fiktion. In: Kurt Gedrich/Ulrich Oltersdorf (Hg.): Ernährung und Raum. Regionale und ethnische Ernährungsweisen in Deutschland. Karlsruhe 2002, S. 47 – 73.

Spillner, Bernd: Die Textsorte ‚Restaurantkritik' im kontrastiven und interkulturellen Vergleich, in: Martina Drescher (ed.): Textsorten im romanischen Sprachvergleich. Tübingen 2002, S. 101 – 119.

Spinner, Helmut: Spinner, Helmut F.: Die Wissensordnung – Ein Leitkonzept für die dritte Grundordnung des Informationszeitalters. Opladen 1994.

Spittler, Gerd: Lob des einfachen Mahls. Afrikanische und europäische Eßkultur im Vergleich. In: Wierlacher, Neumann und Teuteberg (1993), S. 193 – 210.

Spode, Hasso: Von der Hand zur Gabel. Zur Geschichte der Eßwerkzeuge. In: Alexander Schuller und Jutta A. Kleber (Hg.): Verschlemmte Welt. Essen und Trinken historisch-anthropologisch. Göttingen 1994, S. 20 – 46

Spode, Hasso: Der Mensch ist, wie er ißt? Zur Einführung der Eßgabel in den europäischen Oberschichten und ihrer kulturhistorischen Deutung. In: Historicum 1995, S. 29 – 35.

Spode, Hasso: Artikel ‚Essen'. In: Enzyklopädie der Neuzeit, herausgegeben von Friedrich Jaeger, Bd. 3, Stuttgart 2006.

Steinmetz, Horst: Identität, Kultur, (Literatur), Globalisierung. In: Jahrbuch Deutsch als Fremdsprache (Intercultural German Studies) 27, 2001, S. 105 – 126.

Streinz, Rudolf: Das deutsche und europäische Lebensmittelrecht als Ausdruck kultureller Identität? In: Teuteberg, Hans Jürgen, Gerhard Neumann und Alois Wierlacher (Hg.): Essen und kulturelle Identität. Europäische Perspektiven, Berlin 1997, S. 103 – 112.

Tanner, Jakob: Der Mensch ist, was er isst. Ernährungsmythen und Wandel der Esskultur. In: Historische Anthropologie. Kultur, Gesellschaft, Alltag 4 (1996), S. 399 – 418.

Taylor, Charles: Multikulturalismus und die Politik der Anerkennung. Mit Kommentaren von Amy Gutmann (Hg.), Steven C. Rockefeller, Michael Walzer, Susan Wolf. Mit einem Beitrag von Jürgen Habermas. Frankfurt 1993.

Terglane-Fuhrer, Anne: Die Sprache der Speisezubereitung: empirische Untersuchungen zur vertikalen Variation. Frankfurt 1995.

Teuteberg, Hans Jürgen: Prolegomena zu einer Kulturpsychologie des Geschmacks. In: Alois Wierlacher / Gerhard Neumann / Hans Jürgen Teuteberg (Hg.): Kulturthema Essen. Ansichten und Problemfelder. Berlin 1993, S. 103 – 136.

Teuteberg, Hans Jürgen /Neumann, Gerhard / Wierlacher, Alois (Hg.): Essen und kulturelle Identität. Europäische Perspektiven. Berlin 1997.

Theophano, Janet: Eat my words: Reading women's lives through the cookbooks they wrote. New York 2002.

Thiedig, Frank: Spezialitäten mit geographischer Herkunftsangabe. Marketing, rechtlicher Rahmen und Fallstudien. Frankfurt 2004.

This-Benckhard, Hervé: Rätsel der Kochkunst. Heidelberg 1993.

Tschofen, Bernhard: Nahrungsforschung und Multikultur. Eine Wiener Skizze. In: Österreichische Zeitschrift für Volkskunde 96/NF XLVII (1993), S. 125 – 145.

Tschofen, Bernhard: Herkunft als Ereignis: Local food and global knowledge. Notizen zu den Möglichkeiten einer Nahrungsforschung im Zeitalter des Internet. In: Österreichische Zeitschrift für Volkskunde NF 54/GS 103 (2000), S. 309 – 324.

Tschofen, Bernhard: Kultur der Museen – Museen der Kultur. Perspektiven volkskundlicher Museumsarbeit. In: Österreichische Zeitschrift für Volkskunde 106/NF LVII (2003), S. 405 – 429.

Tschofen, Bernhard: Listen, Archen, Inventare. Oder: Was gehört zum „kulinarischen Erbe“. In: Gabriela Muri/Cornelia Renggli/Gisela Unterweger (Hg.): Die Alltagsküche. Bausteine für alltägliche und festliche Essen. Zürich 2005, S. 24 – 29.

Teuteberg, Hans Jürgen / Neumann, Gerhard / Wierlacher, Alois (Hg.): Essen und kulturelle Identität. Europäische Perspektiven, Berlin 1997.

Visser, Margaret: The Rituals of Dinner. The Origins, Evolution, Eccentricities and Meaning of Table Manners. New York /London 1991.

Vleeschouwer, Olivier de: New Hotel Designs. Paris 1998.

Vochtel, Astrid: Wissenschaftliche Weiterbildung. In: Alois Wierlacher/Andrea Bogner: Handbuch interkulturelle Germanistik. Stuttgart 2003, S. 188 – 198.

Wagner, Christoph: Fast schon Food: Die Geschichte des schnellen Essens. Frankfurt 1995.

Warde, Alan: Consumption, Food and Tast. Culinary Antinomies and Commodity Culture. London u.a. 1997.

Weiss Adamson, Melitta (Hg.): Regional Cuisines in Medieval Europe. A Book of Essays. New York, London 2002.

Welz, Gisela: Inszenierungen kultureller Vielfalt. Berlin 1996.

Wernhart, Karl: Rituale der Gastlichkeit. Kulturanthropologische Universalien. In: Ulrike Kammerhofer-Aggermann (Hg.): Herzlich willkommen. Rituale der Gastlichkeit. Salzburg 1997, S. 23 – 34

Wiegelmann, Günter: Alltags- und Festspeisen in Mitteleuropa. Innovationen, Strukturen und Regionen vom späten Mittelalter bis zum 20. Jahrhundert. 2. erw. Aufl. unter Mitarbeit von Barbara Krug-Richter. Münster u.a. 2006.

Willems, Herbert: Medientheatralität. In: Erika Fischer-Lichte u.a. (Hg.): Wahrnehmung und Medialität. Tübingen/Basel 2001, S. 385 – 402.

Wittersheim, Nicole: Erlebnisgastronomie in Deutschland. Trier 2004.

Wierlacher, Alois / Gerhard Neumann / Hans Jürgen Teuteberg (Hg.): Kulturthema Essen. Ansichten und Problemfelder. Berlin 1993.

Wierlacher, Alois / Stötzel, Georg (Hg.): Blickwinkel. Kulturelle Optik und interkulturelle Gegenstandskonstitution. München 1996.

Wierlacher, Alois: Das Kulturthema Essen. Zur Grundlegung einer interdisziplinären Kulturwissenschaft des Essens. In: ders. (Hg.): Kulturthema Kommunikation. Konzepte, Inhalte, Funktionen. Möhnesee 2000, S. 355 – 409.

Wierlacher, Alois: Zusammenführung der Perspektiven: Vorbereitende Überlegungen zur Begründung einer Gesprächsgemeinschaft zwischen Kultur- und Naturwissenschaften des Essens. In: Gerhard Neumann/Alois Wierlacher/Rainer Wild (Hg.): Essen und Lebensqualität. Frankfurt/New 2001, S. 295 – 310.

Wierlacher, Alois: Kultur und Geschmack. In: Handbuch interkulturelle Germanistik, hrsg. von Alois Wierlacher und Andrea Bogner. Stuttgart 2003, S. 165 – 175.

Wierlacher, Alois / Albrecht, Corinna: Kulturwissenschaftliche Xenologie. In: Ansgar Nünning /Vera Nünning (Hg.): Konzepte der Kulturwissenschaften. Stuttgart 2003, S. 280 – 306.

Wierlacher, Alois: Was heißt, die Augen essen mit? Kulturwissenschaftliche und naturwissenschaftliche Betrachtungen über die Rolle des Sehsinns beim Essen. In: Engelhard, Dietrich von / Wild, Rainer (Hg.): Geschmackskulturen. Vom Dialog der sinne beim Essen und Trinken. Frankfurt 2005, S. 129 – 143.

Wierlacher, Alois (Hg.): Jahresprogramm Fort- und Weiterbildung der Deutschen Akademie für Kulinaristik. Bremen 2005.

Wierlacher, Alois: Interkulturelle Germanistik und Kulinaristik – zwei Visionen und ihre Realisation. In: Frank Baasner /Michael Klett (Hg.): Europa. Die Zukunft einer Idee. Robert Picht zum 70. Geburtstag. Darmstadt 2007, S. 383 – 401.

Wierlacher, Alois: Kulinaristische Anerkennung – Anerkennung der Kulinaristik. In: Volker Neuhaus / Anselm Weyer (Hg.): Küchenzettel. Essen und Trinken im Werk von Günter Grass. Frankfurt u.a. 2007, S. 21 – 33.

Wierzbicka, Anna: Understanding Cultures through their Key Words. New York /Oxford 1997.

Wissenschaftsrat: Empfehlungen zur berufsbezogenen wissenschaftlichen Weiterbildung. Berlin 1997.

Wirz, Albert: Die Moral auf dem Teller. Zürich 1993.

Wördehoff, Bernhard: Sage mir, Muse, vom Schmause ... Vom Essen und Trinken in der Weltliteratur. Darmstadt 2000.

Wohlfart, Ursula: Kooperation und Vernetzung in der Weiterbildung. Orientierungsrahmen und Praxiseinblicke. Bielefeld 2006.
Zacher, Hans: Internationalität der Forschung. In: Mitteilungen der Max Planck-Gesellschaft 1 (1997), S. 339–361.
Zischka, Ulrike / Ottomeyer, Hans/ Bäumler, Susanne (Hg.): Die anständige Lust. Von Esskultur und Tafelsitten. München 1993.
Zittlau, Jörg: Frauen essen anders, Männer auch. Fakten und Hintergründe zum Speiseplan der Geschlechter. Frankfurt 2004.

English Summary

Eating and drinking as individual activities or social institutions pattern human life across the globe and in all cultural and intercultural settings. Food and drink fulfill basic nutritional needs, but they also contribute to communication, shape the rhythm of the day and the year and constitute fundamental notions of hospitality. Both in theory and practice, culinary systems are constituting components of cultural systems. To circumscribe the complex tasks entailed in researching this field and transferring knowledge gained into areas of culinary arts and practice and thus enligthening theory and practice reciprocally, Alois Wierlacher has coined the term „culinaristics“ (derived from the Latin *culina,* kitchen).

The contributions in this volume describe essential aspects of culinaristics. They seek to circumscribe this multidimensional and multidisciplinary field of cultural research which naturally also includes components from the natural sciences and the fields of gastronomical knowledge. The volume simultaneously initiates a new series entitled *Scholarly Forum Culinaristics* which – in addition to furthering scholarly publications – represents a platform for conferences and related activities. The primary languages are German and English.

The contents oft the book are grouped into five parts, preceded by the editors‘ preface explicating the scope of the volume (Wierlacher/Bendix) and an introduction (Wierlacher) sketching the issues to be taken up by culinaristics.

Part I assembles contributions illuminating different disciplinary approaches to culinaristics. A semiotic approach to the field (Posner/Wilk) is followed by a sociologically grounded perspective on the role of gender in the field of culinary practices and knowledge (Barlösius). This is followed by a look at hospitality from a cultural anthropological perspective (Bendix) and several essays working with the concept of region and its intersection, from varying disciplinary angles, with culinary culture (Hijiya-Kirschnereit, Tschofen, Maier). There are contributions drawing on sensory studies (Ptach) as well as questions of safety in alimentation (Honikel). An essay outlining possible basic principles of a culinary language concludes this section (Wierlacher).

Part II asserts the need for holistically including culinary arts and practices in all educational fields. The spectrum reaches from the place of culinary knowledges in general education (Heindl) to a call for a philosophy of the culinary – a gastrosophy (Lemke). There are essays addressing questions of taste and pleasure (Wierlacher) and the diversity of eating implements across cultures (Bauer). Print technologies work not least with the notion of that which is appetizing (Pfenning). Culinary criticism (Grimm), culinary heritage (Thiedig) and the intersection of food and religion (Fuchs, Chaniotis) further demonstrate the allencompassing presence of the culinary. The section concludes with a draft program for on site culinary excursions as part of enlarging the educational scope of society (Peter).

Part III conceptualizes culinaristics as a component of media analysis and theory. Cook books (Ehlert), radio work on eating and cookery (Pilger), food as a theme in literature (Schneider, Wierlacher) as well as film (Neumann) form the core of this section.

Part IV is to be understood as a contribution to gastronomical research. It contains a presentation on gastronomical ritual (Harth), the current state of gastronomy in Germany (Steinheuer), the economics of a gastronomic enterprise (Fuchs), the notion of „serving“ in gastronomy (Allert), and the cultural and social place of (male and female) cooks (Wierlacher). The section concludes with a suggestion for a comparative approach to the study of wine culture (Kupfer).

The last part, finally, sketches the brief history of culinaristics in Germany and the efforts undertaken to realize the visions into concrete programs between 2000 and 2008 (Wierlacher). The volume concludes with a selected bibliography of titles published since 1993, biographical notes on all contributors and a register.

Hinweise zu den Herausgebern und Autoren

Tilman Allert, Prof. Dr. geb. 1947, Professor für Soziologie und Sozialpsychologie an der Johann Wolfgang Goethe-Universität Frankfurt/Main. Seit 1999 Dozentur für Soziologie im Auftrag des Deutschen Akademischen Austauschdiensts an der Staatsuniversität Tbilisi, Georgien. Er ist Mitglied in der „steering group" des Socrates-Projekts „Cice" (Children's Identity and Citizenship in Europe), einem europäischen Netzwerk für die Entwicklung eines europäischen MA-Programms für soziale und erzieherische Berufe. Jüngste Publikation: *Der deutsche Gruß. Geschichte einer unheilvollen Geste*. Eichborn, 2005.

Eva Barlösius, Prof. Dr., lehrt am Institut für Soziologie und Sozialpsychologie der Leibniz- Universität Hannover, forscht seit vielen Jahren zur Soziologie des Essens und zur Agrarsoziologie und ist Mitglied der Senatskommission der Deutschen Forschungsgemeinschaft (DFG) für Stoffe und Ressourcen in der Landwirtschaft. Wichtigste Publikation in diesem Zusammenhang: *Soziologie des Essens. Eine sozial- und kulturwissenschaftliche Einführung in die Ernährungsforschung* (1999). Zweite, völlig überarbeitete Auflage in Vorbereitung.

Wolfgang-Otto Bauer, nach dem Studium Maschinenbau und Industrial Design, tätig in der Metallindustrie. Später kreativ im Bereich von Presse und Medien (Filmgestaltung). Autor mit Beiträgen zu den Kulturwissenschaften, insb. der Tischkultur, wie *SilberSachen* (Esslingen, 2004). Designsammler mit Schwerpunkt Geschichte des modernen Bestecks. Lehrbeauftragter „Designgeschichte" an der FH Pforzheim. Zahlreiche Ausstellungen und Veröffentlichungen zu Themen der Ess- und Tischkultur, darunter *Bestecke für wen? – Eine kleine Besteck-Typologie* (Stuttgart, 2000, 1. Auflage 1987/1988). Mitglied des Internationalen Arbeitskreises für Kulturforschung des Essens, Heidelberg. Beiträge zum Aufbau der Spezialbibliothek des Essens an der Universität Bayreuth (mit Ausstellung) und zum Symposium des Arbeitskreises 1999 mit Begleitheft „Esskultur und Lebensqualität". Mitglied der Deutschen Akademie für Kulinaristik, Bad Mergentheim.

Regina Bendix Prof. Dr., ist Kulturwissenschaftlerin und hat in den ersten Jahren ihrer Laufbahn als Professorin in den USA gelehrt. Sie ist heute Institutsdirektorin und Professorin für Kulturanthropologie/Europäische Ethnologie an der Universität Göttingen und Präsidentin der Societé Internationale d'Ethnologie et de Folklore. Sie bearbeitet Forschungsschwerpunkte im Schnittbereich von Kultur, Politik und Wirtschaft, der Kommunikations- und Erzählforschung, der Ethnographie der Sinne und der Wissensforschung. *In Search of Authenticity* (Madison, 1997) ist die wichtigste Monographie;

der Band *Prädikat „Heritage": Wertschöpfung aus kulturellen Ressourcen* (Münster 2007), herausgegeben gemeinsam mit Dorothee Hemme und Markus Tauschek.

Angelos Chaniotis Prof. Dr., Studium der Alten Geschichte und Archäologie in Athen und Heidelberg (Promotion in Heidelberg 1984; Habilitation 1992); Professor für klassische Altertumswissenschaft in New York University (1994-98); Professor für Alte Geschichte in Heidelberg (1998-2006) und Prorektor (2001-06); Senior Fellow in All Souls College (2006-); Landesforschungspreis für Grundlagen-Forschung Baden Württemberg (2000). Mitglied der Academia Europea. – Forschungsschwerpunkte: Griechische Sozial-, Religions- und Ideengeschichte. Stellv. Sprecher des Sonderforschungsbereichs 619 Ritualdynamik (2002-2006). Mitherausgeber des *Supplementum Epigraphicum Graecum* (1998-). Wichtigste Bücher:
Historie und Historiker in den griechischen Inschriften (1988); *Die Verträge zwischen kretischen Poleis in der hellenistischen Zeit* (1996); *War in the Hellenistic World: A Social and Cultural History* (2005).

Trude Ehlert Prof. Dr., nach dem Studium der Germanistik, Romanistik und Komparatistik in Hamburg, Freiburg/Br., Grenoble und Bonn Promotion und Habilitation in Älterer deutscher Philologie in Bonn; seit 1994 Professorin für Germanische und deutsche Philologie am Institut für deutsche Philologie der Julius-Maximilians-Universität Würzburg. 1997 Gastprofessur an der Ohio-State University Columbus, Ohio; Gastvorträge in Wrozlaw, Krakow, Paris. Forschungsschwerpunkte: Minnesang, Antikenroman, Genderthematik, (mittelalterliche) Fachliteratur, insbesondere Edition mittelalterlicher Kochbuchhandschriften; Semiotik von Essen und Trinken.

Daniela Förtsch (geb. 1981), Studentin des Studienganges Diplom in Geographie mit dem Schwerpunkt Raumplanung an der Universität Bayreuth und derzeit mit einer Diplomarbeit zum Thema Regionalmanagement im Raum Schweinfurt beschäftigt.

Guido Fuchs, Dr. habil., katholischer Theologe und Publizist mit dem Schwerpunkt Liturgiewissenschaft. Herausgeber des Periodikums „Liturgie konkret", Autor zahlreicher Bücher zur Theologie und Praxis des Gottesdienstes. Habilitation mit dem Thema „Mahlkultur. Tischgebet und Tischritual" (1998). Mitbegründer des Instituts für Liturgie- und Alltagskultur in Hildesheim (*www.liturgieundalltag.de),* apl. Professor an der Universität Würzburg. Leiter des Arbeitskreises „Kulinaristik und Religion", der am Institut angesiedelt ist.

Wolfgang Fuchs, Prof. Dr. rer. pol., Dipl.-Kfm., Ausbildung zum Hotelfachmann in einem deutschen Hotelkonzern, Auslandsaufenthalte in Großbritannien, Frankreich und Südafrika. 1986-1992 Studium der Betriebswirtschaftslehre an der Universität Mannheim, anschließend Promotionsstudium an der Universität Lüneburg und Dozent bei verschiedenen Fachhochschulen und Unternehmensberatungen. Seit 2000 Professor im Ausbildungsbereich Wirtschaft der Berufsakademie Ravensburg (*University of Cooperative Education*), seit

2001 Studiengangsleiter Tourismusbetriebswirtschaft II bzw. IV (Hotel- und Gastronomiemanagement). Neuere Publikationen: Der Gastronomiebereich, in: Hänssler, K. H. (Hrsg.) 2004: *Management in der Hotellerie und Gastronomie: Betriebswirtschaftliche Grundlagen*, 6. Aufl., München; Wien: Oldenbourg, S. 133-157; in Zusammenarbeit mit DEHOGA Baden-Württemberg 2006: Gastgewerbe und Tourismus in Baden-Württemberg – ein kleiner Wegweiser. Positionspapier Fachgruppe Tourismus und Hotellerie Stuttgart; Herausgeber mit J.W. Mundt und H.-D. Zollondz: *Lexikon Tourismus*. München; Wien: Oldenbourg 2007.

Hans-Ulrich Grimm Dr. phil., geboren im Allgäu, lebt als Publizist und Verleger in Stuttgart. Studierte in Heidelberg Geschichte, Germanistik und Erziehungswissenschaften, war anschließend Redakteur der „Schwäbischen Zeitung" und von 1989 bis 1996 Stuttgarter Korrespondent des Nachrichtenmagazins „Der Spiegel". Schreibt seither vorwiegend Bücher; viele davon wurden Bestseller. Sein wichtigstes Werk, *Die Suppe lügt* (1997), ist in einer Gesamtauflage von über 150.000 Exemplaren erschienen und gilt mittlerweile als Klassiker der modernen Nahrungskritik. 2005 erschien bei Klett-Cotta eine aktualisierte und erweiterte Neuausgabe. Mit einem Team aus Wissenschaft und Journalismus betreibt er den Informationsdienst *Dr. Watson. Der Food Detektiv* (*www.food-detektiv.de*)

Dietrich Harth Prof. Dr., nach Ausübung eines kaufmännischen Berufs und externem Abitur Studium und wiss. Assistenz an Universitäten in Frankfurt a.M., Tübingen und Erlangen bis 2000 Professor für Neuere Deutsche und Allgemeine Literaturwissenschaft an der Heidelberger Ruperto Carola; zahlreiche Gastdozenturen im europäischen und außereuropäischen Ausland. – Forschungsschwerpunkte: Literaturtheorie, Geschichte der Historiographie, Ästhetik, Kulturanthropologie, Ritual Studies. – Gründungsmitglied des Wissenschaftsverlags der Autoren SYNCHRON (*www.synchron–publishers.com*), des Sonderforschungsbereichs 619 RITUALDYNAMIK (*www.ritualdynamik.uni–hd.de*) und des Kondylis–Instituts für Kulturanalyse und Alterationsforschung (*www.kondiaf.de*).

Ausgewählte Buchpublikationen: Mithg.: *Auch eine Geschichte der Universität Heidelberg* (1985). Mithg.: *Denis Diderot oder die Ambivalenz der Aufklärung* (1987). Hrsg.: *Karl Jaspers – Denken zwischen Wissenschaft, Politik und Philosophie* (1989). Mithg.: *Kultur und Konflikt* (1990). Mithg.: *Mnemosyne. Formen und Funktionen der kulturellen Erinnerung* (1991). Mithg.: *Kultur als Lebenswelt und Monument* (1991). *Die Erfindung des Gedächtnisses* (1991). Mithg.: *Revolution und Mythos* (1992). *Gotthold Ephraim Lessing oder die Paradoxien der Selbsterkenntnis* (1993). Hg.: *Fiktion des Fremden. Erkundung kultureller Grenzen in Literatur und Publizistik* (1994). Hg.: *Franz Blei – Mittler der Literaturen* (1997). *Das Gedächtnis der Kulturwissenschaften* (1998). *Finale! Das kleine Buch vom Weltuntergang* (1999). Mithg.: *Ritualdynamik. Kulturübergreifende Studien zur Theorie und Geschichte rituellen Handelns* (2004). Studienbuch: *Zwischen Restauration und Moder-*

nisierung. Zur Literaturgeschichte des deutschen Bürgertums im 19. Jahrhundert (2004). Studienbuch*: Dimensionen kultureller und ästhetischer Differenz* (2004).

Ines Heindl Prof. Dr., Professorin am Institut für Ernährungs- und Verbraucherbildung der Universität Flensburg; nach dem Studium der Oecotrophologie in Bonn Promotion in Biochemie; seit 1982 beteiligt am Aufbau von Studiengängen zur Gesundheitsbildung in Flensburg; 1990 bis 2000 Projektleitung und wissenschaftliche Begleitung von BLK-Modellversuchen zur schulischen Gesundheitsförderung; 1990 bis 2000 Mitarbeit im Projekt zur Entwicklung des europäischen Kerncurriculums *Healthy eating for young people in Europe – a school based nutrition education guide*; seit 2003 beteiligt an der Reform zur Ernährungs- und Verbraucherbildung in Schulen. Forschungsschwerpunkte: Bildungsforschung zur Entwicklung von Konzepten der Prävention und Gesundheitsförderung.

Irmela Hijiya-Kirschnereit Prof. Dr., Professorin für Japanologie (Literatur- und Kulturwissenschaft) an der Freien Universität Berlin seit 1991. Zuvor Professuren für jap. Literatur und Japanologie an der Staatlichen Universität Hitotsubashi (Tokyo) und in Trier. Von 1996 bis 2004 Direktorin des Deutschen Instituts für Japanstudien (DIJ) in Tokyo. Leibniz-Preis der Deutschen Forschungsgemeinschaft 1992, Gründungsmitglied der Berlin-Brandenburgischen Akademie der Wissenschaften 1993, seit 1995 Mitglied der Academia Europaea, Präsidentin der European Association for Japanese Studies (EAJS) 1994-1997. Herausgeberin der *Japanischen Bibliothek im Insel Verlag* (34 Bände) sowie der Reihe *Iaponia Insula – Studien zu Kultur und Gesellschaft Japans* im Iudicium Verlag (bisher 19 Bände). Forschungsschwerpunkte: moderne japanische Literatur, Kultursemiotik, Japans Dialog mit dem „Westen", kulturelles Übersetzen.

Publikationen u.a. „Selbstentblößungsrituale. *Zur Theorie und Geschichte der autobiographischen Gattung „Shishôsetsu" in der modernen japanischen Literatur"* (1981 und 2005, jap. Tokyo 1992, engl. Cambridge, Mass. 1996), *Das Ende der Exotik* (1988). *Was heißt: Japanische Literatur verstehen?*(1990) *Überwindung der Moderne? Japan am Ende des zwanzigsten Jahrhunderts* (hg., 1996), *Kulturbeziehungen zwischen Japan und dem Westen seit 1853. Eine annotierte Bibliographie* (hg., 1999), *Japan – Der andere Kulturführer* (hg., 2000) *Japanische Gegenwartsliteratur – Ein Handbuch* (2000), *Eine gewisse Farbe der Fremdheit: Aspekte des Übersetzens Japanisch-Deutsch-Japanisch* (hg., 2001). Zahlreiche Übersetzungen japanischer Literatur.

Harald Lemke Dr. habil., studierte Philosophie und Geschichte in Konstanz, Berkeley und Hamburg. 1999 Promotionsarbeit zu einer Ethik der Freundschaft. 1993-1995 Laureat des Postgraduate Programm der Jan van Eyck Academy for Theory, Design and Fine Arts Maastricht; 2004-2006 Forschungsstipendiat der Alexander von Humboldt-Stiftung und der Japanese Society for the Promotion of Science an der Universität Kyoto; 2006 Habilitationsschrift zu einer Ethik des Essens. 2007 nahm er eine Gastprofessor am Departement of Philosophy der East China Normal University Shanghai wahr. Lehrt als Privatdozent am Institut für Kulturtheorie an der Universität Lüneburg. Zu seinen Buchpublikationen zählen: *Michel Foucault in Konstellationen* (Maastricht 1995); *Freundschaft. Ein philosophischer Essay* (Darmstadt 2000); *Ethik des Essens. Einführung in die Gastrosophie* (Berlin 2007); *Kunst des Essens. Ästhetik des kulinarischen Geschmacks* (Bielefeld 2007); *Die Tischgesellschaft. Philosophische und kulturwissenschaftliche Annäherungen (*Bielefeld 2007), herausgegeben zusammen mit Iris Därmann. Homepage: *www.haraldlemke.de*.

Karl- Otto Honikel Prof. Dr., studierte Chemie und promovierte in Biochemie. Nach einem mehrjährigen Auslandsaufenthalt in Kanada trat er als wissenschaftlicher Mitarbeiter 1972 in die Bundesanstalt für Fleischforschung in Kulmbach ein, wurde 1986 zum Leiter des Instituts für Chemie und Physik ernannt und war 9 Jahre lang auch mit der Leitung der Bundesanstalt betraut. In dieser Funktion trat er in die Deutsche Akademie für Kulinaristik ein und war mehrere Jahre lang ihr Vorstandsmitglied.

Peter Kupfer Prof. Dr., Studium der Sinologie, Malaiologie und Allgemeinen Sprachwissenschaft in Bonn. Diplome für Indonesisch (1972) und modernes Chinesisch (1974). 1979 Promotion und 1990 Habilitation in Sinologie. Seit 1980 Lehrtätigkeit am Arbeitsbereich Chinesisch des Fachbereiches Angewandte Sprach- und Kulturwissenschaft der Universität Mainz in Germersheim, seit 1998 Professor und Leiter. Forschungsarbeiten, Projekte und Tagungen zur Linguistik und Didaktik des Chinesischen sowie zu Kultur und Gesellschaft des modernen China. Herausgeber der Zeitschrift *CHUN (Chinesischunterricht)* und Mitherausgeber der Schriftenreihe *SinoLinguistica*. Seit 1981 etliche Lehr-, Forschungs- und Vortragsaufenthalte in China, Singapur und Japan. 2. Vorsitzender des *Fachverbandes Chinesisch e.V.* und Vizepräsident der *International Society for Chinese Language Teaching*. 2000 Verleihung des *Freundschaftspreises für Sprache und Kultur* der VR China. Mehrere Honorarprofessuren und Beraterfunktionen an Universitäten der VR China.

Jörg Maier Prof. Dr. Dr. h.c., Studium der Volkswirtschaftslehre und Jura an der Universität München, Dipl.-Volkswirt (1964), 1970 Promotion zum Dr. oec. publ., 1974 Habilitation zum Dr. rer. pol. habil. Seit 1977 Inhaber des Lehrstuhls Wirtschaftsgeographie und Regionalplanung der Universität Bayreuth, Herausgeber der Arbeitsmaterialien zur Raumordnung und Raumplanung und Mitherausgeber der Bayreuther Geographischen Arbeiten.

Mitglied in verschiedenen Planungsbeiräten in Bayern und Rheinland-Pfalz sowie ordentliches Mitglied der Akademie für Raumforschung und Landesplanung bzw. der Akademie für Städtebau und Landesplanung.

Gerhard Neumann Prof. Dr., Professuren an den Universitäten Bonn, Erlangen, Freiburg i. Br.; zuletzt Professor für neuere deutsche Literaturwissenschaft an der Universität München; seit 2002 emeritiert; seit 2005 Honorarprofessor an der Freien Universität Berlin. Hauptarbeitsgebiete: Literatur des 18. bis 20. Jahrhunderts, vergleichende Literaturwissenschaft, Gattungspoetik, Editionswissenschaft, Kulturwissenschaft; Publikationen zu Goethe, Kleist, Kafka, Canetti; zur deutschen Romantik; zur Methode der Literaturwissenschaft; zu Theorie und Geschichte des Aphorismus, des Epigramms, der Novelle, des Romans, der Lyrik unter komparatistischer Perspektive; Mitherausgeber der Kritischen Kafka-Ausgabe und des Hofmannsthal Jahrbuchs; Kurator der Stiftung für Romantikforschung; Mitglied der Bayerischen Akademie der Wissenschaften.

Peter Peter Dr., freier Autor und Restaurantkritiker, Studium der Kulturwissenschaften in Wien, Hamburg und Perugia, Promotion in Klassischer Philologie, leitet seit dem Studium weltweit Studienreisen, veröffentlichte mehrere kulinaristische Reiseführer, wie z.B. *Vom Essen und Trinken in Sizilien* (2003), *Golf von Neapel* (2003) und brachte 2006 unter dem Titel *Cucina & Cultura* eine Kulturgeschichte der Italienischen Küche heraus. Er ist für das Exkursionsprogramm der Deutschen Akademie für Kulinaristik zuständig und arbeitet derzeit an einer Kulturgeschichte der deutschen Küche.

Klaus Pfenning, aufgewachsen in der Nähe von Heidelberg. Studium der Volks- und Betriebswirtschaftslehre an der Universität Mannheim, parallel dazu publizistisch tätig für Tageszeitungen und Rundfunk. Nach dem Abschluss als Diplom-Kaufmann in mehreren Unternehmen der Metropolregion Rhein-Neckar verantwortliche Positionen im Bereich Presse- und Öffentlichkeitsarbeit. Seit 1997 Freier Journalist mit Schwerpunkt Unternehmenskommunikation, regelmäßig zu Themen aus dem Sektor Drucktechnik. Hohe Affinität zu Sensorik und kulinarischen Genüssen.

Klaus Pilger, Studium der Germanistik, Theater-, Film- und Fernsehwissenschaften und Pädagogik an der Universität Köln. Anschließend 1987/88 journalistisches Volontariat beim Deutschlandfunk, Köln. Ab 1988 Tätigkeit als freier Journalist, überwiegend beim Hörfunk (u.a. Deutschlandfunk, WDR, Deutsche Welle). Arbeit als Autor, Redakteur und Moderator in den Bereichen Kultur und Politik. Seit 1990 außerdem Tätigkeit als Dozent für Hörfunk-Journalismus. Seit 1996 Redakteur beim Deutschlandfunk, Köln, in der Hauptabteilung Kultur. Schwerpunkt: Radio-Feature und Kulturmagazine.

Roland Posner, Prof. Dr., Studium der Philosophie, Vergleichenden Literaturwissenschaft, Linguistik und Kommunikationstheorie an den Universitäten Bonn, München und Berlin. Seit 1975 ordentlicher Professor für Linguistik und Semiotik an der TU Berlin. Gründungspräsident der Deutschen Gesellschaft für Semiotik (DGS) und Ehrenpräsident der International Association for Semiotic Studies (IASS). Gründer und Herausgeber der Zeitschrift für Semiotik (seit 1979), in der bereits 1982 das Themenheft *Kulinarische Semiotik: Syntax der Mahlzeit, Semantik der Speisen, Pragmatik des Essens* erschien (Band 4, Heft 4). Zu seinem wissenschaftlichen Werk gehören zahlreiche Bücher und Abhandlungen zur Linguistik, Semiotik, Sprachphilosophie,

Wissenschaftstheorie und Kulturanalyse sowie die Herausgabe von über 200 Büchern zu diesen Themen, u.a. *Warnungen an die ferne Zukunft: Atommüll als Kommunikations-problem* (1991) und (zus. mit K. Robering und T.A. Sebeok †) *Semiotik: Ein Handbuch zu den zeichentheoretischen Grundlagen von Natur und Kultur* (1997–2004). Zu seinem künstlerischen Werk als Fotograf gehören „Wall Street Gallery: Eine Bildchronik der Berliner Mauer" (zus. mit Sabine Kowal; 1990) und „Palimpsest: Architektur, die das Leben umschreibt" (zus. mit Vessela Lozanova; 1999) sowie eine Reihe von jährlich wechselnden Ausstellungen.

Cornelia Ptach, Studium mit Abschluss Dipl. Ing. (FH) in Lebensmittelchemie (1989). Anschließend stellvertretende Direktorin eines privaten Institutes für Geschmacksforschung, verantwortlich für Produktentwicklung, Sensorik und Marktforschung. Mitarbeit im DIN Ausschuss. Seit 2002 selbstständige Beraterin für die Industrie und Verbände. Projekte, Seminare und Workshops zur Sensorik; Autorin zahlreicher fachspezifischer Artikel. Seit 2006 Lehrbeauftragte für Sensorik und Produktentwicklung an der Hochschule Albsig und seit 2007 an der Berufsakademie Mosbach, Außenstelle Bad Mergentheim im Studiengang Food Management. Mitglied des IFT (International food technologists) und der Deutschen Akademie für Kulinaristik.

Gerhard Rechkemmer Prof. Dr., Dr. habil., Präsident der Bundesforschungsanstalt für Ernährung und Lebensmittel (BfEL) mit dem Hauptsitz in Karlsruhe, Honorarprofessor der Universität Karlsruhe (TH) und apl. Professor der Stiftung Tierärztliche Hochschule Hannover. Vor der Übernahme der Präsidentschaft der Bundesforschungsanstalt hatte er den Stiftungslehrstuhl für Biofunktionalität der Lebensmittel am Wissenschaftszentrum Weihenstephan der Technischen Universität München inne. Er ist Mitglied der Senatskommissionen der Deutschen Forschungsgemeinschaft für Stoffe und Ressourcen in der Landwirtschaft (SKLW) und zur gesundheitlichen Bewertung von Lebensmitteln (SKLM). Seit 2004 ist er Editor-in-Chief des *European Journal of Nutrition.*

Gisela Schneider, PhD., Studium der Germanistik, Philosophie und Pädagogik an der Universität Köln. Nach dem Studium Teaching Assistant an der University of Nebraska in den USA (1989-1990), anschließend Verlagsvolontariat und Tätigkeit als Verlagslektorin und Pressereferentin (1991-1995). Von 1995 bis 2000 DAAD-Lektorin an der Universität Cork in Irland; während dieser Zeit Promotion mit einer Arbeit über Günter Grass. Zurück in Deutschland Abteilungsleiterin Evaluation bei der Zentralen Evaluations- und Akkreditierungsagentur Hannover (ZEvA) und seit 2002 Leiterin des Regionalreferats Großbritannien, Irland und Nordische Länder beim Deutschen Akademischen Austauschdienst (DAAD) in Bonn.

Hans Stefan Steinheuer, zwei Sterne-Koch in Bad Neuenahr, übernahm 1985 den elterlichen Betrieb in Heppingen, nachdem er verschiedene hochrangige Ausbildungsstufen in namhaften Häusern Deutschlands absolviert hatte. Zweimal wurde er zum Koch des Jahres gekürt, ist Mitglied bei L'Art de Vivre und den Jeunes Restaurateurs, deren ehemaliger Präsident und Vorstandsmitglied der

Deutschen Akademie für Kulinaristik. 2002 erschien Steinheuer: *Das Kochbuch.*

Frank Thiedig Dr. rer. nat., nach der Ausbildung zum Landwirt Studium der Agrarwissenschaften in Stuttgart-Hohenheim, München-Weihenstephan und Paris. Nach verschiedenen Tätigkeiten im Agribusiness seit 2007 verantwortlich für das Marketing der EDEKA Minden-Hannover. Vorstandsmitglied der Deutschen Akademie für Kulinaristik.

Neuere Veröffentlichungen: *Deutschlands kulinarisches Erbe* (1998), *Spezialita¨ten mit geographischer Herkunftsangabe* (2003), *Das schmeckt irgendwie nach mir selbst oder: vom regionalem Geschmack zum Terroir* (2005).

Bernhard Tschofen Prof. Dr., Professor für Empirische Kulturwissenschaft und Direktor des Ludwig-Uhland-Instituts der Universität Tübingen. 1984–1992 Studium der Empirischen Kulturwissenschaft/Volkskunde und Kunstgeschichte in Innsbruck und Tübingen (M.A. 1992). Nach Museums- und Ausstellungstätigkeit 1995 Universitätsassistent, ab 2001 (Habilitation) ao. Universitätsprofessor am Institut für Europäische Ethnologie der Universität Wien. Ende 2004 Berufung nach Tübingen. Forschungs- und Lehrschwerpunkte: Regionale Ethnographie, Symbol-, Stadt- und Bergforschung (Tourismus/Alpinismus), Volks- und Alltagskulturen/Repräsentationen (Nahrung, Kleidung), Wissenskulturen, Museologie.Derzeit Forschungsprojekte zur gesellschaftlichen Bedeutung volkskundlichen Wissens und zu Kulturellem Erbe als Eigentum. Tätigkeit in Beiräten verschiedener Museen, Verbände und wissenschaftlicher Einrichtungen. Ausgewählte Publikationen: *Berg – Kultur – Moderne. Volkskundliches aus den Alpen* (1999), *Schönes Österreich. Heimatschutz zwischen Ästhetik und Ideologie* (m. R. Johler u. H. Nikitsch 1995), *Volkskunst* (Mithrsg. 1995), *Regina Lampert: Die Schwabengängerin* (Hrsg. 1996), *Museumsdinge* (Mithrsg. 2002), *Europäische Ethnologie*. Themenheft der *Österreichischen Zeitschrift für Geschichtswissenschaften* (Mithrsg. 2004), *Dialekt und regionale Kulturforschung* (Hrsg. 2007).

Alois Wierlacher Prof. Dr., Studium der Germanistik, Geschichte und Philosophie, bis Herbst 2001 Professor für Interkulturelle Germanistik an der Universität Bayreuth; Präsident der Gesellschaft für interkulturelle Germanistik 1984-1994, 1997 Preis der Dr. Rainer Wild-Stiftung, zahlreiche Gastprofessuren an ausländischen Universitäten, u.a. an der Princeton University; Honorarprofessor der Universitäten Karlsruhe und Qindao (China); langjährige Mitwirkung in Beratungsgremien des Wissenschaftsrats, der Volkswagen-Stiftung, des Goethe-Instituts u.a.; Initiator zahlreicher Forschungsbereiche, Gründungsmitglied des Arbeitskreises für Kulturforschung des Essens (Heidelberg), der Akademie für interkulturelle Studien (Jena), der Deutschen Akademie für Kulinaristik (Bad Mergentheim) und des Rhein-Neckar-Forums Kulinaristik (Germersheim). Forschungsschwerpunkte: Kulturthemenforschung, interkulturelle Germanistik, Kulinaristik, Xenologie und Wissenschaftsforschung. Ausgewählte Veröffentlichungen: *Vom Essen in der deutschen Literatur (1987); Kulturthema Essen* (Mthg. 1993), *Essen und kulturelle Iden-*

tität (Mthg. 1997), *Kulturthema Fremdheit* (Hg. 1993)*Kulturthema Toleranz* (Hg. 1996), *Essen und Lebensqualität* (Mthg. 2001), *Kultur und Geschmack* (in: *Handbuch interkulturelle Germanistik*, hg. zusammen mit Andrea Bogner 2003), *Jahresprogramm Fort- und Weiterbildung der Deutschen Akademie für Kulinaristik* (2005); *Interkulturelle Germanistik und Kulinaristik – zwei Visionen und ihre Realisation.* In: Festschrift Robert Picht 2007; *Kulinaristische Anerkennung – Anerkennung der Kulinaristik.* In: Volker Neuhaus / Anselm Weyer (Hg.): Küchenzettel. 2007.

Nicole M. Wilk, Dr. Mitarbeiterin am Institut für Germanistik und Vergleichende Literaturwissenschaft der Universität Paderborn. Nach dem Studium der Germanistischen Sprachwissenschaft und Sozialpsychologie neben Tätigkeit als freier Journalistin in Hannover Promotion über die Bedeutung von Körperprozessen in der Sprachverarbeitung. Stipendiatin an der Internationalen Frauenuniversität „Technology and Work" (2000). Weitere Arbeiten zu Frauen- und Körperbildern in den Massenmedien. 2004-2007 Mitarbeiterin am Institut für deutsche Sprache und Literatur der Universität Hildesheim. Forschungsschwerpunkte: szenische Grammatik; Körperbilder in der Werbung; Kultursemiotik der Bildungs- und Ernährungsstile in der Wissensgesellschaft; Simulationen des Lebens – das Experiment „in silico".

Register